Downtown

Lower Manhattan
Chinatown, Little Italy und NoLita
Lower East Side
SoHo und TriBeCa
East Village
Greenwich Village
Flatiron District und Gramercy Park
Chealsea und Meatpacking District

Midtown

Uptown

Upper East Side
Upper West Side
Central Park
Harlem und Morningside Heights

Outer Boroughs

Brooklyn
Bronx
Queens
Staten Island

Nachlesen & Nachschlagen
Verzeichnisse

Unterwegs mit
Dorothea Martin

Dorothea Martin ist Theaterwissenschaftlerin und Historikerin. Sie wuchs in Berlin auf, wo sie als Radio- und Fernsehreporterin tätig war. Seit Ende der 1990er-Jahre lebt sie als freischaffende Autorin und Studienreiseleiterin in Bristol. Ihre erste Fernreise führte sie vor mehr als 30 Jahren nach New York City. Seitdem lässt sie die Dynamik dieser flirrenden Metropole nicht mehr los.

Aufgewachsen in West-Berlin vor dem Mauerfall, war ich in jungen Jahren eine waschechte und stolze Großstadtpflanze. An Individualität, Charme und kreativer Kunstszene konnten es nur wenige andere Städte mit Berlin aufnehmen. New York stand v. a. im Ruf, verrucht, verrückt und gefährlich zu sein, von dort kamen die Trends, die Musik und die Subkultur, von der ich ein Teil sein wollte. So fuhr ich hin – und war angekommen. Alles war viel größer als im behaglichen Berlin und fremd, und doch fühlte ich mich dazugehörig. Zu dieser Zeit – Ende der 80er Jahre – war der Times Square noch Unterwelt und Drogenumschlagplatz, Harlem Sperrzone für Weiße, der Central Park lebensgefährlich und das MoMA ein echter Geheimtipp. Wenig störte mich das schäbige Zimmer mit Gemeinschaftstoilette und Kakerlakeninvasion: wie cool! Schlaf brauchte ich nicht viel, wie gut!, hielt mich doch die knallende Dampfheizung unfreiwillig wach. Erstmals aß ich rohen Sushi-Fisch, wie exotisch!, und kopierte die Tanzschritte halb bekleideter Vortänzerinnen, wie awsome! Alles an New York war wow. Wow ist die Stadt bis heute, nur sind wir gemeinsam erwachsen geworden. Ich kann jetzt kakerlakenfrei nächtigen, die Lichter des Times Square unbehelligt bewundern und im Central Park gefahrenfrei spazieren gehen. Doch gibt es immer noch genug Abseitiges zu entdecken, man muss nur hinschauen!

Was haben Sie entdeckt?
Haben Sie ein besonderes Restaurant, ein neues Museum oder ein nettes Hotel entdeckt? Wenn Sie Ergänzungen, Verbesserungen oder Tipps zum Buch haben, lassen Sie es uns gerne wissen!

Schreiben Sie an: Dorothea Martin, Stichwort „New York" |
c/o Michael Müller Verlag GmbH | Gerberei 19, D – 91054 Erlangen |
dorothea.martin@michael-mueller-verlag.de

New York

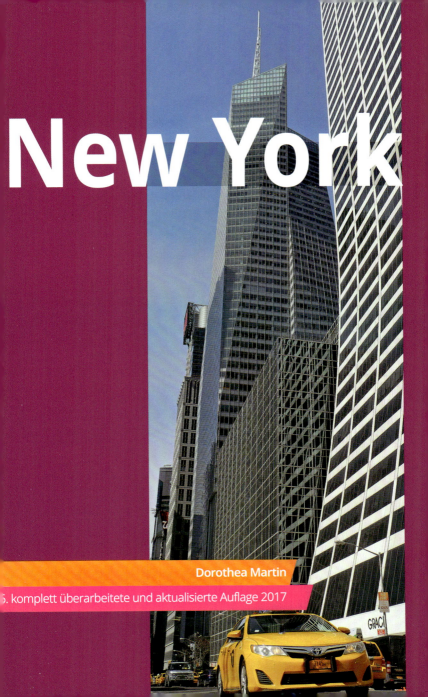

Dorothea Martin

5. komplett überarbeitete und aktualisierte Auflage 2017

Inhalt

Orientiert in New York

Stadt und Stadtviertel ■ S. 10 | Sightseeing-Klassiker ■ S. 14 | Sightseeing-Alternativen ■ S. 16 | Essen gehen ■ S. 18 | Ausgehen ■ S. 20 | Shopping ■ S 22

Wege durch New York

„Where New York City began"
Tour 1: Lower Manhattan

Die Südspitze Manhattans ist die Wiege der Stadt, hier gründeten einst die Holländer ihr New Amsterdam. Heute ist Lower Manhattan das Herz der internationalen Finanzwelt, in der Wall Street werden Milliarden gewonnen und Milliarden verzockt. Touristisch herausragend ist das National Museum of the American Indian, symbolträchtigster Ort das September 11 Memorial and Museum, das an die Anschläge von 9/11 erinnert.

■ S. 26

Zu Gast in China und Italien
Tour 2:
Chinatown, Little Italy und NoLita

Kaum klassische Sehenswürdigkeiten, dafür jede Menge Atmosphäre und Exotik, besonders in Chinatown: Garküchen, Wahrsagerbuden, selbst McDonald's grüßt mit einem chinesischen Firmenlogo – man meint, in einer anderen Stadt zu sein. Weniger exotisch, aber mit einer Menge Italianità, präsentiert sich Little Italy – gut essen inklusive.

■ S. 54

Ehemaliges jüdisches Viertel
Tour 3: Lower East Side

Die Lower East Side lebt von ihrer Vergangenheit als jüdisches Viertel und der Gegenwart als Szenekiez. Zur Hinterlassenschaft der jüdischen Gemeinde zählen rund 300 Synagogen, von denen die meisten jedoch mittlerweile nichtreligiösen Zwecken dienen. Die schönste ist die Eldridge Street Synagogue, die heute ein Kulturzentrum beherbergt.

■ S. 66

Hippe Trendviertel im Doppelpack
Tour 4: SoHo und TriBeCa

Das hippe SoHo startete seine Karriere als Galeristenviertel, mittlerweile gibt es hier ebenso viele Edelboutiquen wie Kreativwerkstätten. Das Straßenbild ist von Gebäuden mit reich ornamentierten Gusseisenfassaden geprägt, ein wahres Cast-Iron-Feuerwerk liefert die Greene Street. Die kleine Schwester TriBeCa bietet ein ähnliches Ambiente, für den Cast-Iron-Rausch sorgt hier die Leonard Street.

- S. 76

Heimat der gezähmten Subkultur
Tour 5: East Village

Das East Village ist New Yorks buntestes Schaufenster für freche Mode, schrille Kunst und kurzlebige Trends. Die Straße St Mark's Place war einst Treffpunkt für Punks, Künstler und Beatniks, heute wird sie dominiert von Läden für Schräges und Ausgefallenes – die Subkultur gibt sich gezähmt. Das malerischste Fleckchen des Viertels ist die Stuyvesant Street mit einem Ensemble aus 16 klassischen Brownstone-Häusern.

- S. 88

Zwischen Brownstones und Townhouses
Tour 6: Greenwich Village

Greenwich Village mutet neben den Wolkenkratzern noch immer wie ein heimeliges Dorf an. Hier lebt sich seit Jahrzehnten eine inspirierende Musik- und Literaturszene aus: „The Village" gilt als Zentrum der New Yorker Boheme, in den hiesigen Clubs starteten Künstler wie Joan Baez, Allen Ginsberg oder Bob Dylan ihre Weltkarrieren.

- S. 100

Ikonen der Stadtsilhouette
Tour 7:
Flatiron District und Gramercy Park

Neue und alte Architekturhighlights gibt es im Flatiron District rund um den Union Square zu bestaunen – berühmtes Beispiel ist das namensgebende dreieckige Flatiron Building. Der Bezirk Gramercy Park ist bekannt für seine besonderen Brownstones, aus denen Theodore Roosevelts Geburtshaus heraussticht und zu besuchen ist.

- S. 114

Von Galerien und Schlachthäusern
Tour 8:
Chelsea und Meatpacking District

Einst urbanes Niemandsland, gelang Chelsea Ende der 1990er-Jahre der Aufstieg zum Szeneviertel mit Clubs, Kunst und Kommerz. Im Meatpacking District zerlegten früher Schlachter ganze Tiere, heute dominieren in diesem pulsierenden Viertel Galerien, Restaurants und Bars. Das Publikum ist bunt, hip und auf der Suche nach Spaß und Lifestyle und erholt sich beim Bummel über die High Line.

■ S. 124

Parade der Wahrzeichen
Tour 9: Midtown

Midtown ist das Herz der Stadt! Besucher finden hier das New York, das sie aus der Werbung oder dem Kino kennen – Straßenschluchten mit imposanten Wolkenkratzern, hupenden Taxis und Menschen in Eile. Und so gibt es hier auch viele New-York-Klassiker zu sehen: das Empire State Building, den Grand Central Terminal, das Rockefeller Center, das MoMA und den Times Square.

■ S. 136

Viertel der Superreichen und Museen
Tour 10: Upper East Side

Hier lebt New Yorks Geldadel – dementsprechend exklusiv sind Immobilien und Infrastruktur. Daneben ist die Upper East Side aber auch ein Eldorado für Museumsfreunde. Entlang der Fifth Avenue findet sich mit der „Museum Mile" ein Zusammenschluss mehrerer Museen, von denen das Metropolitan Museum of Art und das Guggenheim-Museum am berühmtesten sind.

■ S. 162

Herrschaftliche Westseite
Tour 11: Upper West Side

Die gepflegten Brownstone-Häuser und berühmten Apartmentblocks der eleganten Upper West Side sind teilweise denkmalgeschützt. Neben diesen baulichen Höhepunkten finden sich hier auch kulturelle: das American Museum of Natural History, die New York Historical Society und das riesige Lincoln Center mit der „Met".

■ S. 174

Manhattans grünes Wohnzimmer
Tour 12: Central Park

Der 340 ha große Central Park ist New Yorks grüne Lunge und Spielwiese. Gestresste New Yorker können hier durchatmen, ausspannen oder sich beim Sport auspowern. Highlights sind eine Bootsfahrt auf dem Central Park Lake vor grandioser Kulisse, ein Besuch im Zoo und ein Konzert oder eine Theateraufführung unter freiem Himmel.

■ S. 190

Jazz und Ivy League
Tour 13:
Harlem und Morningside Heights

Gospel, Jazz und Hip-Hop – sie alle sind in Harlem zu Hause. Lange war es sozialer Brennpunkt, heute geht es mit dem Viertel wieder aufwärts; die Musik und die Lust am Leben kehren zurück. Morningside Heights ist New Yorks „Academic Acropolis", denn die renommierte Columbia University und andere Bildungsstätten sind hier beheimatet.

■ S. 196

Outer Boroughs
Tour 14: Brooklyn ■ S. 208

Hier gilt: Der Weg ist das Ziel, denn der Spaziergang über die Brooklyn Bridge ist unvergesslich. Brooklyn selbst ist derzeit absolut angesagt – kulturell und kulinarisch wird hier viel geboten.

Tour 15: Bronx ■ S. 224

Einst tobten in der Bronx die Bandenkriege, heute ist es glücklicherweise ruhiger geworden. Touristische Anlaufpunkte sind der Zoo und die Arthur Avenue mit ihrem italienischen Flair.

Tour 16: Queens ■ S. 232

New Yorks größter Borough möchte nicht nur mehr Schlafstadt sein: Das P.S.1 Contemporary Art Center lockt Freunde mutiger Ausstellungen, Sportfans zieht es in die Flushing-Meadows-Stadien, und für Gourmets geht's hier einmal um die Welt.

Tour 17: Staten Island ■ S. 242

Fast ländliche Idylle findet man in New Yorks „forgotten borough". Zu sehen gibt's ein Freilichtmuseum, das eigentliche Highlight ist aber die Fährüberfahrt mit Blick auf die Freiheitsstatue.

Nachlesen & Nachschlagen
Geschichte New Yorks
Am Anfang waren die Holländer … ■ **S. 250**

Kulturleben
In der Welthauptstadt des Entertainments ■ **S. 258**

Veranstaltungskalender
Vom Chinesischen Neujahr zu den New Years Eve Celebrations ■ **S. 262**

Nachtleben
Viertausend Bars und Clubs zum Austoben ■ **S. 265**

Mit Kindern in New York
Der größte Abenteuerspielplatz der Welt ■ **S. 282**

New York (fast) umsonst
Tipps und Tricks zum Sparen ■ **S. 286**

Anreise
Mit dem Schiff wär's am schönsten ■ **S. 292**

Unterwegs in New York City
Mit Subway, Bus und Fähre ■ **S. 296**

Übernachten
Vom Hostelbett bis zur Luxus-Suite ■ **S. 300**

New York von A bis Z
Service-Infos rund um die Reise ■ **S. 308**

Kompakt
Museen ■ **S. 318**
Restaurants ■ **S. 322**
Shopping ■ **S. 327**

Verzeichnisse
Kartenverzeichnis ■ S. 331 | New York im Kasten ■ S. 332 |
Impressum ■ S. 332 | Register ■ S. 333

Was haben Sie entdeckt?

Haben Sie ein besonderes Restaurant, ein neues Museum oder ein nettes Hotel entdeckt? Wenn Sie Ergänzungen, Verbesserungen oder Tipps zum Buch haben, lassen Sie es uns gerne wissen!

Schreiben Sie an: Dorothea Martin, Stichwort „New York" |
c/o Michael Müller Verlag GmbH | Gerberei 19, D – 91054 Erlangen |
dorothea.martin@michael-mueller-verlag.de

Mit dem grünen Blatt haben unsere Autoren Betriebe hervorgehoben, die sich bemühen, regionalen und nachhaltig erzeugten Produkten den Vorzug zu geben.

Orientiert in

New York

- Stadt und Stadtviertel
- Sightseeing-Klassiker
- Sightseeing-Alternativen
- Essen gehen
- Ausgehen
- Shopping

Orientiert in New York

Stadt und Stadtviertel

New York City mit seinen mehr als 8,5 Mio. Einwohnern bedeckt ein Gebiet von 789 km und besteht aus mehreren Inseln. Aus dem über 10.000 km langen Straßennetz der Hauptinsel Manhattan ragen mehr als 60 Hochhäuser über 200 Meter in den Himmel und bilden New Yorks berühmtestes Wahrzeichen: die New York Skyline.

„We are going to the Bronck's"

In den Namen der New Yorker Boroughs spiegelt sich die Besiedlungsgeschichte der Stadt wider: Manhattan ist von der Bezeichnung *manahata* der indianischen Ureinwohner abgeleitet, Brooklyn (von Breukelen) und Staten Island (von Staaten Eylandt = „Ständeinsel") verweisen auf die niederländische, Queens auf die englische Kolonialisierung. Bronx geht auf den schwedischen Siedler Jonas Bronck zurück. Wer ihn und seine Besitzung damals besuchen wollte, sagte schlicht: „We are going to the Bronck's".

Hudson River und East River

New York City liegt auf einer Inselgruppe an der Einmündung von Hudson und East River in den Atlantischen Ozean. Die Hauptinsel Manhattan wird im Westen vom Hudson begrenzt, am Ufer erstreckt sich der Hudson River Park. Gegenüber liegt Jersey City im Bundesstaat New Jersey. Nahe der Hudson-Mündung sind Liberty Island mit der Freiheitsstatue und Ellis Island mit dem Museum of Immigration klassische Besuchermagneten. Im Osten trennt der East River Manhattan von der Bronx, von Brooklyn und Queens. Diese langgezogene Meerenge wird von zehn Brücken, u. a. der Brooklyn Bridge, dreizehn Tunneln, einer Seilbahn und einer Fähre gequert. Auch im East River befinden sich zwei Inseln: Roosevelt und Governors Islands.

Die Five Boroughs

Administrativ besteht New York aus fünf großen Verwaltungsbezirken, den *five boroughs* Manhattan, Brooklyn, Queens, Bronx und Staten Island. Von der Fläche her der mit Abstand kleinste Bezirk ist Manhattan, also jene Insel, auf der die Stadt einst gegründet wurde und die bis heute gewissermaßen das Synonym für ganz New York geblieben ist. Die übrigen Bezirke werden *outer boroughs* genannt, bleiben also in der Wahrnehmung buchstäblich ein wenig außen vor. Ihr Zusammenschluss mit der Keimzelle der Stadt zu *Greater New York City* erfolgte erst 1898 im Rahmen einer Verwaltungsreform, der diverse Referenden vorausgegangen waren. Diese „Landnahme" machte New York damals auf einen Schlag zur zweitgrößten Stadt der Welt hinter London.

Manhattan

Das Exklusivrecht, für ganz New York zu stehen, verleiht Manhattan vor allem eines: die berühmteste Skyline der Welt, ein Häusermeer aus 5500 gigantischen Beton-, Stahl- und Glaskolossen mit tiefen Straßenschluchten. Am helllichten Tag majestätisch, glitzert die Insel am Abend romantisch – „eine Milchstraße, die zur Erde gekommen ist", wie einst der große Architekt Le Corbusier befand.

Die Orientierung in dieser „Milchstraße" ist denkbar einfach: Der größte Teil ist von einem ab 1811 systematisch angelegten **rasterförmigen Straßennetz** überzogen, die Straßen selbst sind bis auf einige Ausnahmen schlicht durchnummeriert. In Nord-Süd-Richtung verlaufen die **Avenues**, von Westen nach Osten die **Streets**. Den Abstand zwischen zwei Streets nennt man einen Block, 20 Blocks ergeben immer genau eine Meile (1,6 km). Die 5th Avenue trennt die Insel in einen Ost- und einen Westteil. Deswegen gibt es die Streets immer gewissermaßen in zwei Versionen, also etwa die 25. Straße als West 25th Street und als East 25th Street. Die Hausnummern starten in beide Richtungen an der 5th Avenue, werden also immer höher, je weiter man sich von ihr entfernt.

Prominentester Ausreißer aus dem Schema ist der **Broadway**, der sich dem Domestizierungswerk der eifrigen Stadtplaner hartnäckig widersetzte und sich immer noch wie sein indianischer Vorgänger leicht gekrümmt seinen Weg über die Insel bahnt. Er beginnt in **Downtown Manhattan**, wie man den Südzipfel der Insel bis hinauf zur 34th Street nennt. Hier liegen die historischen Wurzeln der Stadt und die Viertel, die über Jahrhunderte natürlich gewachsen und nicht auf dem Reißbrett entstanden sind: der Hafen South Street Seaport, die Einwandererbezirke Chinatown, Little Italy und Lower East Side, das Literatenviertel Greenwich oder der Finanzbezirk rund um die Wall Street. Hier ereignete sich aber auch die Tragödie vom 11. September 2001. Der Wiederaufbau des World-Trade-Center-Komplexes hat nicht nur das Stadtbild und die Skyline Manhattans nachhaltig

verändert, sondern auch für eine Erneuerung und Wiederbelebung von Downtown Manhattan gesorgt.

Im Bereich 34th bis 59th Street erstreckt sich **Midtown Manhattan**, wo die Hauptsehenswürdigkeiten der Stadt um die Gunst der Besucher buhlen: die elegantesten Wolkenkratzer etwa wie das Empire State oder das Chrysler Building, die inzwischen dank eines regelrechten Baubooms von sog. Supertalls, Hochhäusern mit über 300 m Höhe, längst im Schatten neuer Giganten „versinken". Das Museum of Modern Art, das dank des Besucheransturms schon wieder eine Erweiterung plant, oder der berühmte Times Square mit dem anschließenden Theaterdistrikt. Auch die wichtigsten Shoppingmeilen, die 5th und die Madison Avenue, befinden sich in Midtown.

Oberhalb der 59th Street schließlich beginnt **Uptown Manhattan**, das sich bis

Orientiert in New York

Für eine Handvoll Dollar

Der Gründungsmythos der Stadt besagt, dass die europäischen Siedler die Insel Manhattan den Algonkin-Indianern für 60 Gulden und eine Kiste Krimskrams abgekauft haben. Den Namen *mana-hata* (= hügeliges Land) gab's gratis dazu. Dass sich die Sache exakt so zugetragen hat, ist natürlich zweifelhaft. Die 60-Gulden-Erfolgsgeschichte wird aber gern zitiert, denn sie gilt unter Amerikanern als gutes Beispiel für ein cleveres Geschäft mit hoher Rendite.

ganz in den äußersten Norden der Insel zieht und touristisch vor allem wegen des Central Park und der Museumsmeile entlang der 5th Avenue in der Upper East Side interessant ist.

Downtown oder Uptown Manhattan sind freilich nur sehr grobe Lokalisierungen (bei Midtown sieht das ein wenig anders aus), die auch im alltäglichen Sprachgebrauch der New Yorker keine sonderlich große Rolle spielen. Gewöhnlich wird feiner differenziert, denn eigentlich besteht Manhattan aus vielen mehr oder weniger kleinräumigen **Neighbourhoods**, Stadtvierteln mit bisweilen noch ethnischer Färbung wie etwa Chinatown, Little Italy oder auch Harlem, das Viertel der Afroamerikaner. Andere wie TriBeCa, SoHo, NoMad oder Chelsea werden als Szeneviertel mit Hang zum exklusiven Lifestyle wahrgenommen, wieder andere wie die Upper East Side stehen für Reichtum, Eleganz und amerikanische Noblesse.

So manch eine der vielen *Nabes* oder *Hoods*, wie die New Yorker sagen, entpuppt sich bei genauerem Hinsehen aber auch als das Kunstprodukt gewiefter Immobilienspekulanten, die einer bis dato namenlosen Wohngegend den entscheidenden Schub verleihen wollten – so z. B. einem kleinen Fleckchen nördlich von Little Italy, das sich den klangvollen Titel NoLita (North of Little Italy) ans Revers heften darf oder NoMad, was für North of Madison Square steht. TriBeCa ist die Abkürzung für Triangle below Canal Street, SoHo heißt so viel wie South of Houston Street und NoHo – Sie haben es richtig erraten: North of Houston Street.

Brooklyn

Wenn eines der *outer boroughs* ein wenig aus dem mächtigen Schatten Manhattans heraustreten kann, dann ist es Brooklyn. Es liegt auf dem südwestlichsten Zipfel von Long Island. Die Verbindung zu Manhattan stellt die berühmte Brooklyn Bridge her. Wer sie überquert, erreicht zunächst den Brooklyn Bridge

Park unterhalb von Brooklyn Heights, eine beschauliche Welt voller Brownstone-Wohnhäuser aus dem 19. Jh. Der angrenzende Stadtteil Dumbo (= Down Under Manhattan Bridge Overpass) war bis vor Kurzem eine Industriebrache, avancierte dann zum unerschwinglichen Luxushort der Kreativität. Das Gleiche gilt für Williamsburg und Greenpoint, traditionelle Arbeiterecken Brooklyns, aus denen derzeit die jüngsten Künstler- und Galeristenbezirke New Yorks erwachsen. Alteingesessen ist dagegen das Brooklyn Museum, das mit seiner weltberühmten ägyptischen Sammlung getrost dem Metropolitan Museum of Art am Central Park Konkurrenz machen kann. Jedes Wochenende pilgern Schnäppchenjäger und Gourmets nach Brooklyn zu den Flohmärkten und Food Stalls, und auch Vergnügungssüchtige kommen hier auf ihre Kosten: Auf Coney Island finden sie einen Rummelplatz direkt am Strand.

Die Boroughs

Borough	Einwohnerzahl (2014)	Fläche (km²)	Dichte (Pers./km²)
Manhattan	1.636.268	59	27.673
The Bronx	1.438.159	109	13.221
Brooklyn	2.621.793	183	14.182
Queens	2.321.580	283	8.237
Staten Island	473.279	151	3.151

Queens

Im Nordosten grenzt Brooklyn an den größten Stadtteil New Yorks, Queens, der ebenfalls auf Long Island gelegen ist. In Queens wird in erster Linie gewohnt, besonders beliebt sind die nahe bei Manhattan gelegenen Gegenden wie etwa Long Island City, wo auch viele neue Hotels entstanden sind, die erheblich günstiger sind als die Konkurrenz in Manhattan. Rund um das PS1 Museum hat sich in den letzten Jahren eine beachtliche Kultur- und Restaurantszene entwickelt, Cineasten kommen im Museum of the Moving Image auf ihre Kosten. Wer sich einmal um den Globus essen möchte, sollte die Roosevelt Avenue von der 60th Street bis zur 90th Street (entlang der Subway-Linie M) entlangbummeln.

Bronx

Im Norden von Manhattan, jenseits des Harlem River, breitet sich der wohl berüchtigtste Bezirk New Yorks aus, die Bronx. Und tatsächlich ist vor allem die South Bronx insbesondere für nächtliche Streifzüge nicht unbedingt empfehlenswert. Im Zentrum und im Norden des Bezirks hat sich dagegen einiges zum Positiven entwickelt, mit dem Zoo und dem botanischen Garten gibt es hier sogar zwei etwas stärker frequentierte touristische Anlaufpunkte.

Staten Island

Ganz beschaulich und ohne jegliches Gefahrenpotential geht es dagegen auf Staten Island südlich des New Yorker Hafens zu. Die Insel ist fast dreimal so groß wie Manhattan, aber vergleichsweise dünn besiedelt. Fast die Hälfte der Gebäude sind Einfamilienhäuser, Staten Island hat eher den Charakter einer Vorstadt. Ein Ausflug lohnt sich, abgesehen von der kostenfreien Überfahrt vorbei an der Freiheitsstatue, besonders für Geschichtsinteressierte, im Museumsdorf Historic Richmond Town scheint die Zeit stehen geblieben zu sein. Toll gelungen ist das Snug Harbor Cultural Center & Botanical Garden, das aus zehn Gartenanlagen, einem Kirchlein und 23 Gebäuden besteht, die einst Häuser für pensionierte Seefahrer waren und heute von mehreren Museen genutzt werden.

Orientiert in New York

Sightseeing-Klassiker

Wohin zuerst? Eintauchen in die Glitzerwelt des Times Square, mit dem Boot zur Freiheitsstatue oder ganz entspannt in den Central Park? Kür oder Pflicht – das Angebot ist unendlich groß in einer Stadt wie New York. Für einen nur wenige Tage dauernden Städtetrip hier eine Liste der absoluten Musts.

Christmas Tree Lighting

Die berühmteste temporäre Sehenswürdigkeit New Yorks ist der gigantische Weihnachtsbaum vor dem Rockefeller Center. Seine Illuminierung ist ein nationales Ereignis und wird alljährlich landesweit im Fernsehen übertragen. Der erste Baum wurde hier bereits 1931 von den am Bau des Rockefeller Center beteiligten Arbeitern aufgestellt – die nicht ahnten, dass sie damit eine nationale Tradition begründen würden.

Wolkenkratzer

■ **Empire State Building:** Von der Aussichtsplattform des bekanntesten Wolkenkratzers Manhattans hat man den perfekten Überblick über die Stadt. Für die stimmungsvollsten Fotos sollte man entweder ganz früh morgens oder spät am Abend kommen, zu diesen Zeiten ist auch am wenigsten los. → **Tour 9 (Midtown), S. 138**

■ **One World Trade Center:** Noch besser ist der Blick von der höchsten Aussichtsplattform New Yorks (nicht für Fotos, denn sie ist rundum verglast). Am Nachmittag oder frühen Abend versinkt die Freiheitsstatue im Abendrot und das angestrahlte Empire State Building scheint zum Greifen nah. Die New Yorker sind zu Recht stolz auf ihr neues Wahrzeichen. → **Tour 1 (Lower Manhattan), S. 38**

Grünes New York

■ **Central Park:** Der Inbegriff eines Stadtparks – mitten in Manhattan gelegen, sind die knapp 350 ha die grüne Lunge der Stadt. Nachts nicht ungefährlich, bietet der Central Park tagsüber nicht nur Sportbesessenen ein Refugium, sondern auch Erholungssuchenden und Konzertbesuchern. → **Tour 12 (Central Park), S. 190**

■ **High Line Park:** Ein Park auf Stelzen – von West-Chelsea bis Hell's Kitchen wurde eine stillgelegte Hochbahntrasse in eine 2,3 km lange grüne Meile verwandelt. Dort ist im wahrsten Sinne des Wortes Gras über einen industriellen Schandfleck gewachsen, was der Gegend einen wahren Aufschwung beschert hat. → **Tour 8 (Chelsea und Meatpacking District), S. 128**

Kunsttempel

■ **Metropolitan Museum of Art:** Eine riesige Freitreppe führt in dieses Universalmuseum, das Besucher mit der besten Kunst aus 5000 Jahren aus aller Welt schier zu erschlagen droht. Selbst

auf den 185.000 m² des Haupthauses plus Mittelaltermuseum The Cloisters und Neuzuwachs Met Breuer, das zeitgenössische Werke in historischen Zusammenhang stellt, finden die mehr als 3,5 Mio. Objekte nicht genügend Platz. Durchatmen können Sie auf dem Dachgarten mit Blick über den Central Park.
→ **Tour 10 (Upper East Side), S. 167**

■ **Museum of Modern Art:** Der Erfolg ist Segen und Fluch zugleich. Als erste Sammlung auf der Welt, die sich der modernen Kunst verschrieb, ist und bleibt das MoMA das beliebteste Schaufenster für das Kunstschaffen der Gegenwart – vom Meisterwerk bis zum Computerspiel hat hier alles einen Platz. Allein das Foyer erstreckt sich über einen gesamten Straßenblock, trotzdem gibt es ellenlange Schlangen, und es wird schon wieder angebaut.
→ **Tour 9 (Midtown), S. 150**

Berühmte Straßen und Plätze

■ **Times Square:** Einer der Plätze, an denen man einmal Silvester erleben sollte – wie Hunderttausende New Yorker auch. Blinkende Neonreklamen weisen am Abend den Weg in den nahen Theater District mit seinen Shows. Denn den Times Square kreuzt der Broadway, die berühmteste Theatermeile der Welt und der Olymp des Musicalhimmels. → **Tour 9 (Midtown), S. 152**

■ **September 11 Memorial Plaza:** Ein schwieriger Ort, denn er ist Mahnmal, Friedhof, neues Wahrzeichen und Touristenattraktion zugleich. Wo einst die Zwillingstürme des World Trade Center in Flammen aufgingen, entstand ein kraftvolles Symbol für den Verlust und mutiger Entwurf für einen Neuanfang, der auf vielfache Weise bewegt.
→ **Tour 1 (Lower Manhattan), S. 37**

Historische Wahrzeichen

■ **Museum of Immigration:** Vielleicht hätten Sie an dieser Stelle die Freiheitsstatue auf der Nachbarinsel erwartet, eine Ikone, zweifellos. Doch das ehemalige Aufnahmelager der Einwanderungsbehörde auf Ellis Island geht unter die Haut. Für 12 Mio. Menschen wurde es zum Tor in die Freiheit, für etwa zwei Prozent der Ankömmlinge war es Endstation. Die Parallelen zur heutigen Flüchtlingssituation sind unübersehbar und werden in der exzellenten Ausstellung auch gezogen: Fast jeder Amerikaner stammt aus einer Einwandererfamilie, die meisten kamen als Habenichtse. Und doch hatten die, die schon da waren, Furcht vor denen, die noch kamen. Das größte Einwanderermuseum der Welt animiert zum Mitfühlen und Mitdenken. → **Tour 1 (Lower Manhattan), S. 49**

■ **Brooklyn Bridge:** Stundenlang saß Johann August Röbling frierend auf der East-River-Fähre zwischen Eisschollen fest, das boomende Manhattan in unerreichbarer Ferne. Aus purem Trotz entwarf er sein Meisterwerk, die 1883 gebaute Brooklyn Bridge, als Symbol für den Traum vom besseren Leben. Wer die 530 m lange Brücke heute überquert, braucht fast genauso lange wie damals Röbling mit der Fähre – so unvergesslich sind die Ausblicke auf die berühmte Skyline von Manhattan.
→ **Tour 14 (Brooklyn), S. 209**

Orientiert in New York

Sightseeing-Alternativen

Mehr Zeit? Manhattan hat noch viel zu bieten, aber man sagt auch, Brooklyn sei das neue Manhattan, nur ohne Hochhäuser. Das urbane Hinterland von Williamsburg und Dumbo läuft der East Side gerade den Rang als subkulturelles Szeneviertel ab. Ethnische Vielfalt prägt die Straßenszenen, vor allem in Williamsburg, wo die chassidischen Juden zu Hause sind.

The Big Apple Greeter

Die Organisation vermittelt Stadtführungen, die von „ganz normalen" New Yorkern durchgeführt werden. Keine Profis also, aber eben intime Kenner der Stadt, die auch über Alltägliches und Abseitiges Spannendes zu erzählen haben – und zwar kostenlos (→ S. 314).

Wolkenkratzer

■ **Woolworth Building:** So sehr der Multimillionär Frank Winfield Woolworth es hasste, Geld auszugeben, so wenig wollte er an schönen Dingen sparen. Davon profitiert sein gleichnamiger Wolkenkratzer, der als Unternehmenswerbung 1913 erbaut wurde und seinen Spitznamen Cathedral of Commerce redlich verdient. Gold, Marmor, Terrakotta und eine byzantinische Kuppel schmücken die Lobby, die mit einer Führung zu besichtigen ist. → **Tour 1 (Lower Manhattan), S. 42**

■ **Chrysler Building:** Der Art-déco-Wolkenkratzer war für sage und schreibe ein Jahr das höchste Gebäude der Welt – das war 1930. Er ist berühmt für seine Kühlerfiguren nachempfundenen (funktionslosen) Wasserspeier aus rostfreiem Stahl. Beeindruckend ist aber auch die Lobby – der einzige Teil, der auch für die Öffentlichkeit zugänglich ist. → **Tour 9 (Midtown), S. 145**

Grünes New York

■ **Governors Island:** Aus dem Dornröschenschlaf wachgeküsst wurde die alte Militärbasis und spätere Geisterinsel erst vor wenigen Jahren. Mehr als 300 Mio. Dollar an Investitionen verwandelten das 70 ha große Eiland in eine grüne Oase mitten im Hafen von New York, die den Menschen wenige Fährminuten entfernt als Freizeitpark, Kunstgalerie und Strandbar dient. → **Tour 1 (Lower Manhattan), S. 50**

■ **Prospect Park:** Das Pendant zum Central Park ist mit seinen 237 ha zwar nicht ganz so groß, stammt aber von denselben Architekten und ist noch erholsamer. Hier befindet sich Brooklyns einziger See mit Bootshaus, in den Wäldern zwitschern Vertreter 200 verschiedener Vogelarten um die Wette, und der Zoo und der botanische Garten bieten Abwechslung und Zeitvertreib für den ganzen Tag. → **Tour 14 (Brooklyn), S. 213**

Kunsttempel

■ **Whitney Museum of American Art:** Amerikanische Kunst hat noch nie so gut ausgesehen. Renzo Pianos asymmetrischer Stahlkoloss liegt im trendigen Meatpacking District und ist vieles, bloß kein Musentempel. Die gestaffelten Dachterrassen eignen sich als Treffpunkt, die Räume wirken industriell und sind lichtdurchflutet – die perfekte Bühne für klingende Namen: Edward Hopper, Andy Warhol, Jackson Pollock, Robert Rauschenberg ... → Tour 8 (Chelsea und Meatpacking District), S. 127

■ **Brooklyn Museum:** Inspiriert vom Schmelztiegel der Kulturen, der den Stadtbezirk Brooklyn charakterisiert, wurde hier eine Kollektion von Kunstwerken aus aller Welt zusammengetragen: von altägyptischen, römischen und griechischen Meisterwerken über primitive Kunst indianischer Völker bis hin zu Kostümen, Haushaltsgegenständen und Werken der Gegenwart. Das zweitgrößte Museum in New York liegt zwar ein wenig ab vom Schuss, ist dafür aber direkt neben dem Brooklyn Botanic Garden und dem Prospect Park zu finden. → Tour 14 (Brooklyn), S. 210

Berühmte Straßen und Plätze

■ **St Mark's Place:** Vielleicht die hippste Meile in Manhattan, doch die Revolution frisst auch hier ihre Kinder und die „Aufhübschung" des Straßenzuges schreitet voran. Noch ist St Mark's Place jedoch das Zentrum für Manhattans Gegenkultur und am Tompkin Square trifft sich das, was von der Punkbewegung übrig geblieben ist. → Tour 5 (East Village), S. 96

■ **The Bowery:** Der Spagat zwischen Avantgarde und Establishment bringt derzeit zwischen der Lower East Side und dem Astor Place ein spannendes Viertel hervor, in dem die Straßenkunst blüht, die Gastronomie gedeiht und sich neue provokante Museen und Galerien etablieren. → Tour 3 (Lower East Side), S. 72

■ **Bedford Avenue:** Als Hipster-Hotspot wird diese Hauptschlagader des Trendviertels Williamsburg in Brooklyn gern beschrieben, doch hat sie viele Gesichter. Am Prospect Park noch gutbürgerlich, in Bedford-Stuyvesant afroamerikanisch, im südlichen Williamsburg orthodox jüdisch. Erst im nördlichen Williamsburg hinter der Williamsburg-Brücke wird sie zum In-Quartier voller Künstler, Musiker, Bars und Leben. → Tour 14 (Brooklyn), S. 217

Historische Wahrzeichen

■ **Tenement Museum:** Diese einfachen Mietskasernen sind ein sozialgeschichtliches Denkmal aus New Yorks Immigrationsgeschichte und für Besucher eine Reise in die Vergangenheit. Die bescheidenen Räume ohne sanitäre Einrichtungen und teilweise ohne Fenster waren für viele Einwanderer nach Ellis Island die erste Bleibe. Hier zerplatzte der amerikanische Traum wie eine Seifenblase. Das Haus in der Orchard Street 97 war für 20 Familien ausgerichtet, die man auf einer Führung kennenlernen kann. → Tour 1 (Lower East Side), S. 70

Orientiert in New York
Essen gehen

Essen gehen gehört zum New Yorker Lifestyle. In den rund 24.000 Restaurants der Stadt können Sie sich kulinarisch einmal rund um den Globus futtern. Vom Street Food bis zum Sterne-Restaurant ist die Bandbreite endlos. Dicke Geldbeutel haben auch die dickste Auswahl.

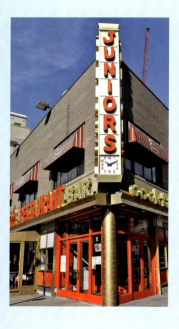

Ausführliche Restaurantbeschreibungen finden Sie am Ende jeder Tour.

Eine Liste aller Restaurants finden Sie ab S. 322.

Eating out ...

Generell ist New York kulinarisch ein teures Pflaster, besonders in den Geschäfts- und Einkaufsvierteln. Günstiger fährt man im Greenwich Village, im East Village und in Chinatown (Downtown), auch in Hell's Kitchen (westliches Midtown) oder Harlem ist das Preisniveau etwas niedriger. Außerhalb Manhattans speist es sich am billigsten.

Bei besseren Restaurants müssen Sie **reservieren,** vor allem am Wochenende. Günstigere Lokale verfahren nach dem „First-come-first-serve"-Prinzip. In New York ist es üblich, am Eingang zu warten, bis die Bedienung Ihnen einen Tisch zuweist. Geklönt wird nach dem Essen grundsätzlich an der Bar oder in der Lounge, nicht am Tisch.

Kalkulieren Sie unbedingt das großzügige **Trinkgeld** mit ein (→ S. 316) – bzw. achten Sie auf die neue „**No-tipping**"-Politik, die einige Restaurants eingeführt haben, um das Personal fairer zu bezahlen (und aus Steuergründen). Das Trinkgeld wurde dort bereits auf die Preise aufgeschlagen. Wie man sonst beim Essen noch Geld sparen kann, erfahren Sie im Kapitel „New York (fast) umsonst" → S. 291.

... im Diner und im Deli

Die typische amerikanische Alternative zu den Restaurants sind die **Diner.** Ursprünglich waren dies ausrangierte Speisewagen der Bahn, die mit kleiner Küche ausgestattet und zum Restaurant umgerüstet wurden. Die meisten Diner sind spezialisiert auf amerikanisches Comfort Food (alles was ungesund, aber lecker ist). Inzwischen gibt es auch hier oft vegetarische oder kalorienarme Varianten. Der berühmteste Diner New Yorks dürfte Katz Delicatessen sein (→ S. 72), verewigt im Hollywoodstreifen „When Harry met Sally".

Eine New Yorker Besonderheit sind die **Delis,** die einst mit den jüdischen Immigranten als Delikatessenläden in die Stadt kamen. Schon bald konnte man dort auch kleine Mahlzeiten oder Snacks zu sich nehmen. Das bekannteste Deli dürfte Carnegie's Delicatessen sein, wo Woody Allen einst für „Broadway Danny Rose" drehte (→ S. 158).

Breakfast, Lunch & Dinner

Amerikanisch frühstücken mit allem Drum und Dran kann man in Delis, Cafés und Fastfood-Restaurants. Am Wochenende wird viel gebruncht (mit erweiterter Frühstückskarte). Das American Breakfast ist eine echte Kalorienbombe mit Cornflakes, Eiern, Speck, Kuchen, Pancakes oder Waffeln.

Weil das Frühstück so opulent ausfällt, spielt der Lunch eine untergeordnete Rolle. Dafür genießt das Dinner wiederum einen hohen Stellenwert: Es ist ein Ereignis, das sich mit dem Opernbesuch messen kann.

Typisch New York

Als Stadt der Einwanderer ist die Liste typischer New Yorker Gerichte multikulturell geprägt. Weit oben steht die jüdische Küche (→ S. 67), wo neben Bagel & Co vor allem die **Pastrami Roll** ihren Spitzenplatz behauptet. Seit mehr als 100 Jahren ist das mit gepökelter, geräucherter und gegarter Ochsenbrust überaus voll belegte Brötchen aus New Yorks Gastroszene nicht mehr wegzudenken. Kommt Sauerkraut dazu, nennt sich die Stulle **Reuben Sandwich**.

Der einstige Chef des Waldorf-Astoria Oscar Tschirky gilt als Erfinder des **Waldorf-Salates** aus Äpfeln, rohem Knollensellerie und gehackten Wallnusskernen in Mayonnaise. Salate sind in New York grundsätzlich eher gehaltvoll – den Dressings sei Dank.

Typisch, aber auch teuer ist das **Strip Steak**, ein besonders zartes und schmackhaftes Steak, das über Wochen am Knochen gereift ist.

Naschkatzen wird der **New York Cheesecake** schmecken; als dessen Erfinder

gilt der einstige Besitzer des legendären Turf-Restaurants Arnold Reuben. Achtung, süß und cremig und empfehlenswert von Junior's (→ S. 157 und S. 222)!

5 Tipps für 5 Abende

■ **Älteste Pizzeria Manhattans**: Seit 1905 kommen die dünnen Teigfladen bei **Lombardi's** aus dem Ofen. → S. 62 (Little Italy)

■ **New Yorker Steak House mit Kultstatus**: Im **Peter Luger** (seit 1887) kann man sich die hervorragenden Burger zum Lunch sogar leisten (nur $ 14,95, bis 15.45 Uhr). → S. 221 (Brooklyn)

■ **Michelin-Stern fürs Gemüse**: Deshalb schmeckt es im **Dirt Candy** nicht nur Vegetariern. → S. 74 (Lower East Side)

■ **Die Freiheitsstatue im Blick …**: Im **Pier A Harbor House** im Battery Park hat man das – besonders schön zum Sonnenuntergang. → S. 51 (Lower Manhattan)

■ **Beste Unterhaltung …**: Bei einem Essen in **Ellen's Stardust Diner** werden Songs aus Broadway-Musicals zum Besten gegeben. → S. 157 (Midtown/Times Square)

Orientiert in New York

Ausgehen

Das New Yorker Ausgehangebot ist abwechslungsreich und reicht von trendigen Bars über weltberühmte Jazzclubs und Opernhäuser bis zu den Broadway-Bühnen. Die Locations verteilen sich über die ganze Stadt, wobei in den verschiedenen Vierteln unterschiedliche Stilrichtungen schwerpunktmäßig vertreten sind.

Mehr Ausgehtipps in den Kapiteln Nachtleben (ab S. 265) und Kulturleben (ab S. 258)

Ein paar Spielregeln und Tipps

- Alkoholkonsum ist erst ab 21 Jahren gestattet
- Bloß nicht in der Öffentlichkeit Alkohol trinken
- Sich immer – von Alkoholkauf bis Clubzutritt – ausweisen können („ID" = Reisepass)
- Happy Hours nutzen: 2-4-1 = two for one, zwei Drinks für den Preis von einem
- An Bar oder Tresen: Trinkgeld pro Getränk in der Regel ein Dollar
- Wo wann was los ist: Infos im Time Out, New York Magazine oder Village Voice oder unter www.thrilllist.com

Ausgehviertel

Fast überall finden sich Pubs, Bars und Off-Bühnen, doch in einigen Neighborhoods ballen sich bestimmte Etablissements: In **Midtown Manhattan** gibt's viele berühmte, gediegene Hotelbars; in **SoHo und dem Meatpacking District** teure Edelclubs samt Schickeria; **Greenwich Village und Harlem** sind die Heimat von Jazz und Folk; im **East Village und rund um die Bowery** geht's punkig, rockig und alternativ zu; die **Lower East Side** ist voll von witzigen Szene-Bars und kultigen Live-Locations.

Bars

Klassische Bars, schicke Lounges in den Wolkenkratzern, schummrige Irish Pubs und „Dive Bars" für den weniger gepflegten Absturz – alles ist im Angebot. Trend sind **Single Liquor Bars**, wo eine Alkoholsorte die Karte dominiert, und sog. **Speakeasies**: Bars, die sich durch versteckte Eingänge „tarnen" – eine Anspielung auf die Zeit der Prohibition. In der Lower East Side, im East und West Village und in Brooklyn gibt's viele trendige **Craft Beer Pubs**, wo traditionell gebraute Biere ausgeschenkt werden. **Rooftop Bars** findet man in erster Linie im Finanzdistrikt in Lower Manhattan oder in Midtown.

Clubbing

Nichts ist in New York vergänglicher als ein Club und nur wenige bleiben über viele Jahre in Mode! Dazu ist es meist schwer, an den Türstehern vorbeizukommen, und hat man denn Erfolg, kostet so eine Clubnacht ein kleines Vermögen. Die meisten Clubs haben verschiedene Partynights, die eine unterschiedliche Klientel ansprechen. Clubbing beginnt in New York notorisch spät: Einlass ist in der Regel ab 23 Uhr, bis 0.30 Uhr herrscht Totentanz. Um 4 Uhr, manchmal auch erst um 6 ist Schicht im Schacht, mehrtägige House- und Techno-Marathons gibt es nicht. Am nächsten kommen dem noch die „Granik Parties" (→ S. 274).

Oper, Ballett und Konzert

Die Festungen klassischer Hochkultur befinden sich im Norden im **Lincoln Center** in der Upper West Side und der nur wenige Blöcke südlich gelegenen **Carnegie Hall**, während die rund 40 Musicaltheater des Broadway westlich des Times Square liegen.

Broadway

Neben den rund 40 „großen" Theatern (mehr als 500 Sitzplätze) wetteifern noch rund 1500 kleine Bühnen als Off-Broadway (100–500 Plätze) und Off-Off-Broadway (unter 100 Plätze) um die Gunst der Zuschauer. Letztere bewegen sich zum Teil erheblich abseits des Mainstreams. Wer nur einige Hits aus den bekanntesten Musicals erleben möchte, kann auch am Times Square im Ellen's Stardust Diner (→ S. 157) essen gehen: Hier kellnern aufstrebende Talente, die zwischendurch Proben ihres Könnens abgeben.

Jazz

In New York befinden sich berühmte Jazzclubs einen kurzen Subway-Ritt (im Greenwich Village nur einen Steinwurf) voneinander entfernt. Kleinere Clubs sind oft innovativer und preiswerter als die Dinosaurier im Geschäft, die für eine Session $ 20–50 verlangen und einem nach dem Auftritt die Tür weisen, da es mehrere Auftritte an einem Abend gibt. Die Wahrscheinlichkeit ist jedoch groß, dass Sie auf dem Weg zurück ins Hotel kostenfrei mit Jazz-Tunes versorgt werden, denn aus jeder zweiten Subway-Station dringt in lauen Sommernächten der unverkennbare Sound eines Alt-Saxophons auf die Straße.

5 Tipps für 5 Abende

■ **Die etwas andere Theatererfahrung:** Wer sich an ein surreales Theatererlebnis wagen möchte, sollte die interaktive Aufführung von **Sleep No More** in Chelsea ansteuern. → S. 260

■ **Ein Drink im Hinterzimmer:** Wenn Gäste ihre Cocktails im roten Schummerlicht aus der Porzellantasse trinken, befinden Sie sich im Speakeasy **Back Room** in der Lower East Side. → S. 267

■ **Bar mit Aussicht:** Ist Ihnen der Blick genauso wichtig wie der Drink, dann sind Sie im **230 Fifth** beim Madison Square Park richtig. An Wochenenden legen DJs auf. → S. 270

■ **Jazz for free:** Ungezwungen in eine Jam-Session reinhören, das geht in **Arthur's Tavern** im Greenwich Village. → S. 278

■ **Tanzen ohne Reue:** Lästigen Schlafentzug und hohe Kosten meidet, wer zu **Santos Party House** in Chinatown geht. Die 718 Sessions legen bereits um 18 Uhr los, um 1 Uhr ist alles vorbei. → S. 275

Orientiert in New York

Shopping

Es ist fast unmöglich, in New York nicht einkaufen zu gehen, und wenn es nur „aus Versehen" geschieht. Selbst für viele Amerikaner ist New York Shoppingziel Nummer eins. Irgendwo gibt es immer einen Schlussverkauf, und nirgends kann man so schön „schaufensterbummeln" wie entlang der berühmten Luxusmeilen.

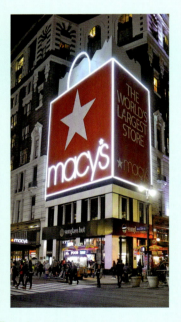

Ausführliche Beschreibungen einzelner Shoppingmöglichkeiten in den Vierteln finden Sie am Ende jeder Tour.

Eine Liste aller Geschäfte und Märkte finden Sie ab S. 327.

Shoppingmeilen und -viertel

5th Avenue und Madison Avenue: Die Preise sind exorbitant, insbesondere auf den edelsten Abschnitten der beiden Luxusmeilen, die parallel zueinander verlaufen. Bei der 5th Avenue beginnt die „Todeszone" an der Einmündung der 50th Street und endet an der 59th Street unmittelbar vor den Toren des Central Park; bei der Madison Avenue liegt sie im Bereich 57th Street bis 78th Street. Hier reihen sich kilometerlang die Flagstores internationaler Luxuslabels aneinander, die teuersten Juweliere, die Mutter aller Apple Stores (5th) und einige der großen Traditionskaufhäuser der Stadt: Saks Fifth Avenue (Ecke 50th St.), Bergdorf Goodman (5th Ave, Ecke 58th St.) oder Barneys (660 Madison Ave./61st St.). Amerikanische Designer (z. B. Tommy Hilfiger, Calvin Klein, Donna Karan DKNY oder Ralph Lauren) sind im eigenen Land oft um einiges billiger.

Meatpacking District: Eine nagelneue Shopping-Gegend – eine dicke Brieftasche sollte man allerdings dabeihaben …

SoHo, NoHo und NoLita: Hier gibt's alternative, eher hippe Mode, die oft jedoch ihren Preis hat. Auch Sportausstatter wie Adidas haben hier ihre Superstores. Während SoHo längst etabliert ist und daher auch alle Edelmarken vertreten sind, geht es in NoHo und NoLita noch etwas szeniger zu.

Chinatown und Lower East Side: Die Canal Street in Chinatown und die Orchard Street in der Lower East Side versprechen noch wahre Schnäppchen – und ein unglaubliches Angebot an gefälschter Markenware. In der Lower East Side im Dreieck von Ludlow-, Stanton- und Orchard Street (Lusto) haben sich vermehrt auch witzige Edelboutiquen niedergelassen.

Greenwich Village und East Village: Beide Viertel sind Anlaufpunkte für Musikfreunde. Hier gibt es noch einige Secondhand-CD-Läden mit Raritäten. In beiden Vierteln finden Sie auch origineleren Schmuck, Accessoires, trendige Designermode und ungewöhnliche Klamotten, vieles davon secondhand. An der Straße St Mark's Place halten die letzten Punkausstatter die Stellung.

South Street Seaport: Das Hafenviertel wurde zur Amüsier- und Shopping-Destination ausgebaut. Auf Pier 17 thront ein modernes Einkaufszentrum aus Glas mit 28.000 m² Verkaufsfläche und einem Dachgarten mit Blick auf die Brooklyn Bridge.

Discounter und Outlets

Wer (Designer-)Marken kaufen will, für die Luxusläden zu arm und für die Sales (→ Smartshopping) zu ungeduldig ist, bekommt 365 Tage im Jahr Rabatt beim Discounter oder im Factory-Outlet. Der berühmteste Discounter ist das Century 21 in Lower Manhattan (→ Karte S. 30/31). Sein Motto: „Clothes that are worth fighting for", was angesichts der Besuchermassen kaum untertrieben ist. Preisnachlässe von bis zu 80 % sind allerdings ein gutes Argument. Wer's noch günstiger und größer haben will, muss New York verlassen, denn die Bundesstaaten New York und New Jersey erheben weniger Verkaufssteuer als New York City. Eine gute Fahrstunde ist es zum Woodbury Common Premium Outlet (am besten per organisierter Bustour, 42 € inkl. Rabattheft, Abfahrt Port Authority Bus Terminal, Gate 409). Dort wartet ein ganzes „Dorf" mit etwa 220 Outlet Stores bekannter Modemarken auf kaufräuschige Besucher.

Was ist besonders?

Öffnungszeiten: meist Mo–Sa 10–18 Uhr, Warenhäuser in der Regel bis 21 oder 22 Uhr, viele Geschäfte auch So 11–18 oder 19 Uhr.

Preise: An den Waren und in den Auslagen sind immer die Nettopreise angegeben. Erst an der Kasse kommt die sog. Verkaufssteuer (*Sales Tax*) hinzu. In New York liegt sie derzeit bei 8,875 %. Ausgenommen von der Verkaufssteuer sind Kleidung und Schuhe, die weniger als $ 110 (pro Artikel) kosten. Viele Kaufhäuser wie Macy's, Bloomingdale's oder Lord & Taylor bieten ausländischen Kunden Rabattkarten an, nach denen man fragen muss.

Smartshopping: Smartshopper – mit „Schnäppchenjäger" nur unzureichend übersetzt – wildern im High-End-Segment und versuchen, teure Marken- oder Designerartikel zu günstigen Preisen an Land zu ziehen. Das ist möglich bei den Sales (Schlussverkäufen), die übers Jahr verteilt stattfinden mit Schwerpunkten um Feiertage wie Thanksgiving (Black Friday!), Independance- und Labour Day oder Weihnachten. Eine besondere Variante sind *Sample Sales*, bei denen neben normalen Überschüssen bisweilen auch Muster verscherbelt werden. Infos zum Wo und Wann → Stadtzeitschrift Time Out und z. B. www.topbutton.com.

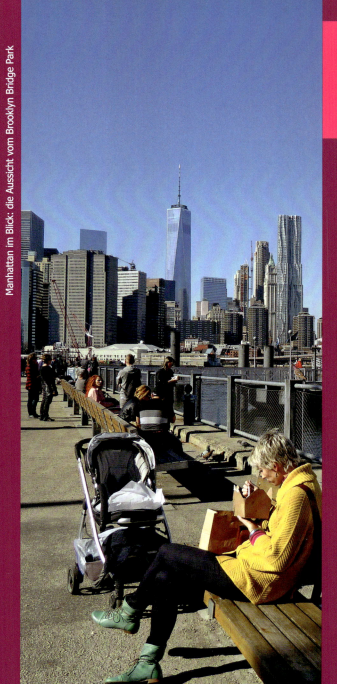

Manhattan im Blick: die Aussicht vom Brooklyn Bridge Park

Wege durch New York

Tour 1	Lower Manhattan		S. 26
Tour 2	Chinatown, Little Italy und NoLita		S. 54
Tour 3	Lower East Side		S. 66
Tour 4	SoHo und TriBeCa		S. 76
Tour 5	East Village		S. 88
Tour 6	Greenwich Village		S. 100
Tour 7	Flatiron District und Gramercy Park		S. 114
Tour 8	Chealsea und Meatpacking District		S. 124
Tour 9	Midtown		S. 136
Tour 10	Upper East Side		S. 162
Tour 11	Upper West Side		S. 174
Tour 12	Central Park		S. 190
Tour 13	Harlem und Morningside Heights		S. 196
Tour 14	Brooklyn		S. 208
Tour 15	Bronx		S. 224
Tour 16	Queens		S. 232
Tour 17	Staten Island		S. 242

Die Wiege der Stadt
Tour 1

Die Wiege der Stadt und die Wiege der Nation: Hier siedelten die ersten europäischen Kolonialisten, hier erklärten die Amerikaner 1776 ihre Unabhängigkeit, und hier hatte die erste US-Regierung ihren Sitz. Die Südspitze Manhattans erlebte aber auch eine der größten Tragödien Amerikas: die Anschläge vom 11. September 2001.

- **National September 11 Memorial and Museum**, Areal des ehemaligen World Trade Centers, S. 37
- **South Street Seaport**, historisches Viertel in neuem Gewand, S. 40
- **Statue of Liberty**, Symbol der Freiheit in der ganzen Welt, S. 47
- **Ellis Island**, Insel der Hoffnung und Tränen für Einwanderer, S. 49
- **Governors Island**, grüne Lunge Lower Manhattans, S. 50

„Where New York City began"
Lower Manhattan

Mit ihrem unmittelbaren Zugang zum Hudson River und zum Hafen von New York war die Südspitze der Insel Manhattan schon immer strategisch wichtig. Diese prominente Lage wurde ihr im Oktober 2012 zum Verhängnis. Hurrikan Sandy traf Lower Manhattan so hart, dass sogar die Börse zwei Tage lang (!) geschlossen blieb. 43 New Yorker starben, auf 19 Mrd. Dollar beziffern sich die Kosten und noch immer sind nicht alle Schäden, die durch Wind und Wasser entstanden sind, behoben.

Heute macht die Stadtverwaltung die Ufer wetterfest. Die Bollwerke, die im 17. und 18. Jh. entlang der Küste angelegt wurden, sollten dagegen noch konventionelle Feinde abschrecken und fremde Armeen in Schach halten. Ihre Geschützbatterien und Kanonen sind schon lange verschwunden – bis auf eine, die im Castle Clinton steht. Der Name allerdings ist geblieben: **Battery Park**. Ein großer Teil dieses Areals, das von den ersten Kolonialisten *Capske Hook* genannt wurde (angelehnt an ein indianisches Wort für „felsige Landzunge"), ist allerdings künstlich entstanden, denn ab dem 18. Jh. wurde der Küstenverlauf durch massive Landaufschüttungen nach und nach verschoben. Der vorläufig letzte Akt fand in den 1960er- und 70er-Jahren während der Errichtung des World Trade Centers statt, als der Aushub kurzerhand vor der Küste abgeladen wurde. Um die gesamte Südspitze verläuft ein herrlicher Fahrrad- und Spazierweg immer entlang des Ufers durch neu angelegte Grün- und Freizeitanlagen. Die beiden bedeutendsten Museen des Viertels sind das **Museum of Jewish Heritage** und das **National Museum of the American Indian**.

Nördlich des Battery Park beginnt der **Financial District**. Hier schlägt das Herz des Kapitals, hier werden Karrieren gemacht, Millionen verdient und Millionen verloren. Die Straßenschluchten um die berühmte Wall Street geben immer wieder wunderbare Blicke auf das alte New York frei, das unter den hoch hinausragenden Neubauten der letzten Jahre zu verschwinden droht.

Der Aufstieg New Yorks zur globalen Handels- und Finanzmetropole wäre nicht geglückt ohne den alten Hafen, den **South Street Seaport**. Er war zwischen 1815 und 1860 wichtigster Warenumschlagplatz der Welt. Nach seiner Schließung in den 1880er-Jahren gab man das Viertel dem Verfall preis. Erst Ende der 1960er-Jahre floss Geld und elf Häuserblöcke und drei Hafenpiere konnten restauriert werden. Die ehrgeizige Sanierung nach Hurrikan Sandy dürfte Ende 2017 vollzogen sein und das adrette Hafenviertel in eines der attraktivsten Vergnügungsquartiere Manhattans verwandeln.

Rund um die City Hall, das Rathaus, breitet sich der Gerichts- und Verwaltungsbezirk der Stadt aus. Hier im **Civic Center District** kann man die prächtige Architektur der öffentlichen Gebäude der *City of New York* bewundern, die die Macht, den Reichtum und den ganzen Stolz der Stadt repräsentieren.

Tour-Info Inzwischen wird wieder in Lower Manhattan gewohnt (die Einwohnerzahl hat sich seit 2001 auf rund 70.000 fast vervierfacht), und so ist an allen Tagen etwas los. An Werktagen sind die Wartezeiten für die Sehenswürdigkeiten etwas kürzer. Planen Sie für die Freiheitsstatue und Ellis Island mindestens einen halben Tag ein. Sollten Sie dorthin fahren (am besten morgens), wird es für den Spaziergang eng. Auch im National September 11 Museum und dem Hafenviertel South Street Seaport kann man sich durchaus länger aufhalten, sodass nur noch Spaziergangsabschnitte am selben Tag zu schaffen sind.

Vom Bowling Green über den Battery Park zur Wall Street

Ausgangspunkt ist die Subway-Station **Bowling Green** (Linien 4 und 5, Nordausgang Bowling Green) am gleichnamigen Park, der ältesten Grünanlage der Stadt. Die holländischen Kolonisten hatten in dieser Gegend ihre ersten Scharmützel mit den Indianern und nutzten das Areal später für Paraden; ihre britischen Nachfolger spielten lieber Bowling, daher der Name. Durchqueren Sie diese kleine Grünanlage, denn am nördlichen Ende des Bowling Green bietet die berühmte **Skulptur des Charging Bull** von Arturo di Modica ein beliebtes Kletter- und Fotomotiv. Als Symbol für wirtschaftliche Stärke bewacht der Bulle den Eingang zum **Standard Oil Building**, das John D. Rockefeller 1920–28 von seinen Ölmillionen bauen ließ. Es folgt der Kurve des Broadways, der hier seinen Anfang nimmt.

Die Kulturen Nord- und Südamerikas

National Museum of the American Indian

Im Hintergrund erhebt sich ein großer klassizistischer Bau: das alte *United States Custom House* von 1907. Gebaut wurde das prächtige Zollhaus nach Plänen von Cass Gilbert, der vor allem für das Woolworth-Gebäude berühmt ist. Der Haupteingang ist wie ein Triumphbogen gestaltet, die vier sitzenden Figuren symbolisieren die vier Kontinente Asien, Amerika, Europa und Afrika. Die zwölf Figuren über der Brüstung sollen die großen Seefahrernationen der Vergangenheit darstellen.

Die Zollbehörde zog später ins World Trade Center um, seit 1994 ist das Gebäude die Zweigstelle des inzwischen auf drei Standorte verteilten **National Museum of the American Indian**. Für den Grundstock der Museumsbestände sorgte George Gustav Heye, der seine umfangreiche Sammlung ab 1897 auf mehreren Erkundungsfahrten in Nord- und Südamerika zusammentrug und später in einem Vorläufer des heutigen Museums der Öffentlichkeit präsentierte. Inzwischen verfügt das mittlerweile vom nationalen *Smithsonian Institution* betriebene Museum über mehr als eine Million Objekte.

Das Museum, das auch unter dem Beinamen *George Gustav Heye Center* firmiert, widmet sich in seinen Wechselausstellungen neben der Geschichte und (Alltags-)Kultur insbesondere auch der (zeitgenössischen) Kunst der „Native Americans". Es bietet im *Diker Pavilion for Native Arts and Cultures* eine Bühne für indianische Musik und Tanz.

1 Bowling Green, ☏ 212-514-3700, www.nmai.si.edu/visit/newyork. Tägl. 10–17 Uhr, Do bis 20 Uhr. Eintritt frei. Eine Liste der tägl. Führungen bekommt man am Infostand im 1. Stock (2nd floor). Subway: Bowling Green Linien 4, 5; Linie 1 bis Rector St. oder South Ferry.

Alles über Wolkenkratzer – ein Kleinod

The Skyscraper Museum

Gehen Sie entlang der Hauptstraße Battery Place und biegen Sie am Ritz Carlton Hotel rechts ab. An der nächsten Querstraße treffen Sie auf den Eingang zu einem Kleinod, dem *Wolkenkratzer-Museum*. Sein Thema ist die Geschichte und Architektur von Manhattans Hochhäusern, eines der Highlights das Originalmodell des World Trade Centers. Die Skulptur vor dem Hotel heißt übrigens *Breath* und stammt von Shirazeh Houshiary und Pip Home.

2 West St., Battery Park City, ☏ 212-968-1961, skyscraper.org. Mo/Di 10–18 Uhr, Mi–So 10–12 Uhr. Eintritt $ 5, erm. $ 2,50. Subway: Bowling Green Linien 4, 5.

Jüdische Geschichte des 20. Jh.

Museum of Jewish Heritage

Halten Sie sich in Richtung Hudson River. In kurzer Entfernung erhebt sich vor Ihnen ein sechseckiges Gebäude, das Museum of Jewish Heritage. Seine Form ist der des Davidsterns nachempfunden und soll gleichzeitig Sinnbild sein für die sechs Millionen Juden, die dem Holocaust zum Opfer fielen. Das Museum widmet sich auf drei Etagen der Geschichte der Juden im 20. Jh. Die erste Etage befasst sich mit der Alltagskultur der jüdischen Gemeinden zu Beginn des Jahrhunderts, die zweite mit Verfolgung, Shoa und Widerstand, die dritte mit der Nachkriegszeit, der Gründung des Staates Israel, dem Wiederaufleben der jüdischen Kultur in Europa und der Pflege jüdischer Traditionen in den USA. Präsentiert werden etwa 15.000 Exponate, darunter mehr als 2000 Fotos, 24 Dokumentarfilme und 800 Kunstgegenstände.

Wenn der Himmel brennt und die Stadt leuchtet: Sonnenuntergang über Manhattans Häusermeer

Edmond J. Saffra Plaza, 36 Battery Pl., ☏ 646-437-4202, www.mjhnyc.org. So–Di und Do 10–17.45 Uhr, Mi 10–20 Uhr, Fr 10–17 Uhr, Sa und an jüdischen Feiertagen geschl., von Nov. bis März und vor jüdischen Feiertagen nur bis 15 Uhr. Eintritt $ 12, erm. $ 10, Studenten $ 7, Kinder unter 12 J. frei, Mi 16–20 Uhr frei. Mehrsprachige Audioguides. Subway: Bowling Green Linien 4, 5.

Einer der ältesten Parks in New York City
Battery Park

Wenn Sie das Museum verlassen, stehen Sie im Battery Park. Das gesamte Viertel steht auf dem Schutt und dem Glimmerschiefer, der für den Bau des zwischen 1966 und 1973 errichteten und 2001 zerstörten World Trade Centers ausgehoben wurde, und ist vor allem wegen seiner neuen Uferpromenade eine beliebte Wohnadresse. Der neu gestaltete *Hudson River Park* verbindet fünf öffentliche Parks und viele interessante Werke moderner Bildhauerei miteinander. Sie könnten nun theoretisch immer am Ufer die Esplanade entlang bis nach Harlem spazieren – aber das wäre eine andere Tour.

Denkmalgeschützte Festung
Castle Clinton

Bleiben Sie am Ufer des Hudson mit Blick auf die Freiheitsstatue. Der *Pier A* mit seinem dreistöckigen Gebäude von 1886 ist rund 125 Jahre alt und war einst Sitz der Hafenpolizei. Der Uhrenturm wurde 1919 aufgestockt, um an die gefallenen US-Soldaten im Ersten Weltkrieg zu erinnern. Später wurden hier Staatsgäste und Stars nach ihrer Landung in Manhattan willkommen geheißen und heute kann man nach umfangreicher Renovierung im *Pier A Harbour House* mit Blick auf die Freiheitsstatue trinken und speisen. Direkt vor der Tür hat das Mahnmal **The Sphere** zumindest provisorisch seinen Platz gefunden: eine Weltkugel, die einst am World Trade Center stand. Die vom Würzburger Bildhauer Fritz Koenig 1971 geschaffene Stahl-Bronze-Skulptur wurde beim Terroranschlag beschädigt und erinnert jetzt an seine Opfer. Nahebei steht die Skulptur eines Soldaten, das **Korean War Memorial** zum Gedenken an die Opfer des Koreakrieges.

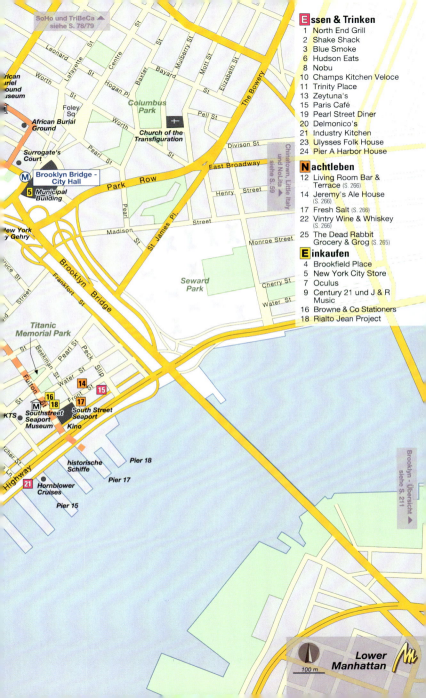

Auf der Mole direkt am Ufer des Hudson kniet eine Gruppe Matrosen aus Bronze, die einen Kameraden aus den Fluten ziehen. Es ist das **American Merchant Mariner's Memorial** und erinnert an die Seeleute, die in Ausübung ihres Berufs zu Tode kamen.

Viel länger können Sie nun das kreisrunde, rote Sandstein-Fort im Hintergrund nicht mehr ignorieren. Das **Castle Clinton** wurde 1811 als eine von acht Verteidigungsanlagen gegen englische Angriffe vom Wasser aus zunächst als *South West Battery* gebaut, seinen heutigen Namen erhielt es 1815 zu Ehren des New Yorker Bürgermeisters und Gouverneurs DeWitt Clinton. Einen militärischen Einsatz erlebte das Bollwerk nie, auch nicht im *War of 1812*, dem letzten Krieg zwischen Großbritannien und den USA. Bereits 1824 begann dann die zivile Laufbahn von Castle Clinton: zunächst als Opernhaus und Konzertsaal, dann als Einwanderungszentrum der Stadt und schließlich als öffentliches Aquarium. Seit 1946 ist es denkmalgeschützt, heute können Sie hier die Karten für die Fähre zum Wahrzeichen von New York, der **Statue of Liberty** (→ S. 47/48), und nach **Ellis Island** (→ S. 49) kaufen. Die „Insel der Tränen" war, nachdem Castle Clinton für diesen Zweck geschlossen worden war, erste Anlaufstation für rund zwölf Millionen Einwanderer. An sie erinnert auch die Skulptur einer Immigrantengruppe neben der Festung.

Tägl. (außer 25. Dez.) 7.45–17 Uhr geöffnet. Weitere Informationen unter ☏ 212-344-7220; www.nps.gov/cacl. Subway: Bowling Green Linien 4, 5.

> Einen **schönen Blick auf die Freiheitsstatue** haben Sie auch von der kostenlosen Fähre nach Staten Island. Sie startet rund um die Uhr alle 30 Min. vom nagelneuen Whitehall Terminal. www.siferry.com.

Der mit den Fischen tanzt ...

Seaglass Carousel

Um die nächste Station zu erreichen, bleiben Sie am Wasser und spazieren durch zwei Gartenanlagen der zum Stauden- und Gräsergarten ausgebauten Promenade, die als *Garden of Remembrance* (Garten der Erinnerung)

Walzerbahn mit Fischmotiv: das Seaglass Carousel

Vom Bowling Green zur Wall Street 33

an die Opfer und Überlebenden der Terroranschläge 9/11 vom niederländischen Gartenarchitekten Piet Oudolf (High Line) gestaltet wurde. Seine naturalistische Handschrift tragen auch die *Bosque Gardens* samt Brunnen, wo Sie mitten im Grünen im Table Green Café pausieren können. Weiter geht es durch das *East Coast War Memorial*, ein Bronzeadler inmitten von acht Granitstelen, in die die Namen von 4609 im Zweiten Weltkrieg gefallenen Soldaten eingraviert sind. Kurz dahinter passieren Sie das gläserne *Seaglass Carousel*, das die Gestalt einer Meeresschnecke hat, in der sich 30 bunt beleuchtete Fische wie in einer Walzerbahn im Kreise drehen. Es befindet sich in den erst jüngst vollendeten *Woodland Gardens* und ist eine Hommage an das erste New Yorker Aquarium (Castle Clinton), das hier von 1896 bis 1941 stand. Teil der umfangreichen Neugestaltung und Landschaftspflege des Battery Parks ist auch die *Battery Urban Farm*, wo Schulklassen, Anwohner und Naturinteressierte Obst, Gemüse, Kräuter und Blumen anpflanzen. Die Ernte kommt in lokalen Schulkantinen auf den Tisch.

Seaglass Carousel: So–Do 10–18 Uhr, Fr/Sa 10–20 Uhr, im Sommer länger. Ein Ritt kostet $ 5. www.seaglasscarousel.nyc.

Geburtshaus von Elizabeth Seton
Chapel of Our Lady of the Rosary

Am Spielplatz vorbei gelangen Sie nun zur New Amsterdam Plain, dem Vorplatz des Whitehall Piers, von dem die Staten Island Ferry ablegt (→ „Blick auf die Freiheitsstatue", S. 286). Am Battery Maritime Building (10 South Street) besteigen Sie die Fähre zu **Governor's Island** (→ S. 50).

Direkt gegenüber versinkt ein historisches Backsteingebäude fast im Hochhausmeer: die Chapel of Our Lady of the Rosary, das Geburtshaus von Elizabeth Seton. Sie war die Gründerin der ersten katholischen Konfessionsschule in Amerika und des Ordens der *Sisters of Charity*, der *Barmherzigen Schwestern*. Außerdem eröffneten sie und ihre Anhängerinnen verschiedene Waisen- und Krankenhäuser. 1975 wurde sie als erste im Land geborene Amerikanerin von der Kurie heiliggesprochen, weshalb sich in der Backsteinkirche neben ihrem ehemaligen Wohnhaus eine Gedenkstätte, der *Seton Shrine*, befindet. Betritt man die kleine Kirche, steht die Heilige links in einer winzigen Kapelle auf einem Sockel. Hinter dem Hochaltar erinnern Buntglasfenster an die Wohltaten von Mutter Seton. Die Kirchengemeinde war 1883 als katholische Mission gegründet worden, um irischen Einwanderinnen das Einleben in Manhattan zu erleichtern. Das derzeitige Gebäude stammt allerdings von 1962.

7 State St./Ecke Water St., setonshrine.org. Wochentags 8–17 Uhr, am Wochenende nur vor und nach dem Gottesdienst um 11 Uhr. Subway: Whitehall St./South Ferry Linie R oder South Ferry Linie 1; Bowling Green Linien 4, 5.

Geschichtsträchtige Kneipe des 18. Jh.
Fraunces Tavern Museum

Biegen Sie hinter der Kapelle links in die Moore Street und dann rechts in die Pearl Street. An der nächsten Ecke zur Broad Street, die so breit (= *broad*) ist, weil sie ein zugeschütteter Kanal aus holländischer Zeit ist, wartet das Fraunces Tavern Museum auf Ihren Besuch. Es ist Teil eines hübschen Gebäudekomplexes aus alten Backsteinhäuschen – der einzige noch original erhaltene Straßenblock aus dem 18. Jh. Die Taverne selbst ist jedoch nur ein Nachbau (1906) der historischen Gaststätte, in der sich George Washington am 4. Dezember 1783 von seinen Offizieren verabschiedete, nachdem er kurz vorher sein Ausscheiden aus der Armee bekannt gegeben hatte. Das Gebäude war 1719 ursprünglich als Privathaus der prominenten Familie Delancey errichtet worden und ging 1762 in den Besitz von Samuel Fraunces über, dessen dort eingerichtete Taverne schon bald zu einer Art politischem Debattierclub im vorrevolutionären Amerika wurde. 1789/90, in den 18 Monaten, in denen New York als Hauptstadt der USA fungierte, waren hier sogar das Außenministerium, das Schatzamt und das Kriegsministerium untergebracht. Heute dient der erste Stock des rekonstruierten Gebäudes als Museum zur amerikanischen Geschichte des 18. und 19. Jh., die gastronomische Tradition wird durch das irische Pub The Porterhouse Brewery im Kolonialstil unter dem gleichen Dach fortgesetzt.

54 Pearl St./Ecke Broad St., ✆ 212-425-1778, www.fraucestavernmuseum.org. Mo–Fr 12–17 Uhr, Sa/So ab 11 Uhr. Eintr tt $ 7, erm. $ 4, unter 5 J. frei. Subway: Whiteha l St./South Ferry Linie R; South Ferry Linie 1; Broad St. Linien J, Z.

Gedenkgarten

Queen Elizabeth II September 11th Garden

Halten Sie sich nun links und gehen Sie beim Coenties Slip rechts in die idyllische Stone Street, die so heißt, weil sie die erste (kopfstein)gepflasterte Straße New Yorks war. Hier finden sich viele Restaurants mit Straßenterrassen. Die Stone Street führt auf den Hanover Square. An diesem Platz wurde der etwas unspektakuläre Queen Elizabeth II September 11th Garden im Stil eines englischen Blumengartens angelegt. Er soll an ihr diamantenes Regierungsjubiläum und die 67 Briten sowie die weiteren Opfer aus dem britischen Commonwealth erinnern, die am 11. September 2001 im World Trade Center ihr Leben verloren. Die Blumensamen stammen aus Prinz Charles' Highgrove Farm, der Stein für die Fußwege kommt aus Schottland, der Schiefer aus Wales, und die Poller sind aus London.

Gehen Sie nun die Beaver Street rechts hoch und biegen links in die Hanover Street ein. Sie ist eine jener imposanten Straßenschluchten, die einen in Lower Manhattan so beeindrucken können – sie führt direkt zur Wall Street.

Wall Street

Die Wall Street, die dem Verlauf der einstigen, unter Peter Stuyvesant gebauten Stadtmauer folgt. ist das Epizentrum des New Yorker Finanzbezirks (Einheimische sagen „Fidi" für Financial District), die Herzkammer des amerikanischen Kapitalismus mit der größten Börse der Welt. Der Straßenname ist inzwischen ein Synonym für die gesamte Finanzwirtschaft Amerikas, nicht umsonst nannte sich die jüngste Protestbewegung für mehr soziale Gerechtigkeit in der Welt „Occupy Wall Street". Wie in dieser Straße seit Jahrhunderten gewirtschaftet wird, darüber berichtet das **Museum of American Finance** auf

knapp 2800 m². Ein Film des History Channels zeigt die Vergangenheit der berühmten Finanzmeile und bietet einen anschaulichen Einstieg in das amerikanische Finanzgebaren. Zu den vielen Ausstellungsstücken im Museum zählen u. a. historische Rechenmaschinen, das Ticker Tape des Börsencrashs von 1929, ein Scheck von John D. Rockefeller und eine Reichsbanknote von 1923 über eine Million Mark. Alexander Hamilton, Finanzgenie und Gründer der ersten Zentralbank Amerikas, ist ein eigener Raum gewidmet.

48 Wall St./William St., ☏ 212-908-4110, www.moaf.org. Di–Sa 10–16 Uhr. Eintritt $ 8, erm. $ 5. Subway: Wall St. Linien 2, 3.

Gehen Sie die Wall Street nach Verlassen des Museums in Richtung Broadway. Auffällig ist die hübsche Fassade der alten **Merchant's Exchange** mit ihrer langen Säulenkolonnade. Sie war später das Hauptquartier der *National City Bank* und diente danach als Regent Wall Street Hotel. Heute verbergen sich hinter der historischen Fassade Luxusapartments. Dank dieser neuen, kaufkräftigen Kundschaft zogen auch viele Luxusläden wie Tiffany (Nr. 37) oder Hermes (15 Broad Street) nach Downtown und beleben nun das Finanzviertel auch außerhalb der Bürozeiten.

Einen Block weiter können Sie schon die lebensgroße Statue von George Washington ausmachen. Sie steht vor der **Federal Hall** genau an der Stelle, wo George Washington 1789 in einem Vorgängerbau den Amtseid als erster Präsident der Vereinigten Staaten leistete. Kurz darauf versammelten sich dort auch die Abgeordneten des ersten amerikanischen Kongresses. Das Gremium blieb 18 Monate, bis die Hauptstadt Amerikas von New York nach Philadelphia verlegt wurde. In der Federal Hall wurde auch die *Bill of Rights* beschlossen, ein Katalog von Bürgerrechten, der in Form von zehn sog. *amendments* (Zusätzen) in die amerikanische Verfassung einging. Die historische Federal Hall wurde leider nach dem Umzug der Regierung abgerissen. Das neue, tempelartige Gebäude entstand 1842 zunächst als Zollhaus, bis jenes 1861 in die Wall Street Nr. 55 umzog. In seinem Inneren befinden sich ein Ausstellungsraum zum Hafen von New York („Gateway to America") mit vielen touristischen Informationen, ein Shop und eine kleine historische Ausstellung, deren Highlight die Bibel ist, auf die Washington seinen Amtseid leistete.

Es werden mehrmals im Monat thematische Führungen für $ 15 durchs Finanzviertel angeboten. Subway: Wall St. Linien 4, 5.

Die weltberühmte Institution des Kapitalismus, die die Wall Street zum Synonym für Geldwirtschaft und Gier gemacht hat, steht in römischer Anmut gegenüber. Seit dem 11. September 2001 ist die **New York Stock Exchange (NYSE)** für Besucher nicht mehr zugänglich. Dank der glasfaservernetzten Supercomputer, die inzwischen 90 % des Aktienhandels abwickeln, ist dort allerdings sowieso nicht mehr viel zu sehen. In Boomzeiten arbeiteten hier mehrere tausend Händler täglich, heute sind es noch rund 300.

Die New Yorker Börse geht auf das Jahr 1792 zurück, als sich unter einem Bergahorn *(buttonwood)* auf der Broad Street 24 Makler trafen, um mit Regierungsanleihen zu handeln, die die Amerikanische Revolution finanzieren sollten. Das sog. *Buttonwood Agreement*, das ihren Handel regelte, ging als der offizielle Beginn des amerikanischen Börsenhandels in die Geschichte ein. Die Händler zogen dann in ein Kaffeehaus an der Ecke Water und Wall Street um, bis im Jahr 1865 in der Broad Street Nr. 20 das erste Börsengebäude errichtet wurde. Das jetzige Gebäude im klassizistischen Design von George B. Post mit seinen imposanten korinthischen Säulen wurde 1903 eingeweiht. Der Komplex erstreckt sich auf die Blöcke Wall, Broad und New Street. 20.000 Menschen kamen am Eröffnungstag, war doch der *Trading Floor* einer der beeindruckendsten Räume, die man je gesehen hatte. Er misst 33 mal 43 m, hat 21 m hohe Wände aus Marmor und eine vergoldete Stuckdecke. Beleuchtet wird er durch ein 10 m² großes Oberlicht. Es gibt alle möglichen Annehmlichkeiten wie getrennte Restaurants für Raucher und Nichtraucher oder eine Ambulanz, in der rund um die Uhr ein Arzt Dienst tut. Von der Anzeigentafel verlaufen 38 km Kabel in die Büros und Schaltstellen der Macht. Seit den 1870er-Jahren beginnt der Handel täglich mit dem Klingeln der *opening bell;* er endet, wenn die *closing bell* ertönt. Seit März 2006 ist die NYSE selbst an der Börse notiert, 2007 fusionierte die NYSE mit der europäischen Mehrländerbörse Euronext, um als erste transatlantische Börse der Weltgeschichte noch globaler auf den Weltmärkten agieren zu können. Sie betreibt den weltweit größten Marktplatz für börsennotierte Produkte und repräsentiert mit der New Yorker Börse, der NYSE Euronext, der NYSE Amex, der NYSE Alternext und der NYSE Arca ein Drittel des weltweiten Aktienhandels. Der an der New Yorker Stock Exchange dotierte Dow-Jones-Index ist einer der ältesten und bedeutendsten Aktienindices der Welt. Nicht ohne Grund heißt es in Finanzkreisen, „wenn die Wall Street hustet, bekommt der Rest der Welt eine Grippe".

Über den Broadway Richtung National September 11 Memorial

Wenn Sie nun die Wall Street bis zum westlichen Ende gehen, erreichen Sie wieder den Broadway. Er beginnt am Park Bowling Green am Südzipfel Manhattans beim Bullen und führt durch ganz Manhattan bis zur 262nd Street in der Bronx, um dann das New Yorker Stadtgebiet zu verlassen (→ S. 142).

Neugotische Kirche

Trinity Church

Bereits von der Börse aus erblicken Sie die Trinity Church aus dem Jahr 1846, die sich am Broadway zwischen die Hochhausriesen duckt. Sie hat zwei Vorgängerbauten, der erste davon entstand bereits 1698 auf Erlass Williams III. von England als eine der ältesten anglikanischen Kirchen Nordamerikas und wurde durch den verheerenden Großbrand von 1776 zerstört; die zweite, 1790 errichtete Kirche musste nach dem schweren Winter 1838/39 abgerissen werden, weil sie unter der Last der Schneemassen zusammenzubrechen drohte. Der jetzige Bau wurde unter der Regie von Richard Upjohn im neogotischen Stil errichtet. Mit ihrem 92 m hohen Turm war die Kirche bis zur Jahrhundertwende das höchste Gebäude New Yorks und diente den Schiffen als Wegweiser für eine sichere Einfahrt in den Hafen. Heute wirkt sie inmitten der Wolkenkratzerlandschaft eher klein und fast zierlich. Zu ihren Schätzen zählen die drei Bronzetüren, die Ghibertis Paradiestor am Florentiner Baptisterium nachempfunden sind und die Geschichte der Kirche erzählen.

Die Atmosphäre im Innern wird von den Buntglasfenstern bestimmt, deren bedeutendstes über der Kanzel Christus mit den vier Evangelisten zeigt. Alexander Hamilton wurde am äußersten Ende des Trinity Friedhofs begraben, da er 1804

Trinity Church

„unehrenhaft" in einem Duell erschossen wurde. Hamilton war der erste Finanzminister der USA, gründete die *Bank of New York* und die Tageszeitung *New York Post*, trug zum Aufbau des Bankenwesens und der Marine bei. Er schmückt bis heute den 10-Dollar-Schein. Seine letzte Ruhestatt fand hier auch Robert Fulton, der das erste seetüchtige Dampfschiff baute. Übrigens ist der Landbesitz dieser Kirche, der ihr von Queen Anne 1705 geschenkt worden war, mehr als 2 Mrd. Dollar wert!

74 Trinity Pl., ☏ 212-602-0800, www.trinitywall street.org. Tägl. 8–18 Uhr. Kostenfreie Führungen Mo–Fr um 14, So um 11.15 Uhr. Von März bis Mai findet donnerstags um 13 Uhr die Kammermusikserie „Concerts at One" statt. Subway: Wall St. Linien 4, 5; Rector St. Linien R oder 1.

Denkmalgeschützter Wolkenkratzer
Equitable Building

Gehen Sie nun rechts den Broadway hinauf. Der Wolkenkratzer auf der rechten Straßenseite (Nr. 120 zwischen Pine und Cedar Street) ist das berüchtigte H-förmige Equitable Building, das 1915 eröffnet und als so monströs empfunden wurde, dass ein Jahr später eine Bauordnung *(zoning law)* verabschiedet wurde, um solche Schandtaten künftig zu verhindern: Denn je mehr Hochhäuser schnurstracks in den Himmel schossen, desto mehr verdunkelte sich das Leben in den Straßenschluchten. Um die Lebensqualität zu erhalten, verfügte die Stadtregierung, dass die oberen Geschosse aller neuen Wolkenkratzer in Zukunft in bestimmten Abständen zurückversetzt gebaut werden mussten. Berühmtestes Beispiel für diese „Hochzeitskuchen-Bauform" mit Rücksprüngen ist das Empire State Building (zur *Stadtplanung auf Amerikanisch* → S. 81).

Vor der *Marine Midland Bank* ebenfalls auf der rechten Seite steht der **Red Cube** des japanischen Bildhauers Isamu Noguchi (→ Isamu Noguchi Garden Museum in Queens S. 240). Der 1967 entstandene rote Würfel balanciert auf einer Ecke und soll den Zufall symbolisieren – ganz wie ein Würfel eben.

Wenn Sie jetzt den Broadway überqueren, gelangen Sie auf direktem Weg zum *National September 11 Memorial and Museum*, dem Gelände des ehemaligen World Trade Centers.

Areal des ehemaligen World Trade Centers
National September 11 Memorial and Museum

9/11, – ein Datumskürzel, das auch nach mehr als 15 Jahren noch aufwühlt und für eine neue Zeitrechnung steht. Der 11. September 2001 markiert den Tag, nach dem in New York nichts mehr so war wie vorher. Kurz vor 9 Uhr schlug das erste der beiden von islamistischen Terroristen entführten Passagierflugzeuge in den südlichen der beiden 420 m hohen Türme des World Trade Centers ein, nur 15 Minuten später folgte die zweite Maschine. Durch die Wucht des Einschlags und die enorme Hitze des durch die Explosion ausgelösten Brandes brachen die Zwillingstürme kurze Zeit später in sich zusammen. Unter den Trümmern aus Stahl und Beton wurden fast 2800 Menschen begraben.

Nach all den Jahren sind das Entsetzen, die Trauer und die Ohnmacht einer gewissen Normalität und ja, einem wirtschaftlichen Unternehmertum gewichen. Wie eine weiße Taube und als Symbol des Friedens erdacht, erhebt sich das Dach des futuristischen neuen Bahnhofs „Oculus", entworfen vom spanischen Stararchitekten Santiago Calatrava, unweit der Gedenkstätte. Die ausufernden Baukosten allerdings machten aus der Taube einen „gefräßigen Truthahn", es ist der bislang teuerste Bahnhof der Welt, der sogar die Kosten für das One World Trade Center samt Observatorium übertraf. Der Verkehrsknotenpunkt, an dem sich elf Bahnlinien treffen, wird von Manhattanites als die „Grand Central Station" von Downtown bezeichnet. 12.500 Tonnen Stahl, weißer Marmor aus Europa und

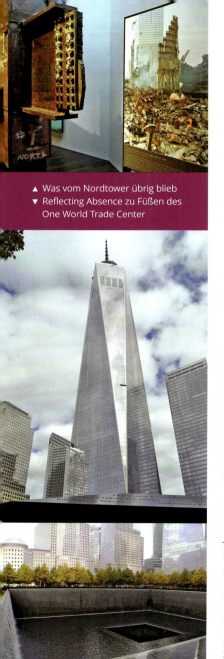

▲ Was vom Nordtower übrig blieb
▼ Reflecting Absence zu Füßen des One World Trade Center

1000 Scheiben aus bombensicherem Glas wurden hier verbaut und überspannen nun auch einen Konsumtempel von 34.000 m² Verkaufsfläche. Unübersehbar ist aus dem *Ground Zero* der Zerstörung ein Neuanfang geworden. Von Daniel Libeskinds ambitioniertem Originalentwurf blieb am Ende allerdings nur wenig übrig. Zu mannigfaltig waren die Ansprüche der verschiedenen Interessengruppen und die Anforderungen an die Sicherheit, sodass am Ende nur ein architektonischer Kompromiss mit fünf neuen Bürohochhäusern dabei herauskam (zwei sind derzeit noch im Bau).

Sie stehen hier als trotziges Wahrzeichen dafür, dass sich New York den Himmel über Ground Zero zurückerobert hat. Den weit sichtbaren Kern dieser Anlage bildet natürlich das nunmehr von David Childs entworfene **One World Trade Center** (WTC1, ehemals **Freedom Tower**), der mit knapp 4 Mrd. Dollar Baukosten bislang teuerste Skyscraper der Welt. Er besteht aus zwei ineinander gelegten Quadraten, misst exakt 1776 Fuß (ca. 541 m, bestehend aus 104 Stockwerken und einer 124 m hohen Spitze) und ist damit wieder das höchste Gebäude New York Citys und der westlichen Hemisphäre. 1776 Fuß stehen symbolisch für das Jahr der amerikanischen Unabhängigkeitserklärung. Der Blick von den rundum verglasten Aussichtsplattformen oberhalb des 100. Stockwerks ist atemberaubend und der beste Manhattans.

Zu Füßen dieses One World Trade Center erstreckt sich die 3 ha große Memorial Plaza, auf der die Gedenkstätte *Reflecting Absence* entstand, die nach den Plänen von Michael Arad und Peter Walker wie eine Parkanlage gestaltet wurde. Im Mittelpunkt liegen zwei in die Erde eingelassene, quadratische Brunnen, deren Umfang und Setzung zueinander die Footprints der beiden zerstörten WTC-Türme bilden. In der Mitte öffnen sie sich zu einem Untergeschoss, sodass ein künstlicher Wasserfall entsteht, der sich 9 m in die Tiefe

Über den Broadway

stürzt. Die Becken sind von minimalistischen Bronzetafeln umgeben, auf denen die Namen der 2983 Anschlagsopfer eingraviert sind, die hier, im Pentagon, in den beiden Flugzeugen und bei einem früheren Anschlag auf das World Trade Center ums Leben kamen. In den beiden Brunnen soll sich die Abwesenheit und Leere widerspiegeln, die die Zerstörung des World Trade Centers und der Tod hinterlassen haben.

Daneben erhebt sich ein spiegelnder Glas- und Aluminium-*Pavillon*, in den zwei Originalstahlträger des World Trade Centers integriert wurden. Sie bilden den Eingang zum **9/11 Memorial Museum**, das sich den Blicken der Welt zunächst entzieht. Die sorgfältig choreografierte Gedenkreise beginnt unter Tage in der *Memorial Hall*, von der eine Art Rampe durch eine Folge von Gedenkräumen führt, die zum Teil durch das Tageslicht beleuchtet werden, das durch die Wasserwände der darüberliegenden Becken einfällt. Allein die Dimensionen dieser unterirdischen Räume – 7 Stockwerke tief und über 10.000 m² groß – sind schier überwältigend. Die Ausstellung umfasst Trümmerreste, Gegenstände, akustische Mitschnitte, Videos und Multi-Media-Tafeln, die mit dem Anschlag verbunden sind. All dies ergibt ein sensibles und minutiöses Protokoll der Ereignisse dieses schrecklichen Tages und der Hintergründe und Nachwirkungen. Am berührendsten sind wahrscheinlich die privaten Relikte der Verstorbenen, die vielen Augenzeugenberichte und der intime Film über jeden einzelnen Toten, der als eine Art Nachruf gedacht ist. Denn das Museum ist vieles in einem: Touristenattraktion, Bildungseinrichtung und letzte Ruhestätte für die unidentifizierten sterblichen Überreste der Opfer. Man kann hier getrost mehrere Stunden verbringen, bevor der Weg einen wieder hinausführt aus der *Foundation Hall*, die das Fundament des originalen World Trade Center Nordturms war. Am Ende bringt Sie die Rolltreppe zurück zur Memorial Plaza ans Tageslicht. Auch im **9/11 Tribute Center** werden die Erinnerungen wachgehalten, nachdenklich stimmen die Führungen durch Hinterbliebene, die von hier aus vielfach täglich veranstaltet werden.

National September 11 Memorial: Der Besuch der Memorial Plaza ist kostenfrei.

9/11 Memorial Museum: So–Do 9–20 Uhr, Fr/Sa bis 21 Uhr. Letzter Einlass 2 Std. zuvor. Tickets kann man im Internet bis zu 3 Monate im Voraus kaufen. $ 24, erm. $ 18, Kinder bis 17 J. $ 15, Di 17–20 Uhr frei, letzter Einlass 19 Uhr. Besuch mit Führung $ 39–44, erm. $ 33–38, Kinder bis 17 J. $ 30–35 (je nach Länge der Führung). Kostenfreier Download des Audioguides auf Deutsch, WLAN ist vorhanden. Leihgeräte kosten $ 7. 130 Greenwich Street, NY 10007, ℡ 212-312-8800, www.911.memorial.org.

9/11 Tribute Center: 120 Liberty St., Mo–Sa 10–18 Uhr, So bis 17 Uhr. Eintritt $ 15, erm. $ 10, Kinder $ 5. Informationen unter www.tributewtc.org. Führungen So–Do 11, 12, 13, 14 und 15 Uhr; Fr 10.30, 11, 12, 13, 14 und 15 Uhr; Sa zusätzlich 12.30 und 13.30 Uhr. $ 25, Kinder $ 10. Buchung im Internet oder am selben Tag im Tribute Center.

Ehemaliges World Financial Center

Abstecher: Brookfield Place

Brookfield Place bildet das Herz des oben bereits erwähnten Wohnbezirks Battery Park City, der zwischen 1980 und 2000 angelegt wurde. Der Büro- und Einkaufskomplex besteht aus vier Türmen mit bis zu 51 Stockwerken. Ihre kupfernen Dachvariationen sind inzwischen fester Bestandteil des New Yorker Stadtbildes und von der Gedenkstätte aus gut sichtbar. Die Türme 2 und 3 verbindet ein 36 m hoher Wintergarten (Atrium) mit Glas-Stahl-Gewölbe, in dem 16 riesige Königspalmen aus der Mojave-Wüste für ein wenig exotische Atmosphäre sorgen. Angeschlossen ist eine Galerie mit vielen Geschäften, Restaurants und mehreren Food Halls, *Hudson Eats* und *Le District*, deren Inspiration von einem französischen Wochenmarkt sich im Namen erkennen lässt. Brookfield Place bietet 27.000 m² Nutzfläche und hat als Mieter so renommierte Firmen wie American Express, Dow Jones oder die Wirtschaftsberaterfirma Deloitte unter Vertrag.

Wintergarten: Tägl. 5–2 Uhr. **Shops**: Mo–Sa 10–20, So 12–18 Uhr. **Hudson Eats**: Mo–Sa 10–21, So bis 19 Uhr. 230 Vesey St., Hudson River Waterfront, www.brookfieldplaceny.com.

Von der World Trade Center Site zum Civic Center

Internationales Gold-Depot
Federal Reserve Bank

Gehen Sie nun zurück zur Church Street und rechts am berühmten Discountladen *Century 21* die Cortlandt Street hoch und biegen in die Maiden Lane ein. Das festungsartige, einem Florentiner Palast nachempfundene Gebäude an der Ecke zur Nassau Street beherbergt die Federal Reserve Bank, die meist schlicht *Fed* genannt wird. Hier ist auf fünf unterirdischen Stockwerken ein Viertel der Goldreserven der Welt gelagert, mehr als in Fort Knox. Das Edelmetall im Wert von rund 10 Milliarden Dollar gehört 36 Nationen, Zentralbanken und internationalen Organisationen. Nur ein kleiner Teil ist Eigentum der USA. Das Gold wird in 122 separaten Lagern untergebracht, der Zugang liegt 24 m unterhalb des Straßenniveaus. Zusätzliche Sicherheit verspricht die 90 t schwere Stahlzylindertür in ihrem 140 t schweren Rahmen. Die rund 25.000 Besucher im Jahr wollen sich wohl einmal in ihrem Leben so fühlen wie Dagobert Duck beim Anblick seiner Taler. Sie bekommen auch eine kleine Ausstellung zur Geschichte des Geldes zu sehen.

33 Liberty St., www.newyorkfec.org. Kostenlose Führungen Mo–Fr (außer feiertags) um 13 und 14 Uhr. Anmeldung erforderich, man muss mind. 16 J. alt sein und unbedingt den Ausweis mitbringen. Eingang 44 Maiden Lane, es gibt die üblichen Sicherheitskontrollen. Für Reservierungen bitte mailen an: frbnytours@ny.frb.org www.newyorkfed.org/aboutthefed/visiting.html, ✆ 212-720-6130. Subway: Fulton St./Broadway Nassau Linien A, C, J, Z, 2, 3, 4, 5.

Folgen Sie der Nassau Street bis zur Fulton Street, in die Sie links einbiegen. Kurz vor dem Broadway türmt sich eine 24 m hohe und 37 m breite Kuppel aus Stahl, Aluminium und Glas. Das um Jahre verspätete und Millionen Dollar über dem vereinbarten Budget errichtete **Fulton Center** ist ein neuer Umsteigebahnhof des Londoner Architekten Nicholas Grimshaw, an dem neun U-Bahnlinien miteinander verbunden und in ein Einkaufszentrum eingebettet wurden, das durch einen 105 m langen Tunnel mit dem Oculus-Bahnhof am World Trade Center verbunden ist und täglich von 300.000 Pendlern genutzt wird.

Historisches Viertel in neuem Gewand
Abstecher: South Street Seaport

Am östlichen Ende der Fulton Street liegt der South Street Seaport. Seine schöne Lage am East River mit einem traumhaften Blick zur Brooklyn Bridge hat der historische Hafenbezirk mit schweren Sturmschäden und Überflutungen durch Hurrikan Sandy bezahlt. Wie gewohnt hat die Stadt auch diese Zerstörung als Chance begriffen und beherzt Neues geschaffen. Aus dem alten Hafen wurde ein kulturelles, kulinarisches und kommerzielles Vergnügungsviertel.

Folgen Sie also der Fulton Street in Richtung Osten bis zur doppelspurigen Water Street. Hier wacht wie ein Relikt aus der Vergangenheit ein weißer *Leuchtturm* über das Viertel, der an die Opfer des Titanic-Unglücks erinnern soll und den ehemaligen Flussverlauf des East River markiert. In den nun folgenden kopfsteingepflasterten Straßenzügen fühlt man sich architektonisch

Historisches Feuerschiff am Pier 16: die Ambrose

erst einmal um 150 Jahre in die Vergangenheit zurückversetzt. Eine Reihe hübscher Backstein- und Granitgebäude aus dem Jahre 1813 steht an der rechten Straßenseite, dem sog. *Belgian Block*, in dem das **Seaport Museum** die maritime Geschichte New Yorks dokumentiert. Es konnte nach Sturm Sandy erst im März 2016 wiedereröffnen. Seitdem werden im Erdgeschoss in Glasvitrinen sechs Modelle von berühmten historischen Schiffen gezeigt, inklusive der 130 Jahre alten „Wavertree". Das Original des aus Gusseisen gebauten Segelschiffes wurde gerade für 13 Mio. Dollar saniert und ist wieder am Pier 16 zu bewundern, wo es im East River liegt. Zum Erhalt des Viermasters „Peking" fehlte dem Museum jedoch leider das Geld. Das Segelschiff kehrte nun nach mehr als 70 Jahren in New York in das Hafenmuseum von Hamburg zurück, wo es 1911 gebaut worden war.

2 Fulton St., ☎ 212-748-8600, southstreetseaportmuseum.org. Mi–So 11–17 Uhr. 12 $, Kinder 6 $. Auch Führungen durch das Viertel, 25 $, erm. 20 $, Kinder 15 $. Subway: Fulton St./Broadway Nassau Linien A, C, J, Z, 2, 3, 4, 5.

Vorbei am alten Fischmarkt, in den nach der Restaurierung ein Luxuskino und Restaurants eingezogen sind, gelangen Sie zur mehrspurigen South Street, die Sie überqueren, um zum East River zu gelangen. In das etwas schmucklose alte **Tin Building** am Pier soll 2017 eine neue Food Hall mit Schwerpunkt Fisch einziehen, die als Zugpferd New Yorks Star-Koch Jean-Georges Vongerichten („Jean-Georges") gewinnen konnte. Dahinter erhebt sich gläsern der futuristische Einkaufspalast des **Pier 17**, der mit seiner herrlichen Dachterrasse und dem unvergleichlichen Blick auf die Brooklyn Bridge der Publikumsmagnet des neuen South Street Seaports werden dürfte. Schlendern Sie vorbei an den historischen Schiffen und der Anlegestelle der Circle Line und begeben Sie sich auf den vorbildlich sanierten **Pier 15**, wo es sicher etwas ruhiger zugeht. Hier können Sie vor der Kulisse der Brooklyn Bridge entspannen, mit oder ohne Kaffee.

Besuchen Sie auch den **Elevated Acre** auf dem Dach des Bürogebäudes 55 Water Street. Von hier haben Sie einen herrlichen Fernblick über den East River und die Brooklyn Bridge (www.elevatedacre.com).

Älteste Kirche Manhattans
St Paul's Chapel

Am westlichen Ende der Fulton Street erreichen Sie wieder den Broadway, und zwar auf der Höhe der St Paul's Chapel (1766), die der Londoner Barockkirche St-Martin-in-the-Field am Trafalgar Square nachempfunden wurde. Sie ist das älteste Gebäude in New York, das kontinuierlich genutzt wurde, und New Yorks einzige Kolonialkirche. Das Mauerwerk besteht aus Glimmerschiefer, der in größeren Mengen auf der Insel Manhattan gewonnen wird. Das Innere wurde von Pierre L'Enfant, dem französischen Architekten und Stadtplaner Washingtons, im klassizistischen Stil entworfen. Die Kristallleuchter sind aus dem irischen Waterford, die berühmteste Sitzreihe war die Privatbank von George Washington. Obwohl die Kirche direkt gegenüber dem ehemaligen World Trade Center liegt, blieb sie bei den Terroranschlägen vom 11. September 2001 auf wundersame Weise unbeschädigt. Zwangsläufig wurde sie damals zur ersten Anlaufstelle für Helfer und für Menschen, die auf der Suche nach Angehörigen und Freunden waren. Heute wirkt sie fast wie ein Museum, denn von den Tausenden von Erinnerungsstücken, die nach dem Anschlag hier auf den Zaun gespießt wurden, sind viele in der Kirche ausgestellt. *Unwavering Spirit* nennt sich das bewegende Zeugnis der Tragödie aus Bannern und Fahnen, Fotos, Briefen und anderen Objekten. Jeden dritten Mittwoch im Monat kann man zur Erinnerung an die Katastrophe das Labyrinth abschreiten, das zu diesem Zweck auf dem Kirchenboden ausgebreitet wird. Vor der Chapel steht die **Glocke der Hoffnung (Bell of Hope)**, ein Geschenk des Lord Mayors von London zum ersten Jahrestag von 9/11. Sie wurde in derselben Gießerei gefertigt wie die Liberty Bell (die 1776 geläutet wurde, als die amerikanische Unabhängigkeitserklärung in Philadelphia zum ersten Mal in der Öffentlichkeit verlesen wurde) und Big Ben.

209 Broadway, ℅ 212-368-1600, www.trinitywallstreet.org. Der Eingang befindet sich auf der Rückseite (am Broadway-Eingang steht nämlich der Hochaltar). Mo–Sa 10–18 Uhr, So ab 7 Uhr. Von März bis Mai findet mittwochs um 13 Uhr die Konzertserie „Bach at One" statt. Subway: Fulton St. Linien 2, 3, 4, 5, A, C, J, Z.

Neugotischer Wolkenkratzer
Woolworth Building

Einen Block weiter nördlich kommen Sie bei Nr. 233 linker Hand an einem wunderschön dekorierten Gebäude vorbei, das für seine Architektur von den New Yorkern sehr verehrt wird: dem Woolworth Building. Frank Woolworth zahlte 1913 die Baukosten von 15,5 Mio. Dollar in bar! Es diente als Hauptquartier des Woolworth-Imperiums und erinnert ein wenig an die Houses of Parliament in London oder die Kathedrale von Chartre in Frankreich. So wäre jedenfalls zu erklären, weshalb dem Woolworth-Gebäude der Spitzname

Kathedrale des Kommerzes: das Woolworth Building

New York im Kasten
Wolkenkratzer und andere Architekturperlen

Der erste Wolkenkratzer der Welt wurde nicht in New York, sondern in Chicago gebaut. Dennoch gilt New York als *die* Wolkenkratzer-Metropole schlechthin. Und tatsächlich präsentiert Manhattan eine wahre Wolkenkratzer-Sammlung – das bekannteste Exemplar ist sicher das Empire State Building. Das mit 541 m nunmehr höchste Hochhaus (sogar ganz Amerikas) ist das One World Trade Center. Die Büro- und Apartment-Riesen bekommen jedoch immer mehr Gesellschaft. Schon 2015 ragten bereits 15 Skyscraper höher als 250 m in den Himmel, fast jedes Jahr gibt es neue Rekorde: 472 m soll der Central Park Tower (217 W 57th Street) messen, wenn er 2019 bezugsfertig wird, was ihm den Rang des höchsten Wohngebäudes der Vereinigten Staaten sichern würde. Für wie lange, das mag wohl niemand zu sagen.

Wer sich nur ein wenig länger in New York aufhält, wird allerdings schnell feststellen, dass die Stadt auch in architektonischer Hinsicht voller Kontraste steckt. Nicht nur im Hafenviertel, auch an der Ecke Pearl und Broad Street in Lower Manhattan gibt es sogar noch einen Block mit ein paar spärlichen baulichen Zeugnissen aus der Kolonialzeit: schlichte **Backsteinhäuschen**, die heute noch (fast) so aussehen wie vor 250 Jahren (→ S. 84/TriBeCa).

Prominenter im Stadtbild sind die großen Regierungs- und Verwaltungsgebäude, die ab dem frühen 19. Jh. entstanden sind. Bei ihrer Errichtung, etwa der City Hall, bediente man sich aus dem Baukasten der europäischen Architekturgeschichte, bei der griechischen Antike, der Gotik oder der Renaissance. Auch die großen New Yorker Kirchen, etwa die St Patrick's Cathedral, orientieren sich klar an ihren europäischen Vorbildern.

In den Wohnvierteln wurden ab den 1820er-Jahren sog. **Brownstones** gebaut: vier- bis fünfstöckige rötlich-braune Reihenhäuser aus dem gleichnamigen Stein, der sich im Tal des Connecticut River fand. Geballt sieht man sie in Brooklyn Heights, Gramercy Park, Chelsea und Harlem.

Eine bahnbrechende Neuerung war die Verwendung von **Gusseisenplatten** im Gebäudebau ab den 1850er-Jahren. Zunächst zum Zwecke des reinen Fassadenliftings eingesetzt – die industriell vorgefertigten Platten wurden mit allen erdenklichen historisierenden Stilelementen verziert und auf die Mauern alter Gebäude aufgesetzt –, entwickelten sich die Gusseisenfassaden schon bald zu den tragenden Elementen der Gebäudekonstruktion. Die besten Beispiele dieser für New York so typischen **Cast-Iron-Architektur** (→ S. 77) findet man in SoHo.

Kathedrale des Kommerzes verliehen wurde. Auch dieses Bauwerk war einmal das höchste von New York (von 1917 bis 1929). Cass Gilbert entwarf einen auffälligen Kupferturm, der in seltsamem Widerspruch zur terrakottaverkleideten Fassade steht. Die Lobby, die man durch eine altmodische Drehtür betritt, zählt zu den schönsten Eingängen in ein Bürogebäude überhaupt auf der Welt. Der Blick schweift entlang von Marmorbögen hinauf zu einer grandiosen Kuppel, die es mit ihren Glasmosaiken mit einem byzantinischen Gotteshaus aufnehmen könnte.

Im Rahmen einer Führung sind außerdem die Deckenfenster von Tiffany, Aufzüge mit aufwendigen Eichenholzschnitzereien, zahlreiche Grotesken und ein Triptychon zu bewundern, das im Stil der Renaissance den Göttern des Unternehmers, nämlich Arbeit und Handel, huldigt. Die Lobby ist glamouröser

Hauseingang für die Bewohner der obersten 30 Stockwerke des Gebäudes, die in Luxusapartments umgestaltet wurden. Das siebengeschossige Penthouse soll 3000 Dollar pro Quadratmeter (110 Mio. Dollar) gekostet haben …

233 Broadway, ✆ 203-966-9663, woolworthtours.com. Führungen nur nach Voranmeldung: 30, 60 oder 90 Min., 20–45 $. Subway: City Hall, Linie R; Brooklyn Bridge/City Hall Linien 4, 5, 6; Chambers St. Linien J, Z.

Frank Gehrys Stahl- und Glaswolkenkratzer
Beekman Tower
(New York by Gehry)

Um rund 25 m wird das historische Woolworth-Gebäude durch einen der spektakulärsten Neuzugänge in der New Yorker Skyline überstrahlt, den Beekman Tower. Das Hochhaus (8 Spruce Street) ist der erste Wolkenkratzer des inzwischen über 80-jährigen Stararchitekten Frank Gehry (Guggenheim Bilbao, Disney-Konzerthalle Los Angeles). Stahlsilbern sticht der 265 m und 76 Stockwerke hohe Turm in den Himmel. In ihm stecken 903 verschachtelte Mietwohnungen der Luxusklasse. Jedes Einzelteil dieses Baus entwarf Gehry selbst, von der Glas- und Edelstahlfassade außen bis zu den Türknöpfen und Wasserhähnen drinnen. Eine Drei-Zimmer-Wohnung kostet hier $ 7000 Monatsmiete, das Penthouse sogar $ 60.000, dafür hat man Zugang zum Fitnessstudio, zu einem Filmsaal, einer Bibliothek, einem Swimmingpool und dem glasüberdachten Grillplatz. Im Sockel befindet sich eine Schule, davor entstand ein Minipark – Konzessionen des Bauherrn, für die er von der Stadt die Höhenmeter genehmigt bekam und steuerfreie Kredite erhielt.

Ältestes Rathaus Amerikas
City Hall

Schlendern Sie jetzt durch den hübschen **City Hall Park**, in dem George Washington 1776 die Unabhängigkeitserklärung verlas, rasten Sie auf einer der Bänke, um die wechselnde Kunst im öffentlichen Raum zu betrachten oder das Plätschern des Brunnens auf sich wirken zu lassen. Auf der Nordseite des Parks steht die City Hall, das Herzstück des Civic Center District. Das älteste Rathaus der Nation, dessen Dach eine Statue der Justitia schmückt, markierte bei seinem Bau 1803–12 den nördlichen Abschluss der Stadt. Das erklärt, warum nur die Vorderfront kost-

Vorbild für die Universität von Moskau: das Municipal Building

Von der World Trade Center Site zum Civic Center

bar mit Marmor und Granit gearbeitet wurde, während die Rückseite billiger Sandstein zierte. In den 1950er-Jahren wurde die Fassade dann rundherum mit Sandstein verkleidet.

Man kann sich heute kaum vorstellen, dass dieses Gebäude das Rathaus der größten amerikanischen Metropole sein soll, in der der Bürgermeister und das Stadtparlament *(City Council)* ihren Sitz haben. Doch zu Baubeginn hatte New York gerade einmal eine Million Einwohner. Architekten waren der New Yorker John McComb Jr., dessen Vater schon die alte City Hall renoviert hatte, und der gebürtige Franzose Joseph Mangin, von dem die Old St Patrick's Cathedral in der Mott Street stammt. Beim Design der Fassade orientierte man sich stilistisch an der französischen Renaissance, innen am amerikanischen Klassizismus.

Die City Hall ist ein zweiflügliges Gebäude, dessen Mittelbau von einem Turm geschmückt wird. Das Innere wird dominiert von einer von zehn Säulen getragenen überkuppelten Rotunde und einer geschwungenen Doppeltreppe, die zu den Tagungsräumen des City Council hinaufführt. Dort befindet sich auch der mit einem Deckengemälde ausgeschmückte *Governor's Room*, in dem Porträts berühmter New Yorker Persönlichkeiten hängen. Im *Blue Room* oder auf den Eingangsstufen finden die Pressekonferenzen der Stadt statt.

Zum Zeitpunkt der Recherche wurde nur eine Führung/Woche (Mi 12 Uhr) angeboten. Registrierung ab 10 Uhr desselben Tages am Tourist-Information-Kiosk am Broadway. ℡ 212-788-2656, www1.nyc.gov/site/designcommission/public-programs/tours/city-hall.page.

Justitias Heimstatt
Tweed Courthouse

Direkt hinter der City Hall an der Chambers Street (52 Chambers Street, zw. Broadway und Center Street) befindet sich eines der großartigsten Verwaltungsgebäude der Stadt, der *Old New York County Court*, besser bekannt als *Tweed Courthouse*. Es enthält 30 monumentale Gerichtssäle und eine zentrale Rotunde. Das historisierend romanische Gebäude ist das Vermächtnis des demokratischen Politikers William M. Tweed, der große Summen aus dem Budget für den Bau des Gerichts veruntreute, wofür er sich 1873 pikanterweise in einem der noch unfertigen Gerichtssäle verantworten musste. Die Bauzeit zog sich entsprechend über 20 Jahre hin (1861–81), die Kosten waren am Ende auf 11 bis 12 Mio. Dollar angestiegen. Heute hat im Tweed Courthouse das *Department of Education* seinen Sitz.

52 Chambers St. zw. Broadway und Center St., hinter der City Hall. Zum Zeitpunkt der Recherche waren Führungen durch das Tweed Courthouse ausgesetzt.

Vorbild für die Universität von Moskau
Municipal Building

Sie stehen nun an der Chambers Street. In Richtung Osten haben Sie einen frontalen Blick auf ein weiteres bombastisches Verwaltungsgebäude der Stadt, das Municipal Building von 1914 (1 Center Street, Ecke Chambers Street). In dem Gebäude, das heute u. a. das *Department of Finance* beherbergt, arbeiten rund 2000 Beamte auf 93.000 m² und 25 Stockwerken, in die sie mit 33 Fahrstühlen gelangen. Es beeindruckte den russischen Diktator Stalin so sehr, dass er das Haupthaus der Universität von Moskau nach dessen Vorbild bauen ließ. Die Architekten McKim, Mead & White orientierten sich bei ihren Entwürfen an Stilelementen der italienischen und französischen Renaissance. Über der Kolonnade im Erdgeschoss mit ihren korinthischen Säulen befinden sich Reliefs der weltlichen Tugenden. Die 25 Stockwerke werden von einer Art Hochzeitskuchen gekrönt, auf dem in 177 m Höhe die Statue *Civic Fame* von Adolph Weinman thront. Sie hält eine Krone mit fünf Zacken, die für die fünf New Yorker Boroughs stehen. Im Erdgeschoss befindet sich der offizielle *New York City Store*.

Gedenken an die Sklaverei
African Burial Ground

Überqueren Sie die Chambers Street beim *Surrogate's Court* (Erbschaftsgericht), das 1899 als feuerfestes Stadtarchiv gebaut worden war, und biegen Sie in die Elk Street, die Sie bis zur Duane Street gehen. Hier stoßen Sie auf das wie eine Grabkammer mit Prozessionsrampe und Gedenkmauer gestaltete *African Burial Ground Memorial* von Rodney Leon. 1991 wurden bei Bauarbeiten für das Federal Office Building die Überreste von mehr als 400 Afrikanern entdeckt, die im 17. und 18. Jh. an dieser Stelle begraben wurden. Man vermutet, dass auf dem Areal um die 20.000 Menschen ihre letzte Ruhe fanden, etwa die Hälfte von ihnen waren Kinder unter zwölf Jahren. Aus den Untersuchungen ging weiter hervor, dass viele der hier bestatteten Erwachsenen kaum älter als 30 Jahre waren, als sie starben, die meisten litten an Unterernährung. In das Denkmal hinein gelangt man durch eine Art Granitpyramide, die die Form eines Schiffsbugs hat und die grausame und strapaziöse Reise der verschleppten Sklaven von Afrika in ihre Zielgebiete darstellen soll. Außen prangt das Sankofa-Zeichen, ein westafrikanisches Symbol für das Lernen aus der Vergangenheit. Das Innere des „Schiffs" ist ein offener Raum mit einer Weltkarte auf dem Boden, die die afrikanische Diaspora darstellt. Die Wände dieses Raums und der Rampe sind mit Symbolen dekoriert, die aus verschiedenen Weltreligionen stammen. Das Denkmal ist von 7 grasbewachsenen Hügeln umgeben, die allesamt Rundgräber sind. Ein weiteres begehbares Denkmal desselben Bildhauers zur Sklaverei wurde 2015 bei den Vereinten Nationen enthüllt (→ S. 147).

Um die Ecke am Broadway 290 befindet sich in der Lobby des Ted-Weiss-Regierungsgebäudes das dazugehörige *Museum* (Visitor Center), das einzige, das sich in New York ganz diesem Thema widmet. Zur Einführung wird ein 20-minütiger Film gezeigt, die Ausstellung selbst behandelt die Geschichte der Sklaverei wie auch der Sklaven in New York City und enthält neben Infotafeln, Bildern, Filmausschnitten und Artefakten auch Fundstücke der Grabungsstätte, etwa Münzen und Särge.

290 Broadway, zw. Duane und Elk St., ☏ 212-637-2019, www.nps.gov/afbg. Visitor Center Di–Sa 10–16 Uhr, Eintritt frei, aber Sicherheitskontrollen. Das Denkmal ist geöffnet Di–Sa 10–17 Uhr. Subway: City Hall Linie R; Brooklyn Bridge/City Hall Linien 4, 5, 6; Chambers St. Linien J, Z.

New York im Kasten
Profite durch menschliche Fracht – die Hauptstadt des Sklavenhandels

Die ersten afrikanischen Sklaven kamen mit den europäischen Siedlern im 17. Jh. nach Manhattan. Bald waren es rund 80 Menschen pro Tag, die aus ihrer Heimat hierher verschleppt wurden. Im 18. Jh. machten Sklaven ein Fünftel der Bevölkerung New Yorks aus, 40 % aller New Yorker Haushalte ließen wenigstens einen oder zwei für sich arbeiten. Auch der Aufbau der städtischen Infrastruktur geht maßgeblich auf Sklavenarbeit zurück: So holzten Sklaven Wälder ab, legten Sümpfe trocken, bauten Straßen, das erste Rathaus und sogar die Stadtmauer, nach der die heute weltberühmte Wall Street benannt ist. Das Geschäft mit der Sklaverei lief blendend und war höchst profitabel. Schiffseigner, Banken, ja selbst die Zeitungen, die die Anzeigen für die Sklavenauktionen veröffentlichten, verdienten daran. So ist es kein Wunder, dass die Sklaverei in New York erst im Juli 1827 und damit vergleichsweise spät verboten wurde (in Vermont z. B. wurde ein entsprechendes Gesetz bereits 1777 erlassen). Für die Stadt, die sich sonst eher als Speerspitze des Liberalismus sieht, ist dies ein bleibender Makel.

Statue of Liberty

Für viele Amerikaner ist die Freiheitsstatue das wichtigste Symbol des Landes. Sie war ein Geschenk der Franzosen, die damit die Vollendung ihrer Revolution auch jenseits des Atlantiks feiern und die Waffenbrüderschaft zwischen beiden Republiken fördern wollten. Im Museum erfährt man, dass Fréderic-Auguste Bartholdi das Monument eigentlich für den Eingang des Suezkanals in Alexandria entworfen hatte. Die englische Kolonialregierung lehnte jedoch dankend ab und so wurde die „Freiheit, die die Welt erleuchtet" umgestaltet und dann den Amerikanern angeboten. Modell stand diesmal übrigens Eugenie Boyer, die Gattin des Nähmaschinenherstellers Isaac Singer.

Frankreich spendete die Statue, die New Yorker sollten ihr ein würdiges Podest errichten. Der Bau des Sockels entpuppte sich als genauso teuer wie der der Statue selbst, die Finanzierung konnte nur nach Verzögerungen und einem persönlichen Spendenaufruf von Joseph Pulitzer gesichert werden. Ihre Position auf Bedloe's Island, die später in Liberty Island umbenannt wurde, wurde gewählt, weil *Miss Liberty* nicht nur die Fackel der Freiheit hochhalten, sondern Seefahrern gleichzeitig als Leuchtturm den Weg weisen sollte.

Bartholdi hatte die Statue, deren eisenskelettartiges Innenleben von keinem Geringeren als Gustave Eiffel stammt, zunächst probeweise in Paris zusammengebaut und dann in 350 Einzelteile zerlegt, die über den Atlantik verschifft wurden. Die prunkvolle Einweihung fand schließlich am 28. Oktober 1886 unter Teilnahme des damaligen US-Präsidenten Grover Cleveland statt: zehn Jahre nach Plan, denn die Freiheitsstatue sollte ursprünglich zur Hundertjahrfeier der amerikanischen Unabhängigkeitserklärung fertig sein. Die Figur ist 92,99 m hoch und besteht aus 300 gehämmerten Kupferplatten, die 100 t wiegen und von Eiffels Stahlgerüst getragen werden, das noch einmal 125 t schwer ist. Man kann das Innere durch eine Glasscheibe bewundern. Bei ihrer Restaurierung für 100 Mio. Dollar in den 1980er-Jahren wurde die Fackel bereits zum zweiten Mal ersetzt. Die alte steht im Eingangsfoyer.

Die meisten Besucher kommen mit dem „Grounds Ticket", das nur für die Außenbesichtigung gilt. Wer in die Freiheitsstatue hinein bzw. hinauf möchte, muss ein „Pedestal Ticket" erwerben (mit Voranmeldung im Internet oder evtl. Restposten morgens an der Kasse). Auserwählte mit einem zusätzlichen „Crown Ticket" ($ 3 extra, nur mit Voranmeldung im Internet erhältlich)

New Yorks Wahrzeichen für Freiheit und Demokratie: die Statue of Liberty

Tour 1: Lower Manhattan

dürfen in die Krone steigen, deren sieben Strahlen die sieben Kontinente und die sieben Weltmeere versinnbildlichen. Einer der Füße der Statue ruht auf zerbrochenen Ketten, die die Sklaverei symbolisieren. Von dort kann man der Lady unter den Rock schauen. Sie hält die Fackel als Symbol der Aufklärung in der rechten Hand und in der linken Hand die amerikanische Unabhängigkeitserklärung. Den Sockel ziert ein Gedicht von Emma Lazarus: „Kommt alle zu mir: die Müden, die Armen, die unterdrückten Massen, die es nach freier Luft gelüstet."

Statue of Liberty National Monument, ✆ 212-363-3200, www.nps.gov/stli. Karten gibt es im Castle Clinton ab 7.30 Uhr (→ S. 32), Fähren tägl. 8.30–17 Uhr außer am 25. Dez. Zeitsparend ist die Online-Bestellung über www.statuecruises.com oder ✆ 201-604-2800.

Tipp: Wer ein gutes Foto von der Freiheitsstatue schießen will, sollte unbedingt früh morgens übersetzen, dann wird sie von der Sonne angestrahlt.

Fähre: Die Fähre zur Statue of Liberty und nach Ellis Island fährt alle 25–30 Min. von der Anlegestelle vor dem Castle Clinton. Planen Sie 45 Min. Wartezeit ein für die Kontrollen. Der Fährverkehr beginnt um 8.30 Uhr (im Winter 9.30 Uhr) und endet um 17 Uhr. Der Preis beträgt derzeit $ 18, Senioren zahlen $ 14 und Kinder (4–12 J.) $ 9. Das Standard-Grounds-Ticket beinhaltet die Fahrt zur Freiheitsstatue (inkl. Audioguide), die Weiterfahrt nach Ellis Island und den Eintritt ins Museum dort (inkl. Audioguide). Nach 14 Uhr müssen Sie sich aus Zeitgründen für eine der beiden Inseln entscheiden.

Tickets: Lassen Sie sich unbedingt ein *Pedestal Ticket*, ein zeitbegrenztes Ticket für die Innenbesichtigung, geben, das nichts extra kostet, aber schnell vergriffen ist und nach dem Sie explizit fragen müssen. Sicherer ist die Vorbestellung unter ✆ 001-877-LADY-TIX oder www.statuecruises.com. Für den Aufstieg bis in die Krone zahlt der Besucher noch einmal $ 3 extra, wird aber bevorzugt schnell abgefertigt. Dieses Ticket bekommt man **nur** online und auch höchstens 4 Tickets gleichzeitig. Kinder müssen mind. 1,22 m groß sein, um in die Krone zu dürfen. Es wird empfohlen, dieses Ticket 3–4 Monate im Voraus zu buchen. Besitzer eines *New York City Passes* haben **keine** Möglichkeit auf ein Upgrade für die Krone, können aber an der Kasse nach einem *PedestalTicket* fragen (ohne Garantie).

Innenbesichtigung (nur mit Pedestal/Crown Ticket): Alle Taschen, die größer als eine Kameratasche sind, müssen Sie in die Schließfächer an der Rückwand des Shops einschließen ($ 2). Erst dann können Sie die Sicherheitskontrollen passieren. Die alte Fackel begrüßt Sie im Erdgeschoss, im ersten Stock kommen Sie durch das Museum, das anschaulich über die Geschichte der Statue informiert, zum Fahrstuhl. Es sind 186 Stufen bis nach oben zur Aussichtsplattform, dem *observation balcony*, der auf 45 m Höhe liegt – sollte der Fahrstuhl mal wieder streiken. Beim Aussteigen können Sie einen Blick ins Innere der Statue werfen. Zur Krone geht es weitere 162 Stufen eine mitunter recht schmale Wendeltreppe hoch. Es passen nur 12–15 Pers. gleichzeitig auf die Krone.

Insel der Einwanderer – Insel der Tränen: Ellis Island

Ellis Island

Zwölf Millionen Einwanderer kamen an der Türsteherin von New York, der Freiheitsstatue und Mutter aller Immigranten, vorbei und wurden auf diesem Eiland zwischen 1892 und 1954 registriert, befragt, ärztlich untersucht und im Zweifelsfalle wieder abgeschoben. Unter den Immigranten von Ellis Island waren rund 860.000 Deutsche, knapp 650.000 Österreicher und Ungarn sowie etwas mehr als 1000 Schweizer. Seit 1976 ist die Insel zu besichtigen. 1990 eröffnete hier ein Museumskomplex mit Ausstellungen, einer Bücherei, zwei Theatern und einem Zentrum für Ahnenforschung. Immerhin 40 % aller Amerikaner stammen von einem oder anderen der Einwanderer ab, die Ellis Island durchliefen. An Rekordtagen hofften hier bis zu 5000 Menschen auf eine bessere Zukunft. Welche Tragödien hinter den Statistiken stecken, vermittelt die Ausstellung sehr eindrucksvoll durch Zeitzeugenberichte, Briefe, Fotos und Interviews. Entgegen dem gängigen Mythos wurde das Gros der Antragsteller innerhalb von acht Stunden durchgeschleust und die Verhältnisse in der Station waren vergleichsweise hygienisch und gesittet. Nur 2 % der Einreisewilligen kamen nicht weiter als bis zur Registrierungshalle mit ihrem wunderschönen Kachelgewölbe. Abgewiesen wurden Menschen mit ansteckenden Krankheiten, Kriminelle, Mittellose, alleinstehende Frauen und Anarchisten. Sie wurden eingestuft als „politisch oder moralisch Fragwürdige". Unter den Namen der Zuwanderer an der *Wall of Honour* findet sich übrigens auch Bertolt Brecht.

Besichtigung: Neu ist die **Hard Hat Tour**, die man über die Webseite vorab buchen muss. Besucher werden dann exklusiv durch den noch nicht restaurierten Krankenhauskomplex von Ellis Island geführt. Nicht für Kinder unter 13 J., 53 $, erm. 49 $. Für alle gibt es auf Ellis Island eine kostenfreie Audiotour (deutsch), Park Rangers bieten stündl. auch kostenlose Führungen auf Englisch an. Außerdem wird im Museum kostenlos ein 30-minütiger Film mit dem Titel *Island of Hope, Island of Tears* gezeigt. Weitere Informationen unter www.ellisisland.org oder www.nps.gov/elis.

Governors Island

Die neue grüne Lunge New Yorks ist ein Freizeitparadies, eine Kunstgalerie, ein Freilichtmuseum sowie eine Strandbar und liegt nur 700 m Luftlinie von Manhattan entfernt. Nach nur wenigen Fährminuten über die Atlantikbucht gelangen gestresste Großstädter auf diese lange Zeit unbewohnte Insel, die mit einer Investition von fast 340 Mio. Dollar aus ihrem Dornröschenschlaf wachgeküsst und zu einem attraktiven Ausflugsziel ausgebaut wurde. Dabei ist es noch gar nicht lange her, da diente dieses 70 ha große Eiland als Militärbasis und Stützpunkt der US-Armee. Noch aus Revolutionszeiten stammen die beiden Forts, in denen im Zweiten Weltkrieg fahnenflüchtige Soldaten eingekerkert waren. Ab 1966 lag Governors Island nutzlos brach, bis die Küstenwache die Insel 2003 schließlich für einen symbolischen Dollar an die Stadt verkaufte. Die wiederum beauftragte den niederländischen Stadtplaner Adriaan Geuze mit der Umsetzung ihrer ehrgeizigen Ideen. Geuze ließ die hässlichen Kasernenbauten abreißen und zu einer Hügellandschaft aufschütten, die zusammen mit Steinbollern entlang des Ufers auch als Schutz gegen zukünftige Sturmfluten dienen soll. Das Inselinnere verwandelte er in eine Freizeitoase mit Spielplätzen, Hängematten und Fahrradwegen, der ehemalige Exerzierplatz wurde zur Wiese, wo Künstler heute open-air ihre modernen Werke ausstellen. Am Nordufer befindet sich ein Beachclub mit Strand, von dem aus man unter Plastikpalmen die Aussicht auf Manhattan genießen kann. An der Südspitze zum offenen Meer hin entstand ein Feuchtgebiet, von dem aus die Freiheitsstatue ganz nahe scheint. Allein für diesen Blick lohnt sich die Überfahrt. Insgesamt wurden 7100 neue Bäume, mehr als 48.000 Büsche und 9000 Blumen gepflanzt. 50 der alten Kolonialbauten sind heute frei zugänglich, in einige der Häuser zog eine Schriftstellerkommune ein, andere sind Museen, Galerien oder Werkstätten. Das frühere Labor der Küstenwache nutzt nun die New York Assembly Harbor School für ihre maritime Ausbildung, deren mehr als 400 Schüler jeden Morgen von Manhattan aus übersetzen. 2018 soll mit der QC Therme eine kommerzielle Wellnessoase das Entspannungsangebot erweitern.

Fährverbindung ab 2017 ganzjährig Mo–Fr 10–18 Uhr, Sa/So bis 19 Uhr. Anreise entweder aus Brooklyn (Brooklyn Ferry, jede Std.) oder aus Manhattan (Govenors Island Ferry, derzeit vom Battery Maritime Building, alle halbe Std.). 2 $. ℡ 212-440-2200, www.govisland.com.

Praktische Infos → Karte S. 30/31

Information/Führungen

Alliance for Downtown New York, ℡ 212-566-6700, www.downtowny.com. Sie unterhält Besucherkioske an der Broadway-Seite des City Hall Park (Mo–Fr 9–18 Uhr, Sa/So 10–17 Uhr) und am Schalter von Hornblower Cruises im South Street Seaport Pier 15 (Mai–Aug. tägl. 9–19 Uhr, Sept.–April 9–17 Uhr). **Downtown Connection** sind rote, kostenfreie Busse, die mit 37 Haltestellen zwischen South Street Seaport am East River und Battery Park City verkehren. Tägl. 10–19.30 Uhr, wochentags alle 10 Min., am Wochenende alle 15 Min. Es gibt auch einen **Downtown Culture Pass**, der drei Tage lang ermäßigten Zugang zu zehn kulturellen Einrichtungen gibt. Preis: $ 25, Kinder 7–17 J. $ 8. www.downtownculturepass.org. Eine gute Informationsquelle ist das **Downtown Magazine** (www.downtownmagazinenyc.com).

Führungen von Wall-Street-Insidern zu verschiedenen Themenschwerpunkten bietet **Wall Street Walks**, Mo–Fr 11 und 13.30 Uhr, Di und Fr auch 15 Uhr, Sa/So nur 11 Uhr. $ 35, erm. 15 $, Buchung erforderlich. ℡ 646-588-1501, www.wallstreetwalks.com.

Praktische Infos 51

Idyllische Fußgängerzone: die kopfsteingepflasterte Stone Street

Informationen zum Viertel **South Street Seaport** und seinen Angeboten finden Sie unter www.southstreetseaport.com.

Kostenlose Führungen durch Lower Manhattan und andere Viertel veranstaltet **Free Tours By Foot**, die Guides leben nur vom Trinkgeld. Tägl. 10 Uhr, Sa 14 Uhr, Treffpunkt Federal Hall, 26 Wall Street. Buchung erforderlich. ✆ 646-450-6831, www.freetoursbyfoot.com/new-york-tours.

Besucher können vier Spaziergänge downloaden unter www.nyharborparks.org/visit/about-downtown-new-york-walking-tours.html.

Essen und Trinken

Downtown Manhattan entwickelt sich gerade zu einem regelrechten Foodie-Mekka, nachdem viele Starköche der Stadt im Zuge der Sanierung des Viertels zumindest Zweigstellen hier eröffnen bzw. eröffnet haben. Es gibt mehrere **Food Halls**, u. a. im **Brookfield Place** (Hudson Eats und Le District) und im **South Street Seaport** (Old Fish Market und Tin Building). Dort finden sich von Mai bis Okt. auch Ess-Stände des berühmten Smorgasburg Market (tägl. 11–20 Uhr).

Hudson Eats 6 Im ersten Stock (Level 2) von Brookfield Place versammeln sich die Klassiker der New Yorker Food-Szene. Für 6000 Esser ist auf den 2800 m² Platz, wo einladende Walnussstühle und weiße Marmortresen ein edles Ambiente für mehr als ein Dutzend Restaurant-Snackbars bilden, darunter so renommierte Namen wie Ribbon Sushi, Umami Burger oder Dos Toros Taqueria. Durch die wandhohen Fenster hat man einen tollen Blick auf den Hudson und die Freiheitsstatue. Brookfield Place, 230 Vesey St., Level 2, www.brookfieldplaceny.com/directory/food/hudson-eats. Subway: Cortlandt St. Linien N, R oder Chambers St. Linie E.

Nobu 8 Aus TriBeCa an den Broadway sollen ihm die Stammkunden folgen, so hofft der Sushi-Meister Nobuyuki Matsuhisa. Er kreierte 1994 eine innovative japanische Küche mit peruanischem Einschlag, die nicht nur einen Michelinstern ergatterte, sondern eine der erfolgreichsten Gourmetketten der Welt begründete. Inzwischen gibt es rund 30 Nobus überall da, wo Menschen Geld besitzen. Das Flagschiff-Restaurant wird 2017 im Erdgeschoss des ehemaligen AT&T-Gebäudes (mit dem Spitznamen Hochzeitskuchen) einziehen und sicher auch an seinem neuen Standort kulinarisch und architektonisch zum Erlebnis werden. Eine sehr frühe Buchung ist ratsam. 195 Broadway, www.noburestaurants.com/new-york. Subway: Fulton St. Linien A, C, J, Z, 2, 3, 4, 5.

Pier A Harbor House 24 In dem historischen Gebäude im Battery Park herrscht trotz der 400 Plätze eine gemütliche maritim-nautische

Atmosphäre. Die Long Hall & Oyster Bar hat Bierhallen-Charme, elitärer sind das Restaurant und die Cocktail Bar im ersten Stock. Noch bessere Aussichten auf die Freiheitsstatue eröffnet die riesige Terrasse, wc ebenfalls fast 500 Gäste Platz finden. Viele kommen nur auf einen Drink, ein Pub-Menue garantiert ein schnelles Lunch (11–15.30 Uhr) und wer mehr Zeit mitbringt, findet unter den kleinen und großen Speisen viel Fisch, von Fish & Chips über Austern bis zum Hummerbrötchen. Am Wochenende kann man brunchen. Mo–Mi 11–2 Uhr, Do–Sa bis 4 Uhr, So bis 24 Uhr. 22 Battery Pl./West St., ☏ 212-785-0153, www.piera.com. Subway: Bowling Green Linien 4, 5.

Shake Shack 2 und **Blue Smoke** 3 Danny Meyer hat neben seinem exklusiven **North End Grill** 1 auch zwei preislich freundlicher gestaltete Etablissements in Battery Park City: Das erfolgreiche **Shake Shack**, wo Burger am Tresen verkauft werden, und **Blue Smoke**, ein den Südstaaten verbundenes Grillrestaurant. „Pit Stop" heißt die 20 $ teure 3-Gänge-Variante, die eine Fleischsorte, eine Beilage und einen Nachtisch beinhaltet. **Shake Shack** tägl. 11–23 Uhr. 215 Murray St. zw. West St. und North End Ave., www.shakeshack.com/location/battery-park-city. **Blue Smoke** Mo–Do 11.30–22 Uhr, Fr bis 23 Uhr, Sa 11–23 Uhr, So 11–22 Uhr. 255 Vesey St. zw. West St. und North End Ave., ☏ 212-889-2005, www.bluesmoke.com/location/battery-park-city. Subway: Chambers St. Linien 2, 3, A, C, E.

Historische Taverne und Museum

Industry Kitchen 21 Dank der Uferlage und dem Blick auf den South Street Seaport und die Brooklyn Bridge erfreut sich dieses modern-minimalistische Restaurant großer Beliebtheit bei Einheimischen wie Touristen. Viele Salate und Pizza aus dem Holzofengrill. Tägl. 11–22 Uhr, Brunch Sa/So 11–16 Uhr. 70 South St./Maiden Lane, ☏ 212-487-9600, industry-kitchen.com. Subway: Fulton St. Linien A, C, J, Z, 2, 3, 4, 5.

Zeytuna's 13 World Cuisine Bazaar von Cookies über Salate und Pizza bis Sushi. Gerichte ab $ 8. Tische drinnen und draußen mit Blick auf die Federal Reserve Bank. Manchmal Jazz. Mo–Fr 7–23 Uhr, Sa/So 8–23 Uhr. 99 William St./Ecke Maiden Lane, ☏ 212-742-2436, www.zeytuna.com. Subway: Wall St. Linien 2, 3.

Champs Kitchen Veloce Broadway 10 Gänzlich untouristischer, schlichter Laden mit wenigen Tischen, internationale und typisch amerikanische Delikatessen von Bagels bis Hot Pastrami, Suppen und Salatbar. Mo–Fr 5.45–17.30 Uhr, Sa 7–15.30 Uhr. 141 Fulton St. zw. Broadway und Nassau St., ☏ 212-406-6030; Zweigstelle in der 30 Broad St. am Exchange Place, ☏ 212-363-4000; www.champsdelinyc.com. Subway: Rector St. Linie R.

Ulysses Folk House 23 James Joyce würde es hier gefallen. Uriges Großpub mit Brunch im Freien ($ 20 inkl. Freigetränk) und Livemusik am Samstagabend. Gern frequentiert von Wallstreet-Bankern nach dem Feierabend. Hier trifft Seafood auf Guinness. Tägl. 11–4 Uhr. 95 Pearl St./Ecke 58 Stone St., ☏ 212-482-0400, www.ulyssesnyc.com. Subway: Whitehall St. Linie R; Bowling Green Linie 5 oder South Ferry Linie 1.

Delmonico's 20 1837 vom Schweizer Kapitän Giovanni Del Monico als erstes Restaurant in Amerika gegründet (bis dahin gab es nur Tavernen …). Traditionelle amerikanische Küche, viele Geschäftsleute. Steak ($ 49–65, ohne Beilagen) oder Hummervorspeise ($ 24). Mo–Fr 11.30–22 Uhr, Sa 17–22 Uhr, So geschl. 56 Beaver St., zw. William und South William St., ☏ 212-509-1144, www.delmonicosny.com. Subway: Bowling Green Linien 4, 5 oder Broad St. Linien J, Z.

Paris Café 15 Zur Wiedereröffnung nach Hurrikan Sandy wurde der Tresen dieser historischen Taverne nach dem Original von 1873 wiederhergestellt. Die Spiegel von damals sind zwar halb blind, aber man sitzt hier gemütlich an Holztischen, bekommt ein „quick lunch" unter einer halben Stunde und dazu für nur $ 4

Praktische Infos

ein Bier. Hausgericht: Muscheln und Pommes ($ 17). Tägl. 11–4 Uhr. 119 South St. Ecke Peck Slip, ℅ 212-240-9797, www.theparistavern.com. Subway: Fulton St. Linien A, C, J, Z, 2, 3, 4, 5.

Pearl Street Diner 19 Seit 65 Jahren bereitet die griechische Familie Couliandis hier Rühreier, Cheeseburger, Gyros und Chicken Souvlaki zu. Wegen der Nähe zum Finanzdistrikt kommen auch viele Banker, vor allem zum Frühstück. Mo–Fr 8–21 Uhr, Sa/So 8–17 Uhr. 212 Pearl St./Fletcher St., ℅ 212-344-6620, pearl dinernyc.com. Subway: Wall St. Linien 2, 3.

Trinity Place 11 Restaurant und Bar im Kellergewölbe einer Bank aus dem Jahr 1904, Zugang durch eine 35-Tonnen-Tresortür in einen langen Raum mit gedämpfter Beleuchtung, Mahagoni-Bar und dunkelroten Sitzecken. Sehr gutes Bar-Menü, Trinity-Käseplatte $ 15, Hauptgerichte ab $ 16. Mo–Fr 11.30–15 und 17–23 Uhr. 115 Broadway, Eingang von der Cedar St. aus, ℅ 212-964-0939, www.trinityplacenyc.com. Subway: Fulton St. Linien 2, 3, 4, 5, A, C, E.

Einkaufen

Verschiedene exklusive Läden unter einem Dach findet man im **Brookfield Place** 4, dem ehemaligen World Financial Center. Hier versammeln sich Luxusmarken wie Hermès, Gucci, Diane von Furstenberg oder Lululemon, die Yogakleidung verkaufen, neben Restaurants und Food Halls. Auch ein Ableger des Kaufhauses **Saks** aus der Fifth Avenue ist hier zu finden. Mo–Sa 10–20 Uhr, So 12–18 Uhr. 230 Vesey St., ℅ 212-978-1698, brookfieldplaceny.com.

Weitere luxuriöse Malls in Downtown sind die im nagelneuen **Oculus-Bahnhof** 7 am Ground Zero, die **Fulton Center Station** und nach Wiedereröffnung auch der spektakuläre **Pier 17** im **South Street Seaport**.

Century 21 (C21) 9 Inzwischen selbst eine Touristenattraktion, 16 Abteilungen mit Preisnachlässen von 25–75 %. Kaufhaus für Designerware mit Niveau. Alles von Haushaltswaren über Kleidung und Schuhe bis zu Kinderspielzeug. Mo–Mi 7.45–21 Uhr, Do/Fr bis 21.30 Uhr, Sa 10–21.30 Uhr, So 11–20.30 Uhr. 22 Cortlandt St., zw. Broadway und Church St., ℅ 212-227-9092, www.c21stores.com. Subway: World Trade Center Linie E. C21 Edition, Luxuszweigstelle in der 21 Dey St./Church St., auch Läden in der Upper West Side und Brooklyn.

J & R Music World Express 9 Innerhalb des Kaufhauses C21 hat dieser älteste New Yorker Musik Superstore auf 140 m² wiedereröffnet.

Ältestes Restaurant der Stadt: Delmonico's

Verkauft wird weiterhin elektronische Unterhaltung, von Computern über Kameras bis hin zu DVDs. Öffnungszeiten wie Century 21.

Browne & Co Stationers 16 Gegründet 1775, werden hier im Hafenviertel bis heute Karten, Briefpapier und andere Schreibwaren verkauft, die mit einer antiquierten mechanischen Druckerpresse erzeugt wurden. Tägl. 11–19 Uhr. 209–211 Water St./Fulton St., ℅ 646-628-2707, www.southstreetseaportmuseum.org. Subway: Fulton St. Linien 2, 3.

Rialto Jean Project 18 Gebrauchte Denim-Jeans und -Jacken werden von der Malerin Erin Feniger handbemalt und sind damit einzigartig – und sehr bunt. Teile der Einnahmen gehen an Kinderkrankenhäuser. Di–Fr 12–20 Uhr, Sa bis 18 Uhr, So bis 17 Uhr. 206 Front St., ℅ 917-655-7548, www.rialtojeanproject.com. Subway: Fulton St. Linien 2, 3.

New York City Store 5 Laden im Erdgeschoss des Municipal Building, der von Taximodellen über T-Shirts, Anhänger und Tassen die Herzen aller Souvenirjäger höher schlagen lässt. Mo–Fr 10–17 Uhr. 1 Center St., ℅ 212-386-0007, a856-citystore.nyc.gov. Subway: Brooklyn Bridge/City Hall Linien 4, 5, 6.

Sonstiges

River to River Festival. Jeden Sommer (Mitte Juni–Mitte Juli) werden 11 Tage lang im Rahmen dieses Festivals in Lower Manhattan und auf Governors Island mehr als 50 Konzerte und Kulturveranstaltungen geboten. Alles kostenlos! Infos und Programm unter www.riverto rivernyc.com.

Multikultureller Paradiesgarten
Tour 2

Der East Side District ist ein multikultureller Paradiesgarten, das Viertel der Immigranten, das Vorzimmer der USA. Am augenfälligsten sind die Chinesen, deren Enklave unaufhaltsam wächst, während sich die Italiener in den vergangenen Jahrzehnten mehr und mehr aus Little Italy zurückgezogen haben. Zeugnisse ihrer Lebensart sind dennoch nicht ganz verschwunden, vor allem in kulinarischer Hinsicht.

Museum of the Chinese in America (MoCA), chinesische Lebenswelten in Amerika, S. 57

Mott Street, lebendige Straße, S. 59 und S. 62

Elizabeth Street, Edelboutiquen und Cafés in NoLita, S. 62

Zu Gast in China und Italien
Chinatown, Little Italy und NoLita

Die ersten Chinesen kamen bereits in den 1850er-Jahren ins Land, einige angelockt durch die Verheißungen des kalifornischen Goldrausches, andere als Wanderarbeiter, die beim Eisenbahnbau tätig waren. Die Einwanderer blieben meist unter sich und so entstanden in vielen amerikanischen Städten kleine chinesische Enklaven. Bald war auch New York davon betroffen, denn nachdem sich der Traum vom schnellen Gold nicht erfüllt hatte, zogen viele Chinesen auf der Suche nach Arbeit durchs Land und siedelten sich andernorts an. Dennoch beginnt die eigentliche Geschichte von New Yorks **Chinatown** erst viel später, denn die chinesische Zuzugswelle verebbte, bevor die dortige chinesische Enklave nennenswerte Dimensionen erreicht hatte: Grund war der Erlass des *Chinese Exclusion Act* (1882), der einen kompletten Einwanderungsstopp verfügte und den bereits im Land befindlichen Chinesen – meist Männer, die zunächst ohne ihre Familien gekommen waren, – massive Einschränkungen auferlegte. So war etwa der Nachzug von Frauen und Kindern verboten, was zur Folge hatte, dass die *Chinese Societies* fast reine Männergesellschaften blieben.

Der *Chinese Exclusion Act* sollte zunächst nur eine Laufzeit von zehn Jahren haben. Doch die beständig wachsenden Ressentiments gegenüber den oft zu Dumping-Löhnen eingestellten Arbeitern aus Fernost sorgten dafür, dass er Jahrzehnt um Jahrzehnt bestätigt und erst 1943 durch eine Quotenregelung ersetzt wurde. In der Folge stieg die Einwohnerzahl Chinatowns langsam, aber stetig an, bis die Anhebung der Quote im Jahr 1968 zu einer wahren Bevölkerungsexplosion führte. Der letzte große Ansturm schließlich wurde 1997 durch die Übergabe der britischen

Kronkolonie Hongkong an China ausgelöst – er hält bis heute an. Inzwischen ist Chinatown mit rund 150.000 offiziell hier ansässigen Landsleuten (und geschätzten 100.000 Illegalen) die größte chinesische Gemeinde außerhalb des Mutterlandes. Die chinesische Bevölkerung New Yorks ist seit 1990 um 100 % gewachsen. Auch andere Asiaten, vor allem Vietnamesen, zieht es nach Chinatown. Viele Zuzügler leben jedoch wegen der hohen Mieten in einem der anderen fünf Chinatowns von New York oder in East Harlem. Insgesamt sollen geschätzte 820.000 Chinesen in der Stadt wohnen.

Auf Besucher machen die fernöstlichen Gerüche, das dichte Gedränge und Gewusel, die exotisch anmutenden Wahrsagerbuden und die farbenfrohen Werbeflächen mit chinesischen Schriftzeichen mächtig Eindruck. Man meint, in einer anderen Stadt, einer anderen Welt zu sein. Auch die mehr als 400 einschlägigen Restaurants und Garküchen tragen dazu bei und vollends in Zweifel über seinen Aufenthaltsort gerät man spätestens dann, wenn die erstbeste McDonald's-Filiale in der Canal Street mit einem chinesischen Firmenschild grüßt (auch die Speisekarte ist auf Chinesisch!). Dem „Rest der New Yorker Welt" geht das übrigens kaum anders. „Chinatown" – so beschreibt es etwa Paul Auster rückblickend – „war für mich wie Ausland, und jedes Mal, wenn ich dort durch die Straßen ging, überwältigte mich ein Gefühl von Fremdheit und Verlegenheit. Das war Amerika, aber ich verstand weder die Sprache der Leute noch den Sinn der Dinge, die ich sah."

Manhattans Chinesenviertel ist aber natürlich nicht nur ein liebenswerter bunter Tupfer auf dem New Yorker Stadtplan. Noch immer halten die dubiosen *Tongs* (→ Kasten, S. 60) das Heft fest in der Hand und noch immer werden zahllose Einwanderer illegal eingeschleust und als billige Arbeitskräfte gnadenlos ausgebeutet. Möglich ist dies auch, weil unglaubliche 55 % der Menschen hier kein Englisch sprechen und so an den Segnungen der Rechtsstaatlichkeit so gut wie keinen Anteil nehmen können.

Little Italy ist die kleinste ethnische Enklave New Yorks, böse Zungen sprechen sogar vom „italienischen Themenpark". Einst reichte das Viertel über 50 Blöcke von der Canal Street bis zur Houston (sprich: *Hausten*) Street. Hier drängten sich um die 40.000 Italiener in winzige Wohnungen, die sechsstöckigen Häuser mit den markanten Feuerrettungsleitern an der Außenwand *(walk-up-buildings)* standen dicht an dicht. Dann wurde Little Italy von den Chinesen überrollt. Heute besteht es nur noch aus vier Blocks und mehr oder weniger zwei Straßenzügen, in denen rund 5000 italienischstämmige Amerikaner leben. Die meisten ihrer

Tour 2: Chinatown, Little Italy und NoLita

Landsleute wohnen mittlerweile in Brooklyn (Bensonhurst und Cobble Hill) und in der Bronx (Arthur Avenue). Die kopfsteingepflasterten Straßen von Little Italy sind voller italienischer Restaurants, Cafés und Spezialitätengeschäfte und einen kulinarischen Besuch wert. Im Mai beim *St. Anthony Festival* und im September beim *Feast of San Gennaro* kommt echtes mediterranes Flair auf. Das winzige *Italian American Museum* widmet sich den Erfahrungen der südeuropäischen Einwanderer.

Tour-Info Beim Spaziergang durch Chinatown trifft man auf nur wenige klassische Sehenswürdigkeiten, er spricht aber alle Sinne an. Doch Vorsicht: Am Samstag ist Chinatown völlig überlaufen und hüten Sie sich vor den vielen Verkäufern von imitierten Luxuswaren – es sei denn, Sie stehen auf Fake.

Stationen in Chinatown

Ausgangspunkt ist die **Canal Street** (Subway J, N, Q, R, Z, 6 Station Canal Street), die Lebensader von Chinatown und einer der lebhaftesten Straßenzüge Manhattans überhaupt: jede Menge Menschen und kaum weniger Läden und Straßenhändler, die ihre zum Teil schrillen Waren unter die Leute bringen wollen. Vor langer Zeit verlief hier ein Abwasserkanal (1808 gegraben), der seine stinkende Fracht aus einer Sammelstelle um die Franklin, Worth und Baxter Street bezog, um sie dann schlankweg ins Meer zu leiten. Geblieben ist davon glücklicherweise nichts außer dem Namen.

Biegen Sie links in die Center Street – die Ecke erkennen Sie an dem **Pagodenbau** mit Phönix und Drachen, der eines der vielen *Starbucks*-Cafés beherbergt. Ursprünglich residierte hier die *Golden Pacific National Bank*, die allerdings schon zwei Jahre nach der Fertigstellung des Gebäudes (1983) pleite ging. Ihre Gläubiger, überwiegend chinesische Privatleute, verloren dabei ihr gesamtes Hab und Gut. Gehen Sie die Center Street hinunter, überqueren Sie die Howard Street und Sie gelangen zu einem nagelneuen Museum mit einer Fassade aus Beton, Holz und Bronze. Hier ist eine Gemeindeinstitution zum nationalen Museum aufgestiegen.

Zu Gast in China ...

Chinesische Lebenswelten in Amerika
Museum of the Chinese in America (MoCA)

Die chinesische Architektin Maya Lin hat eine ehemalige Maschinenfabrik zu einem modernen, kleinen Museum umgebaut. Vorbei an der „Journey Wall", wo die Geldgeber samt ihrer Herkunft und derzeitigen Wohnorte in einem Mosaik aus Bronzekacheln geehrt werden, gelangt man in einen Empfangsraum mit Café, der sich zu den sechs kleinen Galerien um einen Innenhof öffnet, wie es in chinesischen Häusern üblich ist. Die Ausstellungsstücke bilden ein Sammelsurium an Alltagsgegenständen, Briefen, Fotos und Kleidung und demonstrieren auch, was die Chinesen zur Alltagskultur Amerikas beigetragen haben: in kulinarischer Hinsicht u. a. durch Chop Suey, in sportlicher Hinsicht u. a. durch Michelle Kwan, die fünffache Eiskunstlauf-Weltmeisterin, und in musikalischer Hinsicht u. a. durch Yo-Yo Ma, einen weltberühmten Cellisten. Die Exponate werden durch interaktive Besucherkioske und Filmeinspielungen ergänzt und sind chronologisch vom 19. Jh. bis heute angeordnet. Sie geben auch einen verstörenden Einblick in die diskriminierenden Erfahrungen der ersten chinesischen Einwanderer, die ohne Familie ein sog. *Eight-Pound-Life* führten: täglich 16 Stunden Schufterei in einer der vielen Wäschereien, in denen sie pausenlos acht Pfund schwere Bügeleisen stemmen mussten. Eines dieser noch mit Kohle beheizten Geräte bekommt man hier zu sehen.

215 Center St. zw. Howard und Grand St., 855-955-MOCA, www.mocanyc.org. Di, Mi und Fr–So 11–18 Uhr, Do bis 21 Uhr. Eintritt $ 10, erm. $ 5, erster Do im Monat frei. Highlights-Führungen Sa 15 Uhr. Führungen durch Chinatown April bis Dez. Sa 13 Uhr. $ 15, erm. $ 12. Subway: Canal St. Linien J, N, Q, R, Z, 6.

Vom Slum zum Park mit Sportanlagen
Columbus Park

Folgen Sie nun der Grand Street rechts und anschließend der Baxter Street wieder rechts zurück zur Canal Street. Kurz vor der Canal Street treffen Sie auf die *Church of the Most Precious Blood* (→ S. 61). Im September findet in ihrem Umkreis das größte Straßenfest des Viertels statt, in der Kirche werden noch immer jährlich rund 30 Babys getauft – die sechste Generation der italienischen Einwanderer. Schlagen Sie sich nun links über die Canal Street noch einen Block weiter durch das Getümmel bis zur Mulberry Street, in die Sie rechts einbiegen. Vorbei an vielen Fischständen gelangen Sie so zum Columbus Park. Der Columbus Park, der 1887 zunächst unter dem Namen *Mulberry Park* eröffnet wurde, ist eine der wenigen Grünflächen des Stadtviertels. Er dient den chinesischen Einwohnern gleichzeitig als sozialer Treffpunkt und als Sportanlage mit Fußball-, Basketball- und Volleyballfeldern, auch Tai Chi wird hier praktiziert und Schach gespielt.

So idyllisch wie heute ging es in der Gegend übrigens nicht immer zu.

Bevor der Park entstand, breitete sich hier einer der übelsten Slums von New York aus: *Five Points*, fünf Straßenzüge, in denen vor allem irische Einwanderer lebten, die in verschiedenen großen Wellen in die Stadt gespült worden waren. Auf engstem Raum traten hier – fast exemplarisch – die Schattenseiten der großen Erfolgsstory des Einwandererlandes USA zutage: Arbeitslosigkeit, Armut, Straßenelend, Prostitution, Kriminalität und nicht zuletzt ethnische Bandenkriege, in denen sich die Gangs der verschiedenen Einwanderernationen blutige Straßenschlachten lieferten. Cineasten werden sich in diesem Zusammenhang an Martin Scorseses Film *The Gangs of New York* mit Leonardo DiCaprio erinnern, der vor dem Hintergrund der damaligen Ereignisse spielt. Scorsese wusste übrigens recht genau, wovon er erzählt: Er ist ein paar Straßen weiter in Little Italy geboren.

Keimzelle der chinesischen Enklave
Vom Chatham Square über die Bowery ins Herz Chinatowns

Im Süden wird der Columbus Park von der Worth Street flankiert, über die Sie nach 50 m zum großen Chatham Square mit dem **Kimlau War Memorial** gelangen, einem Denkmal für die chinesischstämmigen Amerikaner, die ihr Leben im Zweiten Weltkrieg im Dienste der US-Armee verloren. Am Chatham Square treffen nicht weniger als neun Straßen aufeinander. Auf dem angrenzenden St James Place versteckt sich der älteste jüdische Friedhof der Stadt, *the First Shearith Israel Cemetery*. Hier fanden u. a. 18 jüdische Revolutionskämpfer die letzte Ruhe sowie der erste in den USA geborene Rabbi. Am Chatham Square beginnt auch die *Bowery*, die wie der Broadway, die „Mutterstraße" Manhattans, den Verlauf eines alten, später von den Holländern befestigten Indianerpfads nachzeichnet (die holländischen Siedler bauten hier ihre ersten Farmen = *bouwerijs*, daher der Name). Die Bowery, die sich von Chinatown bis hoch ins East Village erstreckt, vollzieht gerade einen Wandel zum Szeneboulevard, an dem das *New Museum* für moderne Kunst (→ S. 73) einen gehörigen Anteil hat.

Überqueren Sie nun den Chatham Square. Nach ein paar Metern auf dem East Broadway gehen Sie links durch die Catherine Street und gelangen so zum kleinen **Confucius Plaza** mit einer 1976 installierten Bronzestatue des Gelehrten. Vom alten Meister Konfuzius sind es nur noch ein paar Schritte bis zur Keimzelle Chinatowns: Sie müssen nur die Bowery überqueren und schon sind Sie in der Pell Street, die zusammen mit der Doyers Street und dem unteren Ende der Mott Street das ursprüngliche Areal von Chinatown bildete. Dieses Ghetto aus drei Blöcken war fast ausschließlich von Männern bewohnt, die weder mit Weißen um Jobs konkurrieren noch diesen Bezirk unautorisiert verlassen durften. Kein Wunder, dass dieses enge Milieu den Nährboden für allerlei halbseidene Aktivitä-

---

New York im Kasten
In God We Trust
Große Fische zappeln nicht im Netz, wenn in den Sälen 129 und 130 des *Criminal Court Building* zu Gericht gesessen wird. In New York müssen Verdächtige innerhalb von 24 Stunden angeklagt werden. Wegen permanenter Überlastung tagt deshalb das Gericht montags bis freitags auch bis in die frühen Morgenstunden (So–Mi bis 1 Uhr, Do–Sa länger). Da die Verhandlungen öffentlich sind, trifft man hier mitunter auch auf Drehbuchautoren auf der Suche nach Inspiration, Psychologen beim Feldstudium oder einfach nur auf interessierte New-York-Besucher. Es gibt die übliche Sicherheitskontrolle. Criminal Court: 100 Center St./Ecke Hogan St., ✆ 212-386-4500.

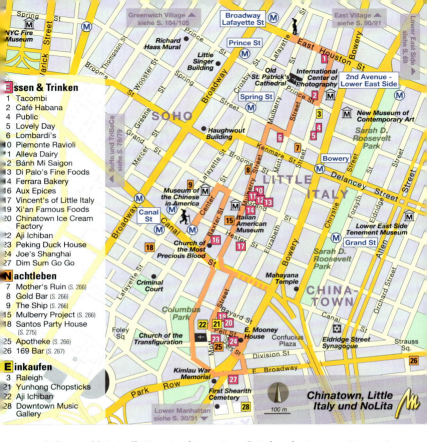

ten lieferte und kriminelle Energien freisetzte. So entstand bald eine Unzahl von Spielsalons, Freudenhäusern und Opiumhöhlen, die von den mafiaartigen Tongs kontrolliert wurden und zum Teil noch werden (→ Kasten, S. 60). Dass es dabei nicht selten äußerst brutal zuging, belegt der volkstümliche Name des scharfen Knicks im Verlauf der Doyers Street. **Bloody Angle**, das „Blutige Eck", wird er genannt und tatsächlich war er Schauplatz vieler blutiger Bandenkämpfe.

Biegen Sie am **Edward Mooney House**, einem roten Backsteinhaus (heute eine Bank), das noch aus George Washingtons New Yorker Tagen stammt, in die Pell Street. Sie trägt aus offensichtlichen Gründen den Beinamen „Haircut Street". Lieber als eine neue Frisur würden Ihnen die Ladenbesitzer aber eine Akupunktur, Nacken- oder Fuß-Reflexzonenmassage verpassen, denn Massagesalons gibt es in dieser Straße sogar noch mehr als Frisiersalons.

Lebendige Straße

In der Mott Street

Wenn Sie die Pell Street hinabgehen, erreichen Sie die sehr lebhafte Mott Street mit ihren beliebten Restaurants und vielen Geschäften.

Außerdem finden hier die farbenprächtigen **Umzüge während des chinesischen Neujahrsfestes (Lunar New Year)** statt (Ende Januar/Anfang Februar). Die größte chinesische Katholikengemeinde

New York im Kasten
Eine Stadt in der Stadt

Chinatown ist quasi selbstverwaltet: Das soziale, kulturelle und wirtschaftliche Leben wird von gegenwärtig 60 Einzelorganisationen bestimmt, die unter dem Dach der 1883 als Hilfsorganisation für die Einwanderer gegründeten *Chinese Consolidated Benevolent Association (CCBA)* agieren. Zu diesem Netzwerk zählen auch die *Tongs* (wörtl. *Säle*), undurchsichtige national organisierte Bruderschaften, die zwar meist völlig legale Organisationsstrukturen haben und auch Gutes tun, etwa für Neuzuwanderer übersetzen, Alte unterstützen und Feste sponsern, denen aber gleichzeitig der Ruf anhaftet, kriminelle Kontakte zu pflegen bzw. mafiöse Untergrundstrukturen zu unterhalten. Die beiden mächtigsten Tongs namens *On Leong* und *Hip Sing* kämpfen immer wieder um die Vorherrschaft in Chinatown.

Amerikas versammelt sich in der **Church of the Transfiguration** (Nr. 25–29, www.transfigurationnyc.org), die von englischen Lutheranern im klassizistischen Stil, aber mit gotischem Maßwerk 1801 errichtet wurde. Als Baumaterial diente im Wesentlichen Manhattan-Glimmerschiefer, die gotischen Fenster sind in Brownstone eingefasst, der auffällige grüne Glockenturm, der erst 1853 aufgesetzt wurde, besteht aus Kupfer. Im selben Jahr ging die Kirche in den Besitz irischstämmiger Katholiken über, später wurde sie dann von der italienischen Gemeinde genutzt. Heute werden die Gottesdienste sowohl in Englisch, als auch in Kantonesisch und Mandarin gehalten. Das Innere ist weiß verputzt mit filigranen Säulen und barocken Deckenmalereien. Das Gotteshaus ist eine wichtige Anlaufstelle für neue Einwanderer, die hier auch lebenspraktische Hilfen bis hin zu medizinischer Beratung und juristischem Beistand finden.

Von der Church of the Transfiguration geht's nun die Mott Street Richtung Norden zum Ausgangspunkt des Spaziergangs an der Canal Street. Auf dem Weg dorthin kommen Sie zunächst an einem besonderen kulinarischen Schmankerl vorbei, dem Süßwarenladen **Aji Ichiban** (linke Straßenseite).

Folgen Sie der Mott Street zurück bis zur Canal Street. Dort bietet sich an deren östlichem Ende die Möglichkeit zu innerer Einkehr im **Mahayana Temple** (Nr. 133, direkt an der Manhattan Bridge), dem größten buddhistischen Tempel New Yorks. Die gelbe Fassade wird von einer Pagodenimitation mit einem Balkon verziert. Man gelangt durch ein Vestibül in den eigentlichen Tempel, der in einem grüngelben Ton gehalten ist und verführerisch nach Räucherstäbchen duftet. Bei Kerzenlicht erstrahlen mehr als hundert vergoldete Buddhafiguren. Es gibt drei Altäre, auf denen frisches Obst ausgebreitet ist und Schwimmkerzen brennen. Auf dem größten Altar thront ein vierköpfiger Buddha in einem schützenden Glaskasten. Gläubige, die ihre Opfergaben darbieten, zünden zuerst ein Räucherstäbchen an und halten es über ihren Kopf, wobei sie sich mehrfach verbeugen und Gebete murmeln. Danach wird das Räucherstäbchen in eine vor dem angebeteten Buddha platzierte Schale mit Sand gesteckt.

Stationen in Little Italy

Nördlich der Canal Street gelangen Sie nun von fernöstlichem Prunk in mediterrane Gefilde, nach *Klein Italien*. In den 1930er-Jahren kamen 98 % der Viertelbewohner aus Rom, Neapel oder Palermo, heute stammen 89 % der Einwohner von Little Italy aus Asien und nur noch 5 % haben italienische Wurzeln. Dennoch reihen sich in den paar Straßen des Viertels italienische Restaurants und landestypische Geschäfte aneinander und finden sich an vielen Häuserwänden die Farben der italienischen Trikolore. Der nördliche Teil von Little Italy (NoLita/North of Little Italy) ist Symbol für einen Wandel hin zum Szenebezirk voller hipper Boutiquen und Restaurants. Dass Little Italy überhaupt noch existiert und nicht komplett von Chinatown überrollt wurde, ist den Touristen zu verdanken, die diese paar Straßen genauso häufig ansteuern wie das Greenwich Village. „Ethnic Tourism" liegt im Trend, wovon natürlich auch Chinatown und die ehemals jüdische Lower East Side profitieren. Little Italy wird mehr oder weniger künstlich am Leben erhalten, um nachfolgenden Generationen und Besuchern zeigen zu können, wie und was es einmal war: die älteste italienische Enklave der Stadt.

Neben italienischen Ristoranti und Delikatessenläden hat Little Italy noch ein ganz besonderes religiös-folkloristisches Spektakel zu bieten: *The Feast of San Gennaro*. Es ehrt den Schutzheiligen von Neapel, der in der Regierungszeit des römischen Kaisers Diokletian enthauptet wurde, nachdem er der Legende nach unverletzt aus einem glühenden Krater herausgetreten war und sich obendrein noch ein paar auf ihn gehetzte wilde Tiere brav zu seinen Füßen niedergelassen hatten, anstatt ihn aufzufressen. Im Zentrum der Verehrung steht sein in zwei Glasampullen im Dom von Neapel aufbewahrtes getrocknetes Blut, das sich zweimal jährlich im Rahmen eines großen Gottesdienstes vor den Augen der staunenden Gemeinde verflüssigt. Little Italy hat zwar kein Blutwunder zu bieten, gefeiert wird aber dennoch, zwar nur einmal im Jahr, dafür aber in Form eines tagelang andauernden Straßenfestes, das regelmäßig rund eine Million Schaulustige anlockt. Den Höhepunkt der Feierlichkeiten bildet der 19. September. Dann wird eine in der **Church of the Most Precious Blood** (113 Baxter Street) aufbewahrte Statue des Heiligen durch die Straßen des Viertels getragen. An den anderen Tagen steht weit Profaneres auf dem Programm, u. a. ein Cannoli-Wettessen (gefülltes Gebäck).

An der Ecke zur Grand Street befindet sich in einer alten Bank das **Italian American Museum**. Obwohl immerhin 17 Mio. Amerikaner italienischer Abstammung sind, werden lediglich in einem einzigen Raum unterschiedliche Aspekte der Immigrantenschicksale beleuchtet sowie in kleinen Sonderausstellungen italienischer Alltag präsentiert

155 Mulberry Street, ☎ 212-965-9000, www.italianamericanmuseum.org. Fr–So 12–18 Uhr. Eintritt $ 10 als Spende/donation.

Museumsreif sind auch einige der Spezialitätengeschäfte entlang der Grand Street (→ Essen und Trinken).

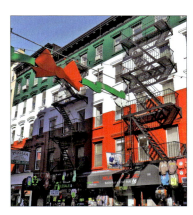

Stationen in NoLita

Ende der 1990er-Jahre zogen immer mehr trendige Boutiquen (Sonnenbrillen, Schuhe, Kleidung, Handtaschen, Uhren, Parfum, Einrichtungsaccessoires), Restaurants und Bars in den Nordteil Little Italys – die Immobilienmakler schufen wieder einmal ein neues Viertel mit einem neuen Image: NoLita, North of Little Italy. Gemeint sind damit jene Straßenzüge, die von der Broome Street im Süden und der Houston Street im Norden wie auch von der Lafayette Street im Westen und der Bowery im Osten eingerahmt werden.

Um NoLita zu erkunden, gehen Sie an der übernächsten Querstraße, der Spring Street, rechts und biegen bei *Lombardi's*, einem weiteren Relikt aus italienischen Tagen, links in die Mott Street ein. Nach einem weiteren Block stoßen Sie auf die Prince Street und sehen vor sich die Gemeindekirche *St Patrick's*, die einstige Old St Patrick's Cathedral.

Kirche der irischen Gemeinde
Old St Patrick's Cathedral

Die dem Schutzheiligen Irlands geweihte Old St Patrick's Cathedral wurde 1809 nach Entwürfen von Joseph Mangin gebaut, der auch die City Hall schuf. Das 36 m lange, von außen sehr schlichte gotische Gotteshaus wurde zum Schutz vor antikatholischen Übergriffen durch die anglikanischen Natives hinter hohen Mauern errichtet. 1868 wurde die Kirche durch ein Feuer zerstört und nach dem Wiederaufbau war der Bischofssitz längst in die 5th Avenue umgezogen (→ St Patrick's Cathedral, S. 149). 2010 machte sie Benedict XVI. zur Basilika. Im Inneren fallen besonders die Fenster auf, die in Chartre, Birmingham und Boston hergestellt wurden. An der Westwand steht ein kleiner Altar mit einem handgeschnitzten, mit Goldblatt belegten Aufsatz. Die Ostseite ziert die historische Henry-Erben-Orgel von 1868. Auch Felix de Waldons Pieta ist des Innehaltens wert. Für Cineasten ist der Friedhof von Interesse: Dort trugen Robert De Niro und Harvey Keitel im Film *Mean Streets* (dt. *Hexenkessel*) ihre Auseinandersetzung aus.

260–264 Mulberry St./Ecke Prince St., Eingang in der Mott St., ☎ 212-226-8075, oldcathedral.org. Mo–Fr 8–17 Uhr. Subway: Prince St. Linien N, R.

Wenn Sie die Kirche verlassen, wenden Sie sich nach rechts in die Mott Street, biegen an der Ecke links in die Prince Street ein und laufen einen Block weiter, wo Sie links in die entzückende **Elizabeth Street** biegen, die mit ihren Lädchen und Bars den typischen NoLita-Straßencharme verbreitet. Sie erreichen an deren Ende die East Houston Street, der Sie links bis zur Subway folgen. An der Ecke Broadway/Lafayette Street haben Sie Anschluss an die Subway-Linien B, D, F und M.

Praktische Infos → Karte S. 59

Information

Webseiten: www.explorechinatown.com, www.littleitalynyc.com.

Essen und Trinken

Chinatown Ice Cream Factory [20] Eine Legende besagt, dass die Chinesen das Speiseeis während der Tang-Dynastie erfunden hätten. Hier jedenfalls gibt es cremiges Eis mit einem Hauch Exotik im Geschmack. Probieren Sie Ingwer oder Lychee, Grüner Tee oder Rote Bohnen. Tägl. 11–22 Uhr. 65 Bayard St., zw. Mott und Elizabeth St., ☎ 212-608-4170, www.chinatownicecreamfactory.com. Subway: Canal St. Linie 6.

Lombardi's [6] Das Lokal eröffnete 1905 als America's First Pizzeria, die Pizzen gelten als heute die besten der Stadt. Das Original kostet $ 18,50 (groß $ 22,50). So–Do 11.30–23 Uhr, Fr/Sa bis 24 Uhr. 32 Spring St./Mott St., ☎ 212-941-7994, www.firstpizza.com. Subway: Canal St. Linien J, N, Q, R, Z, 6 oder Bowery Linien J, Z.

Praktische Infos 63

Dim Sum Go Go 27 Dieses Restaurant bereitet die kleinen, gefüllten Knödel so authentisch zu, dass Gäste angeblich aus dem Ausland anrufen, um einen Tisch reservieren zu lassen. Tägl. 10–23 Uhr. 5 East Broadway, zw. Chatham Sq. und Worth St., ✆ 212-732-0797, dimsumgogo.com. Subway: East B'way Linie F.

Peking Duck House 23 Eines der wenigen Restaurants, wo man das knusprige Vogelvieh nicht vorbestellen muss. Ordern Sie die „threeway" Variante, die mit Pancakes und Pflaumensoße kommt ($ 52). So–Do 11.30–22.30 Uhr, Fr/Sa 11.45–23 Uhr. 28 Mott St. nahe Pell St., ✆ 212-227-1810, pekingduckhousenyc.com. Subway: Canal St. Linien J, M, Z, N, R, 6.

Xi'an Famous Foods 19 Inzwischen zur Kette mit 7 Restaurants in New York gewachsen, werden hier zuverlässig gute Speisen aus der westchinesischen Shaanxi-Provinz serviert. Berühmt sind der Kümmel-Lamm-Burger (spicy cumin lamb burger) und die handgezogenen asiatischen Nudeln (hand-ripped noodles). So–Do 11.30–21 Uhr, Fr/Sa bis 21.30 Uhr. 67 Bayard St., zw. Elisabeth und Mott St., xianfoods.com. Subway: Canal St. Linien J, N, Q, R, Z, 6.

Joe's Shanghai 24 Spartanisch eingerichtetes, sehr beliebtes Restaurant, meist wird man zu anderen Gästen verpflanzt. Probieren Sie unbedingt die *soup dumplings* im Korb bzw. *Xiao Long Bao* (die Suppe ist im Knödel, nicht der Knödel in der Suppe), also Loch hineinbeißen, Suppe rausschlürfen und dann den Dumpling vernaschen. Nur Bargeld, die Rechnung weist bereits 15 % Trinkgeld aus. Tägl. 11–24 Uhr. 9 Pell St., zw. Bowery und Mott St., ✆ 212-233-8888, www.joeshanghairestaurants.com. Subway: Canal St. Linien J, N, Q, R, Z, 6.

Bánh Mi Saigon 12 Die Franzosen haben das Baguette nach Vietnam gebracht, die Vietnamesen füllen ihre Sandwiches mit Chilimayonnaise, Koriander, Fischsoße, Rettich und eingelegten Karotten mit asiatischen Aromen voll. Ultralecker, die Einkehr sprengt nicht die Urlaubskasse. Tägl. 8–18 Uhr. 198 Grand St., nahe Mott St., ✆ 212-941-1541, banhmisaignyc.com. Subway: Grand St. Linien B, D.

Aux Epices 16 Das französisch-chinesische Ehepaar, das dieses kleine, gemütliche Restaurant etwas abseits der Haupttouristenströme betreibt, bringt malaysisch-französische Fusionsküche „aux epices" (mit Gewürzen) auf die Teller. Nationalgericht ist „lemark", ein Kokosmilchreis mit Chilipaste, Ei, Gurke und Erdnüssen. Auch das Seafood Laksa (säuerliche, auf

Fisch basierende Suppe) ist zu empfehlen. Tägl. 11–22 Uhr, Mo–Fr 16–19 Uhr Happy Hour. 121 Baxter St. zw. Hester und Canal St., ✆ 212-274-8585, www.auxepices.com. Subway: Canal St. Linien J, N, Q, R, Z, 6.

Vincent's of Little Italy 17 Gegründet 1894 als Straßenverkauf, seit 1904 mit eigenen Räumlichkeiten. Eine echte Institution. An den Wänden hängen Fotos von Frank Sinatra, der hier seine eigene Pasta kochte, oder von berühmten Gästen wie Dean Martin und Robert De Niro. Spezialisiert auf Fisch und Meeresfrüchte. Man kann die berühmte Vincent's-Pastasoße übers Internet bestellen. Seafood, Pasta ab $ 10,95, Pizza ab $ 13,95. So–Do 11.30–24 Uhr, Fr/Sa bis 1 Uhr. 119 Mott St., Eingang Hester St., ✆ 212-226-8133, www.originalvincents.nyc. Subway: Grand St. Linien B, D.

Public 4 Restaurant und Essen sind hochwertig und trendig – ein Michelin-Stern spricht für sich. Hauptgerichte $ 20–28 ohne Beilagen. Mo–Sa 18–23 Uhr, Bar bis 2 Uhr, So bis 22 Uhr (Bar bis 1 Uhr). Brunch Sa/So 10.30–15.30 Uhr ($ 14–21). 210 Elizabeth St. zw. Prince und Spring St., ✆ 212-343-7011, public-nyc.com. Subway: Spring St. Linie 6.

Café Habana 2 Meist rappelvoller, winziger Kubaner/Mexikaner mit Take-away. Spezialität Maiskolben. Cuban Sandwich $ 8. Tägl. 9–24 Uhr. 17 Prince St./Ecke Elizabeth St., ✆ 212-625-2001, www.cafehabana.com. Subway: Spring St. Linie 6. Der Ableger in Brooklyn (Fort Greene, 757 Fulton St.) ist das erste solarbetriebene Restaurant der Stadt.

Tour 2: Chinatown, Little Italy und NoLita

China-Food-Lexikon

Dim Sum: „Chinesische Tapas", kleine Portionen dampfender Teigtaschen, Klöße und Reisrollen mit Hunderten von verschiedenen Füllungen. Sie entstanden in den chinesischen Teehäusern entlang der Seidenstraßen, um Reisende zu verköstigen. Wörtlich übersetzt heißt *dim sum* „ein Stück des Herzens". In China isst man das zum Frühstück oder Brunch.

Wan Tan: mit Fleisch oder Fisch, Gemüsen und Pilzen gefüllte Taschen aus Weizennudelteig, die in einem Dampfbad zubereitet oder Suppen beigegeben werden.

Shabu-Shabu: japanisches Fleisch-Gemüse-Fondue, das man selbst in einer Suppe kurz garen lässt und mit Sesamsoße isst.

Ramen: eine japanische Nudelsorte, die eine Art Grundnahrungsmittel darstellt. Gängig in Suppen und neuerdings mit Burgern.

Dumplings: chinesische Ravioli mit verschiedenen Füllungen. Nach außen einfach, innen vielfältig.

Tapioca Bubble Tea: meist schwarzer, manchmal grüner Tee mit schwarzen, gummiartigen Geleeperlen, die von Zuckersirup oder braunem Zucker umhüllt sind. Die 30 Tapioca-Perlen pro Getränk haben rund 400 Kalorien!

Tacombi ❶ NoLita. Schräge Latino-Kneipe in einer Garage (die hieß Fonda Nolita) mit VW-Bus als Bar und Snacks wie Tacos (ab $ 4,95). So–Mi 11–24 Uhr, Do–Sa bis 1 Uhr; Frühstück Sa/So 9–13 Uhr. 267 Elizabeth St. zw. Prince und Houston Sts., www.tacombi.com. Subway: Spring St. Linie 6 oder B'way/Lafayette St. Linien B, D, F, M.

Lovely Day ❺ Das Dekor sieht aus wie aus einem Diner aus den 1950er-Jahren, aber hier wird Thailändisch gekocht. Der Laden macht Spaß, umso mehr, als sich im Keller eine kleine Bar versteckt. Frühstück/Lunch tägl. 11–16.45 Uhr, Dinner So–Do 17.30-23 Uhr, Fr/Sa bis 24 Uhr. 196 Elizabeth St. zw. Spring und Prince Sts., ☏ 212-925-3310, lovelydaynyc.com. Subway: Spring St. Linie 6 oder B'way/Lafayette St. Linien B, D, F, M.

Aji Ichiban ㉒ Gehört zu einer Süßwarenkette aus Hongkong und bietet neben Schokolade in Kieselsteinform oder Weingummi in Hot-Dog-Gestalt auch getrocknete Mangoscheiben, Seealgen-Tempura oder getrockneten Fisch an. Wem der Anblick der Leckereien nicht reicht, kann das meiste vor Ort verkosten. Tägl. 10–20 Uhr. 37 Mott Str., ☏ 212-233-7650. Subway: Canal St. Linien J, N, Q, R, Z, 6.

Alleva Dairy ⓫ Der älteste italienische Käseladen des Landes. Tägl. 9–19 Uhr. 188 Grand St., ☏ 212-226-7990, www.allevadairy.com. Subway: Canal St. Linien J, N, Q, R, Z, 6 oder Bowery Linien J, Z.

Piemonte Ravioli ❿ Seit 1920 werden die Nudeltaschen hier handgemacht. 190 Grand St. Di–Sa 8.30–18 Uhr. ☏ 212-226-0475, www.piemonteravioli.com. Subway: Canal St. Linien J, N, Q, R, Z, 6 oder Bowery Linien J, Z.

Di Palo's ⓭ Bereits in fünfter Generation verkaufen sie in ihrem Fine Foods Laden italienische Köstlichkeiten. 200 Grand St. Mo–Sa 9–18.30 Uhr, So bis 16 Uhr. ☏ 212-226-1033, www.dipalos.com. Subway: Canal St. Linien J, N, Q, R, Z, 6 oder Bowery Linien J, Z.

Ferrara Bakery ⓮ Heißhunger auf italienische Backwaren stillen Naschkatzen seit 1892 mit Sfogliatella (Blätterteigtaschen mit Ricottafüllung). Mo–Do 8–24 Uhr, Fr bis 0.30 Uhr, Sa bis 1 Uhr; ☏ 212-226-6150, www.ferraranyc.com. Subway: Canal St. Linien J, N, Q, R, Z, 6 oder Bowery Linien J, Z.

Einkaufen

Yunhong Chopsticks ㉑ Hier wird das Stäbchen zur erschwinglichen Kunst in allen Preislagen, auch Fächer. Tägl. 10.30–20.30 Uhr, 50 Mott St./Ecke Bayard St., ☏ 212-566-8828. Subway: Canal St. Linien J, N, Q, R, Z, 6.

Raleigh ❸ Kostspielige (um die $ 300) handgefertigte Jeanshosen aus Raleigh in North Carolina, die „old-school" im Workshop hergestellt werden, bevor sie in NoLita am Haken hängen. Jede Hose ist nummeriert und signiert. Mi–Sa 12–19 Uhr, So 12–18 Uhr. 211 Elizabeth St. zw. Spring und Prince Sts., ☏ 212-334-1330, www.raleighworkshop.com. Subway: Spring St. Linie 6.

Downtown Music Gallery ㉘ Bruce Lee Gallanter führt diesen winzigen Laden seit 1991 als Anlaufpunkt für Liebhaber experimenteller Avantgarde-Musik. Live-Auftritte jeden Sonntag 18 Uhr, Eintritt frei. Tägl. 12–18 Uhr. 13 Monroe St., zw. Market und Catherine Sts., ☏ 212-473-0043, www.downtownmusicgallery.com. Subway: Chambers St. Linien J, Z.

Sie war das Erste, was die Einwanderer von New York sahen: Lady Liberty

Synagogen und Delis
Tour 3

Die Lower East Side lebt von ihrer Vergangenheit als jüdisches Viertel und der Gegenwart als Szenekiez. Zur Hinterlassenschaft der einst weltweit größten jüdischen Gemeinde zählen rund 300 Synagogen, von denen die meisten jetzt anderen Zwecken dienen, sowie einige jüdische Delis.

- **Eldridge Street Synagogue**, Manhattans schönste Synagoge, S. 68
- **Lower East Side Tenement Museum**, Lebenswelten von Arbeitsimmigranten, S. 70
- **International Center of Photography (ICP) Museum**, renommierte Fotoakademie, S. 72
- **New Museum of Contemporary Art**, vier Galerien abseits der Konventionen, S. 73

Ehemaliges jüdisches Viertel
Lower East Side

Farmen und Landwirtschaft bestimmten die Lower East Side, bevor sich im späten 18. Jh. vor allem zwei Großgrundbesitzer, Henry Rutgers (ein Held der Unabhängigkeitskriege) und James Delancey, hier niederließen; nach beiden sind Straßen benannt. Anfangs dominierten Einfamilienhäuser das junge Stadtbild, bald schon jedoch war der Zuzug von Einwanderern so groß, dass mehr und mehr bis zu sechsstöckige Mietskasernen gebaut wurden. Zunächst kamen die hungernden Iren, die ihrer vernichtend schlechten Kartoffelernte entflohen waren, dann die Deutschen, die die Revolutionswirren von 1848 hierher verschlugen, und ab etwa 1870 schließlich in mehreren großen Einwanderungswellen die Juden, die die Lower East Side zu ihrem *Schtetel* machten und das Viertel am nachhaltigsten prägten. Die meisten von ihnen waren osteuropäischer Herkunft und hatten sich vor den Pogromen in Russland und den umliegenden Staaten in die Neue Welt geflüchtet. Wie die anderen Einwanderergruppen auch wurden sie nach ihrer Ankunft auf Ellis Island gezielt einem der bald aus allen Nähten platzenden Wohnblöcke in der Lower East Side zugewiesen, und zwar nach Nationalitäten geordnet: Russen wohnten neben Russen, Polen neben Polen und Ungarn neben Ungarn.

Insgesamt lebten um 1880 etwa 300.000 osteuropäische Juden in der Lower East Side, die zu einem der scheußlichsten Elendsviertel der Stadt geworden war, vergleichbar mit *Five Points* jenseits der Bowery (→ S. 58). Arbeit fanden sie in den Bekleidungsfabriken des Viertels, in denen sie tagaus, tagein unter elenden Bedingungen schuften mussten, um am Ende mit Hungerlöhnen abgespeist zu werden, die zum Leben kaum ausreichen. Nach der Arbeit kehrten sie zurück in ihre tristen

Mietskasernen. Diese *tenements* genannten Gebäude waren in winzige, oft fensterlose Einzimmer-Wohnungen unterteilt, in die jeweils eine ganze Familie eingepfercht wurde – ohne Heizung, ohne fließend Wasser und überhaupt ohne sanitäre Einrichtungen, die einzige Toilette stand im Hof und musste von allen Mietern des Hauses geteilt werden. Ein authentisches Bild dieser Lebensbedingungen zeichnet das **Lower East Side Tenement Museum** in der Orchard Street, das man getrost zu den Highlights von Manhattan zählen kann.

Mit gut 520.000 Menschen erreichte die Einwohnerzahl der hiesigen jüdischen Gemeinde 1910 ihren Höhepunkt. Danach begann der Exodus. Binnen einer Generation und damit weit schneller als andere Einwanderergruppen hatten die osteuropäischen Juden die Integration in die amerikanische Gesellschaft geschafft, waren die soziale Rangskala hochgeklettert und kehrten nun dem Ghetto ihrer Eltern den Rücken. Schon 1915 lag das Zentrum des jüdischen Manhattan nicht mehr in der Lower East Side, sondern in East Harlem. Wer es sich leisten konnte, verließ das Viertel über die Williamsburg Bridge (die entsprechend *Jewish Highway* genannt wurde) in Richtung Brooklyn.

So ist heute vom jüdischen Erbe nicht viel übrig geblieben. Die meisten Synagogen haben, wenn sie nicht ohnehin schon von anderen Glaubensgemeinschaften genutzt werden, Probleme, die vorgeschriebene Anzahl von zehn Personen für den täglichen Gottesdienst (Minyan) zusammenzubekommen. Immerhin hat sich am East Broadway (Nr. 311–313, zwischen Dickstein und Grand Streets) noch ein rituelles Bad („Ritualarium" oder „Mikvah" auf jüdisch) halten können, das 1996 unter den wachsamen Augen eines Rabbis sogar grundsaniert wurde. Orthodoxe jüdische Frauen müssen es traditionell vor ihrer Hochzeit, nach einer Geburt und nach jeder Menstruation aufsuchen. Auch zwei Yeshivas (religiöse Schulen) für insgesamt 270 Schüler gibt es noch.

Das sind hier jedoch die letzten Enklaven jüdischen Lebens, der Wandel der Lower East Side zum Szeneviertel ist fast abgeschlossen. Heute bekommt man in hippen Boutiquen und angesagten Restaurants leichter ein paar gebrauchte Cowboystiefel als eine Kippa und eher Tapas als koscheres Pastrami.

Lexikon jüdischer Speisen

Bagels – Hefeteigbrötchen mit Loch, die vor dem Backen kurz gekocht werden

Bialys – Bagels ohne Loch

Matzos – dünne Weizenkräcker

Knishes – gefüllte Kartoffelklöße

Pickles – sauer Eingelegtes

Die Atmosphäre ist in etwa vergleichbar mit Teilen Ostberlins gleich nach dem Fall der Mauer. Einige Straßenzüge vermitteln noch den leicht abgewetzten Charme des Arbeiterviertels, das für so viele der Start in ein neues Leben war. Doch überall wird renoviert, saniert, modernisiert und die Szene aus Künstlern, Musikern und urbanem Stadtvolk eröffnet immer neue Bars und Läden, Edelrestaurants und Hotels. Mit dem **New Museum of Contemporary Art** entstand an der Bowery ein Museum, dessen Besuch Freunde zeitgenössischer und avantgardistischer Kunst nunmehr wunderbar mit einem Einkaufsbummel oder abendlichem Streifzug durch die Bars und Restaurants verbinden können. Dem Beispiel folgend, haben sich auch das **Museum des International Center of Photography** (ICP) und einige Dutzend neue Galerien in der Lower East Side niedergelassen.

Tour-Info Vier klassische Sehenswürdigkeiten – drei Museen und eine Synagoge – und dazu jede Menge Gelegenheiten zum Shoppen, Schauen und Schlemmen – das bietet der Spaziergang durch die Lower East Side. Auch der Einkaufsbummel durch die witzigen und schicken Boutiquen lohnt. Beachten Sie aber, dass am Samstag die jüdischen Einrichtungen geschlossen sind.

Stationen

Sie starten an der Haltestelle Grand Street (Linien B, D) am **Sara D. Roosevelt Park** auf dem Mittelstreifen zwischen Chrystie und Forsythe Street. Der Park entstand zwischen 1932 und 1936 an der Stelle von sieben dicht an dicht stehenden Mietskasernen, sog. *lung blocks*, in denen das „jüdische Asthma", die Tuberkulose, grassierte. Der Abriss der Häuser stand im Zusammenhang mit Präsident Roosevelts New-Deal-Politik, zu deren sozialpolitischem Maßnahmenkatalog auch die Verbesserung der desolaten Wohnverhältnisse von Arbeiterfamilien und die Beseitigung der städtischen Slums zählte. Da sowohl Abriss als auch Bau des Parks im Rahmen staatlicher Arbeitsbeschaffungsmaßnahmen erfolgten, profitierten die Arbeiter der Lower East Side in doppelter Weise von diesem Projekt, was Präsident Roosevelt eine enorme Popularität bei der vorrangig jüdischen Bevölkerung des Viertels einbrachte. Ein Bonmot aus diesen Tagen bringt es auf den Punkt. Die Juden, so hieß es, haben drei Welten: *di veit, yene velt and Roose-velt ...* Benannt wurde der Park nach Roosevelts Mutter, die auf einem Landsitz an der Chrystie Street um die Ecke aufgewachsen war. Heute wird der Park von Sport- und Spielplätzen dominiert und als grüne Lunge der Lower East Side genutzt.

Manhattans schönste Synagoge
Eldridge Street Synagogue

Wenn Sie nun die Grand Street Richtung Osten gehen, kommen Sie bald zur Eldridge Street, biegen dort rechts ein und folgen ihr vorbei an unzähligen Internet-Cafés, Beauty-Salons und dem runden Betonbau der Emma-Lazarus-Highschool (spezialisiert auf Englisch-Kurse für Immigranten und benannt nach der jüdischen Dichterin, die das Gedicht „The New Colossus" für die Freiheitsstatue verfasste) bis zu einer Synagoge. Die Eldridge Street Synagogue stammt aus dem Jahr 1886 und war das erste jüdische Gotteshaus Amerikas, das für die osteuropäischen Einwanderer gebaut wurde; zuvor hatte der Gottesdienst in Privatgebäuden oder ehemaligen Kirchen stattgefunden. Die Architekten, die Brüder Peter und Francis Herter, stammten aus Deutschland. Sie entwarfen weitere 50 Gebäude in der Lower East Side. Die Mischung aus maurischen, romanischen und gotischen Stilelementen macht die aus Backstein und Terrakotta gebaute Synagoge zur schönsten von Manhattan. Achten Sie auf das Rosenfenster über dem Hauptportal und innerhalb dieses Fensters auf die zwölf runden, kleineren Fenster, die die zwölf Stämme

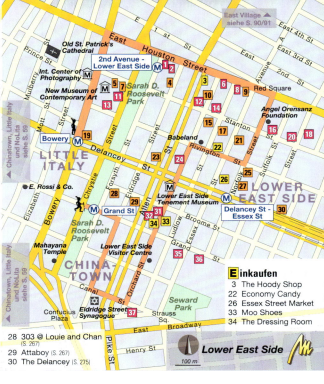

ssen & Trinken

Yonah Schimmel Knishery
Russ & Daughters
Katz's Delicatessen
Il Laboratorio del Gelato
Freeman's Bar and Restaurant
The Meatball Shop
Morgenstern's Finest Ice Cream
El Rey Coffee Bar & Luncheonette
Balvanera Steak House
Clinton Street Bakery
Thelma on Clinton
Russ & Daughters Café
Essex Restaurant
Dudleys
Dirt Candy
Pickle Guys
Kossar's Bialys
Bacaro

achtleben

bOb (S. 275)
Kitty's Canteen (S. 267)
205 Club (S. 275)
Mercury Lounge (S. 277)
Rockwood Music Hall (S. 277)
Arlene's Grocery (S. 277)
Cake Shop (S. 277)
Bowery Ballroom (S. 277)
Beauty & Essex (S. 267)
Hill & Dale (S. 267)
Schiller's Liquor Bar (S. 267)
The Back Room (S. 267)

28 303 @ Louie and Chan (S. 267)
29 Attaboy (S. 267)
30 The Delancey (S. 275)

Einkaufen

3 The Hoody Shop
22 Economy Candy
26 Essex Street Market
33 Moo Shoes
34 The Dressing Room

Israels repräsentieren. Darunter befinden sich hinter fünf romanischen Bögen fünf Fenster, die die fünf Bücher Mose darstellen sollen. Überhaupt gibt es auf jeder Seite der Synagoge viele Fenster, da die meisten der Gläubigen im 19. Jh. ihren Alltag in finsteren Fabriken und noch finsteren Wohnungen verbringen mussten und man sie mit Licht verwöhnen wollte. Wenn man das 21 m hohe Gewölbe betritt, sieht man gegenüber an der Ostwand (in Richtung Jerusalem) einen Schrein, in dem die Thora-Rollen aufbewahrt werden. Die Wände sind teilweise mit Trompe-l'Œil-Malereien verziert, die Fenster mit Vorhängen darstellen, aus denen man auf ein idealisiertes Jerusalem blickt. Auch viele der Holzsäulen wurden bemalt, sodass sie wie Marmor aussehen. Da Männer und Frauen in orthodoxen Synagogen wie dieser getrennt sitzen müssen, gibt es einen Balkon, der Letzteren vorbehalten war. Die renovierte Synagoge nennt sich **Museum of Eldridge Street** und beherbergt heute ein Kulturzentrum und einen Geschenkeshop. High-Tech History Tables mit berührungsempfindlichen Monitoren erklären ihre Geschichte.

12 Eldrige St., zw. Canal und Division St., ☏ 212-219-0888, www.eldridgestreet.org. So–Do 10–17 Uhr, Fr 10–15 Uhr, Führungen zur vollen Stunde 10–16 Uhr, Fr letzte Führung 14 Uhr. Eintritt: $ 14, Senioren $ 10, Kinder bis 18 J. $ 8 (inkl. Führung), Mo frei (pay-as-you-wish). Subway: Grand St. Linien B, D.

Schnäppchenmärkte und Designershops

Bummel durch die Lower East Side

Zurück auf der Canal Street überqueren Sie die doppelspurige Allen Street und biegen einen Block weiter links in die

Orchard Street ein. Bevor die Gegend mehr und mehr besiedelt wurde, gab es hier tatsächlich einen Obstgarten, heute bietet die Orchard Street vor allem zwei Dinge: gastronomische Einkehr- und Einkaufsmöglichkeiten. Sie überqueren die Hester Street, die einst berühmt war für ihren *Chazzer Market*, was irreführenderweise „Schweinemarkt" bedeutet. Dabei konnte man von den hiesigen *pushcarts* (Schubkarren) alles kaufen, nur eben kein Schweinefleisch. Dafür gab es Früchte, Gemüse, Fisch, Kleidung, Brillen, Schreibwaren, Knöpfe, Unterwäsche und vieles mehr. Bei Tagesanbruch versammelten sich die Neuankömmlinge hier im Viertel in der Hoffnung, einen der schlecht bezahlten Billiglohnjobs abzubekommen. Den Straßenverkauf von den Schubkarren aus, bei dem um die Wette gefeilscht wurde, ließ Anfang der 1930er-Jahre Bürgermeister La Guardia verbieten. Als Ersatz eröffnete er den Essex Street Market (→ S. 71 und S. 75).

Im **Lower East Side Visitor Center** (Nr. 54) erhalten Sie Karten, Coupons und Infomaterial zum Viertel. Hinter der Grand Street zeigt sich dann langsam das neue Gesicht der Hood, ganze Straßenabschnitte wurden von edlen, gar nicht billigen Boutiquen und coolen Bars erobert. Einige wenige Geschäfte haben vor Jahren als „mom'n'pops"-Geschäfte (Tante-Emma-Läden) begonnen und sind noch immer in Familienbesitz. Mitunter kann man hier bis heute gute Schnäppchen finden, vor allem was Taschen, Schuhe, Koffer und Kleidung wie z. B. Kunstpelze angeht. Die meisten Läden aber sind nagelneu, flippig und fallen in die Kategorie der Designershops. Wer bereits reif ist für eine Pause, sollte im entspannten und freundlichen **Dudleys** einkehren.

Gestärkt und ausgeruht können Sie sich nun auf eine Führung durch das wirklich sehenswerte Lower East Side Tenement Museum begeben.

Lebenswelten von Arbeitsimmigranten

Lower East Side Tenement Museum

Das Haus 97 Orchard Street war nur eine von Hunderten von Wohnbaracken, die für die immer neu nach Manhattan strömenden Einwanderer errichtet worden waren. Lukas Glockner, ein deutscher Immigrant, eröffnete die Unterkunft 1863 und hoffte auf das große Geschäft. Er wurde nicht enttäuscht. Zwischen der Eröffnung und der Schließung des Hauses im Jahr 1935 nannten 7000 Menschen aus 25 Nationen diese 22 Wohnungen ihr Zuhause und bescherten ihm eine gute Rendite. Bis Ende der 1980er-Jahre stand das Gebäude weitgehend leer, dann wurde es zum *National Historic Place* erklärt und Schritt für Schritt in ein Museum umgewandelt.

Die faszinierende Zeitreise in die dunklen Tage der Lower East Side ist nur im Rahmen einer Führung möglich. Es gibt dabei verschiedene Themenführungen, so z. B. eine Führung durch das Gebäude und seine original restaurierten

Zeitreise ins 19. Jahrhundert: das Tenement Museum

Wohnungen und Läden (die neueste „Shop Life"-Tour ist besonders empfehlenswert) oder beispielsweise die Führung „Sweatshop Workers", während der kostümierte Schauspieler Charaktere ehemaliger Bewohner darstellen. So nehmen Sie etwa an den Geburtsfeierlichkeiten für Max Levine teil, der im Schneiderladen seiner polnischen Eltern zur Welt kam, oder am Schicksal der Rogarshevskys, die ursprünglich aus Litauen stammten und 1901 von Hamburg nach New York ausgewandert waren. Die vier Jungs der sehr gläubigen jüdischen Eltern, die nie Englisch lernten, schliefen allesamt im Wohnzimmer auf der mit Stühlen erweiterten Couch, die Töchter im Kinderbett und alle im Sommer auf der Feuerleiter oder dem Dach. Das Konzept aller Touren ist es, die Lebens- und Wohnverhältnisse der Arbeiter und ihrer Familien anhand von dokumentierten Einzelschicksalen zu illustrieren und interaktiv erlebbar zu machen. Zu diesem Zweck haben die Verantwortlichen über tausend Objekte aus dem persönlichen Besitz der einst hier Wohnenden zusammengetragen und die Erinnerungen derjenigen aufgezeichnet, die noch über ihre Kindheit in 97 Orchard Street berichten konnten. Außerdem gibt es Führungen durch das Viertel, kulinarische Führungen und an bestimmten Tagen Theatervorführungen, Lesungen und Vorträge oder Kunstinstallationen.

Tickets und Laden: 103 Orchard St., Buchung: ☏ 877-975-3786. **Museum**: ☏ 212-982-8420, www.tenement.org. Besichtigung nur mit Führung (verschiedene Themen): tägl. 10.30–17 Uhr alle 15–30 Min. Eintritt $ 25, erm. $ 20. Food of the Lower East Side $ 45, erm. $ 40. **Shop**: Fr–Mi 10–18.30 Uhr, Do 10–20.30 Uhr. Subway: Delancey St./Essex St. Linien F, J, M, Z.

Besuch bei „Harry und Sally"

Rund um die Delancey und Essex Street

Überqueren Sie nun die mehrspurige Delancey Street, an der Ihnen vielleicht zwei moderne Wohntürme aufstoßen

werden, die für hitzige Debatten sorgten. Der markant bauchige, 17-stöckige Wolkenkratzer aus blau schimmernden Glaspaneelen heißt sehr passend „Blue". Gegenüber wuchs „100 Norfolk" wie ein umgedrehter Kronleuchter über die umliegenden Dächer empor. Mehr als 20.000 Dollar soll hier der Quadratmeter Wohnraum kosten.

Biegen Sie dann einen Block weiter rechts in die Rivington Street ein. Hinter der Ludlow Street stoßen Sie bei Nr. 108 auf die älteste süße Versuchung, die New York zu bieten hat: den kleinen Süßwarenladen **Economy Candy**.

Aus einem viel umfangreicheren Sortiment können Sie sich bedienen, wenn Sie weiter bis zur Essex Street vorgehen: An der rechten Ecke (im Block zur Delancey Street) erwartet Sie der überdachte **Essex Street Market**, der 1939 auf Initiative des damaligen Bürgermeisters La Guardia eingerichtet wurde und den zuvor hier angesiedelten offenen Straßenmarkt ersetzte.

Gehen Sie die Rivington Street bis zum nächsten Block und biegen nun links in die Norfolk Street. Nach zwei Blöcken erreichen Sie die knallbunte Fassade der

Angel Orensanz Foundation. Das neogotische und älteste Synagogengebäude New Yorks stammt aus dem Jahr 1849 und wurde vom Berliner Architekten Alexander Seltzer dem Kölner Dom nachempfunden. Wo sich einst 1500 Gläubige versammelten, zog 1986 der Bildhauer Angel Orensanz ein und verwandelte es in ein Kunstforum, die „Carnegie Hall of Downtown". Seit 1992 pflegt eine Stiftung sein Erbe. Außerdem veranstaltet die Stiftung u. a. das Heinrich-Heine-Festival, vierteljährliche Kunstinstallationen und gibt das vierteljährliche Kunstmagazin *Artscape* heraus. Auch heiraten kann man hier, was Sarah Jessica Parker und Matthew Broderick 1997 taten. Mit dem Tode des Bruders des Künstlers und Direktors der Stiftung Al Orensanz ist die Zukunft der Institution ungewiss.

172 Norfolk St., 212-253-0452, www.orensanz.org. Besuch nach Anmeldung. Mo–Fr 10–17 Uhr. Eintritt frei. Subway: Delancey St./Essex St. Linien F, J, M Z.

Nach diesem Ausflug in die Kunst folgen Sie der Norfolk Street bis zur East Houston Street, um zwei Blocks weiter an der Ecke zur Ludlow Street in den kulinarischen Genuß des berühmtesten Delis von New York zu kommen, **Katz's Delicatessen**, wo Sally aus dem Hollywoodstreifen *Harry und Sally* ihren Orgasmus demonstrieren durfte, damals noch ein Tabubruch. Nicht viel weniger „respektlos" wagen einige Künstler den Sprung in die Öffentlichkeit, die von zwei Museen ausgestellt werden. Zu denen gelangen Sie, wenn Sie die East Houston Street bis zur Bowery weitergehen und dort links abbiegen.

Renommierte Fotoakademie
International Center of Photography (ICP) Museum

Erst im Sommer 2016 zogen Museum, Forschungs- und Ausbildungsinstitut des International Center of Photography in diese neuen Räume ein. Die Schule gilt als eine der renommiertesten Fotoakademien der Welt mit dem Schwerpunkt Fotoreportage. Das Museum ging aus dem in den 1960er-Jahren gegründeten Verein für „Concerned Photography" hervor. Nachdem viele ihrer Zulieferer wie Werner Bischof, Robert Capa oder Dan Weiner in Ausübung ihres Berufes getötet worden waren, wollte man ihre Werke zeigen und ihre Arbeit im Bewusstsein der Öffentlichkeit präsent halten. Die Sammlung ist seitdem auf rund 100.000 Aufnahmen internationaler Fotografen angewachsen, nun

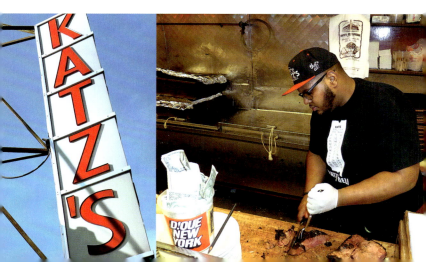

geben die über 1000 m² Ausstellungsfläche einen geeigneten Raum, diese abwechslungsreich zu präsentieren und dadurch immer wieder neue Blickwinkel auf historische und zeitgenössische Themen und Konflikte zu eröffnen und dabei aktuelle und sozialkritische Bezüge herzustellen.

250 Bowery zw. Prince und E Houston St., www.icp.org. Di–So 10–18 Uhr, Do bis 21 Uhr. Eintrtt $ 14, erm. $ 12, Studenten $ 10, Kinder unter 14 J frei. Subway: Bowery Linien J, Z.

Vier Galerien abseits der Konventionen

New Museum of Contemporary Art

Auf der gegenüberliegenden Straßenseite ähnelt der siebenstöckige (und 53 m hohe) Neubau eines japanischen Architektenteams einem wirren Stapel weißer Kisten, die mit einem silbrig glänzenden Aluminiumgewebe verkleidet wurden. Auch innen ist das New Museum of Contemporary Art absichtlich „roh". Polierte Betonböden, hohe Fenster, unverputzte Decken und unverkleidete Stahlträger geben Raum für vier öffentliche Galerien auf drei Stockwerken, wo Wechselausstellungen und internationale Kooperationen neue Ideen und oft provokante Visionen zeitgenössischer Künstler zur Diskussion stellen.

Hier endet der Spaziergang. Sie können noch im Café und Buchladen Ruhe tanken oder ein wenig länger auf Entde-

Unkonventionelle Architektur

ckungsreise durch die Straßenzüge des Viertels gehen. Nur einen Block weiter südlich haben Sie Anschluss an die Subway (Bowery, Linien J und Z).

235 Bowery an der Prince St. zw. Stanton und Rivington St., ☎ 212-219-1222, www.newmuseum.org. Mi–So 11–18 Uhr. Sky Room im 7. Stock nur Sa/So geöffnet. Führungen Mi und Fr 12.30 Uhr, Do und Sa/So 12.30 und 15 Uhr. Eintritt $ 16, erm. $ 14, Studenten $ 10, bis 18 J. frei. Audioguides zum Download für die jeweils aktuellen Ausstellungen. Subway: Bowery Linien J, Z.

Praktische Infos → Karte S. 69

Information/Führungen

Lower East Side Visitor Center, Mo–Fr 10–18 Uhr, Sa/So 12–17 Uhr. 54 Orchard St. zw. Heester und Grand St., ☎ 212-226-9010, www.lowereastside.org. Verschiedene Touren zum Download. April bis Nov. So 11 Uhr kostenlose Führungen (3 Std.); Treffpunkt ist Katz's Delicatessen, 205 E. Houston St. April bis Okt. (außer Aug.).

Eine gute Webseite für Kunstfreunde, die Galerien besuchen möchten, ist: **www.lesgalleriesnyc.com**.

Tour Lower East Side, verschiedene thematische Führungen, $ 25; Reservierung erforderlich unter www.leshp.org/walking-tours, Infos unter ☎ 347-465-7767.

Essen und Trinken

Katz's Delicatessen 6 New Yorks ältester Deli, 1888 von russischen Immigranten gegründet, aber nicht koscher. Neben Meg Ryan alias Sally drehte hier auch Johnny Depp, der als Donnie Brasco im gleichnamigen Film bei Katz's seinen FBI-Kontaktmann traf. Zu essen gibt es

Tour 3: Lower East Side

natürlich auch was, z. B. Pastrami aus eigener Herstellung, fragen Sie nach *„moist"* ($ 19,95). Beim letzten Besuch war das Erlebnis allerdings enttäuschend. Mo–Mi und So 3–22.45 Uhr, Do bis 2.45 Uhr, Fr/Sa 24 Std. 205 East Houston St./Ludlow St., ✆ 212-254-2246 oder kostenfrei 800-4-HOTDOG, katzsdelicatessen.com. Subway: 2 Ave. Linie F.

Freeman's 11 Restaurant und Bar (an die Theke passen nur zwölf Leute) im Stil einer Jagdhütte mit ausgestopften Hirschköpfen und Schwänen an der Wand. Hauptgericht (z. B. gebackene Forelle) ab $ 26. Lunch Mo–Fr 11–16 Uhr, Cocktails und Snacks von 16–18 Uhr, Dinner tägl. 18–23.30 Uhr, Brunch Sa/So 10–16 Uhr. Versteckt am Ende der Sackgasse Freeman's Alley, geht ab von der Rivington St., ✆ 212-420-0012, freemansrestaurant.com. Subway: 2 Ave. Linie F.

Balvanera Steak House 16 Klar bekommt man hier argentinische Steaks, aber weit mehr als das. Mit Burrata (Frischkäse) und Octopus (Tintenfisch) gefüllte Empanadas (Teigtaschen) sind die Hausspezialität. Es gibt auch reichlich Auswahl für Fischfreunde und Vegetarier. Mo–Mi 17–23 Uhr, Do–Sa bis 24 Uhr, So bis 22 Uhr. Brunch Sa/So 11–16.30 Uhr. Montags BYO. 152 Stanton St./Suffolk St., ✆ 212-533-3348, balvaneranyc.com. Subway: Delancey St./Essex St. Linien F, J, M, Z.

Dirt Candy 32 Kreative Gerichte wie Rosenkohl-Tacos lassen Vegetarierherzen höher schlagen. Lassen Sie sich überraschen, auf wie viele Arten man Karotten zubereiten kann! Jedes Gericht wird auch in einer Veganerversion angeboten, Geschmacksverstärker wie Butter kommen großzügig zum Einsatz. Das Essen soll Spaß machen. Achtung, das Trinkgeld ist in der Rechnung enthalten. Di–Sa 17.30–23 Uhr, Sa/So Brunch 11.30–14.30 Uhr. 86 Allen St. zw. Grand und Broome St., www.dirtcandynyc.com. Subway: Delancey St./Essex St. Linien F, J, M, Z.

Morgenstern's Finest Ice Cream 13 Konditor Nick Morgenstern hat sich mit diesem Eisladen (mit kleiner Theke) einen Traum erfüllt. Leckermäuler können hier alleine zwischen 5 verschiedenen Schoko- und fünf verschiedenen Vanillesorten wählen. Natürlich gibt's auch ausgefallenere Geschmacksrichtungen und tolle Sorbets wie Champagner-Mango. So–Do 8–23 Uhr, Fr/Sa bis 24 Uhr. 2 Rivington St. nahe Bowery, ✆ 212-209-7684, www.morgensternsnyc.com. Subway: Bowery Linien J, Z. Wer etwas Substantielleres sucht, probiere Morgensterns hervorragende **El Rey Coffee**

Bar & Luncheonette 14 in der Stanton Street Nummer 100 (Mo–Fr 7–22.30 Uhr, Sa/So ab 8 Uhr). Subway: Delancey St./Essex St. Linien F, J, M, Z oder Ave. 2 Linie F.

Il Laboratorio del Gelato 8 Schon seit 2002 in der Lower East Side, werden hier ganze 200 Sorten Eis und Sorbet aus eigener Herstellung verkauft. Der Laden gilt bei vielen New Yorkern als die stadtbeste Eisdiele. Nicht gerade günstig, ein Schälchen mit zwei Geschmacksrichtungen $ 4,50. Mo–Do 7.30–22 Uhr, Fr bis 24 Uhr, Sa 10–24 Uhr, So 10–22 Uhr. 188 Ludlow St. zw. Stanton und E. Houston St., ✆ 212-343-9922, www.laboratoriodelgelato.com. Subway: Grand St. Linien B, D oder Delancey St./Essex St. Linien F, J, M, Z.

Clinton Street Bakery 18 Familiengeführtes Brunch-Restaurant mit köstlichen Süßspeisen (Pancakes, $ 15) und herzhaften Eierspeisen. Achtung: Nichts für Eilige, abends entscheidet, dann gibt's auch Beer & Burger Specials! Nur Bargeld. Mo und Di abends Wein zum halben Preis (nur Flaschen). Hauptgerichte $ 12–18, Burger $ 15–16. Mo–Fr 8–16 und 17–23 Uhr, Sa 9–16 und 17–23 Uhr, So 9–18 Uhr. 4 Clinton Street zw. Stanton und Houston St., ✆ 646-602-6263, clintonstreetbaking.com. Subway: Delancey St./Essex St. Linien F, J, M, Z.

Thelma on Clinton 20 Die ehemalige Bar wurde in ein gemütliches, neu-amerikanisches Bistro umgebaut. Nur ein Raum, alle Gerichte entstehen aus Bioware und sind hausgemacht. Small Plates $ 14–17. Mo–Do 17.30–23 Uhr, Fr bis 24 Uhr, Sa 10.30–24 Uhr, So 10.30–23 Uhr. 29 A Clinton St. zw. Houston und Stanton St., ✆ 212-979-8471, thelmaonclinton.com. Subway: Delancey St./Essex St. Linien F, J, M, Z.

The Meatball Shop 12 Den Fleischklops, die Boulette, die Frikadelle – den Meatball eben, gibt es „nackt" (4 Stück ab $ 9), in verschiedenen Geschmacksrichtungen, im Brötchen, auf die Stulle verteilt oder auf dem Salat thronend. Danach ein leckeres Eis ($ 6) und glücklich ist der Kunde. Die Macher des Meatball Shops sind zu Ruhm gekommen und haben fünf weitere Läden eröffnet. So–Do 11.30–2 Uhr, Fr/Sa bis 4 Uhr, Brunch Sa/So 11.30–16 Uhr. 84 Stanton St./Allen St., ✆ 212-982-8895, themeatballshop.com. Subway: Ave. 2 Linie F.

Dudleys 31 Gute Drinks und Kleinigkeiten von mittags bis nachts. Mo/Di 9–2 Uhr, Mi/Do 9–3 Uhr, Fr/Sa 9–4 Uhr, So 9–24 Uhr. 85 Orchard St., ✆ 212-925-7355, www.dudleysnyc.com. Subway: Grand St. Linien B, D.

Praktische Infos

Yonah Schimmel Knishery ❶ In diesem unscheinbaren, etwas vergilbten Café mit Zeitungsausschnitten und einer dreckigen amerikanischen Fahne an den Wänden werden seit 1910 Knishes, nach Belieben süß oder würzig gefüllte Krapfen, verkauft. Auch hausgemachte Getränke. Mo–Do 9–19 Uhr, Fr–So 9–23 Uhr. 137 E. Houston St., zw. 1st und 2nd Ave., ☏ 212-477-2858, www.yonahschimmel.com. Subway: 2 Ave. Linie F; Bleecker St. Linie 6; Bowery Linien J, Z.

Pickle Guys ❸❺ Hier gibt es seit 1910 saure Gürkchen oder eingelegte Zwiebeln, Tomaten, Paprika und Sauerkraut. So–Do 9–18 Uhr, Fr bis 16 Uhr. 49 Essex St. kurz vor der Grand St., ☏ 212-656-9739, pickleguys.com. Subway: E B'way Linie F.

Kossar's Bialys ❸❻ Eine von drei Bialys-Bäckereien in New York (zwei sind in Brooklyn). Hier werden rund 6000 jüdische Teigwaren verschiedener Art pro Tag hergestellt, 30 % werden im Laden selbst verkauft, der Rest wandert in die Gourmetmärkte Manhattans. Das Rezept stammt aus Polen, die Vorfahren der jetzigen Besitzer sind aus Aschaffenburg. Tägl. 6–20 Uhr. 367 Grand St./Essex St., ☏ 212-473-4810, www.kossarsbialys.com. Subway: Delancey St./Essex St. Linien F, J, M, Z.

Russ & Daughters ❷ Geräucherter Fisch, Salate, Kaviar und mehr. Gegründet 1914, geführt in der vierten Generation. Mo–Fr 8–20 Uhr, Sa 8–19 Uhr, So 8–17.30 Uhr. 179 E Houston St. zw. Allen und Orchard St., ☏ 212-475-4880, www.russanddaughters.com. Subway: 2 Ave. Linie F. Es gibt auch ein sehr gutes Restaurant, das **Russ & Daughters Café** ❷❹ in der 127 Orchard St. zw. Rivington und Delancey St., www.russanddaughterscafe.com.

Bacaro ❸❼ Das Dekor erinnert an einen Palazzo in Venedig, nur weit rustikaler. Wer will, steigt hinab in eine schummrige Kellerbar mit Deckengewölbe. Es gibt ein volles Dinnermenü mit italienischen Speisen und italienischem Wein. Di–So 18–24 Uhr. 136 Division St. zw. Orchard und Ludlow St., ☏ 212-941-5050, www.bacaronyc.com. Subway: E B'way Linie F.

Einkaufen

Essex Street Market ❷❻ Seit 75 Jahren kann man hier günstig Lebensmittel aus aller Welt, Haushaltsgegenstände oder Kleidung kaufen. Beliebt ist das **Essex Restaurant** ❷❻ (Happy Hour: Austern 1 $, Drinks zum halben Preis). Mo–Mi 17–23 Uhr, Do 17–1 Uhr, Fr bis 2 Uhr, Sa 11–3 Uhr, So 11–22.30 Uhr (www.essexnyc.

com). 120 Essex St., ☏ 212-312-3603, essexstreetmarket.com. Subway: Delancey St./Essex St. Linien F, J, M, Z.

Economy Candy ❷❷ Seit 1937 mit Bonbons, Schokolade, Waffeln, Keksen und anderen Leckereien vollgestopfter Laden. Mo und Sa 10–18 Uhr, Di–Fr und So 9–18 Uhr. 108 Rivington St., ☏ 212-254-1531, www.economycandy.com. Subway: Delancey St./Essex St. Linien F, J, M, Z.

The Hoodie Shop ❸ Abgefahrene Sweatshirts mit Kapuzen (Hoodies). Mo–Sa 11–21 Uhr, So 12–19 Uhr. ☏ 646-559-2716, thehoodieshop.com. 181 Orchard St. zw. E Houston und Stanton St. Subway: Delancey St./Essex St. Linien F, J, M, Z.

The Dressing Room ❸❹ In der Boutique werden Kreationen aufstrebender, lokaler Designtalente verkauft, derweilen man sich an der gemütlichen Eichenbar in Kauflaune trinkt. Oft abends auch DJs oder Kinofilme. Im Keller finden gebrauchte Klamotten und Accessoirs Second-Hand-Liebhaber. Di–Mi 13–24 Uhr, Do–Sa bis 2 Uhr, So 13.30–20 Uhr. 75 A Orchard St. zw. Broome und Grand St., ☏ 212-966-7330, thedressingroomnyc.com. Subway: Grand St. Linien B, D.

Moo Shoes ❸❸ Wer ein Herz für Tiere in vielen Lebenslagen beweist, kann sich hier vegane Schuhe kaufen, die sogar ganz gut aussehen. Viele sind aus wasserabweisendem atmungsaktivem Kunstleder gemacht. Man bekommt auch Kochbücher für die vegane Küche und T-Shirts mit Ökosprüchen. Mo–Sa 11.30–19.30 Uhr, So 12–18 Uhr. 78 Orchard St. zw. Grand und Broome St., ☏ 212-254-6512, mooshoes.com. Subway: Grand St. Linien B, D.

Cast iron und Chichi
Tour 4

Sehen und gesehen werden ist die Losung im hippen SoHo. Das (ehemalige) Galeristenviertel ist ein Paradies für einen Schaufensterbummel durch Edelboutiquen. Auch das benachbarte TriBeCa wurde nach dem Rückzug der Industrie zunächst zum Hotspot der Kreativen und später zu einem beliebten Viertel bei Promis.

- **Broadway und West Broadway**, eintauchen in Kunst und Kommerz, S. 78ff
- **Greene Street**, schönste und größte Ansammlung von Cast-Iron-Architektur, S. 81
- **Leslie Lohman Museum of Gay and Lesbian Art**, erstes Museum für erotische Kunst der LGBT Community, S. 82
- **New York Earth Room und Broken Kilometer**, skurrile Kunst von Walter de Maria, S. 82

Hippe Trendviertel im Doppelpack
SoHo und TriBeCa

Greifen Sie sich Ihr Gucci-Täschchen und schlüpfen Sie in Ihre Manolo-Blahnik-Schuhe! Denn SoHo, wo mittlerweile fast jede Boutique wenigstens einen Downtown-Ableger unterhält, ist wie eine große Bühne: Hier hoppt die Kunstschickeria (oder was davon übrig geblieben ist) von Galerie zu Galerie, man präsentiert sich und schaut anderen dabei zu.

SoHo umfasst ungefähr eine Quadratmeile. Vor seiner Neuerfindung als hippes Galeristenviertel war der Stadtteil unter dem Namen *South Village* bekannt. Anfang des 19. Jh. hatte sich hier noch weitgehend Ackerland ausgebreitet, danach wurde das Gebiet zum Wohnviertel frei gewordener Sklaven. Später entwickelte sich das South Village dann zur beliebten Adresse der Upper Class, der teure Läden und Kaufhäuser wie *Lord & Taylor* oder *Tiffany* folgten. Dann jedoch zog das gehobene Bürgertum nordwärts, und South Village lag im Niemandsland zwischen dem alten Zentrum (Downtown) und dem neuen, aufstrebenden Zentrum (Uptown). In den verlassenen Straßenzügen wurden Warenhäuser, Fabriken und Büros gebaut. Weil es die billigste Konstruktionsweise war, arbeitete man mit vorgefertigten, reich ornamentierten Gusseisenfassaden *(cast iron)*, von denen die meisten heute denkmalgeschützt sind. Nirgendwo sonst auf der Welt gibt es mehr Zeugnisse dieser Bauweise als in SoHo.

Die Spuren des Verfalls waren bald nicht mehr zu übersehen. Während die Bausubstanz bröckelte, standen die Holzfußböden und Balken der Warenhäuser so oft in Flammen, dass die Neighborhood als *Hell's Hundred Acres* (Hundert-Hektar-Hölle) in Verruf kam. Die Stadtverwaltung beschloss entnervt das ganze Viertel abreißen zu lassen. Doch hatte sie nicht mit den Künstlern und Galeristen gerechnet, die inzwischen illegal in die großen Fabriketagen eingezogen waren. Heute bekannte Künstler wie Chuck Close, Frank Stella, Richard Serra und Cindy Sherman lebten alle in solchen Hippie-Studios, die mit den Buchstaben AIR für *Artist in Residence* gekennzeichnet waren, damit die Feuerwehr auch zum Löschen kam und nicht fälschlicherweise Leerstand vermutete und untätig blieb. Der Protest der Kreativen fruchtete und 1971 wurde SoHo offiziell zum *residential*, zum Wohngebiet, erklärt (→ Kasten, S. 81). In Anlehnung an den Künstlerbezirk in London bekam der Stadtteil einen neuen Namen: *South of Houston*, kurz *SoHo*.

Nachdem die Künstler und Galeristen SoHo vor dem Abriss gerettet hatten, dauerte es gar nicht lange und der rebellische Schick des Viertels zog immer mehr Gutbetuchte in die Lofts. Die astronomischen Preise verdrängten schließlich ausgerechnet die kreativen Pioniere vom Markt, denen SoHo seinen Erfolg zu verdanken hatte. Zwar ist SoHo immer noch ein Viertel mit enormem kreativen Potential, aber große Teile der Künstlerkarawane sind inzwischen nach Chelsea oder ins benachbarte TriBeCa weitergezogen. Dieses vielerorts zu beobachtende Phänomen wird seitdem der *SoHo-Effekt* genannt. Heute hat SoHo mit die höchsten Mieten von New York: Ein Studio kostet durchschnittlich 1600 Dollar im Monat, für eine Dreizimmerwohnung müssen Sie um die 6000 Dollar hinblättern.

Ähnliches gilt inzwischen für **TriBeCa**, was für *Triangle Below Canal Street* steht. Ende des 19. Jh. hatte der Bezirk

New York im Kasten
Cast iron – aus einem Guss

Die Möglichkeit, Eisen zu gießen, leitete eine architektonische Revolution ein. Derart vorgefertigte Einzelelemente ließen sich kostengünstig zu einer Fassade zusammensetzen. Bauunternehmer konnten diese Massenfertigungen aus dem Katalog aussuchen. Dabei entstanden Fassaden mit großartigen Verzierungen und Ornamenten, die nach einem Farbanstrich so aussahen, als wären sie aus dem sehr viel teureren Sandstein gefertigt: die perfekte Täuschung. Nun konnte man billiger und höher bauen als zuvor, sich größere Fenster leisten, und wenn die Mode wechselte, tauschte man einfach die Fassade aus.

SoHo und TriBeCa

den South Street Seaport als kommerziellen Schifffahrtshafen abgelöst. Vor allem Lebensmittel wie Gemüse, Fleisch und Milchprodukte lagerten in Dutzenden von Lofts, um auf dem Washington Market Absatz zu finden. Während des Immobilienbooms der 1980er-Jahre zogen dann die Galerien und Cafés langsam auch südlich der Canal Street ein und viele der Lagerhäuser wurden in Wohnungen umgestaltet. Es gibt inzwischen vier verschiedene denkmalgeschützte *historic districts* in TriBeCa. Die Straße mit den schönsten gusseisernen Fassaden ist die Leonard Street.

Die Wegbereiter für den Aufstieg TriBeCas in die Top-Liga der In-Bezirke waren Promis: Hier lebten oder leben u. a. der Politiker John F. Kennedy Jr., der Schauspieler Harvey Keitel und der ehemalige MTV-Vorstand Tom Freston. Robert De Niro hat nicht nur seine Produktionsfirma *TriBeCa Films* hier angesiedelt, sondern er veranstaltet auch alljährlich in der zweiten Maiwoche ein Filmfestival. Außerdem ist er stolzer Besitzer des Edelrestaurants *TriBeCa Grill* und der Luxusherberge *Greenwich Hotel*. Inzwischen gibt es ein großes gastronomisches Angebot der gehobeneren Klasse und feine Läden.

Tour-Info Schwerpunkte dieses Spaziergangs sind Galerien, noble Läden und die Gusseisenarchitektur aus dem 19. Jh. Am eindrucksvollsten ist der Besuch am Samstag, denn dann ist hier am meisten los (vielleicht zu viel). Sonntag und Montag sind keine guten Tage, da dann fast alle Galerien geschlossen sind.

E ssen & Trinken
- 3 Navy
- 6 The Dutch
- 10 Raoul's
- 15 Blue Ribbon Brasserie
- 18 Housing Works Bookstore Café
- 21 Fanelli's Café
- 26 Dean & DeLuca
- 33 Balthazar
- 38 Antique Garage
- 41 La Esquina
- 46 Bubby's
- 47 Tribeca Grill
- 49 The Square Diner

E inkaufen
- 4 Bond No 9
- 9 Badichi Belts
- 11 Adidas
- 12 Legacy
- 17 Apple Store SoHo
- 19 Prada
- 20 Ricky's
- 22 The Market
- 23 Dr. Martens
- 24 Brooklyn Industries
- 28 Converse
- 29 Sephora
- 30 MoMA Design Store
- 31 Joe's Jeans
- 32 What Goes Around Comes Around
- 36 Bloomingdale's SoHo
- 39 Eileen's Special Cheesecake
- 42 Top Shop
- 43 Jean Shop
- 44 Veda
- 45 OMG The Jeans Store
- 48 Opening Ceremony

G alerien/ Ausstellungen
- 7 New York Earth Roo
- 8 Martin Lawrence Galleries
- 16 Franklin Bowles
- 27 The Broken Kilomete
- 34 Performing Garage
- 35 Drawing Center
- 37 Artists Space Gallery
- 40 Leslie Lohman Museu of Gay and Lesbian A

N achtleben
- 1 Houston Hall (S. 268)
- 2 SOB's (S. 278)
- 5 Pegu Club (S. 267)
- 13 Ear Inn (S. 268)
- 14 The Anchor (S. 275)
- 25 Pravda (S. 268)
- 50 Puffy's Tavern (S. 268)
- 51 Ward III (S. 268)

Stationen in SoHo

Ausgangspunkt ist die Subway-Station Prince Street (Linien N, R).

Den **Broadway** säumt eine Reihe wunderbarer Geschäfte, die allerdings so manch alteingesessene Kunst- und Kulturinstitution verdrängt haben. Kommerz schlägt meist die Kunst, manchmal gehen sie aber auch eine Symbiose ein. Ein gutes Beispiel dafür ist **Prada** am Broadway, Ecke Prince Street. Der niederländische Architekt Rem Koolhaas, der die Niederländische Botschaft in Berlin und das Kunsthaus Rotterdam entworfen und auch das alte Guggenheim Museum umgebaut hat, schuf hier ein museumsreifes Geschäft in den ehemaligen Räumen des Guggenheim SoHo. Wenn man den 3000 m² großen Laden betritt, wird man von einer fast haushohen Woge aus Holz erfasst – der

Boden wellt sich wie ein Ozean bei Orkanböen. Man steigt die steile Treppe hinab und gelangt in die Verkaufskatakomben mit Schuhen, Taschen – und Touristen. Viele kommen natürlich aus Schaulust und nicht, um 850 Dollar für ein Paar Sandalen auszugeben (zum Schlussverkauf im Juli und Dezember vielleicht etwas weniger).

Von einem Fensterplatz im Café **Dean & DeLuca** aus können Sie das Treiben auf SoHos belebtester Kreuzung beobachten oder das **Little Singer Building (Nr. 561)** gegenüber bewundern, das ein Paradebeispiel für gelungene Cast-Iron-Architektur (→ S. 77) abgibt. Das Büro- und Fabrikhaus mit seinen wunderbaren grün angestrichenen, gusseisernen Balkonen, den Terrakotta-Paneelen und riesigen Fenstern wurde 1904 von Ernest Flagg für das Nähmaschinenimperium *Singer* gebaut und fand viele Nachahmer. Wie der Beiname „Little" schon andeutet, war es ursprünglich nur das Nebengebäude der Firma.

Wenn Sie nun den Broadway in Richtung Süden bis zur Broome Street hinuntergehen, stoßen Sie auf das berühmte, im venezianischen Stil mit

Gusseisenfassade erbaute **Haughwout Building** (sprich: *Hauwaut*) (488 Broadway). Das von John P. Gaynor entworfene fünfstöckige Gebäude schrieb Geschichte, weil dort 1856 der erste absturzsichere Personenfahrstuhl der Stadt installiert wurde. Die dampfbetriebene Neuheit wurde von Elisha Otis gebaut und war der technische Grundstein für den bald beginnenden Siegeszug der Wolkenkratzer. Der Bau selbst stellt die dekorativen Möglichkeiten zur Schau, die gusseiserne Fassaden boten, und trägt daher den Beinamen *Pantheon der Gusseisenarchitektur*. Eine Eisenuhr hängt an der dem Broadway zugewandten Fassade, die 92 Fenster hat. Das Haus ist benannt nach seinem ersten Besitzer, Edgar V. Haughwout, der hier Einrichtungsgegenstände verkaufte. Eine der prominenteren Kundinnen war Präsidentengattin Mary Todd Lincoln, die ihr Geschirr fürs Weiße Haus bei Haughwout erwarb. Heute bringt hier *bebe* Klamotten an den Mann bzw. die Frau.

Die Südostecke dieser Kreuzung (486 Broadway) schmückt ein Gebäude im romanisch-maurischen Stil mit runden Bögen, in dem einst die *Mechanics and Traders Bank* ihren Sitz hatte. Überqueren Sie den Broadway und biegen Sie an der nächsten Kreuzung (bei Kate Spade und Gourmet Garage) rechts in die Mercer Street ein. In Haus Nr. 84 im neunten Stock hat eine der einflussreichsten Künstlerinnen Amerikas, die Fotografin Cindy Sherman, ihr Loft-Studio. Für eine Serie ihrer Fotos legte das MoMA Anfang des Jahrtausends schlappe 10 Mio. Dollar auf den Tisch.

Überqueren Sie die Spring Street und achten Sie auf die fantastische Architektur zu Ihrer Linken. 101 Spring Street ist nämlich ein weiteres **Meisterwerk der Gusseisenarchitektur**, ein 1870 im Renaissancestil errichtetes Geschäfts- und Bürogebäude mit riesigen Lofts, das ab 1950 zahlreiche Künstler anlockte. Darunter war auch der amerikanische Minimalist Donald Judd, der das Gebäude erwarb und hier bis zu seinem Tod 1994 wohnte.

An der nächsten Kreuzung sollten Sie vielleicht mal bei **Fanelli's Café** pausieren. Gegründet 1847, gilt es als eines der ältesten Cafés der Stadt. In den 1920er-Jahren überlebte es als Speakeasy, in dem illegal Alkohol ausgeschenkt wurde.

Um den Spaziergang fortzusetzen, biegen Sie links in die Prince Street ein. Direkt an der Kreuzung zur Greene Street (und gegenüber vom Apple Store) erwartet Sie ein Bau, der die typische Architektur des Viertels auf ganz besondere Weise präsentiert. Das Eckhaus 112 Prince Street ist Real- und Scheinarchitektur zugleich – die Ostseite stellt eine gemalte Kopie der realen Gusseisenfassade der Vorderfront dar. Die Illusion ist das Werk von Richard Haas, der sich hier 1974 mit einem Trompe-l'œil verewigt hat. Im Grunde gibt es eine Umkehrung der Verhältnisse wider, denn eigentlich wurden die gusseisernen Fassaden gebaut, um die Illusion einer wesentlich teureren Steinfassade zu schaffen. Leider hat das **Richard Haas Mural** – übrigens

Pantheon der Gusseisenarchitektur: das Haughwout Building

nur eine von vielen Wandmalereien des Künstlers in den USA (www.richardhaas.com) – über die Jahre extrem gelitten und ist stark sanierungsbedürftig.

Ein Feuerwerk der „echten" Gusseisenfassaden erleben Sie nun in der **Greene Street**, in die Sie nach links einbiegen: Hier stehen 50 derartige Gebäude auf nur fünf Blocks verteilt, 13 davon in einer von keinem anderen Haus unterbrochenen Reihe. Daran, dass sie einst allesamt Gewerbegebäude waren, in denen sich Lagerhallen, Manufakturen oder Textilfabriken befanden, erinnern noch die *loading docks* und die Kellerdeckel im Gehsteig, durch die die Waren ins Gewölbe geschafft wurden. Zwei besonders schöne Exemplare sind die *Queen* und der *King of Greene Street* von 1872. Beide wurden für das damals expandierende Haushaltswarengeschäft *Gardner Colby* gebaut. Architekt war Isaac F. Duckworth, der das „Königspaar" im neobarocken Stil mit säulenverzierten Fassaden entwarf. Den *King of Greene Street* finden Sie bei Nr. 72–76, nachdem Sie die Broome Street überquert haben (linke Straßenseite). Sein noch hübscheres Pendant, die *Queen of Greene Street*, ziert die Hausnr. 28–30 im Abschnitt zwischen Canal und Grand Street (ebenfalls links).

Bevor Sie dort sind, zwischen Broome und Grand Street, können Sie noch einen Blick in die **Artists Space Gallery** **37** werfen, die sich im zweiten Stock des Hauses Nr. 38 Greene Street befindet. Artists Space widmet sich jungen, noch unentdeckten Talenten, die oft über Ausschreibungen für Gruppenausstellungen zu bestimmten Themen entdeckt werden. Die 1972 gegründete nichtkommerzielle Einrichtung, die auch Workshops ausrichtet und Stipendien an Nachwuchskünstler vergibt, ist einer der Veteranen der Kunstszene SoHos. Viele der hier ausgestellten Werke kann man auch kaufen.

38 Greene St./Grand St., zweiter Stock (3rd floor), ☏ 212-226-3970, artistsspace.org. Mi–So 12–18 Uhr. Subway: Canal St. Linien A, C, E.

New York im Kasten
Stadtplanung auf Amerikanisch

Die Städte Nordamerikas unterscheiden sich grundlegend von denen Europas, da Traditionen hier nur eine geringe Rolle spielen und die meisten Metropolen erst im 19. Jh. entstanden sind. Sie sind daher weniger um Marktplätze, Kirchen oder Rathäuser herum gewachsen, sondern wurden eher uniform am Reißbrett entworfen.

Für die Stadtplanung von New York City ist das *Department of City Planning* zuständig. Ihr wichtigstes Planungsinstrument nennt sich *zoning*. In Form von *zoning resolutions* und *zoning maps* wird vorgeschrieben, was gebaut werden darf und was nicht. Die Stadtgebiete werden nach ihrer zulässigen Nutzung in drei Funktionsbereiche unterteilt: *residential area* (Wohngebiet), *commercial area* (Einkaufs- und Bürogebiet) und *manufacturing area* (Industriegebiet). Die jeweiligen Bauvorschriften bestimmen den Charakter des Viertels, denn sie regeln u. a., wie hoch bzw. groß ein Gebäude im Verhältnis zur Grundstücksgröße sein darf, welche Fläche eines Grundstückes maximal bebaut werden darf bzw. wie viele Wohnungen zulässig sind. Sie bestimmen außerdem den Abstand von Gebäuden und Straßen, die Anzahl der Parkplätze und die Art der Beschilderung. Eingeführt wurden die Bauvorschriften 1916 nach der Errichtung des monströsen Equitable Building am Broadway in Lower Manhattan, das mit seinen 45 Stockwerken den Menschen in den darunter liegenden Straßen das Licht nahm (→ S. 37).

Tour 4: SoHo und TriBeCa

Wenn Sie von der Greene Street nach rechts in die Canal Street einbiegen, gelangen Sie an der nächsten Kreuzung auf die Wooster Street, die einzige noch mit Originalkopfsteinpflaster ausgestattete Straße, die bis heute oft für Werbeshootings genutzt wird und die Sie nun rechts hinauflaufen. Ein Pionier unter New Yorks Galeristen ist das Kunstsammlerpaar Fritz Lohman und Charles Leslie. Ihnen gehört das erste Museum weltweit, das sich auf Kunst und Künstler der LGBTQ-Szene (lesbisch, schwule, bisexuelle, transgender und „queere" Menschen) spezialisiert hat: das **Leslie Lohman Museum of Gay and Lesbian Art** 40. Die Stiftung besitzt über 1300 meist homoerotische Werke u. a. von Andy Warhol, David Hockney oder Jean Cocteau. Rund 22.000 Bilder, Fotos, Skulpturen und andere Objekte sind Dauerleihgaben, die in den wechselnden Themenausstellungen gezeigt werden.

Vorreiter – allerdings des postdramatischen Theaters, das sich weg vom reinen Sprach- und hin zum multimedialen Spektakel wandte – war auch die Wooster Group, die die Off-Off-Broadway-Bühne der **Performing Garage** 34 gegenüber bespielt. Einen Eingang weiter haben Sie Zugang zum **Drawing Center** 35, das 1977 von einer Kuratorin des Museums of Modern Art gegründet wurde und auf zwei Etagen Zeichnungen junger Künstler mit Schwerpunkt Lateinamerika ausstellt.

Leslie Lohman Museum of Gay and Lesbian Art, 26 Wooster St. zw. Grand und Canal St., ℡ 212-431-2609, www.leslielohman.org. Di–So 12–18 Uhr, Do bis 20 Uhr. Eintritt frei. Subway: Canal St. Linien A, C, E oder 1.

Performing Garage, 33 Wooster St. zw. Grand und Broome St., theperforminggarage.org.

Drawing Center, 35 Wooster St. zw. Grand und Broome St., ℡ 212-219-2166, www.drawingcenter.org. Mi, Fr–So 12–18 Uhr, Do bis 20 Uhr. $ 5, erm. $ 3, Do 18–20 Uhr frei.

Wer einen weiteren Impuls zum Schmunzeln oder Nachdenken sucht, der klingele kurz vor der Houston Street bei Hausnr. 141 (2B) und gehe hinauf in den ersten Stock (2nd floor). Im dortigen **New York Earth Room** 7 lagert seit 1977 auf einer Fläche von 335 m² – Sie ahnen es schon – Erde, und zwar stolze 197 m³ Erde. Das Kunstwerk – eine Landschaft?, ein Loft mit Dreck? – ragt 56 cm in die Höhe und stammt von Walter De Maria.

141 Wooster St. zw. Houston und Prince St., ℡ 212-989-5566, www.earthroom.org. Nur Mitte Sept. bis Mitte Juni, Mi–So 12–18 Uhr, Mittagspause 15–15.30 Uhr. Subway: Prince St. Linien N, R.

Nach diesem kleinen Ausflug ins Erdreich biegen Sie von der Wooster Street links in die Houston Street und an der nächsten Kreuzung links in den **West Broadway**, der wiederum eine gelungene Mischung aus Kunst und Kommerz darstellt. Seit 40 Jahren im Geschäft und mit zehn Ausstellungsorten weltweit vertreten sind die **Martin Lawrence Galleries** 8, das größte Auktionshaus mit Galerien für moderne, zeitgenössische Kunst des Landes. Ein Besuch hier wird automatisch zur Begegnung mit den „big names" des modernen Kunstbetriebs.

Martin Lawrence Galleries, 457 W Broadway/Houston St., ℡ 212-995-8865, www.martinlawrence.com. Mo–Sa 10–19 Uhr, So 11–19 Uhr. Subway: Prince St. Linien N, R.

Trotz der Invasion der Nobelausstatter und Verlockungen von *Just Cavalli*, *Donna Karan New York*, *Emporio Armani* und *Ralph Lauren* hat sich ein weiterer großer Galerist auf dem West Broadway gehalten: **Franklin Bowles** 16. Der Kunsthändler aus San Francisco hat sowohl alte Meister (z. B. Rembrandt) und Weltklassiker (z. B. Picasso, Matisse, Miró) als auch moderne Künstler wie LeRoy Neiman und Larry Horowitz im Programm – die Galerie ist eine beliebte Anlaufstelle bei Sammlern. So waren hier schon 100 handkolorierte Zeichnungen von Marc Chagall zu sehen sowie Zeichnungen und grafische Arbeiten von Salvador Dalí.

Franklin Bowles, 431 W Broadway, ℡ 212-226-1616, www.franklinbowlesgallery.com. Tägl. 11–19 Uhr. Subway: Prince St. Linien N, R.

Stationen in TriBeCa

Ein alter Bekannter begegnet Ihnen im nächsten Block auf der linken Seite: Walter De Maria und seine zweite Installation im Viertel. Sie trägt den Namen **The Broken Kilometer 27** und besteht aus 500 Messingrohren, die in einem großen weißen Raum in fünf parallelen Reihen zu je 100 Stück wohlgeordnet aufgereiht sind.

393 W Broadway zw. Spring und Broome St., ℘ 212-989-5566, www.diaart.org/sites/main/brokenkilometer. Mitte Sept. bis Mitte Juni Mi–So 12–18 Uhr (15–15.30 Uhr geschl.). Subway: Spring St. Linie 6.

Hier kann man den Spaziergang an der Subway-Station Canal Street beenden (Anschluss an die Linien A, C und E).

Sollten Sie immer noch Puste haben, entdecken Sie gleich im Anschluss die Highlights von TriBeCa.

Stationen in TriBeCa

TriBeCa beginnt unmittelbar südlich der Canal Street. Bleiben Sie auf dem West Broadway bis zur North Moore Street, in die Sie rechts einbiegen. Wer diesen Spaziergang separat zu SoHo unternimmt und daher noch keine „Cast-Iron-Architektur" bewundert hat, sollte durch die architektonisch schönen Straßenzüge des Viertels, die Franklin und Leonard Streets, bummeln. Alle anderen kommen sofort an der North Moore Street an einer wichtigen Location für Cineasten vorbei: der **Feuerwehrstation 8 Hook & Ladder** (Nr. 14 N. Moore St.), wo die Ghostbusters des gleichnamigen Films ihr Hauptquartier hatten. An der nächsten Kreuzung zur Hudson Street verkauft *Issey Miyake* seine Edelfummel in einem Edelladen. Einen Block weiter gelangen Sie auf die Greenwich Street, wo Sie an der nächsten Ecke (Nr. 375) auf das in einer alten Kaffeefabrik untergebrachte **TriBeCa Film Center** treffen. Es wurde u. a. von Robert De Niro gegründet, dessen Restaurant **Tribeca Grill** sich im Erdgeschoss befindet. Der Filmjetset wird auch durch das *TriBeCa Grand*

Hauptquartier der Ghostbusters

Hotel zum Kommen animiert, das extra einen privaten Vorführraum unterhält. Gehen Sie nun links die Greenwich Street hinunter. Wenige Meter weiter schreibt die **Harrison Street Row** Geschichte. Dabei handelt es sich um einen Block alter Händlerhäuser aus dem frühen 19. Jh., die vom Apartment-Komplex *Independence Plaza* überschattet werden. Die meisten der aus unverputzten Ziegeln im Federal Style erbauten Häuser standen ursprünglich an der Washington Street im Village, wurden aber in den späten 1970er-Jahren dort abgebaut, hierher verlegt und restauriert, um sie als Wohnraum zu vermieten. Bis zu dem Zeitpunkt, als man begann, die Mieten zu subventionieren, standen sie allerdings leer. Heute gibt es eine lange Warteliste. Apropos Mieten: TriBeCa hat inzwischen SoHo als teuerste Neighborhood Manhattans abgelöst.

Biegen Sie an der Jay Street links ein und folgen Sie dieser bis zur Hudson Street. Dort sollten Sie unbedingt einen Blick in die Lobby des **Western Union Building** werfen (Hudson Street Nr. 60). Das im Art-déco-Stil errichtete Gebäude stammt aus den Jahren 1928–30, für seinen Bau wurde Backstein in 19 verschiedenen Farbschattierungen verwendet.

Anschließend gehen Sie die Hudson Street in südlicher Richtung weiter und erreichen so den bereits 1797 eröffneten schattigen **Duane Park**, ein idyllisches kleines Fleckchen Grün mit historischen Bänken und Laternen.

Von hier ist es nicht mehr weit bis zur Chambers Street, wo Sie Anschluss an die Subway-Linien 1, 2 und 3 haben.

Praktische Infos → Karte S. 78/79

Essen und Trinken

Navy 3 Nautisches Dekor stimmt den Gast auf das Kerngeschäft von Navy ein: Fisch und Meeresfrüchte, vor allem Austern. Allerdings gibt es auch Fleischiges und tolle vegetarische Gerichte wie Artischocken mit knackigen Rüben und Fenchelpollen-Joghurt, je nach Saison. An der kleinen Bar nehmen Nachtschwärmer auch gerne mal einen Drink. Lunch Mo–Fr 11–16 Uhr, Dinner tägl. 18–23 Uhr, Di–Sa bis 24 Uhr, Brunch Sa/So 10–16 Uhr. 137 Sullivan St. nahe Prince St., ✆ 212-533-1137, www.navynyd.com. Subway: Spring St. Linien C, E oder Houston St. Linie 1.

The Dutch 6 Amerikas „greatest Küchenhits" finden auf der Speisekarte und werden in zuverlässiger Qualität auf den Teller gebracht. Hauptgerichte mittags ab $ 18, abends ab $ 28. Lunch Mo–Fr 11.30–15 Uhr, Dinner So–Do 17.30–23 Uhr, Fr/Sa bis 23.30 Uhr, Brunch Sa/So 10–15 Uhr. 131 Sullivan St. zw. Prince und W Houston St., ✆ 212-677-6200, www.thedutchnyc.com. Subway: Spring St. Linien C, E oder Houston St. Linie 1.

Raoul's 10 Das alteingesessene französische Bistro ist seit den 1970er-Jahren ein Hit bei Einheimischen. Die Klassiker wie Zwiebelsuppe und Pfeffersteaks ($ 48) sind noch immer die besten. Es gibt auch einen hübschen Garten. So–Do 17.30–24 Uhr, Fr/Sa bis 1 Uhr, Sa/So auch 11–15 Uhr. 180 Prince St. zw. Thompson und Sullivan St., ✆ 212-966-3518, raouls.com. Subway: Prince St. Linien R, W oder Spring St. Linien C, E.

Antique Garage 38 Dieses Restaurant in einer alten Autowerkstatt hat Charme. Seit der Eröffnung 2003 wurden hier schon Brooke Shields, Sean Penn und Kevin Spacey bedient. Mediterran-türkische Küche, meist an fünf Tagen Live-Musik. Hauptgerichte $ 18–28. So–Do 12–23 Uhr, Fr/Sa bis 24 Uhr, Brunch Sa/So 11–17 Uhr. 41 Mercer St. zw. Grand und Broome St., ✆ 212-219-1019, www.antiquegaragesoho.com. Subway: Canal St. Linien A, C, E.

La Esquina 41 Versteckt im Keller des „The Corner Diners" (Treppe runter und durch die Küche) gibt es eine günstige mexikanische Café-Taqueria-Brasserie. Tägl. 11–2 Uhr, DJs spielen von 21.30–2 Uhr auf. 114 Kenmare St. zw. Lafayette und Center St. Subway: B'way/Lafayette St. Linien B, D, F, M.

The Square Diner 49 Eine TriBeCa-Institution seit fast 100 Jahren in einem echten

Praktische Infos 85

Pullman-Waggon, geführt von einem Griechen. Mo–Fr 6–21 Uhr, Sa/So 7.30–16 Uhr. 33 Leonard St./Ecke W Broadway, ℅ 212-925-7188. Subway: Franklin St. Linie 1.

Fanelli's Café `21` Angeblich das zweitälteste Restaurant in New York und damit ebenfalls eine Institution. Wer sich nicht hinsetzen will, kann Barfood oder Suppen auch zum Mitnehmen kaufen, etwa Gemüse-, Tomatencreme- oder kubanische Schwarze-Bohnen-Suppe. Günstig. So–Do 10–1.30 Uhr, Fr/Sa bis 4 Uhr. 94 Prince St./Mercer St., ℅ 212-226-9412. Subway: Prince St. Linien N, R.

Blue Ribbon Brasserie `15` Die Besitzer Bruce und Eric Bromberg kochen selbst, das Menü umfasst vom Burger ($ 20) über Paella oder Lammkeule ($ 48) bis zur Matzoh Ball Soup ($ 13,50) alles, was das Herz begehrt. Auch Käsefondue und umfangreiche Rohkostbar. Tägl. 16–4 Uhr. 97/119 Sullivan St. zw. Spring und Prince St., ℅ 212-274-0404, www.blueribbonrestaurants.com. Subway: Spring St. Linien C, E. Im gleichen Straßenblock befindet sich auch das kleine, aber kreative **Blue Ribbon Sushi**, Bar tägl. 12–2 Uhr. 119 Sullivan St., ℅ 212-343-0404. Das Blue-Ribbon-Imperium wächst unaufhörlich, es gibt verschiedene weitere Zweigstellen.

Balthazar `33` Der Laden kann sich vor dem Ansturm am Wochenende kaum retten – französischen Backwaren und Bistro-Gerichten sei Dank. Frühstück Mo–Fr 7.30–11.30 Uhr, Sa/So 8–9 Uhr (nur kontinentales Frühstück), Brunch Sa/So 9–16 Uhr. Lunch Mo–Fr 12–16.30 Uhr, Dinner So–Do 17.30–24 Uhr, Fr/Sa bis 1 Uhr. 80 Spring St./Crosby St., ℅ 212-965-1414, www.balthazarny.com. Subway: Prince St. Linien N, R.

Tribeca Grill `47` Medienveranstaltungen und Kinopremierenfeiern haben dem Restaurant, im Volksmund nur „The Grill" genannt, einen gewissen Ruhm verschafft. Investoren sind u. a. Sean Penn, Bill Murray und Ed Harris. Zwei Stockerke, Mahagoni-Bar. Kunst von Robert de Niros Vater. Chefkoch Richard Corbos Menü lehnt sich an verschiedenen ethnischen Küchen an. Hauptgerichte $ 31–50. Lunch Mo–Fr 11.30–15 Uhr; Dinner Mo–Do 17.30–22.30 Uhr, Fr/Sa bis 23.30 Uhr, So nur bis 22 Uhr; zwischen 15 und 17 Uhr Midday Menue; Brunch So 11–15.30 Uhr. 375 Greenwich St./Franklin St., ℅ 212-941-3900, www.myriadrestaurantgroup.com/restaurants/tribeca/. Subway: Franklin St. Linie 1.

🍃 **Bubby's** `46` Angeblich wurde hier schon J.Lo beim Lunch gesichtet. Zu empfehlen ist der sonntägliche Brunch. Das Essen ist einfach und gut und man ist stolz auf die Herkunft der Zutaten von regionalen Farmen. Probieren Sie das Slow-Cooked Pit Barbecue ($ 26) oder die *Matzoh Ball Soup* ($ 10). Brunch tägl. 8–16 Uhr, Dinner So–Do 17–22 Uhr, Fr/Sa bis 23 Uhr. Ableger auch im Meatpacking District an der Highline in der 73 Gansevoort St., ℅ 212-219-0666, www.bubbys.com. Subway: Franklin St. Linie 1.

Housing Works Bookstore Café `18` Die Wohltätigkeitsorganisation hilft Menschen, die von Aids und Obdachlosigkeit betroffen sind, und hat für ihren Buchladen einen berühmten Koch engagiert, der das Café mit großem Erfolg und Zuspruch betreibt. Es werden lokale Zutaten der Saison verwandt, Sandwiches, Suppen, Kuchen und Sa/So Brunch. Mo–Fr 9–21 Uhr, Sa/So 10–17 Uhr. 126 Crosby St. zw. Prince und W Houston St., ℅ 212-334-3324, www.housingworks.org/bookstore. Subway: B'way/Lafayette St. Linien B, D, F, M.

Dean & DeLuca `26` Feinkostgeschäft mit einer überwältigenden Auswahl an internationalen Spezialitäten sowie amerikanischen Produkten. Wen der Hunger packt kann dort gleich eine Snackpause einlegen. Mo–Fr 7–21 Uhr, Sa/So 8–21 Uhr. 560 Broadway, ℅ 212-226-6800, www.deandeluca.com. Subway: Canal St. Linie R.

Einkaufen

Apple Store SoHo `17` Im umgebauten ehemaligen Postamt an der Prince Street. Mo–Sa 9–21 Uhr, So 10–20 Uhr. 103 Prince St. zw. Mercer und Greene St., ℅ 212-226-3126, www.apple.com/retail/soho. Subway: Prince St. Linien N, R.

MoMA Design Store `30` Der erste MoMA Store war 1939 ein kleiner Tisch in der Lobby des Museums. Richard Gluckman hat diesen Laden hier entworfen. Möbel, Küchenartikel, Schmuck und Spiele. Schön für Geschenke und Mitbringsel. Im Basement jetzt große Buchabteilung und ein Ableger von Muji. Mo–Sa 10–20 Uhr, So 11–19 Uhr. 81 Spring St./Ecke Crosby St., ℅ 646-613-1367, www.momastore.org. Subway: Prince St. Linien N, R oder Spring St. Linie 6.

Opening Ceremony `48` Das Kaufhaus mit multinationalem Ansatz versteht sich als Treffpunkt für alteingesessene und aufstrebende Künstler, Designer und deren Freunde. 4 Etagen ausgefallener Edelmode (z. B. Alexander Wang, Proenza Schouler, Pamela Love) und Schuhe, es gibt auch eine Kinderabteilung und

Edles und Kurioses gibt es hier nur secondhand: What Goes Around Comes Around

Modebücher. Mo–Sa 11–20 Uhr, So 12–19 Uhr. 35 Howard St. zw. Broadway und Crosby St., ℡ 212-219-2688, www.openceremony.com. Subway: Canal St. Linien J, N, C, R, Z, 6.

The Market 22 Designer und Kunsthandwerker aus New York finden hier eine sexy Verkaufshalle, die wie ein schicker Basar daherkommt. Von Kleidung über Schmuck, Bücher und handgemachte Seifen kann man hier Unikate finden und junge Talente unterstützen. Auch Secondhand-Waren. Mo, Mi–Fr 12–20 Uhr, Sa 11–20 Uhr, So 11–19 Uhr. 290 Mulberry St./E Houston St., 560 Broadway, www.themarketnyc.com. Subway: Bleecker St. Linie 6 bzw. B, D, F, M oder B'way/Lafayette St. Linien B, D, F, M.

OMG The Jeans Store 45 Einer der günstigsten Jeansläden in New York mit einem umfangreichen Angebot alter Klassiker. Solide und billig. 408 Broadway zw. Canal und Walker St., Mo–Sa 9–21 Uhr, So 10–20 Uhr. ℡ 212-966-6620, www.omgjeans.com. Subway: Canal St. Linien J, N, Q, R, Z, 6.

Badichi Belts 9 Wählen Sie selbst zwischen Dutzenden von Schnallen und nicht weniger Leder in verschiedenen Farben und lassen Sie sich ihren Gürtel maßschneidern. Auch ein schönes Mitbringsel. Tägl. 10.30–20 Uhr. 367 W Broadway zw. Broome und Spring St., ℡ 212-533-2107, www.badichibelts.com. Subway: Spring St. Linien C, E. Die Firma besitzt mehrere Geschäfte.

What Goes Around Comes Around 32 Die Secondhand-Boutique wurde 1993 von zwei College-Freundinnen gegründet, die ein Jahrzehnt lang die Welt bereisten und seitdem ihr Sammelsurium an hochqualitativen Klamotten und Kuriositäten hier verkaufen. Mo–Sa 11–20 Uhr, So 11–19 Uhr. 351 W Broadway zw. Broome und Grand St., ℡ 212-343-1225, www.whatgoesaroundnyc.com. Subway: Spring St. Linien C, E.

Legacy 12 Seit mehr als 30 Jahren werden hier Kleidung, Accessoires, Schuhe, Taschen und Schmuck aus erster und aus zweiter Hand sowie aus einer eigenen Designlinie feilgeboten. Rita Brookoffs Devise: Mix it up! Tägl. 12–19 Uhr. 109 Thompson St. nahe Prince St., ℡ 212-966-4827, www.legacy-nyc.com. Subway: Spring St. Linien C, E.

Bond No 9 4 In diesem charmanten kleinen Laden in NoLita gibt es das schönste Souvenir New Yorks für Damen: eigenkreierte Düfte zum Thema New York, die auch wirklich gut und kostbar riechen und daher ihren Preis haben. Sehr schwer und süßlich ist Chinatown, eher blumig und leicht sind Sag Harbour und The Scent of Peace. 50 ml um die $ 210. 9 Bond St. zw. Lafayette St. und Broadway, ℡ 877-273-3369 und ℡ 212-228-1732, www.bondno9.com. Subway: Bleecker St. Linie 6. Es gibt 4 weitere Bond-Läden in der Stadt.

Praktische Infos

Veda 44 Sie suchen eine Lederjacke fürs Leben? Dann sollten Sie mal hier vorbeischauen. Tolle Designs und beste Qualität, nicht nur für Cowgirls ... Mo–Sa 11–19 Uhr, So 12–18 Uhr. 19 Mercer St. zw. Howard und Grand St., ℅ 212-219-8332, www.thisisveda.com. Subway: Canal St. Linien J, N, Q, R, Z, 6.

Joe's Jeans 31 Hier sind allein 55 Farben Denims im Angebot. Mo–Sa 11–19 Uhr, So 12–18 Uhr. 77 Mercer St. zw. Spring und Broome St., ℅ 212-925-5727, www.joesjeans.com. Subway: Spring St. Linie 6 oder Prince St. Linien N, R.

Bloomingdale's SoHo 36 Wer den teuren 7th floor (6. OG) meidet, findet bei „Bloomies" sogar echte Bargains. In SoHo werden jüngere Marken wie Miss Sixty oder Ted Baker mit Klassikern wie Calvin Klein, Lacoste, Tory Burch oder Antik Batik kombiniert. Großen Zuspruch findet die „Drybar", wo man sich für den Abend nett frisieren lassen kann. Vom Café aus hat man einen schönen Blick auf das bunte Treiben am Broadway. Tägl. 10–21 Uhr, So 12–20 Uhr. 504 Broadway zw. Broome und Spring St., ℅ 212-729-5900, www.bloomingdales.com. Subway: Spring St. Linie 6.

Eileen's Special Cheesecake 39 Kleine Bäckerei mit himmlischen Käsekuchen in einem Dutzend verschiedener Geschmacksrichtungen. Mo–Fr 9–21 Uhr, Sa/So 10–19 Uhr. 17 Cleveland Pl., ℅ 212-966-5585, www.eileenscheesecake.com. Subway: Spring St. Linie 6.

Brooklyn Industries 24 Sehr umweltbewusste Jeans-Marke, individuell bei mittlerer Preislage. So–Do 11–20 Uhr, Fr/Sa 11–21 Uhr. 290 Lafayette St. zw. Prince und Houston St., ℅ 212-219-0862, www.brooklynindustries.com. Subway: B'way/Lafayette St. Linie B, D, F, M, 6 oder Prince St. Linien N, R.

Jean Shop 43 Seit 2003 fertigen die Besitzer in Kalifornien, die Endfertigung erfolgt per Hand in New York. Lifestyle Jeans kommen in den drei Schnitten Rocker, Klassik und Skinny, es gibt auch Ledergürtel und geschunden aussehende Motorradjacken („distressed"). Mo–Sa 11–19 Uhr, So 12–18 Uhr. 37 Crosby St. zw. Broome und Grand St., ℅ 212-366-5326, www.jean-shop.com. Subway: Spring St. Linie 6.

Converse 28 Die modischen Kult-Turnschuhe werden heute weniger zum Basketball als auf der Straße getragen. Mo–Fr 10–20 Uhr, Sa bis 21 Uhr, So 11–19 Uhr. 560 Broadway zw. Prince und Spring St., ℅ 212-966-1099, www.converse.com. Subway: Prince St. Linien N, R.

Dr. Martens 23 Stabile Schuhe mit Attitüde aus England. Mo–Sa 10–20 Uhr, So 11–19 Uhr. 148 Spring St. zw. W Broadway und Wooster St., ℅ 212-226-8500, www.drmartens.com. Subway: Spring St. Linien C, E.

Top Shop 42 Nach dem Erfolg von Kate Moss' Designlinie hat Top Shop die Kollektion auch auf dem amerikanischen Markt eingeführt. Mo–Sa 10–21 Uhr, So 11–20 Uhr. 478 Broadway zw. Grand und Broome St. Subway: Canal St. Linie R.

Sephora 29 Eine der bekanntesten Kosmetik- und Beautyketten des Landes. Mo–Sa 10–21 Uhr, So 11–20 Uhr. 555 Broadway zw. Spring und Prince St., ℅ 212-625-1309, www.sephora.com. Subway: Prince St. Linien N, R.

Ricky's 20 Kosmetikkette für Visagisten. Mo–Sa 9.30–21.30 Uhr, So 10–20 Uhr. 590 Broadway zw. Houston und Prince St., ℅ 212-226-5552, www.rickysnyc.com. Subway: B'way/Lafayette St. Linien B, D, F, M.

Prada 19 Architektonisch faszinierender Laden des italienischen Luxusunternehmens am Broadway. Mo–Sa 11–19 Uhr, So 11–18 Uhr. 575 Broadway/Prince St., ℅ 212-334-8888, www.prada.com. Subway: Prince St. Linien N, R.

Adidas Flagship Store 11 Auf 2700 m2 bekommt man hier sämtliche Produkte der Marke mit den drei Streifen, selbst Stella McCartneys Veganerklamotten sowie Mi Adidas zum Selbstdesignen von Schuhen, Kleidung und Accessoires. Mo–Fr 10–20 Uhr, Sa bis 21 Uhr, So 11–19 Uhr. 610 Broadway zw. W Houston und Bleecker St., ℅ 212-529-0081, www.adidas.com. Subway: Broadway/Lafayette Linien B, D, F, M.

Sonstiges

TriBeCa Film Festival. Seit 2002 findet in der zweiten Maiwoche dieses von Robert De Niro und Jane Rosenthal initiierte Filmfestival statt, das jedes Jahr größer wird und nicht nur die besten neuen Filme aus aller Welt präsentiert (fast alles Premieren), sondern auch Nebenveranstaltungen wie das Family Festival oder die TriBeCa Talks organisiert. Zu den Vorführungen erscheint meist der Regisseur mit einigen Darstellern. TriBeCa Film Center, 375 Greenwich St. zw. North Moore und Franklin St., ℅ 212-941-2400, tribecafilm.com/festival.

Short Film Festival. Provokant und unterhaltsam sollen die Kurzfilme sein, die im Rahmen dieses Festivals alljährlich im September drei Tage lang im Kulturzentrum Y92 in TriBeCa präsentiert werden. 200 Hudson St. zw. Vestry und Desbrosses St., www.nycshorts.com.

Schrill, schräg und auch schick
Tour 5

Das East Village ist New Yorks buntestes Schaufenster für freche Mode und kurzlebige Trends. Es besitzt noch eine anarchische Subkultur, ist Heimstatt experimenteller Bühnen und schriller Kunst. Die Kunstgalerien hier spielten eine Vorreiterrolle bei der Etablierung moderner amerikanischer Künstler, wie z. B. Keith Haring oder Jeff Koons.

- **The Public Theater**, einst Bibliothek, jetzt Kulturstätte, S. 90
- **Museum of Reclaimed Urban Space (MORUS)**, aus zivilem Ungehorsam geboren, S. 95
- **St Mark's Place**, Läden für Schräges und Ausgefallenes, S. 96
- **Ukrainian Museum**, große, bemalte Ostereier als Glücksbringer, S. 96

Heimat der gezähmten Subkultur
East Village

Das Viertel zwischen der 14th und der Houston Street, das (noch) nicht ganz so kommerziell und glatt ist wie seine Konkurrenten SoHo, TriBeCa oder Chelsea, ist gewissermaßen eine „Auskoppelung" aus der Lower East Side. Ersonnen wurde der Name von findigen Immobilienmaklern, die ganz bewusst Assoziationen zum Greenwich Village und seinem Image als Künstler- und Boheme-Viertel wecken wollten. Seine Blütezeit erlebte der auf diese Weise geadelte Stadtbezirk in den 1980er-Jahren, als im berühmten, nunmehr geschlossenen CBGB-Club Rockbands wie die *B-52s*, *Blondie* und die *Talking Heads* Karriere machten und Transvestiten auf den Tischen des Pyramid Club tanzten. Danach geriet das Viertel in die Negativschlagzeilen, weil es im Zuge der Stadterneuerung bei der Räumung von Obdachlosenlagern am Tompkins Square Park zu spektakulären Krawallen kam.

Die Straße St Mark's Place, die vom Tompkins Square nach Westen verläuft, war traditioneller Treffpunkt für Punks, Künstler und Beatniks – doch das ist Geschichte. Heute lebt sie vom Tourismus.

Der östliche Teil des East Village hingegen hat sich seine Authentizität ein Stück weit bewahrt. Bis vor wenigen Jahren galt dieser Teil Manhattans noch als extrem gefährlich. Hier in der sog. *Alphabet City*, wo die Avenues Buchstaben statt Ziffern tragen, gibt es noch sozialen Wohnungsbau und niedrige Mieten, es ist der Bezirk der Gemeinschaftsgärten und der subversiven Gegenkultur, wo man sich wilde Tattoos, Piercings und schrille Haarfarben verpassen lassen und günstig essen kann. Die letzte Entwicklung ließ die ABCs zum Zentrum von *Loisaida* werden, dem Teil der Lower East Side, der überwiegend von Latinos bewohnt wird. Avenue C wurde entsprechend umgetauft.

Die zahlenmäßig stärksten ethnischen Minderheiten im East Village sind derzeit die Ukrainer, die mit Gotteshäusern, Geschäften, Restaurants und einem eigenen Museum vertreten sind, sowie die Inder. Der Block 6th Street zwischen 2nd und 1st Avenues ist die – leider derzeit auch merklich schwindende – *Curry Lane* oder *Little Bombay*. Es leben jedoch auch viele Juden, Afroamerikaner, Lateinamerikaner und Japaner hier.

Außerdem ist die New York University nicht weit, sodass sich zwischen den Vorlesungen viele Studenten am Astor Place aufhalten, wo auch die **Cooper Union**, eine der angesehensten Kunst- und Architekturschulen, Vorlesungen für Studenten hält. Die werden sicher stolz sein auf die spektakulären Gebäude am Astor Place und Cooper Square, die gerade erst komplett neu gestaltet und mit mehreren autofreien, begrünten Plazas versehen wurden. Geblieben ist zum Glück das Wahrzeichen, der *Alamo*, ein 4,5 m hoher schwarzer Stahlwürfel. Alte Welt findet man auch noch um die Ecke im *McSorley's*

Old Ale House, einem urigen Pub, das sein eigenes Bier braut.

Tour-Info Dieser Spaziergang ist nachmittags empfehlenswert, da morgens im East Village nicht viel los ist. Ausgangspunkt ist die Ecke Bleecker/Lafayette Street, die Sie mit der Subway-Linie 6 oder B, D, F und M erreichen (Station Bleecker St. bzw. B'way/Lafayette St.).

Stationen

Zu Besuch bei Mr. Tredwell
Merchant's House Museum

Die erste Station des Spaziergangs, das Museum im Merchant's House, erreichen Sie, wenn Sie die Lafayette Street bis zur East 4th Street vorgehen und dort rechts abbiegen. Das Ziegelhaus im Greek-Revival-Stil wurde 1832 für den Kaufmann Seabury Tredwell gebaut. Anschauen kann man sich das elegante Wohnzimmer mit Mahagoni-Türen, die mit Himmelbetten ausgestatteten Schlafzimmer des Hausherrn und seiner Frau, sowie die Küche, in der für zehn Familienmitglieder und vier Hausangestellte gekocht werden musste – und nicht nur das: Am Ofen steht eine Wanne, in der sich die Kinder der Angestellten waschen konnten. Insgesamt bekommt man einen guten Einblick in die Wohnverhältnisse der Mittelschicht im 19. Jh.

29 E 4th St. zw. Lafayette St. und Bowery, ☎ 212-777-1089, www.merchantshouse.org. Fr–Mo 12–17 Uhr, Do bis 20 Uhr. Führung um 14 Uhr, Do auch um 18.30 Uhr. Eintritt $ 13, erm. $ 8. Subway: 8 St./NYU Linien N, R. Jeden zweiten So des Monats von März bis Nov. um 12.30 Uhr Führungen durch NoHo.

Einst Bibliothek, jetzt Kulturstätte
The Public Theater

Ein Stück weiter auf der Lafayette Street gelangen Sie zum Public Theater. Hier war einst die 1849 eröffnete Bibliothek der Astors untergebracht, die erste kostenlose öffentliche Bibliothek der Stadt. Finanziert wurde sie aus dem Nachlass von John Jacob Astor, dessen soziales Image damit ein wenig aufgebessert werden sollte. Der Gründer des berühmten Familienclans hatte sein Vermögen im Pelzhandel gemacht und galt als ungebildeter Kapitalist und Spekulant, der jedermann über den Tisch gezogen hatte, einschließlich den Präsidenten. Seine Gewinne hatte er in Immobilien investiert, wodurch er einer der reichsten Männer Amerikas geworden war. Die Bestände dieser Bibliothek sind in der New York Public Library (→ S. 143) aufgegangen. Der Umbau zum Theater erfolgte 1967–1976. Der Theaterdirektor und Produzent Joseph Papp gründete u. a. das *New York Shakespeare Festival* im Central Park und produzierte Kassenschlager wie *A Chorus Line*. Im Public Theater fand auch die Weltpremiere des Musicals *Hair* statt. Gespielt werden heute zeitgenössische Stücke amerikanischer Autoren, aber nach wie vor auch Musicals und viel Shakespeare. Im Herbst 2012 war auch die umfangreiche Renovierung des Theaters abgeschlossen, seitdem heißt das Foyer nach einem der Geldgeber: Ford Foundation. **Joe's Pub** im Keller ist ein renommierter Veranstaltungsort für Live-Musik und andere Performances, das weniger wie ein Pub denn wie ein elegantes und intimes Dinner-Theater wirkt und erstklassige Shows präsentiert. Einen guten Ruf hat auch das Restaurant **The Library** auf dem Zwischenstockwerk Mezzanine.

The Public Theatre, 425 Lafayette St. zw. E 4th St. und Astor Pl., ☏ 212-539-8500, www.publictheater.org. Kasse: So/Mo 14–18 Uhr, Di–Sa bis 19.30 Uhr. **Joe's Pub**, selbe Adresse, ☏ 212-967-7555 (tägl. 10–19 Uhr), www.joespub.com. Tägl. 18–2 Uhr, $ 12–30, $ 12 Verzehr-Minimum. **The Library**, Mo–Mi 17–24 Uhr, Do–Sa bis 1 Uhr, So bis 23 Uhr. ☏ 212-539-8777, www.publictheater.org/Visit/Library. Subway: Astor Pl. Linie 6 oder 8 St./NYU Linien N, R.

E ssen & Trinken
3 Angelica Kitchen
6 Veniero's Pasticceria & Caffé
7 Momofuku
10 Veselka
11 Streecha Ukrainian Kitchen
14 Café Mogador
17 Haveli Banjara
19 Miss Lily's 7A Café

N achtleben
1 Beauty Bar (S. 269)
2 Webster Hall (S. 276)
4 Angel's Share (S. 268)
9 McSorley's Old Ale House (S. 269)
15 PDT (S. 268)
18 Death and Company (S. 268)
20 Cienfuegos (S. 268)
22 Bowery Electric (S. 275)
23 Cabin Down Below (S. 268)
24 The Summit Bar (S. 268)
25 Madam Geneva (S. 269)
29 Nublu Club (S. 278)
31 The Stone (S. 278)

E inkaufen
5 Obscura Antiques & Oddities
8 Verameat
12 Fabulous Fanny's
16 Trash and Vaudeville
21 Turntable Lab

Reihenhäuser im Greek-Revival-Stil
Colonnade Row

Gegenüber finden Sie die etwas heruntergekommene Colonnade Row, die New Yorker Version des Londoner Regent's Park. Vier von einst neun prächtigen Villen im Greek-Revival-Stil, erbaut 1833, stehen noch. Damals bildeten sie die nordöstliche Grenze der Stadt und machten Lafayette Place zu einer der teuersten Wohngegenden Manhattans. Die Häuser wurden von Seth Geer gebaut, der für die Säulenkolonnade Marmor verwendete, der von den Gefangenen des berüchtigten Sing-Sing-Gefängnisses gebrochen wurde. Millio-

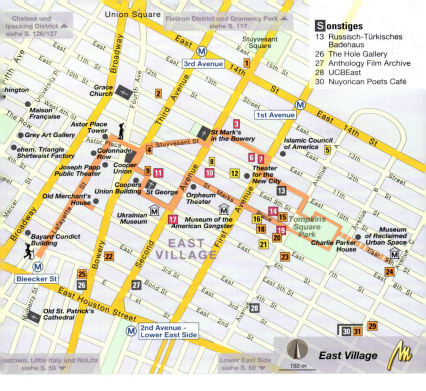

näre wie John Jacob Astor und Cornelius Vanderbilt finanzierten den Bau mit großer Gewinnspanne. Berühmte Bewohner der Colonnade Row waren Washington Irving und Charles Dickens.

Off-Broadway mit blauen Männern

Astor Place Theatre/ Astor Place

Seit 1968 befindet sich in der Colonnade Row das Astor Place Theatre. Dieses Theater begann mit Aktionen gegen Kulturkommerz, heute ist es Teil davon. Das Theater tourt mit seiner Show der *Blue Man Group* (→ S. 93) durch die ganze Welt.

Bleiben Sie auf der Lafayette Street bis zum Astor Place. Bevor er in den Besitz seines Namensgebers John Jacob Astor überging, befand sich hier Jacob Sperrys Botanischer Garten. Ab 1825 ließen sich hier vorwiegend wohlhabende Bürger nieder. Das Viertel um den Astor Place (samt Cooper Place und Peter Cooper Triangle) wurde komplett neu gestaltet und mit mehreren autofreien und begrünten Plazas versehen. Auf der „Alamo Plaza" steht der 1967 von Bernard Rosenthal aufgestellte schwarze Stahlwürfel **Alamo**. Seit seiner Sanierung 2005 lässt sich der 820 kg schwere Eisenkoloss leider nur noch sehr mühsam um die eigene Achse drehen. Bevor Sie den Würfel erreichen, kommen Sie am grün glitzernden **Astor Place Tower** vorbei, einer 21-stöckigen kurvigen Wohnanlage des Architekturbüros Gwathmey Siegel, die den Namen „Sculpture for Living" erhielt. Die Baulücke hinter dem Alamo, wo einst das Cooper Union Engineering Building aus den 1950er-Jahren stand, wurde mit einem zwölfstöckigen Bürohochhaus aus dunklem Glas und Granit des japanischen Architekten Fumihiko Maki gefüllt (51 Astor Place), der auch den Tower 4 am World Trade Center entworfen hat. In der schwarz-weißen Lobby begrüßt allmorgendlich der rote Hase von Jeff Koons die Mitarbeiter von IBM, die hier ihre Büros haben. Die *Cooper Union* hat dafür selbst einen spektakulären Neubau bekommen, der ihrem Schöpfer sicher gefallen hätte, so innovativ wie er Kunst, Architektur und Ingenieurswissenschaften vereint. Sie werden den Bau im letzten Abschnitt unseres Spazierganges bestaunen können (→ S. 96).

Astor Place Theatre, 434 Lafayette St. zw. Astor Pl. und E 4th St., ℘ 212-307-4100, www.blueman.com. Tickets: 1-800-BLUEMAN. Kartenverkauf: Tägl. 12–19.45 Jhr. Subway: 8 St./NYU Linien N, R.

Stahlgerippe aus Eisenbahnschienen
Cooper Union Foundation Building

Der dunkelrote Sandsteinbau gegenüber dem neuen Bürokomplex ist das Cooper Union Foundation Building. Es ist eines der wenigen noch erhaltenen Brownstone-Häuser mit Stahlgerippe. Diese bis heute kostenlose Unterrichtsstätte wurde 1859 vom Erbauer der ersten amerikanischen Dampflokomotive errichtet, um begabten Kindern einkommensschwacher Familien eine angemessene Schulbildung zu ermöglichen. Es war das erste College, das beiden Geschlechtern und Kindern jeglicher Hautfarbe offenstand. Der Bauherr Peter Cooper hatte als Sohn eines Arbeiters nicht mehr als ein einziges Jahr Schulbildung genossen, wurde aber dennoch ein erfolgreicher Unternehmer. Er machte mit einer Klebstoff-Fabrik und einer Eisengießerei ein Vermögen. Gelehrt werden hier Architektur, Ingenieurwesen und Kunst. Alle Studenten erhalten ein Stipendium. Thomas Edison und Felix Frankfurter waren hier eingeschrieben. Das Stahlgerippe des fünfstöckigen Bauwerks besteht übrigens aus Eisenbahnschienen. In der Great Hall des Gebäudes sprach 2010 Präsident Barack Obama zum Thema Finanzkrise.

Malerische Straße
Stuyvesant Street

Gehen Sie nun an der 3rd Avenue einen Block nach links bis zur Stuyvesant

Mutiger Neubau mit Metallhaut: die Cooper Union

Street. Diese Straße ist sicher eine der malerischsten Straßen von New York. Hier ließ einst der erste Gouverneur der Stadt, Peter Stuyvesant, seine Farm bauen. Stuyvesant Street war der Eingang zu seinem Anwesen, das sich bis zum East River erstreckte. Die Nachfahren Stuyvesants wohnten hier bis ins 19. Jh. Das **Stuyvesant Fish House** in der Nr. 21 wurde für dessen Ur-Ur-Urenkelin Elizabeth und ihren Ehemann Nicholas Fish gebaut. Es steht neben einer Gruppe von 16 klassischen Brownstone-Häusern, die dem Architekten James Renwick Jr. zugesprochen werden (Nr. 23–35) und zusammen mit Nr. 114–128 East 10th Street das sog. *Renwick Triangle* bilden.

Die Blue Man Group

Die Show der Blue Man Group ist inzwischen so bekannt, dass es bereits 30 Blue Men und 50 Musiker gibt, um die Shows in verschiedenen Städten der USA und in Europa zeigen zu können. Auf der Bühne bieten drei hinter blauen, haarlosen Masken versteckte Darsteller einen wilden Hexenkessel aus Rockmusik (mit Liveband), Comedy und Akrobatik. *Actionkunst* oder *Neo-Vaudeville* nennen sie das, Thema ist oft die Grenze zwischen Kunst und Kommerz. Da fliegen einem Blue Man schon mal unglaublich viele Kreidebälle in den weit geöffneten Schlund, aus dem er dann eine Skulptur hochwürgt und diese gelassen mit einem Preisschild über mehrere Tausend Dollar versieht. Nicht jedermanns Sache, aber ganz sicher sehr interessant!

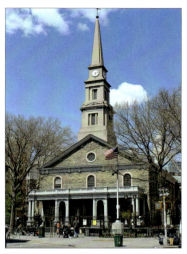

Hier ruht Peter Stuyvesant: St Marks in the Bowery

Letzte Ruhestätte Peter Stuyvesants
St Mark's in the Bowery

An diesen historischen Backstein-Reihenhäusern vorbei kommen Sie an der 10th Street Ecke 2nd Avenue zur Kirche St Mark's in the Bowery. Die Episkopal-Kirche (ausländischer Zweig der englisch-anglikanischen Kirche, stmarksbowery.org), 1799 im klassizistischen Stil gebaut und um einen Turm im Greek-Revival-Stil sowie einen romanischen Portikus ergänzt, ersetzte eine von Peter Stuyvesant 1660 auf seinem Land errichtete kleine Kapelle, in deren Kellergewölbe seine sterblichen Überreste ruhen und die vieler seiner Nachfahren. In den 1960er-Jahren bezog die Kirche politisch Stellung und öffnete sich für Künstler und politische Vereine. Das Gotteshaus dient seither auch als Aufführungsstätte für Kunstprojekte und als Versammlungsort. 1966 wurde hier das *Poetry Project* gegründet (www.poetryproject.org), das am 1. Januar bis heute eine beliebte Marathon-Lesung veranstaltet, die elf Stunden dauert. Das *Danspace Project* folgte 1974 (www.danspaceproject.org) und zeigt noch immer mehrere Tanzvorführungen im Jahr.

Italienisches Flair und politisches Theater
Zum Tompkins Square Park

Gehen Sie nun die 2nd Avenue, die einmal der jüdische Broadway New Yorks mit einem knappen Dutzend Theatern war (weshalb man im Boden eingelassene Ehrungen für jüdische Hollywoodgrößen findet), nach rechts und

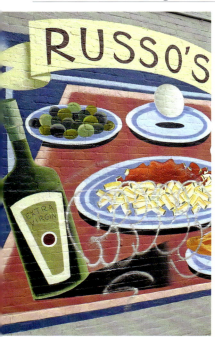

Verkauft seit Menschengedenken frische Pasta und hausgemachten Mozzarella: Russo's

biegen einen Block weiter nördlich in die 11th Street ein. Hier haben viele Secondhandläden ihr Auskommen und am anderen Ende der Straße wird man von italienischem Flair und Delikatessen überrascht. Berühmt etwa ist **Veniero's Pasticceria & Caffé**. Gleich daneben ist **Russo's**, wo Sie sich mit italienischer Pasta und Mozzarella eindecken können. An der 1st Avenue befindet sich das **Islamic Council of America**, eine der mehr als 100 Moscheen für die rund 600.000 in New York lebenden Muslime. Madina Masjid ist eine der ältesten der Stadt und die einzige im East Village. Sie wurde 1976 von Einwanderern aus Bengali gegründet, denen viele der indischen Restaurants in der East 6th Street gehörten. Einen Block weiter südlich treffen Sie an der Ecke 10th Street auf das **Theater for the New City (TNC)**, ein Gemeindekulturzentrum, das Dramen, Lyriklesungen, Musik, Tanz und radikal politische Aufführungen bietet und dieses Theater zu einer unangepassten Produktionsstätte macht, die immer für Überraschungen gut ist. Im Jahr werden hier 30 bis 40 Premieren amerikanischer Autoren aufgeführt, wofür das Theater bereits mit einem Pulitzer-Preis ausgezeichnet wurde. Außerdem organisiert es den *Village Halloween Costume Ball*.

155 1st Ave. zw. 9th und 10th St., ✆ 212-254-1109, www.theaterforthenewcity.net. Subway: 1 Ave. Linie L.

Von dort gehen Sie einen Block die 10th Street entlang und am **Russisch-Türkischen Badehaus** vorbei. Wenn Sie nun rechts in die Avenue A abbiegen, befinden Sie sich in der Alphabet City und landen einen Block weiter am **Tompkins Square Park**, wo es sich nett auf einer Bank rasten lässt. Daniel Tompkins war Gouverneur von New York, US-Vizepräsident und erklärter Gegner der Sklaverei. 1833 schenkte die Familie Stuyvesant dieses Gelände der Stadt zur öffentlichen Nutzung und der Platz wurde zum Zentrum des East Village. Mitte des 19. Jh. siedelten sich hier vor allem Deutsche an, *Little Germany* entstand. Ein Unglück beendete die Existenz von Klein-Deutschland: Der Ausflugsdampfer *General Slocum* geriet am 15. Juni 1904 in Brand und sank innerhalb von 15 Minuten. Auf dem Schiff befanden sich rund 1300 deutsche Frauen und Kinder. Nur wenige überlebten und die deutsche Gemeinde New Yorks hat sich von diesem Schock nie wieder erholt. Die meisten zogen weg vom Tompkins Square, verstärkt nach Norden. In der Mitte des Platzes erinnert ein Denkmal an diesen Vorfall.

So friedlich wie heute ging es hier im Park selten zu. Der Platz galt lange als Brutstätte radikaler Gedanken und als Plattform für Proteste. Hier wurde gegen Polizeigewalt, den Vietnamkrieg und die amerikanische Einwanderungspolitik sowie für die Rechte Homo-

Abstecher zum Museum of Reclaimed Urban Space

sexueller, Obdachloser und vieler anderer demonstriert. Im August 1988 kam es zu den *Tompkins Square Park Police Riots,* als während der Räumung des Parks von Obdachlosen eine Reihe von Demonstranten und Schaulustige von nervösen Polizisten niedergeknüppelt wurden. Der Vorfall wiederholte sich 1995, diesmal richtete sich die Polizeigewalt gegen eine Gruppe von radikalen Hausbesetzern. Das Wandbild von Joe Strummer, Frontmann der britischen Band „The Clash", knüpft dagegen daran an, dass das East Village im Punk-Rock fest verwurzelt ist. Es befindet sich an den Mauern der Niagara Bar Avenue A Ecke 7th Street und wurde vom Streetartkünstler Revolt 2002 nach dem Tod der Punk-Ikone gesprüht.

Einem anderen musikalischen Rebell ist das Haus auf der Ostseite des Platzes an der Avenue B Nr. 151 verbunden: das **Charlie Parker House**. Der Musiker war 1920 in Kansas City geboren worden, lebte aber hier von 1950 bis 1954 mit seiner Partnerin Chan Richardson und den gemeinsamen drei Kindern. Er wird mit einer bescheidenen Plakette an der Hausfassade, dem Charlie Parker Boulevard und dem jährlichen Charlie Parker Jazz Festival (Infos unter www.cityparksfoundation.org unter dem Stichpunkt *Summerstage*) geehrt.

Aus zivilem Ungehorsam geboren
Abstecher zum Museum of Reclaimed Urban Space (MORUS)

Ziviler Ungehorsam ist das Thema dieses kleinen Museums. In einem ehemaligen besetzten Haus haben sich die politischen Aktivisten und Basisinitiativen des Viertels (die sog. Graswurzelbewegung) ein Denkmal gesetzt. In zwei Räumen dokumentieren sie die Rückeroberung des öffentlichen Raumes durch die Bürger selbst. Filme, Fotos und Medienberichte handeln vom Kampf um eine fahrradfreundlichere Stadt, auch die Geschichte der Occupy-Wall-Street-Bewegung findet hier ein Forum. Besucher können sich einer Führung durch zahlreiche Gemeinschaftsgärten, Recyclingprojekte und Bienenzuchten des East Village anschließen, die in den Hinterhof-Betonwüsten entstanden sind.

Ein Museum für zivilen Ungehorsam: das MORUS

Tour 5: East Village

155 Ave. C zw. 9th und 10th St., ☏ 646-833-7764, www.morusnyc.org. Di und Do–So 11–19 Uhr, Mi 11–15 Uhr. Eintritt frei, Spende von $ 5 erbeten, Führungen $ 20. Subway: 1 Ave. Linie L.

Läden für Schräges und Ausgefallenes
Entlang der Straße St Mark's Place

In der Straße St Mark's Place, vom Park aus Richtung Westen, gibt es geballt schräge Geschäfte für Klamotten und Musik. Die Mauern bergen Geschichten, die von Kunst bis Gewalt sämtliche Auswüchse eines liberalen Stadtteils einschließen.

Links vor der 1st Avenue, bei **Nr. 96–98**, wurde Led Zeppelins Albumcover für *Physical Graffiti* fotografiert. Das dort ansässige Café nennt sich daher wortspielerisch „Physical Graffi*tea*". Gleich dahinter an der Ecke zur 1st Avenue bei **Nr. 132** schenkte einst die **St Mark's Bar** Hochprozentiges aus, verewigt im Musikvideo zu dem Stones-Song *Waiting on a Friend*. Jetzt sind Sie Gast der **V-Bar**. Auf der anderen Straßenseite finden Sie das **Theater 80 St Mark's** von 1967. Es verfügt über 160 Sitzplätze, diente zwischenzeitlich als Kino und wird seit 1993 wieder überwiegend als Theater bespielt, bietet aber auch Musik und Kunstevents (www.theatre80.net). Wer sich für das New York der 1920er- und 30er-Jahre begeistert, kann das **Museum of the American Gangster** besuchen – „Der Pate" lässt grüßen. Dem Besucher wird zunächst ein Film über die Prohibition (als Alkoholausschank verboten war und geheime Bars, sog. „Speakeasys", Riesenumsätze einfuhren) gezeigt, dann wird er kenntnisreich durch die Exponate geführt. Es gibt nur zwei Ausstellungsräume, aber seien Sie gewiss: Die Betreiber wissen auf diesem Gebiet mehr, als Sie je zu fragen wagten. Anschließend können Sie in der *William Barnacle Tavern* (tägl. 18–2 Uhr), dem ehemaligen Speakeasy im Keller des Theaters, bei einem Absinth und französischen Crêpes alte Geister heraufbeschwören.

80 St. Marks Place, erste Etage die Treppe zwischen Theater 80 und dem Speakeasy hoch, ☏ 212-228-5736, www.museumoftheamericangangster.org. Tägl. 13–18 Uhr, Eintritt mit Führung (13, 14.30 und 16 Uhr): $ 20, erm. $ 8. Subway: 1 Ave. Linie L oder Astor Pl. Linie 6.

Stomp und Pysanky
Orpheum Theater und Ukrainian Museum

Gehen Sie nun die Second Avenue zwei Blöcke links am **Orpheum Theater** vorbei. Hier läuft seit 1994 (!) *Stomp*, nonverbales Rhythmustheater, das kleine, lustige Episoden des Alltags erzählt und einen Siegeszug um die Welt angetreten hat. Die Geräusche werden mithilfe verschiedener Haushaltsgegenstände erzeugt, zu den so entstehenden Rhythmen wird getanzt, gesteppt, gewirbelt.

Biegen Sie nun rechts in die 6th Street ein. Wer ein spezielles Interesse für Kunst aus der Ukraine pflegt, sollte das kleine, aber feine **Ukrainian Museum** besuchen, das auf drei Etagen Volkskunst, traditionelle Kostüme und Textilien, vor allem Teppiche (Kelims) aus dem zweitgrößten und krisengeschüttelten Land der ehemaligen Sowjetunion zeigt. Reges Interesse wecken vor allem die *pysanky*, große, bemalte Ostereier, die der Legende nach das Böse besiegen, wenn sie nur genug bemalt werden.

Orpheum Theater: 126 2nd Ave. zw. 7th und 8th St., www.orpheumtheater.com, www.stomponline.com. Tickets: $ 48–279. Subway: Astor Pl. Linie 6.

Ukrainian Museum: 222 E 6th St. zw. 2nd und 3rd Ave., ☏ 212-228-0110, www.ukrainianmuseum.org. Mi–So 11.30–17 Uhr. Eintritt $ 8, erm. $ 6. Subway: Astor Pl. Linie 6.

Hochschulbau mit dramatischem Design
41 Cooper Square

Bestimmt ist Ihnen schon längst die glänzende Rückseite eines wagemuti-

41 Cooper Square

Wo die Zeit stehenblieb: McSorleys Old Ale House

gen Neubaus ins Auge gesprungen. Diese perforierte Metallhaut gehört zur neuen **Cooper Union** und ist benannt nach dem Chemie-Ingenieur Albert Nerken, der der Cooper Union einst 7,5 Mio. Dollar gestiftet hat. Es wurde von dem kalifornischen Architekten Thom Mayne entworfen und erweckt den Eindruck, als breche es stellenweise auseinander und „das Innere würde sich nach außen kehren, während sich die schillernde Außenhaut mittels Faltenwurf gegen die Vertikalität zu sträuben scheint" (Baunetz.de). In dem Bau sind drei Fakultäten auf neun Stockwerken untergebracht.

Gehen Sie an seiner Rückseite zur 7th Street. Der byzantinische Kirchenbau, rechts an der Ecke ist die *St George Ukrainian Catholic Church*, die ein schönes Mosaik am Eingang aufweisen kann, das Jesus Christus vor zwei Kathedralen in Lviv und Kyiv zeigt. Gegenüber im Kellergeschoss unterhält die Gemeinde die *Streecha Ukrainian Kitchen* mit einfachen Gerichten.

Wer dann noch auf einen Absacker Lust hat, stoße nebenan die historischen Schwingtüren auf zum **McSorleys Old Ale House**, dem ältesten Irish Pub der Stadt. Es war auch eines der letzten, die daran festhielten, Frauen den Zutritt zu verweigern (bis 1970). Hier scheint die Zeit seit hundert Jahren stehengeblieben zu sein, man schützt die Dielen noch immer mit Sägespänen.

Zur nächsten Subway-Station müssen Sie zum **Cooper Square** gehen, auf dem die Statue von Peter Cooper steht. Sie wurde von einem seiner Studenten, Augustus Staint-Gaudens, gefertigt. Drehen Sie sich um, um noch einmal den aggressiven Neubau der Cooper Union zu bewundern oder das Standard Hotel, einen spektakulären 21-stöckigen Glaspalast von Carlos Zapata an der Bowery.

Zurück am Astor Place haben Sie Anschluss an die Subway-Linien N, R oder 6.

Tour 5: East Village

Praktische Infos → Karte S. 90/91

Information

Die **offizielle Webseite** des Viertels ist www.east-village.com. Mi und Sa um 12 Uhr werden Führungen zum Thema Mafia angeboten. Treffpunkt 80 2nd Ave., $ 25; Reservierung erforderlich unter www.leshp.org/walking-tours, Infos unter ✆ 347-465-7767.

Essen und Trinken

Veniero's Pasticceria & Caffè 6 Italienische Bäckerei, die seit 1894 Cannolis, Napoleons, Erdbeer-Shortcakes und Mini Pastries herstellt. Im venezianischen Raum sitzt man zwischen Renaissance-Kunst und unter tollen Deckengemälden. So–Do 8–24 Uhr, Fr/Sa bis 1 Uhr. 324 E 11th St./1st Ave., ✆ 212-674-7070, venieros pastry.com. Subway: 1 Ave. Linie L.

Cafe Mogador 14 Besonders schön ist der Patio, drinnen gediegen marokkanisch mit Kerzenschein und Schwarz-Weiß-Fotos des Landes an den Wänden. Marokkanisch ist auch die Küche, es gibt natürlich Hummus, Couscous und Tagine. Brunch-Special $ 11. So–Do 9–24, Fr–Sa bis 1 Uhr. 101 St Mark's Pl. nahe 1st Ave., ✆ 212-677-2226, cafemogador.com. Subway: Astor Pl. Linie 6 oder 1 Ave. Linie L.

🍃 **Angelica Kitchen** 3 Veteran aus Hippie-Zeiten für Gesundheitsbewusste und Vegetarier (Walnuss-Linsen-Pastete und Dragon Bowls, asiatische Suppen). Fast alle Gerichte Bio und unter $ 20. Tägl. 11.30–22.30 Uhr. 300 E 12th St. zw. 1st und 2nd Ave., ✆ 212-228-2909, www.angelicakitchen.com. Subway: 1 Ave. Linie L oder 3 Ave. Linie L.

Veselka 10 Das bei Club-Besuchern und Nachteulen beliebte ukrainische Café-Restaurant existiert bereits seit 50 Jahren. Morgens gibt es Kaffee und Eier, auch Pancakes, Burger und Pies, sonst landestypische Spezialitäten wie Pirogen (eine Art Ravioli), Borschtsch (Kohlsuppe) oder Kielbasa (Eintopf aus Schweineschulter mit Kraut). Hauptgerichte ebenfalls unter $ 20. 24 Std. geöffnet. 114 2nd Ave./Ecke 9th St., ✆ 212-228-9682, www.veselka.com. Subway: Astor Pl. Linie 6.

Momofuku 7 Asiatische Nudelbar in minimalistischem Design. Snacks $ 2–6, kleine Gerichte $ 8–15. Mo–Fr 12–16.30 Uhr, Sa/So 12–16 Uhr und So–Do 17.30–23 Uhr, Fr/Sa bis 2 Uhr. 171 1st Ave. zw. 10th und 11th St., www.momofuku.com. Subway: Astor Pl. Linie 6 oder 1 Ave. Linie L.

Haveli Banjara 17 Das gehobene indische Restaurant auf zwei Etagen ist für seine Tandoori-Gerichte (Clay Oven Delights) berühmt. Um die Ecke der einstigen „Curry Meile" gelegen, zahlt man hier etwas mehr. 100 2nd Ave. zw. 5th und 6th St., ✆ 212-982-0533, haveliny.com. Subway: Astor Pl. Linie 6.

Miss Lily's 7A Café 19 Zu Reggae Beats servieren coole Kellner mit Dreadlocks jamaikanische Maiskolben mit Kokosbutter ($ 5) oder Hühnchen in scharfer Jerk-BBQ-Soße. Hauptgerichte $ 12–20. Mo–Mi 16–24 Uhr, Do/Fr bis 2 Uhr, Sa 11–2 Uhr, So 11–24 Uhr. 109 Ave. A Ecke 7th St., ✆ 212-812-1482, www.7a.misslilys.com. Subway: 1 Ave. Linie L oder 2 Ave. Linie F.

Streecha Ukrainian Kitchen 11 Von der Gemeinde der St George's Church betrieben, ukrainische Gerichte zu günstigen Preisen, die die Urlaubskasse schonen. Borschtsch $ 1,50, gefüllte Kohlrouladen $ 2. Fr–So 10–16 Uhr (Juni–Sept. geschl.). 33 E 7th St., ✆ 212-674-1615. Subway: Astor Pl. Linie 6.

Einkaufen

Die 9th Street zwischen 1st und 2nd Avenues wird zunehmend zur Einkaufsmeile für individuelle kleine Boutiquen.

Verameat 8 Das Model Vera Balyura entwirft Schmuck aus recycelten Materialien. Überraschende Designs und Unikate. Tägl. 10–21 Uhr. 315 E 9th St. zw. 1st und 2nd Ave., ✆ 212-388-9045, www.verameat.com. Subway: Astor Pl. Linie 6.

Fabulous Fanny's 12 Kontaktlinsen sehen wahrlich keine Sonne gegen diese historischen Second-Hand-Brillen. 335 E 9th St. zw. 1st und 2nd Ave., ✆ 212-533-0637, fabulousfannys.com. Subway: 14 St./Union Sq. Linien L, N, Q, R, 4, 5, 6. Zur Zeit der Recherche wegen Wasserschaden vorübergehend geschl.

Obscura Antiques and Oddities 5 Am besten shoppt es sich mit Humor in diesem ehemaligen Beerdigungsinstitut. Die Besitzer verkaufen Kuriositäten, die ihnen eine eigene Fernsehsendung auf dem Discovery Channel einbrachten. Tägl. 12–20 Uhr. 207 Ave. A zw. 12th und 13th St., ✆ 212-505-9251, shopobscuraantiques.com. Subway: 14 St./Union Sq. Linien L, N, Q, R, 4, 5, 6.

Turntable Lab 21 Alles für den DJ in einem winzigen Laden. Technik (die wichtigsten Brands für Plattenspieler, Mixer, Synthesizer etc.), Accessoires, Kopfhörer, Magazine, LPs, CDs und Klamotten. Mo–Fr 13–21 Uhr, Sa/So 12–20 Uhr. 120 E 7th St. nahe Ave. A, ✆ 212-677-0675, www.turntablelab.com. Subway: Astor Pl. Linie 6.

Trash and Vaudeville 16 Punkiger Klamottenladen, in dem sich schon Iggy Pop ausstaffiert hat. Mo–Do 12–20 Uhr, Fr 11.30–20.30 Uhr, Sa bis 21 Uhr, So 13–19.30 Uhr. 79 E 7th St. zw. 1st Ave. und Ave. A, ✆ 212-982-3590, www.trashandvaudeville.com. Subway: Astor Pl. Linie 6.

Sonstiges

Anthology Film Archive 27 Dieses kleine, von Filmemachern und -sammlern gegründete Museum widmet sich ausschließlich dem Avantgardekino und zeigt tägl. Filme. 32 2nd Ave./Ecke 2nd St., ✆ 212-505-5181, anthology filmarchives.org. Subway: 2 Ave. Linie F.

Nuyorican Poets Café 30 Nicht nur Dichtkunst, sondern auch innovative Musik, Hip-Hop und Videokunst finden hier seit 1973 ihr Publikum. 2015 wurde erstmals mit Carmen eine Oper aufgeführt. 236 E 3rd St. zw. Ave. B und C, ✆ 212-780-9386, www. nuyorican.org. Subway: 2 Ave. Linie F.

The Hole 26 Diese interdisziplinäre Galerie für zeitgenössische, moderne Kunst wird von der ehemaligen Direktorin des Deitch Projekts geführt. Mi–So 12–19 Uhr. 312 Bowery zw. Bleecker und Houston St., ✆ 212-466-1100, theholenyc. com. Subway: B'way/Lafayette Linien B, D, F, M.

UCBEast 28 Scharfkantig und ungeschliffen ist die Stand-up und Sketch Comedy, die in den Räumen der „Upright Citizens Brigade" gezeigt wird. Unter $ 10. 153 E 3rd St. zw. Ave. A und B, ✆ 212-366-9231, east.ucbtheatre.com. Subway: B'way/Lafayette Linien B, D, F, M.

Russisch-Türkisches Badehaus 13 Seit 1892 kann man hier ohne großen Luxus und ohne hohe hygienische Ansprüche schwitzen und sich massieren lassen. Es gibt ein russisches Dampfbad, einen Fitnessraum, eine Holzsauna, ein Solarium und eine Sonnenterrasse. Eintritt $ 40. 268 10th St. zw. 1st Ave. und Ave. A, ✆ 212-674-9250. www.russianturkishbaths.com. Subway: 1 Ave. Linie L.

Konventionell sucht man hier vergeblich: Alphabet City

Buntes, eigensinniges „Dorf"
Tour 6

Greenwich Village mutet neben den Wolkenkratzern noch immer wie ein heimeliges Dorf an. Hier lebt sich seit Jahrzehnten eine inspirierende Musik- und Literaturszene aus: „The Village" gilt als Zentrum der New Yorker Boheme. NYU-Studenten wohnen Tür an Tür mit Schwulen um die Christopher Street und Italo-Amerikanern um die Kirche Our Lady of Pompeii.

- **Jazzclub Blue Note**, Pflichtprogramm für Jazzfans, S. 278
- **Washington Square**, Platz mit wechselvoller Geschichte, S. 104
- **Christopher Street**, Geburtsort der Gay-Liberation-Bewegung, S. 107
- **Bleecker Street**, Käse, Pizza und Gelato, S. 107

Zwischen Brownstones und Townhouses
Greenwich Village

Greenwich Village (sprich: Grennitsch), gelegen zwischen 14th Street und Houston Street, Hudson River und Broadway, war schon vor der Bebauung des restlichen Manhattan besiedelt. Die Straßen sind deshalb nicht nummeriert und rasterförmig angelegt: Hier biegen und kreuzen, krümmen und schneiden sie sich noch und sie haben ihre alten Namen behalten. An ihren Schnittpunkten befinden sich oftmals kleine Parks.

Das ehemals kleine Dorf expandierte erst, als eine Gelbfieberepidemie 1822 viele New Yorker aus Downtown vertrieb. Das Viertel, damals noch patriotisch *Washington Square* genannt, galt als vornehmer Wohnbezirk. Seit Beginn des 20. Jh. entwickelte sich das Village dann zum Mekka der Alternativkultur. Neue Ideologien, politische Bewegungen und gestalterische Ideen kamen oft aus dem kreativen Genpool seiner Bewohner, Greenwich kultivierte die Unangepasstheit. Kunstgalerien und Theater, kleine Druckereien und Verlage machten auf, um diese Ideen zu verbreiten. So wurde *The Village Voice* 1955 als erste und größte alternative Wochenzeitung in einer Zweizimmerwohnung am Sheridan Square gegründet.

Treibende Kräfte und Ikonen des Village waren Exzentriker wie Joe Gould und Eugene O'Neill. Gould war Harvard-Absolvent und Dauergast in den Village-Kneipen. Er behauptete, mit einer Geschichte Amerikas aus Sicht des gewöhnlichen Mannes an einem Meisterwerk der Weltliteratur zu arbeiten und brachte doch nie eine Zeile aufs Papier. 1942 wurde er zum Thema eines Zeitungsartikels und stieg daraufhin zur Touristenattraktion auf. Sein Leben wurde im Jahr 2000 von Stanley Tucci unter dem Titel *Joe Gould's Secret* verfilmt.

Eugene O'Neill hatte auch die Harvard-Uni besucht, bevor man ihn meistens betrunken in den Spelunken des Viertels antraf. Er verarbeitete seine schlimmen Kindheitserlebnisse, die er in zerrütteten Familienverhältnissen gesammelt hatte, zu Theaterstücken, die ihm vier Pulitzer-Preise einbrachten. Er war auch der erste amerikanische Schriftsteller, der mit dem Nobelpreis für Literatur ausgezeichnet wurde.

Auch radikale Intellektuelle wie John Reed bereicherten die Szene. Reed ging nach Russland, wurde zum Freund Lenins, erlebte die russische Oktoberrevolution hautnah mit, schrieb darüber den Roman *The ten days that shook the World* und liegt an der Kreml-Mauer neben anderen Bolschewisten begraben. Ebenso wird Marcel Duchamp unwiderruflich mit dem Village in Verbindung gebracht. Er kletterte 1913 mit Freunden auf den Triumphbogen am Washington Square und ließ von dort bunte Luftballons in den Himmel steigen, die die *Unabhängige Republik Greenwich Village* proklamierten.

In den 1950er-Jahren wählte dann die sog. *Beat Generation* den Bezirk zu ihrem Stützpunkt, die einen sorg-, manche würden auch behaupten: rücksichtslosen Umgang mit der Literatur pflegte und gegen das Establishment rebellierte. Die Literatur von Jack Kerouac, Allen Ginsberg, William S. Burroughs oder William Morris sind Beispiele dafür.

Zur dauerhaften intellektuellen Aufbruchstimmung beigetragen hat sicherlich auch die Nähe zur New York University, die in Greenwich ihren Hauptcampus unterhält. Diese Nähe war und ist bis heute auch fruchtbar für das Nachtleben im Village, das sich um die Bleecker Street konzentriert, wo das Who is Who der Folkmusik seine Wurzeln hat. Dass Bob Dylan im Village lebte, ist weithin bekannt. Aber auch drei der vier Mitglieder der Mamas and the Papas kommen von hier. Die Clubs von Greenwich verhalfen Joan Baez, Art Garfunkel, Frank Zappa und vielen anderen Superstars zum Aufstieg.

Als Geburtsstunde der Schwulenbewegung gelten die *Stonewall Riots*, eine Serie von gewalttätigen Auseinandersetzungen zwischen Homosexuellen und der Polizei hier im Viertel. An die damaligen Ereignisse, die nach einer Bar in der Christopher Street benannt sind, erinnerte ursprünglich die *Christopher Street Day Parade*, die jährliche Schwulen-Parade, die Nachahmer in aller Welt gefunden hat. Heute heißt sie *Pride Parade* und ist ein schrilles Spektakel, mit dem sich die Schwulengemeinde New Yorks feiert. Ebenso grell ist inzwischen auch die *New York's Village Halloween Parade* am 31. Oktober, die ca. 50.000 bunt verkleidete Teilnehmer hat und rund 2 Mio. Schaulustige anzieht.

Wenn man Richtung Osten weitergeht, kommt man nach **NoHo**. Das bedeutet „North of Houston (sprich: Hausten)

Street" und ist eine der vielen Wortneuschöpfungen der Immobilienmakler, die meinten, dem Viertel damit ein attraktiveres Profil geben und es besser vermarkten zu können. NoHo erstreckt sich ungefähr von der Houston Street im Süden bis zur Bowery bzw. 3rd Avenue im Osten und dem Broadway im Westen. Hier gibt es auch einen denkmalgeschützten *historic district*, der rund 125 Gebäude umfasst, die aus der Zeit von 1850 bis 1910 stammen, als diese Gegend vor allem für Lagerhäuser und Großmärkte bekannt war. In diese *Warehouses* sind die Boutiquen und die Kreativen von SoHo und aus dem Village herübergeschwappt.

Tour-Info Dieser Rundgang führt Sie durch idyllische Wohnstraßen, belebte Amüsiermeilen und historische Viertel voller Brownstone-Häuser und Gusseisenfassaden. Ausgangspunkt ist die Subway-Station W 4 St./Washington Sq., die Sie mit den Linien A, B, C, D, E, F und M erreichen.

Stationen

Wenn Sie aus der Subway kommen, stehen Sie an der Kreuzung zur West 4th Street vor einem 6 m hohen Drahtgitterzaun, dahinter befinden sich mehrere winzige Basketballfelder (halb so groß wie ein reguläres Spielfeld). Dies ist der berühmte „Cage" (Käfig), der international durch Sportwerbung bekannt wurde (Nike) und wo u. a. das New Yorker Streetball-Turnier der Amateure stattfindet, zu dem Talentscouts in Scharen anreisen, um Nachwuchs zu rekrutieren.

Hier ist immer was los:
Washington Square

Pflichtprogramm für Jazzfans
Jazzclub Blue Note

Biegen Sie links in die West 3rd Street ein und Sie kommen nach ein paar Schritten am Jazzclub Blue Note (→ S. 278) vorbei, auf dessen Bühne schon George Benson, Ray Charles, Natalie Cole oder Dizzie Gillespie gestanden haben – für Jazzfans ein Muss. Das Konzept eines intimen Musikclubs mit Restaurantbewirtung war so erfolgreich, dass sich das internationale Franchisenetz des Blue Note inzwischen bis nach Japan erstreckt. Auch heute noch ist es hier am Wochenende immer brechend voll, geboten wird bester Mainstream-Jazz.

Platz mit wechselvoller Geschichte
Washington Square

Wieder links gelangen Sie über die MacDougal Street mit dem Washington Square in das Herz von Greenwich Village. Einst Sumpfgebiet und Jagdrevier der ersten Siedler, dann Friedhof, auf dem im 18. und 19. Jh. mehr als 10.000 Menschen bestattet worden sein sollen, Duellplatz und Hinrichtungsort (die Ulme in der Nordwestecke des Parks soll ein Galgen gewesen sein), wurde der Platz in den 1820ern zum Exerzierplatz für militärische Paraden, bevor der Geldadel hierherzog. Im 19. Jh. ballte sich die Avantgarde Amerikas in den

Straßen um den Washington Square. Außer Edgar Allen Poe lebten hier auch Mark Twain und Henry James, der den Roman *Washington Square* hier verfasste, der unter dem Titel *The Heiress* (Die Erbin) auf die Bühne kam. John Dos Passos floss in den Washington Mews um die Ecke der Roman *Manhattan Transfer* aus der Feder. Dort hatte auch der Maler Edward Hopper, einer der bekanntesten amerikanischen Realisten des 20. Jh., sein Zuhause.

Der **Washington Square Park** (einer der bekanntesten der 1900 New Yorker Parks) mit seinen 37.000 m² ist der Schrittmacher des Village und ein beliebter Treffpunkt. Der Kinderspielplatz lockt viele New Yorker Familien in ihrer Freizeit hierher, Hundefreunde gewähren ihren Vierbeinern in den zwei Dog Runs (Hundeauslaufstellen) Auslauf, wochentags nehmen Angestellte am zentralen Brunnen ihr mittägliches Picknick ein und Touristen lassen sich hier ihre Zeit von den Straßenkünstlern und Akrobaten vertreiben. Viele Studenten der umliegenden NYU nutzen den Platz als erweiterten Campus, während Schachspieler über den Tischen in der Südwestecke der Anlage brüten. Die meisten Gebäude um den Washington Square gehören der **New York University (NYU)**, einer Privatuni, die 1831 als Antwort auf die Columbia University gegründet worden war. Sie umfasst 14 Fakultäten und Colleges an sechs verschiedenen Orten in Manhattan und Brooklyn und kommt auf eine Studentenzahl von rund 55.000. Akademische Schwerpunkte sind Film, Literatur, Medizin und Jura.

An der Südseite des Washington Square (Ecke Thompson Street) steht mit dem **Global Center for Academic and Spiritual Life** der neueste Immobilienzuwachs der NYU, ein indisch anmutender Bau, in dem die verschiedenen Religionen der Studentengemeinschaft ein Zuhause finden. Das Center hat mehrere interne Verbindungen mit benachbarten „Kimmel Center for University Life", der zentralen Sammelstelle für studentische Aktivitäten, deren Cafeteria 2009 Schauplatz von Studentenprotesten gegen zu hohe Studiengebühren und für mehr Transparenz in der Finanzierung der Uni war. In dem Neubau befindet sich auch eines der größten Theater der Stadt, das „Skirball Center for the Performing Arts".

Klassischer geht es an der Nordseite des Washington Square zu. Dort zieht das Wahrzeichen der Uni, der monumentale Triumphbogen **Washington Arch**, die Aufmerksamkeit auf sich. Er besteht aus weißem Marmor und ersetzte 1892 einen hölzernen Triumphbogen, der 1889 aufgestellt worden war, um das hundertjährige Jubiläum von George Washingtons Ernennung zum ersten Präsidenten der Vereinigten Staaten zu feiern. Der Architekt Stanford White baute ihn nach dem Vorbild des Arc de Triomphe in Paris und schmückte seine Nordseite mit zwei Statuen von George Washington – eine zeigt ihn in Kriegszeiten als General, die andere in Friedenszeiten als Präsident.

Am Brunnen vor dem Triumphbogen führt ein Weg Richtung Osten am Garibaldi-Denkmal vorbei (der italienische Freiheitskämpfer lebte 1848–54 in New York) zur **Grey Art Gallery**. Als Kunstmuseum der New York University legt diese Galerie den Schwerpunkt auf die soziokulturellen Zusammenhänge menschlichen Kulturschaffens, das hier gesammelt, restauriert, dokumentiert und ausgestellt wird. Die Sammlung reicht vom späten 19. Jh. bis zum Ende des 20. Jh. und beinhaltet so unterschiedliche Werke wie Picassos Büste der Sylvette bis hin zum Buntglasfenster aus Frank Lloyd Wrights Haus in Buffalo. Die Wechselausstellungen berücksichtigen alle Genres von Malerei über Architektur bis zu Videoinstallationen.

100 Washington Sq. East, ☏ 212-998-6780, greyartgallery.nyu.edu. Di, Do und Fr 11–18 Uhr, Mi bis 20 Uhr, Sa bis 17 Uhr. Eintritt $ 3 (Spende). Subway: W 4 St./Wash. Sq. Linien A, B, C, D, E, F, M.

Gehen Sie nun entlang der Nordseite des Platzes, wo ein Ensemble von Stadthäusern im Greek-Revival-Stil (klassizistisch) aus den 1330er-Jahren unter dem Namen **The Row** bekannt geworden ist. Auch hier gehören die meisten Gebäude der NYU.

Kaffeehauskultur und Märchenschlosskopie
Nördlich des Washington Square

An der 5th Avenue, die hier ihren Anfang nimmt, gibt es nach ein paar Metern einen Privatweg zur Rückseite des Washington Square. Den Zugang bildet ein mit weißen Säulen verzierter Portikus, der in den kleinen, attraktiven **Willy's Garden** führt. Dort steht eine Statue von Miguel de Cervantes, ein Geschenk des Bürgermeisters von Madrid aus dem Jahre 1724.

Zurück auf der 5th Avenue biegen Sie links in die West 8th Street ab. Einst eine der Haupteinkaufsstraßen des Village mit zahlreichen Buchläden, Schuhgeschäften, Boutiquen und Antiquitätenläden, spürt man heute die Konkurrenz der szenigeren Bleecker Street. Immerhin sind aus den meisten Läden inzwischen Restaurants geworden. Für einen Koffeinkick schauen Sie bei **Stumptown Coffee** (Nr. 30) rein.

Mit neuem Elan an der Avenue of the Americas (6th Ave.) angelangt, sehen Sie rechter Hand die gotische **Jefferson Market Library** vor sich. Diese Kopie von Neuschwanstein wurde von Frederick Clarke Withers und Calvert Vaux entworfen. Das Gebäude war einst Markt, dann Gefängnis und Gerichtsgebäude, heute dient es als Bibliothek. 1906 wurde hier über den Millionär Harry K. Thaw zu Gericht gesessen. Er war angeklagt, den Architekten Stanford White, einen der Begründer der Beaux-Arts-Bewegung in Amerika und Designer des Washington Arch, ermordet zu haben. Nach dem Prozess wurde das Gebäude bis 1945 nicht mehr genutzt und sollte abgerissen werden. Die Einwohner finanzierten jedoch selbst die Restaurierung und den Umbau zur Bibliothek nach den Plänen von Giorgio Cavaglieri. 1967 konnte sie eröffnen. Zwischen 9 und 21 Uhr schlägt die Uhr im Turm zu jeder vollen Stunde.

Biegen Sie links in die Avenue of the Americas und gleich einen Block weiter beim **Waverly Restaurant** rechts in die Straße **Waverly Place**, die ihren Namen 1833 zu Ehren von Sir Walter Scott nach dessen Roman *Waverley* erhielt.

E ssen & Trinken
- 3 Tea & Sympathy
- 4 The Corner Bistro
- 5 Tartine
- 7 Magnolia Bakery
- 9 The Spotted Pig
- 11 The Strip House
- 14 Peacefood Café
- 17 Waverly Restaurant
- 19 Stumptown Coffee
- 21 Babbo
- 23 Knickerbocker Bar & Grill
- 24 John's Pizzeria
- 27 Murray's Cheese Bar
- 28 Pasticceria Rocco
- 29 Joe's Pizzeria
- 30 MiYabi
- 32 Caffé Reggio
- 34 Jack's Wife Freda
- 36 Minetta Tavern

N achtleben
- 2 Art Bar (S. 269)
- 6 The Village Vanguard (S. 278)
- 8 White Horse Tavern (S. 280)
- 10 Mezzrow (S. 279)
- 12 Smalls (S. 278)
- 13 Bongo (S. 269)
- 16 Arthur's Tavern (S. 278)
- 22 Blind Tiger Ale House (S. 269)
- 25 Cornelia Street Café (S. 278)
- 26 Blue Note Jazz Club (S. 278)
- 35 Café Wha? (S. 278)
- 37 Zinc Bar (S. 278)
- 40 Terra Blues (S. 279)
- 41 Wicked Willy's Bar (S. 269)
- 42 Le Poisson Rouge (S. 279)
- 44 The Bitter End (S. 279)
- 45 Madame X (S. 269)
- 46 Temple Bar (S. 270)

S onstiges
- 20 The Boots and Saddle
- 31 Comedy Cellar
- 33 Players Theater

E inkaufen
- 1 Flight 001
- 15 C.O. Bigelow
- 18 Bleecker Street Records
- 38 Chess Forum
- 39 Stella Dallas
- 43 The Evolution Store

Geburtsort der Gay-Liberation-Bewegung
Christopher Street

An der nächsten Ecke gehen Sie rechts in die Gay Street, die passenderweise auf die Christopher Street stößt. Die Christopher Street ist die älteste Straße des Village, die in Ost-West-Richtung verläuft, sie wurde schon Anfang des 18. Jh. befahren und steht seit den 1960er-Jahren für die Schwulenbewegung. So wie das berühmte **Stonewall Inn** bei Nr. 53 kurz vor der 7th Avenue. Hier hatte die Emanzipationsbewegung der Schwulen mit der berühmten Straßenschlacht vom 27. bis 29. Juni 1969 ihren Anfang genommen. Die dreitägigen Ausschreitungen zwischen der Polizei und den Homosexuellen führten zur Gründung der Gay-Liberation-Bewegung. Auslöser war eine diskriminierende Routineüberprüfung des Lokals, der sich die Schwulen widersetzten. Nach der Befreiungsschlacht traf in wilden Partynächten im Stonewall Inn „die Bronx auf Brooklyn", wie man zu sagen pflegte, und drum herum entstand die berühmteste Schwulenenklave der Welt.

Umstrittene Statuen
Christopher Park

Trotzdem löste in den 1990er-Jahren die Installation zweier Skulpturen von George Segal im Christopher Park gegenüber der Kneipe eine Kontroverse aus. Sie zeigen zwei gleichgeschlechtliche Paare: Die Männer stehen und die beiden Frauen sitzen. Sie sind leicht zu übersehen, wenn neben ihnen Einheimische jeden Geschlechts, jeder Hautfarbe und aller Altersklassen ihre Lunchpause oder einfach nur die Sonne genießen. In der winzigen Grünanlage, die mit einem über 130 Jahre alten Zaun umgeben ist, steht zwischen den paar Bäumen, Beeten und Bänken noch eine weitere kontroverse Statue: Sie stellt Philip Henry Sheridan dar, den einstigen Oberbefehlshaber der amerikanischen Armee, dem der Ausspruch zugeschrieben wird: „Nur ein toter Indianer ist ein guter Indianer."

Von der Gay Power auf die Liegewiese
Vom Christopher Park zum Hudson River

Die südlich des Parks parallel zur Christopher Street verlaufende Straße ist die Grove Street. Ihr folgen Sie nun geradeaus über die 7th Avenue. Auf der rechten Straßenseite sorgen das **Marie's Crisis Café** und **Arthur's Tavern** (→ S. 278) für allabendliche Unterhaltung. Die winzige Klavier-Kellerbar befindet sich in dem Haus, in dem 1809 der geistige Gründervater der USA Thomas Paine starb. Der gebürtige Engländer stritt nicht nur für die Unabhängigkeit Amerikas, sondern auch für die Abschaffung der Sklaverei und die Einhaltung von Menschenrechten. Benannt ist die Bar nach Paines *Crisis Papers*, einer ab 1776 veröffentlichten Reihe politischer Schriften.

Über die Bleecker Street mit ihren hübschen Cafés und kleinen Antiquitätenläden, in die Sie nach rechts einbiegen, gelangen Sie dann links wieder in die Christopher Street. Wenn Sie gut zu Fuß sind und das Wetter schön ist,

Längst nicht mehr kontrovers – emanzipierte Liebende

lohnt es sich, die Christopher Street bis zum **Hudson River** Richtung Westen zu Ende zu gehen, wo man sich am Wasser beim neu renovierten *Pier 45* erholen kann (auch die Toiletten und der Erfrischungskiosk kommen vielleicht gelegen). Er ist Teil des fantastischen Hudson River Parks, der entlang des gesamten Ufers verläuft und mit neuen Spazier- und Radwegen, Wiesen, Gärten, Skulpturen, Bänken, Sportanlagen und Cafés versehen wurde.

Wenn Ihnen eher nach einem kühlen Bier in schummriger Kneipenatmosphäre zumute ist, gehen Sie alternativ die Hudson Street vier Blöcke nach Norden zur legendären **White Horse Tavern** an der 11th Street (→ S. 270). Dieses Pub ist vor allem dafür bekannt, dass sich hier 1953 der walisische Dichter Dylan Thomas mit 18 Whiskys an einem Abend zu Tode trank. Er kollabierte auf dem Bürgersteig, fiel ins Koma und verstarb am nächsten Tag im Krankenhaus. Die Wände schmücken einige Porträts des jungen Wilden.

Off-Broadway-Theater mit Tradition
Die Commerce Street entlang

Den Spaziergang setzen Sie fort, indem Sie in die Hudson Street nach links einbiegen, die so heißt, weil hier ursprünglich einmal das Ufer des gleichnamigen Flusses verlief. Nach zwei Blöcken biegen Sie hinter dem *Hudson Diner* links in die Barrow Street. (Diese Straße kommen Sie auch hinunter, wenn Sie von ihrem Abstecher zu den Piers zurückkommen und sich der Tour wieder anschließen wollen.) Nach wenigen Metern erreichen Sie die Commerce Street, in die Sie rechts einbiegen. Vor sich sehen Sie das **Cherry Lane Theater**. Das Theater ist in einer alten Scheune untergebracht und wurde 1924 von Edna St. Vincent Millay gegründet. Seitdem ist es eine Konstante im Off-Broadway-Bereich, es gilt als das älteste durchgängig bespielte Theater Manhattans. In den 1920ern war es oftmals das Premierentheater für Stücke von Samuel Beckett, Eugene Ionesco, Edward Albee und Harold Pinter. Barbra Streisand arbeitete hier als Einweiserin, bevor sie berühmt wurde.

Um die Ecke in der Bedford Street steht bei Nr. 75 ½ das schmalste Haus New Yorks. Seine Maße sind 2,9 m mal 9,1 m. Es füllt einen ehemaligen Häuserdurchgang zu den früheren Stallungen.

Käse, Pizza und Gelato
Bleecker Street

Folgen Sie der Commerce Street bis zur South 7th Avenue, die Sie nach links gehen und überqueren. Gleich an der nächsten Kreuzung biegen Sie rechts in die Bleecker Street ein. Der nun folgende Teil der Bleecker Street ist eine alte italienische Neighborhood mit einigen Eisdielen, vielen Delikatessengeschäften und noch mehr Restaurants. Los geht es mit der Fleischerei **Ottomanelli & Sons** (Nr. 285 links), wo inzwischen sogar Straußenfleisch verkauft wird. Es folgt **John's Pizzeria** (Nr. 278 auf der rechten Straßenseite), das Originalrestaurant von 1929, das sich zu einer Kette mit vier Zweigstellen gemausert hat. Italienisches Ambiente vermitteln auch die Fleischer und Lebensmittelhändler **Faicco's** (Nr. 260 rechts) und **Murrays**

Hier gibt's leckere „Slices"

Cheese (Nr. 264 rechts), wo seit 1940 italienische, spanische und französische Käsesorten angeboten werden.

Wer seinen Körper genährt hat und nun der Seele etwas Gutes tun will, findet an der Ecke zur Carmine Street die weiß verputzte Kirche **Our Lady of Pompeii**, die 1926 gebaut wurde und innen mit viel Marmor, Gold und Fresken den Prunk einer italienischen Renaissancekirche ausstrahlt. Der Kirchturm sieht aus wie eine mehrstöckige Hochzeitstorte und ist nicht mittig aufgesetzt, sondern zur Straßenecke angebracht. Jeden Sonntag wird hier die Messe noch auf Italienisch gelesen.

Little Africa

Rund um die Minetta Street

Eigentlich stehen Sie nun schon fast auf dem **Father Demo Square**, wo Sie mit einem Eis in der Hand oder einem Stück Pizza gemütlich in der Sonne sitzen können. Vater Antonio Demo diente der Kirche Our Lady of Pompeii 35 Jahre lang als Pastor. Gehen Sie geradeaus weiter und biegen gegenüber (beim American Apparel-Laden) an der 6th Avenue und Bleecker Street links in die Minetta Street, die auf die Minetta Lane führt. Diese Gasse folgt dem Lauf des Flüsschens Minetta, der noch unter dem Pflaster fließt. Vor der Besiedlung durch die Holländer befand sich an diesem Gewässer ein indianisches Fischerdorf namens *Seppanikan*. **Minetta Lane** und **Minetta Street** wurden dann vor dem Bürgerkrieg zur größten afroamerikanischen Gemeinde New Yorks und entsprechend als *Little Africa* bekannt. Das **Minetta Lane Theatre** (Nr. 18–22) ist eine klassische Off-Broadway-Bühne, an der kleinere Produktionen den Sprung ins Rampenlicht proben.

Kneipen mit Geschichte

MacDougal und Bleecker Street

Am Ende der Minetta Lane landen Sie wieder in der MacDougal Street, in die Sie rechts einbiegen. Die MacDougal Street ist benannt nach Alexander MacDougal, einem britischen Piraten, der zum rechtschaffenen New Yorker Händler wurde, Mitbegründer der im Unabhängigkeitskrieg agierenden *Sons of Liberty* war, ein antibritisches Propagandablatt schrieb und dafür 1770 ins Gefängnis wanderte. Im Unabhängigkeitskrieg diente er als General Mayor und repräsentierte New York im Kongress. Er wurde schließlich der erste Präsident der Bank of New York. In der neueren Zeit war die MacDougal Street die Hauptmeile der neuen Alternativkultur und das erste Zentrum der Schwulen- und Lesbenkultur, bevor die Christopher Street ihr den Rang ablief.

An der Ecke befinden sich rechts die ausgezeichnete **Minetta Tavern** und links das **Café Wha?**. Die Minetta Tavern wurde 1937 als italienisches Restaurant eröffnet. In ihrem Vorgänger, dem Black Rabbit, wurde 1923 das internationale Monatsmagazin *Readers Digest* gegründet. Später trafen sich in der Wirtsstube literarische Größen wie Ezra Pound, E. E. Cummings und Ernest Hemingway. Auch Joe Gould soll hier an seiner *Oral History of the World* (nicht) gearbeitet haben. Das Restaurant kommt im Film *Jimmy Blue Eyes* als Gangsterlokal *La Trattoria* vor. Ironischerweise wurde der Besitzer im Jahr 2000 verhaftet, weil er einen Drogenring kontrollierte. Unter neuer Bewirtschaftung gelang der Institution eine erfolgreiche Wiedergeburt. Das Café Wha? knüpft tapfer an alte Erfolge an. Hier spielte schon Bob Dylan 1961 seine ersten öffentlichen Konzerte, auch Jimi Hendrix wurde hier 1966 entdeckt und 2012 gab die Hardrockband Van Halen einen Privatauftritt.

North of Houston Street

NoHo

An der nächsten Ecke geht es nach links wieder in die Bleecker Street, die Sie bis nach NoHo führt. Mitte des 19. Jh. war die Bleecker Street ähnlich berüchtigt wie die Bowery, in der sie endet. Ein Neuanfang fand jedoch Anfang des 21. Jh. statt, als Modedesigner wie Marc Jacobs und Ralph Lauren sich zwischen W 10th und W 11th Streets die Ehre gaben. Dieser weiter westlich gelegene Abschnitt ist geprägt von den Studentenwohnungen der NYU, die zwischen 1956 und 1958 in der Straße La Guardia Place errichtet wurden und in ihrer Monstrosität der noch jungen Denkmalschutzinitiative Munition verschafften. Zwischen den Silbertürmen des **University Village**, erbaut als Komplex mit Innenhof vom modernistischen Architekten I. M. Pei im Jahr 1966, steht weitgehend unbekannt und unbeachtet eine riesige kubistische Skulptur: *Bust of Sylvette*, nach einer Vorlage von Pablo Picasso 1970 von einem norwegischen Bildhauer ausgeführt.

Die Mercer Street, die Sie kreuzen, sowie die Greene Street waren übrigens die bestbesuchten Rotlichtbezirke der Stadt mit legendären Drag Clubs, die es mit ihren Orgien regelmäßig in die Klatschspalten der Boulevardpresse schafften.

Überqueren Sie nun den Broadway und halten bei Nr. 65 an für ein Foto vom **Bayard-Condict-Building**. Es ist das einzige Gebäude in New York, das vom Chicagoer Architekten Louis Sullivan gebaut wurde, der als erster in Amerika Wolkenkratzer errichtete. Das Bauwerk mit der schönen Terrakotta-Dekoration ist denkmalgeschützt.

Legendäre Burger zur Stärkung gibt's im Corner Bistro

Von der Lafayette Street, in der David Bowie ein „bescheidenes" Loft bewohnte, geht auch die trendigste Straße NoHos mit gewagter Architektur und Designerläden ab: die *Bond Street*.

An der Lafayette Street haben Sie Zugang zur Subway-Linie 6 oder den Linien B, D, F und M.

Praktische Infos → Karte S. 104/105

Die Village Alliance unterhält eine sehr informative Webseite: **villagealliance.org**.

Ortsansässige Schauspieler veranstalten wöchentliche Rundgänge, sog. **Literatur-Pub-Crawls**, die in der White Horse Tavern beginnen. Jeden Samstag um 14 Uhr. Reservierungen: ☏ 212-613-5796. Preis: $ 20, erm. $ 15. www.literarypubcrawl.com.

Essen und Trinken

Knickerbocker Bar and Grill 23 Recht große Portionen amerikanischer Delikatessen zu moderaten Preisen. Ihre Austern, aber vor allem die saftigen 16 oz (450 g) 21 Day Aged Boneless Shell-Steaks (Schnitt aus der Lende, $ 39), untermalt mit Jazzmusik (Fr/Sa ab 21 Uhr live, ab 22 Uhr zusätzlich $ 3,50), machen die Knickerbocker Bar zu einem beliebten Treffpunkt im Village. Die Wände sind mit Holzpaneelen verkleidet und mit historischen Erinnerungsstücken wie alten Zeitungen und Karikaturen behängt. Hauptgerichte ab $ 17,75. So–Do 11.45–24 Uhr, Fr/Sa 11–1 Uhr. 33 University Pl./Ecke 9th St., ☏ 212-228-8490, www.knickerbockerbarandgrill.com. Subway: 8 St./NYU Linien N, R.

110 Tour 6: Greenwich Village

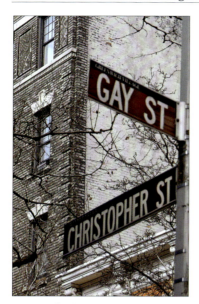

Synonym für die Schwulenbewegung: die Christopher Street

Waverly Restaurant 17 Dieser Diner ist nicht mit Chrom, sondern mit Holz ausgestattet und wirkt eher wie ein Steakhouse für die Arbeiterklasse. Günstiges Essen, schneller Service und immer volle Kaffeetassen. 24 Std. täglich. 385 6th Ave./Ecke Waverly Place, ℡ 212-675-3181, waverlyrestaurant.net. Subway: W 4th St./Wash. Sq. Linien A, B, C, D, E, F, M und W 4 St. Linien 1, 2, 39.

Babbo 21 Eines der bekanntesten Restaurants des Village mit ungewöhnlicher italienischer Küche (eigenes Kochbuch). Sehr intim, gemütlich und recht teuer. Hauptgerichte $ 28–37, Pasta Tasting Menue $ 95. Di–Sa 11.30–14 Uhr und Mo–Sa 17.30–23.15 Uhr sowie So 17–22.45 Uhr. 110 Waverly Pl. zw. 6th Ave. und MacDougal St., ℡ 212-777-0303, www.babbonyc.com. Subway: W 4 St./Wash. Sq. Linien A, B, C, D, E, F, M.

The Corner Bistro 4 Legendär für seine Hamburger und Pommes unter $ 10. Günstiges Bier und eine Jukebox. Hat sich in Jahrzehnten nicht groß verändert. Mo–Sa 11.30–4 Uhr, So ab 12 Uhr. 331 W 4th St./Ecke Jane St., ℡ 212-242-9502, cornerbistrony.com. Subway: 8 Ave. Linie L.

Tartine 5 Intimes französisches Bistro mit Bäckerei und Kerzenschein, meistens voll, leider keine Reservierung möglich. Hauptgerichte $ 20–27, Brunch für $ 18, nur Barzahlung. Mo–Fr 9–16 und 17.30–22.30 Uhr, Sa/So ab 10 Uhr, So auch 17.30–22 Uhr. 253 W 11th St./Ecke W 4th St., ℡ 212-229-2611, www.tartinecafenyc.com. Subway: Christopher St./Sheridan Sq. Linie 1.

Jack's Wife Freda 34 Dieser kleine, caféartige Laden ist mit seinen dunkelgrünen Ledersesseln, Messinggeländern und Marmortheke urgemütlich. Jack und Freda waren die Großeltern von Dean aus Südafrika, der mit Maya verheiratet ist, die aus Israel stammt. Ihre Herkunft beeinflusst natürlich die Küche. Die frittierten Fischbouletten waren das Lieblingsgericht von Freda. Mo–Sa 8.30–24 Uhr, So bis 22 Uhr. 50 Carmine St. zw. Bleecker und Bedford St., ℡ 646-669-9888, jackswifefreda.com. Subway: Houston St. Linien 1, 2.

Tea & Sympathy 3 Englischer Teashop und Restaurant mit Plastiktischdecken, serviert werden frische Scones (englisches Teegebäck) und perfekt gebrühter Tee, aber auch Würstchen und Kartoffelbrei (bangers & mash). Mo–Do 11.30–22.30 Uhr, Fr–So ab 9.30 Uhr. 108 Greenwich Ave., zw. 12th und 13th St., ℡ 212-989-9735, teaandsympathynewyork.com. Subway: 14 St./Union Sq. Linien L, N, Q, R, 4, 5, 6.

MiYabi 30 Sushi und mehr zu günstigen Preisen. Dinner Special Bento (Kästchen mit mehreren Speisen) mit Miso-Suppe und Salat $ 19,95. Mo–Do 11–23.30 Uhr, Fr 11–24 Uhr, Sa 12–24 Uhr, So 12–23.30 Uhr. 121 W 3rd St. zw. MacDougal St. und 6th Ave., ℡ 212-228-1688, www.myabisushiny.com. Subway: W 4 St./Wash. Sq. Linien A, B, C, D, E, F, M.

Caffe Reggio 32 Das älteste Kaffeehaus im Village, seit 1927. Schöne Atmosphäre, man sitzt an Marmortischen auf Gusseisenstühlen. Soll als erstes Haus in New York Cappuccino serviert haben. Es gibt auch Herzhaftes wie Crêpes, Omelette und Pasta. Die Toilette ist nichts für Leute mit langen Beinen! Mo–Do 8–3 Uhr, Fr/Sa 8–4.30 Uhr, So 9–3 Uhr. 119 MacDougal St. zw. Minetta Lane und 3rd St., ℡ 212-475-9557, www.cafereggio.com. Subway: W 4 St./Wash. Sq. Linien A, B, C, D, E, F, M.

Minetta Tavern 36 Der Dinosaurier unter den Bars und Restaurants in Greenwich, beliebt bei Einheimischen und Touristen zugleich. Gediegene Kneipenatmosphäre mit Holzvertäfelung und verblichenen Karikaturen an der Wand. Neu-amerikanische Küche mit

Praktische Infos

Michelin-Stern, Hauptgerichte ab $ 19 (Minetta Burger) bis $ 59 (New York Strip). Lunch Mi–Fr 12–15 Uhr, Dinner So–Mi 17.30–24 Uhr, Do–Sa bis 1 Uhr, Sa/So Brunch 11–15 Uhr. 113 MacDougal St./Minetta Lane, ☏ 212-475-3850, www.minettatavernny.com. Subway: W 4 St./Wash. Sq., Linien A, B, C, D, E, F, M.

Joe's Pizzeria 29 Ideal, um sich abends ein Pizzastück zu genehmigen, am besten auf die Hand. Es ist dünn und knusprig und kostet ab $ 2,75, Belag je $ 3,50 extra. Ben Affleck und Spiderman sollen hier schon gewesen sein. Tägl. 10–4 Uhr. 7 Carmine St. zw. Bleecker St. und 6th Ave., ☏ 212-366-1182, www.joespizzanyc.com. Subway: W 4 St./Wash. Sq. Linien A, B, C, D, E, F, M.

The Strip House/Strip House Next Door 11 Steakrestaurant für Verliebte, dunkelrot und plüschig, die Steaks sind so zart, dass sie auf der Zunge zergehen. Leider auch teuer (New York Strip $ 49–58, Trüffelspinat $ 13). So–Mo 17–22 Uhr, Di–Do bis 23 Uhr, Fr/Sa bis 23.30 Uhr. Next Door Mo–Fr 11.45–14.45 Uhr, Di–Do 17–23 Uhr, Fr/Sa bis 23.30 Uhr. 13 und 11 E 12th St., ☏ 212-328-0000, www.striphouse.com. Subway: 14 St./Union Sq. Linien L, N, Q, R, 4, 5, 6. Drei weitere Locations, eine gleich nebenan.

The Spotted Pig 9 Das gemütliche Gastro-Pub wurde auch 2016 wieder mit Michelin-Stern ausgezeichnet, darum immer voll. Amerikanische und italienische Küche. Hamburger für $ 25. Gute Weinliste. Lunch Mo–Fr 12–15 Uhr, Bar Menue tägl. 15–17 Uhr, Dinner tägl. 17.30–2 Uhr, Brunch Sa/So 11–15 Uhr. 314 W 11th St./Greenwich St., ☏ 212-620-0393, www.thespottedpig.com. Subway: Christopher St./Sheridan Sq. Linie 1.

Peacefood Café 14 Ungezwungenes Veganer-Bistro und Bäckerei mit koscherer Speisekarte, etwa Pommes aus Kichererbsen. Erschwinglich und lecker. Pizza und Lasagne für $ 18. Tägl. 10–22 Uhr. 41 E 11th St. at University Pl. ☏ 212-979-2288, www.peacefoodcafe.com. Subway: 14 St./Union Sq. Linien L, N, Q, R, 4, 5, 6.

John's Pizzeria 24 Nur ganze, köstliche italienische Pizzen. Seit 1929, Cash only, keine Reservierungen. Pizza ab $ 14,50. So–Do 11.30–23.30 Uhr, Fr/Sa bis 24 Uhr. 278 Bleecker St. zw. 7th Ave. und Jones St., ☏ 212-243-1680, www.johnsbrickovenpizza.com. Subway: W 4 St./Wash. Sq. Linien A, B, C, D, E, F, M.

Magnolia Bakery 7 Hier gibt es u. a. die *Cupcakes* (Muffins mit einer Krone aus Buttercreme, für $ 3,50) aus „Sex and the City". So–Do 9–23.30 Uhr, Fr/Sa bis 0.30 Uhr. 401 Bleecker St./W 11th St., ☏ 212-462-2572, www.magnoliabakery.com. Subway: W 4 St./Wash. Sq. Linien A, B, C, D, E, F, M.

Stumptown Coffee 19 Hier wird Kaffee, auf neun Arten gebraut, zur Wissenschaft: Wie, Sie kennen die Methode des „Aeropress" oder „Chemex" nicht? Werfen Sie vorher besser einen Blick auf die Webseite. Tägl. 7–20 Uhr. 30 W 8th St., ☏ 855-711-3385, www.stumptowncoffee.com. Subway: W 4 St./Wash. Sq. Linien A, B, C, D, E, F, M.

Murray's Cheese Bar 27 2012 eröffnete Bar neben Murray's Cheese Shop, in der verschiedene Käsesorten verkostet werden können. Mo 17–19 Uhr und Di 15–19 Uhr Happy Hour. Di–Fr 12–17, So–Di 17–22, Mi–Sa bis 24 Uhr, Sa/So 10–17 Uhr Brunch. 264 Bleecker St., ☏ 646-476-8882, www.murrayscheesebar.com. Subway: W 4 St./Wash. Sq. Linien A, B, C, D, E, F, M.

Ältestes Kaffeehaus im Village: Caffe Reggio

Pasticceria Rocco **28** Der familiengeführte Süßwarenladen (mit ausreichend Sitzgelegenheiten) verkauft seit 1974 eine große Auswahl an Backwaren und Espresso. Tägl. 7.30–24 Uhr, Sa/So bis 1 Uhr. 243 Bleecker St., ✆ 212-242-6031, www.roccos.nyc. Subway: W 4 St./Wash. Sq. Linien A, B, C, D, E, F, M.

Einkaufen

Flight 001 **1** Originelle Reiseaccessoires, die ins Handgepäck passen – vom Kofferanhänger bis zum Reisespiel. Mo–Sa 11–19 Uhr, So 12–18 Uhr. 96 Greenwich Ave. zw. W 12th und W 13th St., ✆ 212-989-0001, www.flight001.com/locations/. Subway: 14 St. Linien 1, 2, 3.

Chess Forum **38** Unglaubliche Sammlung an Schach- und Backgammonbrettern und witzigen Figuren aus „Star Wars", „Herr der Ringe" oder Walt-Disney-Filmen. Alles nur erdenkliche Zubehör. Tägl. 11–23.30 Uhr. 219 Thompson St. zw. Bleecker und Great Jones St., ✆ 212-475-2369, www.chessforum.com. Subway: W 4 St./Wash. Sq. Linien A, B, C, D, E, F, M.

Stella Dallas **39** Secondhandklamotten für erwachsene Hippies aus den 1940er- bis 1960er-Jahren, gut vor allem für Partykleider. Tägl. 12.30–19.30 Uhr. 218 Thompson St., ✆ 212-674-0447; Subway: W 4 St./Wash. Sq. Linien A, B, C, D, E, F, M.

Bleecker Street Records **18** Ein seltener Überlebender des stadtweiten Plattenladensterbens. Hier findet man neueste Rock- und R&B-CDs neben Jazz und Blues auf CD oder Vinyl. So–Do 11–22 Uhr, Fr/Sa bis 23 Uhr. 188 W 4th St. zw. Jones und Barrow St., ✆ 212-255-7899, www.bleeckerstreetrecordsnyc.com. Subway: W 4 St./Wash. Sq. Linien A, B, C, D, E, F, M.

The Evolution Store **43** Natur, Wissenschaft und Kunst wollen sich hier vereinen, der Laden wirkt fast wie ein Museum. Die Kuriositäten von ausgestopften Hirschen und Kühen über Schmuck aus Käfern oder Schmetterlingen bis hin zum menschlichen Totenkopf muss man ja nicht kaufen, aber bestaunen. Tägl. 11–20 Uhr. 687 Broadway zw. W 3rd und W 4th St., ✆ 212-343-1114, theevolutionstore.com. Subway: 8 St. NYU Linien N, Q, R.

C.O. Bigelow **15** Älteste Apotheke der Stadt. Mo–Fr 7.30–21 Uhr, Sa 8.30–19 Uhr, So 8.30–17.30 Uhr. 414 6th Ave. zw. W 8th und W 9th St., ✆ 212-533-2700, www.bigelowchemists.com. Subway: W 4 St./Wash. Sq. Linien A, B, C, D, E, F, M.

Sonstiges

Gay Pride Day (Christopher Street Day Parade). Findet seit 1969 jedes Jahr Ende Juni statt mit stadtweiten Veranstaltungen wie Tanz und Paraden. Der Hauptmarsch führt von der 5th Ave./Ecke 2nd St. zur Christopher Street. Info: Heritage of Pride Inc., 154 Christopher St., Suite 1D, ✆ 212-80-PRIDE, www.nycpride.org/events.

Village Halloween Parade. Nächtlicher Umzug mit mehr als 50 Bands, Puppen, Kostümen und Tanz. Los geht es am 31. Okt. um 19 Uhr an der 6th Ave./Spring St. Ende gegen 22 Uhr. Info: www.halloween-nyc.com.

Sunset on the Hudson. Von Mai bis Aug. gibt es ab 19 Uhr am Pier 45 Livemusik von lokalen Bands. www.hudsonriverpark.org/events/series.

Hudson Riverflicks. Familienunterhaltung mit klassischen Filmvorführungen findet im Juli und Aug. freitags ab 20.30 Uhr am Pier 46 statt. www.hudsonriverpark.org/events/series.

Washington Square Outdoor Art Exhibit. Wird seit 80 Jahren zweimal im Jahr veranstaltet: am Memorial-Day-Wochenende Ende Mai und dem darauffolgenden Anfang Juni sowie am Labour-Day-Wochenende Anfang Sept. und dem Wochenende danach, 12–18 Uhr. Info: ✆ 212-982-6255, www.wsoae.org.

Monday Magic Night. Im **Player's Theater** **33** wird jeden Mo um 20 Uhr gezaubert. 115 MacDougal St. zw. 3rd und Bleecker St. Frühbucher $ 37,50, sonst $ 42,50. Reservierungen: ✆ 212-615-6432, mondaynightmagic.com. Subway: W 4 St./Washington Sq. Linien A, B, C, D, E, F, M oder 8th St. Linien N, R.

The Boots and Saddle **20** 24 Drag Queens (Drag = „Dressed as Girls") stehen hier unter Vertrag und auf der Bühne. Dazu gibt es Cocktails, Snacks und am Wochenende Brunch. Mo–Fr 14–2 Uhr, Sa/So ab 12 Uhr. 100A 7th Ave. South zw. Bleecker und Grove St., ✆ 646-892-4800, www.bootsandsaddlenyc.com. Subway: Christopher St. Linie 1.

Comedy Cellar **31** Comedy Club, wo viele amerikanische Stand-up-Komödianten ihre ersten Witze rissen. Olive Tree Café und Bar im Haus (tägl. 11–4 Uhr). Tägl. mehrere Shows (ab 21 Jahren) in zwei Veranstaltungsräumen. Preis: $ 14–24, zwei Getränke Minimum. 117 MacDougal St. zw. W 3rd St. und Minetta Lane, ✆ 212-254-3480, www.comedycellar.com. Subway: W 4 St./Washington Sq. Linien A, B, C, D, E, F, M.

Triumphbogen zum Gedenken an den ersten Präsidenten Amerikas: der Washington Arch

Viertel mit Postkartenmotiv
Tour 7

Der Flatiron District rund um den Union Square bietet neue und alte Architekturerlebnisse und gutes Shopping. Er gilt als „kreativer Korridor", seit sich hier zahlreiche Medienunternehmen, Modelagenturen und Fotostudios angesiedelt haben. Im Bezirk Gramercy kann man Theodore Roosevelts Geburtshaus besuchen oder sich im Museum of Sex über die Geschichte der Erotik in New York aufklären lassen.

- **Union Square**, Märkte, Straßenkünstler und Demos, S. 115
- **Theodore Roosevelt Birthplace**, zu Hause beim 26. Präsidenten der USA, S. 118
- **Flatiron Building**, einer der ersten Wolkenkratzer der Stadt, S. 119

Ikonen der Stadtsilhouette
Flatiron District und Gramercy Park

Der Namensgeber des Bezirks, das **Flatiron Building**, hat die für New Yorker Verhältnisse fast bescheidene Zahl von 20 Stockwerken und war dennoch einmal das höchste Gebäude der Stadt – kein Wunder, es war auch eines ihrer ersten Hochhäuser. Es hat die Form eines Dreiecks, das – mit etwas gutem Willen betrachtet – so aussieht wie ein Bügeleisen (= *flat iron*). Manche Bewunderer vergleichen es auch mit einem Dampfer, der die 5th Avenue hinunterschippert. Es steht am Madison Square Park, wo sich bis 1928 die berühmte Sportarena *Madison Square Garden* befand (zum heutigen Standort → S. 138). Heute wird die dortige Kreuzung außer von dem markanten Flatiron Building noch vom *Metropolitan Life Insurance Tower* überragt, dem wiederum der nagelneue Wohnturm des Architekturbüros Cetra/Ruddy Konkurrenz macht.

In den 1990er-Jahren erwarben sich die Straßenzüge um das Flatiron Building den Beinamen *Silicon Alley*, doch die Dotcom-Läden haben inzwischen wieder den traditionelleren Firmen der Medienbranche sowie Designershops Platz gemacht. Im 19. Jh. waren die 5th und die 6th Avenue auf dieser Höhe als *Ladie's Mile* bekannt, weil hier die Damen der besseren Gesellschaft das erste Mal die Gelegenheit hatten, ohne männliche Begleitung zum Einkaufsbummel loszuziehen. In der Nacht traf man auf dieser Meile andere Ladies – die aus den Luxusbordellen.

Mittelpreisige Ladenketten und gute Möbel- und Einrichtungshäuser bestimmen heute das Straßenbild. Am Union Square, wo 1854 mit der **Academy of Music** das erste Opernhaus New

Yorks eröffnet hatte (wird gerade in eine Shopping Mall umgebaut), findet seit 1976 der berühmte **Greenmarket** statt. Vor Weihnachten verwandelt sich der Platz in einen beliebten Kunsthandwerksmarkt. Auf der angrenzenden Park Avenue South befinden sich viele Sushi-Bars und einige der angesagtesten Restaurants der Stadt.

Einige Blöcke östlich vom Union Square liegt der **Gramercy Park**, nach dem der gleichnamige Wohnbezirk benannt ist. Er ist bis heute der einzige Privatpark New Yorks, nur die Anwohner und Gäste des Gramercy-Park-Hotels (das auch eine wunderschöne Bar hat) erhalten einen Schlüssel. In den eleganten klassizistischen Villen drum herum wohnten Politiker wie Samuel J. Tilden, einst Gouverneur von New York, sowie einige Künstler wie O. Henry oder Eugene O'Neill. Theodore Roosevelt wurde in Gramercy Park geboren, sein Geburtshaus (eine Nachbildung) dient heute als Museum. Abends traf man sich in **Pete's Tavern**, wo man auch jetzt noch in rustikalem Ambiente einen pichelln kann.

Tour-Info Dieser verhältnismäßig kurze Spaziergang führt Sie in eine eher untouristische Gegend New Yorks, was ihn für Besucher mit etwas mehr Zeit attraktiv macht. Startpunkt ist der Union Square, den Sie mit den Subway-Linien N, R, Q, L, 4, 5 oder 6 erreichen.

Stationen

Märkte, Straßenkünstler und Demos

Union Square

An dieser historisch wichtigen Schnittstelle trafen einst der Broadway und die Bowery zusammen. Dank der Nähe zur Uni, dem *Greenmarket* und den angrenzenden Lebensmittelläden herrscht hier stets lebhaftes Treiben. Traditionell ist der Union Square auch einer der Hauptschauplätze New Yorks für Demonstrationen und politische Kundgebungen. Apropos Nähe zur Uni: Wenn Sie ein Faible für unerschrockene, moderne Architektur haben, begeben Sie sich an die Kreuzung zur 5th Avenue, wo in einem Hochhaus ein Campus für mehrere Hochschulen errichtet wurde. Man bekommt von außen einen Einblick in das Innenleben der New School, denn durch die auffällige Messingfassade nagen sich rautenförmige Fensterbänder.

Zurück zum Union Square: Der Platz wurde 1839 als Park eröffnet und wird nach wie vor dominiert vom *Reiterstandbild George Washingtons* am Südende und einer *Statue Abraham Lincolns* am Nordende. Beide stammen von Henry Kirke Brown (1814–1886). Berühmt ist vor allem die Washington-Statue, die den General bei seiner triumphalen Rückkehr in die Stadt darstellt, nachdem die britischen Truppen ihre siebenjährige Besetzung New Yorks beendet hatten. Browns *Lincoln* stieß dagegen zumindest bei seinen Zeitgenossen auf wenig Gegenliebe: Man hätte ihn gerne heroischer gehabt. Zu den beiden Helden der US-amerikanischen Geschichte gesellt sich *Mahatma Gandhi*, dessen Statue seit 1986 in der Südwestecke im *Ghandi Garden* steht.

Wenn Sie aus der Subway kommen, achten Sie gleich an der Südseite (Nr. 1 Union Square) auf das **Metronome**, eine Installation von Kristin Jones and Andrew Ginzel. Das Kunstwerk wurde im September 1999 enthüllt, hat 3 Mio. Dollar gekostet und soll die „Nichtgreifbarkeit von Zeit" illustrieren. Das geschieht u. a. mithilfe einer 15-stelligen Digitaluhr, deren linker Stellenteil *die Zeit bis* und deren rechter Stellenteil *die Zeit seit* Mitternacht angibt. Wenn Sie also die Folge 070437000235616 vor Augen haben, bedeutet das, es ist 7.04 Uhr vormittags, nämlich 7 Stunden 4 Minuten und 37 Sekunden nach Mitternacht und 16 Stunden 56 Minuten und 23 Sekunden bis Mitternacht. Alles klar?

Rund um New Yorks einzigen Privatpark

Um den Gramercy Park

Gehen Sie zur nordwestlichen Ecke des Platzes, wo der 1987 verstorbene Pop-Art-Künstler **Andy Warhol** sein Studio, die berühmte „Factory", hatte (im Decker Building, 33 Union Square). Warhol hat oft und gerne an dieser Stelle Ausgaben seines „Interview"-Magazins verteilt und war 1968 auch an dieser Stelle angeschossen worden. Die Geschichte um das Attentat wurde 1996 unter dem Titel „I shot Andy Warhol" verfilmt. Einkaufen ging Warhol am liebsten bei Bloomingdales. Einen „Bloomie" hat der Bezirk nicht zu bieten, aber gönnen Sie sich doch einen nicht minder „himmlischen" Bummel durch **ABC Carpets**, eines der besten Einrichtungshäuser von New York. Im Basement lohnt der kulinarische Abstecher zu *ABC Kitchen* oder *ABC Cocina*. Was 1897 als Straßenverkauf begann, genießt heute Weltruhm.

Der weitere Weg führt Sie rechts in die 19th Street hinein, deren schönster Abschnitt sich zwischen Irving Place und 3rd Avenue erstreckt. Wegen der zu

Zeigt die Nichtgreifbarkeit von Zeit: das Metronome am Union Square

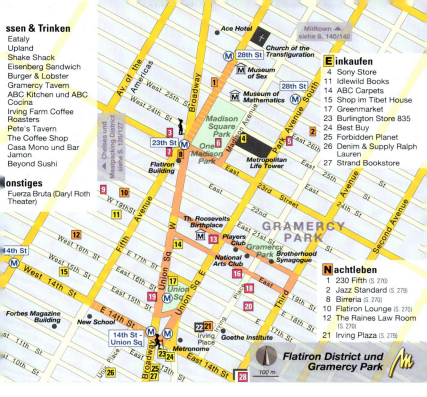

Beginn des 20. Jh. nach Entwürfen von Frederick J. Sterner hübsch restaurierten Häuser wird er auch *Block Beautiful* genannt. Besonders auffällig ist das Haus Nr. 141: Dort prangen Jockey-Figuren an der Wand, die der Sportreporter Ted Husing hier anbringen ließ.

An der vergleichsweise heruntergekommenen 3rd Avenue angekommen, biegen Sie links ein, gehen die nächste wieder links, und bald sind Sie am Gramercy Park angelangt. In der klassizistischen ehemaligen Quäker-Meeting-Hall befindet sich heute die **Brotherhood Synagogue** – in ihrem Gärtchen wurde eine Gedenkstätte für die Opfer des Holocaust und eine weitere für die Toten von 9/11 errichtet. Das Gebiet um den Gramercy Park war einst ein „kleiner, krummer Sumpf" am Nordrand der Stadt, auf Niederländisch *Krom Moerasje*, woraus *Gramercy* wurde. Es wurde im 19. Jh. trockengelegt und bepflanzt. Auf den Grundstücken drum herum entstanden zum Teil prächtige Stadtvillen, deren Besitzer das exklusive Recht zur Parkbenutzung erhielten – wer nicht dazugehörte, bekam keinen Schlüssel für das umzäunte Idyll. Das ist bis heute so geblieben, sodass Sie auf einen Besuch des einzigen Privatparks New Yorks verzichten müssen. Es sei denn, Sie residieren im Gramercy-Park-Hotel oder sind zufällig am 1. Mai in New York, denn dann ist der Park für ein paar Stunden öffentlich zugänglich.

Die Gramercy Park Avenue South Nr. 15 beherbergt den **National Arts Club** im historischen Tilden Mansion, das von Calvert Vaux entworfen wurde, einem der Begründer des Central Park. Samuel J. Tilden war Gouverneur von New York und hatte sich 1876 als

Präsidentschaftskandidat beworben. Der exklusive Privatclub wurde 1898 gegründet und ist gleichzeitig eine Galerie, in der Arbeiten von Nachwuchskünstlern ausgestellt werden, die von Skulpturen bis zu Fotografien reichen. Die Ausstellungen sind auch für Nichtmitglieder geöffnet, wenn gerade keine Veranstaltung läuft.

15 Gramercy Park South/Ecke 20th St., ☏ 212-475-3424, www.nationalartsclub.org.

Haus Nr. 16 ist die Heimat des **Players Club**, der 1888 von dem seinerzeit berühmten Schauspieler Edwin Booth gegründet wurde (dessen Bruder John Wilkes Booth, ebenfalls Schauspieler, erlangte übrigens traurige Berühmtheit als Mörder von Abraham Lincoln). Der Players Club war der erste amerikanische *Gentlemen's Club* nach englischem Vorbild und sollte Schauspieler und andere Künstler mit (möglichst) hochgestellten Persönlichkeiten bürgerlicher Berufe zusammenbringen, um so das Negativimage zu korrigieren, das den Künstlern und insbesondere den Schauspielern immer noch anhaftete. Eine Statue des Shakespeare-Darstellers, die ihn in seiner Paraderolle als Hamlet zeigt, steht übrigens im Zentrum des Parks.

Zu Hause beim 26. Präsidenten der USA

Theodore Roosevelt Birthplace

Auf der 20th Street geht's jetzt an der Längsseite der Gramercy-Parkanlage entlang über die Kreuzung Park Avenue South mit ihren zahlreichen Restaurants zum Geburtshaus des einstigen Präsidenten Theodore „Teddy" Roosevelt. Was Sie sehen, ist allerdings ein Nachbau von 1923, das Original war 1916 abgerissen worden. Dort hatte Roosevelt – der neben Donald Trump einzige aus New York stammende Präsident der USA – von seiner Geburt 1858 bis zum Alter von 14 Jahren gelebt. Für die Gestaltung der Räumlichkeiten konnten zum Teil noch die Originalmöbel beschafft werden, vieles – auch andere Memorabilien – stammt von Roosevelts Frau Edith und seiner Schwester.

Roosevelt war der 26. Präsident der Vereinigten Staaten und kam 1901 als Vizepräsident ins Amt, nachdem Amtsinhaber William McKinley einem Attentat zum Opfer gefallen war. Mit einem Antrittsalter von 42 Jahren ist er bis heute der jüngste Präsident der US-amerikanischen Geschichte. Eine besondere Ehre wurde ihm postum zuteil, als sein Porträtkopf zusammen mit denen Washingtons, Jeffersons und Lincolns in den Fels des Mount Rushmore gehauen wurde. Und noch eine Ehre gebührt ihm: Der berühmte Teddybär ist nach ihm benannt. Ausgangspunkt dieses ungewöhnlichen Taufaktes war eine Karikatur in der *Washington Post*, die den jagdbegeisterten Präsidenten mit einem kleinen Grizzlybären zeigte. Die wiederum soll einen Brooklyner

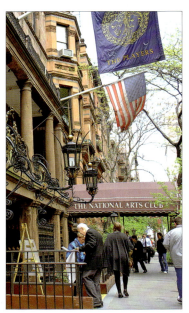

Salon und Galerie in einem: der National Arts Club am Gramercy Park

Ladeninhaber veranlasst haben, einen kleinen Plüschbären als *Teddy's bear* zum Mittelpunkt seiner Schaufensterdekoration zu machen – angeblich mit ausdrücklicher Billigung des Präsidenten. Weltweit bekannt wurde der Teddybär dann durch die Knopf-im-Ohr-Firma Steiff, aber das ist wieder eine andere Geschichte.

28 E 20th St. zw. Park Ave. South und Broadway, ℘ 212-260-1616, www.nps.gov/thrb. Di–Sa 9–17 Uhr. Eintritt frei, Besuch nur mit Führung: 10–16 Uhr jede Stunde außer um 12 Uhr. Subway: 23 St. Linie 6. (Zum Zeitpunkt der Recherche wegen Restaurierung geschlossen.)

Wiederbelebter Park mit Hochhausblick
Madison Square Park

Wenn Sie nun weiter bis zum Broadway gehen und dort rechts einbiegen, kommen Sie zum Madison Square Park, in dessen Zentrum eine Statue an den ehemaligen Gouverneur und Außenminister William Henry Seward erinnert (der Mann, der den Russen für 7 Mio. Dollar Alaska abgekauft hat). Der Park liegt an der Schnittstelle zwischen Downtown und Midtown und findet seit Einzug der Burgerbude *Shake Shack* und der Aufstellung neuer Bänke sowie der Schaffung eines Spielplatzes und eines Skulpturengartens durchaus Beachtung. Von hier hat man einen guten Blick sowohl auf das Empire State Building (→ S. 138-142) als auch auf das 87 m hohe **Flatiron Building**, das als einer der ersten Skyscraper New Yorks 1902 nach Plänen von Daniel H. Burnham im Neorenaissancestil gebaut wurde. Wegen seiner ungewöhnlichen Form zählt es zu den beliebtesten Fotomotiven der Stadt. 1910 befanden sich hier die Büros der *Socialist Labour Party*, aus der fast alle Linksparteien Amerikas hervorgegangen sind. Als *Daily Bugle Building* und Sitz der gleichnamigen Zeitung wurde das Flatiron im Film *Spiderman* auch cinematografisch verewigt. Wer sich das „Bügeleisen" mit Musikbegleitung anschauen will, sollte den Madison Square Park im Sommer bei einem der kostenlosen Open-Air-Konzerte besuchen.

Sonne tanken und die Sicht genießen: im Madison Square Park

Auch die Ostseite des Parks wird von einem der schönsten Hochhäuser der New Yorker Skyline dominiert, vom 1909 nach einem Entwurf von Stanford White fertiggestellten **Metropolitan Life Tower (Eleven Madison)**. Sie erkennen es an seiner vergoldeten Spitze und den vier Uhren (an jeder Seite zwischen dem 25. und dem 27. Stockwerk eine). Wer schon einmal in Venedig war, wird

Tour 7: Flatiron District und Gramercy Park

deutliche Parallelen zum Glockenturm am dortigen Markusplatz feststellen. Seit 2002 ist die Spitze ähnlich wie die des Empire State Building nachts beleuchtet. In den 213 m hohen Tower wollte noch 2016 Sony mit einem Laden einziehen. Nach dem Umzug der Firmenzentrale des japanischen Elektrokonzerns von der 550 Madison Avenue weiter nach Süden in das Metropolitan Life North Building am Madison Square wird dort eines von nur zwei Sony-Geschäften in ganz Amerika eröffnen. In dem Laden kann man auf 1400 m² die neuesten Geräte und Gadgets ausprobieren und Unterhaltungsangebote wahrnehmen.

Zum Glück nicht höher, aber in seiner schlanken Eleganz ebenfalls bemerkenswert ist der neue Wohnturm des Architekturbüros Cetra/Ruddy, **One Madison Park**. 90 Condos (Apartments) befinden sich in einer Art aufeinandergestapelter, hervorstehender Glaskisten aus dunkler Bronze, die jeweils fünf bis sechs Stockwerke hoch sind. Auch dieser Skyscraper am Madison Square hat wohl das Zeug, eine Ikone in der Stadtsilhouette zu werden. So schön all diese Ausblicke auf die umliegende Wolkenkratzerlandschaft auch sind – der Madison Square Park wird vor allem mit sportlichen Ereignissen in Verbindung gebracht. So fand hier 1845 das erste Baseballspiel der Stadt begeisterte Zuschauer. Von 1853 bis 1856 ging es dann sportlich-artistisch zu, als eine Art Zirkus, das *Hippodrome*, mehr als 10.000 Menschen am Tag unterhielt. Darauf folgte eine Arena, in der in erster Linie Radrennen stattfanden und die den heute schon legendären Namen *Madison Square Garden* erhielt. Nach Zwischenstationen in einigen Nachfolgebauten an verschiedenen Standorten zog „The Garden" 1968 auf das Gelände der ehemaligen Pennsylvania Station in der 7th Avenue (→ S. 138).

Am Madison Square Park haben Sie Anschluss an die Subway-Linie R.

Sie können aber auch noch einen kleinen Abstecher über die 5th Avenue zum **Museum of Sex** machen, das, wie wohl alle Sexmuseen der Welt, erzieherische und aufklärerische Ansprüche für sich geltend macht. Tatsächlich informiert es über Themen wie illegale Abtreibungskliniken oder die Stonewall-Schwulenkrawalle in Greenwich Village von 1969 – ob das nur der seriöse Rahmen für die unvermeidlichen Hardcore-Exponate ist, entscheiden Sie am besten selbst. Vorher sollten Sie aber einen Blick auf den Eintrittspreis werfen …

233 5th Ave./Ecke 27th St., ☎ 212-689-6337, www.museumofsex.com. So–Do 10–21 Uhr (letzter Einlass 20 Uhr), Fr/Sa 11–23 Uhr (letzter Einlass 22 Uhr). Eintritt $ 18,50 plus Steuer, erm. $ 16,50 plus Steuer. Subway: 28 St. Linie 6 oder Linien N, R, W.

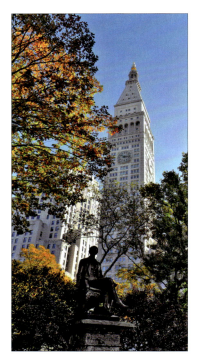

Die Spitze des Metropolitan Life Tower ragt golden in den Himmel

Praktische Infos

→ Karte S. 117

Information

Die offizielle Webseite des Viertels enthält viele Tipps und Veranstaltungshinweise. Sie wird von der Union Square Partnership gepflegt: **unionsquarenyc.org**.

Essen und Trinken

ABC Kitchen 14 Michelin-Koch Jean-Georges Vongerichten bringt hier Produkte von der Farm auf den Tisch, er ist dem Fair Trade und der Slow-Food-Bewegung verpflichtet. Hauptgerichte $ 18–20, Pasta und Pizza $ 16–24. Im selben Haus hat Vongerichten **ABC Cocina** 14 eröffnet, dass die spanische und lateinamerikanische Küche repräsentiert. Lunch Prix-fixe $ 33. Mo–Fr 12–15 Uhr, Mo–Mi 17.30–22.30 Uhr, Do bis 23 Uhr, Fr/Sa bis 23.30 Uhr und So bis 22 Uhr; Brunch Sa/So 11–15 Uhr. 35 E 18th St. ℅ 212-475-5829, www.abchome.com/abc-kitchen/. Subway: 14 St./Union Sq. Linien L, N, Q, R, 4, 5, 6.

The Coffee Shop 19 Bis spät in die Nacht werden hier in Diner-Atmosphäre oder auf der Straßenterrasse Gerichte mit brasilianischem Einschlag serviert. Wegen der Sonnenlage am Union Square etwas überteuert, aber entspannt und mit gutem Frühstück (ab $ 11,95). Mo 7–2 Uhr, Di bis 4 Uhr, Mi–Fr bis 5.30 Uhr, Sa 8–5.30 Uhr, So 8–2 Uhr. 29 Union Sq. (Westseite), ℅ 212-243-7969, thecoffeeshopnyc.com. Subway: 14 St./Union Sq. Linien L, N, Q, R, 4, 5, 6.

Gramercy Tavern 13 Der in Frankreich und Tokio geschulte Chef de Cuisine Michael Anthony kauft gerne auch auf dem Greenmarket ein, um eine saisonabhängige, bodenständige Küche zu kreieren, die ihren Michelin-Stern redlich verdient. 3-Gänge-Menü Lunch $ 65, nach 17.30 Uhr $ 98. Keine Reservierung möglich. So–Do 12–23 Uhr, Fr/Sa bis 24 Uhr. 42 E 20th St. zw. Broadway und Park Ave. South, ℅ 212-477-0777, www.gramercytavern.com. Subway: 23 St. Linien 6 oder N, R, W.

Burger & Lobster 9 Der Name ist Programm: Burger, Hummer und Hummerbrötchen sind alles, was es hier zur Auswahl gibt. Die Preise sind für New York supergünstig (Hummer ab $ 20). So–Do 11.30–23 Uhr, Fr/Sa bis 24 Uhr. 38 W 19th St. zw. 6th und 5th Ave., ℅ 646-833-7532, www.burgerandlobster.com. Subway: 23 St. Linien F, M.

Upland 5 Ein wirklich schöner neuer und gehobener Laden mit dem Park Street South. Das Essen ist gemüselastig und wird als kalifornisch mit italienischem Einschlag beschrieben. Salate, Pizzen und Pasta kosten zwischen $ 17–31. Die gut besuchte Bar vor beleuchteten Weinregalen trägt zu einem fröhlich-entspannten Ambiente bei. Mo–Fr 11.30–15 Uhr, Mo–Sa 17–23 Uhr, So bis 22 Uhr, Brunch Sa/So 11–15 Uhr. 35 Park Ave. South/Ecke 26th St., ℅ 212-686-1006, www.uplandnyc.com. Subway: 23 oder 28 St. Linien N, R.

Casa Mono 20 Innovative Tapas-Bar, viel Fleisch von der Hufe bis zur Schnauze, vom Rind bis zur Ziege (whole animal), alles Bio. Seit 7 Jahren erkocht sich Andy Nusser hier einen Michelin-Stern. Am besten sitzt man an der Bar und beobachtet, wie das Essen zubereitet wird. 600 Weine. Fast alle Gerichte unter $ 20. Tägl. 12–24 Uhr. 52 Irving Pl. zw. 17th und 18th St., ℅ 212-253-2773; www.casamononyc.com. Die **Bar Jamon** 20 direkt nebenan ist 17 bis 2 Uhr geöffnet, Sa/So schon ab 12 Uhr, monatliche Weinproben. Subway: 14 St./Union Sq. Linien L, N, Q, R, 4, 5, 6.

Eataly 3 Kulinarischer Einkaufstempel mit der Atmosphäre einer gepflegten Markthalle. Eine riesige Auswahl an italienischen Speisen, die man auf der Dachterrasse vor Ort verzehren kann. Tägl. 9–23 Uhr. 200 5th Ave. zw. 23rd und 24th St., ℅ 212-229-2560, www.eataly.com. 23 St. Linien N, R.

Eisenberg Sandwich 7 Seit 1929 werden hier Sandwiches und Fast-Food-Klassiker verkauft. Das teuerste ist das Corned Beef Pastrami Combo Reuben-Sandwich (Corned Beef, Pastrami und Sauerkraut auf Roggenbrot) für $ 12. Mo–Fr 6.30–20 Uhr, Sa 9–18 Uhr, So 9–17 Uhr. 174 5th Ave. nahe 22nd St., ℅ 121-675-5096, eisenbergsnyc.com. Subway: 23 St. Linien N, R, W.

Irving Farm Coffee Roasters 16 Mal was anderes als die Superkette Starbucks! Der Kaffee stammt von der eigenen Farm, dazu gibt es herzhafte Snacks wie Sandwiches, Bagels, Frühstück und Salate. Gerichte $ 2–14,95. Mo–Fr 7–22 Uhr, Sa/So 8–22 Uhr. Es gibt vier weitere Cafés in der Stadt. 71 Irving Pl. zw. 18th und 19th St., ℅ 212-995-5252, www.irvingfarm.com. Subway: 14 St./Union Sq. Linien L, N, Q, R, 4, 5, 6.

Tour 7: Flatiron District und Gramercy Park

Shake Shack 6 Spitzen-Burger aus Bio-Angus-Rind oder vegetarisch, Hot Dogs, Pommes und Frozen Custard. Verzehr im Freien. Cash only. Hamburger $ 4,29. Shack Stack $ 9,59. Auch Wein und Bier. März–Okt. tägl. 11–23 Uhr, Nov. bis Feb. tägl. 11–19 Uhr. Madison Ave./Ecke 23rd St., ☎ 212-889-6600, www.shakeshack.com/location/madison-square-park. Noch mind. acht weitere Ableger. Subway: 23 St. Linien N, R, W oder 6.

Beyond Sushi 28 Vergessen Sie den rohen Fisch, diese würzigen, gemüseberstenden Reisrollen, Wraps, Salate und Suppen schmecken jedem und schonen den Geldbeutel. Combos ab $ 9. Tägl. 11.30–21.30 Uhr. 229 E 14th St. zw. 2nd und 3rd Ave., ☎ 646-861-2889, beyondsushinyc.com. Subway: 14 St./Union Sq. Linien L, N, Q, R, 4, 5, 6.

Pete's Tavern 18 Alteingesessene rustikale Bar mit italienisch-amerikanischer Küche. Die Bar verlockt zum ein oder anderen Drink. Tägl. 11–2.30 Uhr. 129 E 18th St, ☎ 212-473-7676, www.petestavern.com. Subway: 14 St./Union Sq. Linien L, N, Q, R, 4, 5, 6.

Einkaufen

Greenmarket 17 Mo, Mi, Fr/Sa 8–18 Uhr auf dem Union Square (North und West Plazas). www.grownyc.org/greenmarket/manhattan-union-square-m.

Strand Bookstore 27 New Yorks größter Secondhand-Buchladen. Kostbare Erstausgaben im dritten Stock. Seit über 75 Jahren in Familienbesitz. Mo–Sa 9.30–22.30 Uhr, So ab 11 Uhr. 828 Broadway/12th St., ☎ 212-473-1452, www.strandbooks.com. Subway: 14 St./Union Sq. Linien L, N, Q, R, 4, 5, 6.

ABC Carpets 14 *Der* Einrichtungsladen schlechthin. Nirgendwo anders auf der Welt gibt es mehr Teppiche zur Auswahl. Auch sonst findet man hier alles für die Wohnung. Terence Conran verkauft neuerdings im Untergeschoss. Mo–Mi und Fr/Sa 10–19 Uhr, Do bis 20 Uhr, So 11–18.30 Uhr. ABC Kitchen und ABC Cocina sind zwei sehr gute Bio-Edelrestaurants im Haus (→ Essen und Trinken). 888 Broadway, zw. 18th und 19th St., ☎ 212-473-3000, www.abchome.com. Subway: 14 St./Union Sq. Linien L, N, Q, R, 4, 5, 6.

Shop im Tibet House 15 Das Kulturzentrum eröffnete 1987 auf Initiative des Dalai Lama und verkauft in seinem Shop handgefertigte Objekte tibetanischer Künstler. Mo–Fr 11–18 Uhr. Eintritt frei. 22 W 15th St. zw. 5th und 6th Ave., 1. OG (2nd floor), www.tibethouse.us. Subway: 6 Ave. Linie L.

Burlington Store 835 23 Mehr als nur Mäntel, gutes Sortiment und weit weniger Touristen als Century 21. Tägl. 9–22 Uhr. 4 Union Sq. East, ☎ 212-673-8056, oder 707 6th Ave./West 23rd St., www.burlingtoncoatfactory.com. Subway: 14 St./Union Sq. Linien 4, 5, 6, L, N, Q, R.

Idlewild Books 11 Spezialisiert auf internationale Reiseliteratur (100 Länder und alle 50 US-Staaten) und verwandte Belletristik. Auch Lesungen und Diskussionen sowie Unterricht in verschiedenen Fremdsprachen. In dem 2008 eröffneten Geschäft findet man original Buntglas und Stühle des Idlewild Flughafens, dem Vorgänger von JFK Airport. Mo–Do 12–19.30 Uhr, Fr–So bis 18 Uhr. 12 W 19th St. nahe 5th Ave., ☎ 212-414-8888, www.idlewildbooks.com. Subway: 23 St. Linien F, V oder N, R, W.

Forbidden Planet 25 Erste Adresse für Science-Fiction-, Horror- und Fantasy-Bücher, Comics, Mangas, Toys und Merchandise. So–Di 9–22 Uhr, Mi–Sa bis 24 Uhr. 840 Broadway/13th St., ☎ 212-473-1576, www.fpnyc.com. Subway: 14 St./Union Sq. Linien L, N, Q, R, 4, 5, 6.

Denim & Supply Ralph Lauren 26 Exklusive Printmuster und klassische Denim-Looks. Mo–Sa 10–20 Uhr, So 11–19 Uhr. 99 University Place zw. E 11th und E 12th St., ☎ 212-677-1895, www.global.ralphlauren.com. Subway: 14 St./Union Sq. Linien 4, 5, 6, L, N, Q, R.

Best Buy 24 Günstiger Elektronikladen für Computer, Fernseher, Kameras, Handys und Sim-Karten für Prepaid-Handys! Man kann seine gebrauchte Ware traden. Mo 8–24 Uhr, Di–Sa 12–24 Uhr, So 11–22 Uhr. 52 E 14th St./Union Square, ☎ 212-466-4789, www.stores.bestbuy.com. Subway: 14 St./Union Sq. Linien L, N, Q, R, 4, 5, 6.

Sony Store 4 Groß, laut, voller Touristen, aber nirgends gibt es eine bessere Auswahl an Sony-Gadgets und Elektronik. Mo–Sa 10–19 Uhr, So 11–18 Uhr. 25 Madison Ave. zw. E 24th und E 25th St., ☎ 212-833-8800, www.sony.com/square-nyc/. Subway: 14 St./Union Sq. Linien L, N, Q, R, 4, 5, 6.

Sonstiges

Fuerza Bruta 22 Die weltbekannte Krawall-Akrobatik-Show aus Argentinien produziert mit Nebel, Wassertanks, Stroboskoplicht und wummernden Beats beim Zuschauer viel Adrenalin. Di–Do 20 Uhr, Fr 21 Uhr, Sa 17 und 22 Uhr, So 19 Uhr. Ab $ 75. Fr im Anschluss an die Show DJ Night und Party in der Webster Hall. Daryl Roth Theater, 101 E 15th St./Union Sq. East, ☎ 212-239-6200, www.fuerzabrutanyc.com. Subway: 14 St./Union Sq. Linien L, N, Q, R, 4, 5, 6.

Macht zu jeder Tageszeit eine gute Figur: das Flatiron Building

Viertel im Aufwind
Tour 8

Einst urbanes Niemandsland, weht heute der Hauch von großem Geld durch die Straßen dieses Galeristen- und Flanierviertels. Mit Clubs, Kunst und Kommerz gelang Chelsea Ende der 1990er-Jahre der Aufstieg zum Szeneviertel. Das Publikum ist bunt gemischt und auf der Suche nach Spaß und Lifestyle.

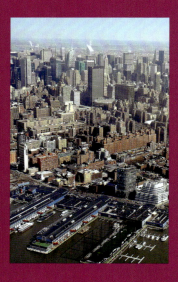

- **Whitney Museum of American Art**, amerikanische Kunst des 20. und 21. Jh., S. 127
- **High Line Park**, begrünter Laufsteg, S. 128
- **Chelseas Galerien**, die erfolgreichsten Galeristen der Welt auf engstem Raum geballt, S. 130
- **Rubin Museum of Art**, Kleinod für Kunst aus dem Himalaja, S. 133

Von Galerien und Schlachthäusern
Chelsea und Meatpacking District

„Die Rolle des Künstlers in New York besteht darin, ein Viertel so attraktiv zu machen, dass die Künstler es sich nicht mehr leisten können, dort zu leben", beschrieb der langjährige Bürgermeister Ed Koch den SoHo-Effekt. Nach der Veredelung von SoHo zog die Subkultur nach Chelsea weiter, wo sich nun die Galerien und das Kunstestablishment ballen. Zum Superstar unter den New Yorker Attraktionen mauserte sich der urbane Garten auf Stelzen, die **High Line** (→ S. 128), an der entlang immer neue Luxusmietshäuser entstanden. An ihrem südlichen Ende hat ein riesiger Kreuzfahrtdampfer mit einer matten Stahlhaut angedockt: der Neubau des **Whitney Museum of American Art** von Stararchitekt Renzo Piano, der von außen industriell geprägt, aber innen dank der loftartigen Ausstellungsräume mit deckenhohen Fenstern ein lichtdurchflutetes, einladendes Haus für die Kunst geworden ist.

Einst stand hier eine Farm der ersten Siedler, um die herum sich in den 1830ern eine Art Vorstadt von Manhattan entwickelte. Ein englischer Marineoffizier benannte die Gegend nach dem berühmten Krankenhaus für Armeeangehörige in London: Chelsea. Zwei Generationen später gelangte ein Großteil der Grundstücke in den Besitz seines Enkels, des Pädagogen Clemens Clark. Der wollte aus Chelsea ein Wohnviertel für die Mittelklasse machen, das – so seine testamentarische Verfügung – weitgehend frei von Gewerbebetrieben bleiben sollte. Tatsächlich sind aus dieser Zeit noch zahlreiche historische Häuser erhalten geblieben, der *Historic District* erstreckt sich von der 20th bis zur 22nd Street (zwischen der 8th und

10th Avenue). Eine Ausnahme bildet der **Meatpacking District** zwischen 9th und 11th Avenues. Hier zerlegen seit Generationen Schlachter und Metzger Rinder, Schafe, Pferde und Schweine in handliche Portionen, die dann in Container verladen und in die Restaurants der Stadt transportiert werden. Schlachthaus um Schlachthaus hat in den letzten zwei Jahrzehnten dicht gemacht, um als Ausstellungsraum einer Galerie, Modegeschäft oder Bar-Restaurant wiedereröffnet zu werden. Homosexuelle (im Volksmund und in einem Comic auch „Chelsea Boys" genannt) waren die Ersten, die sich auf ihrer Suche nach bezahlbarem Wohnraum in Chelsea niedergelassen haben. Ihrem Fitnesswahn ist auch die Existenz der **Chelsea Piers** zu verdanken, des größten Sportkomplexes der Stadt auf den Landestegen am Hudson River.

In die einstigen Scheunen, Garagen und verfallenen Warenhäuser zogen zwischen 10th und 11th Avenue auf Höhe 20th bis 29th Street rund 350 Galerien ein, weshalb das *Gallery-Hopping* von einer Vernissage zur nächsten kaum logistische Probleme bereitet. Kulturhungrige finden außerdem einige bekannte Off-Broadway-Theater in Chelsea, etwa *Sleep No More* (→ S. 135, Karte S. 21) im Hotel McKittrick. Ein Geheimtipp ist vielleicht das **Rubin Museum**, das sich der Kunst aus dem Himalaja widmet.

Tour-Info Dieser Spaziergang ist hauptsächlich ein Kunst- und Galerienbummel. Die beste Zeit dafür ist samstags oder donnerstagnachmittags, wenn viele Aussteller die Werke ihrer neuen Künstler präsentieren. Entspannung finden Flaneure auf dem High Line Park, wo vor allem am Wochenende dichtes Gedränge herrscht. Shopoholics kommen in Chelsea ebenso auf ihre Kosten wie Gourmets und Partylöwen. Ein abendlicher Ausflug in die Clubs, Bars und Restaurants geht hier allerdings richtig ins Geld. Ausgangspunkt ist die Subway-Station W 14th Street, die Sie mit den Linien A, D und E erreichen.

Stationen

Gehen Sie zunächst die West 14th Street in Richtung Westen, die auf diesem Abschnitt mit einem Mix aus Delis, kleinen Geschäften und Apartmenthäusern noch wenig bemerkenswert erscheint. Im 20. Jh. lebte hier eine kleine Gemeinde spanischer Einwanderer, deren Kirche *Our Lady of Guadalupe* wegen Mitgliederschwunds 2003 mit der Kirche **St Bernard** verschmolz. Letztere liegt auf Ihrem Weg, stammt von 1875 und nennt ein Tiffany-Fenster ihr Eigen. Auf der nächsten Kreuzung sitzen erschöpfte Besucher im Schatten des Computergiganten Apple beim Kaffee. Die Firma hat seit 2007 auf der Nordwestseite des Platzes eines ihrer größten Verkaufsgeschäfte. Schwindelerregend ist die freistehende gläserne Wendeltreppe, die die drei Etagen miteinander verbindet.

N achtleben

1 The Frying Pan (S. 270)
2 Porchlight (S. 270)
4 The Gallow Green (S. 270)
6 Marquee (S. 276)
22 Sid Gold's Request Room (S. 271)
25 Avenue (S. 276)
27 Highline Ballroom (S. 279)
28 Terroir Highline (S. 271)
30 Bathtub Gin (S. 271)
31 GLounge (S. 271)
36 Top of the Standard (S. 270) und Le Bain (S. 276)
37 The Brass Monkey (S. 271)
43 Zerzura @ Plunge (S. 271)
44 The Raven (S. 276)
45 Cielo (S. 276)

E inkaufen

17 Comme des Garçons
21 192 Books
24 New London Pharmacy
26 Comme des Garçons Pocket
29 Artists & Fleas
32 Jeffrey New York
33 Chelsea Market
34 Paige Denim
35 Samsung 837 Store
42 Tory Burch
46 Christian Louboutin

G alerien/ Ausstellungen

3 Sleep No More
5 Cheim & Reid
7 Marlborough Gallery
8 Gagosian Gallery
9 The Pace Gallery - 534 West 25th Street
10 Agora
11 Mary Boone Gallery
12 The Pace Gallery - 510 West 25th Street
13 Andrea Rosen Gallery
14 Metro Pictures
15 Marianne Boesky
19 Matthew Marks Gallery
23 David Zwirner
35 Samsung 837 Store

E ssen & Trinken

16 The Half King
18 Don Giovanni
20 The Empire Diner
33 Chelsea Market
38 Spice Market
39 The Standard Grill
40 Dos Caminos
41 Bagatelle

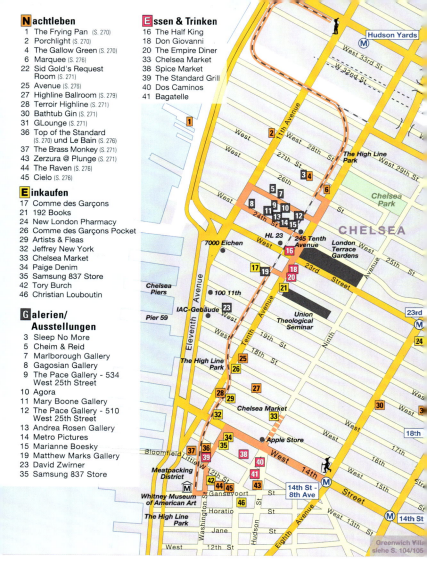

Designermode im Schlachthofviertel

Meatpacking District

Wenn Ihnen Gedränge nichts ausmacht, sollten Sie einen Abstecher zum Chelsea Market erwägen. Der Backsteinkomplex besteht aus 18 Gebäuden, die einmal eine Keksfabrik waren. Heute befindet sich hier eines der beliebtesten Einkaufsziele für Foodies, wo zahlreiche Gastronomen unter einem Dach zum schnellen Imbiss und kunstsinnige Geschäfte zum Stöbern einladen.

Unverkennbar buhlen in den einstigen Lagerhallen zu Füßen der High Line die Designerläden um Kundschaft, etwa *Diana von Fürstenberg*, *Ted Baker*, *Tony Burch* und *Christian Louboutin*. Der industrielle Charme dieses Viertels gibt die perfekte Spielwiese für teure Labels und ihre Klientel ab, an die sich auch das hiesige Hotelangebot richtet: ambitioniert und theatralisch. Das *Standard*-Hotelgebäude aus Beton, Stahl und Glas steht nun seltsam abgewinkelt vor Ihnen, um seine kräftige Sockelkonstruktion zu zeigen, die förmlich einen Spagat über die Zugtrasse macht. Eine vorgehängte, schimmernde Glasfassade umhüllt die Zimmer, an heißen Tagen können Sie im schattigen Biergarten unterhalb der Eisenbahntrasse Zuflucht suchen.

Amerikanische Kunst des 20. und 21. Jh.

Whitney Museum of American Art

Schon von hier fällt ein weiterer mutiger Neubau auf, der sich über der High Line erhebt: das **Whitney Museum of American Art**. Gertrude Vanderbilt, die Enkelin des legendär reichen Cornelius Vanderbilt, fing bereits sehr früh an, Bilder von amerikanischen Künstlern zu kaufen. In den 1930er-Jahren bot sie ihre Sammlung dem damaligen Direktor des Metropolitan Museum of Art an, der für die amerikanische Moderne jedoch gar nichts übrig hatte und die Stiftung ablehnte. So behielt sie ihre Millionen und baute sich davon ein eigenes Museum – „sammeln, erkunden, erklären und befragen" lautete der Auftrag. Verheiratet war Gertrude mit dem Geschäftsmann Harry Payne Whitney, der sich vor allem für die Pferdezucht interessierte, aber dennoch den Namen für das Museum geben durfte. Bis 2015 befand sich das Whitney Museum noch in der Upper East Side an der noblen Madison Avenue. Der Neubau, in dem die inzwischen auf mehr als 21.000 Kunstwerke (von fast 3000 Künstlern) angeschwollene Sammlung nun gezeigt

Zurück auf der West 14th Street sehen Sie an der nächsten Kreuzung zur Washington Street bereits die Hochbahnschienen der High Line, doch dazu später. Biegen Sie links in die Washington Street ein. Sie befinden sich nun im Herzen des Meatpacking Districts.

Am Anfang und Ende der High Line: das Whitney Museum for American Art

und archiviert wird, ist mit seinen knapp 5000 m² Ausstellungsfläche fast doppelt so groß wie der Vorgänger. Das Gebäude wäre sicher ganz nach Gertrudes Geschmack, ist das Grundprinzip des Entwurfes von Renzo Piano (u. a. Centre Pompidou in Paris) doch die Offenheit und Zugänglichkeit des Museums. In die acht Stockwerke gelangt man nicht nur mit Aufzügen, sondern auch über Außentreppen. In jedem der oberen Stockwerke kann man auch nach draußen ins Freie treten, um dort platzierte Skulpturen und den grandiosen Ausblick zu genießen. Auf der östlichen Seite kommuniziert das Museum mit der Stadt, auf der westlichen mit dem Wasser des Hudson River. Drinnen können die Kunstwerke in großen, hellen Räumen ihre Wirkung frei entfalten. Gezeigt werden Gemälde, Zeichnungen, Drucke, Skulpturen, Installationen, Videokunst und Fotografien amerikanischer Künstler aus dem 20. und 21. Jh. Zu den Schätzen gehört auch der gesamte Nachlass Edward Hoppers sowie Werke u. a. von Keith Haring, Jasper Johns, Willem de Kooning oder Cindy Sherman. Alle zwei Jahre informiert die Whitney-Biennale in ihrer groß angelegten und international beachteten Show über den aktuellen Stand der amerikanischen Kunstszene.

99 Gansevoort St./Ecke Washington St., ✆ 212-570-3600, www.whitney.org. Tägl. außer Di 10.30–18 Uhr, Fr/Sa bis 22 Uhr. Erw. $ 22, erm. $ 18, unter 18 J. frei, Fr 19–22 Uhr pay-as-you-wish. Mulitmedia-Guides $ 6. Subway: W 14 St. Linien A, D, E

Begrünter Laufsteg
High Line Park

Von der Piazza vor dem Museum hat man Zugang zum High Line Park, dem begrünten Laufsteg des Viertels. Gebaut wurde die High Line 1929 für den Gütertransport auf Schienen, um die 10th Avenue vom Lkw-Verkehr zu entlasten, der sie in eine gefürchtete *Death Avenue* verwandelt hatte. Nach ihrer Stilllegung lag die Eisenbahntrasse Jahrzehnte als Schandfleck brach. Nun ist sie von Gartenstar Piet Oudolf ab Gansevoort Street bis hoch zur 34th Street in einen 3 km langen Park und Spazierweg umgestaltet worden. Er schuf damit eine Oase über den Dächern der Stadt, die Investoren magisch anzieht und ganz nebenbei eine Design-Revolution ausgelöst hat. Im Zuge seines Umbaus wurden mehr als 300 einheimische Wildgrassorten, Goldrute, junge Birken und Blumen gepflanzt. Sie sollen bewusst dem Wildwuchs ähneln, der sich über Jahrzehnte spontan auf den Gleisanlagen angesiedelt hatte. Die Kunst, die entlang des Parks installiert wurde, wechselt regelmäßig, Cafés wurden eröffnet und zahlreiche hölzerne Liegestühle und Sitzmöbel aufgestellt, die unterwegs Platz zum Verweilen und die Möglichkeit bieten, einen Blick auf den spannendsten Architekturmix zu werfen, den New York derzeit zu bieten hat. Tausende Menschen kommen jedes Wochenende her, fast 4 Mio. sind es im Jahr. Ein Nachteil dieses Hype um den Park sind die explodierenden Immobilienpreise: Seit seiner Eröffnung stiegen sie um mehr als 100 %.

Dez. bis März 7–19 Uhr, April/Mai und Okt./Nov. bis 22 Uhr, Juni–Sept. bis 23 Uhr. www.thehighline.org.

Auf Ihrem Bummel entlang des Hochparks Richtung Norden gehen Sie zunächst durch den Bauch des *Standard Hotels* hindurch, wo oft Installationen, Videos und Art-Filme gezeigt werden. Auf Höhe der 18th bis 20th Streets ist es gleich mehrere architektonische Highlights zu bewundern. Wie eine Art „gestrandeter Eisberg" (Glaszeitung) wirkt die weiß eingefärbte, wabernde Struktur des **IAC-Gebäudes** (Inter Active Corp, ein Medien-Konglomerat, in dessen Vorstand Chelsea Clinton, die Tochter von Bill, sitzt). Der Bau von *Frank Gehry* steht zwischen der High Line und dem Hudson River und sieht von jeder Seite anders aus, mal symmetrisch und scharfkantig, mal fließend als Reihung von Falten und Knicken, jedenfalls immer auffällig und interessant. Gleich daneben verlangt der 23 Stockwerke hohe „Berg magischer Spiegel" Ihre Aufmerksamkeit. Er stammt vom französischen Stararchitekten *Jean Nouvel*, der sein Gebäude als das ingenieurstechnisch höchstentwickelte von New York bezeichnet. Es heißt **100 11th** und sieht wie ein transparentes Domino oder Schachbrett aus, was der raffinierten Verwendung von teils farbigen Glaselementen zu verdanken ist, die von Aluminium und Stahlrahmen getragen werden. Einige Wohnungen haben über 400 m² Fläche und kosten mehr als 18 Mio. Dollar. Genau in die andere Richtung zur Stadt müssen Sie schauen, um den Wohnturm von *Della Valle Bernheimer* zu sehen. Das Architekturbüro aus Brooklyn hat sich gleich mit zwei „Condominiums", wie die Apartmenthäuser mit Eigentumswohnungen hier genannt werden, an der High Line verewigt. 459 18th Street sieht aus wie ein dreidimensionales Puzzle in eher neutralem Schwarz-weiß. Die seltsam schrägen Rücksprünge ergaben sich aus den Abstandsbestimmungen der Baugesetze. Daneben wirkt das mit blauen Fassadengläsern ebenfalls in Vor- und Rück-

Gestrandeter Eisberg von Frank Gehry: das IAC-Gebäude

sprüngen gestaltete **Chelsea Modern** der Architektin *Audrey Matlock* eher wie ein funktionales Bürohaus.

Avantgardistischer Blickfang ist ein paar Blöcke weiter das 14-geschossige **HL23** (HL für High Line, 23 für 23. Straße) von *Neil Denari*, das direkt an der Parkpromenade steht. Der grazile, aerodynamische Bau aus Aluminium und Glas scheint förmlich über dem Park zu schweben und „schwillt" dabei nach oben hin an, wodurch bei den oberen Stockwerken zusätzliche Grundfläche gewonnen wird.

In den Straßenzügen zwischen 10th und 11th Avenues unterhalb der Güterzugtrasse befindet sich Chelseas **Galerienviertel**. Haben Sie kein Interesse an weiterer Gegenwartskunst, können Sie bis zum Ende an der 34th Street auf der High Line bleiben, wo Sie Anschluss an die Subway Linie 7 haben (die neue Station heißt 34 St./Hudson Yard und bringt Sie in Richtung Times Square). Alle anderen verlassen hier vorübergehend den Park, um sich auf einen Galerienbummel zu begeben. Zuvor stärken können Sie sich ganz altmodisch in einem chromblitzenden Klassiker der Dinerkultur. Das *Empire Diner* auf der 10th Avenue ist ein etwas prätentiöser Schnellimbiss für mittlere Geldbeutel und größere Egos. Etwa hundert Jahre zuvor entstand der ganze Block, der sich rechter Hand bis zur 24th Street erstreckt und aus mehreren riesigen Art-déco-Apartmentgebäuden in Backstein besteht: die **London Terrace Gardens**. Mit diesen Bauten erfüllte sich der Donald Trump der 1920er-Jahre, Henry Mandel, seinen Traum vom größten Wohnblock der Welt. Die Bewohner der 1665 Apartments können auf dem Dach einen Pool, Gärten und eine Sonnenterrasse genießen. Als in den 1930er-Jahren die Wirtschaftskrise über die Welt hereinbrach, geriet das Projekt jedoch zum finanziellen Desaster: Mandel war ruiniert und sprang vom Dach seines Apartmenthauses in den Tod.

Schwenken Sie vor dem markanten „245 Tenth Street"-Glitzerkasten, einem weiteren der auffälligen neuen Penthäuser, links in die 24th Street ein. Ein alter Bekannter, *Della Valle Bernheimer*, verwendete für die schimmernde Fassade dieses Wohnturms gestanzte Lochbleche und Glas, sodass sie wie ein Kunstwerk mit Licht und Schatten spielt.

Unter der Bahntrasse hindurch gelangen Sie zur Galerie **Metro Pictures** [14], die seit 1980 provokante konzeptionelle Kunst in ungewöhnlichen Formaten präsentiert. Vertreten wird hier die sog. „Pictures Generation", die in Folge der Medialisierung der Welt gern mit der Aneignung bereits vorhandener Bild-Ästhetik experimentiert, diese „zitiert" und daraus die eigene Kunstform der „Appropriation" („die Kopie wird zum Original") gemacht hat: So eine Art Ideenklau …

Nächste Station ist **Marianne Boesky** [15]. Die Galeristin lebt nicht nur für, sondern auch mit bzw. über ihrer Kunst (in Räumen oberhalb ihrer Galerie). Hier in Chelsea zeigt sie die Werke ihrer jungen Künstler – die drei Etagen ihrer Galerie in der Upper East Side sind den Klassikern vorbehalten. 2014 gelang ihr ein medienwirksamer Coup: Sie wurde zur weltweiten Repräsentantin von Frank Stella, dem amerikanischen Meister kühner Abstraktionen und quietschbunter Monumentalskulpturen, der im Alter von 22 Jahren allerdings mit seinen berühmten „black paintings" (schwarzen Bildern) zum Star der New Yorker Kunstszene avanciert war.

Ein kleines Stück weiter vertritt die (in dieser Straße gleich zweimal vorhandene) **Matthew Marks Gallery** [19] (Nr. 523) in ihrem garagenartigen, verglasten Großraum einige „Topscorer" der zeitgenössischen Kunst, darunter Jasper Johns, Lucian Freud, Willem de Kooning, Nan Goldin und Robert Adams. Die Bilder gehen oft als Leihgaben an Museumsausstellungen. Ebenfalls ein Muss!

Andrea Rosen [13] gilt als die Fürstin der Galeristenszene von Chelsea. Sie verwaltet u. a. den Nachlass des kuba-

High Line Park 131

nischen Konzeptkünstlers Félix González-Torres, der 1990 bei ihr seine erste Einzelausstellung hatte, und vertritt László Moholy-Nagy. Der mit dem Turner-Preis ausgezeichnete deutsche Fotograf Wolfgang Tillmans stellt ebenfalls hier aus.

Kurz vor der 11th Avenue sollten Sie noch der **Mary Boone Gallery** **11** einen Besuch abstatten, deren Besitzerin ebenfalls Kunstgeschichte geschrieben hat. Als Forum für junge Künstler in den 1970er-Jahren gegründet, führte ihre Galerie zunächst den Kunstboom der 80er-Jahre in SoHo an. Sie vertrat so exzentrische Künstler wie David Salle und Julian Schnabel und veranstaltete Einzelausstellungen mit Werken von Anselm Kiefer und Sigmar Polke, als die noch kaum jemand kannte. Noch immer verursacht sie Kontroversen – einmal wurde sie gar verhaftet, weil sie scharfe Munition des Künstlers Tom Sachs ausstellte.

Auf der linken Straßenseite findet sich schießlich noch eine der beiden **Gagosian Galleries** **8** in Chelsea. Larry Gagosian, Galeristen-Halbgott mit dem Spitznamen „Go-Go", gilt als einer der mächtigsten und rücksichtslosesten Spieler am weltweiten Kunstmarkt. Schon seit Langem betreibt er Galerien in der Madison Avenue (neuerdings mit einem Verkaufsladen für Kunstbücher, Kataloge und Limited Editions), im Jahre 2000 erwarb er dieses kathedralenartige Gebäude in der 24th Street, bevor er in einen Backsteinbau in der 21st Street expandierte. Sein größter Konkurrent (mit einem Jahresumsatz von 300 Mio. Dollar) ist **David Zwirner** **23**, der sich in der W 20th Street einen fünfstöckigen Kunsttempel errichten ließ und Gagosian kürzlich u. a. die Vertretung von Jeff Koons abgejagte. Zu den lukrativen Leidenschaften „Go-Gos" zählen Künstlerlegenden wie Picasso, Warhol, Lichtenstein, Lucio Fontana, Robert Rauschenberg und Henry Moore. Eröffnet wurde seine Chelsea Galerie mit einer riesigen Stahlinstallation von Richard Serra.

Metro Pictures: 519 W 24th St., ☏ 212-206-7100, www.metropicturesgallery.com. Di–Sa 10–18 Uhr.

Marianne Boesky: 509 W 24th St., ☏ 212-680-9889, www.marianneboeskygallery.com. Di–Sa 10–18 Uhr. **Boesky East**, 20 Clinton St. in der Lower East Side.

Matthew Marks Gallery: 523 W 24th St. (weitere Galerien: 522 W 22nd St., 526 W 22nd St), ☏ 212-243-0200, www.matthewmarks.com. Di–Sa 10–18 Uhr.

Andrea Rosen Gallery: 525 W 24th St. zw. 10th und 11th Ave. (Gallery 2 544 W 24th St.), ☏ 212-627-6000, www.andrearosengallery.com. Di–Sa 10–18 Uhr.

Mary Boone Gallery: 541 W 24th St./10th Ave., ☏ 212-752-2929, www.maryboonegallery.com. Di–Sa 10–18 Uhr. Zweite Galerie in Midtown, 745 5th Ave.

Gagosian Gallery: 555 W 24th St., ☏ 212-741-1111 und 522 W 21st St., ☏ 212-741-1717, www.gagosian.com. Di–Sa 10–18 Uhr.

David Zwirner: 537 W 20th St. (sowie 519, 525 und 533 19th St.), ☏ 212-517-8677, www.davidzwirner.com. Di–Sa 10–18 Uhr.

An der 11th Avenue angelangt, dem nicht gerade einladend anmutenden vierspurigen West Side Highway, erheben sich gegenüber die blauen Industriegebäude des **Chelsea Piers Sports Complex**. Von außen wirken die Bauten ähnlich trist wie der Highway, hinter der Fassade verbirgt sich aber ein Paradies für Sportler aller Art. Auf 500.000 m² Fläche kann man golfen, Rollschuh und Schlittschuh laufen, sich an Kletterwänden in die Höhe winden, in Fitnessstudios schwitzen, im Schwimmbad seine Bahnen ziehen oder sich auf der Sonnenterrasse ausruhen – es ist einfach für jeden etwas dabei. Die Landestege am Hudson River (Pier 59, 60, 61 und 62) wurden Anfang des 20. Jh. gebaut. Hier legten die eleganten Passagierdampfer der *Cunard* und der *White Star Line* an – auch die *Titanic* wäre 1912 hier eingelaufen. Als jedoch in den 1930er- und 40er-Jahren die Schiffe immer länger wurden, baute man nahe der 44th Street neue Landestege und die Chelsea Piers verrotteten.

In den 1990er-Jahren wurde das Gelände verkauft und einige Zeit später mit der riesigen Sport- und Freizeitanlage bebaut. Jetzt ist all dies komplett saniert und eingebettet in den herrlichen **Hudson River Park**.

Hudson River zw. 17th und 23rd St., ☏ 212-336-6000, www.chelseapiers.com.

Zurück zur 11th Avenue geht es über die 25th Street, wo vor allem Cheim & Reid, die Marlborough Gallery und The Pace Gallery sehenswert sind.

Cheim & Reid 5 wurde 1997 von John Cheim und Howard Reid gegründet und verschafft internationalen Jungkünstlern aus den Bereichen Malerei, Zeichnen, Bildhauerei und Fotografie Erfolg, in dem er sie an weltbekannten Ausstellungen wie der Documenta oder gut kurierten Gruppenausstellungen teilnehmen lässt. Die Galerie betätigt sich auch als Händler für die Werke von Koryphäen wie Mark Rothko, Jean-Michel Basquiat oder Andy Warhol.

Die renommierte **Marlborough Gallery** 7 nebenan belegt zwei Etagen im Chelsea Arts Tower. 1946 in London gegründet, wurden u. a. Henry Moore, Francis Bacon, Ben Nicholson und viele andere Größen vertreten. Es folgten Expressionisten und Vertreter der deutschen Moderne. Heute gibt es Zweigstellen der Galerie in der New Yorker Broome Street (331 zwischen Bowery und Christie St.), Madrid, Monaco und Santiago.

Auch die **Pace Gallery** 9/12 gibt es schon seit mehr als 50 Jahren. Zunächst organisierte sie in Boston Pop-Art-Ausstellungen, später zog sie dann nach New York um. In den 1990er-Jahren tat sich ihr Gründer und Präsident Marc Glimcher mit Guy Wildenstein zusammen. Wildenstein stammt aus der gleichnamigen einflussreichen Kunsthändlerdynastie, deren erste Galerie 1875 in Paris gegründet wurde und die seit fünf Generationen Werke von Michelangelo bis Picasso an Sammler in aller Welt liefert. PaceWildenstein wurde so auch zu einer der mächtigsten New Yorker Galerien überhaupt. Seit 2010 jedoch gehen die beiden wieder eigene Wege und unter dem neuen Namen „The Pace Gallery" hat Glimcher fast alle gemeinsamen Räumlichkeiten übernommen. The Pace Gallery vertritt mehr als 40 Gegenwartskünstler – darunter die deutschen Tim Eitel und Carsten Nicolai – und ist für museumswürdige, historische Werkschauen bekannt. Die Webseite wurde jüngst zu einer Enzyklopädie des eigenen Archivs ausgebaut. 2014 gab es eine viel beachtete Retrospektive der Nacktfotografien des gerade verstorbenen Chuck Close. Der Erfolg der Galerie und ihr Umsatz sind so enorm, dass sie sich in der West 25th Street ein achtstöckiges Mini-Museum mit öffentlicher Bibliothek und einem Dachgarten bauen wird, der sich in die High Line einfügen soll.

Wer vor allem Pop Art schätzt, kann mit **Agora** 10 eine Fundgrube entdecken. Die Galerie wurde 1984 gegründet, um jungen, neuen Künstlern Hilfestellung zu geben und das Einleben in New York zu erleichtern. Sie ist Herausgeberin der Zeitschrift „ARTis Spectrum" und veranstaltet alljährlich den *Chelsea International Fine Art Wettbewerb*.

Cheim & Ried: 547 W 25th St., ☏ 212-242-7727, www.cheimread.com. Di–Sa 10–18 Uhr.

Marlborough Gallery: 545 W 25th St., ☏ 212-255-4638634, www.marlboroughchelsea.com. Di–Sa 10–17.30 Uhr.

The Pace Gallery: 534 W 25th St., ☏ 212-929-7000, 510 W 25th St. und 537 W 24th St., ☏ 212-255-4044 und ☏ 212-421-3292, www.thepacegallery.com. Im Winter Di–Sa 10–18 Uhr, im Sommer Mo–Fr 10–18 Uhr.

Agora: 530 W 25th St., 1. OG, ☏ 212-226-4151, www.agora-gallery.com. Di–Sa 11–18 Uhr.

An der 26th Street gelangen Sie über die Treppe oder den Fahrstuhl wieder hinauf auf die High Line und direkt zu einer der Aussichtsplattformen. Vor Ihnen liegt der letzte und urbanste Abschnitt des Parks, an dessen Ende eine Rampe hinunter zur 34th Street führt, wo Sie an der Kreuzung zur 11th Avenue Zugang zur neuen Subwaystation Hudson Yards und der Linie 7 haben.

Hudson Yards ist übrigens ein neues Quartier der Superlative, in dem 15 Hochhäuser entstehen und die begehbare Skulptur „Vessel" mit ihren 154 miteinander verbundenen Treppen 2018 für Furore sorgen wird.

Kleinod für Kunst aus dem Himalaja

Abstecher:
Rubin Museum of Art

Dieses weniger bekannte, aber einzigartige und gemeinnützige Museum konzentriert sich ganz auf die Kunst aus dem Himalaja, überwiegend aus Tibet. Die Ausstellungen auf fünf Stockwerken geben eine brillante Einführung in die Symbolik und Bedeutung der meist religiösen Kunst des Landes, erklären die verwendeten Techniken und Materialien und zeigen die Bedeutung dieser Kunst für die Gesellschaften Nepals, Tibets und Bhutans. Auch Indien, die Mongolei und China werden berücksichtigt. Die Werke reichen von weiblichen Buddhas bis hin zu den Wandmalereien des geheimen Tempels des Dalai Lama (Luk-hang Murals) oder „verrückten" Göttern. Die Museumssammlung enthält rund 2000 Werke vom 2. Jh. bis heute. Die Räume werden auch oft für Wanderausstellungen genutzt.

150 W 17th St. zw. 6th und 7th Ave., ☎ 212-620-5000, rubinmuseum.org. Mo und Do 11–17, Mi 11–21, Fr 11–22, Sa/So 11–18 Uhr. Eintritt $ 15, erm. $ 10, Audioguide $ 3, Fr 18–22 Uhr Eintritt frei. Kostenlose Führungen tägl. 13 und 15 Uhr, Fr auch 18 Uhr. K2 Nights mit Tapas und DJs. Subway: 14 St. Linien 1, 2, 3 oder 18 St. Linie 1.

Mode im Museum quirlig

The Museum at FIT

Das Museum des *Fashion Institute of Technology*, das jährlich 10.000 Modedesigner ausbildet, ist das einzige in New York, das sich ausschließlich der Mode widmet. Es wird für seine innovativen Ausstellungen, Debatten und Veranstaltungen gerühmt. Zur Sammlung zählen 50.000 Kleidungsstücke vom 18. Jh. bis heute. Ein Vergnügen für Fashionistas!

227 W 27th St./Ecke 7th Ave., ☎ 212-217-4558, www.fitnyc.edu/museum. Di–Fr 12–20 Uhr, Sa 10–17 Uhr. Eintritt frei. Subway: 28 St. Linie 1.

Im Meatpacking District stößt man überall auf Kunst

Tour 8: Chelsea und Meatpacking District:

Praktische Infos → Karte S. 126/127

Essen und Trinken

Chelsea Market 33 Mehr als 35 Gastrobetriebe, die sich auch gegenseitig beliefern, locken in diesen beiden Blocks mit kulinarischen Leckerbissen. Dazwischen reihen sich ausgefallene Designerläden, darüber sind Büros und Medienfirmen untergebracht. Der gesamte Komplex ist sehr stylish mit vielen Sitzmöglichkeiten und Kunstwerken, ein allumfassender Genuss. Mo–Sa 7–21 Uhr, So 8–20 Uhr. 75 9th Ave. zw. W 15th und W 16th St., ℡ 212-243-6005, www.chelseamarket.com. Subway: 14 St. Linien A, C, E.

Don Giovanni 18 Italiener mit Holzkohleofen und Straßenplätzen, unprätentiös, gemütlich und bezahlbar (Pizzen von $ 9,95–24,95). So–Do 11.30–24 Uhr, Fr/Sa bis 1 Uhr. Brunch Sa/So 11–15 Uhr. 214 10th Ave. nahe 23rd St., ℡ 212-242-9054, www.dongiovanni-ny.com/location-chelsea.php. Subway: 23 St. Linien C, E.

The Standard Grill 39 Biergarten, Bistro, Grill und Bar in einem. So–Mi 7–3 Uhr, Do–Sa bis 4 Uhr. 848 Washington St./W 13th St., ℡ 212-645-4100, www.thestandardgrill.com. Subway: 14 St. Linien A, C, E oder 8 Ave. Linie L.

The Empire Diner 20 Die 2014 von einer Fernsehköchin wiedereröffnete Art-déco-Ikone der gehobenen Dinerkultur mit schwarzweißem Schachbrett-Boden und Kerzen auf dem Tisch. Bessere Dinerküche mit Variationen wie Zwiebelsuppe, aber auch den Klassikern. Mo–Fr 7.30–23/24 Uhr, Sa 11–1 Uhr, So 22 Uhr. 210 10th Ave. zw. 22nd und 23rd St., ℡ 212-596-7523, www.empire-diner.com. Subway: 8 Ave. Linie L.

The Half King 16 Freundliches Pub mit Lesungen montags, Fotoausstellungen, Straßenterrasse und Garten. Bodenständiges Essen (z. B. Beef & Guiness Casserole). Mo–Fr 11–4 Uhr (Küche schließt um Mitternacht), Sa/So 9–4 Uhr, Brunch bis 16 Uhr. 505 W 23rd St./10th Ave., ℡ 212-462-4300, www.thehalfking.com. Subway: 23 St. Linien C, E.

Spice Market 38 Starkoch Jean-Georges Vongerichten ließ sich bei seinem fünften Lokal in New York von den asiatischen Straßenverkäufern inspirieren. Das riesige Restaurant ist gemütlich mit viel Holz und Antiquitäten ausgestattet und gleicht einem balinesischen Tempel. Südostasiatische und Thai-Küche, exotisch mit viel Ingwer, Papaya und Koriander. Hauptgerichte $ 22–49. Unbedingt reservieren. Mo–Mi 11.30–23 Uhr, Do bis 24 Uhr, Fr/Sa bis 1 Uhr, 403 W 13th St. zw. 9th Ave. und Washington St., ℡ 212-675-2322, spicemarket restaurants.com/spice_market_new_york. Subway: 14 St. Linien A, C, E.

Dos Caminos 40 Mexikanisches Restaurant auf drei Ebenen, Teil einer derzeit sehr erfolgreichen und szenigen Restaurantkette. Tacos, Empanadas, Ensaladas und viel Guacamole mit hausgemachten Tortilla-Chips. Hauptgerichte $ 13–22. So–Di 11.30–22 Uhr, Mi/Do bis 23 Uhr, Fr/Sa bis 1 Uhr. 675 Hudson St./14th St., ℡ 212-699-2400, www.doscaminos.com. Subway: 14 St. Linien A, C, E.

Bagatelle 41 Das französische Bistro serviert schnelle Snacks für gehobenes Meatpacking-Publikum, verwandelt sich abends in eine coole Lounge, an den Wochenenden in einen Brunch-Party-Club. Der Pancake Bagatelle kostet $ 19. 1 Little W 12th St./9th Ave. ℡ 212-488-2110, www.bagatellenyc.com. Subway: 14 St. Linien A, C, E.

Einkaufen

Comme des Garçons 17 Die Kleidung des japanischen Designers Rei Kawakubo wird in diesen Verkaufsräumen im Eisenbahnbogen fast zur Nebensache. Durch einen glitzernden Tunnel aus blank geputztem Aluminium gelangen Sie in die weiß verputzten Verkaufsräume mit Goldelementen und einem 5 m hohen Parfumbar aus Stahl. Auch die Mode gleicht mehr architektonischen Modellen und wird von der Modeelite getragen. Mo–Sa 11–19 Uhr, So 12–18 Uhr. 520 W 22nd St. zw. 9th und 10th Ave., ℡ 212-604-9200, www.comme-des-garcons.com/stores/row.html. Subway: 23 St. Linien C, E.

Der preiswertere **Comme des Garçons Pocket 26** ist mit seiner Punktedekoration kaum zu übersehen und befindet sich in der 112 10th Ave./17th St., ℡ 212-463-8100. Di–Sa 11–19 Uhr, So 12–18 Uhr. Subway: 18 St. Linie 1.

192 Books 21 Kuriert von der Galeristin Paula Cooper und ihrem Ehegatten, fühlen sich die hellen und hohen Räume mehr wie eine Privatbibliothek denn wie eine Buchhandlung an. Es werden Kunstbücher und Literatur über Kunst und relevante Themen verkauft, oft finden Lesungen statt. Tägl. 11–19 Uhr. 192 10th Ave./Ecke 21st St., ℡ 212-255-4022, www.192 books.com. Subway: 23 St. Linien C, E oder 1.

Praktische Infos

Tory Burch 42 Die amerikanische Designerin ist die Ex-Gattin von Fahrradprofi Lance Armstrong und hat einst für Harper's Bazaar und Vera Wang gearbeitet. Sie machte sich 2004 selbstständig und besitzt inzwischen 36 Geschäfte. Mo–Sa 11–19 Uhr, So 12–18 Uhr. 38–40 Little West 12th St. zw. Washington St. und 9th Ave., ℅ 212-929-0125, www.toryburch.com. Subway: 14 St. Linien A, C, E.

Jeffrey New York 32 Exklusives Miniwarenhaus voller Designerklamotten bekannter (Prada, Michael Kors) und weniger bekannter Namen (Libertine, Dsquared). Ähnliches Segment wie Bergdorf Goodman oder Barneys, nur cooler. Mo–Fr 10–20 Uhr, Sa bis 19 Uhr, So 12.30–18 Uhr. 449 W 14th St./Washington St., ℅ 212-206-1272, www.jeffreynewyork.com. Subway: 14 St. Linien 1, 2, 3.

Christian Louboutin 46 Seine femininen Pumps mit den roten Sohlen sieht man auf jedem roten Teppich dieser Welt. Mo–Sa 11–19 Uhr, So 12–18 Uhr. 59 Horatio St./Greenwich St., ℅ 212-255-1910, www.christianlouboutin.com. Subway: 14 St. Linien A, C, E.

Artists & Fleas 29 Auf diesem permanenten, kunsthandwerklich geprägten Flohmarkt im Chelsea Market verkaufen rund 100 Designer ihre Produkte. Mo–Sa 10–21 Uhr, So bis 20 Uhr. 88 10th Ave. (Chelsea Market) zw. 15th und 16th Ave., www. artistsandfleas.com/chelsea/. Subway: 14 St. Linien A, C, E.

Paige Denim 34 Bequeme Designer-Jeans. Mo–Sa 11–19 Uhr, So 12–18 Uhr. 869 Washington St., ℅ 212-807-1400, www.paige.com. Subway: 8 Ave. Linien A, C, E.

New London Pharmacy 24 Kosmetik für Visagisten und andere Experten. Mo–Fr 8.30–20.30 Uhr, Sa 9–20 Uhr, So 10–18.30 Uhr. 246 8th Ave. zw. 22nd und 23rd St., ℅ 212-243-4987, www.newlondonpharmacy.com. Subway: 23 St. Linien C, E.

Samsung 837 Store 35 Der nagelneue Laden über drei Stockwerke ist kein Laden, sondern eine Galerie und digitale Spielwiese für Kunst und Galaxy Gadgets. Hier kann man keine Geräte kaufen, sondern nur ausprobieren und 75 Leute passen vor die Screens, wo oft Filme gezeigt werden. Es gibt zahlreiche Veranstaltungen und Shows, das Café wird vom Smorgasburg Market betrieben. Mo–Fr 11–21 Uhr, Sa 10–22 Uhr, So 10–20 Uhr. 837 Washington St. zw. Little W 12th und W 13th St., ℅ 844-577-6969, www.samsung.com. Subway: 14 St. Linien A, C, E.

Kunst und Kulinarik: der Chelsea Market

Sonstiges

Sleep No More 3 Die britische Theatergruppe Punchdrunk hat ein Lagerhaus zum fiktiven Hotel samt Bar, Restaurant und Dachterrasse umgebaut. Der Besucher erhält eine venezianische Maske und wandelt frei durch die schummrigen vier Stockwerke, wobei er immer wieder auf Spielszenen aus Macbeth trifft, die wortlos, aber dramaturgisch anspruchsvoll und manchmal interaktiv in verschiedensten Räumen ausgespielt werden. Es geht um Liebe und Eifersucht, Mord und Totschlag. Eine bahnbrechend neue Theatererfahrung, die durchaus gruselt und anstrengt. 530 W 27th St. zw. 10th und 11th Ave., ℅ 866-811-4111, www.mckittrickhotel.com. Subway: 23 St. Linien C, E.

Parade der Wahrzeichen
Tour 9

Midtown Manhattan ist das Viertel, das den hochgesteckten Erwartungen an New York gerecht wird. Neben den riesigen Wolkenkratzern, hupenden Taxis, vorbeieilende Menschen finden sich hier viele der berühmtesten New Yorker Sehenswürdigkeiten.

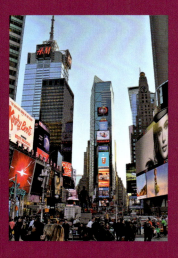

- **Macy's**, shoppen im größten Kaufhaus der Welt, S. 137
- **Empire State Building**, Cathedral of the Skies, S. 138
- **Grand Central Terminal**, Jugendstilpalast für die Eisenbahn, S. 144
- **Rockefeller Center**, Stadt in der Stadt mit Aussichtsplattform, S. 148
- **Museum of Modern Art (MoMA)**, Must-see für Liebhaber moderner Kunst, S. 150
- **Times Square**, Werbewelt und Broadwaybühnen, S. 152

New Yorks zentrales Geschäftsviertel
Midtown

Das Filetstück Manhattans ist Midtown. Hier liegen fast alle Sehenswürdigkeiten, die der Erstbesucher aus der Werbung oder dem Kino kennt und die wohl auf keiner To-see-Liste von Touristen fehlen dürfen.

Topattraktion von East Midtown ist für fast alle Besucher das **Empire State Building**, das stolze 443 m in den Himmel ragt. Nach dem Einsturz des World Trade Centers war es bis zum Sommer 2012 das höchste Gebäude der Stadt, dann hat es das One World Trade Center (1WTC) wieder überholt. An Berühmtheit kann es mit diesen beiden Giganten sonst nur noch das **Chrysler Building** aufnehmen, das als eines der schönsten Art-déco-Hochhäuser Manhattans gilt und das Goldene Zeitalter des Automobilbaus feiert. Aus den goldenen Zeiten der Eisenbahn stammt der **Grand Central Terminal** gleich daneben, der peinlich genau renoviert wurde und Architekturkritiker aus aller Welt in Begeisterung versetzt.

Das kommerzielle Leben des Stadtteils pulsiert entlang der berühmten **5th Avenue**, die unzählige Male in Film und Musik verewigt wurde. Sie erwarb sich ihren legendären Ruf Anfang des 20. Jh., als die neue Upper Class hier eine Reihe prächtiger Stadtvillen bauen ließ. Zu ihren Protagonisten zählten die Vanderbilts, die durch den Betrieb von Dampfschiffen und den Bau der Eisenbahn zu Reichtum gelangt waren, die Astors, die ein Hotel- und Medienimperium befehligten, oder die Goulds, die mit den Vanderbilts um die Kontrolle über die Eisenbahnen konkurrierten. Als nach dem Ersten Weltkrieg die betuchten Familien nach Norden in die Upper East Side umzogen, überließen sie ihre Luxushäuser den Herstellern von Luxusgütern. Wenn Sie die 5th Avenue in Richtung Central Park entlangspazieren, kommen Sie unweigerlich an Dutzenden Nobelgeschäften wie *Lord & Taylor*, *Saks*, *Tiffanys* oder *Bergdorf Goodman* und Edeldesignern wie *Gucci*, *Versace* oder *Prada* vorbei.

Die 7th Avenue und der Broadway treffen sich am **Times Square**, der „berühmtesten Kreuzung der Welt". Der gesamte Times Square District mitsamt angrenzendem Theaterviertel am *Great White Way* (→ Kasten, S. 142) ist das Herz des amerikanischen Showbiz und das Mekka der Unterhaltungsindustrie: neonbunt, trubelig, glamourös.

Ein Vergnügen ganz anderer Art und der kulturelle – allerdings kaum weniger lebhafte – Höhepunkt eines Bummels durch Midtown ist der Besuch des **Museum of Modern Art (MoMA)**, das die umfassendste Sammlung moderner Kunst in der Welt zeigt.

Musikfreunde werden die **Radio City Music Hall** im Art-déco-Stil aufsuchen wollen, die 1932 mit Charlie Chaplin und Arturo Toscanini eröffnete und über eine fast 6000 Zuschauer fassende Konzerthalle verfügt. Besinnlicher geht es in der **St Patrick's Cathedral** zu, dem Sitz des New Yorker Erzbischofs. Politisch Interessierte wiederum wird es hinter die Kulissen der **United Nations** am East River ziehen.

Tour-Info Midtown ist das Herz der Stadt. Wenn Sie nur einen Tag Zeit haben, wird Ihnen nichts anderes übrigbleiben, als für die Besichtigungen und Besuche persönliche Schwerpunkte zu setzen. Auf keinen Fall auslassen sollten Sie aber den Times Square, der trotz oder gerade wegen des Andrangs zu einem New-York-Besuch einfach dazugehört – können 35 Millionen Touristen im Jahr irren? Aber im Ernst: das größenwahnsinnige Lichtermeer ist schier überwältigend.

Von Macy's zum Grand Central Terminal

Wenn Sie aus der Subway-Station 34th Street (B, D, F, M, N, Q, R) aussteigen, befinden Sie sich am **Herald Square**. Dieser Platz wurde nach der Tageszeitung *New York Herald* benannt, die ihren Verlagssitz zwischen 1893 und den 1920er-Jahren hier in der 35th Street hatte.

Shoppen im größten Kaufhaus der Welt
Macy's

An der westlichen Ecke des Herald Square finden Sie New Yorks und angeblich der Welt (Eigenwerbung) größtes Kaufhaus: Macy's. Es ist seit mehr als einem Jahrhundert eine New Yorker Institution, die Einkaufstüten mit dem roten Stern als Logo sind aus dem Stadtbild nicht mehr wegzudenken. Firmengründer Rowland Hussey Macy war ursprünglich Kapitän eines Walfangbootes. Im Oktober 1857 gründete er einen kleinen Gemischtwarenladen, der am ersten Tag einen Umsatz von stolzen 11,06 Dollar machte. Heute werden allein im Hauptgeschäft an der 34th Street auf 198.500 m² Fläche eine halbe Million Waren angeboten (es gibt 870 Geschäfte in 45 Staaten Amerikas). Seine gewaltige Expansion verdankt Macy's, das 1896 von Nathan und Isidor Straus übernommen wurde, Letzterer starb 1912 beim Untergang der Titanic, u. a. seiner stets innovativ-kreativen Arbeit im Bereich Werbe- und Verkaufsstrategien. So heizte es als erstes Kaufhaus bereits 1862 sein Weihnachtsgeschäft mit dem Einsatz eines Santa-Claus-Darstellers an und investierte ebenfalls schon früh in aufwendige Schaufensterdekorationen. Darüber hinaus organisiert Macy's eine Reihe publikumswirksamer Events, darunter alljährlich Macy's Flower Show im Frühjahr, im Oktober eine große Thanksgiving-Parade sowie einige Feuerwerksveranstaltungen, u. a. zum Unabhängigkeitstag.

Macy's 151 W 34th St./Herald Sq., 212-695-4400, www1.macys.com. Mo–Sa 10–22 Uhr, So 11–21 Uhr. Subway: 34 St./Herald Sq. Linien B, D, F, M, N, Q, R.

New Yorks Veranstaltungsmekka
Abstecher: Madison Square Garden

Die Penn Station, die als ein architektonisches Meisterwerk galt, wurde 1963 abgerissen, um den Weg freizumachen für den neuen Standort des legendären Madison Square Garden. Die heutige Penn Station liegt 15 m unter dem Freizeit- und Bürokomplex versteckt. In der Arena finden Kultur- und Sportveranstaltungen statt – von Rockkonzerten und Zirkusabenden bis zu Eishockey-, Basketball- und Tennismatches. Das jüngst für fast 1 Mrd. Dollar umgebaute Stadion kann man auch im Rahmen der All Access Tour besichtigen.

4 Pennsylvania Plaza, 7th Ave. zw. 31st und 33rd St., www.thegarden.com. Führungen tägl. 9.30–15 Uhr alle halbe Stunde, $ 26,95, erm. $ 19,95. Tour-Hotline: 212-465-6741 oder Ticketmaster.com. Subway: 34 St./Penn Station Linien 1, 2, 3, LIRR.

Cathedral of the Skies
Empire State Building (ESB)

Von Macy's ist es nicht weit zu einem *der* Wahrzeichen New Yorks, dem Empire State Building an der Kreuzung 33rd Street, 5th Avenue (der Eingang, der Sie direkt zum Fahrstuhl und Kartenverkauf für die Aussichtsplattformen führt, liegt rechts um die Ecke an der 5th Avenue). Das 443 m (ohne Mast und Antenne 381 m) hohe Gebäude schafft es zwar nicht mehr in die Top Ten der Welt, von hier kann man an klaren Tagen jedoch noch immer 130 km weit ins Umland sehen. Die Pläne zum Bau des Empire State Building gehen auf eine Initiative des Vizepräsidenten von General Motors, John J. Raskob, zurück. Er wollte seinen Rivalen Chrysler in den Schatten stellen, dessen gleichnamiger Art-déco-Bau bereits ein paar Monate früher an den Wolken gekratzt und einen imposanten Welthöhenrekord aufgestellt hatte (→ S. 145). Raskob wollte aber nicht nur höher bauen, sondern auch schneller. Beides gelang ihm: In nur 14 Monaten stampften die Arbeiter eine gewaltige Konstruktion aus dem Boden, die die 319 m des Chrysler Building locker übertrumpfte. Als das ESB am 1. Mai 1931 eröffnet wurde, waren 60.000 t Stahl verbaut, 100 km Wasserleitungen verlegt und 6500 Fenster ein-

gesetzt worden. Oben prangte ein gigantischer Mast, der ursprünglich als Ankerplatz für Zeppeline aus Europa konzipiert worden war. Die wohlhabenden Gäste aus der Alten Welt sollten – so der listige Plan – unmittelbar nach ihrer Ankunft mit Expressfahrstühlen heruntergebracht werden, um sich möglichst schnell ins Einkaufsgetümmel an der 5th Avenue stürzen zu können. Doch der Traum vom gigantischen „Luftbahnhof der kurzen Wege" war nach zwei gescheiterten Andockversuchen schnell ausgeträumt. Und auch sonst lief längst nicht alles nach Plan, denn trotz einer kostspieligen Werbekampagne hatte man bis zur Eröffnung nicht mehr als 46 % der Bürofläche vermieten können. Das ESB galt als wirtschaftlicher Flop mit dem Spitznamen „Empty State Building" – bis es touristisch entdeckt wurde. Heute haben es rund 35.000 Besucher pro Tag (ca. drei Millionen pro Jahr) auf ihrem Programm, ein kräftiges Zubrot auf die ohnehin schon immensen Mieteinnahmen, die das Gebäude erzielt.

Vom unteren Concourse Deck, das Wartende in einer interaktiven Ausstellung über die jüngsten energiesparenden und umweltfreundlichen Umbauten informiert, die aus dem „grauen" einen „grünen" Riesen machten, gelangt man mit einem der 73 Aufzüge (Gesamtschachtlänge 111 km) zunächst bis zum 80. Stockwerk. Hier befinden sich ein Souvenirladen und die Ausstellung „Dare to Dream", die in Fotos und Architekturmodellen den Bau des Empire State Building dokumentiert. Mit einem weiteren Fahrstuhl geht es dann zur ersten Aussichtsplattform im 86. Stockwerk in 320 m Höhe, wo man den gigantischen Ausblick entweder unter freiem Himmel oder hinter Glas geschützt genießen kann. Für rund $ 15 mehr kann man in einen weiteren Aufzug umsteigen, der bis zum vollständig verglasten 102. Stockwerk fährt (373 m). Dort hatte Fay Wary ihr letztes Rendezvous mit dem Riesenaffen King Kong. Die oberen 30 Stockwerke des ESB sind zwischen 21 Uhr und 2 Uhr

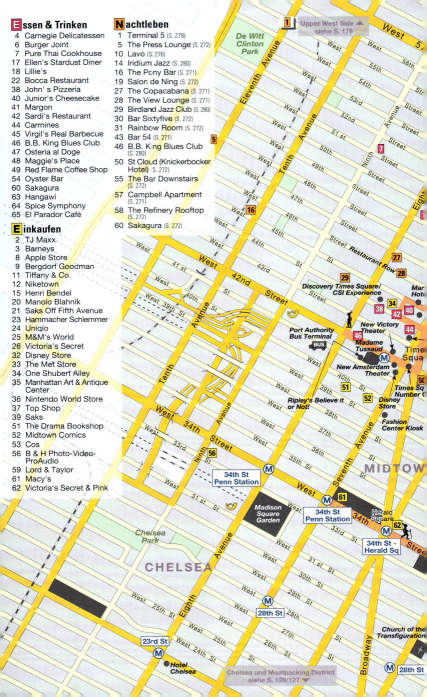

morgens erleuchtet, oft in verschiedenen Farbkombinationen, die zu Feiertagen Flagge bzw. Nationalfarben zeigen.

Sollten Sie nicht hoch fahren wollen, schauen Sie sich wenigstens die dreistöckige Lobby an: ein Augenschmaus aus 9290 m2 Marmor und Granit, 22 Karat Gold und den jüngst restaurierten Art-déco-Deckengemälden. Wenn man sie von der 5th Avenue aus betritt, wird der Blick unweigerlich auf das Aluminium-Relief am anderen Ende des Saales gelenkt. Es zeigt das Empire State Building vor der Karte des Staates New York, der den Beinamen *Empire State* trägt. In einem der Schaukästen sitzt ein stoffeliger King Kong, inzwischen stand das ESB in mehr als 100 Filmen auf der Besetzungsliste.

250 5th Ave. zw. 33rd und 34th St., ☎ 212-736-3100, www.esbnyc.org. Tägl. 8–2 Uhr (letzter Aufzug um 1.15 Uhr). Do–Sa 22–1 Uhr Live-Musik (Saxofon). Aussichtsplattform 86. Etage: $ 32, erm. $ 29, Kinder 6–11 J. $ 26, jüngere kostenlos; Express: für alle $ 65. Bis zur 102. Etage: $ 52, erm. $ 49, Kinder $ 46; Express: für alle $ 85. Kostenfreier Audioguide oder Download. Veranstaltungen: Hochzeiten am Valentinstag, Run-up im Februar, bei dem die Teilnehmer die 1576 Stufen bis zum 86. Stockwerk in einem Wettrennen zurücklegen. Subway: 34 St./Herald Sq. Linien B, D, F, M, N, Q, R oder 33 St. Linie 6.

New York im Kasten
Eine Straße macht Theater

Es gibt zwar in jedem der fünf New Yorker Boroughs eine Straße namens Broadway, doch der „Breite Weg" von Manhattan ist mit Abstand der berühmteste. Er ist nicht nur die längste, sondern auch die älteste Straße von New York. Der Broadway zieht sich in Nord-Süd-Richtung zum Teil noch entlang einer ehemaligen Handelsroute der Indianer vom Bowling Green in Lower Manhatten über die ganze Insel und verläuft dann als *New York–Albany Post Road* weiter bis nach Albany, der Hauptstadt des Staates New York. Dort, wo der Broadway andere Avenues kreuzt, sind mehr oder weniger bekannte Plätze entstanden, darunter der Union Square, der Madison Square, der Columbus Circle oder der Times Square. Um den Times Square finden Sie den berühmtesten Abschnitt des Broadways; dort wird er wegen der vielen Leuchtreklamen für die Theater und Kinos seit Anfang des 20. Jh. *The Great White Way* genannt. Wer es als Schauspieler, Regisseur oder Produzent an den Broadway schafft, darf seinen Durchbruch feiern. Die hier gezeigten Theaterstücke und Musicals heißen schlicht *broadway plays*.

Schriftdokumente aller Art

The Morgan Library

Vom ESB geht's nun die Madison Avenue nach Norden zum ersten von mehreren literarischen Zielen: der *Pierpont Morgan Library* (an der 36th St.). Sie präsentiert eine beeindruckende Sammlung seltener Manuskripte, Drucke, Bücher und anderer Schriftdokumente und ist inzwischen weit mehr als eine bloße Bibliothek. Zu den Kostbarkeiten zählen eine Gutenberg-Bibel, vier Erstausgaben von Shakespeare-Werken, Manuskripte von Byron, Keats und Dickens, Papyrusrollen aus Ägypten, assyrische Schrifttafeln und vieles mehr. Aber auch Architekturbegeisterte kommen auf ihre Kosten: Gebaut wurde die Library ursprünglich 1903–06 von den Architekten McKim, Mead & White für den Bankier John Pierpont Morgan im Stil eines Renaissancepalastes. In den folgenden Jahren kamen zwei weitere Gebäude dazu, das *Annex* und das *Morgan House*. Renzo Piano hat die drei Gebäude zwischen 2000 und 2006 durch Glas- und Stahlkonstruktionen miteinander verbunden.

Der Eingang liegt in der Madison Avenue und führt Sie direkt in einen knapp 20 m hohen, verglasten Innenhof (mit Café), von dem aus Sie die alten Büchereigebäude über Glastreppen oder einen Fahrstuhl erreichen. Man hat einen wunderbaren Blick auf die Rückseite des Renaissancepalastes, dessen Fassade aus rosafarbenem Marmor nach dem Vorbild der römischen Villa Medici entworfen wurde.

29 E 36th St./Madison Ave., ℡ 212-685-0008, www.themorgan.org. Di–Do 10.30–17 Uhr, Fr bis 21 Uhr, Sa 10–18 Uhr, So 11–18 Uhr. Eintritt $ 18, erm. $ 12 inkl. Audioguide (nur englisch), Fr 19–21 Uhr frei. Lunchen kann man im Café oder Dining Room. Subway: 33 St. Linie 6.

Blumenrabatten und Bücher

Bryant Park und New York Public Library

Nach Verlassen der Morgan Library gehen Sie die 37th Street Richtung Westen bis zur 5th Avenue, in die Sie rechts einbiegen. Nach drei Blöcken kommen Sie zur New York Public Library. Bei schönem Wetter lohnt es sich, einmal außen herumzugehen und einen Streifzug durch den **Bryant Park** zu unternehmen, der nach dem Schriftsteller und Herausgeber der *Evening Post*, William Cullen Bryant, benannt ist. 1853 war der Park – damals noch unter dem Namen *Reservoir Square* – Schauplatz der ersten New Yorker Weltausstellung. Der für diesen Zweck nach dem Londoner Vorbild gebaute *Crystal Palace* war so feuerfest wie die Titanic unsinkbar und brannte 1858 nieder. Heute sind die 39.000 m² Parkfläche wie ein französischer Garten mit heckengesäumten Wegen durchzogen. Man kann die Pracht von Blumenbeeten genießen, sich am Brunnen abkühlen, auf einem Karussell fahren (im Winter Schlittschuhlaufen) oder sich einfach nur auf Klappstühlen im Schatten der Platanen ausruhen. Das Filmfestival mit Klassikern vergangener Jahrzehnte (zwischen Juni und Sept., kostenlos) wird von der Bank of America gesponsert, die an der Nordwest-Ecke des Parks ihren Firmensitz hat. Ihr 370 m hohe Neubau **One Bryant Park** ist das zweithöchste Bürohochhaus der Stadt, allerdings misst die Spitze allein 78 m. Der Bau mit der unverwechselbaren Silhouette und einer prägnanten Krone hat nicht nur wegen seiner minimalistischen Architektur, sondern auch für sein ökologisches Konzept Lob eingeheimst. Der Skyscraper hat deckenhohe Isolierscheiben, nutzt Regenwasser und soll fast vollständig aus recyclebaren Materialien gebaut worden sein. 45 % des verwendeten Zements bestehen aus Flugasche.

Völlig im Kontrast dazu steht die altehrwürdige **New York Public Library**, an deren Eingang Sie zwei imposante Löwen namens *Patience* und *Fortitude* (Geduld und Tapferkeit) erwarten. Im Zuge der Umbenennung der New York Library in *Stephen A. Schwarzman Building* nach dem Stifter von über 100 Mio. Dollar zur Renovierung des Hauses heißen die Löwen im Volksmund nunmehr „Schwarzman's kittens" – „Schwarzmanns Kätzchen". Der Bau geht auf die Initiative des einstigen New Yorker Gouverneurs Samuel J. Tilden (1814–1886) zurück. Er war der Ansicht, dass einer Metropole wie New York eine groß dimensionierte öffentliche Bibliothek gut zu Gesicht stünde, und hinterließ den Stadtvätern einen beträchtlichen Teil seines Vermögens. In den 1890er-Jahren konnte man dann die Betreiber zweier kleinerer bereits bestehenden Bibliotheken dafür gewinnen, ihre jeweiligen Bestände in die neu zu schaffende Zentralbibliothek einfließen zu lassen. Mit dem Bau beauftragt wurden die beiden Beaux-Arts-Architekten John M. Carrère und Thomas Hastings, die auch die Inneneinrichtung bis ins Detail mitgestalteten: von den Marmorwänden über die Stühle und Leitern bis hin zu den Abfalleimern. Die Bibliothek umfasst 36 Millionen Objekte, darunter mehr als elf Millionen Bücher, die knapp 130 km Regale füllen. Einige der ältesten Stücke sind eine Gutenberg-Bibel und ein Globus von 1519. Für ein Lektüreintermezzo stehen zwei Cafés zur Verfügung. Außerdem finden zahlreiche interessante Wechselausstellungen statt.

Stephen A. Schwarzman Building, 5th Ave./42nd St., ☏ 917-275-6975, www.nypl.org. Mo und Do–Sa 10–18 Uhr, Di/Mi bis 20 Uhr, So 13–17 Uhr. Eintritt frei, kostenlose Audiotour (engl./span.) und Führungen Mo–Sa 11 und 14 Uhr. Subway: 42 St./Bryant Pk. Linier B, D, F, M.

Jugendstilpalast für die Eisenbahn
Grand Central Terminal

Den Grand Central Terminal erreichen Sie, indem Sie die New York Public Library nach links verlassen, um dann rechts in die East 42nd Street abzubiegen. Der größte Bahnhof der Welt befindet sich schließlich nach 300 m auf der linken Seite.

Der im prächtigen Jugendstil erbaute Grand Central Terminal ist ein bestauntes Meisterwerk grandioser Architektur, das viele Funktionen erfüllt: Hier kann man seinen kulinarischen Appetit, Shoppinggelüste und das Fernweh stillen. Der Bahnhof ist der Nachfolger des *Grand Central Depot*, das Cornelius Vanderbilt, eines der Finanzgenies des jungen Amerika, hier zwischen 1869 und 1871 errichten ließ. Der Bauernsohn war nach rücksichtslos geführten Preiskriegen zunächst zum größten Dampfschiffreeder Amerikas aufgestiegen, bevor er sich die Eisenbahn unter den Nagel riss. Klar, dass der reichste Mann Amerikas den größten Bahnhof der Welt wollte.

Das heutige, um vieles größere und prächtigere Gebäude bekam Vanderbilt, der 1877 starb, allerdings nicht mehr zu Gesicht. Dafür aber kamen am Tag der Eröffnung, dem 2. Februar 1913, sage und schreibe 150.000 Schaulustige, um das Ereignis zu feiern. Der Beaux-Arts-Bau mit seinen riesigen Marmortreppen, den kolossalen Fenstern und dem (heute manchmal per Lasershow angestrahlten) Himmel mit 2500 Sternen und Planeten in der kathedralenartigen Kuppel war ein Hit. Er hat bis heute nichts von seiner Faszination verloren und kann nach der umfangreichen Renovierung nun u. a. mit Ess-Ständen und Restaurants, darunter der berühmten *Oyster Bar* und *Michael Jordans Steak House*, einer Reihe von Cocktail Lounges sowie 50 Geschäften aufwarten. Neben der offenkundigen Eleganz und Schönheit birgt das Gebäude jedoch auch seine Geheimnisse: Im Obergeschoss des Bahnhofes ist das *Campbell Apartment* (→ S. 271) untergebracht. Es gibt auch eine *Whispering Gallery*, die schon viele Herren auf den Knien beim Heiratsantrag gesehen hat. Im Untergrund verbirgt sich ein Tunnelsystem mit einem Geheimzugang zum Waldorf-Astoria-Hotel, den Präsident Franklin D. Roosevelt oft genutzt haben soll.

42nd St./Vanderbilt Ave., ☏ 917-566-0008. Audioguides (auch auf Deutsch) gibt es an ausgewiesenen Schaltern am Main Concourse ($ 9, erm. $ 7, Download $ 4,99). Führungen tägl.

12.30 Uhr, $ 26, erm. $ 20; Treffpunkt ist der Tour-Schalter im Main Concours (www.grandcentralterminal.com/info/tours). Fr um 12.30 Uhr startet im Sculpture Court gegenüber dem Bahnhof an der East 42nd St. eine 90-minütige Führung kostenfrei (www.grandcentralpartnership.org/things-to-do/tours). Es ist keine Anmeldung erforderlich. Subway: Grand Central/42 St. Linien 4, 5, 6, 7, S und Metro-North.

Vom Grand Central Terminal können Sie einen Abstecher zum Chrysler Building und zum Hauptsitz der United Nations unternehmen, indem Sie die East 42nd Street weiter entlang bis zum East River laufen.

Wolkenkratzerschönheit

Abstecher: Chrysler Building

319 m ragt das Chrysler Building, das nahezu alle anderen Wolkenkratzer in Sachen Schönheit aus dem Rennen schlägt, in den Himmel. Von unten sieht das schwarz-weiße Art-déco-Backsteingebäude vergleichsweise schlicht aus, denn mit bloßem Auge kann man die seine Spitze zierenden metallenen Kühlerhauben, Kotflügel und Radkappen (basierend auf dem Chrysler-Modell von 1929) kaum erkennen. Aus der Ferne jedoch erhebt sich diese wunderbare Stahlkrone selbst an trüben Tagen noch funkelnd über der Stadt.

Entstanden ist das Gebäude im Rahmen eines der erbittertsten Wettläufe in der Baugeschichte New Yorks: Der Autozar Walter Chrysler hatte seinen Architekten William van Alen angewiesen, das höchste Gebäude der Stadt zu bauen. Exakt den gleichen Auftrag hatte auch van Alens einstiger Partner Craig Severance, der seinerseits mit dem Bau der *Bank of Manhattan* in der Wall Street den Höhenrekord anpeilte. Als Severence Wind davon bekam, dass Chrysler mit der Konstruktion der Nickel-Chrom-Kuppel auf einer Höhe von 282 m fertig war, machte er bei 283 m Schluss. Doch dann kam der gegnerische Coup: In nur 90 Min. wurde die Chrysler-Kuppel mit einer 56 m hohen

Kühlerhauben im Sonnenlicht: das Chrysler Building

Spitze versehen – van Alen konnte durch diesen Geniestreich den Sieg für sich verbuchen. Den Höhenrekord hielt das Chrysler Building allerdings nur ein knappes Jahr, dann wurde es vom Empire State Building abgelöst. Die Firma Chrysler hat das Büro- und Verwaltungsgebäude übrigens schon vor mehr als 50 Jahren verlassen.

405 Lexington Ave., zw. 42nd und 43rd St. Subway: Grand Central/42 St. Linien 4, 5, 6, 7, S, Metro-North.

Heimat des Weltfriedens

Abstecher: United Nations

Wenn Sie das UN-Gebäude am East River besuchen, verlassen Sie New York – zumindest völkerrechtlich gesehen. Denn das Hauptquartier der United Nations und deren 7 ha großes Gelände gehören formal gar nicht zu New York, sondern sind im Besitz der Staatengemeinschaft. Entsprechend verfügt man hier über eigene Sicherheitskräfte, eine eigene Feuerwehr und eine eigene Post mit eigenen Briefmarken. Drei der vier Hauptgebäude des Komplexes, die Generalversammlung, das Konferenzgebäude und ein 39-stöckiges Sekretariatsgebäude, wurden zwischen 1947 und 1953 von einem internationalen Architektenteam um Le Corbusier, Oscar Niemeyer und Wallace K. Harrison gebaut (die Deutschen Ludwig Mies van der Rohe und Walter Gropius wurden – so kurz nach dem Krieg – wegen ihrer Nationalität nicht berücksichtigt). Das vierte Gebäude, die nach dem zweiten UN-Generalsekretär benannte Dag-Hammarskjöld-Bibliothek, kam 1961 hinzu. Das Grundstück, auf dem die Gebäude stehen, stellte der Milliardär John D. Rockefeller II zur Verfügung. Er hatte es zuvor für 8,5 Mio. Dollar gekauft und die ursprüngliche Bebauung – vornehmlich Schlachthäuser und Brauereien – abreißen lassen. Das Außengelände ist als Parkanlage mit Brücken und Wegen angelegt, die nach internationalen Friedensaktivisten und Friedensnobelpreisträgern benannt wurden und von zahlreichen Skulpturen gesäumt sind.

Gegründet wurden die United Nations im Juni 1945 als Nachfolgeorganisation des Völkerbundes. Derzeit gehören ihr 193 Mitgliedsstaaten an, deren Fahnen in alphabetischer Reihenfolge entlang des Grundstückes wehen (nicht bei Frost!). Ihre wichtigsten Aufgaben sind die Sicherung des Weltfriedens, die Einhaltung des Völkerrechts und der Schutz der Menschenrechte. Zu den UN-Hauptorganen zählen die Generalversammlung, eine Art Parlament, in der jeder Mitgliedsstaat einen Sitz und eine Stimme hat; das Sekretariat mit dem Generalsekretär an der Spitze, der in der öffentlichen Wahrnehmung so etwas wie der Repräsentant der Gesamtorganisation ist; der Sicherheitsrat, das mächtigste Organ, von dessen fünf ständigen (China, Russland, Frankreich, Vereinigtes Königreich und die USA) und zehn nichtständigen Mitgliedern z. B. völkerrechtlich bindende Sanktionen wie Handelsembargos verhängt oder sogar militärische Interventionen angeordnet werden können. Hinzu kommt der Internationale Gerichtshof, der als völkerrechtliches Schiedsgericht fungiert. Sein Sitz ist in Den Haag, wie überhaupt die UN mit Genf, Nairobi und Wien noch drei weitere Außenstellen unterhält.

Hort des Weltfriedens: die Vereinten Nationen am East River

Die Zugangsmodalitäten sind wie folgt: Es ist ratsam, sich für eine Führung ein Online-Ticket zu kaufen. Nur wenn noch Plätze frei sind, kann man auch am selben Tag vor Ort Karten erwerben. Kinder unter 5 J. dürfen an einer Führung nicht teilnehmen. Beim Onlinekauf (über die Firma Vendini) gilt die Kaufbestätigung ausgedruckt oder digital auf Ihrem Smartphone als Ticket. Führungen (selten deutsch, nur auf Anfrage) finden nur wochentags von 9–16.30 Uhr statt und beginnen in der Lobby des Hauptsitzes (der Generalversammlung), wo sich auch das Besucherzentrum, die Post, einige Geschäfte und ein Café befinden. Die Lobby ist auch am Wochenende geöffnet (außer im Jan. und Febr.). Sie sollten etwa eine Stunde vor Führungsbeginn am UN-Komplex eintreffen und müssen dann zuerst in das Büro auf der gegenüberliegenden Straßenseite gehen (801 1st Avenue Ecke 45th Street), dort Ihren Ausweis vorlegen und einen Sicherheitspass in Empfang nehmen. Danach erst gehen Sie zum Haupteingang und durch die Sicherheitskontrollen. Haben Sie diese passiert, befinden Sie sich auf dem UN-Gelände.

Auf dem Weg zur Generalversammlung kommen Sie an der Bronzeskulptur *Let us beat swords into plowshares* (Schwerter zu Pflugscharen), einem Geschenk der Sowjetunion von 1959 vorbei. *The Ark of Return* ist ein neues, begehbares Denkmal, das vom Architekten Rodney Leon (auch African Buriel Ground Memorial) wie eine Art Schiffsrumpf gestaltet wurde und der Sklaverei bzw. dem transatlantischen Sklavenhandel gedenkt. In der Lobby der Generalversammlung werden bereits verschiedene Ausstellungen zur UN gezeigt. Die Tour beginnt am Schalter im hinteren Teil der Halle und dauert 45–60 Minuten. Sie führt durch die Versammlungsräume der einzelnen Räte, sofern keine Sitzungen stattfinden: Meistens bekommen Sie den Sitzungssaal des Sicherheitsrats mit dem eindringlichen Wandgemälde eines Phönix, der hinter dem Halbrund der Rednertische aus der Asche steigt, zu sehen; manchmal wird auch der Saal des Treuhandrats gezeigt, über dessen Sitzreihe die Statue einer Dame beide Arme ausbreitet und einen Vogel fliegen lässt – Symbol für die Treuhandgebiete, die in die Unabhängigkeit entlassen werden. Oder Sie sehen den Saal des Wirtschafts- und Sozialrates mit seiner unvollendeten Decke, die an die vielen noch unerledigten Aufgaben erinnern soll. Es folgt der Besuch von Ausstellungen zur Friedenssicherung, Entkolonialisierung und zum Problem der Landminen. Besonderen Eindruck machen einige der Kunstwerke (allesamt Geschenke von Mitgliedsstaaten) wie der belgische Wandteppich, der genug Faden enthält, um damit zweimal die Erde zu umwickeln, oder die chinesische Elfenbeinstatue, an der 100 Menschen zweieinhalb Jahre lang gearbeitet haben.

1st Ave. zw. 42nd und 47th St., ☏ 212-963-7539, visit.un.org. **Tickets sollten vorab online gekauft werden.** Führungen Mo-Fr 9.15–16.30 Uhr, bis 17.30 müssen Besucher das Gebäude verlassen haben: $ 22, erm. $ 15, Kinder 5–12 J. $ 13. Der Zutritt zur Lobby ist kostenfrei. Man kann auch im Dining Room der Delegierten lunchen, Mo-Fr 11.30–14.30 Uhr, nur nach Anmeldung ☏ 917-367-3314, ddr-reservations.com. Das Buffet kostet $ 34,99 (ohne Steuer). Subway: Grand Central/42 St. Linien 4, 5, 6, 7, S und Metro-North oder 51 St. Linie 6.

Vom Grand Central Terminal zum Rockefeller Center

Nach der Tour durch den Grand Central Terminal nehmen Sie keinen Geheimgang, sondern folgen den Schildern zur 45th Street durch das *Met-Life*-Gebäude und den West Helmsley Walk. Am anderen Ende tauchen Sie in der Park

Avenue wieder auf, einem majestätischen Boulevard mit breiten Bürgersteigen und Verkehrsinseln und eine der beliebtesten Wohn- und Geschäftsadressen New Yorks. Von den 1830er- bis in die 1890er-Jahre jedoch lebte es sich hier eher ungemütlich, da die Straßenbahnlinie in der Mitte der Straße verlief, die damals noch 4th Avenue genannt wurde. Die Kreuzungen waren mit Brücken für den Querverkehr überbaut und die Häuser standen auf Pfählen, damit sie beim Vorbeifahren der Züge nicht so vibrierten.

Wuchtiges Rekordgebäude
Met Life Building

Wenn Sie sich umdrehen, erhaschen Sie einen Blick auf das *Met Life Building*, durch das Sie gerade gekommen sind. Es ist so wuchtig, dass es die Sicht auf die Rückseite des Grand Central Terminal versperrt. Eingefleischte New Yorker nennen es nach seinem ursprünglichen Besitzer noch immer Pan-Am Building, obwohl es schon 1991 von der *Metropolitan Life Insurance Company* übernommen wurde. Als das knapp 250 m hohe Gebäude 1963 fertig war (zum Architektenteam gehörte auch Walter Gropius), verfügte es über 65 Fahrstühle und 21 Rolltreppen – das war damals Rekord. Bis 1977 befand sich sogar ein Hubschrauberlandeplatz auf dem Dach.

Nach einem Unfall, bei dem vier Passagiere und ein Passant ums Leben gekommen waren, wurde er geschlossen.

Größte Diamantenbörse der USA
Diamond Row

Biegen Sie nun links in die 47th Street ein und überqueren Sie sowohl die Madison als auch die 5th Avenue. Dort werden Sie von diamantförmigen Laternen begrüßt, denn Sie gelangen jetzt in die Diamond Row, wo sich die größten Diamantenbörsen des Landes befinden. 90 % aller Diamanten Amerikas kommen über New York ins Land, fast immer durch die Diamond Row, in der etwa 4000 Unternehmen in diesem Gewerbe tätig sind, die rund 22.000 Leute beschäftigen und 24 Mrd. Dollar Jahresumsatz machen. Die Geschäfte im Erdgeschoss sind eigentlich ausschließlich für die Touristen da. Der echte Handel mit losen Diamanten vollzieht sich in den Clubs und Exchanges. Dominiert wird das Geschäft von chassidischen Juden (→ Fahrradtour Brooklyn S. 217), in großen Organisationen wie dem Diamond Dealers Club in Nr. 30 gibt es sogar einen Gebetsraum und ein koscheres Restaurant. Wer seine Geschäfte vom eigenen Büro aus tätigt, hat Überwachungskameras installiert und jeder Besucher muss mindestens drei Hochsicherheitstüren passieren, um zum Diamantenhändler vorzudringen. Vorsicht ist eben auch die Mutter der Juwelierstube.

Stadt in der Stadt mit Aussichtsplattform
Rockefeller Center

Nehmen Sie jetzt eine Abkürzung durch die Plaza Arcade (bei Hausnr. 27 gegenüber der 5th Avenue Jewellers Exchange) hinüber zum **Rockefeller Plaza**, wo Sie sich bald im Gebäudewirrwarr des riesigen Rockefeller-Center-Komplexes befinden. Dessen unteres Geschoss (Lower Plaza oder Concourse Level) bildet im Winter eine Eislaufbahn und ist der Standort des berühmten Weihnachtsbaums, im Sommer stellen Restaurants und Bars hier ihre Stühle raus. Sie müssen unbedingt ein Foto von Paul Manships vergoldeter Statue des Prometheus schießen. Das Rockefeller Center erstreckt sich zwischen der 48th und der 51st Street, besteht aus insgesamt zwölf Hochhäusern, mehreren Plätzen und einem unterirdischen Einkaufszentrum. Der größte Teil davon wurde in den 1930er-Jahren errichtet, lediglich die Hochhäuser an der 6th Avenue sind später entstanden. Bauherr und Namensgeber des Projekts war John D. Rockefeller Jr., der das Gelände 1928 für 80 Jahre von der Columbia-Universität gepachtet hatte, ursprünglich, um dort ein neues Opernhaus für die *Metropolitan Opera* zu errichten. Der Börsencrash von 1929 und die Weltwirtschaftskrise machten den Planern einen Strich durch die Rechnung: Die *Met* zog sich aus dem Projekt zurück und Rockefeller musste neu überlegen, was er mit dem Gelände anstellen sollte. Pointiert ausgedrückt hieß die Lösung „Kommerz statt Kunst" und so wurde anstelle eines neuen Musentempels der damals größte private Geschäfts- und Amüsierkomplex der Welt gebaut – mit Büros, Apartments, Geschäften, Restaurants, Kinos, Clubs und allen erdenklichen Serviceeinrichtungen.

Direkt vor Ihnen türmt sich das 259 m hohe **GE Building** im Art-déco-Stil auf, in dem einige Schwergewichte der Medienbranche zu Hause sind, darunter die Nachrichtenagentur *Associated Press* und der Fernsehsender *NBC*, der von hier aus einige seiner wichtigsten Sendungen ausstrahlt, u. a. die *NBC Today Show*. Linker Hand befindet sich der Eingang zur Aussichtsplattform **Top of the Rock**. (Die Tickets gibt es online, an einem Verkaufsstand auf der Plaza oder um die Ecke in der 50th Street.) Von drei Plattformen im 67. Stock, 69. Stocke (verglast) und 70. Stock (open-air) haben Sie auf max. 260 m Höhe einen Panoramablick über ganz Manhattan einschließlich des Empire State Building. Der *Rainbow Room* im 65. Stockwerk ist ebenso legendär wie teuer. Wenn's denn auch ein Drink tut, können Sie in die *Bar Sixtyfive* ausweichen.

Die Welt auf dem Rücken: Atlas vor dem Rockefeller GE Building

Top of the Rock: 30 Rockefeller Plaza/W 50th St., zw. 5th und 6th Ave., ☏ 212-698-2000, www.topoftherocknyc.com. Eingang 50th Street. Tägl. 8–24 Uhr, letzter Aufzug 23.15 Uhr. Eintritt $ 32, Senioren $ 30, Kinder 6–12 J. $ 26, Sonnenaufgang und -untergang (zwei Besuche an einem Tag) plus $ 5. www.topoftherocknyc.com/visitor. **Rainbow Room**: So Brunch ($ 125/Pers.), ausgewählte Termine Dinner & Dance. **Bar Sixtyfive**: Mo–Fr 17–24 Uhr. ☏ 212-632.5000, www.rainbowroom.com. **Führungen Rockefeller Center**: 10–19.30 Uhr jede halbe Stunde, $ 20. Subway: 47–50 St./Rockefeller Ctr. Linien B, D, F, M.

Von der St Patrick's Cathedral zur Carnegie Hall

Amerikas größte katholische Kirche
St Patrick's Cathedral

Über die Rockefeller Plaza gelangen Sie nun zur 5th Avenue, an der die größte römisch-katholische Kirche der Vereinigten Staaten und Sitz der Erzdiözese von New York steht: die St Patrick's Cathedral. Doch obwohl sie stolze 120 m lang ist und ihre Zwillingstürme 100 m in die Höhe ragen, wirkt sie neben den Wolkenkratzern geradezu winzig. Gebaut wurde sie zwischen 1858 und 1878 für die damals etwa 200.000 Gläubige starke katholische Gemeinde New Yorks, die meisten davon irischer Herkunft. Als Bischofskirche löste sie die Old St Patrick's Cathedral in der Mulberry Street (→ S. 62) ab, die seither als Basilika dient. Äußerlich erinnert St Patrick's an die großen europäischen Kathedralen wie den Kölner Dom. Als Baumaterial verwendete der Architekt James Renwick kostbaren weißen Marmor, einige der großen Buntglasfenster ließ er in Chartre fertigen. Im Inneren der mit 2400 Sitzplätzen ausgestatteten Kirche, das man durch massive Bronzetüren betritt, fällt u. a. der mit einem Bronze-Baldachin versehene Hochaltar ins Auge. In der Krypta liegen die Erzbischöfe von New York begraben, sechs davon waren Kardinäle. Deren breitkrempige Kardinalshüte hängen über den Grabstätten von der Decke. Gegenüber der Kathedrale steht die zwei Tonnen schwere Art-déco-Statue des Atlas, der die Welt auf seinen Schultern trägt.

14 E 51st St. (Eingang 5th Ave. zw. 50th und 51st St.), ℡ 212-753-2261, www.saintpatrickscathedral.org. Mit Download einer Cathedral Tour App. Tägl. 6.30–20.45 Uhr, Shop 8.30–20 Uhr. Eintritt frei. Subway: 47–50 St./Rockefeller Ctr. Linien B, D, F, M.

Musik in edlem Ambiente
Radio City Music Hall

Profaneren Bedürfnissen dient seit den 1930er-Jahren die Radio City Music Hall, deren Neon-Schriftzug Sie an der 6th Avenue leuchten sehen. Sie gelangen dorthin, indem Sie der West 50th Street in Richtung Westen weiter folgen. In der Music Hall finden Musicals und Konzerte statt, zuvor diente der 1932 als Varieté-Theater im Art-déco-Stil errichtete Bau viele Jahre lang als Premierenkino. Das Auditorium fasst knapp 6000 Menschen und ist außerhalb der Spielzeiten im Rahmen von Führungen zu besichtigen. Aus den Anfangstagen überdauert haben die berühmten *Rockettes*, die als Amerikas beste Ballett-Truppe gelten und immer noch innerhalb besonderer Revueveranstaltungen um Weihnachten und im Frühjahr (*Christmas* und *Spring Spectaculars*) hier auftreten.

1260 6th Ave./5th St., ℡ 212-307-7171, www.radiocity.com. Führungen tägl. 9.30–17 Uhr alle halbe Std., $ 26,95, erm. $ 19,95; ℡ 212-247-4777, Ticketmaster.com. Subway: 47–50 St./Rockefeller Ctr. Linien B, D, F, M.

Must-see für Liebhaber moderner Kunst
Museum of Modern Art (MoMA)

Gehen Sie die 6th Avenue bis zur 53rd Street, in die Sie rechts abbiegen. Der gesamte Block wird inzwischen dominiert von *dem* Wegbereiter für moderne Kunst und Publikumsmagneten der Stadt, dem Museum of Modern Art (MoMA). Als Kunstwerk für die Kunst wurde das neue MoMA des japanischen Architekten Yoshio Taniguchi nach seiner Wiedereröffnung gefeiert, der Andrang ist seither so gewaltig (rund 3 Mio. Besucher im Jahr), dass bereits über die nächste Museumserweiterung entschieden wurde: Das Gebäude des inzwischen umgezogenen Folk Museums nebenan soll abgerissen und durch eine Glasstruktur mit darüberliegender Bühne ersetzt werden. Kritiker schimpfen immer lauter über die Kommerzialisierung des MoMA als „seelenloses Kunstkaufhaus" (→ Kasten, S. 151) und tatsächlich muss man Glück haben, um hier noch in einen intimen Dialog mit der Kunst eintreten zu können.

Dabei traf das MoMA bei seiner Eröffnung nur den Geschmack und das Interesse einer Minderheit. Es war das erste Museum der Welt, das sich gänzlich der modernen Kunst widmete. Entsprechend sind alle Klassiker des

New York im Kasten
Kunst als Milliardenmarkt

Wenn im Herbst die opulenten neuen Ausstellungen in den Museen eröffnen, hat die neue Saison begonnen. Kunst ist in New York „big bugs", „Geld wie Heuhaufen" titelt die FAZ, eine Geldanlage. Der globale Kunst- und Antiquitätenmarkt verzeichnet jährliche Zuwachsraten von um die 8 %. Auch 2015 war wieder ein Rekordjahr, weltweit wurden 64 Mrd. Dollar umgesetzt, Spitzenreiter waren die USA vor China und Großbritannien.

Während die westliche Welt Rekordsummen für Nachkriegs- und Gegenwartskunst hinblättert (das meiste Geld ließ sich mit Andy Warhol, Francis Bacon und Gerhard Richter verdienen, 2015 ging Picassos „Les Femmes d'Alger" für 160 Mio. Dollar als bislang teuerstes Gemälde der Welt über den Auktionstisch), kaufen die Chinesen Werke ihrer eigenen Landsleute. Darum befinden sich unter den zehn erfolgreichsten Künstlern der Welt auch drei Chinesen.

20. Jh. vertreten, darunter Picasso, Klimt, Kandinsky, Gauguin, van Gogh, Matisse, Cézanne, Toulouse-Lautrec oder Chagall. Dazu kommen die Surrealisten wie Miró, Dalí, Magritte, Picabia oder Duchamp, die italienischen Futuristen, die amerikanischen Pop-Art-Künstler und, und, und. Die Entstehung des MoMA verdanken die New Yorker einer Gruppe von fortschrittsgläubigen Mäzenen um John D. Rockefeller Jr., die die vom konservativ-traditionellen Kunstbetrieb geprägten New Yorker mit etwas Gewagterem beglücken wollten.

Die Ausstellungsfläche des MoMa erstreckt sich über drei Gebäude, die durch den Skulpturengarten miteinander verbunden sind. Links und rechts der großen Fensterfront, die einen Blick auf den Skulpturengarten und den Zutritt ermöglicht, werden wechselnde zentrale Werke der Sammlung gehängt. Draußen begrüßen u. a. Pablo Picassos Ziege, Alberto Giacomettis *Tall Figure* oder Auguste Rodins Skulptur von Balzac die Besucher. Vom sechsstöckigen Atrium, in dessen Mitte wechselnde Skulpturen, etwa der *Zerbrochene Obelisk* von Barnett Newman oder Arthur Youngs *Hubschrauber Bell-47D1* den Blick auf sich ziehen, gelangt man zu den einzelnen Galerien. Sie sind chronologisch geordnet, die ältesten Werke befinden sich ganz oben. Im sechsten Stock werden wechselnde Sonderausstellungen gezeigt, die Etagen 5 und 4 präsentieren Gemälde und Skulpturen, wobei sich die Amerikaner in der vierten Etage ballen. Der dritte Stock ist Architektur und Design, Zeichnungen und der Fotografie gewidmet. Seit 2012 sammelt das Museum auch Computerspiele als Teil der Design-Abteilung. Im zweiten Stock wird Künstlern der Gegenwart ein Forum geboten, darüber hinaus findet man hier die Abteilungen *Kunstdrucke*, *Buchillustrationen*

und *Multimedia*. Am besten fahren Sie mit dem Fahrstuhl in die oberste, die sechste Etage und arbeiten sich dann nach unten vor. Dabei eröffnen sich auch immer wieder spannende Blicke in das Atrium.

11 W 53rd St. zw. 5th und 6th Ave., ☏ 212-708-9400, www.moma.org. Tägl. 10.30–17.30 Uhr außer Fr 10.30–20 Uhr, von 16–20 Uhr Eintritt frei. Tägl. 9–10.15 Uhr kann man den Skulpturengarten kostenfrei betreten, Eingang W 54th St. zw. 5th und 6th Ave. Eintritt $ 25, Senioren $ 18, Studenten/Schüler $ 14, Kinder bis 16 J. frei. Kombiticket mit Top of the Rock $ 45. Kostenloser Audioguide (auf Deutsch nur für die Stockwerke 4 und 5). Subway: 5 Ave./53 St. Linien E, M.

Luxuswohnungen von Donald Trump

5th Avenue Richtung 57th Street

Wählen Sie den Nord-Ausgang aus dem MoMa und gehen Sie die 54th Street bis zur 5th Avenue, in die Sie beim *University Club* links einbiegen. Sie kommen vorbei an *Abercrombie & Fitch*, *Prada*, *Tiffany* und dem *Trump Tower*, einem der teuersten Apartmenttürme der Stadt, in dem Besucher nach dem Passieren von Sicherheitskontrollen essen, trinken und shoppen können. Man bekommt u. a. Baseballkappen mit der Aufschrift „Make America Great Again" oder Schmuck der Trumptochter Ivanka.

Der 269 m hohe Glaskasten ist alte und neue Besucherattraktion und ein Verkehrshindernis zugleich, seit der umstrittene Immobilientycoon im November 2016 zum 45. Präsidenten der Vereinigten Staaten von Amerika gewählt wurde. Trump, Enkel eines deutschen Einwanderers, wohnt mit seiner dritten Frau Melania und Sohn Barron im Penthouse im 58. Stock, das dem Schloss von Versaille nachempfunden ist.

Wenn Sie nun links in die 57th Street einbiegen, finden Sie einen halben Block weiter auf der linken Seite bei Nr. 40 und dem *Nobu Restaurant* einen Durchgang zu einem Bürohaus, wo zahlreiche moderne Skulpturen, etwa Fernando Boteros *Rape of Europa*, stehen. Es sind Leihgaben der **Marlborough Gallery** (→ Chelsea S. 132).

40 W 57th St., ℡ 212-541-4900, www.marlborough gallery.com. Mo–Sa 10–17.30 Uhr, im Sommer Sa geschl. Subway: 5 Ave./53 St. Linien E, M.

Weltberühmter Konzertsaal

Carnegie Hall

Bevor Sie auf der 57th Street die 7th Avenue erreichen, erhebt sich vor Ihnen einer der neuen Wohn-Wolkenkratzer der Luxusklasse. *One57* hat 94 Stockwerke, ist 306 m hoch, blau verglast und unerschwinglich: Ein Penthouse ging für 95 Mio. Dollar an einen Milliardär, ein anderes an einen Scheich. Eine ähnliche Klientel leistet sich das Wohnen im spargelartigen *432 Park Avenue* von Rafael Viñoly, das noch mal 120 m drauf packt und das bislang noch höchste Wohnhaus Manhattans ist. Im Schatten dieser Wohngiganten versinkt das italienisch anmutende Renaissancegebäude aus Backstein förmlich, das die **Carnegie Hall** ist, eine der berühmtesten Konzerthallen der USA. Seine Opulenz lässt sich ohnehin nur von innen erschließen, wo bronzene Balkone und viel Stuck für feierliche Atmosphäre sorgen. Tschaikowsky dirigierte die Eröffnungsgala am 9. Mai 1891 und lobte die großartige Akustik. Ein Jahr später zog hier das *New York Philharmonic Orchestra* ein und blieb bis zu seinem Umzug ins Lincoln Center 1962. Gebaut wurde die Carnegie Hall im italienischen Renaissancestil von William B. Tuthill, finanziert wurde sie vom Stahlmagnaten Andrew Carnegie, nach dem sie auch benannt ist. Größen wie Duke Ellington, Ella Fitzgerald, Frank Sinatra und die Beatles sind hier aufgetreten. Heute werden hier Philharmoniekonzerte, Opern, Pop- und Jazzkonzerte veranstaltet. Das angeschlossene **Rose Museum** zeigt eine kleine Ausstellung zur Geschichte der Carnegie Hall.

Carnegie Hall: 881 7th Ave./57th St., ℡ 212-247-7800 (Kartenverkauf), www.carnegiehall. org. Führungen Okt. bis Mai Mo–Fr 11.30, 12.30, 14 und 15 Uhr, Sa 11.30 und 12.30 Uhr, So nur 12.30 Uhr. Eintritt $ 17, erm. $ 12. Tour-Hotline: ℡ 212-903-9765. **Rose Museum**: 154 W 57th St., zweiter Stock. Mitte Okt. bis Juni tägl. 11–16.30 Uhr. Eintritt frei. Subway: 57 St. Linie F.

Werbewelt und Broadwaybühnen

Rund um den Times Square

An Hotels, Bürohäusern, Theatern und unglaublich vielen Souvenirgeschäften des Broadway vorbei, in den Sie von der 57th Street nach links Richtung Süden einbiegen, erreichen Sie auf Höhe der 47th Street die erste Verkehrsinsel,

Von der St Patrick's Cathedral zur Carnegie Hall

die zum Times Square zählt. Amerikas Herz des Showbiz ist eigentlich eine Ansammlung von Plätzen, eine verlängerte Kreuzung, an der der Broadway auf die 7th Avenue trifft der einzigen der Straßen, die noch durchgängig befahrbar ist. Denn auch hier gibt es jetzt breite Fahrradwege und Fußgängerbereiche („pedestrian plazas"), wo Stühle, Tische und sogar ein wenig Grün zur Rast einladen. Sie dienen zu gelegentlichen Veranstaltungen wie etwa Massenyoga zur Sommersonnenwende oder Opernübertragungen aus der Met. Benannt ist der Square nach der *New York Times*, die hier 1904 ihr Verlagsgebäude eröffnete. In dem historischen Bau befindet sich inzwischen die **Discovery Times Square Exhibition**, ein Museum, das in Wanderausstellungen populäre Themen wie Star Wars, Body Worlds oder die Wikinger für Neugierige aufarbeitet.

226 W 44th St. zw. 7th und 8th Ave., www.discoverytsx.com. So–Di 10–19 Uhr, Mi und Do bis 20 Uhr, Fr/Sa bis 21 Uhr. Eintritt $ 29,50, erm. $ 24, Kinder bis 12 J. $ 20, Audioguide $ 7.

Der Times Square hieß vorher Longacre Square und war das Revier von Pferdehändlern, Schmieden und Zaumzeugmachern. Aber auch ein anderes Gewerbe hatte rund um den Longacre Square Konjunktur: Dutzende Bordelle und andere halbseidene Etablissements bedienten hier ihre Kunden, was dem Ruf des Viertels nicht gerade förderlich war.

Das änderte sich erst kurz vor der Jahrhundertwende, als der Selfmademan Oscar Hammerstein auf den Plan trat. Der gebürtige Stettiner war 1864 als 17-Jähriger eingewandert und schon bald mit diversen Erfindungen für die Tabakindustrie zu Geld gekommen. Seine wahre Liebe galt aber Theater, Oper und Varieté und so investierte er einen beträchtlichen Teil seines Vermögens in den Erwerb von Grundstücken und den Bau von Theatergebäuden – die Keimzelle der Glamour- und Glitzerwelt, die sich hier ab etwa 1910 mit dem Siegeszug der Leuchtreklamen in voller Pracht entfalten sollte. Zu den vielen Theatern – 1915 waren 42 Bühnen in unmittelbarer Nachbarschaft im Dauereinsatz – gesellten sich ab Beginn der 1920er-Jahre riesige Kinopaläste, dann brach die große Zeit der Big Bands an. Und wie es sich für eine solche Karriere gehört, folgte unmittelbar nach dem Höhepunkt der Absturz: Erst drehte die Weltwirtschaftskrise vielen Betrieben den Saft ab, dann – nach Ende des Zweiten Weltkriegs – schlug das Fernsehzeitalter gnadenlos zu. Der Times Square District mutierte zur zweitklassigen Amüsiermeile und kehrte schließlich gewissermaßen zu seinen Wurzeln als Halbweltviertel zurück, dieses Mal in der modernen Version mit Pornokinos, Sexshops, Stripshows und einer ausgewachsenen Drogenszene. Seit Ende der 1980er-Jahre läuft jetzt der bislang letzte Akt des Times-Square-Schauspiels: die gezielte Reanimierung, die unter dem Label *Times Square Alliance* im engen Schulterschluss von Wirtschaft und

---

New York im Kasten

Andrew Carnegie – eine amerikanische Karriere

Andrew Carnegie war der Sohn verarmter Einwanderer aus Schottland und wuchs in einem Vorort von Pittsburgh auf. Schon im zarten Alter von 13 arbeitete er in einer Baumwollmühle. Mit 30 machte er sich selbständig und gründete wenig später ein Stahlunternehmen, das die Wirtschaft Amerikas 30 Jahre lang dominieren und ihn zum reichsten Mann der Welt machen sollte. Er gründete ein halbes Dutzend Wohltätigkeitsvereine und eröffnete 2500 öffentliche Bibliotheken in der ganzen Welt. Carnegie lebte in der 5th Avenue, und zwar in dem Haus, das heute das *Cooper-Hewitt Museum* beherbergt. Er starb 1919 in Massachusetts.

Politik vorangetrieben wird. Die Initiative hat dazu geführt, dass die einstige Schmuddelecke der Stadt wieder gesellschaftsfähig wurde. Auch *Disney* hat den Times Square für sich entdeckt, was manchen dann doch wieder des Guten zu viel ist ...

Wie dem auch sei: Wenn Sie an der oben erwähnten ersten Times-Square-Verkehrsinsel angelangt sind, werden Sie merken, dass Sie sich einem ganz besonderen Stück New York nähern. Der Platz heißt **Duffy Square** und ist benannt nach einem Armeepfarrer, der sich während des Ersten Weltkriegs einen legendären Ruf als Soldatenseelsorger erwarb und nach dem Krieg als Gemeindepfarrer in der Holy Cross Church in der 42nd Street tätig war. Die Statue, die die Südecke des Platzes ziert, stellt jedoch nicht ihn, sondern den Schauspieler, Komponisten und Songwriter George M. Cohan dar, dem viele Broadwayhits zu verdanken sind. Auffallen werden Ihnen jedoch zuerst der **TKTS-Stand** mit seiner gläsernen roten Tribüne (super für Fotos vom Times Square) und den nachmittäglich Schlange stehenden Massen all jener, die an vergünstigte Broadwaytickets rankommen wollen. Entsprechend firmiert der fußgängerfreundliche Platz nun auch unter TKTS Plaza.

Von der gläsernen Rampe hat man einen guten Blick hinüber zum **Times Square Number One**. Seit 1907 fällt von diesem Gebäude der berühmte *New Year's Eve Ball* herab (er wird an einer Stange herabgelassen), eine mit 2688 Waterford-Kristallen übersäte und beleuchtete, mehr als 5 t schwere Kugel mit einem Durchmesser von 3,7 m, die ein Kaleidoskop von 16 Millionen verschiedenen Farben kreiert und Konfetti auf die feierfreudige Menge wirbelt. Dazu wird ein riesiges Feuerwerk veranstaltet, das rund eine Milliarde Menschen an den Fernsehschirmen dieser Welt verfolgen. Das 25 Stockwerke hohe Haus ist das originale *New-York-Times*-Gebäude von 1904, obwohl es dafür eigentlich zu modern aussieht. Da die Einnahmen aus der Vermietung der Werbeflächen höher sind als jede potenzielle Miete, steht es die meiste Zeit leer.

In den Sommermonaten werden Sie mitunter einem Straßenkünstler begegnen, der sich *The Naked Cowboy* nennt und einen visuellen Reiz von ganz eigener Art darstellt: Robert John Burck spielt Gitarre und ist dabei nur mit Cowboystiefeln, -hut und (immerhin) einer Unterhose bekleidet (www.nakedcowboy.com). Achtsame Besucher hören außerdem auf der Fußgängerinsel zwischen 45th und 46th Streets elektronisch erzeugte Klänge – eine im Boden eingelassene Dauerinstallation des Texaners Max Neuhaus, die die Geräuschkulisse des Times Square imitiert.

Teure Apartments, Läden und Cafés

Von der St Patrick's Cathedral zur Carnegie Hall

New York im Kasten
Gebt uns Neon!

Leuchtreklame wird in New York ausschließlich auf dem Times Square erlaubt. Zwei Drittel aller Werbetafeln am Times Square sind *Dynamic Digital Displays*, also riesige LED-Fernsehbildschirme. Der Megascreen der Drogeriekette Wallgrave allein misst 1600 m² und enthält 12 Mio. LED-Leuchten! Die neue Technologie machts möglich, dass am Times Square die Nacht zum Tage wird. Um sicherzustellen, dass der Times Square auch in Zukunft von Werbeflächen erhellt wird, gibt es gesetzliche Regelungen. So muss jedes Unternehmen, das am Times Square einzieht, mindestens ein beleuchtetes Werbeschild auf Straßenniveau anbringen. Die Größe der restlichen Neonschilder wird proportional zur Länge der Fassade bemessen. Außerdem ist jeder Gebäudeeigner verpflichtet, *Super Signs* zu installieren, die nicht nur beleuchtet sind, sondern sich auch bewegen. Manchmal sogar für einen nichtkommerziellen Zweck: von 23.57 Uhr bis Mitternacht etwa bringt das Kunstprojekt *Midnight Moment* Werke zeitgenössischer Künstler auf die elektronischen Leinwände am Times Square.

Gehen Sie nun von der 45th Street bei *Junior's Cheesecake* links durch die Shubert-Alley-Passage, die einst als Feuerwehrzugang zwischen dem Shubert und dem Booth Theater diente. In der ehemaligen Garderobe des Shubert ist ein Souvenirshop untergebracht, in dem Sie Andenken zu fast allen Broadwayinszenierungen finden. Zurück am Times Square biegen Sie rechts ein. Das nächste Gebäude auf der rechten Seite ist das alte **Paramount Theater**, ein prächtiger Theater- und Kinobau, dessen 14 Besucherlogen bis unter die Kuppel aufsteigen. Heute sorgt im unteren Stockwerk das **Hard Rock Café** mit Livebühne und riesigem Souvenirladen zuverlässig für Stimmung. Die Bar hat die Form einer Gitarre, der Saal ist mit unzähligen Rockmemorabilia vollgestopft.

An der wohl meistfotografierten Polizeistation New Yorks auf der nächsten Verkehrsinsel vorbei gehen Sie nun rechts die 42nd Street hinauf. Sie passieren zwei alte Theater. Das **New Victory** von 1900 ist das älteste dauerhaft bespielte Theater New Yorks. Unter neuem Management zeigt es seit 1995 Kinder- und Familienproduktionen. Das **New Amsterdam Theater** eröffnete 1903 und war das größte seiner Zeit. Es wurde von der Disney Corporation restauriert und dient jetzt als Musicaltheater, in dem derzeit *Aladdin the Musical* aufgeführt wird.

Rechts sehen Sie nun die Leuchtreklame des *B. B. King Blues Club* und gegenüber das Wachsfigurenkabinett von **Madame Tussauds**. In diesem Ableger des berühmten Londoner Originals können Sie in einem Studio selbst Regie führen oder Reporter spielen, sich mit Popstars die Bühne teilen und dabei live an den Drums mitmischen, mit Evander Holyfield boxen oder einen Film in 4D anschauen. Mehr als 200 internationale Superstars aus Sport, Film, Fernsehen, Musik und Politik sind hier aus Wachs und Silikon lebensecht ausgestellt.

234 W 42nd St., ☏ 800-246-8872, www.nycwax.com. Kernöffnungszeit So–Do 10–20 Uhr, Fr/Sa bis 22 Uhr. Eintritt $ 37, Kinder bis 12 J. $ 30, unter 4 J. frei, Online-Ermäßigung. Subway: 42 St./Port Authority Linien A, C, E.

Wer Sinn für Skurrilitäten und Exzentrik hat, den spricht direkt neben Madame Tussauds vielleicht die Besucherattraktion **Ripleys Believe it or Not!** an, wo die wunderlichsten Dinge ausgestellt und unterhaltsam aufbereitet sind. Dieses „Odditorium" ist ein

Museum auf einem Flugzeugträger: Intrepid Sea, Air & Space

Sammelsurium von Schrägheiten, von denen man manche zur Jahrhundertwende im Zirkus begafft hätte. Hier gibt es missgebildete Tiere (ausgestopft) und Menschen (Wachs oder Fotos bzw. Filmbeiträge), Foltergerätschaften oder einen elektrischen Stuhl mit horrender Versagensgeschichte, die größte Sammlung von Schrumpfköpfen auf der Welt, aber auch Admiral Nelsons Totenmaske zu bestaunen. Richtig schwindelig wird es einem bei der Reise durch ein schwarzes Loch im Simulator „Black Hole".

234 W 42nd St., ✆ 212-398-3133, www.ripleys newyork.com. Tägl. 9–1 Uhr. Eintritt $ 29,95, Kinder $ 22,95 plus Tax, Online-Ermäßigung. Subway: 42 St./Port Authority Linien A, C, E.

Am Ende der 42nd Street erreichen Sie den hässlichen Betonklotz des Port Authority Bus Terminals, gegenüber bereichert der neue New York Times Tower von Renzo Piano mit 52 Stockwerken die Skyline. Hier haben Sie Anschluss an die Subway-Linien A, C und E.

Militärmaschinerie zum Anfassen
Abstecher: Intrepid Sea, Air & Space Museum

Wer das Militärische mag, komme zum Pier 86. Hier liegt ein Flugzeugträger aus dem Zweiten Weltkrieg zum Anfassen und interaktivem Kriegspielen. Darüber hinaus kann man sich ein U-Boot, einen Zerstörer und ein Leuchtturmschiff anschauen.

Pier 86, W 46th St./12th Ave., ✆ 212-245-0072, www.intrepidmuseum.org. April–Sept. Mo–Fr 10–17 Uhr, Sa/So bis 18 Uhr, Winter tägl. 10–17 Uhr. Standard-Eintritt $ 24, erm. $ 20, Kinder 6–17 J. $ 19, Kinder bis 6 J. $ 12. Verschiedene Themenführungen (engl.): $ 20, Kinder bis 17 J. $ 15. Subway: 42 St./Port Authority Linien A, C, E. Bus M42 bis Hudson River/12th Ave.

Praktische Infos → Karte S. 140/141

Information/Führungen

NYC Information Centers, in Macy's am Herald Square (→ S. 138) und am Times Square: TKTS Plaza, Broadway/47th St., tägl. 9–18 Uhr. Offizielle Webseite der Times Square Alliance: www.timessquarenyc.org. **Führung**: *Broadway Walking Tour,* tägl. 9.30 ab Actor's Chapel, 239 W 49th St., ✆ 212-997-5004. Kosten $ 35.

Praktische Infos 157

Garment District Information Kiosk, er hat die Form einer gigantischen Nadel, die durch ein Knopfloch sticht. 7th Ave./39th St., ℡ 212-398-7943, www.garmentdistrictnyc.com. Mo–Fr 8.30–16 Uhr. Auch Führungen durch das Viertel.

Broadway Sculpture, jährlich wechselnde Kunstinstallationen bereichern die neuen Plätze, die von der 41st bis zur 36th Street entlang des Broadway entstanden sind.

Midnight Monument: mitternächtliche Videokunst am Times Square (→ Kasten, S. 155).

Sound Installation von Max Neuhaus: Times Square Fußgängerinsel zwischen 45th und 46th St.

Essen und Trinken

Ellen's Stardust Diner 17 Touristen und Kinder lieben dieses Diner aus den 1950er-Jahren. Das Dekor ist kitschig und als Bedienung arbeiten Schauspieler, Tänzer und Sänger in spe, die sich ein Zubrot verdienen und richtig gut singen (meistens Musicalnummern). Das Essen ist nur durchschnittlich, aber der Besuch verspricht Spaß. Tägl. 7–24 Uhr. Keine Reservierung. Broadway/Ecke 51st St., ℡ 212-956-5151, www.ellensstardustdiner.com. Subway: 7 Ave. Linien B, C, E oder 50 St. Linien 1, 2.

Pure Thai Cookhouse 7 Kleine, meist proppevolle thailändische Kantine mit ziemlich scharf angerichteten hausgemachten Nudeln nach Familienrezepten. Mo–Do 12–22.45 Uhr, Fr/Sa bis 23.30 Uhr, So bis 22.30 Uhr. 766 9th Ave. zw. 51st und 52nd St., ℡ 212-581-0999, www.purethaicookhouse.com. Subway: 50 St. Linien C, E.

Spice Symphony 64 Hier paaren sich preisgünstig die indische und chinesische Küche und verschmelzen mit den passenden Weinen. Es klingt schräg, aber funktioniert. Lunch tägl. 11–15 Uhr, Dinner So/Mo 17–22.30 Uhr, Fr/Sa bis 23.30 Uhr. 182 Lexington Ave./Lexington Plaza, ℡ 212-545-SPICE, www.spicesymphony.com. Subway: 33 St. Linie 6.

Lillie's 18 In diesem traditionell-gemütlichen Pub ist alles wie vor 150 Jahren, bis auf die guten und günstigen Gerichte. Lunch $ 14 mit einem Glas Wein oder Bier. Tägl. 11–4 Uhr. 249 W 49th St. zw. Broadway und 8th Ave., ℡ 212-957-4530, www.lilliesnyc.com. Subway: 50 St. Linien C, E.

Virgil's Real Barbecue 45 Echtes Südstaatenbarbecue, das mit den Fingern gegessen wird und die Mundwinkel hinuntertropft. Anstatt der Serviette gibt es ein Handtuch auf den Schoß. Sandwiches für unter $ 15, gigantische Memphis Pork Ribs ($ 25,95). Mo 11–23 Uhr, Di–Fr 11.30–24 Uhr, Sa 11–24 Uhr, So 11–23 Uhr, Brunch Sa/So 11–15 Uhr. 152 W 44th St. zw. 6th Ave. und Broadway, ℡ 212-921-9494, www.virgilsbbq.com. Subway: Times Sq./42 St. Linien N, Q, R, S, 1, 2, 3, 7.

Oyster Bar 54 Im Kellergewölbe des Bahnhofs verbirgt sich diese Institution (seit 1913) für Fisch und Meeresfrüchte. An manchen Tagen sollen 1000 Austern verzehrt werden, pro Stück zahlt man ab $ 2,15 (Oyster Platter $ 23,95). Mo–Sa 11.30–21.30 Uhr; Happy Hour Mo–Mi 16.30–19 Uhr, Sa 13–17 Uhr. Grand Central Station Lower Level, 89 E 42nd St., ℡ 212-490-6650, www.oysterbarny.com. Subway: Grand Central/42 St. Linien 4, 5, 6, 7, S, Metro-North.

B. B. King Blues Club & Lucille's Grill 46 In Zusammenarbeit mit den Betreibern des Blue-Note-Jazzclubs findet hier ein abwechslungsreiches Programm statt, vom Beatles Brunch (Sa) bis zur Stones Tribute. Sonntags lädt B. B. King zum Gospel Brunch mit einem All-you-can-eat-Buffet ($ 44). Das Essen ist amerikanische Bistroküche mit Soulfood-Einschlag, Hauptgerichte $ 13–39. Karten an der Kasse oder über Ticketmaster. Mo–Fr 11 Uhr, Fr–Sa bis 3 Uhr. 37 W 42nd St. zw. 7th und 8th Ave., ℡ 212-997-4144, www.bbkingblues.com. Subway: 42 St./Port Authority Linien A, C, E.

John's Pizzeria 38 Seit den 1920er-Jahren serviert John's hauchdünne, knusprige Pizza aus dem Kohleofen, derzeit um die Ecke vom Times Square in einer alten Kirche unter einer fünfstöckigen Kuppel aus Buntglas. Pizzen ab $ 14,25. Tägl. 11.30–23.30 Uhr. 260 W 44th St., zw. Broadway und 8th Ave., ℡ 212-391-7560, www.johnspizzerianyc.com. Subway: Times Sq./42 St. Linien N, Q, R, S, 1, 2, 3, 7.

Margon 41 Kleines kubanisch-karibisches Schnell-Restaurant, sieht etwas schäbig aus, hat aber günstiges, köstliches Essen und große Portionen, daher meistens sehr voll. Sucht seinesgleichen im hochpreisigen Midtown Manhattan. American Breakfast Platter $ 5,50, Lunch um die $ 10! Mo–Fr 6–17 Uhr, Sa 7–15 Uhr. 136 W 46th St., zw. 6th und 7th Ave., ℡ 212-354-5013, www.margonnyc.com. Subway: 50 St./Rockefeller Ctr. Linien B, D, F, M.

Junior's Cheesecake 40 Bekanntestes Restaurant für New Yorker Cheesecake mit Hauptfiliale in Brooklyn (→ S. 222) und großem Ableger hier am Times Square. Auch herzhaftes, amerikanisches Essen. Traditioneller Cheesecake $ 7,50. Mo–Do 6.30–24 Uhr, Fr/Sa bis 1 Uhr, So bis 23 Uhr. W 44th St./Shubert Alley, ☏ 212-302-2000, www.juniorscheesecake.com. Subway: Times Sq./42 St. Linien N, Q, R, S, 1, 2, 3, 7.

Red Flame Coffee Shop 49 Sehr gutes Diner zum Frühstücken, bunt gemischtes Publikum, große Portionen und faire Preise. Tägl. 6–24 Uhr. 67 W 44th St. zw. 5th und 6th Ave., ☏ 212-869-3965, www.theredflamediner.com. Subway: 42 St./Bryant Pk. Linien B, D, F, M.

Osteria al Doge 47 Norditalienische Küche, gute Salate ($ 12), kleine Pasta um die $ 20, Pizzen ab $ 16. Mo–Do 11.30–23.30 Uhr, Fr bis 24 Uhr, Sa/So 11–22.30 Uhr. 142 W 44th St. zw. Broadway und 6th Ave., ☏ 212-944-3643, www.osteriaaldogenyc.com. Subway: 42 St./Bryant Pk. Linien B, D, F, M.

Bocca Restaurant 22 Italienischer Bazaar um die Ecke vom Broadway. Man kann dort essen oder die Speisen mitnehmen. Gigantische Auswahl an Frühstücksteilchen und Panini, Pizzen, Pasta, Salaten usw. zu fairen Preisen. Mo–Fr 8–17 Uhr. 135 W 50th St. zw. 6th und 7th Ave., ☏ 212-582-3000, www.boccatogo.com. Subway: 49 St. Linien N, Q, R.

Carmines 44 Italienisches Restaurant mit langer Tradition im Theater District und Upper West Side. Urgemütlich, am besten man kommt zum Lunch mit kleineren und günstigeren Portionen, denn sonst können zwei bis vier Leute von einer Portion satt werden. Keine Pizza. Mo 11.30–23 Uhr, Di und Do/Fr bis 24 Uhr, Mi und Sa 11–24 Uhr, So 11–23 Uhr. 200 W 44th St./7th Ave., ☏ 212-221-3800, www.carminesnyc.com. Subway: Times Sq./42 St. Linien N, Q, R, S, 1, 2, 3, 7. Zweites Restaurant in der Upper West Side, 2450 Broadway.

Sardi's Restaurant 42 Theaterliebhaber Vincent Sardie und seine Frau Jenny eröffneten ihr erstes Restaurant im Jahre 1921. Sie schmückten ihre Wände mit Karikaturen von Theaterstars. Viele der Schauspieler der umliegenden Bühnen trafen und treffen sich hier, um auf die Kritiken ihrer Premieren zu warten. Das Essen ist englisch beeinflusst. Prix-Fixe Zwei-Gänge-Lunch $ 35, Drei-Gänge-Dinner $ 55. Di–Sa 11.30–24 Uhr, So 12–19 Uhr, Mo geschl. 234 W 44th St. zw. Broadway und 8th Ave., ☏ 212-221-8440, www.sardis.com. Subway: Times Sq./42 St. Linien N, Q, R, S, 1, 2, 3, 7.

Carnegie Delicatessen 4 Koscheres Deli, berühmt für Pastrami-Sandwiches und New York Cheesecake. Teile von Woody Allens Film *Broadway Danny Rose* wurden hier gedreht. Es gibt ein gleichnamiges Sandwich. Tägl. 6.30–4 Uhr. 854 7th Ave./55th St., ☏ 212-757-2245, carnegiedeli.com. Subway: 57 St./7 Ave. Linien N, Q, R.

Burger Joint @ Le Parker Meridien 6 Burgerbude im Edelhotel, echt lecker. Burger ab $ 8,50. So–Do 11–23.30 Uhr, Fr/Sa bis 24 Uhr. 118 W 57th St. zw. 6th und 7th Ave., ☏ 212-245-5000, www.burgerjointny.com. Subway: 57 St./7 Ave. Linien N, Q, R. Zweigstelle 33 W 8th St. im East Village.

El Parador Café 65 Es ist nicht nur der älteste, sondern viele halten dieses Lokal auch für den besten Mexikaner der Stadt. Sehr gutes Preis-Leistungs-Verhältnis, Tortas $ 13–15. Mo–Sa 12–24 Uhr, Happy Hour an der Bar 15–18 Uhr. 325 E 34th St. zw. 1st and 2nd Ave., ☏ 212-679-6812, elparadorcafe.com. Subway: 33 St. Linie 6.

Maggie's Place 48 In diesem familiengeführten irischen Restaurant/Pub treffen Touristen zum Lunch oder nach Feierabend auf Büroangestellte, die beim Bier und Pub-Grub die Seele baumeln lassen. Steak Dinner $ 29,95. Tägl. 11.45–24 Uhr. 21 E 47th St./Ecke Madison Ave., ☏ 212-753-5757, www.maggiesnyc.com. Subway: 51 St. Linie 6.

Hangawi 63 Der edle Koreaner bezeichnet sich als vegetarischer Schrein und richtet sich an alle Sinne. 4-Gänge Emperor's Tasting Menu $ 60. Mo–Fr 12–14.30 und 17–22.30 Uhr, Sa 13–22.30 Uhr, So 17–21.30 Uhr. 12 E 32nd St. zw. 5th und Madison Ave., ☏ 212-213-0077, www.hangawirestaurant.com. Subway: 33 St. Linie 6.

Einkaufen

Macy's 61 → S. 137. Mo–Sa 10–22 Uhr, So 11–21 Uhr. 151 W 34th St./Herald Sq., ☏ 212-695-4400, www1.macys.com. Subway: 34 St./Herald Sq. Linien B, D, F, M, N, Q, R.

Manhattan Art & Antique Center 35 Hundert Galerien unter einem Dach mit Antiquitäten, Schmuck, Möbeln und Gemälden aus Europa, Asien und Afrika. Mo–Sa 10.30–18 Uhr, So 12–18 Uhr. 1050 2nd Ave. zw. 55th und 56th St., ☏ 212-355-4400, www.the-maac.com. Subway: 59 St. Linien 4, 5, 6.

B&H Photo-Video-ProAudio 56 Liebhaber von Unterhaltungselektronik gehen hier verloren! Es gibt allein 17 Multi-Media-Abteilungen. Mo–Do 9–19 Uhr, Fr 9–14 Uhr, So 10–18 Uhr, Sa und an jüdischen Feiertagen geschlossen!

420 9th Ave./34th St., ☎ 800-606-6969 oder 212-444-6615, www.bhphotovideo.com. Subway: 34 St.-/Penn Station Linien A, C, E, LIRR.

One Shubert Alley 34 Seit 20 Jahren kann man hier „all things Broadway", Andenken an alle erdenklichen Broadway-Shows, kaufen. Mo-Fr 9-17 Uhr. 1 Shubert Alley zw. 44th und 45th St., ☎ 212-944-4133, www.oneshubertalley.com. Subway: 42 St./Port Authority Linien A, C, E.

Disney Store 32 Am Times Square, interaktive Gestaltung, u. a. mit Disney-Theatern samt VIP-Werbeauftritten. Tägl. 9-1 Uhr. 1540 Times Sq./Broadway, ☎ 212-626-2910, stores.disneystore.com/NY/NEW-YORK/777/. Subway: Times Sq./42 St. Linien N, Q, R, S, 1, 2, 3, 7.

The Drama Bookshop 51 Schauspieler und Bühnenenthusiasten finden hier alles rund ums Theater, alleine 8000 Theaterstücke und Skripte stehen in den Regalen. Tägl. 10-19 Uhr, Do bis 20 Uhr, So bis 18 Uhr. 250 W 40th St. zw. 7th und 8th Ave., ☎ 212-944-0595, www.dramabookshop.com. Subway: Times Sq./42 St. Linien N, Q, R, S, 1, 2, 3, 7.

Midtown Comics 52 Größter Comicladen in den USA und erster von drei in Manhattan. Mo-Sa 8-24 Uhr, So 12-20 Uhr. 200 W 40th St./Ecke 7th Ave., www.midtowncomics.com. Subway: Times Sq./42 St. Linien N, Q, R, S, 1, 2, 3, 7.

Nintendo World Store 36 Hier kann man die neuesten Nintendo-Spiele ausprobieren, bevor man kauft. Auch Accessoires und Krimskrams. Mo-Do 9-20 Uhr, Fr/Sa bis 21 Uhr, So 11-18 Uhr. 10 Rockefeller Plaza, 48th St. zw. 5th und 6th Ave., ☎ 646-459-0800, www.nintendoworldstore.com. Subway: 47-50 St./Rockefeller Ctr. Linien B, D, F, M.

Tiffany & Co. 11 Seit 1940 der berühmteste Juwelierladen der Welt. Neben Diamanten und Schmuck gibt es auch Uhren, Glaswaren, Silber und Schreibwaren. Viele Objekte sind erstaunlich preiswert und kommen trotzdem mit der Tiffany-Gravur in der berühmten blauen Kiste. Mo-Sa 10-19 Uhr, So 12-18 Uhr. 727 5th Ave./57th St., ☎ 212-755-8000, visit5thavenue.com/tiffany/. Subway: 5 Ave./59 St. Linien N, R, W.

Saks Fifth Avenue 39 Kaufhaus für „Alt-Reiche", konservativ. Café mit Blick auf St Patrick's Cathedral, besonders gut für Damenübergrößen, Kinderaccessoires und Brautkleidung. Die Toiletten im vierten und sechsten Stock sind spitze! Schlussverkauf Ende Aug. und Ende Dez. Mo-Sa 10-20.30 Uhr, So 11-19 Uhr. 611 5th Ave./Ecke 50th St., ☎ 212-753-4000, www.saksfifthavenue.com. Subway: 5 Ave./53 St. Linien E, M oder 47-50 St./Rockefeller Ctr. Linien B, D, F, M. Sonderangebote von über 800 Designer-Brands gibt es im **Saks Off 5th Avenue** 21, Mo-Mi und So 10-21 Uhr, Do-Sa 10-22 Uhr. 125 E 57th St., ☎ 212-634-0730, www.stores.saksoff5th.com. Subway: 59 St. Linien 4, 5, 6 oder Lexington Ave./59 St. Linien N, Q, R.

Lord & Taylor 59 Älteste Kaufhauskette Amerikas, auf zehn Stockwerken gibt es Designerwaren von Haushaltsgegenständen über Geschenke bis hin zu Kleidung, viele Modelabels von amerikanischen Designern. Die Soup Bar im sechsten Stock ist beliebt und die Weihnachtsdeko in den Schaufenstern zählt zu den besten der Stadt. Mo-Sa 10-21 Uhr, So 11-19 Uhr. 424 5th Ave./Ecke 39th St., ☎ 212-391-3344, www.lordandtaylor.com. Subway: 42 St./Bryant Pk. Linien B, D, F, M.

Henri Bendel 15 Das Traditionskaufhaus ist inzwischen auf Kosmetik und Geschenke spezialisiert. Keine Kleidung, nur Schuhe. Mo-Sa 10-20 Uhr, So 12-19 Uhr. 712 5th Ave. zw. 55th und 56th St., ☎ 212-247-1100, www.henribendel.com. Subway: 5 Ave./59 St. Linien N, Q, R.

Manolo Blahnik 20 Sexy Damenschuhe in allen Absatzhöhen – das Statussymbol für den Fuß. Mo-Fr 10.30-18 Uhr, Sa bis 17.30 Uhr, So 12-17 Uhr. 31 W 54th St./5th Ave., ☎ 212-582-3007, www.manoloblahnik.com. Subway: 5 Ave./53 St. Linien E, M.

The Met Store 33 Museumsshop, der kunstfertige Mitbringsel von T-Shirts bis zu Schmuck, Büchern und Brillen verkauft. Tägl. 10-19 Uhr. 15 W 49th St., Rockefeller Center, ☎ 212-332-1360, www.store.metmuseum.org. Subway: 47-50 Rockefeller Ctr. Linien B, D, F, M.

Uniqlo 24 Hinter dieser Abkürzung von Unique Clothing verbirgt sich eine sehr erfolgreiche japanische Kette, die günstige Mode mit hoher Qualität (High-Tech-Fasern), simplen Designs und klassischen Farben verkauft. Mo–Sa 10–21 Uhr, So 11–21 Uhr. 666 5th Ave. zw. 53rd und 54th St., ☎ 877-486-4756, uniqlo.com. Subway: 5 Ave./53 St. Linien E, M.

Bergdorf Goodman 9 Das B&G-Logo hat Generationen von Käufern mit luxuriöser Stangenware versorgt. Auch renommierte Haushaltswarenabteilung. Teesalon. Mo–Sa 10–20 Uhr, So 11–19 Uhr. 745 5th Ave./58th St., ☎ 800-558-1855, www.bergdofgoodman.com. Subway: 57 St. Linie F; 5 Ave./59 St. Linien N, Q, R.

TJ Maxx 2 Gut für Klamotten und Küchenaccessoires, alles Markenwaren zu extrem vergünstigtem Preis. Mo–Fr 8–21, Sa 9–21, So 11–20 Uhr. ☎ 212-245-6201, tjmaxx.tjx.com/store/index.jsp. Subway: 57th St., Linie F. Mehrere Geschäfte, z. B. 250 W 57th St.; weitere Filiale 14 Wall St., Mo–Fr 10–19, Sa 9–21, So 10–19 Uhr. Subway: Wall St. Linien 4, 5.

Niketown 12 Großer Flagship-Laden mit rührendem und kompetentem Personal. Hier bekommt man den besten Rat für die Wahl des richtigen Schuhs, im 5. Stock kann man sogar seinen eigenen entwerfen. Mo–Sa 10–20 Uhr, So 11–19 Uhr. Training Club Mo 18.30 Uhr. 6 E 57th St./5th Ave., ☎ 212-891-6453, www.niketown.com. Subway: 57 St. Linie F oder 5 Ave.-59 St. Linien N, Q, R.

Cos 53 Mode zwischen Avantgarde und Masse verkauft die Premiummarke von H&M. Hier gibt es Basics in guter Qualität zu mittleren Preisen und in etwas ausgefalleneren Designs. Mo–Sa 10–21 Uhr, So 11–20 Uhr. 505 5th Ave. zw. E 42nd und E 43rd St., ☎ 212-271-9999, www.cos.com. Subway: 5 Ave. Linie 7.

Victoria's Secret 26 Unterwäsche, Dessous und Kosmetikartikel (3 Lippenstifte für $ 15) von Victoria's Secret zählen zu den begehrtesten Urlaubssouvenirs aus den USA. Die weltbekannten Top-Models, die die Marke bewerben, die rosa Tüten und die Qualität haben Wunder gewirkt. Mo–Sa 9–21.30 Uhr, So 11–20.30 Uhr. In New York City gibt es mind. 15 Geschäfte, der neue Flagshipstore ist 640 5th Ave./52nd St. (Eröffnung Nov. 2016), www.victoriassecret.com. Subway: 57 St. Linie F oder 47–50 50 St.-Rockefeller Ctr. Linien B, D, F, M. Außerdem gibt es einen riesigen Laden **Victoria's Secret & Pink** 62 am Herald Square gegenüber von Macy's, 1328 Broadway/34th St. Subway: 34 St./Herald Sq. Linien B, D, F, M, N, Q, R.

Hammacher Schlemmer 23 Der 1848 gegründete Eisenwarenhandel ist heute ein museumsreifer Laden mit Spielzeug für technologiebegeisterte Erwachsene. Von beheizbaren Badetüchern bis zu Armbändern mit Fernsehempfang oder Staubsaugerroboter gibt es hier Gadgets, die man vielleicht nicht dringend braucht, die aber witzig sind. Mo–Sa 10–20 Uhr, So 11–18 Uhr. 147 E 57th St., ☎ 800-421-9002 oder ☎ 212-421-9000, hammacher.com. Subway: Lexington Ave./59 St. Linien N, Q, R.

M&M's World 25 Die bunten, mit Zucker umhüllten Schokoladenlinsen schmelzen „im Mund, nicht in der Hand", es gibt sie hier in allen erdenklichen Varianten. M&M steht für Mars & Murrie's nach den Nachnamen der beiden Erfinder der Süßigkeit, die erstmals 1941 verkauft wurde. Billig ist es nicht, persönliche Designs auf den Linsen sind allerdings ein originelles Mitbringsel. Tägl. 9–24 Uhr. 1600 Broadway/48th St., ☎ 212-295-3850, www.mmsworld.com. Subway: 49 St. Linien N, Q, R.

Apple Store 8 Sieben Apple Stores gibt es allein in Manhattan, an der 5th Avenue nahe Central Park ist der Hauptladen. Tägl. 24 Std. geöffnet. 767 5th Ave. zw. 58th und 59th St., ☎ 212-336-1440, www.apple.com. Subway: 5 Ave./59 St. Linien N, Q, R; 57th St. Linie F. Außerdem haben in den letzten beiden Jahren auch Stores in Queens und Brooklyn (Bedford Ave./North 3rd St.) eröffnet.

Top Shop 37 Mit seinen drei Etagen bietet Top Shop alles, was das Modeherz höher schlagen lässt: unten Basics und Accessoires wie Taschen; auf der mittleren Etage vor allem Hosen und Designerkleidung und oben ausgefallene Schuhe. Personal Shopper helfen bei der Wahl. Mo–Sa 10–21 Uhr, So 11–20 Uhr. 608 5th Ave. zw. 48th und 49th St., ☎ 212-757-8240, us.topshop.com. Subway: 47–50 St./Rockefeller Ctr. Linien B, D, F, M. Ein weiterer Shop ist in Soho, 478 Broadway zw. Grand und Broome St. Subway: Canal St. Linie R.

Barneys 3 Das Kaufhaus ist für seine Designermoden-Abteilung berühmt. Außerdem gibt es hier die besten Bagels der Stadt, behaupten Kenner, und zwar im Café Fred. Der 100-Mio.-Dollar-Midtown-Store befindet sich in der 660 Madison Ave./61st St. Es gibt eine Miniaturausgabe des Mutterhauses in der Upper West Side, 2151 Broadway. 2018 soll ein weiterer Laden in der West 17th Street eröffnen. Mo–Fr 10–20 Uhr, Sa bis 19 Uhr, So 11–19 Uhr. ☎ 212-826-8900, www.barneys.com. Subway: 5 Ave./59 St. Linien N, Q, R.

Nach Downtown hat man die beste Sicht: Blick vom Top of the Rock

Heimat des „alten Geldes"
Tour 10

Die Postleitzahl 10021 östlich des Central Park ist die begehrteste Adresse in New York und steht für den Geldadel oder das „old money", wie die Amerikaner sagen. Hier wohnen die meisten Millionäre der Welt auf engstem Raum. Viele Stadtvillen, manche davon Paläste, verwandelten sich dank des Kunstsinns ihrer einstigen Besitzer in Museen.

- **Frick Collection**, Privatsammlung des „Medici Amerikas", S. 166
- **Met Breuer**, Met-Zweigstelle für moderne Kunst, S. 167
- **Metropolitan Museum of Art**, Bedeutendstes Museum der Neuen Welt, S. 167
- **Solomon R. Guggenheim Museum**, Kunst im Schneckenhaus, S. 169
- **Cooper-Hewitt National Design Museum**, Mode, Kunst und Design, S. 170

Viertel der Superreichen und Museen
Upper East Side

Die erste Siedlung in dieser damals noch ländlichen Gegend war Anfang des 19. Jh. ein Dorf namens Yorkville. Hier, entlang des East River, hatten die Vertreter des New Yorker Geldadels ihre Landsitze im Grünen. Ein Überbleibsel aus dieser Zeit ist das prächtige Landhaus von Archibald Gracie, das heute als *Gracie Mansion* im Besitz der Stadt ist. Im weiteren Verlauf des 19. Jh. war Yorkville dann vor allem bei weniger betuchten deutschen und ungarischen Einwanderern beliebt, die in den umliegenden Klavierfabriken, Brauereien und Stallungen beschäftigt waren. Zu dieser Zeit machten Einwanderer aus Deutschland rund 25 % der Einwohner New York Citys aus. An sie erinnern heute fast nur noch deutsche Backwaren, Delikatessengeschäfte und Restaurants. In der *German Ev. Lutheran Zion St. Mark's Church* (339 East 84th Street) finden auch noch zweisprachige Gottesdienste in Deutsch und Englisch statt.

Nach der Eröffnung des Central Park zog die High Society dann nordwärts und ließ sich prächtige Häuser mit Blick auf die neue Grünanlage bauen. Trendsetter war Caroline Schermerhorn Astor mit ihrer Villa an der 5th Avenue Ecke 65th Street. Nachdem der schwerreiche Stahlmagnat Andrew Carnegie seinen Palast an der 91st Street bezogen hatte (heute das National Design Museum), nannte sich dieser Bezirk der Upper East Side *Carnegie Hill*. Bis zum Jahre 1915 war dann die gesamte 5th Avenue oberhalb der 59th Street bis zur 96th Street mit Prachtvillen bebaut, von denen viele später durch Luxusapartmentgebäude ersetzt wurden. Später schlossen sich Prominente dem Trend an, etwa Greta Garbo, Andy Warhol, Richard Nixon oder Woody Allen – vorausgesetzt, sie hatten genug Geld, um sich in die *Millionaire's Row* einzukaufen. Mit der wohlhabenden Klientel kamen weitere Annehmlichkeiten. So gibt es im Bezirk die exklusivsten Privatschulen, z. B. *Dalten*, und andere Lehreinrichtungen von Rang und Namen, etwa die *Rockefeller University*. Einige exklusive Clubs und viele der Museen – neun von ihnen haben sich zur „Museum Mile" zusammengeschlossen und veranstalten jedes Jahr im Juni ein beliebtes Kulturfestival – haben ihren Sitz in 10021 New York. Außerdem versteigert das Auktionshaus *Sotheby's* hier Millionenwerte. Es versteht sich von selbst, dass Sie hier auch die gängigen Luxusboutiquen vorfinden.

Tour-Info Bei diesem Spaziergang schnuppern Sie zunächst die exklusive Atmosphäre rund um die 5th Avenue, die zw. 82nd und 105th Streets zur Museumsmeile wird. Sie wartet mit ein paar Hochkarätern auf, sodass Sie eine Auswahl treffen müssen – an einem Tag ist das komplette Besichtigungspensum nicht zu schaffen. Achten Sie auch auf die unterschiedlichen Ruhetage der Museen.

Stationen

Steigen Sie bei der Subway-Station 5 Ave./59 Street (Linien N, Q, R) aus. Sie kommen auf die **South Grand Army Plaza**, in deren Zentrum der *Pulitzer Fountain* mit seiner eleganten Wasserkaskade steht. Er wurde 1916 aufgestellt und ehrt den berühmten Journalisten und Zeitungsverleger Joseph Pulitzer. Das *Plaza Hotel* dahinter wurde 1907 von Henry J. Hardenbergh im französischen Renaissancestil erbaut und zählt zu den bekanntesten New Yorker Hotelinstitutionen. Inzwischen dient nur noch ein Teil (162 statt ehemals 800 Zimmer) als Hotel, in einem anderen Teil sind Luxusapartments untergebracht und ein dritter Teil wird von einer Einkaufsmall eingenommen (diese Aufteilung dient in New York der Gewinnmaximierung einer Immobilie). Auf der Nordseite des Plaza parken seit rund 150 Jahren die bunten Pferdekutschen, die darauf warten, Sie durch den Central Park zu chauffieren. Das Reiterstandbild am Park selbst zeigt William Tecumseh Sherman, einen der berühmtesten Bürgerkriegsgeneräle, der sich von der geflügelten Victory vor seinem Pferd leiten lässt.

Auf ihrem Weg durch die 5th Avenue nach Norden (auf der Seite zum Central Park) kommen Sie an exklusiven Privatclubs vorbei, die sich in dieser noblen Gegend auf engstem Raum geradezu ballen. Etwa der *Knickerbocker Club* an der 62nd Street: Er wurde 1871 von ehemaligen Mitgliedern des ältesten New Yorker Clubs, dem *Union Club*, ins Leben gerufen, denen die dortigen Aufnahmebedingungen zu lax geworden waren. Auf der nördlichen Straßenseite

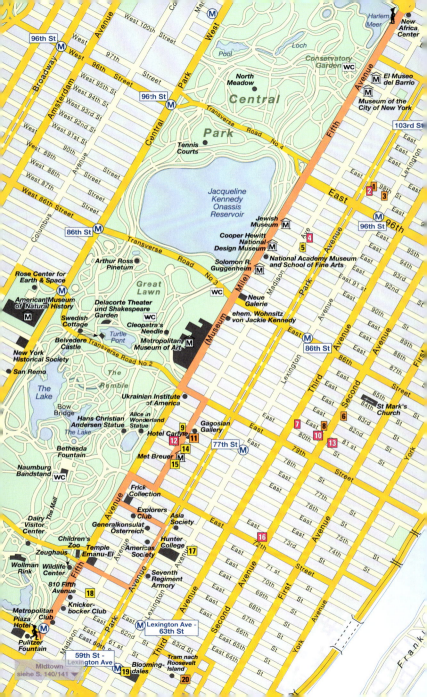

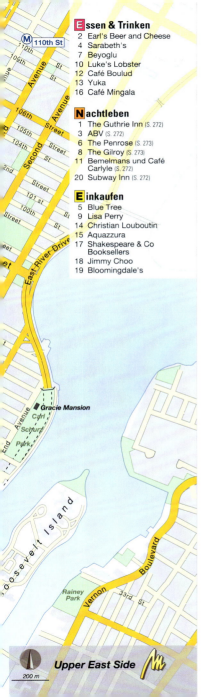

Essen & Trinken
- 2 Earl's Beer and Cheese
- 4 Sarabeth's
- 7 Beyoglu
- 10 Luke's Lobster
- 12 Café Boulud
- 13 Yuka
- 16 Café Mingala

Nachtleben
- 1 The Guthrie Inn (S. 272)
- 3 ABV (S. 272)
- 6 The Penrose (S. 273)
- 8 The Gilroy (S. 273)
- 11 Bemelmans und Café Carlyle (S. 272)
- 20 Subway Inn (S. 272)

Einkaufen
- 5 Blue Tree
- 9 Lisa Perry
- 14 Christian Louboutin
- 15 Aquazzura
- 17 Shakespeare & Co Booksellers
- 18 Jimmy Choo
- 19 Bloomingdale's

der 62nd Street erhebt sich das **Apartmenthaus 810 5th Avenue**. Als es 1916 im Stil eines Renaissance-Palazzos gebaut wurde, war es noch ein Exot in der von Privathäusern mit Einfamilienbelegung dominierten *Millionaire's Row*. Um die oberen Zehntausend aus ihren Villen zu locken und ihnen das Wohnen in Apartments schmackhaft zu machen, wurde hier nicht gekleckert, sondern geklotzt. Pro Stockwerk gab (und gibt) es nur eine einzige Wohnung. Jede besitzt fünf Kamine, sieben Badezimmer und allen erdenklichen anderen Luxus. Vizepräsident Nelson Rockefeller, dessen Wohnung 2013 für 23 Millionen Dollar verkauft wurde, Präsident Richard Nixon und Medienmogul William Randolph Hearst ließen sich von den Reizen überzeugen und wohnten hier nicht schlecht.

Einen weiteren Block nach Norden erhalten Sie links Zugang zum Zoo des Central Park (→ S. 193). Das heutige Verwaltungsgebäude ist das alte **Zeughaus** von 1848. Achten Sie auf das Geländer am Eingang, das aus Gewehren besteht, den Adler über der Tür und die Pyramiden aus Kanonenkugeln. Der Zoo befindet sich gleich dahinter.

Biegen Sie am **Tempel Emanuel**, der 1929 von deutschen Reformjuden auf dem Grundstück der Villa von John Jacob Astor gebaut wurde und die größte Synagoge der Welt sein soll, rechts in die 65th Street. Überqueren Sie die Madison Avenue, in der Sie an der Kreuzung auf Armani- und Escada-Boutiquen treffen, und gehen Sie bis zur Park Avenue, in die Sie links einbiegen. Das große, neugotische Gebäude, das den gesamten Block zwischen 66th und 67th Street belegt, ist das *Seventh Regiment Armory* (kurz: Armory). Die Mischung aus Palast und Industriehalle dient schon lange keinen militärischen Zwecken mehr, sondern wird von einer gemeinnützigen Kunstorganisation genützt, die hier auch und vor allem überdimensionierten Installationen Platz bietet.

Tour 10: Upper East Side

Die moderne Fußgängerbrücke gehört zum **Hunter College**, an dem wir gleich vorbeikommen. Es wurde 1870 gegründet und ist damit eine der ältesten höheren Schulen des Landes. Auf der gegenüberliegenden Straßenseite stehen vier ehemalige Privathäuser, die heute Sitz verschiedener kultureller Einrichtungen sind. Über einem wehen die Stars and Stripes der *Americas Society* (680 Park Ave.), die US-Bürger über ihre Nachbarn in Lateinamerika und Kanada informiert. Vorher diente es den Russen als UN-Mission. Von hier winkte Nikita Chruschtschow vom Balkon, bevor er seinen legendären Auftritt vor der UN-Vollversammlung hatte, bei dem er seinen Schuh auf das Rednerpult knallte.

Das moderne Gebäude an der Kreuzung zur 70th Street gehört der **Asia Society and Museum**, dem Pendant zur oben erwähnten *Americas Society*, und ist eines der wichtigsten Schaufenster für asiatische Kultur in der Stadt. Das 1956 von John D. Rockefeller in New York gegründete Institut unterhält inzwischen elf Zentren in den USA und Asien.

725 Park Ave./70th St., ℡ 212-288-6400, www.asiasociety.org. Di–So 11–18 Uhr, Sept. bis Juni Fr bis 21 Uhr. Eintritt: $ 12, erm. $ 10, Studenten $ 7, Fr 18–21 Uhr frei. Auch Laden und Garden Court Café. Subway: 68 St./Hunter College Linie 6.

Die 70th Street auf dem Weg zum Central Park beherbergt bei Nr. 46 auf der linken Seite den *Explorers Club*, der so tollkühne Abenteurer wie Roald Amundsen und Neil Armstrong zu seinen Mitgliedern zählte. An der Ecke zur Madison Avenue laden Luxusboutiquen zum Flanieren ein – seit 2010 haben 60 neue Geschäfte in der Madison Avenue eröffnet, abenteuerlich sind dort hauptsächlich die Preise. Darum ist es höchste Zeit für die erste Station der Museumsmeile an der 5th Avenue, die Frick Collection.

Privatsammlung des „Medici Amerikas"
Frick Collection

Diese wunderbare Gemäldesammlung ist in der ehemaligen Villa Henry Clay Fricks (1849–1919) inmitten der Originaleinrichtung untergebracht. Frick wird von vielen auch der Medici Amerikas genannt. Einen beträchtlichen Teil seines Vermögens, das er mit den Kohleminen in seiner Heimatstadt Pittsburgh und in der Stahlindustrie gemacht hatte, investierte er in den Kauf erlesenster Werke alter europäischer Meister. Als Alterswohnsitz und würdigen Rahmen für seine Gemälde ließ er 1905 einen Beaux-Arts-Palast errichten, der um einen wunderschönen, inzwischen überdachten Hof mit Brunnen und Palmen gebaut wurde. Wie von Frick geplant, wurde das Haus nach seinem eigenen und dem Tod seiner Frau zum Museum umgewandelt und 1935 der Öffentlichkeit zugänglich gemacht. Ihren privaten Charakter

---

New York im Kasten
Wenn Geld allein nicht ausreicht

Nur wer den Kaufpreis cash parat hat, erhält die Chance auf eine Statusadresse in einem der sog. *Good Buildings* an der Park oder 5th Avenue. Doch eine Garantie gibt es selbst dann nicht, denn bei den Häusern handelt es sich i. d. R. um *co-ops*. Das bedeutet, dass die Bewohner Gesellschaftsanteile am Haus besitzen und ein Verwaltungsrat den Zuzug „unerwünschter" Personen verhindert. Die Liste der Gedemütigten ist illuster und lang. Eines der letzten Opfer war der Premierminister von Qatar, Scheich Hamad bin Jassim bin Jaber al-Thani. Die Herkunft seiner Millionen war dem Board zu dubios. Und dann hatte er auch noch 15 Kinder! Zum Trost hat er sich für 100 Mio. Dollar ein Penthouse im One57 Hochhaus gesichert.

haben die Räumlichkeiten trotz der Umbaumaßnahmen aber nicht verloren. Präsentiert werden Höhepunkte der europäischen Malerei, darunter Werke von Holbein d. J., Bellini, Tizian, Rembrandt und Vermeer, um nur einige zu nennen. Absolut empfehlenswert! Zu erwähnen bliebe schließlich noch, dass der edle Stifter im Geschäftsleben weit weniger edle Züge hatte: Um einen Streik in einem seiner Stahlwerke zu unterbinden, heuerte Frick bewaffnete Streikbrecher an, was in einer Katastrophe endete: zehn Menschen starben, über 50 wurden zum Teil schwer verletzt.

1 E 70th St./5th Ave., ℡ 212-288-0700, www.frick.org. Di–Sa 10–18 Uhr, So 11–17 Uhr. Eintritt $ 20, Senioren $ 15, Studenten $ 10 (jeweils inkl. Audioguide), So 11–13 Uhr pay-as-you-wish. Alle 20 Min. läuft ein Video über das Museum im Music Room. Subway: 68 St./Hunter College Linie 6.

Met-Zweigstelle für moderne Kunst
Met Breuer

Von der 5th Avenue gehen Sie rechts in die 72nd, um dann links in die Madison Avenue zu gelangen. Zwei Blöcke in Richtung Norden springt Ihnen auf der rechten Seite ein grauer Granitquader mit treppenförmig überhängender Fassade ins Auge: In dem vom Bauhaus-Architekten Marcel Breuer zwischen 1963 und 1966 errichteten Gebäude stellt nach dem Auszug des Whitney Museums seit März 2016 das **Metropolitan Museum of Art** seine Klassiker der Moderne und sogar zeitgenössische Kunst ins Rampenlicht.

945 Madison Ave. zw. 74th und 75th St., ℡ 212-731-1675, www.metmuseum.org. Di/Mi 10–17.30 Uhr, Do/Fr bis 21 Uhr, Sa/So bis 17.30 Uhr. Eintritt ist im Preis für das Hauptmuseum enthalten, sonst nach Ermessen. www.metmuseum.org. Subway: 66 St./Hunter College Linie 6.

Ukrainische Kultur in Prachtbau
Ukrainian Institute of America

Bleiben Sie noch einen Moment auf der Luxus-Shopping-Meile Madison Avenue, dann kommen Sie am Hotel *Carlyle* vorbei (Ecke 76th Street), wo im **Café Carlyle** montags abends oft Woody Allen jazzt (→ S. 280). Dort verlassen Sie die Madison Avenue und biegen links in die 79th Street ein, die Sie bis zur 5th Avenue vorgehen. An der Ecke zur 5th Avenue steht das **Ukrainian Institute of America**, ein reich dekorierter Charles-Gilbert-Bau der Jahrhundertwende, in dem Kunst, Literatur, Musik und Mode des Riesenlandes in Ausstellungen und Projekten gezeigt werden.

2 E 79th St./5th Ave., ℡ 212-288-8660, www.ukrainianinstitute.org. Öffnungszeiten je nach Projekt unterschiedlich. Subway: 86 St. Linien 4, 5, 6.

Bedeutendstes Museum der Neuen Welt
Metropolitan Museum of Art

Ihre Aufmerksamkeit wird jetzt unweigerlich von dem riesigen Museumskomplex zu Ihrer Linken in Beschlag genommen, dem Metropolitan Museum of Art, das 1871 gegründet wurde und von Einheimischen nur *The Met* genannt wird. Der neue Vorplatz mit seinen Brunnen, Bäumen und Sitzgelegenheiten lädt zum Verweilen ein. Das Met zählt zu den Top-Museen der Welt und ist, was Umfang und Qualität der Sammlung angeht, nur mit dem British Museum, dem Louvre, dem Prado oder der Eremitage zu vergleichen. Im Bestand sind nahezu drei Millionen Kunstgegenstände aus allen Epochen und Regionen der Welt: Von Zeugnissen vorgeschichtlicher asiatischer, amerikanischer, ozeanischer und europäischer Kunst über die Kunst der griechischen und römischen Antike oder die Malerei, Bildhauerei und Buchkunst des europäischen Mittelalters bis hin zu zeitgenössischer Kunst ist alles vertreten. Besonders stolz ist man auf die riesige ägyptische Abteilung, die allein 36.000 Objekte umfasst und damit mehr an alter ägyptischer Kunst zu bieten hat als alle anderen Museen der Welt, sieht man einmal vom Ägyptischen Museum in Kairo ab.

Kunst aus aller Welt unter einem Dach: Metropolitan Museum of Art

Imposant ist auch der *American Wing*, der den weltweit umfassendsten Überblick über US-amerikanische Kunst und Alltagskultur liefert. Um den gewaltigen Museumsschatz zu präsentieren, stehen insgesamt 185.000 m² Ausstellungsfläche zur Verfügung, die von etwa fünf Millionen Menschen jährlich besucht werden. Und immer wieder kommt Neues hinzu: 2011 hat zur Förderung des gegenseitigen kulturellen Verständnisses eine eigene Islam-Galerie eröffnet. 2012 erhielt die Amerikanische Kunst einen neuen Flügel und im Mai 2014 eröffnete Michelle Obama das *Anna Wintour Costume Center*, das sich, ganz genau, der Mode widmet. Damit nicht genug: Schon wieder ist ein neuer Südwest-Flügel vom britischen Star-Architekten David Chipperfield (Neues Museum Berlin) in Planung, um die Sammlung der modernen und zeitgenössischen Werke, die derzeit im Met Breuer untergekommen sind, zeigen zu können. Dabei soll auch der herrliche Dachgarten des Met mit Blick über den Central Park verdoppelt werden. Bei einer derartigen Fülle an Hochkultur ist die Auswahl natürlich nicht leicht. Wer es nicht auf eigene Faust versuchen will, kann sich einer knapp 90-minütigen Führung anschließen, die einige der Höhepunkte der Sammlung ansteuert (einige Termine auch auf Deutsch). Darunter ist z. B. der Tempel von Dendur, der beim Bau des Nasser-Stausees in Ägypten in den Fluten zu versinken drohte und deshalb dort ab- und hier im MMA wieder aufgebaut wurde. Auch ein paar speziell auf deutsche Besucher zugeschnittene Exponate werden gezeigt, etwa Tiepolos Skizze für das Deckenfresko der Würzburger Residenz oder das von dem deutschstämmigen Historienmaler Emanuel Gottlieb Leutze stammende Gemälde *Washingtons Überquerung des Delaware*. Zum Verschnaufen gibt es mehrere Restaurants, Cafés und Bars. Von Mai bis Oktober ist das *Roof Garden Café & Martini Bar* im fünften Stock des Henry-R.-Kravis-Flügels mit Blick auf Manhattan geöffnet (So–Do 10–

Guggenheim Museum

16.30 Uhr, Fr/Sa bis 20.15 Uhr). Freitags und samstags abends von 16 bis 20.30 Uhr gibt es klassische Livemusik in der *Balcony* Bar im zweiten Stock.

1000 5th Ave./82nd St., ☏ 212-879-5500, www.metmuseum.org. So–Do 10–17.30 Uhr, Fr/Sa 10–21 Uhr. Eintritt $ 25, erm. $ 17, Studenten $ 12, unter 12 J. frei. Das Ticket berechtigt auch zum Besuch des Met Breuer und der Met Cloisters am selben Tag. Was kaum laut gesagt wird: Der Eintritt ist nur ein Vorschlag, eine „suggested admission" mit der Bitte, so viel wie möglich zu geben. Audioguide $ 7, kostenfreies Download einer App und kostenlose Führungen auch auf Deutsch (Termine für die Tour „Meisterwerke im Museum" unter www.metmuseum.org/events/programs/tours). Subway: 86 St. Linien 4, 5, 6.

Österreichische und deutsche Kunst
Neue Galerie

Vorbei am ehemaligen Wohnsitz von Jacqueline Kennedy-Onassis (1040 5th Avenue) erreichen Sie nun (Ecke 86th Street) die in einem klassizistischen Stadtpalais gelegene Neue Galerie, die sich – der Name deutet es schon an – ausschließlich österreichischen und deutschen Künstlern widmet. Das erste Geschoss dokumentiert das Wiener Kunstgeschehen des frühen 20. Jh. und zeigt u. a. Werke von Gustav Klimt, Oskar Kokoschka oder Egon Schiele. Im Mittelpunkt der Ausstellung im zweiten Stock stehen die Künstlervereinigungen *Blauer Reiter*, *Brücke* und *Bauhaus*, zu sehen bekommt man u. a. Arbeiten von Wassily Kandinsky, Paul Klee, Ernst Ludwig Kirchner und Oskar Schlemmer. Die Gründung der Neuen Galerie beruht auf einer Idee des New Yorker Kunsthändlers Serge Sabarsky und seines Freundes, des Unternehmers und ehemaligen amerikanischen Botschafters in Österreich Ronald S. Lauder, der das Projekt nach Sabarskys Tod 1996 in die Tat umsetzte. Aufsehen erregte die Neue Galerie 2006 mit dem Kauf von Gustav Klimts berühmtem Gemälde der *„Goldenen Adele"*, für das Lauder den Rekordpreis von 135 Mio. Dollar zahlte. Übrigens: Das hauseigene Café Sabarsky wird (fast) ebenso gelobt wie die in der Galerie präsentierte Kunst. Und natürlich gibt es hier auch Strudel mit „Schlagobers".

1048 5th Ave./86th St., ☏ 212-994-9493, www.neuegalerie.org. Do–Mo 11–18 Uhr, Shop Mi–Mo 11–18 Uhr; Café Mo und Mi 9–18 Uhr, Do–So bis 21 Uhr. Eintritt $ 20, erm. $ 10, englische Audiotour im Preis inbegriffen. Erster Freitag im Monat auch von 18 bis 20 Uhr, Eintritt frei. Achtung: kein Einlass für Kinder unter 12 J. Subway: 86 St. Linien 4, 5, 6.

Kunst im Schneckenhaus
Solomon R. Guggenheim Museum

Auf die Neue Galerie folgt zwei Blöcke weiter nördlich das Guggenheim-Museum mit seiner unverwechselbaren Schneckenhaus-Fassade. Der zehnstöckige Turm an der Ostseite wurde zum 50. Geburtstag des Museums durch einen Glasgang mit der Rotunde verbunden und erhielt im neunten Stock ein Restaurant. Das Haupthaus bekam einen Skulpturengarten auf dem Dach. Im Volksmund heißt es auch ein wenig despektierlich *The Big Toilet Bowl*. Die „große Toilettenschüssel" (weitere Spitznamen: „Kochtopf" und „Brummkreisel"), wo seit 1959 bedeutende Werke der klassischen Moderne und der zeitgenössischen Kunst ausgestellt werden, wurde nach jahrelangem Ringen vom Stararchitekten Frank Lloyd Wright gebaut und löste wegen seiner eigentümlichen Form heftige Kontroversen aus. Nicht minder umstritten war das Innere des Gebäudes, das im Wesentlichen aus einer spiralförmigen Rampe besteht, auf der man an den Kunstwerken vorbei nach oben bzw. unten geht. Spötter fühlen sich an ein Parkhaus erinnert. Ausstellungsräume wie in anderen Museen gibt es nicht, zumindest nicht in Wrights Schneckenhaus. In dieser und mancher Hinsicht konventioneller gestaltet ist der 1992 fertiggestellte turmförmige Anbau, in dem heute die Dauerausstellung gezeigt wird, während das

Schneckenhaus den Wechselausstellungen vorbehalten ist.

Die Sammlung selbst wurde ab Ende der 1920er-Jahre aufgebaut. Unterstützt von der deutschen Malerin Hilla von Ribay trug Solomon R. Guggenheim, der seine zahlreichen Millionen im Kupferhandel gemacht hatte, eine rasch wachsende Zahl von Werken der zeitgenössischen abstrakten Malerei zusammen. 1937 gründete er die *Solomon R. Guggenheim Foundation* zur Förderung der modernen Kunst, 1939 wurde dann das erste Museum eröffnet, damals noch unter dem Namen *Museum of Non-Objective Painting*. Seitdem wurde der Bestand durch Schenkungen und Zukäufe kontinuierlich erweitert, etwa durch Karl Nirendorfs Sammlung von Werken des deutschen Expressionismus oder durch die Sammlung Peggy Guggenheims, der Nichte des Museumsgründers, die u. a. kubistische und surrealistische Malerei umfasst. Entsprechend lang ist die Liste der Künstler, die heute hier mit ihren Arbeiten vertreten sind: Chagall, Miró, Gauguin, Kandinsky, Klee, Marc, Picasso, Rothko und Beuys, um nur einige zu nennen. Kein Wunder, dass das Haus mit fast drei Millionen Besuchern pro Jahr eines der meistbesuchten Museen der Welt ist. Am Südende der Spiralrampe kann man im blütenweißen Restaurant *The Wright* (mit Bar) auch speisen.

1071 5th Ave./89th St., ✆ 212-423-3500, www.guggenheim.org. So–Mi und Fr 10–17.45 Uhr, Sa bis 19.45 Uhr, der Eintritt ist Sa von 17.45 bis 19.45 Uhr frei. Eintritt $ 25, erm. $ 18, Kinder unter 12 J. frei. Führungen (engl.) tägl. 14 Uhr. Audioguides (engl.) inklusive. Restaurant: Lunch Mo–Mi und Fr/Sa 11.30–15.30 Uhr, So Brunch 11–15.30 Uhr. Subway: 86 St. Linien 4, 5, 6.

Galerie und Kunstakademie in einem
National Academy Museum and School of Fine Arts

Schon bei der Gründung 1825 hat die National Academy Museum und Schule vereint, sie war dabei eine der ersten Galerien, die in New York überhaupt eröffneten. Heute fristet die Academy eher ein Schattendasein neben den weit größeren und bedeutenderen Museen auf der Museumsmeile, ist dafür aber auch nicht so überlaufen. Die Wände der 2011 frisch renovierten Räume sind ausschließlich für Werke der Mitglieder der National Academy reserviert. Rund 7000 Arbeiten von amerikanischen Künstlern und Architekten des 19. bis 21. Jh. befinden sich im Archiv und werden in Wechselausstellungen präsentiert.

1083 5th Ave./89th St., ✆ 212-369-4880, www.nationalacademy.org. Mi–So 11–18 Uhr. Eintritt frei. Subway: 86 St. Linien 4, 5, 6.

Mode, Kunst und Design
Cooper-Hewitt National Design Museum

Weit imposanter als die National Academy ist auf Höhe der 90th Street das 1901 gebaute Renaissance-Palais der Familie Carnegie, in der seit 1976 das *Cooper-Hewitt National Design Museum* auf insgesamt vier Ebenen untergebracht ist, das vor allem attraktive Wechselausstellungen zu Mode oder Alltagsdesign zeigt. Es ist eines der 19 Museen, die unter den Fittichen der *Smithsonian Institution* gedeihen, und besitzt die größte Design- und Kunstgewerbesammlung der Welt. Hier wird die Design-Ästhetik und Kreativität der vergangenen 250 Jahre erkundet, seit der umfangreichen Erweiterung und Renovierung auch interaktiv. Im „Immersion Room" kann man zum Beispiel seine eigene Wandtapete entwerfen, mit einem interaktiven Stift können Besucher die Informationen aus den Ausstellungen und ihre eigenen Designs auf einer eigenen Webseite speichern und teilen. Die Sammlung des Cooper-Hewitt Museums umfasst rund 750.000 Werke. Ihre Existenz ist den drei Hewitt-Schwestern Amy, Eleanor und Sarah zu verdanken, Enkelinnen des Industriellen und Kunstförderers Peter Cooper. Die Ausstellungsstücke reichen von Möbeln über Glas und Keramik bis zu Tapeten und Textilien.

5th Ave./Ecke 91st St., ☏ 212-894-8351, www.ndm.si.edu. Mo–Fr und So 10–18 Uhr, Sa bis 21 Uhr; Sa 18–21 Uhr pay-as-you-wish. $ 18, erm. $ 12, Kinder $ 9. Subway: 86 St. Linien 4, 5, 6.

Alte und neue jüdische Kunst
Jewish Museum

Wieder zwei Blöcke weiter zeigt das eher intime Jüdische Museum eine der weltweit größten Sammlungen jüdischer Kunst, darunter Gemälde, Skulpturen, Zeichnungen, Fotografien, sakrale Kunst sowie zeitgenössische Installationskunst. Eine numismatische Ausstellung informiert u. a. über alte judäische Münzen, darunter auch seltene Stücke, die während des Bar-Kochba-Aufstandes gegen die römische Besatzung (132–135 n. Chr.) gefertigt wurden. Im Keller befindet sich das koschere Café Weissman.

1109 5th Ave./Ecke 92nd St., ☏ 212-423-3200, www.jewishmuseum.org. Mo/Di und Fr–So 11–17.45 Uhr, Do 11–20 Uhr, Mi geschl. Eintritt $ 15, erm. $ 12, Studenten $ 7,50, Sa frei, Do 17–20 Uhr Pay-what-you-wish. Führungen Mo, Di und Do 12.15, 14.15 und 15.15 Uhr, Fr 12.15 und 13.15 Uhr. Subway: 96 St. Linie 6.

Stadtgeschichte
Museum of the City of New York

Das New Yorker Stadtmuseum an der 5th Avenue (zwischen 103rd und 104th Street) wird angesichts der Hochkaräter in seiner Umgebung leider oft übersehen, dabei interpretiert es inzwischen hochmodern die politischen, sozialen und kulturellen Aspekte der Geschichte New Yorks sehr innovativ und anschaulich. 1,5 Mio. Objekte sind in seinem Besitz, von Spielzeug, Kostümen und historischen Fahrzeugen bis zu New Yorker Laden- und Wohnungseinrichtungen aus verschiedenen Jahrhunderten (im fünften Stock ist das Schlaf- und Ankleidezimmer von John D. Rockefeller zu sehen). Besonders gefeiert wird seine Kunstsammlung mit Drucken, Fotos, Aquarellen und Zeichnungen sowie die Broadway-Theaterabteilung, die 3500 Kostüme und Memorabilien umfasst.

1220 5th Ave. zw. 103rd und 104th St., ☏ 212-534-1672, www.mcny.org. Tägl. 10–18 Uhr. Kostenlose Führung Mi, Fr und So 14 Uhr. Eintritt $ 14, erm. $ 10. Subway: 96 St. Linie 6.

Lateinamerika-Flair auf der Museum Mile
El Museo del Barrio

Wenn Sie es nun noch einen Block weiter schaffen, kommen Sie zum Stadtteilmuseum (*barrio* = Stadtteil) in Spanish Harlem. Gegründet wurde es vor 30 Jahren von Lehrern, Künstlern, Politikern und anderen Mitgliedern der puertoricanischen Gemeinde von East Harlem. Es widmet sich der Präsentation und Pflege lateinamerikanischer Kunst und Kultur. Mit einer umfangreichen Sammlung, die mehr als 8000 Stücke von präkolumbianischen Gebrauchsgegenständen bis hin zu Kunstinstallationen umfasst, sowie Veranstaltungen und Festivals will das Museum ein Forum für karibische und lateinamerikanische Lebensart sein.

1230 5th Ave./104th St., ☏ 212-831-7272, www.elmuseo.org. Di–Sa 11–18 Uhr, So 12-17 Uhr. Café Di–Fr 11–15.30 Uhr, Sa 12–15.30 Uhr. Eintritt $ 9, erm. $ 5, Mi für Senioren frei, an jedem dritten Sa im Monat frei für alle. Subway: 96 St. Linie 6.

Heimat für afrikanische Kunst
The Africa Center

An der Grenze zu Harlem steht ein Neubau von Robert Stern, The Africa Center, das die Museumsmeile beschließt. Die Statue gegenüber dem Museum zeigt Duke Ellington, den legendären afroamerikanischen Jazzmusiker, am Klavier. Die Institution gibt es bereits seit 1984, sie hat seitdem mehr als 60 Ausstellungen zu afrikanischer Kunst und der afrikanischen Diaspora organisiert, das Center kommt jedoch schon seit vielen Jahren finanziell und praktisch nicht zu Potte, die Eröffnung wird schon seit Jahren erwartet.

1280 5th Ave./110th St., ☎ 718-784-7700, www.theafricacenter.org. Mi–Sa 13–18 Uhr. Subway: 110 St. Linie 6.

Ihr nächster Subway-Anschluss liegt weiter östlich auf der 110th Street mit Anschluss an die Linie 6 oder Sie nehmen den Bus (M 1, 2, 3 oder 4) die 5th Avenue hinunter, der sie zurück zum South Grand Army Plaza bringt.

Mit der Seilbahn hoch über New York
Abstecher: Roosevelt Island

Knapp fünf Minuten dauert die Fahrt mit der *Roosevelt Island Tramway* auf die 60 ha große Insel im East River. 1976 ursprünglich für den Berufsverkehr gebaut, ist die (Schweizer!) Hochseilbahn heute in erster Linie Touristenattraktion und garantiert spektakuläre Ausblicke auf Manhattan. Roosevelt Island selbst ist nicht sonderlich aufregend, hat sich aber für Besucher inzwischen herausgeputzt: ein paar Restaurants, die Lunch anbieten, eine Uferpromenade mit schöner Aussicht auf die Skyline, ansonsten Wohnblöcke, die ab Beginn der 1970er-Jahre hochgezogen wurden, nachdem die Insel offiziell zur *residential area* (Wohngebiet) erklärt worden war. Davor hieß sie noch *Welfare Island* und diente als Standort allerlei städtischer bzw. staatlicher Einrichtungen, darunter Armenhäuser, Gefängnisse und vor allem Krankenhäuser (zwei davon sind immer noch in Betrieb). Erwähnenswert ist, dass man von Roosevelt Island einen traumhaften Blick auf das Feuerwerk zum Unabhängigkeitstag am 4. Juli genießt. An der Südspitze befindet sich der President Franklin D. Roosevelt Gedenkpark, der täglich außer Dienstag geöffnet ist.

Tram-Abfahrt: 60th St./2nd Ave. rioc.ny.gov/. Subway: Lexington Ave./59 St. Linien N, Q, R, 4, 5, 6.

Zu Besuch beim Bürgermeister
Abstecher: Gracie Mansion

Der etwa 8 km nördlich des Stadtzentrums im Carl Schurz Park gelegene Landsitz wurde 1799 für Archibald Gracie gebaut. Knapp hundert Jahre später ging das weiße Federal-Style-Gebäude in den Besitz der Stadt über, die es 1942 zur offiziellen Residenz des New Yorker Bürgermeisters machte. Da Michael Bloomberg sein eigenes Apartment vorzog, wurde Gracie Mansion 2002 zum *People's House* umgestaltet, das man nach Voranmeldung besichtigen kann. Außerdem dient Gracie Mansion als Gästehaus für den hohen Besuch der Stadt. Auch der amtierende Bürgermeister Bill de Blasio lebt weiter in seinem privaten Stadthaus in Park Slope in Brooklyn. Der das Gebäude umgebende Carl Schurz Park, der nach einem deutschen Aktivisten der Märzrevolution von 1848 und späteren US-Senator benannt ist, wird im Sommer auch zum Austragungsort kostenloser Jazzkonzerte und Filmnächte.

Carl Schurz Park, zw. 88th St. und East End Ave., ☎ 212-570-4773/4751, www1.nyc.gov/office-of-the-mayor/gracie-mansion.page. Zutritt nur mit Führung: Di 10, 11, 14 und 15 Uhr. Eintritt $ 7, erm. $ 4. Programm im Park: carlschurzparknyc.org. Subway: 86 St. Linien 4, 5, 6.

Praktische Infos → Karte S. 164/165

Essen und Trinken

Earl's Beer and Cheese 🯫 In diesem kleinen, unkonventionellen Restaurant/Bierbar trinkt man vor der Retrotapete mit Hirschen und Enten im Walde zu herzhaften, innovativen Käsegerichten sein Pint. So–Do 11–24 Uhr, Fr/Sa bis 2 Uhr. 1259 Park Ave. zw. 97th und 98th St., ☎ 212-289-1581, earlsny.com. Subway: 96 St. Linie 6.

Café Boulud 🯬 Der Michelinstern spricht für sich. Das beige gehaltene Edelbistro ist Treffpunkt der kulinarischen Upper Class. 2-Gänge-Lunch-Menü $ 37. Unbedingt reservieren. Mo–Fr 7–10.30 Uhr, Sa/So 8–11 Uhr und

Brunch 12–15 Uhr; Lunch Mo–Do 17.30–22.30 Uhr, Fr/Sa bis 23 Uhr, So 17.45–22.30 Uhr. 20 E 76th St. nahe Madison Ave. ☏ 212-772-2600, www.cafeboulud.com/nyc/. Subway: 77 St. Linie 6.

Luke's Lobster 10 Das perfekte Hummerbrötchen ($ 15) gibt es hier. Mehrere Filialen in der Stadt, weil es so frisch und gut ist. Tägl. 11–22 Uhr. 242 E 81st St./2nd Ave., ☏ 212-249-4241, lukeslobster.com. Subway: 77 St. Linie 6.

Yuka 13 Ziemlich dunkles, kleines japanisches Restaurant, das mit All-you-can-eat-Sushi für nur $ 21 zu den echten Preisknüllern zählt. Auch Sashimi und Nudelgerichte. Mo–Fr 17–23 Uhr, Sa 12–23.30 Uhr, So 12–23 Uhr. 1557 2nd Ave. zw. 80th und 81st St., ☏ 212-772-9675, www.yukajapanese.com. Subway: 77 St. Linie 6.

Sarabeth's 4 Netter Laden im eleganten englischen Cottage-Stil, leicht überhöhte Upper-East-Side-Preise, aber Riesenauswahl (vor allem an Omeletts, $ 11,50–$ 19,50), hervorragendes Brunch. Mo–Sa 8–22.30 Uhr, So bis 22 Uhr. 1295 Madison Ave. zw. 92nd und 93rd St., ☏ 212-410-7335, www.sarabethsrestaurant.com. Subway: 86 St. oder 96 St. Linie 6.

Café Mingala 16 Leicht zu übersehen und von außen unscheinbar ist dieses burmesische Restaurant, dessen Wände mit Szenen aus Myanmar bemalt sind. Es gibt Eintöpfe, Currys und Salate zu moderaten Preisen, Lunch schon ab $ 7,95. So–Do 11.30–22.30 Uhr, Fr/Sa bis 23.30 Uhr. 1393 2nd Ave. zw. 72nd und 73rd St., ☏ 212-744-8008. Subway: 68 St./Hunter College Linie 6.

Beyoglu 7 Ein Mezze-Haus, das die türkische Version von Tapas serviert. 18 verschiedene Vorspeisenplatten mit orientalischem Einschlag. Tagesgerichte $ 14,50, Fisch $ 16, Mezze $ 5–8. Tägl. 12–22.30 Uhr. 1431 3rd Ave./81st St., ☏ 212-650-0850. Subway: 86 St. oder 77 St. Linie 6.

Einkaufen

Bloomingdale's (Bloomies) 19 Seit 1872 die Met der Einkaufswelt. Achten Sie auf die *new blood collection* noch eher unbekannter Designer. Kostenlose persönliche Shopping-Berater, falls Sie Größeres vorhaben. Samstagnachmittag ist bester Promi-Tag zum Sehen und Gesehenwerden. Mo, Fr/Sa 10–22 Uhr, Di–Do 10–20.30 Uhr, So 10–21 Uhr. Es gibt eine Magnolia Bakery im Haus und David Burkes Restaurant. 1000 3rd Ave./59th St., ☏ 212-705-2000, www1.bloomingdales.com. Subway: 59 St. Linien 4, 5, 6 oder Lexington Ave./59 St. Linien N, Q, R. Ableger in SoHo und Filiale in der Upper West Side.

Jimmy Choo 18 Legendäres Schuhgeschäft, das international durch *Sex and the City* zu Ruhm kam. Handgearbeitetes feinstes Leder. Mo–Mi und Fr–Sa 10–18 Uhr, Do 10–19 Uhr, So 12–18 Uhr. 716 Madison Ave. zw. 63rd und 64th St. (auch 645 5th Ave./51st St.), ☏ 212-759-7078, www.jimmychoo.com. Subway: Lexington Ave./59 St. Linien N, Q, R.

Christian Louboutin 14 Die Schuhe mit der roten Sohle. Mo–Sa 10–18 Uhr, So 12–17 Uhr. 965–967 Madison Ave. zw. E 75th und E 76th St., ☏ 212-396-1884, www.christianlouboutin.com. Subway: 77 St. Linie 6.

Aquazzura 15 Mit italienischer Qualität und kunstvollen Entwürfen will das Label Ihre Füße glücklich machen (ab $ 600). Tägl. 10–19 Uhr. 939 Madison Ave. zw. 74th und 75th St., ☏ 347-328-0080, www.aquazzura.com. Subway: 77 St. Linie 6.

Blue Tree 5 Ein Laden, der überraschen will: mit witzigem Kinderspielzeug, Designerklamotten, Schmuck, Accessoires und Geschenken. Eigentümerin ist die Schauspielerin Phoebe Cates. Mo–Fr 10–18 Uhr, Sa ab 11 Uhr. 1283 Madison Ave./92nd St. ☏ 212-369-2583, www.bluetreenyc.com. Subway: 96 St. Linie 6.

Shakespeare & Co. Booksellers 17 Unabhängige Buchhandlung mit vier Läden in New York, beliebt bei Studenten und Akademikern. Mo–Fr 7.30–20 Uhr, Sa 8–19 Uhr, So 9–18 Uhr. 939 Lexington Ave./69th St., ☏ 212-570-0201, www.shakeandco.com. Subway: 68 St./Hunters College Linie 6.

Lisa Perry 9 Wer auf die Mode der 60er-Jahre in modernisierter Form oder Second Hand steht und Freude an bunter Retro-Einrichtung hat, sollte in diesen Laden reinschauen, den die New Yorker Designerin mit Dingen gefüllt hat, die ihr gefallen. Witzige Geschenke. Mo–Sa 10–18 Uhr, So 12–17 Uhr. 976 Madison Ave. zw. 76th und 77th St., ☏ 212-431-7467, www.lisaperrystyle.com. Subway: 77 St. Linie 6.

Herrschaftliche Westseite
Tour 11

Die Upper West Side ist eine der elegantesten Wohngegenden Manhattans mit vielen denkmalgeschützten Bauten. Charakteristisch sind die idyllischen Straßenzüge mit Brownstone-Häusern und die berühmten Apartmentblocks.

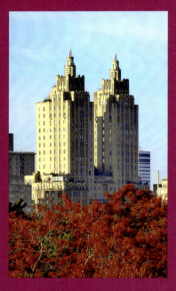

- **American Museum of Natural History**, Paradies für Entdecker und Forsche, S. 175
- **New York Historical Society**, New Yorker Museumspionier, S. 178
- **Museum of Arts & Design**, Alltagskunst und -design, S. 181
- **Lincoln Center for the Performing Arts**, Kulturzentrum der Superlative, S. 182

Brownstones und Kulturhighlights
Upper West Side

Die Upper West Side, zwischen 59th und 110th Street, Hudson River und Central Park West, war bis Ende des 19. Jh. recht unterentwickelt und bestand aus verschiedenen Dörfern, die immer dichter zusammenwuchsen. Sie wurde erst 1879 zur beliebten Wohngegend, als die Hochbahn *(Elevated Railway = El)* auf der 9th Avenue (Columbus Avenue) bis in die Upper West Side verlängert wurde und erstmals die Möglichkeit schuf, in einem anderen Bezirk zu wohnen als zu arbeiten. Zu dieser Zeit wurden auch die ersten luxuriösen Apartmenthäuser gebaut. Entlang der vier großen Boulevards der Upper West Side entstanden Wohnbezirke mit ganz unterschiedlichem Charakter. Die Seitenstraßen füllten sich mit Brownstone-Häusern, der Umzug der Columbia University nach Morningside Heights führte auch die ersten Intellektuellen und Künstler ins Einzugsgebiet. Die Region um die paar Luxusmietshäuser herum blieb allerdings lange Zeit eine klassische Arbeitergegend. Nachdem die Stadtverwaltung 1939 die Untervermietung einzelner Räume erlaubt hatte, zog es immer mehr Einkommensschwache (darunter auch viele Schwarze) und Immigranten (vor allem, aber nicht nur aus Puerto Rico) hierher. In vielen Regionen bildeten sich Slums. Besonders berüchtigt war der Bezirk San Juan Hill westlich des Güterbahnhofs, wo sich heute Luxusgebäude von Donald Trump befinden. Zwischen den einzelnen Bevölkerungsgruppen (Puerto Ricanern, Schwarzen, armen Weißen) kam es immer wieder zu erbitterten Kämpfen (→ Kasten, S. 182).

In den 1960er-Jahren wurden bauliche Maßnahmen beschlossen, um dieser Entwicklung ein Ende zu setzen. Neue Wohnviertel und ein neues Kulturzentrum, das Lincoln Center, sollten entstehen. Tatsächlich gelang es dadurch, die

Sozialstruktur in der Upper West Side zu ändern. Die Slums wurden abgerissen, deren Bewohner umgesiedelt und gut betuchte Künstler fanden sich ein.

Immobilienmakler steuerten das ihre dazu bei, nannten den Abschnitt der 8th Avenue zwischen 59th und 110th Street *Central Park West*, um ihm mehr Exklusivität zu verleihen. Seitdem glitzern entlang der Columbus Avenue teure Boutiquen und Restaurants, die Amsterdam Avenue wird von einem Mix aus Bodegas, Bars und Shops bevölkert. Entlang des Central Park West stehen noch immer die Apartmenthäuser mit klangvollen Namen, wie das burgartige Dakota, das San Remo mit seinen markanten Türmen oder das Majestic, das im Artdéco-Stil gebaut wurde und das Fred Astair sein Zuhause nannte.

Neben diesen baulichen ragen als kulturelle Highlights das American Museum of Natural History, die grandios ausgebaute New York Historical Society und das bereits genannte Lincoln Center heraus, der größte Kulturkomplex Amerikas mit dem Metropolitan Opera House. Am Columbus Circle befindet sich das spannende Museum of Arts and Design. Rund 6 km entlang des Hudson River erstreckt sich der Riverside Park von der 72nd bis zur 158th Street. Dieses schmale Stück Land zwischen Fluss und Riverside Drive wurde in den 1870er-Jahren von Frederick Law Olmsted, einem der Central-Park-Architekten, entworfen. Neben den Rasenflächen, Blumenbeeten und Sportanlagen wird vor allem die Flusspromenade von Joggern, Skatern, Radlern und Müßiggängern frequentiert.

Tour-Info Die Upper West Side bietet sich für einen kurzen Rundgang an, man kann in den Museen dort aber auch Tage verbringen. Ausgangspunkt ist die Subway-Station 79 Street (Linie 1).

Stationen

Paradies für Entdecker und Forscher
American Museum of Natural History

Wenn Sie aus der U-Bahn kommen, stehen Sie auf einer vierspurigen Kreuzung, an der 1894 mit der **First Baptist Church** die erste Baptistenkirche Manhattans gebaut wurde. Die ungleich hohen Türme sind Absicht. Der längere symbolisiert Jesus Christus, der kürzere, unvollendet wirkende die christliche Kirche, die unvollendet bleiben wird bis zur Rückkehr des Herrn. Die beiden Seitentürmchen stellen das Alte

American Museum of Natural History

und das Neue Testament dar. Gehen Sie nun in entgegengesetzter Richtung die 79th Street bis zur Columbus Avenue. Vor sich sehen Sie die Rückseite des **American Museum of Natural History**. Halten Sie sich links und durchqueren Sie die hübsche Grünanlage. Der moderne Glasbau vor Ihnen ist das **Rose Center for Earth and Space**, Teil des Museums of Natural History, in dem u. a. das Hayden Planetarium untergebracht ist.

In den mehr als 40 Ausstellungsräumen eines der größten Naturkundemuseen der Welt (190.000 m²) kann immer nur ein Bruchteil der 36 Millionen Sammlungsstücke gezeigt werden. Das ab 1874 im römischen Monumentalstil erbaute Gebäude (eigentlich 25 Gebäude, die 4 Blocks belegen) beherbergt Exponate zur Naturgeschichte, Anthropologie und Ethnologie aus allen Teilen der Welt und allen Epochen von der Steinzeit bis zur Weltraumforschung.

Der Eingang befindet sich um die Ecke am Central Park West. An seiner klassischen Fassade begrüßt Sie das **Reiterstandbild von Theodore Roosevelt**, dem ein Indianer mit verschränkten Armen und steifer Mine zur Seite steht. Roosevelt war ein begeisterter Naturforscher und Freund des Museums, Zitate von ihm findet man in der Roosevelt Memorial Rotunda des Museums.

Höhepunkt der Ausstellung ist für Kinder sicher die *Dinosaurierabteilung* (in der Roosevelt Rotunda können Sie die größten Dinosaurier-Skelette der Welt bestaunen, eine Barosaurus-Mutter mit Kalb, das sie vor dem Angriff eines Allosaurus zu schützen versucht) oder auch die *Hall of Ocean Life* mit einem lebensgroßen Modell eines Blauwals. Erwachsene begeistern sich vielleicht eher für den „Star of India", den größten geschliffenen Saphir der Welt. Verpassen Sie nicht das *Butterfly Conservatory*, ein Vivarium mit tropischem Klima und ebensolcher Bepflanzung, in dem mehr als 500 knallbunte Schmetterlinge frei umherfliegen.

Im **Erdgeschoss** finden sich Abteilungen zur Naturgeschichte des amerikanischen Kontinents, die *Hall of Ocean Life* (Erdgeschoss), die Edelstein- und Mineraliensammlung, aber auch eine Meteoritenausstellung. Der **erste Stock** (2nd floor) beschäftigt sich mit Menschen und Tieren Afrikas, Asiens, Mittel- und Südamerikas und den Vögeln der Welt. Der **zweite Stock** (3rd floor) widmet sich u. a. den Indianern Nordamerikas und den Völkern des pazifischen Raums. Weitere Themen sind Primaten und die Tierwelt Nordamerikas. Der **dritte Stock** (4th floor) schließlich führt weiter zurück, hier finden sich die berühmte Dinosaurierabteilung und Exponate zur Entwicklung der Säugetiere. Im angeschlossenen Imax-Kino können Sie außerdem Filme zu den verschiedensten naturwissenschaftlichen Themen anschauen.

Höhepunkt für Kinder: T. Rex und Co.

Das **Rose Center for Earth and Space** befindet sich in einem Glaswürfel mit innenliegender Kugel, der von seinem Architekten James Stewart Polahek als „kosmische Kathedrale" bezeichnet wurde, und dient als Fenster von New York in die unendlichen Weiten der Galaxie.

Die obere Hälfte der Kugel ist **The Hayden Sphere** (Hayden Planetarium). Dieses Planetarium ist weltweit einmalig. Ausgestattet mit neuester Technologie und einem Zeiss-Sternenprojektor, kann es das Himmelsfirmament so realistisch wie nie zuvor darstellen.

In der unteren Hälfte können die Besucher im *Big Bang* (= Urknall) der Entstehung des Universums beiwohnen. Highlight ist sicher die Show im *Space Center*, derzeit *Dark Universe*, die Phänomene und Vorgänge zu erforschen sucht, die 100 Millionen Lichtjahre vor unserer Zeit passiert sind. In einem dreidimensionalen High-tech-Simulationsflug reisen Sie vom Jupiter durch das Universum zur Mount Wilson Sternwarte auf der Erde, von der aus Edwin Hubble als erster andere Galaxien entdeckt hat. Dort spüren Sie zusammen mit den klügsten Köpfen der Szene den neuesten Geheimnissen der Astrophysik nach, etwa der schwarzen Materie. Bilder, die man so nirgendwo anders zu sehen bekommt (alle halbe Stunde zwischen 10.30 und 16.30 Uhr).

Von hier begeben Sie sich dann zu Fuß auf die chronologische Reise entlang dem *Cosmic Pathway*, einer Art historischen Rampe, durch 13 Milliarden Jahre kosmischer Evolution, die mit 220 Teleskopfotografien illustriert werden.

Central Park West/79th St., ☏ 212-769-5100, www.amnh.org. Tägl. 10–17.45 Uhr. Eintritt für American Natural History Museum und Rose Center $ 22, erm. $ 17, Kinder bis 12 J. $ 12,50; Eintritt mit Space Show im Hayden-Planetarium (Museum plus One) $ 27, erm. $ 22, Kinder $ 16. Super Saver mit IMAX-Film und allen Sonderausstellungen $ 35, erm. $ 28, Kinder $ 22. Es gibt auch tägl. mehrere Führungen zu den Hauptsehenswürdigkeiten des Museums, 10.15, 11.15, 12.15, 13.15, 14.15 und 15.15 Uhr. Alternativ können Sie eine nützliche App downloaden. In der Eingangshalle gleich links stehen Ticketautomaten, an denen man sich das Schlangestehen spart. Subway: 81 St./Museum of Natural History Linien B, C.

New Yorker Museumspionier

New York Historical Society

Wenn Sie das American Museum of Natural History verlassen und dem Central Park West nach rechts folgen, kommen Sie an der West 77th Street zu einer weiteren klassizistischen Fassade, die zur 1809 gegründeten New York Historical Society gehört. Dieses von der Masse bislang eher übersehene Museum ist kürzlich komplett umgebaut worden und reiht sich nun mit seinen modernen Präsentationen und Touchscreens in die Riege der musealen Highlights ein. Kaum mehr vorstellbar, dass es das erste Museum war, das in New York gegründet wurde (bereits 1804). Sie werden auf den Eingangsstufen von niemand Geringerem als Abraham Lincoln begrüßt. Den Seiteneingang ziert Frederick Douglass, der selbst einmal Sklave war und dann vehement für die Abschaffung der Sklaverei eingetreten ist. Er verleiht auch der 8th Avenue in Harlem seinen Namen. Die Sklaverei und ihre Abschaffung gehören zu den Themen, denen sich das Museum an verschiedenen

Zwei Türme sind sein Markenzeichen: das berühmte San-Remo-Apartment-Haus

Stellen immer wieder widmet. Gleich im Foyer etwa wird einem George Washington nicht nur als Gründer der Nation, sondern eben auch als Sklavenhalter präsentiert. Im Bestand des Museums finden sich mehrere Zehntausend Ausstellungsobjekte zur Landes- und Stadtgeschichte von der Kolonialzeit bis zur Gegenwart, die chronologisch aufbereitet wurden. Zu den Kostbarkeiten gehören Aquarelle von John James Audubon, Landschaftsmalereien der Hudson River School, Skulpturen und historische Möbel wie der Armsessel, in dem George Washington bei seiner Amtseinführung saß. Die Historische Gesellschaft ist auch im Besitz der weltgrößten Sammlung von Tiffany-Lampen, die im *Luce Center for the Study of American Culture* im dritten Stock (fourth floor) in einem verglasten Ausstellungsraum gezeigt werden. Wechselausstellungen beschäftigen sich u. a. mit der aktuellen Stadtgeschichte, ebenso verfügt die Gesellschaft über eine hervorragende Bibliothek. Im Theater läuft ein fast 20-minütiger Film über die Stadtgeschichte. Anfang 2017 soll neben der Tiffany Ausstellung das neue Women's History Center auf 120 m² Ausstellungsfläche eröffnen, das nach Joyce B. Cowin benannt wird, einer edlen Spenderin.

170 Central Park West/77th St., ℘ 212-873-3400, www.nyhistory.org. Di–Do und Sa 10–18 Uhr, Fr bis 20 Uhr, So 11–17 Uhr. Eintritt $ 18, erm. $ 14, Studenten $ 12, Kinder 6–13 J. $ 6. Es gibt eine Audiotour als Download. Subway: 81 St./Museum of Natural History Linien B, C.

Berühmte Apartmenthäuser

San Remo, Dakota und Majestic

Um einen besseren Blick auf die nun folgenden berühmten Apartmenthäuser zu haben, ist es am besten, die Straße zu überqueren. Zwischen 74th und 75th Street sehen Sie das **San Remo**, einen der ersten Wolkenkratzer mit Doppeltürmen, entstanden 1929–1931, das u. a. Rita Hayworth, Dustin Hoffman, Bruce Willis und Demi Moore, Tiger Woods sowie Steve Martin ihr Zuhause nannten. Madonna und Sean Penn hingegen wurden vom Verwaltungsvorstand einst abgelehnt. Man fürchtete zu viele Störungen durch laute Musik oder Paparazzi.

Auch das noch berühmtere schlossartige **Dakota** an der 72nd Street wollte Madonna nicht als Miteigentümerin. Mariah Carey und Calvin Klein erlitten dasselbe Schicksal. Das Dakota ist für immer mit dem 8. Dezember 1980 assoziiert, der Tag, an dem John Lennon hier erschossen wurde. Seine Witwe Yoko Ono bewohnt bis heute dasselbe 20-Zimmer-Apartment, zu der von ihr geschaffenen Gedenkstätte sind es nur ein paar Schritte hinein in den Central Park (→ Kasten, S. 180). Das etwas düstere Gebäude diente auch Roman Polanski als Drehort, hier wurde *Rosemaries Baby* geboren. Das Haus war das erste Luxusapartmenthaus an der Westseite des Central Park, erbaut von dem Architekten Henry Hardenbergh

1884, als die Gegend noch von Armut geprägt war, während die Upper East Side den Luxus verkörperte.

In den nächsten Jahrzehnten entstanden in dem Gebiet, in dem bis in die 1890er-Jahre noch Ziegen vor Holzbuden weideten, viele weitere Apartmenthäuser, darunter 1930 der **Majestic-Apartmentblock**, der wie das San Remo mit markanten Doppeltürmen geschmückt wurde. In diesem 29 Stockwerke hohen Mietshaus mit der Hausnummer 115 lebten Künstler wie Sarah Bernhardt, Gustav Mahler und Fred Astair. Das Majestic schien aber auch Gangster anzulocken. So sollen Lucky Luciano und Mezer Lansky hier gewohnt haben. 1957 gar wurde in der Eingangshalle der Gangster Frank Costello mit einem Kopfschuss hingerichtet.

Die älteste jüdische Gemeinde New Yorks
Synagogue of the Congregation Shearith Israel

An der Ecke zur 70th Street steht die Spanisch-Portugiesische Synagoge, auch **Synagogue of the Congregation Shearith Israel** genannt, von 1897. Sie ist das Zuhause der ältesten jüdischen Gemeinde New Yorks, Shearith Israel, und geht auf eine Gründung 1654 durch Juden aus Spanien und Portugal zurück. Zu dieser Zeit war Peter Stuyvesant Stadtvater. Die Dutch West India Company erlaubte den Juden nicht nur, sich dort niederzulassen, sondern auch ihre Religion auszuüben. Nachdem man sich lange Zeit in Privathäusern zum Gebet getroffen hatte, wurde 1730 die erste Synagoge errichtet, im Jahr 1897 entstand dann der klassizistische Bau, an die Vorgängerin angrenzend. Die jüdische Bevölkerung in der Upper West Side stieg dann vor allem in den 1930er-Jahren sprunghaft an, als österreichische und deutsche Juden aus ihrer Heimat flohen.

Platz des Kolumbus
Columbus Circle

Auf Höhe der 66th Street steht wenige Meter in den Central Park hinein das Traditionslokal Tavern on the Green. Bleiben Sie auf der Central Park West, sehen Sie an der 65th Street die Lutheranische *Holy Trinity Church*. Hier werden nach Leipziger Vorbild aus dem

New York im Kasten
John Lennon und die Strawberry Fields

Gegenüber dem Dakota im Central Park an einer der Lieblingsoasen John Lennons hat Yoko Ono zum Gedenken an ihn einen internationalen Friedensgarten, die Strawberry Fields, anlegen lassen. Sie investierte 1 Mio. Dollar in Pflanzen aus mehr als 100 Ländern. Der Garten wurde am 9. Oktober 1985 zu Lennons 45. Geburtstag eröffnet. Jedes Jahr an diesem Tag wird bis heute eine Nachtwache organisiert. Ein schwarzweißes Mosaik mit Marmor aus Neapel (Geschenk der Stadt) mit den Worten „Imagine" nach dem Songtitel von John Lennon markiert den Eingang. Strawberry Fields war der Name eines Waisenhauses in John Lennons Geburtsort Liverpool und später Titel eines Beatles-Songs.

18. Jh. regelmäßig auf hohem Niveau und in Begleitung einer barocken Orgel Bach-Vespern gefeiert (Kalender unter www.holytrinitynyc.org). Die New York Times taufte die Kirche deshalb den „Bach-Tempel".

Die beiden niedrigen Gebäuden im folgenden Block (zwischen 64th und 63rd Street) gehören zur **New York Society of Ethical Culture**, einer humanistischen Kulturbewegung, die Theologie durch Moral zu ersetzen sucht und zu deren Fans Albert Einstein gehörte.

Kurz vor dem Columbus Circle passieren Sie recht neue Apartmentblocks aus Sandstein, in denen die Wohnungen bei einem Verkaufswert von 4 Mio. Dollar anfangen. Man zahlt in Manhattan auch immer für den Blick. Der ist natürlich noch viel glorreicher aus dem benachbarten schwarzen Riesen namens Trump Hotel & Tower heraus, weshalb die Wohnungen hier noch viel teurer sind.

Columbus Circle und Time Warner Center

Alltagskunst und -design
Museum of Arts & Design

Am Columbus Circle angekommen, verbirgt sich hinter der Terrakotta-Fassade mit Glaseinsätzen des fast fensterlosen Neubaus auf der Südseite des Kreisverkehrs das Museum of Arts & Design (MAD). Auf neun Stockwerken gibt es 5000 m² Ausstellungs- und Studiofläche, wo neben einer permanenten Sammlung aus etwa 2000 Alltagsgegenständen und Kunst auch Sonderausstellungen gezeigt werden. Zu sehen war z. B. vor ein paar Jahren die Ausstellung „Second Lives: Remixing the Ordinary", die den Gebrauch alltäglicher Objekte in der Kunst demonstrierte, etwa in Form eines Abendkleides aus Latex-Handschuhen. Ein faszinierender Bau mit tollen Ausstellungen und einem guten Restaurant (Robert), das einen grandiosen Ausblick im obersten Stockwerk bietet.

2 Columbus Circle, ✆ 212-299-7777, www.madmuseum.org. Di–So 10–18 Uhr, Do/Fr bis 21 Uhr. Eintritt $ 16, erm. $ 14, Studenten $ 12, Kinder unter 18 J. frei. Do 18–21 Uhr und Fr 18–21 (dank KLM) pay-as-you-wish. Führungen tägl. 11.30 und 15 Uhr. Subway: 59 St./Columbus Circle Linien A, B, C, D, 1.

Tempel des Internetzeitalters
Time Warner Center

Dominiert wird der Columbus Circle von dem gläsernen Gebäudekomplex mit den auffälligen Zwillingstürmen, dem Time Warner Center, benannt nach dem Konzern AOL Time Warner, der die Hälfte aller Büros hier nutzt. Der Architekt David Childs kam auch durch den Bau des One World Trade Center zu weiteren Ehren. Im linken der beiden Türme befinden sich teure Eigentumswohnungen, im mittleren Teil des Centers sind ein Biosupermarkt, Geschäfte und Edelboutiquen untergebracht. Den rechten Turm belegen das teuerste Hotel der Stadt, das Mandarin Oriental, sowie diverse kulturelle Einrichtungen, u. a. *Jazz at Lincoln*.

New York im Kasten
I like to be in America – Die West Side Story

1961 wurde San Juan Hill kurz vor seinem Abriss Schauplatz für die *West Side Story*. Elf Oscars heimste die Adaption dieses Broadway-Musicals mit der Musik von Leonard Bernstein fürs Kino ein. In der modernen Variante des Romeo-und-Julia-Themas spielen eine Puerto Ricanerin und ein Weißer die Hauptrollen. Der Inhalt war von der Realität vorgegeben: der Kampf rivalisierender Jugendbanden in der Upper West Side – die Jets, Amerikaner der zweiten Immigrantengeneration aus Europa, gegen die Sharks, Immigranten aus Puerto Rico.

In the spirit of swing
Jazz at Lincoln Center

Der gesamte Jazzbereich des Lincoln Centers wurde in diesen 130-Millionen-Dollar-Komplex am *Time Warner Center* ausgelagert. Jazz at Lincoln Center ist eine gemeinnützige Einrichtung, die sich der Förderung des Jazz verschrieben hat. Zu ihr gehören die Frederick P. Rose Hall (1500 m² für 1200 Sitzplätze), der Allen Room, der **Dizzy's Club Coca-Cola** (→ S. 280), das Irene Diamond Education Center und das Rose Theater (400 Sitzplätze mit Blick über den Central Park). Jeden Tag finden hier Konzerte, Fernsehübertragungen und Lehrveranstaltungen statt. Im hauseigenen Ensemble, dem *Lincoln Center Jazz Orchestra*, sind die begabtesten Jazzmusiker weltweit beschäftigt.

Führungen tägl. zwischen 11.30 und 15 Uhr, Zeiten bitte erfragen. Es gibt auch einen kostenfreien Audioguide. Preise: $ 20, erm. $ 18. ℡ 212-875-5350, www.jalc.org. Subway: 59 St./Columbus Circle, Linien A, B, C, E, 1.

Kulturzentrum der Superlative
Lincoln Center for the Performing Arts

Auf dem Weg zum nächsten und letzten Höhepunkt der Upper West Side, dem Lincoln Center for the Performing Arts, folgen Sie dem Broadway nach Norden. Kurz vor dem *Empire Hotel* befindet sich der rückwärtige Eingang zum *David Rubenstein Atrium*, das Ausgangspunkt für Ihre Erkundung des Lincoln Centers sein sollte. Von hier starten täglich Führungen.

Mo–Fr 11.30 und 13.30 Uhr, So um 15 Uhr; $ 20, erm. $ 18), Sie erhalten Informationen zu den zahlreichen Veranstaltungen (Mediawall), ermäßigte Discount Tickets für denselben Tag, können sich im Witchcraft Café stärken oder die Toiletten nutzen (Mo–Fr 8–21 Uhr, Sa 9–12 Uhr, So 10–18 Uhr).

Das **Lincoln Center** ist *das* Kulturzentrum Manhattans und zugleich das größte der Vereinigten Staaten. Es wurde 1962 unter der Leitung des Stadtplaners Robert Moses als Teil der Maßnahmen geplant, die die Upper West Side sanieren sollten.

Mit seiner symmetrischen Anordnung um mehrere Plazas herum (Zentrum der Anlage ist die *Josie Robertson Plaza*, geöffnet zur Columbus Avenue) verkörpert das Lincoln Center den städteplanerischen Triumph einer Epoche, in der Modernismus ein Dogma war und als einzig möglicher Baustil der Zukunft gehandelt wurde. Die Anlage selbst fand begeisterten Zuspruch, die einzelnen Gebäude, die zwischen 1959 und 1972 entstanden, durchliefen ein Wechselbad aus Lob und Verrissen. Immerhin waren die renommiertesten Architekten ihrer Generation zusammengekommen, um gemeinsam dieses Kulturzentrum, diesen Schrein für die Künste zu entwerfen. Darunter befanden sich so illustre Namen wie Philip Johnsen, Erbauer u. a. des Seagram und des AT&T Building (heute Sony) und

Lincoln Center for the Performing Arts 183

Gründer der Abteilung für Architektur und Design am MoMA, sowie Wallace K. Harrison (Chefarchitekt beim Bau der UN) oder Eero Saarinen. Der 61.000 m² große Komplex besteht aus sieben Gebäuden, in denen 13 der wichtigsten kulturellen Institutionen der Stadt zu Hause sind. 7000 Menschen arbeiten hier und rund fünf Millionen Besucher erscheinen zu den etwa 3000 Veranstaltungen im Jahr. Schon der erste Präsident des Lincoln Centers, sein Förderer und Geldgeber John D. Rockefeller III., vertrat die Philosophie, dass „die Kunst nicht nur für die wenigen Privilegierten, sondern für die Masse" da zu sein habe.

Nach der 650 Mio. Dollar teuren Rundumüberholung zum 50-jährigen Jubiläum der Anlage lohnt sich ein Bummel über das Gelände und seine neu begrünten Plätze und Brunnen nun ganz besonders.

Josie Robertson Plaza: Wenn Sie die Columbus Avenue überqueren, gelangen Sie über eine moderne Rampe auf den Hauptplatz des Kulturforums, den Josie Robertson Plaza, in dessen Mitte Sie einen Brunnen sehen: den *Revson Brunnen* mit Düsen und Lichtspielen, der New Yorkern gern als Treffpunkt dient. Zu Ihrer Linken liegt das New York State Theater, jetzt *David H. Koch Theater*, vor Ihnen sehen Sie das Schmuckstück der Anlage, das *Metropolitan Opera House*, und zu Ihrer Rechten die *David Geffen Hall* (ehem. *Avery Fisher Hall*).

David H. Koch Theater (ehem. New York State Theater) ❼: Das New York State Theater, das im Zuge der 100-Mio.-Dollar-Renovierung nach dem edlen Spender, dem Öl- und Gasmilliardär und derzeit reichsten Mann der Stadt, David Koch, umbenannt wurde, ist Sitz der *New York City Opera Company* und des *New York City Ballet*, das 90 Tänzer und Tänzerinnen beschäftigt und 150 Werke im Repertoire hat. Die Eingangsfront ist verglast und erlaubt einen Blick in das viergeschossige Foyer des Schauspielhauses, den

auch der Vorhang aus acht Millionen goldenen Metallbällen – sie repräsentieren die Zahl der Einwohner New Yorks zur Zeit des Baus 1964 – nicht verstellt. Sie sind inzwischen durch die Sonne ins Silberne gebleicht. Der Rest der Gebäudefassade besteht aus einer enormen Wandfläche aus Travertin-Marmor, die manche New Yorker als elegant, die meisten als zu schlicht und langweilig empfinden. Den Stein findet man auch im Innern, wo sich mehrere Balkone über dem Foyer erheben, über die Kritiker lästern, sie wirkten so metallen und eckig wie die Zellen in einem Hochsicherheitsgefängnis. Wohlwollendere Gemüter vergleichen das 13-stöckige Haus (einige Etagen liegen unterirdisch) mit einem Schmuckkästchen, da die Lampen des riesigen kugelförmigen Kronleuchters im Auditorium Diamantform besitzen. Im Foyer

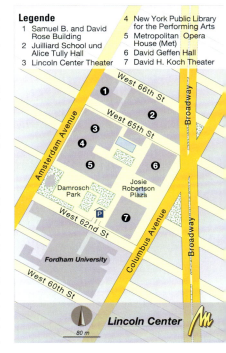

Legende
1 Samuel B. and David Rose Building
2 Juilliard School und Alice Tully Hall
3 Lincoln Center Theater
4 New York Public Library for the Performing Arts
5 Metropolitan Opera House (Met)
6 David Geffen Hall
7 David H. Koch Theater

befinden sich einige moderne Kunstwerke, u. a. Jasper Johns Gemälde *Numbers* östlich der Eingangstür oder eine Skulptur von Edward Higgins.

Metropolitan Opera House (Met) ❺: Das Highlight der gesamten Anlage ist sicher das Metropolitan Opera House, das am besten bei Nacht zur Geltung kommt und direkt vor Ihnen liegt. Die Eröffnung 1966 war ein Medienspektakel: Leonard Bernstein dirigierte, Präsident Eisenhower, der auch schon den ersten Spatenstich zum Bau der Oper getan hatte, repräsentierte und das Publikum applaudierte. Amerikas größtes Musikunternehmen mit jährlich mehr als 240 Opernaufführungen kann auf eine über hundertjährige Geschichte zurückblicken und gilt als eines der besten Opernhäuser der Welt. Jeder Star ist mindestens einmal in seinem Leben hier aufgetreten.

Die Met wurde 1879 von dem Industriellen und Supermillionär William H. Vanderbilt gegründet. Das erste Haus stand ursprünglich am Broadway, wo Weltstars wie Enrico Caruso oder Lilli Lehmann debütierten. 1966 zog man ins Lincoln Center um. Nachdem der Originalbau noch im selben Jahr einem Brand zum Opfer fiel, entwarf Wallace K. Harrison das heutige Gebäude, das Lästermäuler wegen seiner kitschig anmutenden Opulenz mit einem Miami-Beach-Hotel vergleichen.

Wenn Sie die Met betreten, führen zwei mit roten Teppichen ausgelegte, weit geschwungene Marmortreppen hinauf in das Foyer. Die sonst kahlen Wände über der Bar und dem Restaurant wurden von Marc Chagall, der auch schon mal ein Bühnenbild für die Met entworfen hatte, mit Wandgemälden veredelt. Ihr Thema ist natürlich die Musik: *Les Sources de la Musique* und *Le Triomphe de la Musique*. Darüber hängen Kristallleuchter, ein Geschenk der österreichischen Regierung zum Dank für die Unterstützung durch die Amerikaner beim Wiederaufbau der Wiener Staatsoper nach dem Zweiten Weltkrieg.

Vom Auditorium mit seinen 3800 Sitzen (und 195 Stehplätzen) blicken Sie auf die Bühne. Ihre 70 m Breite wird von einem Bühnenvorhang verhüllt, der eigens für die Oper aus Golddamast hergestellt wurde. Bevor er sich zur Vorführung öffnet, hebt sich zunächst der riesige Leuchter, der von der Decke über mehrere Balkone hinunterreicht, in die Höhe.

Die Met ist Domizil der *Metropolitan Opera Company*, deren Saison von Mitte September bis April dauert. Auch das *American Ballet Theater* hat hier sein Quartier und nutzt das Haus den Rest des Jahres.

Während einer Backstage-Tour wird man durch das Labyrinth der zehn kabinen der Stars betreten, erfährt, wie die Kulissen, Kostüme und Perücken

Weltklasse: Metropolitan Opera House

Lincoln Center for the Performing Arts 185

entstehen, kann mit etwas Glück einer Probe beiwohnen oder sich selbst auf die Bretter stellen, die die Welt bedeuten. Den Stars bietet die Met weniger Reichtum als Ruhm (ein Spitzentenor verdient in Europa angeblich zehnmal mehr als bei der Met). Dies liegt daran, dass nur 0,3 % des jährlichen Budgets von 200 Mio. Dollar aus Steuermitteln stammen, rund 60 % werden durch den Kartenverkauf hereingeholt. Dafür hat der Generalmanager Peter Gelb mit seiner HD-Serie, bei der Opernpremieren in Kinos in bis zu 64 Ländern der Welt übertragen werden, ein breiteres Publikum für die Oper gewonnen. Immerhin wurden bislang 10 Mio. Kinokarten für diese Übertragungen verkauft.

David Geffen Hall (ehem. Avery Fisher Hall) ❺: Das Gebäude auf der anderen Seite zur Columbus Avenue hin ist die David Geffen Hall, erbaut vom Architekten Max Abramovitz (UN-Hauptquartier, Time-Life Building und einige der Rockefeller-Hochhäuser). Er hatte seine ursprünglichen Pläne ändern müssen, um mehr Zuschauern (2800) Platz zu bieten, was eine schlechte Akustik der 1962 eröffneten Philharmonic Hall zur Folge hatte. Seit Jahrzehnten bemüht man sich nun in endlosen Umbauten um eine bessere Akustik. Die David Geffen Hall ist das Stammhaus der *New Yorker Philharmoniker*, des ältesten Symphonieorchesters von New York City. Es wurde 1842 gegründet und gibt im Jahr rund 180 Konzerte.

Das Gebäude ist ein moderner Kasten, der dadurch aufgelockert wird, dass außen vorgelagert eine Art Vorhang aus rechteckigen Betonsäulen herumführt. Aus dem recht niedrigen Foyer fährt man fast wie in einer amerikanischen Shopping Mall mit banalen Rolltreppen nach oben. Das Foyer wird überschattet von der schwebenden Metallskulptur *Orpheus und Apollo* von Richard Lippold.

Lincoln Center Theater und New York Public Library for the Performing Arts: Gehen Sie nun links an der David Geffen Hall vorbei in Richtung der *Hearst Plaza* und dem zweiten Brunnen. Der Reflecting Pool wird nun *Paul Milstein Pool* genannt, umspült aber noch immer Henry Moores Skulptur *Reclining Figure*. Im neuen Barcleys Capital Grove spenden Ihnen 30 Londoner Platanen Schatten. Im Gebäude zu Ihrer Linken ist die **New York Public Library for the Performing Arts** ❹ (Zweigstelle der New York Public Library) untergebracht. Sie weist die umfassendste Sammlung von Recherchematerial (Bücher, Fotos, Presseausschnitte, Videoaufzeichnungen, Noten etc.) zu den darstellenden Künsten auf, veranstaltet kostenlose Ausstellungen und Konzerte und verzeichnet fast eine halbe Million Besucher pro Jahr. Dahinter befindet sich das **Lincoln Center Theater** ❸ mit seinen zwei nach großzügigen

Tour 11: Upper West Side

Die Juilliard School an der „Street of Arts"

Spendern benannten Bühnen: das *Mitzi E. Newhouse Theater* und das *Vivian Beaumont Theater*, das sich als einziges Theater „Broadway-Theater" nennen darf, ohne am Broadway zu liegen. Unter dem begrünten Dachgarten (Illumination Green) befindet sich das italienische Restaurant Lincoln.

Juilliard School und Alice Tully Hall ❷: Sie sind nun an der 65th Street angelangt, wo der Umbau der letzten Jahren am dramatischsten ins Auge fällt. In den Gebäuden entlang der West 65th Street sind mehr als die Hälfte der Kulturorganisationen und -einrichtungen des Centers ansässig, die hier eine sog. „Street of Arts" bilden. Hinter den neuen transparenten Fassaden mit integrierten Informationsgrafiken verbergen sich insgesamt 81 Übungsräume, 80 Probenräume, 13 Tanzstudios, 13 Bühnen und einige Konzerthallen. Der Gebäudekomplex der *Juilliard School* und die *Alice Tully Hall* erhielten eine gemeinsame Lobby und erfuhren die umfangreichsten Erweiterungen. Die Alice Tully Hall wurde großzügig in Richtung Osten zum Broadway hin ausgebaut, wo eine dreigeschossige Glasfassade einen neuen öffentlichen Raum geschaffen hat. Das umgebaute *Peter Jay Sharp Theater* bietet Platz für bis zu 1087 Zuschauer und verfügt über die modernste Technik (Sound- und Lichtanlagen), sodass hier auch Film-, Theater- und Tanzaufführungen stattfinden können. Genutzt wird die Bühne mit Vorliebe von der *Juilliard School of Music*, die 1905 von Dr. Frank Damrosch, dem Patenkind von Franz Liszt, gegründet wurde. Inzwischen werden hier rund 800 Studenten in den Disziplinen Drama, Musik und Tanz ausgebildet.

Das Hochhaus links ist das **Samuel B. & David Rose Building ❶**, ein Wolkenkratzer mit so illustren Bewohnern wie der *School of American Ballet*, der *Chamber Music Society of Lincoln Center* und dem *Lincoln Center for the Performing Arts* sowie dem *Lincoln Center*

Institute und der *Metropolitan Opera Guild*. Das *Walter Reade Theater* ist Sitz der *Film Society of Lincoln Theater*, die in diesem 268-sitzigen Auditorium jedes Jahr das New York Film Festival veranstaltet, es aber auch für *Sunday Morning Coffee Concerts* und Konferenzen zur Verfügung stellt.

Die Stockwerke zwischen elfter und 29. Etage dienen als Studentenwohnheim für die Studenten der Juilliard School.

Weitere Informationen zum Lincoln Center erhalten Sie im Internet unter lc.lincolncenter.org oder ℡ 212-875-5000. Tickets über CenterCharge, ℡ 212-721-6500. Führungen durch das Lincoln Center (Metropolitan Opera, David Geffen Hall und David H. Koch Theater) tägl. meist 11.30–15 Uhr, Dauer rund 75 Min., Kosten: $ 20, erm. $ 18. Reservierung unter ℡ 212-875-5350, www.lincolncenter.org.

Jeden Sommer (meistens im Juli) findet das Lincoln Center Festival mit vielen Sonderveranstaltungen (45 Aufführungen in 18 Tagen) auf dem Campus des Centers (und auf Governors Island) statt.

Beim Lincoln Center haben Sie an der 66th St. Anschluss an die Linie 1.

Volkskunst und Kunsthandwerk

Abstecher: American Folk Art Museum

Die ständige Sammlung umfasst rund 6000 Objekte, die nur zu einem kleinen Teil gezeigt werden und thematisch geordnet sind. Traditionelle Volkskunst ist überwiegend Laienkunst und der naiven Kunst verwandt. Die Ausstellungsstücke aus der Zeit des 18. Jh. bis heute reichen von Gemälden und Zeichnungen über Möbel und Töpferstücke bis hin zu Galionsfiguren und Handwerksschildern. Großen Raum nimmt auch die Needlework ein, Teppiche und vor allem die in Amerika so beliebten Steppdecken (quilts). Viele kostenfreie Veranstaltungen zu unterschiedlichen Themen.

2 Lincoln Square, Columbus Ave./66th St., ℡ 212-265-1040, www.folkartmuseum.org. Di–Do und Sa 11.30–19 Uhr, Fr 12–19.30 Uhr, So 12–18 Uhr. Eintritt: frei. Livemusik Fr 17.30–19.30 Uhr, Gitarren-Nachmittage Mi 14 Uhr, Do 18 Uhr Kunsthandwerkstatt zum Mitmachen. Subway: 66 St./Lincoln Center Linie 1.

Praktische Infos → Karte S. 176

Essen und Trinken

Good enough to eat 7 Charmant wie ein Landcafé! Hier gibt es alles von süß (hausgemachte Pancakes oder Waffeln für $ 11) bis salzig (Farmer's Breakfast für $ 11), auch sehr gutes Brunch. Mo–Fr 8–16 und Sa/So 9–16 Uhr, So–Do 17.30–22.30 Uhr, Fr/Sa bis 23 Uhr. 483 Amsterdam Ave. nahe 83rd St., ℡ 212-496-0163, goodenoughtoeat.com. Subway: 86 St. Linie 1.

Alice's Tea Cup 17 128 Teesorten, dreistöckiges Gedeck mit Sandwiches, Scones und Nachtischen für $ 35. Tägl. 8–20 Uhr. 102 West 73rd St./Columbus Ave., ℡ 212-799-3006, alicesteacup.com. Subway: 72 St. Linien 1, 2, 3. Es gibt mehrere Cafés in der Stadt.

Regional 2 Nachbarschafts-Italiener mit ein paar Tischen auf dem Bürgersteig und einer großen Auswahl an Pasta. Es gibt auch recht günstige italienische Weine. 2607 Broadway zw. 98th und 99th St., ℡ 212-666-1915, www.regionalnyc.com. Subway: 96 St. Linien 1, 2, 3.

Tessa 10 Vor allem Einheimische aus der Nachbarschaft nutzen dieses hervorragende Gastropub mit einer innovativen Speisekarte, die italienische, spanische und französische Einflüsse zeigt. Sie enthält z. B. Hasen-Cavatelli oder Entenwürstchen. Es gibt auch Snacks. 349 Amsterdam Ave. zw. 77th und 78th St., ℡ 212-390-1974, tessanyc.com. Subway: 79 St. Linie 1, 72 St. Linien 1, 2, 3.

Café Viva 3 Vegetarische, koschere und vegane Pizza aus hauchdünnem, knusprigem Teig, alles Bioware, versteht sich. $ 8 für ein Stück. So–Fr 11–23.30 Uhr, Sa 11–24 Uhr. 2578 Broadway/96th St., ℡ 212-663-8482, www.cafevivapizza.com. Subway: 96 St. Linien 1, 2, 3.

Gray's Papaya 16 Seit den 1970ern werden hier spottbillige Hot Dogs für $ 1,25 verkauft, mit Rindfleisch $ 1,95. Beilagen wie Sauerkraut, Zwiebeln, Senf oder Ketchup sind umsonst. Dazu gibt es frisch gepressten Papayasaft oder Virgin Piña Coladas. Rund um die Uhr geöffnet.

2090 Broadway zw. 71st und 72nd St., ℅ 212-799-0243, grayspapayanyc.com. Subway: 72 St. Linien 1, 2, 3.

Artie's Delicatessen **6** Gehobener Diner. Pastramis und Reubens ($ 17,45), Hot Dogs, Burger, Salate, Waffeln, Eier und Toasts. Mo–Do 9–22 Uhr, Fr/Sa 8–23 Uhr. 2290 Broadway/83rd St., ℅ 212-579-5959, www.artiesny.com. Subway: 86 St. Linie 1.

Einkaufen

Bloomingdale's Upper West Side Outlet **15** Das erste „Outlet" des Kaufhauses in New York verspricht Luxuswaren zum Schleuderpreis. Mo–Sa 10–21 Uhr, So 11–20 Uhr. 2085 Broadway zw. W 71st. und W 72nd St., ℅ 212-634-3190, locations.bloomingdales.com/upper-west-side-outlet. Subway: 72 St Linien 1, 2, 3.

Zabar's **8** Größter Lebensmittellieferant in Manhattan. Saul Zabar führt eine alte Familientradition weiter und gehört fest zum Alltag vieler New Yorker. Mo–Fr 8–19.30 Uhr, Sa bis 20 Uhr, So 9–18 Uhr. 2245 Broadway/80th St., ℅ 212-496-1234, www.zabars.com. Subway: 79 St. Linie 1

Citarella **11** Delikatessen-Take-away mit köstlichen Suppen, Salaten und Sandwiches. Berühmt für seine hausgemachten Ravioli. Mehrere Geschäfte stadtweit, Upper East Side, Greenwich und Harlem. Mo–Sa 7–23 Uhr, So 9–21 Uhr. 2135 Broadway/75th St., www.citarella.com. Subway: 72 St. Linien 1, 2, 3.

Fairway **12** Institution, die mit Obst und Gemüse groß rauskam. Fairway betreibt eine eigene Biofarm auf Long Island. Hervorragendes Brunch! Tägl. 6–1 Uhr. Außerdem The Steakhouse @ Fairway, So–Do 8–21.30 Uhr, Fr/Sa 8–22 Uhr. 2127 Broadway zw. 74th und 75th St., ℅ 212-595-1888, www.fairwaymarket.com. Subway: 72 St. Linien 1, 2, 3.

Westside Rare and Used Books **9** Unglaubliche Sammlung an gebrauchten Büchern, Schallplatten und CDs; auch Plattenspieler gibt es hier. Tägl. 10–22 Uhr. 2246 Broadway zw. 80th und 81st St. (gegenüber von Barnes & Nobles), ℅ 212-874-1588, westsiderbooks.com. Auch Record Store. Subway: 79 St. Linie 1.

Blades **18** Sportladen mit Angebot an Ausrüstung, Mode, Schuhen, Accessoires – der Schwerpunkt liegt auf Brettern und Kufen. Auch Inlineskates zum Leihen für $ 20/24 Std. Mo–Sa 10–21 Uhr, So 11–19 Uhr. 156 W 72th St. zw. Columbus und Amsterdam Ave., ℅ 212-787-3911, www.blades.com. Subway: 72 St. Linien 1, 2, 3.

Ugg Flagship Store **19** Der Flagship Store der australischen Marke, es gibt noch drei kleinere Outlets. Boots, Slippers und Handtaschen, eine riesige Auswahl. Mo–Sa 10–19 Uhr, So 11–18 Uhr. 160 Columbus Ave./Lincoln Sq., ℅ 212-671-1190, www.ugg.com. Subway: 66 St./Lincoln Center Linie 1.

Für eine gemütliche Rast bietet sich in der Upper West Side der Riverside Park mit seinen diversen Beach-Cafés an:

Pier i Café **14** Mai bis Okt. So–Do 8–24 Uhr, Fr/Sa 8–0.30 Uhr. Coffee Bar: 7.30–15.30 Uhr. Lunch/Dinner: Mo–Fr 12–24 Uhr, Sa/So 11–24 Uhr. Hot Dogs ($ 3), Maiskolben ($ 4), Salate ($ 7–17), Burger ($ 12), Fisch, Pasta. Samstags manchmal Globe Sonic Sound System Dance Partys. Das Pier i befindet sich auf der Esplanade im Riverpark South auf Höhe der West 70th St. – der Übergang auf die Esplanade ist vom Riverside Boulevard auf Höhe der 68th St. ℅ 212-364-4450, piericafe.com. Subway: 72 St. Linien 1, 2, 3.

West 79th Street Boat Basin Café **5** Zwei Außenbereiche, einer innen unter Gewölbe. Hotdogs und Hamburger vom Grill, Gerichte für $ 5–20. Man kommt weniger zum Essen hierher als für einen Drink – Cocktails an der Bar und Bier. April bis Okt. Mo–Mi 12–23 Uhr, Do–Sa bis 23.30 Uhr, So 12–22 Uhr. ℅ 212-496-5542, www.boatbasincafe.com. Subway: 79 St. Linie 1.

Ellington in the Park **4** Eher Bar als Bistro auf zwei Etagen. Trotz Blick auf den West Side Highway gute Atmosphäre, oft Livemusik oder Fernsehübertragungen. Die Bar wurde aus einem Schiffscontainer gebaut, im unteren Level gibt es Beach Volleyball, Fußball und Softball. Salate $ 8–10, Burger $ 12–14, Pizza $ 14, Bier $ 7, Cocktails. Nur Mai bis Nov. tägl. 11–23 Uhr. Riverside Park/Ecke 103rd St., ℅ 917-370-3448, www.ellingtoninthepark.com. Subway: 103 St. Linie 1.

Ein Tempel für zeitgenössisches Kunstgewerbe: das Museum of Arts & Design

New Yorks grüne Lunge
Tour 12

Der 340 ha große Central Park ist ein Gleichmacher: Nirgendwo sonst kann man Jugendliche unterschiedlicher ethnischer Herkunft einträchtig zum selben Beat tanzen sehen und nirgendwo sonst sieht man Rechtsanwälte und Pizzaboten Seite an Seite sporteln. Wenn Sie Glück haben, erwischen Sie ein Open-Air-Konzert oder eine Theateraufführung.

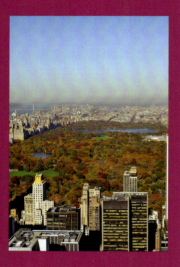

- **Summer Stage**, Theater, Musik und Tanz – kostenlos und im Freien, S. 290
- **Loeb Boathouse**, romantische Bootsfahrt vor grandioser Kulisse, S. 195
- **Delacorte Theater**, Shakespeare im Park als unvergessliches Erlebnis, S. 90 und S. 194
- **Conservatory Garden**, Oase an der Museumsmeile, S. 195

Spaß und Erholung im Herzen der Stadt
Central Park

Frederick Law Olmsted wäre über das bunte Treiben in New Yorks grüner Lunge begeistert. Zusammen mit seinem Partner Calvert Vaux war er als Sieger aus einem von der Stadt ausgeschriebenen Wettbewerb zur Gestaltung eines großen öffentlichen Parks hervorgegangen, der den vom Industriezeitalter gebeutelten Einwohnern New Yorks Raum zur Erholung geben sollte. Das war bitter nötig, denn das dicht besiedelte Zentrum Manhattans war zu diesem Zeitpunkt fast eine grünflächenfreie Zone. Als Areal für die geplante Parkanlage wählte man das Gebiet nördlich der 59th Street, das damals noch nahezu unbebautes Sumpf- und Weideland war. Der 340 ha große Grund, der die Stadt 7,5 Mio. Dollar kostete, wurde ab 1858 von 3000 irischen Tagelöhnern systematisch umgepflügt. Mehr als 20.000 Fässer Schießpulver wurden verwendet, um Granitfelsen einzuebnen. Wasserläufe mussten angelegt werden, um das sumpfige Gelände trockenzulegen. Außerdem war das ursprüngliche Erdreich nicht als Boden für die geplanten Bäume und Sträucher geeignet. Daher wurden 10 Mio. Pferdefuhren Erde aus New Jersey herangekarrt, um eine neue Schicht Mutterboden anzulegen.

Nach 20 Jahren war ein 840 m breiter und etwas über 4 km langer Volkspark entstanden, der sich von der 59th bis zur 110th Street (Nord-Süd-Richtung) bzw. von der 5th bis zur 8th Avenue (West-Ost-Richtung) erstreckt. Für die ca. 35 Mio. Besucher jährlich stehen heute 100 km Spazierwege, sieben künstliche Seen, ebenfalls sieben Brunnen, 36 Brücken, großzügige Rasenflächen, 26.000 Bäume, 9000 Parkbänke, 21 Spielplätze, zwei Eislaufbahnen, ein Schwimmbad, zwölf Sportplätze und ein Zoo zur Verfügung.

Seinen schlechten Ruf als lebensgefährliches und schmutziges Terrain hat er übrigens längst abgeschüttelt. Lediglich den einsamen Nordteil sollten Sie bei Dunkelheit meiden. Zwischen 1 Uhr nachts und 6 Uhr früh wird der Central Park sowieso geschlossen.

Der Central Park ist in vier Abschnitte eingeteilt: Das South End, wegen seiner vielen Angebote für den Nachwuchs auch „Childrens District" genannt, reicht von der 59th Street bis zur 79th Street, der Great Lawn erstreckt sich nördlich davon bis zur 85th Street, das Jacqueline Kennedy Onassis Reservoir bis zur 97th Street und das North End mit dem Harlem Meer von dort bis zur 110th Street. Der Park wird von mehreren Straßen durchzogen, vier davon sind wochentags zu verschiedenen Zeiten für den Verkehr freigegeben.

Stationen

Ausgangspunkt ist der **Columbus Circle**, den Sie mit den Subway-Linien A, C, D und 1 erreichen. Seinen Namen erhielt der Platz 1892 anlässlich der 400-Jahr-Feier der Entdeckung Amerikas. Die Kolumbusfigur auf der Marmorsäule inmitten des Platzes war ein Geschenk der Italo-Amerikaner an die Stadt. Wo einst das Majestic Theater stand, befinden sich heute die Zwillingstürme des Columbus Center, das besser als **AOL Time Warner Center** bekannt ist (→ Upper West Side).

Sie betreten den Central Park durch das **Merchant's Gate** links neben dem sandsteinernen Denkmal mit der vergoldeten Quadriga auf dem Sockel. Es stammt von 1913 und ist den getöteten Seeleuten der *USS Maine* gewidmet, die 1898 im Hafen von Havanna durch eine Explosion zerstört wurde. Die USA beschuldigten seinerzeit die Spanier, die sich als Kolonialmacht gerade mit den kubanischen Unabhängigkeitsbestrebungen konfrontiert sahen, einen gezielten Angriff auf das Schlachtschiff verübt zu haben. Damit

Sonne tanken am Lake oder sich herumkutschieren lassen ...

markiert der Untergang der *USS Maine* den Auftakt zum Spanisch-Amerikanischen Krieg, der im Dezember 1898 mit dem Verlust aller verbliebenen spanischen Kolonien in Lateinamerika und der Ausweitung des US-amerikanischen Einflusses in der Region endete.

Gehen Sie am ersten Abzweig rechts und durchlaufen Sie den Park parallel zum West Drive/Central Drive, dem Highway der sich hier im Affentempo fortbewegenden ambitionierten Fahrradfahrer und Jogger. Am besten überqueren Sie die Rennstrecke bei den Ampeln, dafür sind sie da. Zu Ihrer Linken liegt **Heckscher Playground**, der größte Spielplatz im Central Park. Wenn Sie den Spielplatz rechts umrunden, gelangen Sie an den WCs und einem Baseballfeld vorbei zum **Friedsam Memorial Carousel**, dem vierten Nachfolger des Originalkarussells von 1871, das damals von einem blinden Esel und einem Pferd in einer unterirdischen Tretmühle angetrieben wurde. Das heutige Karussell stammt aus dem Jahre 1951 und besteht aus 57 handgeschnitzten Pferden sowie zwei Kutschen und wird von jährlich 250.000 Nostalgikern genutzt. (April bis Okt. tägl. 10–18 Uhr, Fahrt $ 3).

Gehen Sie nun geradezu durch den vor Ihnen liegenden *Playmates Arch*. Auf der anderen Seite liegt vor Ihnen das **Dairy Visitor Center**, eines der Besucherzentren des Parks. Gebaut wurde die Dairy (= Molkerei/Meierei) zwischen 1869 und 1871 im repräsentativen Gothic Style. Das Gebäude mit hübscher Loggia war aber nicht nur architektonisches Schmuckstück, sondern diente tatsächlich lange Jahre als Anlaufpunkt für Kinder, die hier mit Milch aufgepäppelt wurden.

Heute gibt es keine Milch mehr, dafür erhalten Sie Kartenmaterial, Literatur zum Park, Informationen über aktuelle Veranstaltungen und Souvenirs von Schlüsselanhängern über Tassen bis hin zu Postern. An der Dairy beginnen auch einige der kostenlosen 60- bis 90-minütigen Führungen des *Central Park Conservancy Walking Tour Program* (→ Information und Führungen S. 195).

Rechts davon und ein paar Stufen aufwärts steht das **Chess and Checkers House**, wo es ebenfalls Informationen gibt (hier kostenlos!) und man Schach bzw. Dame spielen kann.

Nov. bis März Mi–So 10–17 Uhr, April bis Okt. Di–So 10–17 Uhr. Figurenverleih umsonst, aber $ 20 Pfand.

Gehen Sie nun am Eingang zur Dairy vorbei. Sie sind etwas erhöht, sodass Sie nach rechts hinunter einen Blick auf den **Wollman Rink** (neu Trump Rink) haben, eine Eislaufbahn, auf der im Winter rund 4000 Läufer täglich ihre Runden drehen. Zur Weihnachtszeit wird die Atmosphäre mit Popversionen von Weihnachtsliedern untermalt, Protagonisten und Zuschauer können sich

... und dann eine Stärkung

in einem Café mit Glühwein, Pommes oder anderen Snacks stärken. Im Sommer wird das Areal als *Victoria Gardens* ein Rummel für 2- bis 12-Jährige.

Nov. bis März Mo/Di 10–14.30 Uhr, Mi/Do bis 22 Uhr, Fr/Sa bis 23 Uhr, So bis 21 Uhr. Eintritt $ 25, Kinder $ 6, Senioren $ 15. ☏ 212-439-6900, www.wollmanskatingrink.com.

Südlich des Trump-Wollman Rink lohnt ein Abstecher zum bislang völlig unbekannten **Hallett Nature Sanctuary**. Das 16.000 m2 große Waldgebiet wurde 1934 vom Beauftragten für die New Yorker Parks Robert Moses zum Vogelschutzgebiet erklärt und später nach dem Naturforscher George Hervey Hallett Jr. benannt. Nach mehr als 80 Jahren ist es aus dem Dornröschenschlaf wiedererweckt worden und für Besucher geöffnet. An dem künstlichen See (The Pond) gibt es einen Wasserfall, Naturwanderpfade und eine Promenade mit Blicken auf die Hochhäuser von Midtown. Um die wuchernden Pflanzen, Nistplätze vieler Vögel und Wildtiere nicht zu stören, ist das Hallett Nature Sanctuary derzeit nur im Sommer und nur an 3 bis 4 Tagen in der Woche zugänglich.

Zugang: 6th Ave. an der 59th St., ☏ 212-794-4064, www.centralparknyc.org/things-to-see-and-do/attractions/hallett-nature-sanctuary.html. April–Juni Mo, Mi, Fr 14–17 Uhr, Juli/Aug. Mo und Fr 14–17 Uhr, Mi 14–19 Uhr, So 11–13 Uhr. An Feiertagen geschl. Eintritt frei, aber begrenzte Besucherzahl (first come, first serve).

Wenn Sie mit Kindern unterwegs sind, machen Sie vom Trump-Wollman Rink einen Abstecher zum **Central Park Zoo** an der 5th Avenue, wo u. a. Pinguine, Affen, ein Eisbär und einige Seelöwen auf Ihren Besuch warten und sich Ihre Kinder im *Tisch Children's Zoo* mutig Ziegen, Schafen, Kühen und Schweinen nähern dürfen. Davor steht die *Delacorte Clock,* eine Uhr mit tanzenden Bären und Affen, die alle 30 Minuten mit Hämmerchen eine Glocke schlagen.

East Side, zw. 63rd und 66th St., ☏ 212-493-6500, www.centralparkzoo.com. April bis Okt. Mo–Fr 10–17 Uhr, Sa/So bis 17.30 Uhr, Nov. bis März tägl. bis 16.30 Uhr. Eintritt $ 18, erm. $ 15, Kinder 3–12 J. $ 13.

Nach der *Dairy* gehen Sie links und überqueren die Straße. *Christopher Columbus* begrüßt Sie am unteren Ende der *Mall*, einer ulmengesäumten, fast 15 m breiten Promeniermeile. Der Abschnitt, auf den Sie zunächst zugehen, ist der *Literary Walk*, den Statuen von Dichtern und Denkern zieren, darunter William Shakespeare, Sir Walter Scott und Robert Burns. Gehen Sie geradeaus bis zum **Naumburg Bandstand**, einem neoklassizistischen Musikpavillon, der Bühne für Interpreten ganz unterschiedlicher musikalischer Genres war. Auch Hochkaräter wie Irvin Berlin, Duke Ellington oder John Lennon sind hier aufgetreten. Noch immer gibt es gelegentlich zwischen Juni und August kostenlose Aufführungen und Konzerte, die ganz großen Events finden hier aber nicht mehr statt. Die beiden Treppen links und rechts der Bühne führen zum *Rumsey Playfield*, wo während der kostenlosen Programmreihe **Summer Stage** Theater, Lyrik, Tanz und Musik dargeboten wird (www.centralpark.com/guide/activities/concerts/summerstagefestival.html.). Im August gibt es hier auch ein kostenloses Open-Air-Kino. Sie können sich jetzt auf einer der zahlreichen schattigen Bänke ausruhen oder Sie gehen geradeaus weiter. Schon aus der Ferne sehen Sie die Sandsteinbalustrade der **Bethesda Terrace** vor sich, die das Herzstück des Parks bildet. Gehen Sie durch die Unterführung mit ihren fantastisch restaurierten 15.000 Kacheln, dann sparen Sie sich die Ampel. Von der mit einem Engel gekrönten **Bethesda Fountain** aus hat man eine schöne Aussicht über den 290 m² großen See, schlicht *The Lake* genannt, und das **Loeb Boathouse**, wo man Ruderboote ausleihen oder gediegen einkehren kann. Der Brunnen wurde 1873 von Emma Stebbins, der Tochter des damaligen Parkmanagers, entworfen und erinnert in Anspielung an die heilende Kraft des biblischen Bethesda-Teiches an die für die Stadt segensreiche Eröffnung des Croton-Aquädukts, der Manhattan ab 1842 mit Frischwasser versorgte.

Gehen Sie links am Ufer weiter. Nach wenigen Metern gelangen Sie an die *Bow Bridge*, die wie ein Bogen geformt ist und schöne Ausblicke zu den berühmten Apartmenthäusern der West Side bietet. Wenn Sie die Brücke überquert haben, beginnt **The Ramble**, ein Wirrwarr an Pfaden durch den naturbelassenen Teil des Parks.

Man kann sich hier leicht verlaufen, jedoch werden Sie immer zum **Belvedere Castle** finden, wenn Sie in Richtung Norden und bergauf unterwegs sind. Das Belvedere Castle ist eine Fantasieburg, die alle möglichen historisierenden und antikisierenden Stilelemente in sich vereint. Sie steht auf dem *Vista Rock*, der zweithöchsten Erhebung im Park. Von hier hat man tatsächlich eine tolle Aussicht. Seit 1919 werden hier Wetterdaten gesammelt, inzwischen automatisch vom Dach des Belvedere Tower aus. Den Tower kann man besteigen, auf dem Weg dorthin wird einem die Vogelwelt des Parks etwas nähergebracht, wo angeblich 275 Vogelsorten zu Hause sind.

Tägl. 10–17 Uhr. Eintritt frei.

Vom Tower aus blicken Sie nach Norden über das **Delacorte Theater**, wo im Juli und August die beliebte Theaterserie *Shakespeare in the Park* aufgeführt wird.

Karten für Shakespeare in the Park gibt es in einer Online Ticket Lottery, am Delacorte Theater direkt, beim Public Theater am Astor Place, 425 Lafayette St., und an ausgewählten Kulturstätten in den fünf Boroughs. Informationen: www.shakespeareinthepark.org und www.publictheater.org.

Wenn Sie so weit sind, gehen Sie die Stufen an der linken Seite hinunter durch den **Shakespeare Garden**, wo nur Blumen gepflanzt wurden, die Shakespeare in seinen Werken bedacht hat. Sie kommen an eine halbmondförmige Terrasse, bei der Sie rechts die Treppen hinuntergehen.

Unten angekommen, halten Sie sich wieder rechts – links liegt das **Swedish Cottage**, in dem seit 50 Jahren ein Marionettentheater seine Zuschauer unterhält (Di–Fr 10.30 und 12 Uhr, Mi auch 14.30 Uhr, Sa/So 13 Uhr; Eintritt $ 10, Kinder $ 7; ✆ 212-988-9093) und gehen um das Delacorte Theater herum. Lassen Sie den Great Lawn links liegen und biegen Sie den Abzweig (nicht den Weg mit dem gelben Telefon an der Laterne) rechts ab. Bevor Sie zu einer Unterführung kommen, geht es scharf links zum Obelisken, **Cleopatra's Needle** genannt, der an der Rückseite des Metropolitan Museum of Art steht. Dieser 244 t schwere Granitkoloss war ursprünglich 1461 v. Chr. für den Sonnentempel von Heliopolis gebaut worden, stand zwischenzeitlich in Alexandria und kam 1880 als Geschenk zum

Dank für die Hilfe beim Bau des Suezkanals mit riesigem Aufwand hierher.

Halten Sie sich nun auf dem Weg hinter dem Obelisken weiter in Richtung Norden. Auf Höhe der 86th Street müssen Sie den East Drive überqueren. Vor Ihnen steht ein Gebäude, das wie eine Verteidigungsanlage aussieht, das *South Gate House*. Es dient immer noch als Überwachungsstation für die Wasserqualität im **Jacqueline Kennedy Onassis Reservoir**, obwohl der Stausee schon geraume Zeit nicht mehr Bestandteil des städtischen Wasserversorgungssystems ist. Die meisten Jogger beginnen hier ihre 2,5 km lange Runde um das Staubecken. Folgen Sie diesem Joggingweg bis zum nördlichen Ende des Stausees an der 96th Street, die Sie überqueren müssen.

Durch den East Meadow, einen Spielplatz und einen etwas hügeligen Abschnitt voller gewundener Pfade und Treppen gelangen Sie auf Höhe der 102th Street zum **Conservatory Garden**, einer 1936 geschaffenen Oase. Die 2,5 ha große Anlage besteht aus penibel gestalteten Gärten im italienischen, französischen und englischen Stil, ein paar Brunnen sowie einer Reihe von Skulpturen (geöffnet tägl. 8 Uhr bis Sonnenuntergang). Gehen Sie durch das wunderschöne *Vanderbilt Gate* zur 5th Avenue, wo Sie beim Museo del Barrio die Busse M1, M3 oder M4 zurück nach Midtown besteigen können.

Praktische Infos → Karte S. 191

Information und Führungen

Achtung: Weder Rauchen noch Alkoholkonsum sind im Park erlaubt! Fahrradfahrer müssen auf den für sie ausgewiesenen Wegen bleiben. **Der Park ist geöffnet von 6 bis 1 Uhr morgens.**

Dairy Visitor Center. Informationen zum Park, den Veranstaltungen und Programmen. Interaktiver Touchscreen-Kiosk für Kinder und Geschenkeshop. Kostenlose Führungen mehrmals in der Woche, Programm unter www.centralparknyc.org/tours/, ✆ 212-794-6564. Tägl. 10–17 Uhr. Kostenlose Audioführungen zum Herunterladen. Weitere Informationskioske: Parkeingang 6th Ave./59th St. und 5th Ave./72nd St.

Essen und Trinken

Whole Foods 4 Größter Supermarkt Manhattans mit Deli, umfangreicher Fischabteilung, Sushi, alles zum Mitnehmen. Tägl. 7–23 Uhr. Untergeschoss im Time Warner Center am Columbus Circle, ✆ 212-823-9600, www.wholefoodsmarket.com/stores/columbuscircle. Subway: 59 St./Columbus Circle Linien A, B, C, D, 1.

Tavern on the Green 3 Traditionsrestaurant in einem ehemaligen Schafstall, das in der Vergangenheit viele Aufs und Abs erlebt hat und im April 2014 unter neuem Management wiedereröffnete. Mittlere Preisklasse. Mo–Do 11–21 Uhr, Fr bis 23 Uhr, Sa 9–23 Uhr, So 9–21 Uhr. 67th St./Central Park West, ✆ 212-877-8684, www.tavernonthegreen.com.

Le Pain Quotidien @ Central Park 2 Bäckerei (auch Suppen und Salate), alles zum Mitnehmen oder im Sitzen Essen. Mo–Do 7–20 Uhr, Fr–So 7–21 Uhr. W 69th St. im Central Park, ✆ 646-233-3768, www.lepainquotidien.com.

Loeb Boathouse 1 Dinieren mit weißen Tischdecken im romantischen Restaurant oder Snacks im Express-Café, dazu Bar & Grill auf dem Bootsdeck. Außerdem Ruderboote ($ 15/Std.), Gondola-Fahrten ($ 45). Express Café tägl. 8–20 Uhr, im Winter bis 16.30 Uhr; Restaurant Mo–Fr 12–16 und von April bis Nov. auch 17.30–21.30 Uhr, Sa/So 9.30–16 und von April bis Nov. auch 18–21.30 Uhr; Outdoor Bar & Grill wetterabhängig. East Side zw. 74th und 75th St., ✆ 212-517-2233, www.thecentralparkboathouse.com. Shuttleservice abends und am Wochenende alle 15 Min. von 80th St./5th Ave.

Außerdem gibt es in der Saison viele Stände mit Eis, Imbissen und Getränken, u. a. **Kerbs Boathouse Café** (East Side an der 74th St.) und die vegetarische **Harlem Meer Snack Bar** (Eastside zw. 106th und 110th St.).

Sonstiges

Bike and Roll Fahrrad-Ausleihstationen an der *Tavern on the Green* und *Merchants Gate Plaza* am Columbus Circle. Tägl. 10–17 Uhr. ✆ 212-260-0400.

„Take the A-Train" …
Tour 13

Harlem klingt nach Afrika, nach Lust am Leben, nach Gospel, Jazz und Hip-Hop. Vorbei sind die Zeiten als sozialer Brennpunkt – das Viertel der wohl berühmtesten schwarzen Gemeinde der Welt lebt wieder auf. Im Westen grenzt Harlem an Morningside Heights, das wegen der Columbia University und anderen Bildungsstätten auch „Academic Acropolis" heißt.

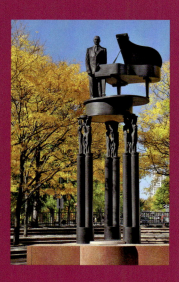

- **Cathedral of St John the Divine**, mehr als hundert Jahre Bauzeit, S. 198
- **Skulpturengarten der Columbia University**, Kunst auf dem Gelände von New Yorks altehrwürdiger Denkfabrik, S. 200
- **Apollo Theater**, legendäre Talentschmiede, S. 202

Harlem Renaissance und Ivy League
Harlem und Morningside Heights

„I'd rather be a fly on a lamppost in Harlem than a millionaire anywhere else" (Ich wäre lieber eine Fliege auf einer Laterne in Harlem als ein Millionär irgendwo anders), befand der Jazzpianist Willie „The Lion" Smith in den 1920ern in einem Anfall von Lokalpatriotismus. **Harlem** erlebte damals seine erste Renaissance, derzeit erfährt der Stadtteil seine zweite. Die 125th Street, einst Bannmeile für jeden Touristen mit gesundem Menschenverstand, mauserte sich innerhalb weniger Jahre zur neuen Lebensader des Viertels. Jährlich zieht es vier Millionen Touristen hierher, selbst die Stadtrundfahrtbusse haben Harlem in ihre Route aufgenommen. Längst hat das Big Business seine Fühler ausgestreckt, *Gap*, *Body Shop*, *H&M* und *Starbucks* künden vom Einzug eines neuen Konsumzeitalters. Auch moderne Einkaufs- und Vergnügungszentren haben sich etabliert, in einem 80-Millionen-Dollar Hochhaus an der Fifth Avenue (zw. 109th und 110th Streets) wird hoffentlich bald das **New Africa Center** eröffnen.

Der Stadtteil Harlem ging aus der ehemaligen holländischen Siedlung *Nieuw Haarlem* hervor und entwickelte sich im 19. Jh. zum Wohngebiet der weißen Mittelklasse, doch Überkapazitäten und Fehlspekulationen führten zum flächendeckenden Leerstand. Die Mieten sanken entsprechend, immer mehr Schwarze zogen ein, immer mehr Weiße „flohen". Die Schwarzen waren im Zuge der *Great Migration*, die in der Zeit des Ersten Weltkriegs einsetzte, als die Industrie Arbeitskräfte brauchte, vom Süden in den Norden aufgebrochen und bevölkerten dort zusehends die großen Städte. Harlem mutierte zum berühmtesten Schwarzenghetto der

Welt, bereits 1910 lebten hier fast nur noch Schwarze.

Seine Blütezeit und besagte erste Renaissance, die sog. *Harlem Renaissance*, erlebte es in den 1920er-Jahren. Afroamerikanische Schriftsteller, Musiker, Maler und Intellektuelle strömten nach Harlem, eine eigene schwarze Kultur konnte sich entwickeln, ein neues schwarzes Selbstbewusstsein entstand. Selbst das weiße New York fuhr mit dem A-Train, den Expresszügen der New Yorker U-Bahn (besungen von Duke Ellington in *Take the A-Train*), wieder nach Uptown Manhattan, um Teil der neuen und aufregenden Kulturströmung zu sein, Harlem wurde zur Amüsiermeile der New Yorker Boheme. Legendäre Lokale waren der *Cotton Club* (aufgrund der Rassentrennung nur für Weiße zugänglich, obwohl dort schwarze Künstler auftraten) und das Apollo Theater. Das *Apollo Theater* gibt es noch. Es wird seit 1992 von der *Apollo Theater Foundation* als Stiftung geleitet und ist für seine allwöchentliche Amateur-Nacht bekannt.

Nachdem das *Civil Rights Movement* der 1960er-Jahre die Rechte und das Klima für den afroamerikanischen Bevölkerungsteil Amerikas verbessert hatte, wurden schrittweise auch die vielen Avenues zu Ehren prominenter Schwarzer umgetauft, etwa die Lenox Avenue, die 1987 dem Führer der *Nation of Islam*, Malcolm X, gewidmet wurde (→ Kasten, S. 205), oder der Frederick Douglass Boulevard, der nach einem ehemaligen Sklaven, Schriftsteller und Aktivisten gegen die Sklaverei benannt ist.

Dem Hoch der 1920er folgte ein langes Tief, beginnend mit dem Börsenkrach 1929, das bis in die 1990er-Jahre anhielt. Die Bausubstanz verwahrloste ebenso wie die Menschen, die darin wohnten, und der Bezirk wurde zur größten Problemzone New Yorks. Wer konnte, zog weg von hier. So standen in den 1980er-Jahren etwa 40 % aller Harlemer Wohnungen und Häuser leer – bis einige vorausschauende Pioniere unter den Immobilienspekulanten das Potenzial des Bezirks erkannten und mit der grundlegenden Sanierung begannen.

Central Harlem, wo wir uns auf unserem Spaziergang aufhalten, verläuft vom Central Park North bis zum Harlem River und von der 5th Avenue bis zur St Nicholas Avenue. Hier um die 125th Street liegt das Zentrum des schwarzen Harlem. Weiter im Norden leben vor allem Einwanderer aus der Dominikanischen Republik und Honduras. East Harlem, das sog. El Barrio, wo in erster Linie Zuwanderer aus Puerto Rico wohnen, erstreckt sich zwischen der 1st und 5th Avenue von der 96th bis zur 125th Street. West Harlem mit seinen Unterbezirken Manhattanville, Hamilton Heights und Sugar Hill umfasst das Gebiet von der 123rd Street bis zur 155th Street und von der St Nicholas Avenue bis zum Hudson River.

Südlich davon liegt **Morningside Heights**, bis Ende des 19. Jh. noch ein Sammelsurium aus Dörfern, Schrebergärten und Feldern, das Bloomingdale Valley hieß. Dann siedelten sich hier verschiedene Bildungseinrichtungen an, und mit ihnen kamen Studenten, Wissenschaftler und Künstler. Den Anfang machte 1897 die Columbia University, die von Midtown hier hinaufzog, es folgte das der Universität angeschlossene Barnards College. In unmittelbarer Nachbarschaft zur Universität finden sich auch religiöse Einrichtungen wie das Union Theological Seminar, zu dessen Mitgliedern u. a. Reinhold Niehbur und Dietrich Bonhoeffer zählten, und das Jewish Theological Seminar, das Rabbis im konservativen Judaismus ausbildet. In der Manhattan School of Music werden 800 Begabte in klassischer Musik und Jazz unterrichtet und im St Luke's-Roosevelt Hospital Center lernen Ärzte und Chirurgen der Columbia University die praktische Seite ihres Berufs. Morningside Heights ist ein Bezirk der Mittelklasse, weshalb sich die Apartmenthäuser hier weit bescheidener ausnehmen als in der Upper East Side oder der Upper West Side.

Tour-Info Der Spaziergang beginnt an der Subway-Station Cathedral Parkway, die Sie mit der Linie 1 erreichen. Für eine Tour durch das Viertel bietet sich der Sonntag an. Wegen der Gospelgottesdienste ist in Harlem dann sehr viel los.

Stationen

Mehr als hundert Jahre Bauzeit
Cathedral of St John the Divine

Wenn Sie noch nicht gefrühstückt haben, ist Ihnen das **Ungarische Café** an der 110th Street Ecke Amsterdam Avenue zu empfehlen. Es wird vor allem von Studenten der nahen Columbia University frequentiert. Bevor wir uns diese renommierteste aller New Yorker Unis ansehen (wer es nicht nach Harvard schafft, studiert gerne an der Columbia), führt die erste Station auf diesem Rundgang zur Cathedral of St John the Divine. Sie gelangen dorthin links entlang der Amsterdam Avenue.

Bevor Sie das Gotteshaus erreichen, kommen Sie am **Friedensbrunnen** vorbei, einem Bronze-Brunnen, der 1985 von Greg Wyatt entworfen wurde und den Erzengel Michael zeigt, wie er den Teufel bekämpft.

Der Bau der episkopalen Kathedrale (ausländischer Zweig der anglikanischen Kirche) begann unter Bischof Horatio Potter 1892 mit dem Ziel, die größte Kathedrale der Welt zu errichten. St John the Divine wurde von den Architekten Heins und LaFarge im romanisch-byzantinischen Stil begonnen – davon zeugen Apsis, Chor und Vierung – und ab 1911 von dem Architekten Ralph Adams Cram im gotischen Stil weitergebaut. Die Bauarbeiten wurden 1999 vorläufig aus Geldmangel eingestellt, inzwischen sind sie abgeschlossen.

Sie betreten das Gotteshaus durch seine imposanten Bronzetüren (5,50 x 3,70 m), die Szenen aus dem Alten und Neuen Testament sowie die Apokalypse zeigen. 11.240 m² Grundfläche machen St John the Divine zur größten protestantischen und drittgrößten aller Kirchen der Welt (nach dem Petersdom in Rom und Notre-Dame de la Paix an der Elfenbeinküste). Sie ist zweimal so breit wie die Abtei von Westminster und etwa so lang wie zwei Fußballfelder (200 m), die Innenhöhe beträgt 42 m. Zwei Wandteppiche aus der Renaissance (17. Jh.) zählen ebenso zu den Schätzen des Gotteshauses wie die Rosette, die aus 10.000 Buntglasteilen besteht und in der Mitte einen lebensgroßen Jesus Christus darstellt. Die Vergabe der Gestaltung des Bronzealtars in der Savior's Chapel ist ein Kuriosum, denn das mit Weißgold plattierte Werk stammt von Keith Haring, einem be-

Nachtleben
- 3 Cotton Club (S. 281)
- 4 Shrine (S. 280)
- 5 Bill's Place (S. 280)
- 6 Apollo (S. 280)
- 1 Paris Blues (S. 273)
- 2 Harlem Tavern (S. 273)
- 8 67 Orange Street (S. 273)

Einkaufen
- 7 House of Hoops
- 10 HotSexyFit
- 13 Bébénoir
- 15 The Demolition Depot
- 20 Malcolm Shabazz Harlem Market

Essen & Trinken
- 2 Dinosaur BBQ
- 8 Sylvia's
- 9 Red Rooster
- 14 Streetbird Rotisserie
- 16 Hungarian Pastry Shop
- 17 Amy Ruth's
- 18 67 Orange Street
- 19 Thai Market
- 21 Seasoned Vegan

Sonstiges
- 1 Dance Theatre of Harlem
- 22 Graffiti Wall of Fame

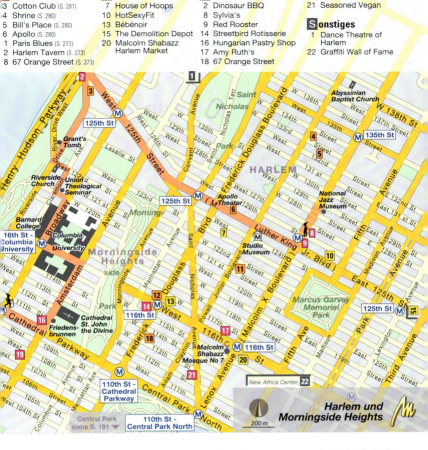

kennenden Homosexuellen, und zeigt Szenen aus dem Leben Jesu. Nur einen Monat nach der Fertigstellung (1990) verstarb der Künstler an Aids. Die Orgel mit ihren 8035 Pfeifen ist eine der bekanntesten der Welt. Seit der Neuweihung des Schiffs im November 2008 sind auch die Gobelins von Barberini und Mortlake aus dem 17. Jh. zu sehen. Speziell für die Kathedrale schuf die New Yorker Bildhauerin Meredith Bergmann 2012 die Bronzeskulptur *Memorial to September 11*.

1047 Amsterdam Ave./112th St., ℘ 212-316-7540, www.stjohndivine.org. Tägl. 7.30–18 Uhr, Besucherzentrum und Shop 9–17 Uhr. Eintritt frei. Führungen Mo 11 und 14 Uhr, Di–Sa 11 und 13 Uhr, an ausgewählten So 13 Uhr; $ 12, erm. $ 10. Turmbesteigung („Vertical Tour") Mi und Fr 12 Uhr, Sa 12 und 14 Uhr; $ 20, erm. $ 18. Buchung: ℘ 866-8114111. Subway: Cathedral Pkwy./110 St. Linie 1.

Wer eine Messe der etwas anderen Art besuchen möchte: Alljährlich werden am ersten Sonntag im Oktober zum Fest für den heiligen Franz von Assisi Tiere aller Art gesegnet. Neben den gängigen Haustieren werden zum Abschluss auch größere Vierbeiner vorgeführt, es waren bereits ein Kamel, ein Pony und ein Büffel unter den Gesegneten (Besuch nur mit Ticket!).

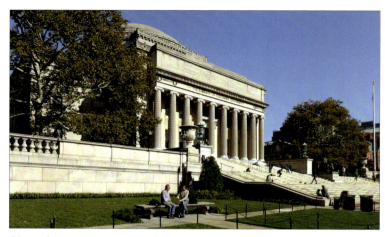

Die pantheonartige Low Memorial Library der Columbia University

New Yorks altehrwürdige Denkfabrik

Columbia University

Den Campus der Universität erreichen Sie, wenn Sie die Amsterdam Avenue nach Norden gehen und links bei der 116th Street auf das Gelände abbiegen.

Die Statue vor der modernen **Law School** rechter Hand ist Teil des Skulpturenparks der Uni und ein Werk von Jacques Lipchitz, dem ersten kubistischen Bildhauer. Wenn Sie das Gelände betreten, wird die 116th Street zum College Walk. Sie blicken rechts auf den klassizistischen Bau der **Law Memorial Library** mit der Statue der Alma Mater davor. Sie haben es auf dem Unigelände mit der weltgrößten Sammlung von Architektur des Teams McKim, Mead & White zu tun. Das große Gebäude zu Ihrer Linken, die **Butler Hall**, ist eine der größten Büchereien Amerikas. Auf dem Rasen steht Henry Moores *Reclining Figure*. Gehen Sie rechts am pantheonartigen Gebäude der Low Memorial Library vorbei die Stufen hinauf. Sie kommen zu Rodins *Statue des Denkers* vor dem Philosophiegebäude und dann zur **St Paul's Chapel**. In dieser byzantinischen Kirche im klassizistischen Stil mit hervorragender Akustik werden dienstags um 18 Uhr Konzerte veranstaltet (ouc.columbia.edu/music-at-st-pauls/). An der Kapelle rechts vorbei gelangen Sie zum **Skulpturengarten** über der Amsterdam Avenue. Hier steht u. a. Henry Moores Globus *Three Way Piece: Points* aus den 1960er-Jahren und Gertrude Schweitzers Balanceakt *Flight* von 1981.

Zurück über die Brücke wenden Sie sich bei der St Paul's Chapel rechts und gehen an der **Avery Hall** vorbei bis zur **Schermerhorn Hall**, die im achten Stock die **Miriam and Ira D. Wallach Art Gallery** beherbergt. Seit 1986 wird hier zeitgenössische Kunst ausgestellt (Mi–Sa 13–17 Uhr).

Der Rundgang führt Sie nun zurück zur Avery Hall und dort rechts entlang der Skulptur *Curl* von Celment Meadmore. Halten Sie sich links (East Walk) und kehren Sie zurück zum College Walk. Dieser führt Sie wieder zum Broadway, vorbei an einem großen Gebäude auf der linken Straßenseite, der **Columbia School of Journalism**. Die Journalistenschule ist 1912 von Joseph Pulitzer gegründet worden und gilt als eine der zwei Topschulen des Landes.

Berühmtes Glockenspiel und herrlicher Blick
Riverside Church

Biegen Sie nun rechts in den Broadway ein. Die Gebäude auf der linken Straßenseite gehören zum Barnard College, das 1889 als unabhängiges College der freien Künste und Wissenschaften eigens für Frauen gegründet wurde. Die rechte Straßenseite führt Sie entlang des Unigeländes, an dessen Mauer Sie eine Gedenkplakette an die *Battle of Harlem Heights*, eine blutige Schlacht während des Unabhängigkeitskriegs, erinnert.

Am **Union Theological Seminar** biegen Sie links in die 120th Street ein und gleich wieder rechts in die Claremont Street, wo Sie auf die **Riverside Church** stoßen. Einen besseren Blick hat man allerdings später vom Riverside Drive. Die Kirche wurde 1927 von John D. Rockefeller zum Gedenken an seine Mutter gestiftet und ist der Kathedrale von Chartres nachempfunden. Sie ist berühmt für ihr Glockenspiel (Carillon), das 74 Bronzeglocken umfasst und das zweitgrößte, jedoch das schwerste der Welt ist. Es erklingt eine Melodie aus Wagners Parsifal. Die Besteigung des Kirchturmes ist wegen der fantastischen Aussicht durchaus zu empfehlen.

Tägl. 7–22 Uhr geöffnet, Eingang Claremont Ave. Glockenspiel So 10.30–10.58, 12.30–12.58 und 15–15.58 Uhr sowie an besonderen Feiertagen. Kostenlose Führungen So 12.15 Uhr, wochentags 9–16 Uhr nach Reservierung; $ 10, erm. $ 5. ☏ 212-870-6700, www.theriversidechurchny.org. Subway: 116 St./Columbia University Linie 1.

New York im Kasten
Columbia University

New York verfügt über 35 Universitäten und Colleges. Die Columbia ist eine Ivy-League-Universität, eine der exklusivsten Hochschulen in ganz Amerika. Hier studieren rund 24.000 Studenten, die etwa 62.000 Dollar für Studiengebühren, Unterkunft und Halbpension pro Jahr investieren. Sage und schreibe 82 Nobelpreisträger verschiedenster Disziplinen (u. a. auch Barack Obama) sind aus dieser Denkfabrik hervorgegangen, acht Nobelpreisträger unterrichten derzeit.

Ihren bescheidenen Anfang machte die Columbia University 1754 als King's College. Benannt nach George II., der ihr die Zulassung gab, wurden damals gerade einmal acht Studenten von Samuel Johnson in einem Schulhaus an der Trinity Church unterrichtet. Der Name wurde nach der amerikanischen Revolution geändert und seit 1897 befindet sich die Uni an diesem Standort in Morningside Heights.

2960 Broadway zw. 114th und 121st St., ☏ 212-854-1754, www.columbia.edu.

Picknick mit Aussicht: Vorlesungspause

Fast vergessenes Mausoleum
Grant's Tomb

Um zur nächsten Station unseres Rundgangs zu gelangen, gehen Sie die 122nd Street links und überqueren Sie den Riverside Drive. Sie stehen nun vor einem klassischen Tempel, der dem Mausoleum von Halikarnassos nachempfunden wurde: **Grant's Tomb**, eigentlich **General Grant National Memorial**. Einst eine große Touristenattraktion, liegt das Mausoleum des Bürgerkriegsgenerals und späteren Präsidenten der USA, Ulysses S. Grant, so abgelegen, dass sich heute nicht mehr viele Besucher hierher verirren. Nur ein paar jugendliche Skater stören manchmal die Ruhe, die Sie auf den im Stil von Gaudi mit Mosaiken verzierten Bänken links und rechts des Denkmals genießen können. 90.000 Menschen spendeten in den 1890er-Jahren 600.000 Dollar für diesen klassischen Tempel, in dem 8000 t Marmor verbaut wurden. Der weiße Carrara-Marmor ist mit Mosaiken versehen, die die Höhepunkte von Grants militärischer Karriere zeigen. Der Mann, der die 50-Dollar-Banknote schmückt, hatte sich als Oberbefehlshaber der Unionsarmeen im Bürgerkrieg zwar nicht mit Ruhm bekleckert (er wurde in den eigenen Reihen wegen seiner verlustreichen Strategien als „Schlächter" bezeichnet), dennoch stellten ihn die patriotischen Republikaner als Präsidentschaftskandidaten auf. Grant wurde der 18. amerikanische Präsident, dessen zwei Amtszeiten vor allem durch Korruptionsskandale gekennzeichnet waren.

Mi–So 9–17 Uhr, Eintritt frei. Das **Overlook Pavilion Visitor Center** westlich des Monuments ist ausgeschildert. Hier gibt es Toiletten, ein Museum und tolle Blicke über den Hudson. ℡ 212-666-1640, www.nps.gov/gegr. Subway: 116 St./Columbia University Linie 1.

Von hier aus bummeln Sie nun den **Riverside Drive East** durch den **Riverside Park** den Berg hinunter bis zur 125th Street, die Sie ins Zentrum von Harlem führt.

Legendäre Talentschmiede
Apollo Theater

Die 125th Street wirkt an ihrem östlichen Ende noch rau und unwirtlich. Vom Nachbau des *Cotton Club* (→ S. 281) geht es unter der John F. Kennedy Memorial Bridge hindurch, vorbei an einem Wohnviertel für einkommensschwache Bevölkerungsschichten, ins Zentrum von Harlem: Kurz nach der Morningside Avenue wird die 125th Street zur Haupteinkaufsmeile des Bezirks, wo die Renaissance am spürbarsten ist. Anfang des 20. Jh. befanden sich die Geschäfte schwarzer Besitzer um die 135th Street, alle Läden in der 125th Street gehörten Weißen, die sich dem Zuzug so vieler Schwarzer widersetzten und sich bis Ende der 1930er-

Sprungbrett für viele Weltkarrieren: das Apollo

New York im Kasten
Gospels als Big Business

In rund 50 Kirchen New Yorks finden sonntagvormittags die für europäische Christen so ungewohnten Gospelgottesdienste statt: Unter Gospel versteht man die nordamerikanische, christliche Musik afroamerikanischer Gemeinden mit ausgelassen fröhlicher Atmosphäre. Sie zeichnet sich durch Jazz- und Blueseinflüsse aus, die Songs werden teilweise improvisiert und mit Klatschen und Stampfen begleitet. Die meisten Besucher (weißer Hautfarbe) kommen in organisierten Gruppen und sind gegenüber der eingesessenen Gemeinde deutlich in der Überzahl. Um deren spirituelle Bedürfnis zu wahren, wurden in fast allen Gospelkirchen in Harlem strenge Reglementierungen eingeführt, die das Besuchserlebnis beeinträchtigen können. Empfehlenswert ist es daher, weniger touristisch bekannte Gottesdienste außerhalb von Harlem zu besuchen, z. B. die Times Square Church (So 10, 15 und 18 Uhr; 237 W 51st Street, www.tscnyc.org) oder das Brooklyn Tabernacle (So 9, 12 und 15 Uhr; 17 Smith St. zw. Livinston und Fulton St., www.brooklyntabernacle.org) oder gleich eine Gospel Show zu besuchen, z. B. den BB King Blues Club am Times Square (→ S. 157).

Insightseeing bieten die intimste Variante an Führung, da die Gruppen klein sind und nicht mit dem Reisebus vorgefahren werden. $ 55. 115 Stuyvesant Pl., 6 R, ☏ 718-447-1645, www.insightseeing.com.

Harlem Spirituals gehen mit mehreren Bussen auf informative und unterhaltsame Gospel- und Jazz-Touren, mit und ohne Brunch, auch auf Deutsch. $ 65/115, Kinder $ 49/89. 690 8th Ave. zw. 43rd und 44th St., zweiter Stock, ☏ 212-391-0900, www.harlemspirituals.com. Subway: Times Sq./42 St. Linien N, Q, R, S, 1, 2, 3, 7.

Jahre weigerten, Afroamerikaner einzustellen, obwohl doch ihre Kundschaft überwiegend schwarz war.

Diese alteingesessenen Lädchen haben den Kampf gegen die Erneuerungswahn und die hohen Mieten inzwischen verloren. Überlebt haben aber einige Kultureinrichtungen, allen voran das berühmte **Apollo Theater**, auf das Sie nun stoßen.

Das Theater eröffnete 1913 für ein weißes Publikum, das hier Burlesken sah. 1934 ließen die Eigentümer auch Schwarze ein und die Erfolgsgeschichte des Apollo als Talentschmiede begann. Nahezu jeder afroamerikanische Showstar von Rang ist hier aufgetreten: Duke Ellington, Count Basie, Bessie Smith, Nat King Cole, Louis Armstrong, Marvin Gaye, Sammy Davis Jr., Aretha Franklin, Stevie Wonder, Diana Ross und Prince standen hier bereits auf der Bühne. Zu den Gewinnern der Amateur Night am Mittwoch zählten auch die Jackson Five. Noch in den 1960er-Jahren wollten die Beatles bei ihrer Tournee durch Amerika nur eines sehen: das Apollo. Wenn Sie durch die Tür schauen, sehen Sie zu Füßen der Treppe den Stumpf des *Tree of Hope*, des Baums der Hoffnung, den Darsteller bis heute küssen bzw. berühren, damit er ihnen Glück bringe, weshalb er bei Auftritten auf der Bühne zu finden ist. Die Amateurnacht, die Mutter aller Talentwettbewerbe, findet jeden Mittwoch statt und wird seit den 1990er-Jahren im Fernsehen übertragen.

253 W 125th St. zw. 7th und 8th Ave., ☏ 212-531-5305, www.apollotheater.org. Subway: 125 St. Linien A, B, C, D.

Afroamerikanische Kunst
Studio Museum Harlem

Kurz nach der Kreuzung des Adam Clayton Powell Jr. Boulevards kommen Sie zum **Studio Museum**, an dem der Spaziergang endet. Dieses lichte und moderne Museum ist ein echtes

Schmuckstück. Der Name stammt von seiner ursprünglichen Funktion als Studio. Heute ist es ein erstklassiges kleines Museum, das Arbeiten ortsansässiger, nationaler und internationaler Künstler afrikanischer Abstammung ausstellt. Neben den Skulpturen, Fotografien und Gemälden gibt es auch Lesungen und andere Veranstaltungen.

Studio Museum Harlem: 144 W 125th St., ℡ 212-864-4500, www.studiomuseum.org. Do/Fr 12–21 Uhr, Sa 10–18 Uhr, So 12–18 Uhr. Eintritt $ 7, erm. $ 3, sonntags frei. Subway: 125 St. Linien 2, 3.

Begeben Sie sich nun einen Block weiter zur Subway-Station 125th Street, die von den Linien 2 und 3 bedient wird.

Jazz-Geschichte
Abstecher: National Jazz Museum

Nur vier Blöcke nördlich können Sie in der Ausstellung „Vibrations" in die Geschichte des Jazz eintauchen, der es aus den Harlemer Hinterzimmern auf die Weltbühnen brachte. Im Leseraum dürfen Besucher in rund 1000 CDs klassischer Jazzaufnahmen reinhören, wöchentlich finden Veranstaltungen statt.

58 W 129th St. zw. Malcom X Blvd. und 5th Ave., ℡ 212-348-8300, jazzmuseuminharlem.org. Mo–Fr 11–17 Uhr. Eintritt frei, Spende von $ 10 erbeten. Subway: 125 St. Linien 2 und 3.

Mittelalter in Manhattan
The Cloisters

Zugegeben, es ist ein weiter Weg nach Norden zum **Fort Tryon Park** im Bezirk Washington Heights, wo ein einzigartiges Stück Mittelalter auf Sie wartet: **The Cloisters**, die Mittelalterabteilung des Metropolitan Museum of Arts. Es gibt dafür wohl keine passendere Umgebung als dieses traumhafte Kloster in idyllischer Umgebung mit seinen wunderschönen Ausblicken auf den Hudson und die Washington Bridge sowie seinen romantischen Innenhöfen mit Arkaden und plätschernden Brunnen. Es wurde 1938 aus Architekturfragmenten verschiedener europäischer Klöster mit mehreren Kreuzgängen und hübschen historischen Gärten errichtet, da das Stammhaus an der Museum Mile nicht über geeignete Räumlichkeiten für die Sammlung verfügte. Etwa die Hälfte der mittelalterlichen Werke, überwiegend Kunst und Architektur aus dem 12. bis 15. Jh., werden hier auf zwei Etagen und in chronologischer Reihenfolge gezeigt. Höhepunkte sind u. a. ein Altartriptychon von Robert Campin aus dem 15. Jh., der sog. Mérode-Altar, faszinierende Buntglasfenster (u. a. aus dem österreichischen Sankt Leonhard von 1340), Skulpturen, Schmuck, Reliquien und Gobelins. Es werden auch Lesungen veranstaltet. Von besonderem Reiz sind die Konzerte in der spanischen Fuentiduena-Kapelle aus dem 12. Jh ($ 40).

Fort Tryon Park, 99 Margaret Corbin Drive. Anfahrt: Mit dem A-Train ab 125th St. bis 190th St. (Dauer ca. 20 Min.) und 10 Min. Spaziergang entlang des Margaret Corbin Drive.

Wenn die Straße zur Bühne wird: Jazzmusiker in Harlem

Der Eintritt zum **Metropolitan Museum of Arts** berechtigt auch zum Besuch der **Cloisters** am selben Tag. Sonst Eintrittspreis nach eigenem Ermessen. Kostenloser Audioguide. Tägl. 10–17.15 Uhr, Nov. bis Feb. nur bis 16.45 Uhr, Juni–Aug. Fr bis 19.30 Uhr. Verschiedene Talks und Führungen (Mo–Fr und So 15 Uhr, Gartentour Mai bis Okt. tägl. 13 Uhr). ℡ 212-650-2280, www.metmuseum.org. Veranstaltungskalender unter www.metmuseum.org/en/events/programs/events-at-the-cloisters. Erfrischungen Mai bis Okt. 10–16.15 Uhr im **Trie Café**.

New York im Kasten
Malcolm X

Malcolm X, mit richtigem Namen Malcolm Little, war 1948 im Gefängnis der Organisation *Nation of Islam* beigetreten und zum Islam konvertiert. Ins Gefängnis hatte ihn sein ausschweifendes Gaunerleben im halbseidenen Schwarzenmilieu Bostons gebracht. Nach seiner Entlassung 1952 avancierte er schnell zum erzradikalen Anführer und Demagogen der *Nation of Islam*, bis er eine weitere Wende vollzog, 1964 mit der *Nation of Islam* brach und statt Rassenkampf Toleranz predigte. Auf einer Reise nach Mekka konvertierte er schließlich zum orthodoxen Islam und gründete seine eigene Black-Muslim-Bewegung. 1965 wurde Malcolm X von Mitgliedern der *Nation of Islam* ermordet.

Praktische Infos   → Karte S. 199

Information/Führungen

Eine gute **Webseite** für Harlem ist www.harlemonestop.com.

Hip-Hop-Sightseeing-Tour durch Harlem und die Bronx. Hush Tours, 292 5th Ave., Suite 608 (hier auch Start der Touren, verschiedene Touren zu verschiedenen Zeiten), ℡ 212-714-3527, www.hushtours.com. Preis $ 58–75.

Gospel-Touren → Kasten, S. 203.

Essen und Trinken

Hungarian Pastry Shop 16 Hier gibt es Croissants, Schnittchen und Kuchen in großer Auswahl, Kaffee und Tee in entspannter Atmosphäre, Kunst an den Wänden, Holzfußboden und ein paar Tische auf der Straße. Woody Allen drehte hier für *Husbands and Wifes*. Mo–Fr 7.30–23.30 Uhr, Sa ab 8.30 Uhr, So 8.30–22.30 Uhr. 1030 Amsterdam Ave. zw. 110th und 111th St., ℡ 212-866-4230 Subway: Cathedral Pkwy./110 St. Linien B, C.

Thai Market 19 Sehr guter Siamese mit gemütlicher Gaststube. Man sitzt unter roten Schirmen und wie auf einem Markt in Bangkok inklusive der Straßenschilder und einer Fototapete. Umfangreiche Speisekarte, von der man sich am besten etwas empfehlen lässt. Günstige Lunch-Specials ($ 10). So–Do 11.45–21.45 Uhr, Fr/Sa bis 22.30 Uhr. 960 Amsterdam Ave. zw. W 107th und W 108th St., ℡ 212-280-4575, thaimarketny.net. Subway: Cathedral Pkwy. Linie 1.

Amy Ruth's 17 Serviert werden Soulfood-Spezialitäten, die nach berühmten und weniger berühmten Afroamerikanern benannt sind, etwa Bill Perkins Fried Chicken in Honig oder Foxy Browns panierte Riesengarnelen. Hauptgerichte $ 15,95–24,95, Waffeln $ 9,95–17,95. Mo 11–23 Uhr, Di–Do 8.30–23 Uhr, Fr 8.30–5.30 Uhr, Sa 7.30–5.30 Uhr, So 7.30–23 Uhr. 113 W 116th St. zw. Lenox Ave. und Adam Clayton Powell Jr. Blvd., ℡ 212-280-8779, www.amyruthsharlem.com. Subway: 116 St. Linien 2, 3.

Sylvia's 8 Seit 1962 die Soulfood-Institution von Harlem (frittierte Hühnerschenkel auf süßen Waffeln und einer Bloody Mary), doch gibt es inzwischen weit Besseres. Ganze Busladungen kommen zum Gospelbrunch mit Livemusik (ab ca. 12.30 Uhr, versuchen Sie in einem der beiden Räume links vom Imbisstresen platziert zu werden). Hauptgerichte $ 10,95–25,95. Mo–Sa 8–22.30 Uhr, So 11–20 Uhr. 328 Lenox Ave. zw. 126th und 127th St., ℡ 212-996-0660, www.sylviasrestaurant.com und www.sylviassoulfood.com. Subway: 125 St. Linien 2, 3.

Harlem Jazz im Red Rooster

Red Rooster 9 Soulfood-Restaurant mit Café-Bistro-Ambiente, sehr gemütlich und gut. Sa/So Brunch 10–15 Uhr (So Jazz), Mo–Fr 11.30–15.30 Uhr, Mo–Do 16.30–22.30 Uhr, Fr/Sa 16.30–23.30 Uhr, So 16.30–22 Uhr. 310 Lenox Ave. zw. 125th und 126th St., ☏ 212-792-9001, www.redroosterharlem.com. Subway: 125 St. Linien 2, 3.

67 Orange Street 18 In dieser atmosphärischen Cocktailbar mit Küche, die einst eine ehemalige Tanzhalle der Schwarzen war, werden zu hochprozentigen Drinks Südstaatengerichte wie feurige Hühnchenschenkel ($ 12,50) gereicht. Mo/Di 17–24 Uhr, Mi/Do bis 2 Uhr, Fr/Sa bis 4 Uhr, So 18–24 Uhr. 2082 Frederick Douglass Blvd. zw. 112th und 113th St., ☏ 212-662-2030, www-67orangestreet.com. Subway: 110 St./Cathedral Pkwy. Linien B, C.

Dinosaur BBQ 2 Es kommt langsam Leben unter Harlems Riverside Viadukt. Nach dem Fairways Supermarkt versorgt nun auch dieses Restaurant seine Kundschaft 24/7 mit riesigen Portionen vom Grill. Küche Mo–Do 11.30–23 Uhr, Fr/Sa bis 24 Uhr, So 12–22 Uhr. Livemusik Fr/Sa ab 22.30 Uhr. 69 St Clair Pl. zw. W 125th St. und Hudson River, ☏ 212-665-4929. Subway: 125 St. Linie 1.

Streetbird Rotisserie 14 In ungezwungener Fun-Atmosphäre bekommt man hier Hühnchen in allen Varianten. Spezialität dieses Restaurants im Retrostil ist das halbe Brathähnchen mit Kornbrot und verschiedenen Soßen. Mo 18–23 Uhr DJ Nacht. Mo–Fr 11.30-22 Uhr, Do–Sa 10–24 Uhr, So 10.30–22 Uhr All Day Brunch. 2149 Frederick Douglass Blvd. zw. 115th und 116th St., ☏ 212-206-2557, streetbirdnyc.com. Subway: 116 St. Linien B, C.

Seasoned Vegan 21 Vegane Gourmet-Südstaatenküche – wenn das nicht neugierig stimmt. Hier wird typischen Gerichten aus aller Welt (Burritos, Burger, Lasagne, Pizza) eine Prise Soul eingehaucht. Alles Bio, versteht sich von selbst, und unter $ 20. Di–Fr 17–22 Uhr, Sa 11–22 Uhr, So 11–21 Uhr; Brunch Sa/So 11–16 Uhr. 55 St Nicholas Ave. zw. 112th und 113th St., ☏ 212-222-0092, www.seasonedvegan.com. Subway: 116 St. Linien B, C.

Einkaufen

House of Hoops 7 Turnschuhe (Sneakers) sind für viele modebewusste Afroamerikaner ein Statussymbol und derzeit kommen sie vor allem abgefahren bunt daher. Hier gibt es u. a. die Marken Nike, Convers und Jordan. Mo–Sa 10–20 Uhr, So bis 19 Uhr. 268 W 125th St. zw. Frederick Douglass und Adam Clayton Powell Jr. Blvds., ☏ 212-316-1667, www.houseofhoops/footlocker.com. Subway: 125 St. Linien 2, 3.

Malcolm Shabazz Harlem Market 20 Die Aussteller verkaufen hier vor allem traditionelles Kunsthandwerk und Kleidung aus Afrika. Tägl. 10–20 Uhr. 52 W 116th St./Malcolm X Blvd., ☎ 212-987-8131. Subway: 116 St. Linien 2, 3.

The Demolition Depot 15 Wiederverwertbares aus Wohnungsauflösungen sucht auf vier Stockwerken Gefallen zu wecken. Für Leute, die gerne in altem „Kram" stöbern. Mo–Fr 10–18 Uhr, Sa ab 11 Uhr. 216 E 125th St. zw. 2nd und 3rd Ave., ☎ 212-860-1138, www.demolitiondepot.com. Subway: 125 St. Linien 4, 5, 6.

Bébénoir 13 Das Ehepaar Ibrahima und Fatima Doukoure aus Westafrika gründete diese New Yorker Designfirma 2004 mit dem Anspruch, alle Kleidungsstücke in Afrika nähen zu lassen, damit High Fashion zu erschwinglichen Preisen beiden Kulturen zugute käme. Nix für „graue Mäuse"! Mo–Sa 10–21 Uhr, So bis 19 Uhr. 2164 Frederick Douglass Blvd./117th St., ☎ 212-828-5775, www.bebenoir.com. Subway: 116 St. Linien B, C.

HotSexyFit 10 Jeans für Frauen mit Rundungen. Fr/Sa 12–17 Uhr, Di–Do nach Vereinbarung. 33 W 125th St. zw. 5th Ave. und Malcolm X Blvd., ☎ 212-369-1979, www.hotsexyfit.com. Subway: 125 St. Linien 2, 3.

Sonstiges

Graffiti Wall of Fame 22 Einige der besten Street-Artists der Stadt haben sich auf dem Schulhof der Jackie Robinson School verewigt, eine Freiluft-„Ausstellung" im ewigen Wandel. 1573 Madison Ave., Schulhof E 106th St./Park Ave. Zugang zum Spielplatz nur während der Ferien, Sa/So 10–17 Uhr.

Wer einen echten **Keith Haring** sehen will, komme die Second Avenue Ecke 128th Street, wo er „Crack is Wack" 1986 an eine Brandwand malte.

Im August findet die **Harlem Week** (www.harlemweek.com) mit Kunstausstellungen, Konzerten, Seminaren, Unterhaltung, Sport, Speisen und einer Autoshow statt. Die Harlem Week begann 1974 als Harlem Day, einer eintägigen Kulturveranstaltung. Inzwischen ist daraus ein vierwöchiges Fest geworden. Die Hauptveranstaltung ist das **Harlem Jazz & Music Festival** im August.

Das erstklassige Tanzensemble des **Dance Theatre of Harlem** 1 wurde von Arthur Mitchell und Karel Shook vor über 30 Jahren gegründet. Aufführungen vor Publikum. Everett Center of Performing Arts, 466 W 152nd St. zw. St Nicholas und Amsterdam Ave., ☎ 212-690-2800, www.dancetheatreofharlem.org. Subway: 155 St. Linie C.

Sozialer Brennpunkt und Lebenslust: Harlem steht für beides

Jenseits des East River
Tour 14

Der Spaziergang über die Brooklyn Bridge, eine der schönsten Hängebrücken der Welt, und der Blick nach Manhattan sind Höhepunkte eines jeden New-York-Besuchs. Brooklyn hat sowohl Historisches als auch nette Läden, gutes Essen, immer mehr Kunst und ethnische Vielfalt zu bieten.

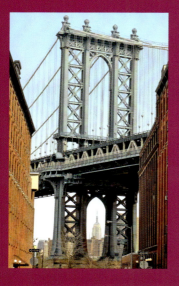

- **Brooklyn Bridge**, Königin der Brücken, S. 209
- **Brooklyn Museum**, einzigartige ägyptische Sammlung, S. 210
- **Brooklyn Botanic Garden**, Kräuterkunde und Bonsaikunst, S. 212
- **Coney Island**, verblasster Glanz alter Zeiten, S. 215
- **Bedford Avenue**, abhängen im aufstrebenden Szeneviertel, S. 217

Dicht besiedelt und multikulturell
Brooklyn

Brooklyn, 1648 von den Holländern als *Breuckelen* gegründet, liegt am südöstlichen Ende von Long Island und ist durch drei Brücken mit Manhattan verbunden. Bis 1898 war der Ort selbstständig. Wäre das heute noch so, läge das bevölkerungsreichste Borough von New York City mit 2,6 Mio. Einwohnern derzeit auf Platz vier der nationalen Rangliste.

Was die Wertigkeit der Boroughs von New York anbelangt, war Brooklyn bis Mitte des 20. Jh. die klare Nummer zwei hinter Manhattan: Man hatte Industriebetriebe (u. a. Zuckerraffinerien), einen blühenden Hafen und attraktive Wohngebiete mit eleganten Brownstones, in denen die gestressten Wirtschaftsbosse der Wall Street gerne ihren Feierabend verbrachten. Nach dem Zweiten Weltkrieg jedoch zogen die meisten Manufakturen und Fabriken ebenso weg wie das Bürgertum mit seiner Kaufkraft, Brooklyn verslumte. Die 1990er-Jahre sahen eine Wiederbelebung des Stadtteils als beliebtes Wohngebiet mit ambitionierten Bauvorhaben, attraktiven Einkaufsmöglichkeiten, kulturellen Institutionen und kreativen Bewohnern. So befindet sich mit dem Brooklyn Museum auch das zweitgrößte Museum New Yorks im Stadtteil und die Brooklyn Academy of Music zählt zu den wichtigsten Kulturveranstaltern der Stadt.

Zum absoluten „In"-Bezirk mit schönen Wohnmöglichkeiten in weiträumigen Lofts wandelte sich das ehemalige Lagerhausviertel unmittelbar hinter der Auffahrt zur Brooklyn Bridge. Sein Name ist **Dumbo** – *Down Under the Manhattan Bridge Overpass*. Ebenso trendy geriert sich **Williamsburg**, das über ein jüdisches Viertel verfügt und seit den 1980er- und 90er-Jahren viele Yuppies und Künstler angezogen hat. In diesen beiden Bezirken – die Sie auf der

Fahrradtour erkunden können – sowie in **Greenpoint** gibt es eine hohe Konzentration an Galerien (freewilliamsburg.com). **Parks Slope** ist ein Altbauviertel, das von der gutbürgerlichen Kulturintelligenzia und vielen Familien bewohnt wird, in **Bay Ridge** stehen die Villen der Millionäre, **Borough Park** ist überwiegend jüdisch-orthodox geprägt, **Bedford-Stuyvesant** ist die größte afroamerikanische Gemeinde New Yorks, **Bensonhurst** wird von Italienern bewohnt, **Brighton Beach** von Russen und in **Sunset Park** leben Südamerikaner und Chinesen dicht beieinander. Die 50 Blocks des traditionellen Wohnviertels **Brooklyn Heights**, das 1965 zum ersten *historic residential district* der Stadt erklärt wurde, sind bis heute eines der bevorzugten Wohngebiete außerhalb Manhattans. Auch das benachbarte **Fort Greene** mausert sich zu einer beliebten Adresse. Zum Borough gehört auch die ehemalige Vergnügungsinsel **Coney Island**.

Touristen landen inzwischen ebenfalls zunächst in Brooklyn, wenn sie mit einem Kreuzfahrtschiff eintreffen. Selbst die *Queen Mary II* legt planmäßig in Red Hooks im Brooklyn Cruise Terminal an, einem malerischen Hafenviertel, das gleichzeitig Künstlerenklave ist.

Sehenswertes in Brooklyn

Königin der Brücken
Brooklyn Bridge

Etwa 45 Min. benötigt man, um zu Fuß von Manhattan über die Brooklyn Bridge nach Brooklyn zu gelangen. Die Aussicht, die Sie von dort genießen, ist die Anstrengung sicher wert – und keine Sorge: Sie müssen nicht an der stark befahrenen Straße entlang, sondern gehen gemütlich ein Stockwerk höher auf dem Fußgängerweg. Auf der anderen Seite erwartet Sie der Brooklyn Bridge Park (→ Fahrradtour S. 220). Die Piere (1–6) verfügen über Sportanlagen, Spielplätze, Restaurants und Cafés sowie einen Picknick-Pier.

Die Brooklyn Bridge, für 20 Jahre die längste und höchste Hängebrücke der Welt, war ein architektonisches Wunder. Sie wurde vor 125 Jahren von dem Thüringer Brückenbauer Johann August Röbling entworfen, nachdem im Januar 1867 der East River für mehrere Wochen vollkommen zugefroren und die Fähren im Eis eingeschlossen waren, somit das Geschäftsleben zwischen Manhattan und Brooklyn völlig gelähmt war. Röbling konnte jedoch die feierliche Einweihung seiner Brücke 1883 nicht mehr erleben. Er hatte sich bei den Bauarbeiten am Fuß verletzt und starb an Wundstarrkrampf. Danach übernahm sein Sohn Washington die Bauleitung. Bei Arbeiten in einem der Senkkästen, die für die Errichtung der Pfeilerfundamente eingesetzt wurden, zog er sich aber die Taucherkrankheit zu und war für den Rest seines Lebens an den Rollstuhl gefesselt. Daraufhin wurde seine Frau Emily Chefingenieurin des Projekts und stellte die Brücke, stets mithilfe ihres Mannes, schließlich fertig. Bei der Einweihung am 24. Mai 1883, nach 14-jähriger Bauzeit, waren der amtierende amerikanische Präsident Chester Arthur und der Gouverneur von Cleveland anwesend, als Emily als erster Mensch über die Brücke fahren durfte. Eine Gedenkplakette am Turm der Manhattan zugewandten Seite erinnert an ihren unschätzbaren Beitrag. Eine Woche später kam es zu einem tragischen Unglück. Jemand rief wohl zum Spaß, die Brücke würde einstürzen, und eine Panik brach aus, bei der zwölf Menschen zu Tode getrampelt wurden. Beim Bau der Brücke waren bereits mehr als 20 der 600 Arbeiter ums Leben gekommen. Dennoch wurde sie als das achte Weltwunder gefeiert. Der Zirkus Barnum sandte zahlreiche Elefanten hinüber, um ihre Stabilität zu testen. Der Dramatiker Arthur Miller sah in ihr ein „Modell dafür, wie etwas nützliches zugleich wunderschön sein kann".

Die „Königin der Brücken" ist eine Hängebrücke mit erdverankerten Schrägseilen. Sie hat eine Spannweite von 486 m. Zwischen den beiden 83 m hohen Granittürmen der Brücke ist ein dichtes Netzwerk von mehr als 22.000 km vertikalen und horizontalen Drahtseilverstrebungen gespannt, die von vier tonnenschweren Tragkabeln gehalten werden. Diese wiederum laufen in 60.000 t schwere Verankerungen zu beiden Seiten des Flusses und können je 11.000 t Gewicht oder mehr aushalten. Die Fahrbahn von Verankerung bis Verankerung misst 1091 m. Die Kosten betrugen rund 15 Mio. Dollar, mehr als doppelt so viel wie geplant.

Einzigartige ägyptische Sammlung

Brooklyn Museum

Das 1897 eröffnete Museum in Prospect Heights ist berühmt für seine ägyptische Sammlung und die Abteilung für amerikanische Kunst bis zur Gegenwart. Die Dauerausstellung umfasst 1,5 Mio. Objekte, die auf 52.000 m² und fünf Etagen untergebracht sind. Das

Nützlich und zugleich wunderschön: die Brooklyn Bridge

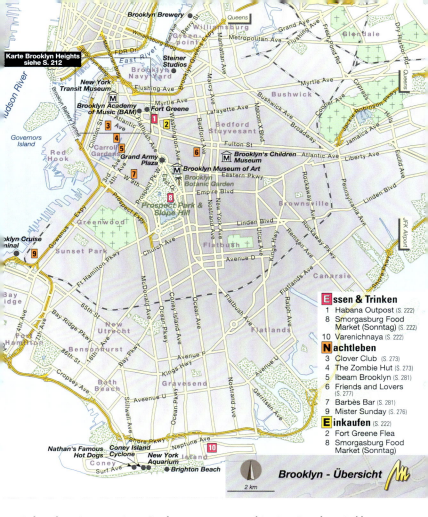

Erdgeschoss ist zum einen Sonderausstellungen vorbehalten, zum anderen präsentiert es indianische und afrikanische Kunst. Der erste Stock zeigt asiatische Kunst, u. a. chinesische und japanische Gemälde, aber auch Keramikarbeiten. Im zweiten Stock befindet sich die weltberühmte Sammlung ägyptischer Kunst. Sie ist seit 1916 Bestandteil des Museums. Die dritte Etage beherbergt die sog. *Period Rooms*, vollständig eingerichtete Räume im Stil verschiedener Epochen aus der Zeit von 1715 bis 1880. Daneben sind kunsthandwerkliche Gebrauchsgegenstände zu sehen. Im vierten Stock schließlich befinden sich die Sammlungen europäischer und amerikanischer Malerei, darunter viele Meisterwerke. Beeindruckend sind auch die 60 Rodin-Skulpturen in der *Rotunda Gallery*.

Mi–So 11–18 Uhr, Do bis 22 Uhr. Eintritt $ 16, erm. $ 10. Erster Sa im Monat (außer Sept.) bis 23 Uhr, 17–23 Uhr frei inklusive Unterhaltung. Kombi-Ticket mit Brooklyn Botanic Garden: $ 23, erm. $ 14. Handy- und iPod-Audioguides

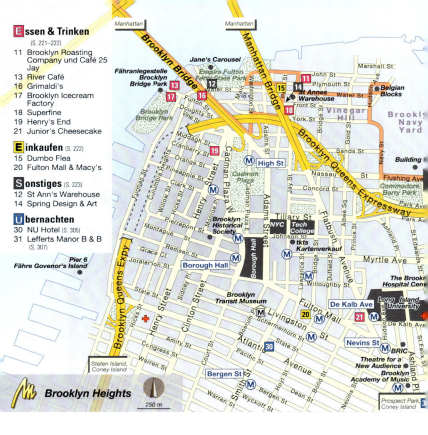

E ssen & Trinken (S. 221–222)
- 11 Brooklyn Roasting Company und Café 25 Jay
- 13 River Café
- 16 Grimaldi's
- 17 Brooklyn Icecream Factory
- 18 Superfine
- 19 Henry's End
- 21 Junior's Cheesecake

E inkaufen (S. 222)
- 15 Dumbo Flea
- 20 Fulton Mall & Macy's

S onstiges (S. 223)
- 12 St Ann's Warehouse
- 14 Spring Design & Art

Ü bernachten
- 30 NU Hotel (S. 305)
- 31 Lefferts Manor B & B (S. 307)

Brooklyn Heights

sowie kostenloses WLAN im ganzen Museum. 200 Eastern Parkway/Washirgton Ave., ☏ 718-638-5000, www.brooklynmuseum.org. Subway: Eastern Parkway/Brooklyn Museum Linien 2, 3.

Kräuterkunde und Bonsaikunst

Brooklyn Botanic Garden

Der botanische Garten grenzt an das Brooklyn Museum. Die nur 20 ha große Anlage wurde von den Olmsted-Brüdern 1910 geschaffen und erfreut u. a. mit einem elisabethanischen Kräutergarten (Shakespeare Garden), einer der größten Rosensammlungen Nordamerikas und der größten Bonsaizucht. Eine weitere Hauptattraktion ist der japanische Garten mit einem Teehaus und einem Shinto-Schrein. Die japanischen Kirschbäume sind im April und Mai eine Pracht. April ist auch ein guter Monat, um die etwa 80 Magnolien zu bestaunen. Auf dem Celebrity Path wird der Berühmtheiten Brooklyns gedacht.

Di–Fr 8–18 Uhr, Sa/So 10–18 Uhr, im Winter nur bis 16.30 Uhr. Eintritt $ 12, erm. $ 6, unter 12 J. frei. **Brooklyn Art and Garden Ticket** (Kombi-Ticket mit Museum) $ 23, erm. $ 14. 900 Washington Ave. zw. Eastern Parkway und Empire Blvd., ☏ 718-623-7200, www.bbg.org.

Gesammelte Militärdenkmäler

Grand Army Plaza

Die von den Central-Park-Architekten Olmsted und Vaux geschaffene **Grand Army Plaza** ist ein riesiger Platz mit mehreren Verkehrsinseln, auf denen sich verschiedene Denkmäler befinden (u. a. von JFK und zu Ehren von Bürgerkriegsgenerälen). Am beeindruckendsten ist der *Arch* (Triumphbogen), der direkt gegenüber dem Eingang zum Prospect Park steht, der sich im Süden an den Botanischen Garten anschließt. Der Triumphbogen ist Brooklyns Antwort auf den Arc de Triomphe in Paris und gedenkt der gefallenen Soldaten des Bürgerkriegs. Im siebengeschossigen Arch werden im Frühling und Herbst Ausstellungen zu Brooklyn gezeigt.

Brooklyns Goldküste

Prospect Park und Park Slope

Der **Prospect Park** wurde 1867 eröffnet und enthält klassische Gärten mit Statuen, naturbelassene Waldstücke, Schluchten *(The Ravine)* und den Long Meadow, eine Grasfläche von einer Meile Länge. Bemerkenswert sind auch der säulengeschmückte Croquet-Unterstand, Teiche und die Weiden des Vale of Cashmere. Am östlichen Rand des Lakes hat im Dezember 2013 das *Lakeside Le Frak Center* eröffnet, wo Besucher Eis- oder Rollschuhlaufen und an verschiedenen Kulturprogrammen teilnehmen können (www.lakesideprospectpark.com). An der Music Pagoda werden Jazz- und klassische Konzerte veranstaltet, im Prospect Park Zoo sind 400 Tiere zu Hause. An den Rändern des Parks entstand in den 1880er-Jahren der viktorianische Wohnbezirk **Park Slope**, der den Spitznamen „Brooklyns Gold Coast" trägt und heute wegen seiner Architektur und Geschichte denkmalgeschützt ist.

Tägl. 5–1 Uhr. Flatbush Ave./Ecke Eastern Parkway/Ecke Prospect Park Way, ☏ 718-287-3400, www.prospectpark.org. Sa 8–16 Uhr Greenmarket, einer der größten Märkte der Stadt am Grand Army Plaza.

Prospect Park Zoo: April bis Okt. tägl. 10–17 Uhr, Sa/So bis 17.30 Uhr. Eintritt $ 8, erm. $ 6, Kinder 3–12 J. $ 5. ☏ 718-399-7339, www.prospectparkzoo.com. Subway: Prospect Park Linien B, Q.

Der vielleicht interessanteste U-Bahnhof

New York Transit Museum

In Brooklyn Heights in einem stillgelegten U-Bahnhof befindet sich das Brooklyn Transit Museum. Die U-Bahn-Station wurde 1936 gebaut und ist ein passendes Umfeld, um 100 Jahre Transportgeschichte New Yorks zu präsentieren. Der Bau der U-Bahn wird in der Galerie *Steel, Stone, and Backbone* dargestellt, *Elevated City* zeigt die Geschichte der Hochbahn.

Di–Fr 10–16 Uhr, Sa/So 11–17 Uhr. Eintritt $ 7, erm. $ 5, Senioren Mi frei. Boerum Pl./Schermerhorn St., ☏ 718-694-1600, web.mta.info/mta/museum. Subway: Borough Hall Linien 2, 3, 4, 5 oder Court Street Linie R oder Hoyt-Schermerhorn St. Linien A, C, G.

Gute Adresse für innovative Kunst

Brooklyn Academy of Music (BAM)/Cultural District in Fort Greene

BAM, die älteste Kulturinstitution von Brooklyn, residiert in drei Hauptgebäuden: dem Peter Jay Sharp Building von 1906 in der 30 Lafayette Avenue, im BAM Harvey Theater, dem einstigen

Majestic Theater von 1904 in der 651 Fulton Street, und im BAM Fisher in 321 Ashland Place, wo u. a. das Brooklyn Philharmonic Orchestra seine Heimstatt hat. Dort ist auch das **Museum of Contemporary African Diasporan Arts (MoCADA)** zu finden, das zeitgenössischen Kunstformen Afrikas in verschiedenen Disziplinen ein künstlerisches Zuhause bietet.

Seit der Gründung des BAM 1861 hat es sich einen guten Namen vor allem für innovative Musik erworben. Das Kulturzentrum veranstaltet avantgardistische Konzerte, Theater- und Ballettaufführungen, Vorträge sowie Filmvorführungen. Einige Größen, die hier aufgetreten sind, waren die Schauspielerin Sarah Bernhardt, die Ballerina Anna Pavlova sowie Enrico Caruso, der hier sein Abschiedskonzert gab. Das *Next Wave Festival* im Herbst präsentiert zeitgenössische junge Talente aus Musik und Tanz. Im *BAM Harvey Theater*, einem ehemaligen Kino, werden heute Tanz-, Theater- und Musikveranstaltungen geboten. Das BAM beherbergt auch Kinos, u. a. die *Rose Cinemas* und die *BAM-Cinematek* für Klassiker. Für die nächsten Jahre bleibt das Viertel eine Baustelle, da es u. a. durch den Stararchitekten Rem Koolhaas zum „Cultural District" ausgebaut wird. Weitere Kultureinrichtungen, Geschäfte und Restaurants sind im Entstehen, eröffnet haben bereits das *Theatre for a New Audience @ Polonsky Shakespeare Center*, ein würfelartiger Neubau mit knapp 300 Plätzen um die Hauptbühne im Stil eines elisabethanischen Hoftheaters herum, wo klassische Dramen und natürlich Shakespeare aufgeführt werden, und das *BRIC Arts Mediahouse*, das in einem umgebauten Theater eine Galerie unterhält und die *Brooklyn Summer Concerts Serie* organisiert. Im zweiten Stock des Gebäudes ist *Urban Glass* (www.urbanglass.org) untergebracht, die größte Studiogalerie für zeitgenössische Glaskunst Amerikas.

BAM: 30 Lafayette Ave./Ecke Ashland Pl., Fort Greene, ℡ 718-636-4100, www.bam.org.

MoCADA: Mi, Fr/Sa 12–19 Uhr, Do bis 20 Uhr, So bis 18 Uhr. 80 Hanson Place, mocada.org.

Theatre for a New Audience: 262 Ashland Pl., www.tfana.org.

BRIC Arts Mediahouse und **Urban Glass**: 647 Fulton St., www.bricartsmedia.org und www.urbanglass.org. Subway: Atlantic Ave. Linien 2, 3, 4, 5, B, Q oder Lafayette Ave. Linie C oder Fulton St. Linie G oder Pacific St. Linien N, R, D.

Welterforschungsort für Kinder
Brooklyn Children's Museum

Bereits 1899, und damit als eines der ersten Kindermuseen überhaupt, eröffnete

---

New York im Kasten
Hollywood am East River

Neben den Kaufman Astoria Studios in Queens und den Silvercup Studios in Long Island City macht nun auch Brooklyn Hollywood Konkurrenz. Im Jahr 2004 eröffnete in den stillgelegten Navy Yards auf 26.000 m² für 120 Mio. Dollar ein Komplex mit zehn bestausgestatteten Soundstages (Studios): die *Steiner Studios*. Sie haben die Filmwirtschaft merklich angekurbelt und dafür gesorgt, dass die Kamerateams nicht nur ein paar Tage in den Straßen Manhattans drehen und dann in den Studios in Hollywoods verschwinden, sondern den Streifen ganz in New York fertigstellen. Die Stadt gibt einen Steuernachlass von 15 %, wenn drei Viertel des Filmes in New York entstanden sind. Als erste Produktion wurde in den Steiner Studios im November 2005 Mel Brooks' *The Producer* mit Uma Thurman gedreht, inzwischen sind Produktionen wie *Spiderman 3*, *American Gangster* oder *Sex and the City* hinzugekommen.

Sehenswertes in Brooklyn

Noch immer Spielplatz der New Yorker: Coney Island Luna Park

dieses Museum in Bedford-Stuyvesant. Es ist in einem unterirdischen Hightech-Gebäude von 1976 untergebracht und gilt als eines der innovativsten seiner Art. Ein Wirrwarr von Gängen verbindet die vier Stockwerke, vermittelt werden Technik, Ethnologie und Naturgeschichte. Ebenso sehenswert sind die verschiedenen Sammlungen von Puppen, Gesteinen u. v. m.

Di–So 10–17 Uhr, Do bis 18 Uhr. Eintritt $ 11, Kinder unter 12 J. frei. Do 14–18 Uhr frei. 145 Brooklyn Ave./St Marks Ave., ☏ 718-735-4400, www.brooklynkids.org. Subway: Kingston Ave. Linien 2, 3, 4.

Kleines Kuriositätenkabinett
City Reliquary

Dieses winzige Gemeindemuseum nimmt sich nicht besonders ernst. Der Besucher begegnet einem bunten Sammelsurium von Artefakten und Objekten, die persönliche Geschichten von New Yorkern preisgeben und dabei die Vergangenheit und Gegenwart der Stadt aus der Perspektive ihrer Einwohner beleuchten. Keine hohe Kunst, sondern man staunt z. B. über eine Reihe von Kinderfotos, aufgenommen von einem Friseur, der ihnen den ersten Haarschnitt ihres Lebens verpasste, oder eine Kuchenattrappe, die alles ist, was von einer Bäckerei übrig blieb, nachdem sie unter der Last der steigenden Mieten ihren Betrieb aufgab.

Do–So 12–18 Uhr. Eintritt $ 5, erm. $ 4, Kinder frei. 370 Metropolitan Ave./Havemeyer St., ☏ 718-782-4842, www.cityreliquary.org. Subway: Metropolitan Ave. Linie G.

Verblasster Glanz alter Zeiten
Coney Island

Dieser einst idyllische Küstenabschnitt am Atlantik, ganz im Süden von Brooklyn gelegen, wurde in den 1920er-Jahren zum größten Spielplatz der Welt und beliebtesten Ausflugsziel der New Yorker ausgebaut. Restaurants, Hotels und luxuriöse Badeanlagen entstanden, ebenso drei Pferderennbahnen und große Vergnügungsparks, die schließen mussten. Übrig geblieben ist der *Luna Park* mit modernsten Hightech-Fahrgeräten, die einen das Fürchten lehren können, und mit Klassikern wie der vorsintflutlichen und daher legendären Achterbahn *Cyclone* von 1927. An der

Promenade findet man auch das *New York Aquarium*, das sich gerade einen schneckenförmigen Neubau für seine Delfine, Seelöwen, Haie, Pinguine, Wale und viele andere Meeresbewohner bauen lässt. An die Vergnügungsmeile schließt sich Brighton Beach an, *Little Odessa* genannt, wo sich seit den 1970er-Jahren vor allem Juden aus Osteuropa angesiedelt haben. Hauptsprache ist hier Russisch, empfehlenswert sind dort vor allem einige Restaurants.

Luna Park: Kernzeit 12–18 Uhr, Öffnungszeiten saisonal. 4 Std. $ 35, Kind $ 20. lunaparknyc.com.

New York Aquarium: Juni bis Aug. tägl. 10–18 Uhr, sonst bis 16.30 Uhr. Eintritt $ 11,95, Kinder unter 2 J. frei. Boardwalk/8th St., ☏ 718-265-3474, nyaquarium.com. Subway: W 8 St. NY Aquarium Linien F, Q.

Fahrradtour durch Brooklyn

Da Brooklyn sehr weitläufig ist, bietet sich eine Fahrradtour an. Auf dieser Route durch Williamsburg und Dumbo werden Sie fantastische Panoramen von Manhattan genießen, ethnische Vielfalt in abwechslungsreichen Vierteln erleben, die vor allem von Latinos oder chassidischen Juden bewohnt werden, und aufstrebende Straßen mit kulturellem Anspruch erkunden. Am Samstag steht zwar wegen des Sabbats die Zeit in Williamsburg still, dafür können Sie den Smorgasburg Market besuchen (nur April bis Nov.). Am Sonntag ist in Dumbo unter der Manhattan Bridge Flohmarkt.

Über die Williamsburg Bridge zur Continental Army Plaza

Die Fahrradtour beginnt in der Lower East Side bei der Subway Delancey Street. Sie fahren über die Williamsburg Bridge von 1903, die erste Spannbrücke, die nach dem Bau der Brooklyn Bridge über den East River entstand. Der Fluss windet sich hier fast 90 Grad, sodass man weniger von Lower Manhattan sieht als von Brooklyn. Das markanteste und dritthöchste Gebäude des Stadtteils ist die Williamsburg Savings Bank, die Sie an ihrem Uhrenturm erkennen. Sie steht jedoch trotz ihres Namens bereits in Fort Greene und beherbergt auch längst keine Bank mehr, sondern Eigentumswohnungen. Das Ufer auf der Brooklyn-Seite der Brücke wird von der Domino-Zuckerfabrik bestimmt, die eine der größten der Welt war. Brooklyn war im 19. und 20. Jh. die Hauptstadt der Zuckerraffinerien Amerikas, Domino deckte 1870 etwa die Hälfte des Zuckerbedarfs des ganzen Landes. Derzeit entstehen auf dem Gelände fünf Wohnblöcke. Am Fuße der Brücke erwartet Sie ein grandioser Empfang an der Continental Army Plaza mit einer Reiterstatue von George Washington. Er führte die Kontinentalarmee im Winter 1776 im „Battle of Brooklyn" in ihre erste Schlacht gegen die britische Navy, daher die Ortswahl und der dicke Mantel. Die Statue von 1906 gibt dem Platz, der im Zusammenhang mit der Williamsburg Bridge 1903 eröffnet wurde, den Namen.

Die neo-klassizistische Kirche (heute eine ukrainische orthodoxe Kirche) war einmal das Büro einer Bank, der Williamsburg Trust Company. Williamsburg war ein Bauerndorf innerhalb der Siedlungsgrenze des holländischen Boswijck (Bushwick) und entwickelte sich dann zu einem gehobenen Wohngebiet, bevor der Stadtteil im 19. Jh. zu einem Zentrum für Brauereien und Manufakturen wurde. Nach der Eröffnung der Williamsburg Bridge Anfang des 20. Jh. entflohen viele Einwanderer den beengten Verhältnissen in Manhattan, auch der Zweite Weltkrieg schwemmte Tausende Flüchtlinge aus Osteuropa und Lateinamerika in den Stadtbezirk. Sein heutiges Gesicht verdankt Williamsburg aber gleichermaßen den Künstlern, die sich das East Village nicht mehr leisten konnten und denen wie so oft die Bohemiens der weißen Mittelklasse folgten.

Uferblick nach Mid-Manhattan

Hinter der Kirche biegen Sie links in die S 4th Street ein und folgen dem Fahrradweg bis an die Uferstraße, die Kent Avenue, in die Sie bei der Zuckerraffinerie rechts einbiegen. Auf der Strecke liegt ein hervorragendes gastronomisches Kleinod: **Pies 'N Thighs**. Der Abschnitt entlang der Kent Avenue ist eher industriell geprägt und war bis vor Kurzem eine Geisterstadt. Inzwischen sind hier einige ultra-schicke Apartments entstanden und die Immobilienmogule reißen sich um das Areal. Fahren Sie bis zur N 5th Street, wo Sie zur Anlegestelle der **East River Ferry** mit einem fantastischen Blick auf die Skyline von Mid-Manhattan gelangen. Für Freunde des Streetfood ist die kulinarische Wunderküche des **Smorgasburg Food Market** (immer samstags) ein Muss.

Durchs Szeneviertel Bedford Avenue

Die N 5th Street radeln Sie jetzt hoch bis zur **Bedford** Avenue, der längsten und hippsten Straße von Brooklyn und Williamsburg, wo sich zahlreiche Cafés, Restaurants und Galerien angesiedelt haben. Hier hängt man ab, hier promeniert man. Empfehlenswert sind das bodenständige *Two Doors* und gegenüber das französisch inspirierte und noch viel schönere *Juliette* mit Dachterrasse und Wintergarten.

Die Lebenswelt der chassidischen Juden

Von der Bedford Avenue geht es mit dem Einbahnsystem rechts ab in die N 7th Street bis zur Roebling Street, in die Sie rechts einbiegen. Die Roebling Street ist noch nicht ganz so angesagt und überfüllt wie viele andere Szenemeilen in Williamsburg, aber im Kommen. An der Kreuzung zur Metropolitan Avenue können Sie an der Südostseite im urigen **Roebling Tea Room** (Nr. 143, roeblingtearoom.com) eine Erfrischung einnehmen oder am Wochenende brunchen (Sa/So 10–17 Uhr). Ein kleines Stück weiter folgt auf der linken Straßenseite die **Front Room Gallery of Contemporary Art** (Nr. 147, www.frontroom.org; Fr–So 13–18 Uhr), die Sie an der buntom Streetart an den Außenwänden erkennen. Seit 1999 werden hier vor allem non-kommerzielle Fotografie, konzeptionelle Kunst und Video- sowie Audioinstallationen gezeigt. An der S 3rd Street fahren Sie links und folgen nun dem Fahrradweg bis zum Borinquen Place, wo Sie auf die Überführung der Williamsburg Bridge treffen. Sie

Enklave der chassidischen Juden: Williamsburg

fahren unter der Überführung hindurch und bleiben auf der S 3rd Street bis zur dritten Kreuzung, an der Sie rechts einbiegen.

Entlang der Hooper Street nähern wir uns jetzt der Wohngegend der **chassidischen Juden**. Der Begriff lässt sich plakativ mit „die Frommen" übersetzen und steht für die Anhänger verschiedener, voneinander unabhängiger orthodoxer Bewegungen im Judentum. Diese Orthodoxen und Ultraorthodoxen halten sich an die Regeln der Halache, der jüdischen Religionsgesetze. Man erkennt sie an der schwarzen Kleidung sowie ihren Pejes (Schläfenlocken) und ihrem Bart, die auf das biblische Verbot zurückzuführen sind, das Gesichtshaar mit scharfen Gegenständen zu zerstören. Da die Männer viel Zeit mit dem Studium der Thora verbringen und in der Regel nicht arbeiten (für den Erhalt der Familie sorgen die arbeitenden Ehefrauen, Sponsoren und die Gesellschaft), sind sie meist ziemlich blass. Orthodoxes Judentum ist noch immer eine patriarchalische Kultur, in der die Frau als Eigentum des Mannes angesehen wird. Verheiratete Frauen müssen ihr Haar aus Gründen der Keuschheit – entweder mit einer Perücke, wenigstens aber mit einem Hut – verbergen, da es zur Intimsphäre einer Ehe gehört. Aus religiösen Gründen lassen sich diese Bevölkerungsgruppen auch nur äußerst ungern fotografieren (Bilderverbot in der Bibel), was man respektieren sollte. Übrigens: In den USA leben mehr als 6 Mio. Juden, in Israel sind es etwa 5,5 Mio., in Deutschland rund 100.000.

Am Broadway angekommen, den Sie an der Hochbahn der Subway erkennen, geht es über die Kreuzung und gleich wieder links in die Harrison Avenue. Sie fahren an der Penn Street, einer Wohnstraße, rechts, überqueren die Lee Avenue, die Haupteinkaufsmeile der hier lebenden Juden, biegen links in die Wythe Avenue und verlassen Williamsburg schließlich rechts auf der Flushing Avenue.

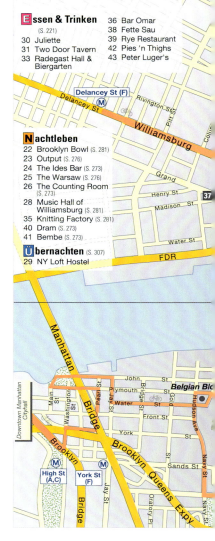

Essen & Trinken (S. 221)
30 Juliette
31 Two Door Tavern
33 Radegast Hall & Biergarten
36 Bar Omar
38 Fette Sau
39 Rye Restaurant
42 Pies 'n Thighs
43 Peter Luger's

Nachtleben
22 Brooklyn Bowl (S. 281)
23 Output (S. 276)
24 The Ides Bar (S. 273)
25 The Warsaw (S. 276)
26 The Counting Room (S. 273)
28 Music Hall of Williamsburg (S. 281)
35 Knitting Factory (S. 281)
40 Dram (S. 273)
41 Bembe (S. 273)

Übernachten (S. 307)
29 NY Loft Hostel

Entlang der Navy Docks zu den Belgian Blocks nach Dumbo

Die Flushing Avenue geht etwa 2 km immer geradeaus, an den **Steiner Studios** – den größten Filmproduktionsstudios außerhalb von Hollywood (→ Kasten, S. 214) – vorbei bis zur Navy Street in **Dumbo**. Die Anfänge dieses aufstre-

benden Viertels gehen zurück auf die 1880er-Jahre, als Robert Gair die Gegend wegen ihres Wasserzugangs für Lagerhäuser, Docks und Fabriken (Pappkartons von Robert Gair, Kaffee und Zucker der Arbuckle Brothers, Maschinen von E. W. Bliss und Stahlwolle von Brillo) entdeckte. Im 19. Jh. (da hieß Dumbo noch Olympia bzw. Gairville) war Dumbo viertgrößtes Zentrum für Manufakturen in den USA. Die meisten Fabriken und Lagerhäuser sind inzwischen umgebaut zu modernen Wohnungen, Künstlerstudios und Kulturstätten.

Die Hudson Avenue, in welche die Navy Street mündet, in die Sie zuvor rechts abgebogen sind, führt uns in den Bezirk **Vinegar Hill**, der heute aus sechs pittoresken Straßenzügen besteht und seinen Namen in Gedenken an die letzte Schlacht im Irisch-Englischen Konflikt erhielt. Fahren Sie bis zur Plymouth Street und einmal um einen der hübschen „Belgian Blocks" voller idyllischer Wohnhäuschen aus dem 19. Jh. Der Name „Belgian Blocks" geht übrigens zurück auf das aus „Belgian Block"-Steinen verlegte Großsteinpflaster der Straßen des Viertels. Die Häuschen dienten einst als bescheidene Unterkünfte für die Werftarbeiter des **Naval Shipyard**, an dem Sie gerade vorbeigefahren sind. Im 19. Jh. wurden hier Handelsschiffe gebaut, 1966 wurde die Werft aufgegeben und nun ist ein spannender Industriepark entstanden, in dem sich kreative Unternehmen angesiedelt haben, die ihren Schwerpunkt auf Nachhaltigkeit und erneuerbare Energien legen. In der Größe eines Fußballfeldes ist auf dem Dach eines ehemaligen Armeegebäudes auch eine urbane Biofarm (*Brooklyn Grange, www.brooklyngrangefarm.com*) eingerichtet worden, die man auf einer Führung besichtigen kann. (brooklynnavyyard.org, Führungen über turnstiletours.com/category/tour-pages/brooklyn-navy-yard-tours/).

Brooklyn Bridge Park

Die Water Street radeln Sie nun entlang bis zur Jay Street, wo sich nach dem Rechtsabbiegen ein kurzer Kaffeestopp an der *Brooklyn Roasting Company* anbietet. Sie gelangen kurz darauf entlang der John Street, in die Sie links einbiegen, zum **Brooklyn Bridge Park** (www.brooklynbridgepark.org). Die Grünanlage wurde 2004 angelegt und sukzessive wunderschön erweitert. Am Ufer geht es unter der Manhattan Bridge, einer Hängebrücke von 1909 des polnischen Ingenieurs Ralph Modjeski, hindurch bis zur Main Street. Sonntags findet unter der Brücke der **Dumbo Flea Market** statt. Kinder zieht es magisch in den Park zum 1922 gebauten historischen **Jane's Carousel**, das sich in Jean Nouvels neuem Pavillon befindet. Die ganze Familie kann sich an Pier 4 am Strand räkeln oder an Pier 6 auf den Volleyballfeldern Bewegung finden. Der Brooklyn Bridge Park bietet durch den Blick hinüber nach Manhattan auch erneut tolle Fotomotive. Von der Main Street radeln wir die Plymouth Street entlang noch einmal unter der Manhattan Bridge hindurch zurück ins Herzland von Dumbo und rechts in die Pearl Street zum Bummeln und Stöbern.

Brooklyn Bridge

Vom Pier 6 im Brooklyn Bridge Park können Sie mit der Fähre und Ihrem Fahrrad auf *Governor's Island* übersetzen (→ S. 50) oder Sie fahren über die Brooklyn Bridge zurück nach Manhattan. In diesem Falle kehren Sie zurück zur York Street, in die Sie rechts einbiegen und dann bis zur Washington Street weiterfahren. Folgen Sie nun den grünen Hinweisschildern zur Brooklyn Bridge (→ S. 209). Nachdem Sie die Treppen genommen haben, erwarten Sie traumhafte Blicke nach Downtown ins Finanzviertel und zur Statue of Liberty sowie auf der anderen Seite nach Midtown, zum Empire State und zum Chrysler Building. Die Fahrradtour endet in Downtown Manhattan an der City Hall (→ S. 44).

Praktische Infos → Karten S. 211, 212 und S. 218/219

Information/Führungen

Beste Webseite: **dumbo.is**.

Brooklyn Tourism and Visitor Center, Mo–Fr 10–18 Uhr. Historic Brooklyn Borough Hall, 209 Joralemon St. zw. Court und Adams St., ✆ 718-802-3820, www.visitbrooklyn.org und explore bk.com. Subway: Borough Hall Linien 2, 3, 4, 5.

Stadtführung durch das orthodoxe Judenviertel in Crown Heights mit einem Rabbi mit Besuch der Passover Matzah Bakery. So–Fr 10–13 Uhr (außer an jüdischen Feiertagen). Preis: $ 49,99, Studenten $ 48, Kinder $ 24,99 inkl.

Praktische Infos 221

eines koscheren Lunches. The Chassidic Discovery Welcome Center, ☏ 718-953-5244, jewishtours.com. 305 Kingston Ave. zw. Union St. und Eastern Pkwy. Subway: Nostrand Ave. Linie 3.

Essen und Trinken

River Café **13** Bietet eine unschlagbare Aussicht, exklusive Atmosphäre und eben solche Preise. Es gibt neben Fischgerichten auch Lobster aus Maine, Sie bekommen aber auch Steaks. Ausgezeichnet mit einem Michelin-Stern (zur Zeit der Recherche wochentags noch kein Lunch wegen der Sturmschäden durch Sandy). 17.30–23 Uhr, Sa–So 11.30–14.30 und 17.30–23 Uhr, Prix Fix Dinner ($ 125/Pers., sechs Gänge $ 155), Brunch ($ 55). Nach 17 Uhr Zugang nur mit Jacket. 1 Water St., ☏ 718-522-5200, therivercafe.com. Subway: Brooklyn High St. Linien A, C.

Grimaldi's **16** Einige der besten Pizzerien befinden sich in Brooklyn (u. a., weil in Manhattan aus Feuerschutzgründen keine Backsteinöfen mehr gebaut werden dürfen). Dazu zählt Grimaldi's. Pizzen $ 12–16, nur Barzahlung. Mo–Do 11.30–22.45 Uhr, Fr bis 23.45 Uhr, Sa 12–23.45 Uhr, So bis 22.45 Uhr. 1 Front St. zw. Dock und York Sts., ☏ 718-858-4300, www.grimaldis-pizza.com. Subway: York St. Linie F.

Brooklyn Icecream Factory **17** In einem Feuerwehrbootshaus aus den 1920er-Jahren wird leckeres Natureis inklusive der Toppings wie Sirup und „hot fudge" fabriziert. Süß!!! Kugel $ 4,50. Tägl. 12–22 Uhr. 1 Water St. zw. Old Fulton und Water St., ☏ 718-246-3963, www.brooklynicecreamfactory.com. Subway: Brooklyn High St. Linien A, C.

Pies 'n' Thighs **42** Klassische amerikanische Gerichte mit frischen Zutaten. Mo–Fr 9–16 und 17–24 Uhr. Rührei Spezial $ 10, Big Salad $ 12,50. 166 S 4th St./Driggs, ☏ 347-529-6090, www.piesandthighs.com. Subway: Marcy Ave. Linien J, M, Z.

Radegast Hall & Biergarten **33** Deutsche Gemütlichkeit mit täglicher Livemusik. Weißwürste und Hofbräu-Bier. Bar Mo–Do 12–2 Uhr, Fr 12–3 Uhr, Sa 11–4 Uhr, So 11–2 Uhr. 113 N 3rd St./Berry St., ☏ 718-963-3973, www.radegasthall.com. Bedford Ave. Linie L.

Juliette **30** Französisch-amerikanische Küche, Wintergarten und Dachterrasse, tolles Brunch ($ 16), Hauptgerichte $ 16–34. So–Do 10.30–23 Uhr, Fr/Sa bis 24 Uhr. 135 N 5th St. zw. Bedford und Berry Ave., ☏ 718-388-9222, www.juliettewilliamsburg.com. Subway: Bedford Ave. Linie L.

Two Door Tavern **31** Amerikanische Küche aus Burgern, Salaten, Sandwiches, Ribs usw. Brunch mit Cocktail $ 15,95. So–Fr 11–2 Uhr, Fr/Sa ab 10 Uhr. 116 N 5th St. zw. Bedford und Berry St., ☏ 718-599-0222, twodoortavern.com. Subway: Bedford Ave. Linie L.

Fette Sau **38** BBQ-Restaurant in einer ehemaligen Garage, Texas-style mit nur zwei Soßen, aber die schmecken. Abwechslungsreiches Angebot an verschiedensten Fleischsorten. Mo–Do 17–23 Uhr, Fr–So ab 12 Uhr. 354 Metropolitan Ave./Havemeyer St., ☏ 718-963-3404, www.fettesaubbq.com. Subway: Lorimer St. Linie L oder Metropolitan Ave. Linie G.

Bar Omar **36** Aus Paris landete die gefeierte französisch-algerische Küche jetzt in Brooklyn. In lockerem Bar-Ambiente erwarten Sie Couscous und Tagines. Di–Do 16–24 Uhr, Fr bis 1 Uhr, Sa/So 11–1 Uhr. 188 Grand St. zw. Driggs und Bedford Ave., ☏ 718-388-0411, chez-omar.com. Subway: Bedford Ave. Linie L.

Rye **39** Restaurant in einer ehemaligen Kleiderfabrik, die Einrichtung aus dem 19. Jh. wurde aus Pennsylvania eingeschifft. Besonders gut sind die Ribs ($ 18) und der Rosenkohl ($ 11). Mo–Do 17.30–23 Uhr, Fr/Sa bis 24 Uhr, So bis 22.30 Uhr. Brunch 11–16 Uhr. 24 S 1st St. zw. Roebling und Havemeyer Sts., ☏ 718-218.8047, www.ryerestaurant.com. Subway: Metropolitan Ave. Linie G.

Peter Luger's **43** Gilt als eines der besten Steakhäuser der Stadt. Trotz rustikaler Kargheit hohe Preise. Berühmt ist es für Deutsch sprechende Kellner reiferen Alters mit rüdem Umgangston. Steaks sind „dry-aged" und schmecken am besten mit den deutschen Bratkartoffeln und Rahmspinat. Steak for Two $ 99,50, nur Barzahlung (Geldautomat nebenan). Wechselnde Lunch Specials sind weit günstiger. Mo–Do 11.45–21.45 Uhr, Fr/Sa bis 22.45 Uhr, So 12.45–21.45 Uhr. 178 Broadway/Driggs Ave., ☏ 718-387-7400, peterluger.com/brooklyn/. Subway: Marcy Ave. Linien J, M, Z.

Brooklyn Roasting Company und Café 25 Jay **11** Das große Café hat industriellen Charme mit witzigen Sitzelementen (z. B. um einen Roulette-Tisch), Dutzende verschiedene Kaffeeröstungen. Das Café 25 Jay ist das Geschmackslaboratorium (Lab) der Roasting Company. Auch Pastries und Sandwiches. Tägl. 7–19 Uhr. ☏ 718-514-2874, www.brooklynroasting.com. 25 Jay St./John St. Subway: York St. Linie F.

Superfine 18 Mediterran angehauchte amerikanische Speisen (alles Bio) bietet das Restaurant auf zwei Etagen mit Bar, Kunst und Musik sowie einem Billardtisch. Pancake mit frischen Früchten $ 9, gegrillte Forelle $ 29. Di–Sa 11.30–15 und 18–23 Uhr, So 11–15 und 18–22 Uhr. 126 Front St. zw. Jay und Pearl St., ℡ 718-243-9005. Subway: York St. Linie F.

Henry's End 19 Seit 1973 sitzen Einheimische an den eng zusammenstehenden schwarzen Tischen, um sich hier zwischen Okt. und März vor allem Wildgerichte schmecken zu lassen (Strauß mit Soja-Dipp $ 16). Sonst saisonale amerikanische Küche und sehr gute amerikanische Weine. Mo–Do Prix Fix für $ 35. Mo–Do 17.30–22 Uhr, Fr/Sa bis 23 Uhr, So 17–22 Uhr. 44 Henry St., Brooklyn Heights, ℡ 718-834-1776, www.henrysend.com. Subway: Brooklyn High St. Linien A, C.

Junior's Cheesecake 21 Das Restaurant, das Gründer Harry Rosen für seine beiden Söhne Walter und Marvin „Junior's" nannte, besteht seit 1950 an selbiger Adresse und hat neben seinem Kassenschlager (der Käsetorte!) auch Pastrami- und Corned-Beef-Sandwiches sowie Steakburger auf der Speisekarte. Ein Muss für jeden New Yorker. So–Do 6.30–24 Uhr, Fr/Sa bis 1 Uhr. 386 Flatbush Ave. Ext./DeKalb Ave., ℡ 718-852-5257, www.juniorscheesecake.com. Subway: DeKalb Ave. Linien B, D, N, Q, R.

Habana Outpost 1 Mexikanische und kubanische Küche wird in New Yorks erstem solarbetriebenen Restaurant Habana Outpost serviert. Die Filiale des erfolgreichen Imbiss-Restaurants in NoLita hat sich als Treffpunkt der Gemeinde von Fort Greene, Künstlern wie Familien mit kleinen Kindern, etabliert. Auch hier ist der Andrang so groß, dass es nun direkt gegenüber das **Habana To Go Brooklyn** (tägl. 11–24 Uhr) gibt, wo man die frisch zubereiteten Speisen mitnehmen kann. Mo–Do 12–24 Uhr, Fr–So 11–24 Uhr. 757 Fulton St./South Portland St., ℡ 718-858-9500, www.cafehabana.com/brooklyn. Subway: Lafayette Ave. Linien A, C.

Varenichnaya 10 Das kleine georgische Café 5 Min. vom Strand ist familiengeführt, russische Küche mit asiatischem Einfluss und kleinen Preisen. Alles ist schlicht, aber frisch und gut. Borschtsch $ 5,95, fast alle Hauptgerichte unter $ 10. Nur bar. Tägl. 12–21 Uhr. 3086 Brigthon 2nd St. kurz vor Brighton Beach Ave., ℡ 718-332-9797. Subway: Brighton Beach Linien B, Q.

Einkaufen

Fulton Mall & Macy's 20 Mehr als 230 Geschäfte bilden die Fulton Mall, darunter renommierte Läden wie Macy's, Radio Shack, Toys „R" Us, Strawberry und Jimmy Jazz. Hier kaufen mehr Leute ein als auf der Madison Avenue in Manhattan. 4 MetroTech Center, erstreckt sich von Borough Hall Plaza bis Flatbush Ave., ℡ 718-488-8200, www.fultonstreet.org. Subway: Hoyt St. Linien 2,3.

Brooklyn Denim Co 29 Großartige Auswahl an Jeans verschiedener Marken und der eigenen Linie mit Änderungsschneiderei. Mo–Fr 11–20 Uhr, Sa 11–19 Uhr, So 12–18 Uhr. 85 N 3rd St./Wythe St., ℡ 718-782-2600, www.brooklyndenimco.com. 85 N 3rd St./Wythe Ave. Subway: Bedford Ave. Linie L.

Mast Brothers Chocolate 32 Besser erst nach der Anprobe können Sie sich in der selben Straße durch das Schokoladenangebot der Mast Brothers naschen, die in ihren Kellerräumen selber von Hand fertigen. Führungen tägl. 11–17 Uhr. 111 N 3rd St. zw. Wythe und Berry St., ℡ 718-388-2625, mastbrothers.com. Subway: Bedford Ave. Linie L.

Brooklyn Reclamation 34 Guter Antiquitätenladen. Tägl. 11–19 Uhr. 676 Driggs Ave./Ecke N 1st St., ℡ 718-218-8012, www.brooklynreclamation.com. Subway: Bedford Ave. Linie L.

Smorgasburg Food Market. Zwischen 75 und 100 Stände setzen hier gastronomische Trends, jedes Wochenende kommen bis zu 10.000 Neugierige und Gourmets, das „Woodstock of Eating". Sa 11–18 Uhr in Williamsburg East River State Park 27, Kent Ave./N. 7th St., Subway: Bedford Ave. Linie L; So 11–18 Uhr im Prospect Park 8, Breeze Hill/Lincoln Rd., Subway: Prospect Park, Linien B, Q, S; außerdem Seaport Smorgasburg 11 Fulton St. (→ S. 51) und **Berg'n**, eine Bierhalle mit Essständen in Crown Heights, 899 Bergen St. zw. Classon und Franklin St., Di–Fr 9 Uhr bis spät, Sa/So ab 10 Uhr, Mo geschl. (bergn.com).

Dumbo Flea 15 Unter der Manhattan Bridge am Archway Plaza stehen jeden So von 10–17 Uhr 75 Stände und etwa 30 Essstände für Neugierige zum Verkauf und Verkosten bereit. Subway: Brooklyn High St. Linien A, C oder York St. Linie F oder Clark St. Linien 2, 3.

Fort Greene Flea 2 Am Sa von 10 bis 17 Uhr werden von April bis Nov. an 150 Ständen antike und weniger antike Waren feilgeboten. Bishop Loughlin Memorial High School, 176 Lafayette Ave. zw. Clermont und Vanderbilt

Praktische Infos 223

Der Countdown läuft: 70 Hotdogs in 10 Minuten war der Rekord 2016

Ave., www.brooklynflea.com. Subway: Clinton-Washington Ave. Linie G oder Lafayette Ave. Linie C.

Sonstiges

Frank's Bike Shop 37 Lower East Side, 553 Grand St., zw. Henry und Jackson St. Mo–Di, Do–Sa 9–19 Uhr, So 10–18 Uhr, Mi geschl. $ 30/Tag, plus $ 10 über Nacht, $ 50 für zwei Tage. Foto-ID mitbringen. 212-533-6332, www.franksbikes.com. Subway: Essex St. Linien J, M, Z.

Spring Design & Art 14 Galerie mit vier Shows im Jahr und Verkauf von Designerstücken. Neben Shows auch Partys und hausgemachter Lunch. 126 Front St. zw. Adams und Jay St., 718-222-1054, www.spring3d.net. Subway: Brooklyn High St. Linien A, C oder York St. Linie F oder Clark St. Linien 2, 3.

St Ann's Warehouse 12 Das Theater brilliert seit 35 Jahren mit gewagten Produktionen, es hat eine langjährige Kooperation mit Laurie Anderson und Lou Reed aufzuweisen. Auch David Bowie trat hier schon auf. Neue Räumlichkeiten in einem alten Tabaklager am Brooklyn Bridge Park werden nun auch als Kulturzentrum und Begegnungsstätte genutzt. 45 Water St. zw. New und Old Dock St., 718-254-8779, stannswarehouse.org. Subway: York St. Linie F.

Celebrate Brooklyn! Kunstfestival von Juni bis Aug. im Prospect Park an der Bandshell, einer riesigen Open-Air-Bühne. Musik-, Tanz-, und Theaterveranstaltungen, Filmvorführungen und Partys. Im Mai drei kostenlose Tanzpartys zu Livemusik im Brooklyn Bridge Park. Informationen: Brooklyn Information and Culture (BRIC), 718-855-7882, www.bricartsmedia.org.

West Indian American Day Parade am Labor-Day-Wochenende (erster Mo im Sept.). Umzüge mit Reggae- und Soca-Sounds, Kostümen und karibischen Leckerbissen. 4 Mio. Besucher strömen entlang des Eastern Parkway von der Utica Ave. bis zur Grand Army Plaza. Informationen: 718-467-1797, wiadcarnival.org.

Kostenlose **Seaside-Sommerkonzerte** im Juli und Aug., Do um 19.30 Uhr. W 21st St. nahe Surf Ave. in Coney Island. www.brooklynconcerts.com.

Jane's Carousel. Brooklyn Bridge Park, im Sommer tägl. geöffnet (außer Di) 11–19 Uhr, im Winter Do–So 11–18 Uhr. Eine Runde $ 2, zwölf Fahrten $ 20 (Kinder unter 3 J. frei). janescarousel.com. Subway: York St. Linie F.

Viertel mit Imageproblem
Tour 15

Die Bronx, der nördlichste Stadtbezirk New Yorks, lehrte Besucher einst das Fürchten. In den 1970er-Jahren wurde die Bronx zum Sinnbild für Verfall. Auch heute noch sind Teile strukturschwach und nicht für den nächtlichen Streifzug zu empfehlen. Allerdings lockt die Bronx inzwischen Kunsteliten an und ganz langsam entsteht ein neues Image.

- **Bronx Zoo**, auf Safari in der Bronx, S. 226
- **Hall of Fame for Great Americans**, berühmte Köpfe, S. 227
- **Arthur Avenue**, Hauptschlagader mit italienischem Flair, S. 228

Baseballspiele und Bandenkriege
Bronx

Benannt wurde die Bronx, das einzige Borough von New York, das durch den Harlem River von Manhattan getrennt auf dem Festland liegt, nach einem schwedischen Kapitän namens Jonas Bronck, der sich als Erster hier niederließ. Trotz der blutigen Konflikte mit den Indianern folgten ihm andere Siedler und es entstanden verschiedene Dörfer, in denen sich wohlhabende New Yorker ihre Landsitze bauten.

Nach dem Anschluss an New York 1898 wurden viele der großen Grünflächen der Bronx in Parks umgewandelt, der größte davon ist der Bronx Park, in dem zu dieser Zeit auch der Zoo und der Botanische Garten entstanden.

Die erste Subway-Linie erreichte den Stadtteil 1904, weitere folgten. Damals wurden schöne Backsteinhäuser gebaut, breite Alleen angelegt, u. a. der Grand Concourse mit wunderschönen Art-déco-Häusern. In dieser damals bevorzugten Wohngegend wurde 1923 das Yankee Stadium gebaut, auf dessen Nachfolger die Loreley hinabblickt (Heinrich-Heine-Denkmal). Die Einwohnerzahl kletterte auf 1,4 Millionen.

Von der anschließenden Wirtschaftskrise der 1930er-Jahre hat sich die Bronx lange nicht erholt, musste sie doch viele der Menschen aufnehmen, die aus den Slums Manhattans ausgesiedelt wurden. Billige Wohnblocks wurden errichtet, die jedoch durch Überbelegung schnell jeden Charme vermissen ließen, nicht renoviert wurden, keine Einnahmen brachten und häufig einfach niedergebrannt wurden, um sich des Problems zu entledigen und die Versicherungssummen zu kassieren. Wer in der South Bronx blieb, fristete ein kümmerliches Dasein zwischen Armut, Verfall, Drogen und Arbeitslosigkeit. Die Lage verschlechterte sich noch, als ein Highway mitten durch die Bronx gebaut wurde. 60.000

Häuser wurden abgerissen, mehr als 170.000 Leute wurden umgesiedelt oder obdachlos. Gleichzeitig kürzte die US-Regierung das Sozialbudget. Die Bronx kam aus den Schlagzeilen als das Quartier mit der höchsten Kriminalitätsrate nicht mehr heraus.

Heute hat sich die Lage entschärft, doch ist die South Bronx noch immer sehr arm und weit davon entfernt, ein attraktives Wohngebiet zu sein. Rund 35 % der Einwohner sind Afroamerikaner, fast 50 % Latinos, die meisten aus Puerto Rico und der Dominikanischen Republik. Eine ganze Reihe von Bewohnern der Bronx zählten auch zu den Opfern von 9/11. Sie jonglierten keine Millionen, sondern putzten im World Trade Center die Büros.

Die touristischen Attraktionen der Bronx befinden sich im Zentrum bzw. im Norden des Bezirks, wo Sie den **Bronx Zoo** und den **New York Botanical Garden** finden. Auf dem riesigen **Woodlawn Cemetery** liegen berühmte New Yorker begraben, u. a. der Jazzmusiker Duke Ellington oder der Kaufhaustycoon F. W. Woolworth. Im Südteil, am Harlem River, liegt das **Yankee Stadium** (Baseball). Meiden Sie *Hunts Point*, ein Industrie- und Rotlichtviertel mit hoher Drogenkriminalität, von dem aus der Lebensmittelvertrieb auf den Rest New Yorks erfolgt. Hier findet sich u. a. der Fulton Fish Market. Am spannendsten ist es im hiesigen **Little Italy** in der **Arthur Avenue**. Die Prachtmeile der Bronx ist der *Grand Concourse*.

Um die Bronx zu besichtigen, sollte man sich einer Führung anschließen (z. B. Insightseeing, → S. 314). Jeden ersten Mittwoch im Monat (außer im Januar und September) verkehrt auch ein Kunstshuttle (Bronx Culture Trolley, www.bronxtrolley.com). Wollen Sie sich allein auf den Weg machen, können Sie die **Metro North Harlem Line** vom Grand Central Terminal nutzen oder die Subway-Linien B, D, 2, 4, 5 oder 6.

Sehenswertes

Heimat des legendären Baseballteams

Yankee Stadium

In dem im September 2008 abgerissenen Stadion von 1923 feierte einst Deutschlands Box-Legende Max Schmeling seine größten Triumphe, auch Papst Benedikt XIV. hielt in der alten Arena seine Heiligen Messen. Nur einen Steinwurf entfernt steht nun das neue Stadion des New York Yankee Baseball-Teams, das mit 1,5 Mrd. Dollar Baukosten zur teuersten Sportstätte der Welt wurde und ungeniert dem Kolosseum nacheifert. Es fasst 53.000 Zuschauer, die Fassade wurde dem alten Yankee Stadium nachempfunden und mit Granit verblendet, auch das Metallfries unter dem Dach wurde wiederverwendet. Der Innenraum ist voller Fotos aus der Geschichte der Yankees, auf dem Dach der Garagen entstanden Sportfelder, Teile des umliegenden Parks wurden zu einer Promenade mit polierten Betonplatten und Granit ausgebaut. Die Railstation „Yankee Stadium" der Metro North Railroad bringt Sie direkt vor die Tür. Im umliegenden Wohngebiet kann man gut spanisch essen, wenn man nicht ins Hard Rock Café oder die anderen Restaurationen im Stadion will.

One East 161st St./River Ave., ✆ 718-293-4300, newyork.yankees.mlb.com. Stadiontouren alle 20 Min. von 12 bis 13.40 Uhr vom Gate 6, $ 20 online 10 Tage im Voraus oder $ 25 vor Ort. ✆ 212-YANKEES. Subway: 4 (East Side), B, D (West Side) bis 161st St./Yankee Stadium (ca. 30 Min. von Midtown).

Auf Safari in der Bronx

Bronx Zoo

Im Norden der Bronx liegen die beiden Hauptattraktionen der Bronx, der Bronx Zoo und der New York Botanical Garden. Der Bronx Zoo, der eigentlich *International Wildlife Conservation Park* heißt, ist der größte der fünf Zoos in New York und der größte Stadtzoo Amerikas. Er wurde bereits 1899 im Bronx Park eröffnet. Über 4000 Tiere leben hier in artgerechter Haltung in landschaftlich schön angelegten Freigehegen. Zu sehen gibt es u. a. afrikanische Gorillas im *Congo Gorilla Forest*, Schneeleoparden im *Himalaya Highlands Habitat*, asiatischen Regenwald in der sog. *Jungle World* oder nachtaktive Tiere in der *World of Darkness*. Im Zoo verkehren ein Zoo-Shuttle, die Kabinenbahn Skyfari, die nicht nur einen eindrucksvollen Blick auf den Zoo, sondern auch auf New York bietet, und durch den asiatischen Kontinent führt der Bengali Express.

April bis Okt. tägl. 10–17 Uhr, in den Wintermonaten tägl. 10–16.30 Uhr. Eintritt $ 19,95, erm. $ 17,95, Kinder $ 12,95, bestimmte Bereiche und Fahrten kosten extra (z. B. Kamelritt), alle Bereiche (total experience) $ 33,95, erm. $ 28,95, Kinder $ 23,95. Mi pay-as-you-wish, total experience $ 14,95. 2300 Southern Blvd./

183rd St. oder Riverentrance am Fluss Gate B, ✆ 718-220-5100, www.bronxzoo.com. Subway: Pelham Parkway Linie 2.

Museum für lebende Pflanzen

New York Botanical Garden

Bereits 1891 nach englischem Vorbild errichtet, ist er mit seinen rund 100 ha sowohl einer der ältesten, als auch größten Botanischen Gärten der Welt. Er schließt im Norden an den Bronx Zoo an. Einen großen Teil bedeckt noch immer der Hemlock Forest, einst ein riesiges Waldgebiet auf der Halbinsel Manhattan. In 10 verschieden thematisierten Gartenanlagen wurde hier ein Museum der Pflanzenwelt kreiert. Hauptattraktionen sind der Rose Garden, der Everett Children's Adventure

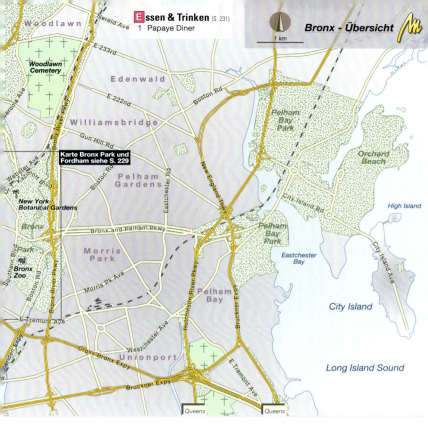

Garden oder auch die Lorillard Snuff Mill direkt am Bronx River gelegen, die einst eine Tabakmühle war und heute ein Restaurant beherbergt. Sehenswert ist auch das Enid A. Haupt Conservatory, ein Gewächshaus, das nach dem Vorbild des Palm House in Kew Gardens, London, errichtet wurde. Eine Bahn erleichtert den Besuchern den Rundgang. Garden Café und Pine Tree Café (geöffnet wie Botanischer Garten).

Di–So 10–18 Uhr, Jan. bis Febr. bis 17 Uhr. Eintritt $ 13, erm. $ 6, Kinder $ 3. All Garden Pass: $ 25, erm. $ 22, Kinder $ 10. Mi ganztags und Sa 10–11 Uhr frei. 200th St./Kazimiroff Blvd., ✆ 718-817-8700, www.nybg.org. Metro North Harlem bis Botanical Garden (20 Min. von Grand Central Station) oder Bedford Park Blvd. Linien 4, B, C, von dort 20 Min. zu Fuß oder mit dem Bus BX26.

Berühmte Köpfe

Hall of Fame for Great Americans

Diese Ruhmeshalle wurde auf dem Gelände eines Ablegers der New York University (heute Bronx Community College) errichtet. Entworfen wurde dieser Säulengang von Stanford White. Er beherbergt seit 1900 98 Bronzebüsten berühmter Amerikaner und wurde oft als Drehort genutzt, u. a. für den Kriminalfilm *Die Thomas Crown Affäre*.

Campus Bronx Community College, University Ave./Ecke West 181st St., ✆ 718-289-5161, www.bcc.cuny.edu/HallofFame/. Mo–Fr 9–17 Uhr, Sa/So 10–16 Uhr. Spende von $ 2 erbeten. Subway: Burnside Ave. Linie 4.

Hauptschlagader mit italienischem Flair
Arthur Avenue

Ebenfalls im Stadtteil Fordham liegt das *Little Italy* der Bronx, welches viele für authentischer halten als sein Pendant in Manhattan. Es ist voller italienischer Restaurants, Lebensmittelläden und Märkte.

Gedenkstätte für den Schriftsteller
Edgar Allan Poe Cottage

In diesem hölzernen Bauernhaus, erbaut 1812 in dem damaligen Dorf Fordham, verbrachte der Dichter Edgar Allan Poe seine letzten Lebensjahre von 1846–49. Die Zimmer zeigen die Originaleinrichtung, eine Filmpräsentation und Führung geben Einblick in Leben und Werk des Dichters.

Do/Fr 10–15 Uhr, Sa 10–16 Uhr, So 13–17 Uhr. Eintritt $ 5, erm. $ 3. 2640 Grand Concourse/ East Kingsbridge Rd., ☎ 718-881-8900, www.bronxhistoricalsociety.org/poe-cottage/. Subway: Mosholu Parkway Linie 4 oder Norwood 205 St. Linie D.

Letzte Ruhestätte vieler Berühmtheiten
Woodlawn Cemetery

New Yorks Friedhof (125 ha) mit den größten Mausoleen und Grabstätten entstand, als 1900 niemand mehr in Manhattan bestattet werden durfte. Fragen Sie am Eingang unbedingt nach einer Karte. Woolworth lässt sich von zwei Löwen bewachen. Die Liste der hier ruhenden Musiker ist ein Who's who des Jazz: Duke Ellington, Miles Davis, Cootie Williams und viele mehr. Auch der Schriftsteller Herman Melville fand hier seine letzte Ruhe.

Tägl. 8.30–16.30 Uhr. Audioguide als mobiler App-Download unter der Webseite. Webster Ave./East 233rd St., ☎ 718-920-1469, www.thewoodlawncemetery.org. Woodlawn Station mit der Metro North Railroad oder Linie 4.

Kulturzentrum in illustrem Ambiente
Wave Hill

Diese Villa von 1843 liegt in dem exklusiven Stadtteil Riverdale im Nordwesten der Bronx. Das Haus und der Garten können besichtigt werden, sehenswert

Heimat des legendären Baseballteams: das Yankee Stadium

Hat sich der Rettung bedrohter Arten verschrieben: der Bronx Zoo, einer der größten Zoos der Welt

ist vor allem der wunderschöne Park mit Gewächshäusern, Skulpturen (Henry Moore) und einem herrlichen Blick auf den Hudson River. Hier wohnten u. a. einst Teddy Roosevelt, Mark Twain und Arturo Toscanini. Auf dem Gelände finden Konzerte, Vorträge und Kunstausstellungen statt. Schönes Café mit Terrasse und Blick über den Hudson River.

Di-So 9-16.30 Uhr. Eintritt $ 8, erm. $ 4, Kinder $ 2. West 249th St./Independence Ave., ℘ 718-549-3200, www.wavehill.org. Kostenloser Shuttle-Van von Metro North Riverdale Station (9.50-15.50 stündl.) oder Van Cortlandt Park/242 St. bei Burger King für die Linie 1 (9.10-16.10 Uhr stündl.). **Café**: Di-So 10-16 Uhr. ℘ 718-549-3200, Durchwahl 395, www.wavehill.org/cafe/.

Praktische Infos

→ Karten S. 226/227 und S. 229

Information/Führungen

Information über die Webseite des **Bronx Tourism Council**, www.ilovethebronx.com, und das kostenlose Magazin The Bronx Now!

Bronx Culture Trolley, am ersten Mi im Monat (außer Sept. und Jan.). Beginn ist im Longwood Art Gallery im Hostos Community College, 450 Grand Concourse/149th St., zu erreichen mit der Subway IRT 2, 4, 5. Der Bus fährt 17.30, 18.30 und 19.30 Uhr u. a. zum Bronx Museum of the Arts, der Haven Arts Gallery, dem Pregones Theater und zum Bronx River Art Center. Eintritte kostenlos! Informationen unter ℘ 718-931-9500, www.bronxarts.org.

Tour de Bronx, kostenlose Fahrradtour 25 oder 40 Meilen durch den Bezirk, es nehmen jedes Jahr Ende Okt. rund 6000 Radler teil. www.tourdebronx.org oder ℘ 718-590-BRONX.

Insightseeing → Stadtführungen, New York von A bis Z, S. 314.

Essen und Trinken

Die Bronx hat eine eigene „Restaurant Week" in den ersten beiden Novemberwochen, an der 35 Restaurants teilnehmen: „Savor the Bronx". Es gibt auch jeden Monat eine Trolley Tour zu den Brauereien und Destillerien des Boroughs, www.ilovethebronx.com.

Mario's 3 Eine Institution. Das Restaurant wird seit fünf Generationen von der Migliucci-Familie geführt, die Pizzen bis an die Westküste verschickt, auch für die Sopranos wurde hier schon gedreht. Lunchspecial $ 13,95. So, Di-Do 12-21 Uhr, Fr/Sa bis 22 Uhr. 2342 Arthur Ave./184th St., ℘ 718-584-1188, www.mariosrestarthurave.com. Subway: 182/183 St. Linien B, D.

Dominick's 4 Man sitzt an langen Tischen, es gibt keine Karte. Entweder macht der Kellner einen Vorschlag oder Sie fragen nach Ihrem italienischen Lieblingsgericht. Hauptgerichte $ 12-30, nur Barzahlung. Mo und Mi-Sa 12-21.30 Uhr, So 13-20.30 Uhr, Di geschl. 2335 Arthur Ave. nahe 184th St., ℘ 718-733-2807. Subway: 182/183 St. Linien B, D.

Papaye Diner 1 Westafrikanische Spezialitäten aus Ghana (z. B. fufu), auch marokkanische und karibische Speisen. Alles vom Buffet, etwa 20 Tagesgerichte zwischen $ 9 und 13, nur Barzahlung. Vorsicht vor der roten und schwarzen hot sauce. Mo-Mi und Fr/Sa 12-24 Uhr, Do und So 11-24 Uhr. ℘ 718-676-0771, papayeny.com. 2300 Grand Concourse/187th St.

University Heights. Subway: 182/183 St. Linien B, D.

Arthur Avenue Café/Trattoria 5 Café im europäischen Stil, gutes Pilzrisotto. Tägl. 11-22 Uhr. 2329 Arthur Ave., ℘ 718-562-0129, www.arthuravenue.com. Subway: 182/183 St. Linien B, D.

Trattoria Zero Otto Nove 2 Hier **muss** man Pizza bestellen, am besten La Ricardo! Di-Sa 12-14.30, Di-Do 16.30-22 Uhr, Fr/Sa 16.30-23, So 13-21 Uhr. 2357 Arthur Ave./E 186th St., ℘ 718-220-1027, www.089bx.roberto089.com. 182/183 St. Linien B, D.

Sonstiges

Bronx Week, seit 40 Jahren feiert der Stadtteil Anfang Mai dieses Kulturfestival mit einer Parade und einem umfangreichen Kultur- und Musikprogramm. www.ilovethebronx.com.

Die Welt in einem Viertel
Tour 16

Queens ist grün, gut angebunden, um einiges günstiger als Manhattan und beginnt sein Image einer reinen Schlafstadt abzuschütteln. Der Stadtteil Long Island City hat sich als mutiges Museumsviertel etabliert, Sportfans locken die Stadien in Flushing Meadows und Jazzfans können in Queens auf den Spuren von Louis Armstrong wandeln.

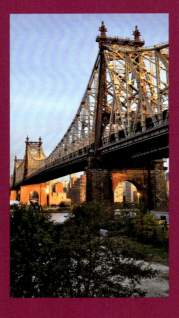

- **Louis Armstrong House**, das Haus des King of Queens, S. 237
- **P.S.1 Contemporary Art Center**, MoMAs wilde Schwester, S. 240
- **Museum of the Moving Image**, Film ab! S. 241

New Yorks größter Borough
Queens

Queens ist sowohl ein County des Bundesstaates New York als auch das größte der fünf Boroughs von New York City. Seine 2,3 Millionen Einwohner leben auf 35 % der Fläche von New York City. Der Stadtteil ist ethnisch bunt zusammengewürfelt: Weniger als die Hälfte der Einwohner ist weiß und auf den 313 km² werden mehr Sprachen gesprochen als irgendwo sonst auf der Welt.

Queens unterteilt sich in fünf Gebiete: Long Island City (mit Astoria), Flushing (ein weiteres Chinatown), Jamaica, Far Rockaway (wo Queens am über 10 km langen Rockaway Beach den Atlantik erreicht) und Floral Park. Fast jeder Besucher macht Bekanntschaft mit diesem Stadtteil von New York, da sich hier zwei der drei Flughäfen befinden (La Guardia und JFK). Inoffizielles Wahrzeichen des Stadtteils ist der gigantische Globus *Unisphere* im Flushing Meadows Corona Park.

> **Adressen in Queens** lassen sich wie folgt entschlüsseln: 21-76 31st St.: Die Adresse befindet sich in der 31st Street nahe Ecke 21st Street, die Hausnummer ist 76.

Die erste holländische Siedlung in Queens war Vlissing, das heutige Flushing. Bis Mitte des 17. Jh. hatten die Europäer die meisten Indianer aus dem Gebiet vertrieben, die bis dahin vor allem an den nördlichen Uferregionen lebten. Als die Engländer 1683 ihre Kolonie in einzelne Counties aufteilten, tauften sie dieses Queens – zu Ehren der Gattin König Karls II. Bis zum 19. Jh. blieb es recht ruhig um Queens, die Musik spielte in Manhattan und Brooklyn, dort rollte auch der Rubel.

Erst als die Anbindung nach Manhattan mit der Queensborough Bridge, der Long Island Railroad und schließlich dem Queens Midtown Tunnel verbessert wurde, boomte es auch hier.

In den 1920er-Jahren siedelte sich in Astoria in alten Fabriken und Hafenanlagen die Filmindustrie an (noch heute werden in den Kaufman Astoria Studios, Heimat der Sesamstraße, viele Fernsehserien gedreht), weshalb in Queens auch das futuristische und ganz fantastische **Museum of the Moving Image** zu finden ist (→ S. 241). Mitte der 1930er-Jahre wurde vor allem Jamaica zu einem beliebten Wohngebiet vieler Jazzmusiker wie Louis Armstrong (sein Haus ist heute ein Museum, →S. 237), Benny Goodman, Ella Fitzgerald und Billie Holliday. Nach dem Zweiten Weltkrieg baute man auf der ehemaligen Müllhalde der Stadt, Flushing Meadows, große Sportstadien, weshalb viele Baseball- und Tennisfans ihren Weg hierher finden.

Der Tourist kommt aus zwei Gründen nach Queens: wegen der Kultur und wegen der Gastronomie. Die Küchenchefs werkeln hier weniger für den amerikanischen/touristischen Gaumen, sondern authentisch für die eigenen Landsleute. Vor allem die untere Preislage wird sehr viel besser abgedeckt als in Manhattan. Als kulturelles Highlight gilt das **P.S.1 Institute for Contemporary Arts**. Eher ein Geheimtipp sind das **Isamu Noguchi Garden Museum** und das **Queens Museum of Art**, wo sich das größte Architekturmodell der Welt befindet: das Panorama of the City of New York. Queens ist viel zu weitläufig, um es zu erlaufen, und hat nur ausgewählte Attraktionen. Zu diesen nehmen Sie am besten die Subway. Die touristisch interessantesten Gegenden sind **Flushing** und **Long Island City/Astoria**.

Flushing

Flushing wuchs vor allem nach dem Anschluss von Queens an New York sehr schnell und wurde bereits in den 1950er-Jahren zum bevölkerungsreichsten Gebiet von Queens.

Als ideale Route zur Erkundung von Flushing hat sich die Subway-Linie 7 etabliert, die sich am Times Square auf ihre kleine Weltreise durch Queens begibt und gerne auch „International Express" genannt wird. Sie verläuft jenseits des East River überirdisch, sodass Sie vielleicht sogar ihr Starfoto von der Skyline von Manhattan schießen können.

Der Blick nach draußen lohnt sich allemal, es geht quasi einmal um die Welt: Um die 33rd Street lebt die irische Gemeinde, erkennbar an so manchem Irish Pub. Zwischen 52nd und 61st Street landen Sie in der lateinamerikanischen Zone. Die 74th Street liegt in Jackson Heights, wo viele Inder und Pakistanis wohnen. An der 90th Street wird es mexikanisch und karibisch, wogegen Sie bei der 103rd Avenue/Corona Plaza auf den Orient treffen. Um die 111th Street finden Sie die Italiener, und vorbei am Citi Field Stadium und durch den Flushing Meadows Corona

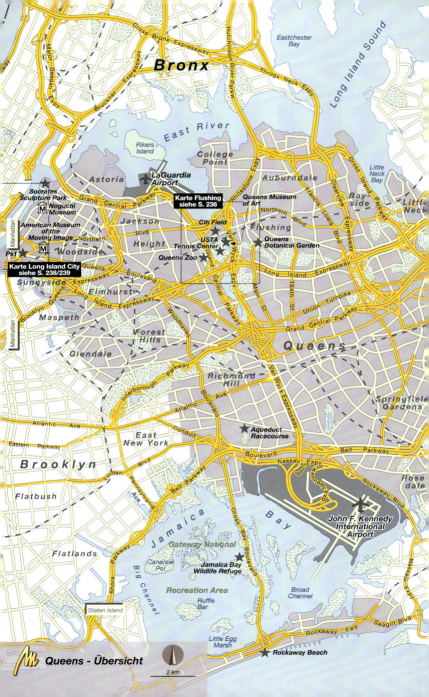

Park landen Sie an der Endstation Flushing/Main Street nach 35 Minuten in Asien, präziser Korea.

In Flushing Downtown pulsiert das Leben. Der Stadtteil bildet das kommerzielle Herz von Queens und ist gleichzeitig das wohlhabendste und zweitgrößte Chinatown New Yorks. Ursprünglich lebten hier hauptsächlich Italiener und Griechen, doch die Rezession in den 1970er-Jahren zwang viele, ihre Häuser billig zu verkaufen und Chinesen und Koreaner zogen ein. Selbstverständlich ist Flushing auch ein Mekka der asiatischen Küche. Und wenn Sie das chinesische Neujahr ohne Horden von Touristen erleben möchten, kommen Sie am besten hierher.

Sehenswertes

Unisphere und US Open

Flushing Meadows Corona Park

Dieser größte öffentliche Park in New York City (5 km²) entstand für die Weltausstellung 1939/40 und wurde auch für das Folgespektakel 1964/65 genutzt. Die ehemalige Müllhalde, auf der er entstand, kommt noch in F. Scott Fitzgeralds *The Great Gatsby* als „valley of ashes" (Tal der Asche) vor. Der weltgrößte Globus *Unisphere* wurde für die Weltausstellung 1964/65 geschaffen und soll das Motto der Ausstellung „Frieden durch Verständnis" symbolisieren.

Tennisfans ist das *USTA Tennis Center* im Park bekannt, wo die *US Open Championships* stattfinden. Wer sich selbst sportlich betätigen will, kann auf den beiden Seen im Park, Meadow und Willow, Ruderboote mieten.

Von weitem sichtbar sind auch die futuristischen Türme des inzwischen stark verfallenen *New York State Pavilion*, ein leer stehendes Überbleibsel des Ausstellungspavillons für den Bundesstaat New York zur Weltausstellung 1964/65.

Am Nordende des Parks steht das *Citi Field Stadium*. Dieser Nachfolger des *Shea Stadium*, dessen Sitze im Internet für 869 Dollar pro Paar an Fans verkauft wurden, ist das neue Heimstadion der Mets. Es fasst rund 45.000 Zuschauer, die Fassade aus Backstein, Granit und Beton ist dem ersten Met Stadion *Ebbets Field* von 1913 nachempfunden, wo auch die Baseball-Legende Jackie Robinson die größten Triumphe feierte. Nach ihm ist die Rotunde des Stadions benannt.

Der Park ist auch das Zuhause der *New York Hall of Science*, eines interaktiven Wissenschafts- und Technikmuseums. In der Abteilung „Mathematica: A World of Numbers and Beyond" kann man u. a. eine übergroße Möbiusschleife sehen, an der ein roter Pfeil endlos entlang gleitet – und eine Multiplikationsmaschine aus Glühbirnen, die aufleuchten, wenn man eine Aufgabe löst.

Das Wahrzeichen von Queens: The Unisphere im Corona Park

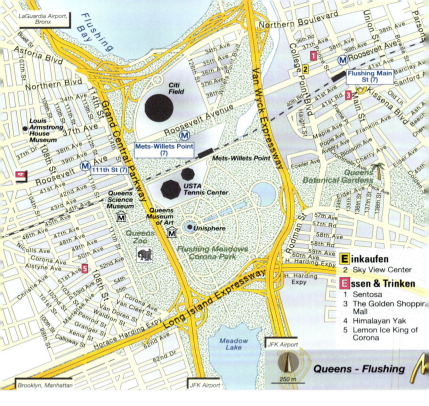

Das *Queens Museum of Art* befindet sich in dem New York City Building, das den amerikanischen Pavillon zur Weltausstellung 1939/40 beherbergte. Es wurde gerade auf 9300 m² erweitert. Anstelle der alten Eislaufbahn, die neuen Galerien Platz machte, wurde im Nordostteil des Parks ein Sportzentrum errichtet. Das Museum zeigt spannende Wechselausstellungen, zu den permanenten Exponaten zählen u. a. die *Neustadt Collection of Tiffany Art* und das *Panorama of New York City*. Dieses weltgrößte Architekturmodell wurde von Robert Moses entworfen, von 100 Modellbauern geschaffen und umfasst 895.000 Gebäude.

Auch der *Queens Botanical Garden* ist Teil des Flushing Meadow Corona Park. Er ist ebenfalls ein Überbleibsel der Weltausstellung von 1939/40 und ziemlich unspektakulär. Die Wiese ist aber ein idealer Picknickplatz, auf den Wegen darf man Fahrrad fahren.

Citi Field (ehem. William A. Shea Municipal Stadium): → S. 235 und S. 314.

New York Hall of Science: Mo–Fr 9.30–17 Uhr, Sa/So 10–18 Uhr. Eintritt $ 15, erm. $ 12, mit Minigolf und Science Playground $ 5 extra. 47-01 111th St., ✆ 718-699-0005, www.nysci.org. Subway: 111 St. Linie 7.

Queens Museum of Art: Mi–So 11–17 Uhr. Eintritt $ 8, erm. $ 4. Kostenlose Führung So 14 Uhr, Panorama-Tour um 16 Uhr. New York City Building, ✆ 718-592-9700, www.queensmuseum.org. Subway: Mets-Willets Point Linie 7.

Queens Botanical Garden: Di–Fr 8–18 Uhr, im Winter Di–So 8–16.30 Uhr (Eintritt frei). Eintritt $ 4, erm. $ 3, Kinder $ 2. 43–50 Main St., ✆ 718-886-3800, www.queensbotanical.org. Subway: s. o.

Das Haus des King of Queens
Louis Armstrong House

Wer einen Einblick in den Alltag dieser Ikone erhaschen möchte, ist in diesem schlichten, roten Backsteinhaus richtig. Louis Armstrong wohnte hier mit seiner Frau Lucille bis zu seinem Tode, die Zimmer sind genauso erhalten, wie er sie verlassen hat, ein Designertraum in Beige und Silber zweier bemerkenswerter Liebender. Auf Tonbändern kann man Satchmo scherzen und plaudern hören oder seinem unverwechselbaren Trompetenspiel lauschen. Ein wunderbares kleines Juwel, das man beschwingt verlässt.

Di–Fr 10–17 Uhr, Sa/So ab 12 Uhr. Besichtigung nur mit Führung. Eintritt $ 10, erm. $ 7. 34-56 107th St., ℡ 718-478-8274, www.louisarmstronghouse.org. Subway: 103 St./Corona Plaza Linie 7. Nordausgang, dann in die 103 St., nach zwei Blocks rechts in die 37th Ave., nach vier Blocks links in die 107th St.

Unsterblich: Louis Armstrong

Praktische Infos → Karte S. 236

Essen und Trinken

Sentosa 1 Malaysische Küche in gemütlichem Ambiente – der Name steht für Frieden und Ruhe. Würziger Mix mit vielen Einflüssen wie die Vorspeise *roti canai* (frittierter Pancake mit Hühnchencurry $ 3,50). So–Do 11–23.30 Uhr, Fr/Sa bis 23.45 Uhr. Nur Barzahlung. 39-07 Prince St. nahe 39th Ave., ℡ 781-886-6331, www.sentosausa.com. Subway: Flushing/Main St. Linie 7.

The Golden Shopping Mall (Wong Jing Xian Chan) 3 An den Verkaufsständen im Food Court gibt es authentische asiatische Küche, meist ohne englische Übersetzung, aber sehr günstig. Wer kein Mandarin beherrscht, muss wagemutig sein! Die meisten Stände sind von 12 bis 20 oder 22 Uhr geöffnet. 41-28 Main St., nahe 41st Rd. Subway: s. o.

Himalayan Yak 4 Erstes tibetisches Restaurant in New York, Livebands Fr–So 21–1 Uhr. Eine empfehlenswerte Speise aus Tibet ist u. a. Sha Momo (mit Huhn oder Rind gefüllte Klöße). Hauptgerichte ab $ 7,95. Mo–Do 12–23 Uhr, Fr/Sa bis 2 Uhr. 72-20 Roosevelt Ave. nahe 72nd St., ℡ 718-779-1119. Subway: 90 St./Elmshurst Ave. Linie 7.

Lemon Ice King of Corona 5 Sommerklassiker für unprätentiöses Eis in 40 Geschmackssorten nahe Louis Armstrong Museum. Der „König" heißt übrigens Ben Faremo und den Laden gibt es seit den 1940ern. Tägl. 10–24 Uhr. 52-02 108th St./Corona Ave., ℡ 718-699-5133, www.thelemonicekingofcorona.com. Subway: 103 St./Corona Plaza Linie 7.

Einkaufen

Sky View Center 2 In diesem recht neuen Einkaufszentrum mit drei Wohnhochhäusern darüber befinden sich unzählige Geschäfte mit Elektronik, Möbeln und Klamotten der Top-Marken, u. a. ein Adidas Factory Outlet. Tägl. 8–23.30 Uhr. 40-24 College Point Blvd./Roosevelt Ave., ℡ 718-460-2000, www.shopskyviewcenter.com. Subway: Flushing/Main St. Linie 7.

Long Island City (LIC)

Long Island City ist der Bezirk von Queens, der schon durch seine Lage am engsten mit Manhattan und Brooklyn verbunden ist. In den 1640er-Jahren siedelten sich auch hier die Holländer an, um Landwirtschaft zu betreiben. Bis ins 19. Jh. blieb es Farmland. 1870 schlossen sich die Dörfer Astoria, das 1839 gegründet und nach John Jacob Astor benannt wurde, Ravenswood, Hunters Point und Steinway zu Long Island City zusammen. Die kommerzielle und industrielle Entwicklung von Long Island City ging Hand in Hand mit dem Ausbau der Verkehrsverbindungen. Sie erlebte den größten Aufschwung, nachdem 1861 die Long Island Railroad mit Hunters Point verbunden wurde. Von da an entstanden mehr und mehr Fabriken am East River. Deshalb litt der Bezirk auch stark unter dem Niedergang der amerikanischen Manufakturbetriebe in den 1970er-Jahren.

Zwar ist Long Island City noch immer ein Produktionszentrum, doch hat es sich auch als künstlerisches Experimentierfeld einen Namen gemacht, seitdem 1976 das P.S.1 Contemporary Art Center eröffnete. Ihm sind viele weitere Kunsteinrichtungen gefolgt.

Ein unbedingt sehenswertes kulturelles Highlight befindet sich in Astoria: das *Museum of the Moving Image* direkt neben den *Kaufman-Astoria Studios*, die einst eine Produktionsstätte von Paramount waren und heute für die Aufzeichnung zahlreicher Fernsehshows genutzt werden.

Zum Erholen gibt es den Astoria Park direkt am East River mit schönem Ausblick auf Manhattan oder den Athens Square Park an der 30th Avenue, Ecke 30th Street.

E ssen & Trinken (S. 241)
1 Bohemian Hall & Beer Garden
2 Gastroteca Astoria
4 The Garden @ Studio Square
6 John Brown Smoke House
8 Manetta's Ristorante
9 Tournesol

N achtleben (S. 274)
1 Bohemian Hall & Beer Garden
3 Monika's Café Bar
7 Dutch Kills Bar

Empfehlenswert: Isamu Noguchi Garden Musuem

Sehenswertes

MoMAs wilde Schwester
P.S.1 Contemporary Art Center

Mit gewagten Ausstellungen zeitgenössischer Künstler hat sich dieses Museum einen internationalen Ruf erarbeitet. Das unkonventionelle Kulturzentrum in einer ehemaligen Schule hat sich Innovation auf die Fahnen geschrieben und ist wilder als das MoMA, dessen Juniorpartner es ist. Jeden Samstag von Anfang Juli bis Anfang September wird eine „Warm Up"-Tanz- und Modeparty veranstaltet, um „Berührungsängste" abzubauen und Spaß zu haben. M. Wells Dinette ist ein passables Restaurant mit Gemeinschaftstischen – wie in einer Schulkantine eben.

Do–Mo 12–18 Uhr. Eintritt $ 10, erm. $ 5, mit MoMA-Ticket kostenlos. Café und Shop. Warm-Up-Party Mitte Juni bis Aug. mit Live-Bands und DJs: Sa ab 18 Uhr im Hof, Eintritt $ 15 (Karten vorab buchen). 22-25 Jackson Ave./46th Ave., ✆ 718-784-2084, momaps1.org. Subway: Court Sq./23 St. Linien E, M oder Court Sq.-Jackson Ave. Linie 7 oder 21 St. Linie G.

Wirkungsstätte des Bildhauers
Isamu Noguchi Garden Museum

In dem ehemaligen Atelier des Künstlers Isamu Noguchi, eines modernen Bildhauers, der in der japanischen und amerikanischen Kultur verwurzelt war, werden neben seinen Skulpturen auch verschiedene seiner Bühnendekorationen und Möbelentwürfe gezeigt. Besonders schön ist der Rock Garden. Sehr interessantes, fast unbekanntes Museum.

Mi–Fr 10–17 Uhr, Sa/So 11–18 Uhr. Eintritt $ 10, erm. $ 5; 1. Fr im Monat pay-as-you-wish. Mi–So 14 Uhr kostenlose Führung. Sonntags Shuttle-Busse von der Asia Society in Manhattan, 12.30, 13.30, 14.30 und 15.30 Uhr; $ 10 return. 32-37 Vernon Blvd. (Eingang 9-01 33rd Rd. zw. Vernon Blvd und 10th St.), ✆ 718-204-7088, www.noguchi.org. Subway: Broadway Linien N, Q, zu Fuß den Broadway hinunter und nach zehn Blocks links in den Vernon Boulevard, nach zwei Blocks links in die 33rd Road.

Kunst und Kino
Socrates Sculpture Park

Die ehemalige Müllhalde am East River, einen Block nördlich des Noguchi-Museums, wird von den Veranstaltern seit 1986 für $ 1 pro Jahr vom Department of Port and Trade geleast. Zeitgenössische Bildhauer stellen in freier Natur ihre Kunstwerke aus. Im Juli und August gibt es hier auch Freiluftkino.

Tägl. 10 Uhr bis Sonnenuntergang. Eintritt frei. 32-01 Vernon Blvd./Ecke Broadway, ✆ 718-956-1819, www.socratessculpturepark.org. Subway: s. o.

Film ab!
Museum of the Moving Image

Mehr als 60.000 Requisiten und Erinnerungsstücke werden in Wechselausstellungen gezeigt und sind eine Fundgrube vor allem für Fans klassischer Filme und Stummfilme. Nach einem Umbau verwandelte sich das Gebäude mittels einer neuen Hülle aus 1067 Aluminiumplatten sowie geschickt konstruierter Raumfolgen in ein futuristisches Kleinod, das aus einem Science-Fiction-Film stammen könnte. Jährlich werden hier um die 400 Filme gezeigt, von Klassikern über restaurierte Stummfilme bis hin zu zeitgenössischen Avantgardefilmen (Vorstellungen, außer freitagnachmittags, im Eintrittspreis inbegriffen). Zwei blau erleuchtete Rampen führen von der weißen Lobby ins Filmtheater und zu den Ausstellungsräumen. Die Hauptausstellung *Behind the Screen* zeigt klassische Ausstellungsstücke wie Requisiten und Kostüme und gibt mithilfe modernster interaktiver Technik (auch in 3D) einen spielerischen Einblick, wie Filme und Fernsehshows gemacht und vermarktet werden. Entstanden sind auch Medienlabore, in denen man die Grundbegriffe des Videospiel-Designs, der Claymation (Knetanimation) und der Stop-Motion-Animation erlernen sowie alte Videospiele wie Invaders, Frogger oder Donkey Kong daddeln kann.

Mi–Do 10.30–17 Uhr, Fr bis 20 Uhr (16–20 Uhr Eintritt frei), Sa/So 11.30–19 Uhr. Eintritt: $ 15, erm. $ 9, Kinder und Jugendliche 3–17 J. $ 7. ℡ 718-784-0077, www.movingimage.us. 36-01 35 Ave. zw. 36th und 37th St. Subway: Steinway St. Linien M, R.

Praktische Infos → Karte S. 238/239

Essen und Trinken

Tournesol 9 Kleines französisches Bistro (übersetzt: Sonnenblume) mit freundlichem Ambiente und moderaten Preisen (Hauptgerichte ab $ 7,50). Gut sortierte Weinkarte und hervorragendes Brunch. Mo 17.30–23 Uhr, Di–Do 11.30–15 und 17.30–23 Uhr, Fr bis 23.30 Uhr, Sa 11–15.30 und 17–23.30 Uhr, So 11–15.30 und 17–22 Uhr. 50-12 Vernon Blvd. zw. 50th und 51st Ave., ℡ 718-472-4355, www.tournesolnyc.com. Subway: Vernon Blvd./Jackson Ave. Linie 7.

Manetta's Ristorante 8 Familiengeführte Trattoria, toskanische Küche zu fairen Preisen, Steinofenpizzen und Pasta und zum Nachtisch Mandeltiramisu. Mo–Do 11.30–22 Uhr, Fr bis 23 Uhr, Sa ab 15.30 Uhr. 10-76 Jackson Ave./11th St., ℡ 718-786-6171, www.manettaslic.com. Subway: Vernon Blvd./Jackson Ave. Linie 7.

John Brown Smoke House 6 Serious BBQ, gemischte Grillplatte für $ 9–27, Lammwürstchen, „burnt ends" (Rindfleisch-Bruststück aus Kansas). Mo–Do 11.30–22 Uhr, Fr bis 23 Uhr, Sa 12–23 Uhr, So bis 21 Uhr. 10-43 44th Drive zw. 10th und 11th St., ℡ 347-617-1120, www.johnbrownseriousbbq.com. Subway: Court Sq. Linien E, M.

Bohemian Hall & Beer Garden 1 Größter Biergarten in New York, der auch Treffpunkt für Astorias tschechische und slowakische Gemeinde ist. Festivals, Musik und natürlich viel Bier. Mo–Do 17–1 Uhr, Fr bis 3 Uhr, Sa 12–3 Uhr, So 12–24 Uhr. 29-19 24th Ave. zw. 29th und 31st Ave., ℡ 718-274-4925, www.bohemianhall.com. Subway: Astoria Blvd. Linien N, Q.

The Garden @ Studio Square 4 Deutscher Biergarten mit Grill; modernes Ambiente, drinnen Wandmalereien von Louis „KR One" Gasparro, draußen lange Tische unter Weinranken und Birken. 19 Sorten Fassbiere. Mo–Do ab 16 Uhr bis spät, Fr ab 15 Uhr, Sa/So ab 12 Uhr. 35-33 36th St./36th Ave., ℡ 718-383-1001, www.studio squarenyc.com. Subway: 36 Ave. Linien N, Q.

Gastroteca Astoria 2 In schicker Industrieatmosphäre wird bodenständiges italienisches Essen serviert. Mit großer Terrasse. Mo–Fr 11.30–16 und 17–23 Uhr, Sa/So 10.30–16.20 und 17–23 Uhr. 33-02 34th Ave. nahe 33rd St., ℡ 718-729-9080, www.gastrotecaastoria.com. Subway: 36 Ave. Linien M, Q oder Steinway Linien M, R.

Sonstiges

L.I.C. Bikes 5 Fahrradverleih. Mo–Fr 9–20 Uhr, Sa 10–19 Uhr, So 10–18 Uhr, $ 8/Std., $ 40/Tag, bei längerer Miete Rabatt. 25-11 Queens Plaza, Long Island City, ℡ 718-47-BIKES, www.longislandcitybikes.wordpress.com. Subway: Queensboro Plaza Linien 7, N, Q.

Vergessene Insel
Tour 17

Staten Island gilt als „forgotten borough", der vergessene Stadtteil. Man stößt auf ländliche Gebiete und die Wohnidylle des weißen Mittelstands. Hauptattraktionen sind die Historic Richmond Town, ein Freilichtmuseum, sowie der kostenlose Blick von der Fähre zur Statue of Liberty.

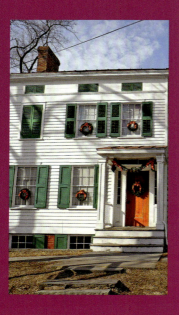

Historic Richmond Town, zurück in die Kolonialzeit, S. 243

Snug Harbor Cultural Center and Botanical Garden, Kunst, Kultur und Natur, S. 245

Kultur, Natur und ein schöner Blick
Staten Island

Staten Island ist doppelt so groß wie Manhattan und sicher nicht der spannendste Stadtbezirk New Yorks. Das Highlight eines Besuchs ist eigentlich die Überfahrt mit der **Staten Island Ferry** (kostenlos), auf der man den Blick auf die Wolkenkratzer Manhattans und die Freiheitsstatue genießen kann.

Jedoch gibt es auch hier einige kulturelle Institutionen und etwas Natur, z. B. das **Snug Harbor Cultural Center and Botanical Garden** mit dem **Staten Island Museum**, außerdem das **Museum of Tibetan Art** oder das **Alice Austen House**. Schöne Strände sind der **South Beach** mit Blick auf die Verrazano-Narrows Bridge sowie der Yachthafen mit Strand namens **Great Kills Park & Beach**.

Die Fähre von Manhattan (25 Min.) spuckt einen am nördlichen Ende der Insel in Downtown St George aus. Gleich daneben entsteht als neue Touristenattraktion das größte **Riesenrad** der Welt (190 m), dessen 36 Kabinen bis zu 40 Gäste fassen und 3,5 Millionen Touristen im Jahr nach Staten Island bringen sollen (über den Fortschritt informiert newyorkwheel.com). Auch ein Ferry Museum und Welcome Center ist geplant. Von dort führt die Richmond Terrace am Wasser entlang nach Westen. Ansonsten ist man auf die Staten Island Railway bzw. Busse angewiesen, die etwa alle 20 Min. fahren. An der North Shore Waterfront Esplanade direkt am Fährhafen steht das *Staten Island 9/11 Memorial*, das an die 270 Bewohner des Stadtteils erinnert, die bei dem Terroranschlag ums Leben kamen.

Als Henry Hudson am 3. September 1609 auf der *Halve Maen* (Halbmond) die New York Bay hinaufschipperte, nannte er die Insel zu Ehren der niederländischen Generalstaaten, der damaligen Ständeversammlung, *Staaten Eyelandt*. 30 Jahre später entstand die erste

Kolonie. Karl II. taufte das Eiland dann um in Richmond County nach seinem unehelichen Sohn James, dem Herzog von Richmond. 1729 entstand Richmond Town. Das Borough erhielt erst 1975 wieder seinen alten Namen: Borough of Staten Island.

Die Insel fristete bis 1964 ein Schattendasein, dann wurde die *Verrazano-Narrows Bridge* eröffnet, die Staten Island direkt an Brooklyn anbindet. Dies war der Beginn des Aufstiegs zum „Vorort" Manhattans, dessen knapp 500.000 Bewohner überwiegend weiß, katholisch und konservativ sind. Eine Ausnahme bildet *Sandy Ground* im Süden der Insel, wo die älteste afroamerikanische Gemeinde des ganzen Landes ansässig ist.

Am Image Staten Islands kratzte lange Zeit die Fresh-Kills-Mülhalde, auf der satte 53 Jahre die fünf New Yorker Boroughs ihren gesamten Abfall entsorgten. Mittlerweile ist die Halde, auf der auch der Schutt des zerstörten World Trade Center zwischengelagert wurde, geschlossen. Hier wird nun seit 2008 dekontaminiert und es entsteht eine Parkanlage, die dreimal so groß sein wird wie der Central Park. Der erste Teil, der *Schmul Park*, eröffnete im Oktober 2012, die Fertigstellung der Anlage wird wohl weitere 20 Jahre dauern.

Sehenswertes

Zurück in die Kolonialzeit
Historic Richmond Town

Dieses fast im Zentrum von Staten Island gelegene, restaurierte Dorf aus der Kolonialzeit mit über 20 Gebäuden und einem Museum vermittelt einen guten Eindruck vom Leben im 17. Jh. Das Voorlezer's House aus 1695 ist das älteste Schulgebäude des Landes. Guides in historischer Kostümierung bieten Führungen und demonstrieren den Alltag vor 300 Jahren. Erfrischungen gibt es im *M. Bennett Café*.

Juli bis Aug. Mi–So 13–17 Uhr, Führungen Mi–Fr um 14.30 Uhr, Sa/So 14 und 15.30 Uhr. Eintritt $ 8, erm. $ 6, Kinder $ 5, Fr frei. Anfang Sept. Rummel (County Fair). 441 Clarke Ave., ℘ 718-351-1611, www.historicrichmondtown.org. Anfahrt: Bus S74 vom Ferry Terminal bis Richmond Rod/St Patrick's Pl. (40 Min.).

Tibetanische Kunst und Atmosphäre
Jacques Marchais Museum of Tibetan Art

Die größte Sammlung tibetanischer Kunst in der westlichen Welt wurde 1945 von Jacques Marchais gegründet. Jacques Marchais war das Pseudonym für eine junge Dame namens Jacqueline Klauber, die ein brennendes Interesse für die Region hegte. Sie sammelte Bilder, Skulpturen, Bücher und Fotografien aus dem 15. bis 20 Jh. Das Museum liegt auf einem Hügel, das Gebäude ist einem tibetanischen Kloster

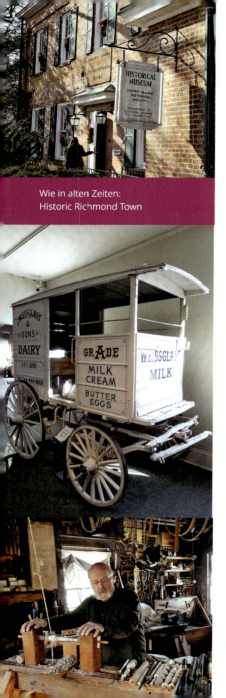

Wie in alten Zeiten: Historic Richmond Town

nachempfunden, davor lädt ein Terrassengarten zum Meditieren ein.

Mi–So 13–17 Uhr. Eintritt $ 6, erm. $ 4. 338 Lighthouse Ave., ☏ 718-987-3500, www.tibetanmuseum.org. Anfahrt: Bus S474 bis Lighthouse Ave.

Zu Gast bei der berühmten Fotografin
Alice Austen House

In diesem bescheidenen Haus aus dem 17. Jh. lebte die junge Fotografin Alice Austen bis 1945. Das Museum gibt Einblick in ihr Leben und zeigt ihre Bilder, die sich vorrangig dem Leben auf der Insel widmen.

März bis Dez. Di–So 11–17 Uhr. Eintritt $ 3 (Spende). 2 Hylan Blvd., ☏ 718-816-4506, aliceausten.org. Anfahrt: Ab Ferry Terminal mit dem Bus S51 bis Hylan Blvd. (15 Min.), dann einen Block östlich am Wasser.

Kunst, Kultur und Natur
Snug Harbor Cultural Center and Botanical Garden

Dieser Botanische Garten, entstanden 1977, liegt innerhalb des Snug Harbor Cultural Center, einem ehemaligen Altenheim für Seeleute mit 28 historischen Gebäuden, die heute kulturelle Einrichtungen beherbergen, u. a. das *Newhouse Center for Contemporary Art*, das *Staten Island Children's Museum* und das neu restaurierte *Staten Island Museum*, das als naturwissenschaftliches Museum begann und heute auch Objekte aus anderen Bereichen, wie historische Karten, Familienbibeln oder Fotografien beinhaltet.

Aus den Aktivitäten dieser Kultureinrichtung entstand auch der Botanische Garten, dessen neun verschiedene Bereiche unterschiedlichen Stilen und Perioden gewidmet sind. Kürzlich entstand hier der erste Chinese Scholar's Garden, entworfen von chinesischen Künstlern und Handwerkern.

Tägl. von Sonnenaufgang bis Sonnenuntergang. Eintritt Gärten und Galerie: Di–So 10–16 Uhr. Eintritt $ 5, erm. $ 4, Kinder unter 12 J. frei.

ssen & Trinken
Ruddy & Dean
Steakhouse
Beso
Blue Restaurant
120 Bay Café
Carol's Café
Marina Café
Takayama Sushi

inkaufen
Staten Island Mall

1000 Richmond Terrace, ☎ 718-273-8200, snugharbor.org. Anfahrt: Vom Ferry Terminal mit Bus S40 bis Snug Harbor. Gleiche Öffnungszeiten und Eintrittspreise für das **Newhouse Center for Contemporary Art** und **Staten Island Children's Museum**: Di–Fr 11–17 Uhr, Sa/So 10–17 Uhr, $ 8. Mi 15–17 Uhr frei. ☎ 718-273-2060, www.sichildrensmuseum.org.

Staten Island Museum: Mo–Fr 11–17 Uhr, Sa 10–17 Uhr, So 12–17 Uhr. Eintrittsempfehlung $ 8, erm. $ 5, Kinder $ 2. ☎ 718-727-1135, www.statenislandmuseum.org

Boardwalk und Brückenblick
South Beach

Dieser Strand, etwa 50 m breit, der neben der Promenade verläuft, bietet einen beeindruckenden Blick auf die Verrazano-Narrows Bridge, hat die viertlängste Holzpromenade *(boardwalk)* der Welt (rund 3 km) sowie einen Spielplatz, einen Rollschuh-Hockey-Ring und Picknickbänke.

Father Capadonno Blvd./Ecke Sand Lane, Anfahrt: Vom Ferry Terminal mit Bus S51.

Gar nicht gefährlich
Great Kills Park & Beach

Dieser Strand mit Badehaus und Snackbar eignet sich hervorragend zum Schwimmen. Es gibt Naturpfade zu erkunden und die Möglichkeit zum Fischen. Ebenso existiert ein kleiner Yachthafen. Auch für Jogger, Radfahrer, Baseball- und Footballspieler sind Anlagen vorhanden.

Anfahrt: Vom Ferry Terminal mit Bus S78 (30 Min.).

Zum Gedenken an die Opfer aus diesem Borough:
Staten Island September 11 Memorial an der North Shore

Praktische Infos

→ Karte S. 245

Essen und Trinken

Beso 2 Gemütliche spanische Tapas-Bar mit leckerer Black Raspberry Sangria ($ 9), vier Gänge Prix Fixe $ 30. Mo–Do 11.30–23 Uhr, Fr/Sa bis 24 Uhr, So 12–22 Uhr. ℡ 718-816-8162, www.besonyc.com. 11 Schuyler St./Richmond Terrace. Anfahrt: Zu Fuß zu erlaufen von der Fähranlegestelle.

Ruddy & Dean Steakhouse 1 Gleich daneben, nur 10 Min. von der Fähranlegestelle entfernt, können Sie mit Blick auf Downtown Manhattan 14 bis 21 Tage gereiftes Fleisch futtern (ab $ 38). Es gibt auch Austern und Hummer, im Sommer auf der Terrasse. Tägl. 11.30–15.30 Uhr, So–Do auch 16.30–22 Uhr, Fr/Sa bis 23 Uhr. 44 Richmond Terrace, ℡ 718-816-4400, www.ruddyanddean.com.

Marina Café 7 (Great Kills) Elegant speisen mit Blick auf den Great Kills Harbor, modern gestaltet mit nautischem Thema, viel New England Lobster (Hummer), aber auch italienische Gerichte. Hauptgerichte $ 19–30. Prix Fixe Mo–Do 15–19 Uhr für $ 25. Mo–Do 12–22 Uhr, Fr/Sa bis 23 Uhr, So 13–21 Uhr. 154 Mansion Ave./Hillside Terrace, ℡ 718-967-3077, www.marinacafesiny.com. Anfahrt: Ab Fähre mit Bus S78 bis Cleveland Ave.

Takayama Sushi Lounge 8 Kommen Sie an einem Sonntag, um das „All-U-Can-Eat"-Buffet für nur $ 24,95 zu probieren. Gehobenes Restaurant für Sushi, Sashimi und Salate. Mo–Mi 12–22.30 Uhr, Do–Sa bis 23.30 Uhr, So 14.30–22 Uhr. 17 Page Ave., ℡ 718-227-8744, www.takayamanyc.com. Anfahrt: Mit der Staten Island Rail ($ 2,25, web.mta.info, ca. 40 Min. von der Fähre) bis Richmond Valley.

Blue Restaurant 3 Frische Meeresfrüchte und Fisch erfreuen den Gaumen mit Blick aufs Wasser. 10 Min. vom Snug Harbor Cultural Center. Probieren Sie die Prince Edward Island Mussels. So 12–22 Uhr, Mo–Do bis 23 Uhr, Fr/Sa bis 24 Uhr. 1115 Richmond Terrace, ℡ 718-273-7777, www.bluerestaurantnyc.com. Anfahrt: Bus S 40 entlang der Richmond Terrace.

Carol's Café 5 Carol Frazetta hat in London gelernt, geboten wird europäische Küche und sehr gemütliche Atmosphäre. Auch Kochkurse. Hauptgerichte $ 15–35, Muscheln in Weißweinsoße $ 15/25, Prix Fixe $ 23,95. Mi 18–21 Uhr, Do bis 21.30 Uhr, Fr bis 22 Uhr, Sa bis 22.30 Uhr. 1571 Richmond Rd./Four Corners Rd., ℡ 718-979-5600, www.carolscafe.com. Anfahrt: Zug bis Dingan Hills.

120 Bay Café 4 Schrille Bar nahe der Fähre mit Jukebox und Pooltable. Gehobene Pub-Küche, günstiges Lunch, Dinnergerichte bis $ 24,95 (NY Strip Steak). Mo–Do 11.30–2 Uhr, Fr/Sa bis 4 Uhr, So 17–2 Uhr. 120 Bay St. nahe Central Ave., ℡ 718-273-7770, 120baycafe.com. Anfahrt: von der Fähranlegestelle zu Fuß zu erlaufen.

Einkaufen

Staten Island Mall 6 Einkaufszentrum mit vielen Kaufhäusern wie Macy's, Sears und JC Penney sowie den gängigen Ketten wie Gap, Jouce Leslie, Sephora Beauty Emporium etc. Auch viele Restaurants, z. B. Applebees Neighborhood Grill & Bar oder T.G.I. Fridays. Mo–Sa 10–21 Uhr, So 11–18 Uhr. 2655 Richmond Ave., ℡ 718-761-6800, www.statenisland-mall.com. Anfahrt: ab Ferry Terminal mit den Bussen S44 oder S61 bis Mall.

Schon von außen ein Hingucker:
das schrill-bunte 120 Bay Café

Industries of the British Empire (1933, von Carl Paul Jennewein)

Nachlesen & Nachschlagen

Geschichte New Yorks	S. 250
Kulturleben	S. 258
Veranstaltungskalender	S. 262
Nachtleben	S. 265
Mit Kindern in New York	S. 282
New York (fast) umsonst	S. 286
Anreise	S. 292
Unterwegs in New York City	S. 296
Übernachten	S. 300
New York von A bis Z	S. 308

Kompakt	Museen	S. 318
Kompakt	Restaurants	S. 322
Kompakt	Shopping	S. 327

Die Indianer nannten sie Mannahatta: die „Insel im Zentrum der Welt"

Geschichte New Yorks

Die USA sind seit jeher ein Einwanderungsland. Entsprechend multikulturell ist auch New York, das Tor zur Neuen Welt. Im Laufe ihrer Geschichte hat die Stadt mit den holländischen und britischen Wurzeln die verschiedensten Einwanderungswellen erlebt, die ein buntes Völkergemisch zusammengebracht haben.

Die Entdeckung

Entdeckt wird die Bucht von New York 1524 vom Florentiner Seefahrer Giovanni da Verrazano, der im Auftrag der französischen Krone die Nordwestpassage nach Indien auskundschaften soll. Das Interesse Europas an diesem Teil der Neuen Welt wird aber erst 1609, also knapp 100 Jahre später, geweckt, als der in niederländischen Diensten stehende Brite Henry Hudson die Bucht ansteuert. Bei seiner Rückkehr hat er außer lobenden Worten für die Schönheit des Landstrichs auch wertvolle Pelze im Reisegepäck, die er im Handel mit den einheimischen Indianern erworben hat – ein schlagendes Argument für seine Auftraggeber, ihre Fühler in Richtung Neue Welt auszustrecken.

Nieuw Amsterdam

Organisiert wird die Unternehmung von der 1621 gegründeten Westindien-Kompanie (WIC), die – mit dem Monopol auf den lukrativen Pelzhandel in der Tasche – ab 1623 den Aufbau mehrerer Handelsstationen entlang der nordamerikanischen Ostküste von Cape May in New Jersey bis nach Neuengland vorantreibt. Im Jahr 1624 landen die ersten Siedler – 30 wallonische Familien – in der Bucht von New York und lassen sich dort auf einer kleinen Insel, heute Governors Island, nieder.

Zwei Jahre später wird der in Wesel geborene Geschäftsmann und Prediger Peter Minuit zum Generaldirektor des WIC-Handelspostens bestellt und macht einen bis heute legendären Deal: Für ein paar Glasperlen, Schmuck und allerlei Gebrauchsgegenstände kauft der den Indianern die Insel Manhattan ab. Schon bald verlagert sich der Siedlungsschwerpunkt auf die neue Besitzung, deren Südspitze zum kleinen niederländischen Städtchen mit Gracht, Windmühle und Heere Straat ausgebaut wird. Unter dem Namen *Nieuw Amsterdam* entwickelt sich die Ansiedlung zum Hauptstützpunkt der Kolonie *Nieuw Nederland* und wird so zur Keimzelle des heutigen New York.

Peter Stuyvesant

Konflikte mit den Indianern, die den vermeintlichen Verkauf von Manhattan eher als Übertragung von Mitnutzungsrechten an den natürlichen Ressourcen der Insel interpretierten, aber auch zunehmende Zwistigkeiten unter den Siedlern selbst machen Nieuw Amsterdam schon bald zu einem eher ungemütlichen Ort, an dem fast anarchische Verhältnisse herrschen. Die WIC reagiert und beordert 1647 einen verdienten Gouverneur aus Curaçao ab, der Stadt und Kolonie wieder auf Kurs bringen soll: Peter Stuyvesant. Der alte Haudegen geht engagiert an die Arbeit, baut die arg heruntergekommene städtische Infrastruktur aus und lässt zum Schutz vor den Indianern und den mittlerweile einen erheblichen Bevölkerungsanteil stellenden Briten, die der WIC nicht immer loyal verbunden sind, quer über die Insel einen Verteidigungswall errichten. Ansonsten wacht er streng über die Einhaltung von Verordnungen, die das Zusammenleben regeln – und die vor allem dem Wohl seines Arbeitgebers dienen sollen. Die Interessen der Kolonisten verliert er dabei mehr und mehr aus den Augen.

Die Briten übernehmen

Im August 1664 landen vier britische Kriegsschiffe unter der Führung von Kapitän Richard Nicholls in der Bucht von New York. Die Forderung des Kommandanten lautet schlicht und unmissverständlich: Übergabe Nieuw Amsterdams und der gesamten niederländischen Besitzungen in Nordamerika an die britische Krone. Der englische König Charles II. hat ein Auge auf den formidablen Hafen geworfen, über den sich der Handel mit den nordamerikanischen Kolonien so prächtig abwickeln lässt. Vorsorglich hat er das kleine holländische Städtchen und das gesamte von den Niederländern kontrollierte Gebiet sowie Teile seiner eigenen nordamerikanischen Besitzungen seinem Bruder, dem Earl of York, zum Lehen gegeben – nicht unüblich in Zeiten, in denen Territorien noch auf recht abenteuerliche Weise verteilt werden.

Stuyvesant will seine Stadt und seine Kolonie natürlich nicht kampflos räumen und ruft seine Kolonisten zum bewaffneten Widerstand auf. Doch durch sein diktatorisches Regiment hat er allen Kredit verspielt, sodass niemand seiner Aufforderung zum Kampf nachkommt, zumal die Briten versichern, dass der Machtwechsel keinen Einfluss auf das tägliche Leben der Kolonisten haben werde – business as usual eben.

Und so endet Peter Stuyvesants Herrschaft nach 17 Jahren ohne jeden Kanonendonner. Über dem Fort weht fortan die Fahne des englischen Königs, und aus Nieuw Amsterdam wird zu Ehren seines neuen Besitzers New York.

Der Gouverneur mit dem Holzbein: Peter Stuyvesant

Sklavenaufstände

In New York haben sich zu diesem Zeitpunkt schon weitere Siedlungsschwerpunkte herausgebildet, aus denen sich später u. a. Stadtteile wie die Bronx (nach Jonas Bronck, einem schwedischen Einwanderer) und Brooklyn (nach der niederländischen Stadt Breukelen) entwickeln sollten. Der Handel blüht, und die Stadt nimmt in den nächsten Jahren rasch an Einwohnern zu, sodass Anfang des 18. Jh. bereits 20.000 Menschen hier leben.

Abgesehen von einem kurzen Intermezzo von 1689 bis 1691, als der deutschstämmige Calvinist Jacob Leisler die Führung über die Stadt erlangt und mehr Unabhängigkeit vom Mutterland einfordert, erweist sich die Herrschaft der Engländer als stabil. Probleme gibt es dennoch. Insbesondere die Sklaven, deren Arbeitskraft schon während der niederländischen Herrschaft ausgebeutet wurde, setzen sich mehr und mehr gegen ihr unwürdiges Schicksal zur Wehr. Erster Höhepunkt einer Serie von Aufständen sind die Unruhen von 1740, in deren Folge 30 Sklaven hingerichtet werden. Nur zwei Jahre später kommt es zu blutrauschartigen Massakern, ein entfesselter Mob geht wahllos auf Sklaven los und tötet zahlreiche völlig unschuldige Menschen. Es ist fast eine Ironie des Schicksals, dass gerade in dieser dunklen Zeit die ersten bedeutenden Bildungs- und Kultureinrichtungen der Stadt gegründet werden, etwa die erste Universität der Stadt (King's College, die heutige Columbia University) und das erste Theater.

Die Unabhängigkeit

Ab Mitte des 18. Jh. nimmt die Zahl der britischen Siedler in den nordamerikanischen Kolonien rapide zu. Die daraus folgenden Gebietsansprüche führen unweigerlich zum Konflikt mit den Franzosen, die ihre Gebiete weiter im Norden des Kontinents gefährdet sehen. 1754 kommt es zum Krieg zwischen den beiden Kolonialmächten, der neun Jahre dauert und nicht nur Menschenleben fordert, sondern auch Unmengen von Geld verschlingt. Um die klammen Kassen des Königreichs nach dem Ende des Waffengangs wieder aufzufüllen, will sich König George III. bei seinen Kolonien bedienen und erlässt eine Reihe zusätzlicher Steuern. Die wütende Antwort der Kolonisten lautet: *"No taxation without represen-*

Schmutzige Geschäfte: New York als Drehscheibe des Sklavenhandels

tation" – keine Besteuerung ohne politisches Mitspracherecht im Parlament des Mutterlandes.

Um seine „unsicheren Kolonisten" von der Ernsthaftigkeit seiner Absichten zu überzeugen, sendet George seine Rotröcke über den Großen Teich. Die Amerikaner kontern mit einem Boykott sämtlicher Waren aus Europa. Zum endgültigen Bruch kommt es, als die Einwohner von Boston 1773 aus Protest 342 Kisten Tee in ihrem Hafenbecken versenken. Die New Yorker folgen ihrem Vorbild und veranstalten am 22. April 1774 ihre eigene Tea Party.

Inzwischen hat der Steuerstreit eine viel weitreichendere politische Dimension bekommen. Es geht nicht mehr um parlamentarische Repräsentation im Mutterland, es geht um die Lösung vom Mutterland und die staatliche Eigenständigkeit.

Der Unabhängigkeitskrieg beginnt am 19. April 1775 mit der Schlacht von Lexington (Massachusetts). Gut ein Jahr später, am 4. Juli 1776, verabschiedete der amerikanische Kontinentalkongress die Unabhängigkeitserklärung. Die Kampfhandlungen dauern aber weiter an, und auch New York wird zum Schauplatz des Krieges: Die amerikanischen Einheiten, die zur Verteidigung der Stadt abgestellt sind, werden von den britischen Truppen regelrecht abgeschlachtet. 5000 amerikanische Soldaten sterben, die Stadt bleibt noch sieben Jahre lang britisch besetzt. Auf den anderen Kriegsschauplätzen setzen sich die Amerikaner dagegen nach und nach durch, sodass die Briten 1781 kapitulieren müssen. Die formale Anerkennung der amerikanischen Unabhängigkeit erfolgt zwei Jahre später. Erst danach ziehen die Briten auch ihre Streitkräfte aus New York ab.

Hauptstadt des Kapitals

Am 23. April 1789 leistet George Washington, im Unabhängigkeitskrieg Oberbefehlshaber der Streitkräfte, seinen Amtseid als erster Präsident der

Amerikas erster Präsident: George Washington (1789–1797)

Vereinigten Staaten von Amerika. Ort des Geschehens ist das Rathaus in der Hauptstadt New York. Die damals zweitgrößte Stadt des Landes muss die Hauptstadtehre allerdings schon ein Jahr später an das größere Philadelphia abtreten. New York kompensiert den politischen Machtverlust mit wirtschaftlichem Machtgewinn, was seine Identität bis heute prägt. Der entscheidende Meilenstein auf dem Weg zur Finanzmetropole erfolgt bereits 1792 mit der Gründung der Börse in der Wall Street. Auch weil weiter ein Großteil des Warenverkehrs mit Europa über den New Yorker Hafen abgewickelt wird, entwickelt sich die Stadt in den nächsten 50 Jahren zu *dem* Handels- und Bankenzentrum des gesamten Landes.

Die Einwanderungswelle rollt

Um 1810 leben zwar bereits rund 50.000 Menschen in Manhattan, doch die Stadt hat sich immer noch nicht weit über den Südzipfel der Insel hinaus nach Norden ausgebreitet. Gleichzeitig rollt die erste große Einwanderungswelle des 19. Jh., sodass die bestehende Infrastruktur an ihre Grenzen kommt.

Deshalb gibt 1811 eine Kommission unter Bürgermeister DeWitt Clinton dem Entwurf des Stadtarchitekten John Randal statt, der vorsieht, das komplette Stadtgebiet in ein Rechteckraster einzuteilen, um so neuen Wohnraum zu schaffen.

Die Hügel werden abgetragen, die Sümpfe trockengelegt und vorhandene Straßen oberhalb der 14th Street – bis auf den Broadway – dem Erdboden gleichgemacht. Das gesamte Areal wird mit zwölf in Nord-Süd-Richtung verlaufenden, 30 m breiten Avenues durchzogen, die von 18 m breiten Streets gekreuzt werden, nach Randals Plan insgesamt 155 an der Zahl. Auf diese Weise entstehen die typischen rechtwinkligen Bauparzellen, die sog. „blocks", auf denen Wohnhäuser errichtet werden können.

Und die hat die Stadt bitter nötig, denn immer mehr Einwanderer wollen sich hier niederlassen. Doch der Wohnungsbau wird zum Geschäft der Spekulanten, die sich um die Not der Neuankömmlinge wenig scheren. Insbesondere in der Lower East Side, dem klassischen Einwandererviertel, werden die Verhältnisse im Verlauf des Jahrhunderts immer prekärer: Ab den 1850er-Jahren werden in aller Schnelle Wohnbaracken hochgezogen, in denen die Einwandererfamilien eng zusammengepfercht unter unwürdigen Bedingungen leben müssen. Nur einen Katzensprung entfernt, in der Upper East Side, entstehen nur ein paar Jahre später die prachtvollen Villen des New Yorker Geldadels, die der Vanderbilts oder der Astors, deren Familien ehedem selbst eingewandert sind und sich mittlerweile auf der Sonnenseite des New Yorker Lebens eingerichtet haben.

Bürgerkrieg und Draft Riots

1861 beginnt der Bürgerkrieg zwischen den Südstaaten und der Union. Es geht dabei in erster Linie um die Sklaverei. New York ist zwar kein unbeschriebenes Blatt auf diesem Gebiet – man lässt bereits seit 1625 Sklaven für sich arbeiten und profitiert nicht schlecht vom Status quo –, dennoch besinnt man sich auf seine liberalen Wurzeln und wird zum Geldgeber für die Nordstaaten, die die Abschaffung der Sklaverei auf ihre Fahnen geschrieben haben.

Da nicht genug Freiwillige für den Krieg zur Verfügung stehen, wird per Gesetzentwurf die allgemeine Wehrpflicht eingeführt. Sie ist jedoch so allgemein nicht, denn wer Geld hat, kann sich mit 300 Dollar freikaufen. Eine Ungerechtigkeit, die so großen Unmut erregt, dass vom 13. bis 16. Juli 1863 rund 50.000 Menschen zündelnd, plündernd und lynchend durch New Yorks Straßen ziehen. Nur der Einsatz der Armee kann den Mob stoppen. Während dieser *Draft Riots* (draft = Einberufungsbefehl) verlieren mehr als 2000 Menschen ihr Leben, über 100 Gebäude werden zerstört. Es ist die schlimmste Revolte, die New York je gesehen hat.

Greater New York

Doch der Bürgerkrieg verhilft New York auch zum Aufschwung. Wie keine andere amerikanische Stadt profitiert die Metropole am Hudson von der durch

Die erste Einwanderin: Annie Moore

Geschichte New Yorks

den Krieg angeheizten Industrialisierung. Der Großteil der Im- und Exporte laufen über New York. Die großen Konzernbosse leiten von hier ihre gewinnbringenden Geschäfte: Andrew Carnegie, John D. Rockefeller und der Bankier John Pierpont Morgan, den man wegen seiner beherrschenden Stellung auch „Pierpontifex Maximus" nennt. Mit den Vermögen der Profiteure dieses „vergoldeten Zeitalters" (Mark Twain) wachsen auch New York und die Ansprüche an die Infrastruktur. Die erste Hochbahn fährt 1868 lärmend durch die Greenwich Street, gefolgt von weiteren *Els* (Elevated Railroads) entlang der 2nd, 3rd, 6th und 9th Avenue. Auch erste Pläne für eine U-Bahn werden diskutiert, aber zunächst noch verworfen. Im Jahr 1883 wird die Brooklyn Bridge eröffnet, die Manhattan mit seiner Nachbarinsel Long Island verbindet. Und 1886 bezieht nach zahlreichen Verzögerungen endlich die Freiheitsstatue Position im Hafen von New York. Sie ist ein Geschenk der Franzosen und heißt von nun an die Immigranten willkommen, denen man 1892 auf Ellis Island ein Einwanderungszentrum errichtet. Wer sich ab 1898 hier registrieren lässt, tut dies in der größten Metropole der Welt: Denn in diesem Jahr werden die fünf Boroughs Manhattan, Bronx, Queens, Brooklyn und Staten Island zu Greater New York zusammengefasst. Die Stadt zählt 3,5 Mio. Einwohner.

Roaring Twenties und Börsencrash

Mit dem ungebrochenen Wachstum gehen weitere Verbesserungen im Nahverkehr einher. Die Hochbahn wird unter Strom gestellt, 1904 eröffnet die erste Subway-Strecke, und 1913 verlässt die erste Eisenbahn den Grand Central Terminal, noch immer eines der schönsten Art-déco-Gebäude der Stadt. Architekten, Ingenieure und Arbeiter sind damit beschäftigt, die ersten echten Wolkenkratzer New Yorks zu bauen. Einer der prägnantesten ist das Flatiron Building, das 1902 fertiggestellt wird.

In den 20er-Jahren entwickelt sich New York zum amerikanischen Zentrum des Showbiz schlechthin. Standort der gigantischen Unterhaltungsmaschinerie sind der Times Square und der angrenzende Abschnitt des Broadway, der wegen der Leuchtreklamen für die vielen Theater und Kinos nur *The Great White Way* genannt wird. Die Zwanziger sind aber auch die Zeit der Prohibition, während der das organisierte Verbrechen blüht. In zahllosen *Speakeasys* wird

---

New York im Kasten
Warum bloß „Big Apple"?

New York nennt sich auch gerne „The Big Apple" und hat sich den roten Apfel auch zum Maskottchen gewählt. Das kommt nicht etwa daher, dass in Urzeiten auf Manhattan Obst angebaut wurde oder dass eine große Computerfirma sich Rechte am Stadtnamen gekauft hat. Die Erklärung ist recht unspektakulär. Big Apple, der große Apfel, ist eigentlich eine Metapher für großen Erfolg. Wie die größte Frucht eines Baumes, so begünstigt ist die Stadt vom Reichtum, den das gesamte Land hervorbringt. Etwa in diesem Sinne wird die Bezeichnung zuerst in einem 1909 erschienen Buch in New York gebraucht. Wenig später nennt eine Zeitung ihre Kolumne über den Pferderennsport „Around the Big Apple", und so wird der Apfel zum Synonym für die Rennbahn. In den Dreißigern übernehmen die Jazz-Musiker den Apfel, um die führende Musikszene Amerikas zu beschreiben: Viele Äpfel hängen am Baum des Erfolgs, doch den größten, eben den „Big Apple", pflückt man in New York. In den 1970er-Jahren entdeckt das Tourismusbüro der Stadt den Apfel als werbewirksames Symbol und erklärt: New York ist „The Big Apple".

illegal Alkohol ausgeschenkt und kräftig abkassiert – die New Yorker Mafia macht ihre Millionen.

Der Börsenkrach am 24. Oktober 1929, der als Schwarzer Freitag in die Geschichte eingeht, und die nachfolgende Weltwirtschaftskrise bereiten den *Roaring Twenties* ein jähes Ende. Doch es ist wie so oft in der Geschichte der Stadt: In der Krise bewahren die New Yorker die Nerven, und so stemmt man auch in dieser Zeit trotz schwieriger Bedingungen eine Reihe hochkarätiger Bauprojekte: die George Washington Bridge als erste Brücke über den Hudson, das Empire State Building und das Chrysler Building (beide 1931), deren Bauherren sich einen erbitterten Kampf um den Höhenweltrekord im Wolkenkratzerbau liefern. Auch die Bauarbeiten am Rockefeller Center beginnen (ab 1929), ein Hochhauskomplex der Superlative, der sich über drei Straßenblocks erstreckt.

Ab- und Wiederaufstieg

Nach dem Zweiten Weltkrieg, in dem die Stadt aus übertriebener Angst vor deutschen Angriffen nachts oft gespenstisch verdunkelt bleibt, wird New York Sitz der Vereinten Nationen. Die Organisation, die auf Initiative von Präsident Roosevelt und Englands Premierminister Churchill zustande gekommen ist, bezieht 1952 ein weitläufiges Areal am East River, das John D. Rockefeller Jr. für diesen Zweck gestiftet hat.

Die Stadt selbst hat in den 1950er-Jahren wieder einmal mit dem Phänomen der Massenzuwanderung zu kämpfen: Schwarze aus den Südstaaten lassen sich in großer Zahl in Harlem nieder, und eine nicht minder große Welle von Einwanderern aus Puerto Rico und den Staaten Südamerikas schwappt über die Stadt. Soziale Probleme sind vorprogrammiert, und tatsächlich kommt es in den 1960er-Jahren zu Rassenunruhen, die mit der Ermordung von Malcom X (→ S. 205) 1965 ihren Höhepunkt erreichen.

Der Kernbereich Manhattans wird derweil von einer Abwanderungswelle wichtiger Industriebetriebe erfasst: So werden mit dem Aufkommen der großen Containerschiffe viele Hafeneinrichtungen nach New Jersey verlegt, in deren Gefolge auch kleinere mittelständische Betriebe den Standort wechseln. Andere können die exorbitanten Mieten nicht mehr bezahlen und versuchen ihr Glück fortan in Brooklyn oder Queens. Übrig bleiben gänzlich oder teilweise verlassene Bürokomplexe, die nur sehr zögerlich in Wohnraum umgewandelt werden.

In den 1970er-Jahren erreichen die Negativschlagzeilen ihren Höhepunkt: Zum einen wird die Stadt von einer immensen Schuldenlast gedrückt, sodass die Stadtväter die Landesregierung um eine massive Finanzspritze angehen müssen; zum anderen gerät New York langsam, aber sicher in den Ruf, eine ausgesprochen unsichere, von Kriminalität und Drogenproblemen gebeutelte Metropole zu sein, was sich letztlich auch negativ auf ihren Stellenwert als Touristenziel auswirkt. Exemplarisch für den damaligen Zustand der Stadt sind die Verhältnisse an einem ihrer einstigen Aushängeschilder, dem Times Square District, der sich Ende der 1970er-Jahre nur noch als billige Amüsiermeile präsentiert.

Die Wende wird mit dem Börsenboom der 1980er-Jahre eingeleitet, der das New Yorker Wirtschaftsleben wieder brummen lässt. Zweiter wesentlicher Baustein auf dem Weg zur „Generalüberholung" der Stadt ist die Wahl Rudolph Giulianis zum Bürgermeister der Stadt. Mit seinem Amtsantritt am 1. Januar 1994 versucht er, das Kriminalitätsproblem mit einer rigorosen Law-and-Order-Politik in den Griff zu bekommen, die schon bald Wirkung zeigt und die Kriminalitätsrate tatsächlich drastisch reduziert. Gegen die mancherorts zu beobachtenden Verwahrlosungstendenzen geht er mit der grundlegenden Sanierung ganzer Stadtviertel, der Modernisierung von Parks und ähnlichen städtebaulichen Maßnahmen vor. Das arg ramponierte Image New Yorks wird unter Giuliani kräftig aufpoliert, Kritiker werfen ihm allerdings vor, die eigentlichen Probleme der Stadt lediglich wegretuschiert zu haben.

Das neue Jahrtausend

Das 21. Jh. beginnt für New York mit der Tragödie vom 11. September 2001, als eine Gruppe islamistischer Terroristen zwei gekaperte Flugzeuge in die Türme des World Trade Centers lenkt und dabei über 2700 Menschen mit in den Tod reißt. Die Stadt, das Land und die Welt stehen monatelang unter Schock, und noch heute wird die Weltpolitik von den Folgen des Anschlags beherrscht.

Der kollektive Schockzustand ist inzwischen vorüber, der Alltag wieder ein- und das optimistische Lebensgefühl zurückgekehrt. Daran konnten auch die Verheerungen durch den **Hurrikan Sandy** Ende Oktober 2012 nicht rütteln, die eine zweite Welle der Stadterneuerung ausgelöst haben, vor allem in Lower Manhattan und dem South Street Seaport. Der damalige Bürgermeister und Milliardär Michael Bloomberg hat die Stadt konsequent saniert, entkriminalisiert und begrünt. Die meisten Busse und Taxis sind Hybridfahrzeuge, viele neue Parkanlagen mit Sportanlagen, Spielplätzen, Fahrradwegen und Fußgängerbereichen an einst verkehrsumtosten Kreuzungen (wie etwa dem Times Square oder dem Herald Square) haben New York ein freundlicheres Antlitz verliehen. Die Umgestaltung der Uferbereiche zum „Hudson River Park" oder „Brooklyn Bridge Park" hat Industriebrachen in Naherholungsgebiete verwandelt, auch die einstige Militärinsel Govenors Island ist nun ein Ausflugsziel. Bloombergs Nachfolger Bill de Blasio (seit Anfang 2014 im Amt) ist Demokrat und gilt als sozial engagierter Linker, der nun auch die enorme Kluft zwischen Arm und Reich schmälern will, die u. a. zur „Occupy Wallstreet"-Bewegung geführt hat. Bislang leider ohne großen Erfolg, im Gegenteil: Noch nie zuvor sind so viele Wohnhochhäuser für ausländische Investoren und Oligarchen gebaut worden wie derzeit. Der Immobilienmarkt ist weiterhin kolossal überhitzt: Die durchschnittliche Wohnungsmiete betrug 2015 rund $ 4000 im Monat, das ist eine 75-prozentige Steigerung seit 2000. Der durchschnittliche Kaufpreis eines Apartments liegt bei $ 1,87 Mio. Damit haben sich die Quadratmeterpreise in den vergangenen zehn Jahren mehr als verdoppelt. Im Segment der Luxuswohnungen wurde die 100-Millionen-Dollar-Marke bereits geknackt; selbst ein Parkplatz von nur 18,5 m² kostete 2015 in SoHo $ 1 Mio. Und de Blasio selbst steht unter massivem Korruptionsverdacht. Zu seinen Erfolgen gehören immerhin die Verbesserung des Mieterschutzes und die Einführung unentgeltlicher Erziehung für Kinder im Vorschulalter.

Im Jahr 2017 wird in der Millionenmetropole wieder gewählt. Im selben Jahr wird der New Yorker Donald Trump sein Amt als Präsident der Vereinigten Staaten antreten.

Lincoln gewann gegen die Südstaaten

Eines der modernsten Opernhäuser der Welt: die „Met" im Lincoln Center

Kulturleben

New York City ist auch die Welthauptstadt des Entertainments. Hier beginnt die Nacht bereits kurz nach Feierabend. Musical, Theater, Ballett, Tanz, Oper und Konzerte sind in New York immer Vergnügungen auf Weltniveau.

Theater und Broadway-Musicals

Jedes Jahr strömen rund 13 Mio. Einheimische und Besucher in die berühmten Musicals am Broadway um den Times Square, um sich an der Musik, der Choreografie, den extrem aufwendigen Bühnenbildern und den Kostümen zu berauschen. Jede Saison bringt eine neue Welle der „Megamusicals", Theaterstücke und Comebacks eben jener mit bekannten Stars in den Hauptrollen. Eine gute Hilfe bei der Entscheidungsfindung, welche Produktion Sie sehen möchten, sind die Tony Awards im Juni, die Oscars für den Broadway. Die Publikumsmagneten unter den Musicals sind alte Bekannte wie: „The Lion King", „Chicago", „The Phantom of the Opera", „The Book of Mormone", „The Jersey Boys", „Kinky Boots" oder „Aladdin". Unter den neuen Produktionen sollten Sie „Hamilton", „Beautiful: The Carole King Musical" und „Waitress" im Auge behalten.

Information

Das kostenlose **Village Voice** listet Kulturevents inklusive Theateraufführungen auf (am Straßenrand in den Zeitungsständern erhältlich, es liegt aber auch in vielen Kneipen aus). Im Internet gibt es Informationen rund um die Broadway-Theater unter: **broadway.org**; **www.broadway.com** (Hotline: 800-BROADWAY) und **www.newyorkcitytheatre.com/ theaters/broadwaytheater/theater.php**.

Theaterkarten

Grundsätzlich werden Karten für Musicals, Theater und Konzerte in Amerika nicht subventioniert, wie wir das aus Deutschland, Österreich und der Schweiz kennen. Deshalb sind die Preise erheblich höher als im Heimatland. Wer nicht bereit ist, so tief in die Tasche zu greifen, muss Zeit und Energie in die Jagd nach verbilligten Tickets stecken. Für die nicht ganz so bekannten Produktionen (die oft ausverkauft sind) lohnt sich das Anstehen an den **TKTS-Kiosken** (→ S. 259), wo die Restposten der Broadway-Shows FÜR DEN SELBEN TAG bis zu 50 Prozent billiger verkauft werden. An Wochentagen und für Matineés sind die Chancen am größten. Wer sich nicht scheut anzustehen, probiere direkt an der jeweiligen Theaterkasse (nur Barzahlung!) ein stark verbilligtes „Rush", „Lottery" oder „Standing-Room only" Ticket („SRO Tickets") zu ergattern. Man bekommt sie am Morgen (ab 10 Uhr, So ab 12 Uhr) für denselben Abend, Lottery-Karten werden meist am vorigen Abend ab 19 Uhr verlost. Einen Überblick über die SRO-Politik der einzelnen Broadway- und Off-Broadway Bühnen gibt die Webseite www.paybill.com. Am Abend der Vorstellung kann man auch ab 18 Uhr auf Stand-by-Karten hoffen, die reduziert über den Schalter gehen, doch das ist natürlich absolute Glückssache. Wenn Sie lieber im Internet nach Schnäppchen jagen, hilft www.broadwaybox.com weiter. Sie erhalten bei Buchung nur einen Discount Code, mit dem Sie die Karten billiger bei Ticketmaster kaufen können. Für Internet-Buchungen brauchen Sie in Amerika immer eine Kreditkarte. Auf Deutsch vermakelt www.NewYork60.com vergünstigte Broadway-Karten. Für Off-Off-Produktionen finden Theaterfreunde bei TDF (Theater Development Fund) Tickets schon ab $ 9 (www.tdf.org).

Die größte Agentur ist **Ticketmaster** (☏ 800-745-3000, www.ticketmaster.com). **Ticket Central** ist auf Off-Produktionen spezialisiert (☏ 212-279-4200, www.ticketcentral.com oder an der Kasse tägl. 12–20 Uhr, 416 W 42nd St. zw. Dyer und 9th Ave. in der Nähe des Port Authority Bus Terminal in Midtown).

TKTS

Im berühmten rot-weißen Kiosk am Broadway und in seinen Pendants am alten Hafen von New York und in Brooklyn werden Karten für ausgewählte Broadway- und Off-Broadway-Shows verkauft für 20, 30, 40 oder 50 % des Originalpreises (plus $ 4 Servicegebühr). Zahlen kann man mit Kreditkarte, bar oder mit Travellerschecks. ☏ 212-221-0885, www.tdf.org.

TKTS 47th St. am Broadway (Duffy Square 47th–46th St./ Broadway-7th Ave.), Mo, Mi–Sa 15–20 Uhr, Di 14–20 Uhr, So 15–19 Uhr für die Abendvorstellung, Mi und Sa 10–14 Uhr, So 11–15 Uhr für Matineen.

South Street Seaport, an der Ecke Front und John St., hinter dem Resnick/Prudential Building, 199 Water St. Tägl. 11–18 Uhr. An diesem Kiosk müssen Matinee-Karten am Vortag gekauft werden.

Downtown Brooklyn, im 1 Metro Tech Center, an der Ecke Jay St. und Myrtle St. Promenade. So/Mo geschl., Di–Sa 11–18 Uhr (Lunchpause 15–15.30 Uhr), für denselben Abend oder die Matinee am nächsten Tag.

Broadway-Musicals

The Lion King. Das Broadway-Musical um Simba und seinen Platz im Leben von Elton John und Rim Rice. Minskoff Theater, Di–Do 19 Uhr, Fr/Sa 20 Uhr, Mi und Sa auch 14 Uhr, So 15 Uhr. 1515 Broadway/200 W 45th Street.

Chicago. Das Musical, das das Lebensgefühl der 1920er-Jahre versprüht. Ambassador Theater, Mo, Di, Do–Sa 20 Uhr, So 19 Uhr, Sa/So auch 14.30 Uhr. 219 W 49th St. zw. Broadway und 8th Ave.

The Phantom of the Opera. Andrew Lloyd Webbers Geschichte um die Kreatur, die in den Katakomben der Pariser Oper lebt und Schrecken verbreitet. Majestic Theater, Mi–Mo 20 Uhr, Di 19 Uhr, Do und Sa auch 14 Uhr. 247 W 44th Street zw. Broadway und 8th Ave.

The Book of Mormone. Ein Musical von den Machern der Trickfilmserie South Park über die Geschichte zweier mormonischer Missionare. Erhielt 2011 den Tony Award. Eugene O'Neill Theater, Di–Do und So 19 Uhr, Fr/Sa 20 Uhr, Sa/So auch 14 Uhr. 230 W 49th St. zw. Broadway und 8th Ave.

The Jersey Boys. Die Geschichte des Aufstiegs einer Boy-Group aus New Jersey. August Wilson Theater, Di–Do 19 Uhr, Fr/Sa 20 Uhr, Mi und Sa auch 14 Uhr, So 15 Uhr. 245 W 52nd St. zw. Broadway und 8th Ave.

Aladdin. Das Märchen aus 1001 Nacht nach dem oscarprämierten Disneyfilm erzählt von der Stadt Agrabah voller Sultane, Großwesire und reicher Bürger, ein paar Taschendieben und dem Flaschengeist namens Dschinni. New Amsterdam Theater, Di–Do 19 Uhr, Fr/Sa 20 Uhr, So 15 Uhr, Mi auch 13 Uhr und Sa auch 14 Uhr. 214 W 42nd Street zw. 7th und 8th Ave.

Kinky Boots. Gewinner des Tony- und Grammy Awards über einen Fabrikbesitzer und Drag-Darsteller mit Musik von Cyndi Lauper. Al Hirschfeld Theater, Di und Do 19 Uhr, Mi, Fr/Sa 20 Uhr, Mi und Sa auch 14 Uhr, So 15 Uhr. 302 W 45th St./Ecke 8th Ave.

Hamilton. Als Off-Broadway-Musical im Januar 2015 gestartet, hat es die Geschichte über das Leben von Alexander Hamilton, einem der drei Väter der amerikanischen Verfassung, ins Richard Rogers Theater geschafft. 2016 für 16 Tony Awards nominiert, dürfte die Show noch eine ganze Weile laufen. Di, Do 19 Uhr, Mi, Fr, Sa 20 Uhr, So 19.30 Uhr, Mi, Sa, So auch 14 Uhr. 226 W 46th Street zw. Broadway und 8th Ave.

Beautiful: The Carole King Musical. Carole King begann ihre Gesangskarriere als 16 Jahre altes Mädchen in Brooklyn und wird von Jesse Mueller so hinreißend dargestellt, dass der Mitschnitt des Musicals 2015 den Grammy Award für das beste Musical-Album des Jahres erhielt. Stephen Sondheim Theatre, Di–Do 19 Uhr, Fr/Sa 20 Uhr, So 15 Uhr, Mi, Do und Sa auch 14 Uhr. 124 W 43rd Street zw. 6th Ave. und Broadway.

Waitress. Wie es der Titel impliziert, geht es um eine Kellnerin, Jenna Hunterson, und ihre unglückliche Ehe mit Earl. Als sie schwanger wird, beginnt sie eine Affäre mit ihrem Gynäkologen. Das Stück ist fröhlicher, als es klingt! Brooks Atkinson Theatre, Di–Do 19.30 Uhr, Fr/Sa 20 Uhr, So 15 Uhr, Mi und Sa auch 14 Uhr. 256 W 47th Street zw. Broadway und 8th Ave.

Bemerkenswerte Off-Theaterproduktionen

Mitmach-Theater und interaktive Shows sind seit einigen Jahren der letzte Schrei in New Yorks Bühnenwelt. Der Zuschauer wird zum hautnahen Voyeur und kann selbst lenken, was er aus der Performance macht.

Sleep No More. Eine Reihe von Lagerhallen wurde zum Hotel McKittrick erklärt und Schauplatz für ein durch 5 Etagen tobendes Bühnenstück, das auf Shakespeares Macbeth beruht. Die maskierten Zuschauer bewegen sich frei von Szene zu Szene und irren dabei durch einen Friedhof, eine Irrenanstalt und vieles mehr. 530 W 27th Street, zw. 10th und 11th Ave, www.sleepnomore.com. (➔ Chelsea)

Fuerza Bruta. Die Show stammt ursprünglich aus Argentinien und ist ein akrobatisches Feuerwerk mit 16 Darstellern, die von Seilen schwingen und mit Wasser hantieren – mit dem Ziel, die Zuschauer komplett orientierungslos zu machen. Manche werden auch nass. Mi, Do und Sa 20 Uhr, Fr 21 Uhr, So 19 Uhr, Sa auch 17 Uhr. Daryl Roth Theatre, 20 Union Square East/E 16th St., www.darylroththeatre.com. (➔ Flatiron District/Gramercy)

Blue Man Group. Drei stumme Schauspieler vollführen eine Art Pantomime hinter blauen Masken zu rockiger Livemusik, wobei die Zuschauer in Clownerie und Akrobatik einbezogen werden. 17 Millionen haben weltweit bereits mitgemacht. Astor Place Theatre, tägl. 20 Uhr, Mi auch 11 und 14 Uhr, Sa/So auch 14 und 17 Uhr. 434 Lafayette Street zw. E 4th Ave. und Astor Pl., www.blueman.com. (➔ East Village)

Burlesque. Unterhaltungstheater, das sich aus der Parodie speist und dessen zentrale Attraktion die Striptease ist, wobei sich die Künstler nicht vollständig entkleiden. Erst ab 21 Jahren, zum Beispiel im Slipper Room, 167 Orchard Street/Stanton St., www.slipperroom.com.

Oper und Konzerte

Das **Lincoln Center for the Performing Arts** in der Upper West Side (➔ S. 182-187) ist das New Yorker Mekka der klassischen Musik. Seine Stars sind die **New York Philharmonics** (in der David Geffen Hall), das **New York City Ballet** (im David H. Koch Theater) und allen voran natürlich die **Metropolitan Opera** (im gleichnamigen Opernhaus), die neben der Wiener Staatsoper und der Mailänder Scala zu den führenden Opernhäusern der Welt zählt. Nach 40 Jahren gab James Levine die musikalische Leitung 2016 aus gesundheitlichen Gründen auf. Nach einer Übergangsphase wird der kanadische Dirigent Yannick Nézet-Séguin ab der Spielzeit 2020/21 sein Nachfolger und zunächst zwei, später fünf Opern pro Jahr dirigieren. Seine erste Aufführung soll 2017 Richard Wagners „Fliegender Holländer" sein.

Seit über 150 Jahren existieren bereits die New York Philharmonics, sie sind damit das älteste Orchester der USA. Klassische Konzerte werden in der Saison von September bis Juni in der **David Geffen Hall** gegeben. Dort finden auch viele Gastspiele auswärtiger Orchester und Solisten statt. Außerdem wird hier jedes Jahr im August das beliebte Mostly Mozart Festival veranstaltet. Kammerorchester, Streichquartette und Instrumentalisten haben in der ebenfalls im Lincoln Center unter-

Kulturleben

gebrachten **Alice Tully Hall** eine Bühne (→ Upper West Side).

In der 1891 eröffneten Konzerthalle **Carnegie Hall** traten schon berühmte Persönlichkeiten wie Leonard Bernstein und Jazzmusiker Benny Goodman auf. Auch Tschaikowsky, Toscanini, Gershwin oder Billie Holiday haben hier bereits brilliert (→ Midtown).

Die **Radio City Music Hall** ist mit über 6000 Plätzen eine der größten Veranstaltungshallen der Welt. Viele Stars wie Frank Sinatra und Ella Fitzgerald standen auf ihrer Bühne. Im Juni findet die Verleihung der Tony Awards, der Auszeichnung der besten Musicals und Theaterstücke des Broadways, mitunter hier statt (oder im Beacon Theatre). Auch die Shows der hauseigenen Rockettes sind sehr beliebt, sie gelten als eine der besten Showtanzgruppen der Welt (→ Midtown).

Information

Erste Anlaufstelle im Lincoln Center sollte das David Rubenstein Atrium sein, wo es Discount Tickets, ein Café, WLAN, Toiletten und kostenlose Konzerte (Do 19.30 Uhr) gibt (lincolncenter.org/Atrium). Karten für die Philharmoniker kosten $ 15–50. Wer die Met (ab $ 125) oder das New York City Ballet besuchen will, sollte die Karten besser lange im Voraus buchen, sonst riskiert er, dass die Aufführung bereits ausverkauft ist. Auch die Oper bietet vergünstigte Tickets an: „Rush Tickets" für $ 25, täglich für die ersten, die morgens an der Theaterkasse anstehen. Steh-Tickets („Standing Room Only", nicht für samstägliche Matinees), ebenfalls für diejenigen, die am Morgen der Aufführung an der Theaterkasse kaufen. Oder Sie gehen zu einer der öffentlichen Proben, die für drei Produktionen im Jahr stattfinden.

Lincoln Center for the Performing Arts

David Geffen Hall (ehem. Avery Fisher Hall), ☎ 212-875-5656 Service Charge und $ 2,50 Gebühr. Infos zur Philharmonie: ☎ 212-875-5709, www.lincolncenter.org und nyphil.org.

Alice Tully Hall und **Starr Theater**, ☎ 212-671-4050, Mo–Sa 10–18, So 12–18 Uhr. Kammermusikgesellschaft: ☎ 212-875-5788, Mo–Fr 10–17 Uhr. www.chambermusicsociety.org.

David H. Koch Theater, ☎ 212-496-0600, Mo–Sa 10–20 Uhr, So 12–17 Uhr. www.nycballet.com und davidkochtheater.com.

Metropolitan Opera, ☎ 212-362-6000; Mo–Sa 10–20 Uhr, So 12–18 Uhr, www.metopera.org.

Weitere Veranstaltungsorte

Radio City Music Hall, Theaterkasse (Box Office) Mo–Sa 10–18 Uhr, Tickets nicht für denselben Tag kann man auch am Madison Square Garden oder Beacon Theatre kaufen. ☎ 212-247-4777, 1260 Ave of the Americas zw. 50th und 51st St. www.radiocity.com.

Carnegie Hall, Plätze mit eingeschränkter Sicht werden ab 12 Uhr für denselben Abend an der Theaterkasse für $ 10 verkauft. 154 W 57th St. (Ecke 7th Ave.), ☎ 212-247-7800, tägl. 8–20 Uhr. Box Office (Theaterkasse) Mo–Sa 11–18, So 12–18 Uhr. www.carnegiehall.org.

Brooklyn Academy of Music, älteste Konzerthalle des Landes. Heute drei Gebäude mit Oper, Kino und Theater. ☎ 718-636-4100, 30 Lafayette Ave., Brooklyn NY 11217, Mo–Sa 12–18 Uhr. www.bam.org. Subway: Atlantic Ave. Linien 2, 3, 4, 5, N, R, Q, B, D.

Merkin Concert Hall at Kaufman Center, rund 70.000 Zuhörer kommen zu den mehr als 200 Konzerten (Kammermusik/Klassik/ neue Musik/Gesang) im Jahr. 129 W 67th St. (zw. Broadway und 10th Ave. nahe dem Lincoln Center), So–Do 12–19 Uhr, Fr 12–16 Uhr. Sa 1 Std. vor Vorstellung. ☎ 212-501-3330, www.kaufmanmusiccenter.org.

Lehman Center for the Performing Arts, das gemeinnützige Theater des 1931 gegründeten Colleges hat 2310 Plätze. Hier treten viele örtliche Ensembles und die Bronx Opera auf. 250 Bedford Park Boulevard zw. Goulden und Paul Ave., Bronx, Mo–Fr 10–17 Uhr. ☎ 718-960-8833, lehmancenter.org. Subway: Lexington Ave. Linie IRT 4 oder Bedford Park Blvd. Linien B, D.

New York City Marathon   Halloween für die Kleinsten

Veranstaltungskalender

Januar

Chinesisches Neujahr (erster Vollmond nach dem 21. Januar, zwischen 21.1. und 19.2.), in Chinatown sind die Feierlichkeiten sehr authentisch. Sie dauern zehn Tage. Besonders spektakulär ist die Drachenparade.

Februar

Black History Month, im Februar werden einige Veranstaltungen geboten, um die afroamerikanische Kultur zu feiern.

Empire State Building Run-Up, wer fit ist, nimmt Anfang Februar an dem Rennen die Treppen hoch bis zum 102. Stockwerk teil.

Fashion Week, Auftakt des internationalen Schauen-Marathons für die Herbst- und Winterkollektionen. Modedesigner aus aller Welt präsentieren ihre neuen Entwürfe an verschiedenen Locations. Im September werden die Frühjahr- und Sommer-Kollektionen gezeigt. In Zukunft in der Moynihan Station, 360 W 33rd St. in Midtown und am Skylight Clarkson Square, 550 Washington St. in SoHo. nyfw.com.

März

St. Patrick's Day Parade, eine der großen Paraden der Stadt, die am 17. März den irischen Nationalheiligen ehrt. Die Parade beginnt um 11 Uhr und geht die 5th Ave. hoch. Einen guten Blick hat man von den Stufen der St Patrick's Cathedral, von wo der Bischof die Bands begrüßt.

Easter Parade, am Ostersonntag findet eine Kostümparade entlang der 5th Ave. statt (von der 44th zur 59th St.). Beginn ist 11 Uhr.

Biennale, alle zwei Jahre im Whitney Museum of American Art. www.whitney.org.

April

Pillow Fight, am Washington Square Park treten am ersten Samstag im April die Pillow Fighter mit weichen Kopfkissen zur Kissenschlacht gegeneinander an.

Flower Show, Blumenschau im Kaufhaus Macy's am Herald Square.

TriBeCa Film Festival in der zweiten Aprilwoche findet seit 2002 Robert de Niros Filmfestival statt. Es werden Filme gezeigt und Workshops veranstaltet, außerdem gibt es Kinderprogramm. tribecafilm.com.

Cherry Blossom Festival, Kirschblütenfest Ende April/Anfang Mai im Brooklyn Botanic Garden. www.bbg.org.

St. Patrick's Day   Pillow Fight

Mai

Martin Luther King Parade, am dritten Sonntag im Mai wird mit dieser Parade des Bürgerrechtlers Martin Luther King Jr. gedacht, der 1968 in Memphis ermordet wurde. Sie führt die 5th Ave. hinauf (von der 57th bis zur 79th St.).

Summerstage, Mitte Mai beginnt die Saison für eines der größten Open-Air-Festivals in den New Yorker Parks; der Schwerpunkt liegt auf dem Central Park. Kostenlose Musik-, Theater-, Opern- und Tanzaufführungen. Anfang September endet die Saison. www.summerstage.org.

Shakespeare in the Park, Ende Mai bis Mitte August wird der Barde unter freiem Himmel im Central Park aufgeführt.

Juni

Pride Month, einen Monat lang feiert sich seit 1969 New Yorks LGBT-Gemeinde selbst. Die einstige *Gay Pride Parade* heißt heute *The March* und ist der Höhepunkt der Feierlichkeiten. Der Straßenumzug mit mehr als 80 schrillbunten Wagen ist eingebettet in ein volles Kultur- und Clubbing-Programm und endet mit einer Open-Air-Tanzparty auf den West Side Piers. www.nycpride.org.

Mermaid Parade, entlang der Surf Avenue auf Coney Island läutet diese Parade Anfang Juni mit viel Glitter und knappen Kostümierungen den Sommer ein. Karibisches Flair!

Puerto Rican Day Parade, am zweiten Sonntag im Juni. Mehr als 100.000 Menschen machen i. d. R. bei dieser Parade zwischen der 44th und 86th St. mit. Der Umzug dauert 3 Std.

Summer in the Square, jeden Mittwoch finden von Juni bis August am Union Square Musikkonzerte und Tanzvorführungen statt. summerinthesquare.nyc.

HBO Bryant Park Summer Film Festival, kostenlose Open-Air-Aufführungen von Filmklassikern im Bryant Park an der New York Public Library. Bis August. www.bryantpark.org.

Juli

Hot Dog Eating Contest, Anfang Juli stopfen sich die Teilnehmer dieses Wettbewerbs bei Nathan's Famous in Coney Island in 10 Min. mit fast 70 heißen Würstchen voll. Damen schaffen nur 45 Stück.

American Independence Day (Unabhängigkeitstag), Feier mit Kostümparaden, Straßenfesten und Feuerwerk über dem East River.

August

Harlem Week, entlang der 5th Ave. (von der 125th bis 135th St.) feiert die größte schwarze und hispanische Gemeinde New Yorks mit

Straßenparty, R & B, Gospel und Jazz. Es gibt auch Film-, Tanz-, Mode- und Sportveranstaltungen. Inzwischen einen ganzen Monat lang. harlemlocal.com/harlem-week.

September

Feast of San Gennaro, das Festival erstreckt sich über die dritte Woche im September in Little Italy. www.sangennaro.org.

Steuben Day Parade, mit einer der größten Paraden an der 5th Ave. wird die deutsch-amerikanische Freundschaft gefeiert. Mitte September. www.germanparadenyc.org.

New York Film Festival, Premieren und Klassiker im Lincoln Center.
www.filmlinc.com.

Aufmarsch der Nationalitäten:
In Paraden feiern sich die
Eingewanderten selbst

Oktober

Columbus Day Parade, die Entdeckung Amerikas wird am zweiten Montag des Monats mit Paraden und Flaggen gefeiert (5th Ave. bis zur 3rd Ave.). An der Parade nehmen rund 35.000 Menschen teil.

Greenwich Village Halloween Parade, fantastische Halloween-Kostümparade und

Straßenfeste am 31. Oktober entlang der 6th Ave. www.halloween-nyc.com/index.php.

Affordable Art Fair, bei diesem Vier-Tage-Event im Metropolitan Pavilion in Chelsea bekommt man einen fantastischen Überblick über den internationalen Kunstmarkt. Es kommen Galeristen aus aller Welt. Zweimal im Jahr, auch im März/April. affordableartfair.com/newyork.

November

Veterans Day, am 11. November gedenkt Amerika mit einer Parade entlang der 5th Ave. (von der 26th bis 52th St.) den Gefallenen der Kriege. americasparade.org.

New York City Marathon, letzter Sonntag im Oktober oder erster Sonntag im November. Der Lauf beginnt in Staten Island, führt über die Verrazano-Narrows Bridge durch alle fünf Boroughs und endet im Central Park. www.tcsnycmarathon.org.

Macy's Thanksgiving Day Parade, berühmte New Yorker Parade am vierten Donnerstag im November. Riesige Heißluftballons haben die Form von Comicfiguren. Von der 145th zur 34th St. social.macys.com/parade.

Christmas Tree Lighting Ceremony, am Rockefeller Center wird der berühmte Weihnachtsbaum erleuchtet. Er erstrahlt bis in die erste Januarwoche des neuen Jahres. www.rockefellercenter.com/whats-happening/upcoming.

Winter at Bryant Park, die Grünfläche verwandelt sich Ende November in eine Eislaufbahn, drum herum laden Buden zum Bummeln und Verweilen ein. wintervillage.org.

Dezember

New Years Eve Celebrations, Neujahrsfeiern mit einer riesigen Leuchtkugel am Times Square (man muss schon früh morgens eintreffen, um einen Platz zu bekommen; kein Alkohol erlaubt) und Feuerwerk am Bethsheda-Brunnen im Central Park. Man bekommt heißen Apfelwein ausgeschenkt (ab 23.30 Uhr). www.newyearseve.nyc.

Die Stadt, die niemals schläft – in Wahrheit gibt's sehr wohl eine Sperrstunde

Nachtleben

„In New York liegt etwas in der Luft, was Schlafen überflüssig macht", befand schon Simone de Beauvoir. Bei fast 4000 Bars und Clubs ist denn auch für jeden Durst, Musikgeschmack und Geldbeutel eine passende Location dabei, wo die Nacht zum Tage gemacht, neue Bands und Trends entdeckt oder einfach nur abgetanzt werden kann.

Bars

In New York öffnen die meisten Bars am späten Nachmittag/frühen Abend und schließen spätestens um 4 Uhr morgens, je nachdem wie viel los ist, aber dann ist Sperrstunde.

Eine Besonderheit in New York sind die **Speakeasys**, Überbleibsel aus der Zeit der Prohibition. Sie zeichnen sich durch versteckte Eingänge, 20er-Jahre-Einrichtung und ähnliche Reminiszenzen aus. Hier sind die Cocktails besonders hochprozentig, aber in fast jeder Kneipe der Stadt wird gerührt oder geschüttelt, und die Cocktail-Klassiker „Cosmopolitan", „Coney Island Ice Tea" (hat nichts mit Tee zu tun), „Manhattan" und „Rob Roy" gehen wie am Fließband über den Tresen.

Um sich im Dschungel der Hotel- und Cocktailbars, versteckten Speakeasys und flamboyanten Rooftop-Lounges zurechtzufinden, empfiehlt sich der Blick ins **Time Out New York** (www.timeoutny.com) und das **New York Magazine** (www.nymag.com). Eine gute Internetquelle mit Beschreibungen und Bewertungen der Lokale ist auch **www.thrillist.com**.

Lower Manhattan → Karte S. 30/31

The Dead Rabbit Grocery & Grog **25** Dieses Lokal auf drei Etagen in einem Brownhouse ist Pub, Cocktailbar und Eventspace zugleich. The Dead Rabbit zählt für Kenner zu den besten Bars der Welt, weshalb sie mehrfach international ausgezeichnet wurde. In der Tradition der irischen Einwanderertavernen bekommt man hier nicht nur Barsnacks, Brunch, Lunch und Dinner (bis 2 Uhr morgens), sondern kann auch irische Produkte einkaufen. Tägl. 11–4 Uhr. 30 Water St./Ecke Broad St., ℡ 646-422-7906, www.deadrabbitnyc.com. Subway: Whitehall St. Linien N und R.

Turn the Tables!

Fresh Salt **17** Backsteinwände und rustikale Bodenplanken heißen Sie in der ehemaligen Fischräucherei willkommen. Die auch von Einheimischen sehr geschätzte Café-Bar hat eine solide Auswahl an Bieren, Spirituosen und Cocktails. 146 Beekman St. zw. Front und South St., ✆ 212-962-0053, freshsalt.com. Subway: Wall St. Linien 2 und 3.

Living Room Bar & Terrace **12** Coole und hochpreisige Lounge im fünften Stock des *W Hotels* mit Blick auf die World Trade Center Site. Auch Brettspiele und kleine Imbisse. So, Mo 17–23 Uhr, Di/Mi bis 24 Uhr, Do 15–1 Uhr, Fr/Sa bis 2 Uhr. 123 Washington St. nahe Carlisle St., ✆ 646-826-8646, www.wnewyorkdowntown.com/living-room-bar-financial-district. Subway: Rector St. Linien 1 oder R.

Jeremy's Ale House **14** Verschrobene Dive Bar, wo seit 40 Jahren billiges Bier aus Styroporbechern serviert wird und Büstenhalter von der Decke hängen. Es gibt auch recht passables Essen, etwa frittierte Clams, Cajun Shrimps und Onion Rings (auf Papptellern). Mo–Fr 8–24 Uhr, Sa ab 10 Uhr, So ab 11 Uhr. Happy Hour: Mo–Fr 8–10 und 16–18 Uhr. 228 Front St./Ecke Peck Slip, ✆ 212-964-3537, www.jeremysalehouse.com. Subway: Fulton St./Broadway-Nassau Linien 2, 3, 4, 5, A, C, J, Z.

Vintry Wine & Whiskey **22** Gediegene, kerzenbeleuchtete Kellerbar mit gigantischer Wein- und Whiskeykarte plus Whiskeycocktails (ab $ 13). Dazu kleinere Gerichte, die zu den Getränken passen. Mo–Do 11.30–2 Uhr, Fr/Sa bis 4 Uhr, So bis 1 Uhr. 57 Stone St., ✆ 212-480-9800; www.vintrynyc.com. Subway: Wall Street Linien 2, 3; Broad Street Linien J, Z; Bowling Green Linien 4, 5.

Chinatown, Little Italy, NoLita → Karte S. 59

Apotheke **25** Chinatown. Bar des Österreichers Albert Trümmer in einer ehemaligen Opiumhöhle. Viel Rot, Gold und Silber, Banquette-Sitze, Marmorbar und vergoldete Decke. 250 Hauscocktails (spezialisiert auf Absinth). Strikte „Farm-to-Bar"-Politik, alle Zutaten sind Bioprodukte, die vom Bauernmarkt oder aus dem eigenen Kräutergarten stammen. Mo–Sa 18.30–2, So 20–2 Uhr. 9 Doyers St. zw. Bowery und Pell St., ✆ 212-406-0400, www.apothekenyc.com. Subway: Canal St. Linien J, N, Q, R, Z, 6; Chambers St. Linien J, Z oder Brooklyn Bridge/City Hall 4, 5, 6.

The Ship **9** NoLita. Diese Kellerbar mit ihren fast 6 m hohen Decken folgt in ihrer Einrichtung dem nautischen Thema. Die Cocktails ($ 14) können einen wirklich aus dem Gleichgewicht bringen. Eine der besten Bars in NoLita. Mo–Do 17–1 Uhr, Fr/Sa 18–3 Uhr. 158 Lafayette Str. zw. Grand und Howard St., ✆ 212-219-8496, www.theshipnyc.com. Subway: Canal St. Linien J, N, Q, R, Z, 6.

Mother's Ruin **7** NoLita. Entspannte und recht günstige Cocktailbar, wo tägl. Brunch serviert wird. Auch abends gibt es kleine Snacks zu den Getränken. Tägl. 11–4 Uhr. 18 Spring St. zw. Elizabeth und Mott St., www.mothersruinnyc.com. Subway: Spring St. Linie 6.

Gold Bar **8** Little Italy. Das Thema dieser Bar mit Wow-Effekt ist erwartungsgemäß: Gold. Goldene Totenköpfe an den Wänden, goldene Decken, goldene Vorhänge und Drinks namens „Goldrush". DJs mixen die neuesten Tunes. Zum Glück gibt es Graffiti auf dem Klo. Die Preisklasse ist erwartungsgemäß: hoch. Do–So 23-4 Uhr. 389 Broome Street zw. Lafayette und Mulberry St., ✆ 212-274-1568, www.goldbarnewyork.com. Subway: Spring St. Linie 6 oder Bowery Linien J, Z.

The Mulberry Project **15** Little Italy. Durch eine unmarkierte Tür geht es in eine dunkle, minimalistische Abfolge von Räumen im Ker-

Nachtleben 267

zenschein; Spitzencocktails ($ 14). Es gibt auch einen kleinen Hof voller Street-Art. Mo–Mi 18–2 Uhr, Do/Fr bis 4 Uhr, Sa 11.30–4 Uhr, So 11.30–2 Uhr. 149 Mulberry Street nahe Grand St., ✆ 646-448-4536, projectgroupnyc.com. Subway: Grand St. Linien B, D; Canal St. Linien 6, J, N, R, Q, Z.

169 Bar **26** Chinatown. Eine der ältesten Bars im New York und ein Relikt aus alten Zeiten. Das Pub ist bodenständig und günstig. Soul, Funk, Disco und Jazz, am Wochenende legen DJs auf. Außerdem Austernbar und Pooltable. In der Happy Hour (tägl. 12–19.30 Uhr) zahlt man $ 3 für ein Bier mit Schnaps. Tägl. 12–4 Uhr. 169 East Broadway nahe Rutgers St., ✆ 212-641-0357, www.169barnyc.com. Subway: East Broadway Linie F.

Lower East Side → Karte S. 69

Schiller's Liquor Bar **25** In einer alten, weiß gekachelten Apotheke wird entspannt gespeist und getrunken. Brechend voll zum Brunch. Mo–Do 11–1 Uhr, Fr 11–3 Uhr, Sa 10–3 Uhr, So 10–24 Uhr. Happy Hour Mo–Do 16–19.30 Uhr, Fr 16–18 Uhr, dann Austern für $ 1,50. 131 Rivington St./Ecke Norfolk St., ✆ 212-2604555, www.schillersny.com. Subway: Delancey/Essex St. Linien F, J, M, Z.

303 @ Louie and Chan **28** Italienische Trattoria, in deren Keller sich eine chinesische Cocktailbar versteckt. In den beiden Zimmern werden asiatisch inspirierte Cocktails zu DJ-Tunes serviert. Tägl. 17–24 Uhr, am Wochenende auch länger. Meistens Eintritt $ 10. Happy Hour tägl. 17–19 Uhr, dann Bier und Wein $ 5. 303 Broome St. zw. Eldridge und Forsyth St., ✆ 212.837.2816, www.louieandchan.com. Subway: Delancey/Essex St. Linien F, J, M, Z oder Grand St. Linien B, D.

The Back Room **27** Neben einem Restaurant geht man durch ein Tor hinab durch den Hof und vorbei an Mülltonnen zum unmarkierten Eingang. Dahinter versteckt sich (seit 85 Jahren!) ein urgemütliches Speakeasy mit einem Hauch von Luxus (imposanter Kronleuchter, dunkelroter Plüsch). Viele Anspielungen auf die Prohibition (Flaschen werden in braunen Tüten verpackt, die Drinks kommen in Teetassen oder Kaffeebechern). Cocktails ca. $ 12. Mo–Mi 19.30–2.30 Uhr, Do bis 3 Uhr, Fr/Sa bis 4 Uhr, So bis 2 Uhr. 102 Norfolk St./Ecke Delancey St., ✆ 212-228-5098. Subway: Delancey/Essex St. Linien F, J, M, Z.

Attaboy **29** Ebenso diskret (Stahltür ohne Beschriftung, man muss klopfen und dann warten) gibt sich diese kleine Bar, wo es keine Cocktailkarte gibt, sondern die Drinks ($ 16) auf den eigenen Geschmack zugeschnitten werden. Man sollte sich vorher überlegen, was man denn mag ... Tägl. 18–3.30 Uhr. Kein Telefon. 134 Eldridge St. zw. Broome und Delancey St., Subway: Delancey/Essex St. Linien F, J, M, Z; Bowery Linien J, Z oder Grand St. Linien B, D.

Hill & Dale **23** Diese Bar (Cocktails $ 13) ist gleichzeitig ein Gastro-Pub (Tacos $ 10) und eine gute Wahl für eine etwas ruhigere Abendgestaltung in LES zu fairen Preisen. Happy Hour (Cocktails $ 6, Bier $ 5) ist tägl. von 17 bis 20 Uhr, montags den ganzen Tag. So–Mi 17–2 Uhr, Do–Sa 17–4 Uhr. 115 Allen St. zw. Rivington und Delancey St., ✆ 212-420-1115, www.hillanddalenyc.com. Subway: Delancey/Essex St. Linien F, J, M, Z.

Beauty & Essex **21** Die Lounge mit Restaurant auf zwei Etagen versteckt hinter einem Pawn Shop (Pfandhaus), hier stößt man auf glutenfreie amerikanische Imbissgerichte mit ethnischer Färbung und exklusive Cocktails. Toller Service. Mo–Fr 17–1 Uhr, Sa/So 11.30–15 und 17–1 Uhr. 146 Essex St. zw. Rivington und Stanton St., ✆ 212-614-0146, www.beautyandessex.com. Subway: Delancey/Essex St. Linien F, J, M, Z.

Kitty's Canteen **5** Katzen, Kronleuchter vom Flohmarkt und im Speisesaal chinesische Blumentapeten. Dieses Establissement versteht sich als Jazz-Bar und jüdische Soulfood-Einrichtung, sieht aber eher aus wie ein Bordell in New Orleans. Besitzer Richard Kimmel tritt auch allabendlich selbst auf, man weiß nie so genau, was einen erwartet. Winzig, deshalb ist eine Reservierung empfohlen. Nebenan bei Kitty's Agogo kann man die Speisen (Di–Sa 17–24 Uhr) auch mitnehmen. 9 Stanton St. zw. Christie St. und Bowery, ✆ 212-477-7047, www.kittysnyc.com. Subway: 2nd Ave. Linie F.

SoHo, Tribeca → Karte S. 78/79

Pegu Club **5** SoHo. Ein Klassiker der New Yorker Barszene, die intime Cocktail-Lounge befindet sich eine enge Treppe hinauf versteckt im ersten Stock und serviert einige der besten Mischgetränke der Stadt, alles aus frischen Zutaten der Saison. Man kann hier auch etwas essen. So–Mi 17–2 Uhr, Do–Sa bis 4 Uhr. 77 W Houston St. zw. W Broadway und Wooster St., ✆ 212-473-7348, www.peguclub.com. Subway: B'way/Lafayette Linien B, D, F, M; Prince St. Linien N, R oder Spring St. Linien C, E.

Pravda 25 SoHo. Gemütliche, russisch inspirierte Kellerbar mit Kaviar, Miniburgern und mehr als 70 Wodkasorten ($ 12–30). Cocktails $ 14. Mo 17–1, Di–Do bis 2 Uhr, Fr/Sa bis 3 Uhr, So 18–1 Uhr. Happy Hour tägl. 17–19 Uhr, beim Kauf eines Drinks gibt es einen zweiten kostenfrei dazu. 281 Lafayette St. zw. Prince und Jersey St., ☎ 212-226-4944, pravdany.com. Subway: Spring St. Linien 4, 6; B'way/Lafayette Linien B, D, F, M oder Prince St. Linien N, R.

Ear Inn 13 SoHo. Seit mehr als hundert Jahren werden in dieser historischen Kneipe Werftarbeiter und Anwohner bedient. Die Holzbar und der unebene Boden zeugen vom Alter. So, Mo und Mi mitunter Musikabende, sehr gutes Barfood. Tägl. 12–4 Uhr, Küche Mo–Do bis 2 Uhr, Fr/Sa bis 3 Uhr, So bis 1 Uhr. 326 Spring St./Ecke West Side Highway, ☎ 212-226-9060, earinn.com. Subway: Spring St. Linien C, E; Canal St. Linie 1 oder Houston St. Linie 1.

Puffy's Tavern 50 SoHo. Die Kneipe gab es schon während der Prohibition. Altmodisch mit gekacheltem Boden, später am Abend trifft man hier alles vom Lastwagenfahrer bis zum Künstler. Happy Hour tägl. 16–20 Uhr. Italienische Sandwiches. Mo–Mi 11.30–2 Uhr, Do/Fr bis 4 Uhr, Sa 12–4 Uhr, So 12–22 Uhr. 81 Hudson St., ☎ 212-227-3912, www.puffystavern.nyc. Subway: Franklin St. Linie 1.

Ward III 51 Tribeca. Einladend gediegene Cocktail- und Whiskey-Bar (Whiskey Mondays) mit guten Tapas-Tellern, aber Tribeca-Preisen: Cocktails $ 16 (autsch). Mo–Fr 16–4 Uhr, Sa 17–4 Uhr, So 16–2 Uhr. 111 Reade St. zw. W Broadway und Church St., ☎ 212-240-9194, ward3.com. Subway: Chambers St. Linien 1, 2, 3.

Houston Hall 1 Tribeca. Riesige Bierhalle mit ganzjähriger Oktoberfeststimmung in einer ehemaligen Automobilwerkstatt, wo man an langen Tischen und Bänken sitzt und sich Biere der Greenpoint-Beerworks-Brauerei reinpfeiffen kann. Sonntags zw. 12 und 16 Uhr gibt es dazu kostenlose Bagels. Zur Happy Hour Mo–Fr 16–19 Uhr kostet des Pint $ 6. Mo/Di 16–1 Uhr, Mi bis 2 Uhr, Do 12–2 Uhr, Fr/Sa 12–3 Uhr, So 12–1 Uhr. 222 W Houston St. zw. Varick St. und 6th Ave. ☎ 212-675-9323, www.houstonhallny.com. Subway: Houston St. Linie 1.

East Village → Karte S. 90/91

🍸 **The Summit Bar** 24 Nur 60 Leute dürfen in diese Cocktailbar, damit es entspannt bleibt und Spaß macht. Viele Kräuter für die Cocktails wachsen auf dem Dach, es gibt auch eine recht umfangreiche Speisekarte. Happy Hour Mo–Fr 18–20 Uhr, Sa/So 16–19.30 Uhr (dann Cocktails $ 8, sonst $ 14). Mo–Mi 17–2 Uhr, Do/Fr bis 3 Uhr, Sa 16–3 Uhr, So 16–2 Uhr. 133 Avenue C nahe 8th St., ☎ 347-465-7911, www.thesummitbar.net. Subway: Second Ave. Linie F oder First Ave. Linie L.

Cabin Down Below 23 Benannt nach einem Tom-Petty-Song ist diese coole Underground-Lounge im Rock'n Roll verwurzelt. Es gibt aber auch Blues und Country. Der Eingang ist auf der Rückseite des Gebäudes (m. Lieferanteneingang) und die schwarze Metalltreppe hinunter. Die Black Market Bar direkt darüber gehört denselben Besitzern. Mo–Sa 22–4 Uhr. 132 1/2 E 7th St. zw. Ave. A und B am Tompkins Sq., ☎ 212-614-9798. Subway: Astor Pl. Linie 6.

Cienfuegos 20 Diese Rum- und Tapas-Lounge weckt kubanisches Lebensgefühl, der Punsch kann mit kleinen Speisen in seiner Wirkung neutralisiert werden. Happy Hour: Mo–Sa 17–19 Uhr und So den ganzen Abend. So–Do 17–1 Uhr, Fr/Sa 17–2 Uhr. 95 Ave A zw. 6th und 7th St., ☎ 212-614-6818, www.cienfuegosny.com. Subway: 2 Ave. Linie F.

Death and Company 18 Dieses kerzenbeleuchtete Pseudo-Speakeasy hat schwarze Wände, es ist dunkel, intim und geheimnisvoll. Man kann hier nicht nur aus einer riesigen Cocktailkarte wählen, sondern auch erstaunlich gut essen (z. B. Filet Mignon im Speckmantel) – wenn man denn einen Platz bekommt. Vor allem an Wochenenden steht man leider häufig in der Schlange. So–Do 18–2 Uhr, Fr/Sa bis 3 Uhr. ☎ 212-388-0882; deathandcompany.com. 433 E 6th St. zw. Ave. A und 1st Ave. Subway: Astor Pl. Linie 6; 8 St./NYU Linien N, R; 1 Ave. oder 3 Ave. Linie L.

PDT (Please Don't Tell) 15 Nicht weitersagen? Zu spät: Gehen Sie durch den Hot-Dog-Laden Crif Dogs in eine Telefonzelle und wählen die 1 – Simsalabim, öffnet sich die Türe zu diesem Salon, der neben seinen innovativen Cocktails auch Crifs heiße Hunde serviert. Alles ist sehr gemütlich, aber irgendwie schräg, dazu passen auch die ausgestopften Tierköpfe an den Wänden. So–Do 18–2 Uhr, Fr/Sa bis 4 Uhr. Reservierung empfohlen. ☎ 212-614-0386; pdtnyc.com. 113 St Mark's Place zw. Ave A und 1 Ave., Subway: 1 Ave. oder 3 Ave. Linie L oder 2 Ave. Linie F.

Angel's Share 4 Ganz versteckt im ersten Stock hinter einem japanischen Restaurant

Cocktails mit Extras: Hier gibt's eine Maniküre dazu

befindet sich diese kleine Bar mit hervorragenden, orientalisch inspirierten Cocktails ($ 14–16). Gruppen von mehr als 4 Pers. werden nicht toleriert, um einen fast meditativen Raum der Besinnung zu schaffen. Angenehm! Mo–Do und So 18–1.30 Uhr, Fr/Sa bis 2.30 Uhr. 8 Stuyvesant St./ Ecke 9th St. und 3rd Ave., ☏ 212-777-5415. Subway: Astor Pl. Linie 6 oder 8 St./NYU Linien N, R.

McSorley's Old Ale House 9 Es werden nur zwei Biersorten ausgeschenkt, hell und dunkel, beide kosten $ 5 und kommen als zwei Half Pints. Die Zeitungen und Memorabilien hängen seit 1910 an den Wänden. Noch immer liegen Sägespäne am Boden, die jeden Abend aufgefegt werden. Mo–Sa 11–1 Uhr, So erst ab 13 Uhr. 15 East 7th St., ☏ 212-473-9148. Subway: 8 St./NYU Linien N, R oder Astor Pl. Linie 6.

Beauty Bar 1 Zwischen Trockenhauben und alten Frisörstühlen lässt man sich für $ 10 zum Cocktail/Martini (im Preis inbegriffen) maniküren (Mo–Fr 18–23 Uhr, Sa/So 15–23 Uhr). Oft auch DJs oder Burlesque-Shows. Mo–Fr 17–4 Uhr, Sa/So 19–4 Uhr. 231 East 14th St., nahe 2nd Ave., ☏ 212-539-1389, www.beautybar.com/ny/home.html. Subway: 14 St./Union Sq. Linien 4, 5, 6, L, N, Q, R.

Madam Geneva 25 Loungebar mit urbanem Look, die zum hoch gelobten Restaurant Saxon and Parole gehört, von dem auch eine Geheimtür in die Bar führt (nur für Gäste des Restaurants, sonst Eingang 4 Bleecker Street). Kachelfußboden, lange Bar, dunkelblaue Ledersofas, Kerzenschein. Gin und Wodka sind Grundlage für fast alles. Auch kleine Speisen. Mo–Mi 18–1 Uhr, Do–Sa bis 2 Uhr. 4 Bleecker St. nahe Bowery, ☏ 212-254-0350, www.madamgeneva-nyc.com. Subway: 2 Ave. Linie F; B'way/Lafayette Linien B, D, F, M.

Greenwich → Karte S. 104/105

Art Bar 2 Martinis zum Schnäppchenpreis mit gleichzeitigem Kunstgenuss. Das Konzept geht seit 20 Jahren auf, und die Bar ist gut besucht. Im Hinterzimmer (Black Room) ist es etwas ruhiger. Musik aus den 80ern. Die Küche serviert bis 2 Uhr, am Wochenende bis 3 Uhr. Tägl. 16–4 Uhr, Happy Hour tägl. 16–19 Uhr (halber Preis). 52 8th Ave. zw. Horatio und Jane St., ☏ 212-727-0244, www.artbar.com. Subway: 8th Ave. Linie L oder 14 St. Linien 1, 2, 3 oder A, C, E.

Wicked Willy's Bar 41 Diese Party-Bar hat ein nautisches Piratenthema mit Beach-Atmosphäre, Miniaturschiff und grinsendem Totenkopf. An den Wochenenden treten unbekannte Rockbands auf, bevor DJs einen Dance-Mix auflegen. Spezialität ist Rum. Good fun! Mo–Mi bis 19 Uhr Burger und Bier für $ 10, Happy Hour Mo–Do und So 16–21 Uhr, Fr/Sa 13–19 Uhr. Mo–Fr 15–4 Uhr, Sa/So ab 13 Uhr. 149 Bleecker St. zw. Thompson St. und LaGuardia Pl., ☏ 212-254-8592, wickedwillys.com. Subway: W 4 St. Linien A, B, C, D, E, F, M.

Madame X 45 Die Ausstattung erinnert an ein Bordell, die Drinks haben Namen wie leichte Mädchen (z. B. Pussy Galore), es ist aber kein Freudenhaus sondern eine plüschige „sexy" Bar, in der am Wochenende DJs an den Turntables stehen oder erotische Kunst zu sehen ist. Nicht jedermanns Geschmack, man zahlt drauf für den Gag. Mo–Fr ab 18 Uhr, Sa/So ab 19 Uhr geöffnet, oft bis 4 Uhr morgens. 94 W Houston St. zw. La Guardia Pl. und Thompson St., ☏ 212-539-0808; madamexnyc.com. Subway: Spring St. Linien C, E; Prince St. Linien N, R oder B'way/Lafayette Linien B, D, F, M.

Blind Tiger Ale House 22 30 Biere vom Fass und leckeres Barfood im Farmhaus-Ambiente. Gemütlich. Tägl. 11.30–4 Uhr. 281 Bleecker St./Ecke Jones St., ☏ 212-452-4682, www.blindtigeralehouse.com. Subway: W 4 St. Linien A, B, C, D, E, F, M.

Bongo – a Seafood Lounge 13 Bar im 1960er-Retrostil bei den Piers. Austern, Hummerbrötchen (Lobster Rolls $ 25) und innovative, ziemlich starke Cocktails. Di/Mi 17.30–

24 Uhr, Do–Sa bis 2 Uhr. Austern Happy Hour Di–Sa 17.30–19.30 Uhr. Kleine Cocktails ab $ 10, reguläre $ 14–22. 395 West St. Ecke 10th St. und West Side Highway. ☎ 212-675-6555, www.bongonyc.com. Subway: Christopher St./ Sheridan Sq. Linie 1.

Temple Bar 46 Sehr romantische Cocktailbar mit viel dunkler Eiche, Leder und rotem Velours in NoHo. Bis Mitternacht auch tapasartige Snacks. Mo–Do 17–1 Uhr, Fr/Sa bis 2 Uhr. 332 Lafayette St., nahe Bleecker St., ☎ 212-925-4242, www.templebarnyc.com. Subway: Bleecker St. Linie 6.

White Horse Tavern 8 Traditionelle Kneipe, 1687 vom Vater eines echten Piraten gegründet, heute gleichermaßen von Studenten, Einheimischen und Touristen frequentiert. So–Do 11–2 Uhr, Fr/Sa bis 4 Uhr. 567 Hudson St. zw. West 11th und Perry St., ☎ 212-989-3956, www.whitehorsetavern1880.com. Subway: Christopher St./Sheridan Sq. Linie 1 oder 14 Street Linien A, C, E.

Flatiron, Gramercy → Karte S. 117

Flatiron Lounge 10 Junge, schicke Cocktailbar im Art-déco-Stil mit dunklem Holz und 10 m langer Bar. Das Cocktailangebot ($ 14) wechselt mit der Saison. Mo–Mi 16–2 Uhr, Do bis 3 Uhr, Fr bis 4 Uhr, Sa 17–4 Uhr und So 17–2 Uhr. Happy Hour Mo–Fr 16–18 Uhr (Cocktails $ 10). 37 West 19th St. zw. 5th und 6th Ave., ☎ 212-727-7741, flatironlounge.com. Subway: 14 St. Linien F, M.

The Raines Law Room 12 Versteckte, sehr gemütliche kleine Cocktaillounge im 1920er-Jahre-Ambiente mit Kamin. Die exzellenten Drinks sind hochpreisig, man bekommt allerdings Popcorn dazu. Wenn man hier klingelt und es ist kein Platz, sagen Sie dem Türsteher, Sie warten in "The Kitchen". Das Lokal besteht nämlich aus drei Räumen und einem begrünten Hof. Mo–Mi 17–2 Uhr, Do–Sa bis 3 Uhr, So 19–1 Uhr. So–Di ist eine Reservierung möglich, kein Telefon. www.raineslawroom.com. 48 W 17th St. zw. 5th und 6th Ave., Subway: 14 St. Linien F, M; 6 Ave. Linie L oder 18 St. Linie 1.

230 Fifth 1 Im 20. Stock eines Bürohauses überrascht die flamboyante, verglaste Lounge mit Lagerfeld-Sofas und roten Leuchtsäulen. Den noch besseren Blick auf das Empire State Building hat man von der riesigen Dachterrasse, die mit Palmen und Gartenmöbeln ausgestattet und im Winter beheizt ist. Cocktails kosten $ 14–15. Sa/So Brunch 10–16 Uhr. Mo–Fr 16–4 Uhr, Sa/So 10–4 Uhr. 230 5th Ave./Ecke 27th St., ☎ 212-725-4300, www.230-fifth.com. Subway: 28 St. Linien N, R oder 6; 34 St./Harold Sq. Linien B, D, F, M, N, Q, R.

Birreria 8 Biergarten mit Mikrobrauerei auf dem Dach des italienischen Feinkostladens Eataly am Flatirongebäude. Die perfekte Outdoor-Location für ein "Feierabendbierchen". Dazu kann man auch die Küche Norditaliens genießen. Tägl. 11.30–22 Uhr, Do–Sa bis 23 Uhr. ☎ 212-937-8910, www.eataly.com/us_en/stores/new-york/nyc-la-birreria. 200 Fifth Ave. Ecke 23rd St. Subway: 28 St. Linien N, R oder 6; 34 St./Harold Sq. Linien B, D, F, M, N, Q, R.

Chelsea → Karte S. 126/127

The Gallow Green 4 Wunderschön begrünter Dachgarten mit Bar und Restaurant, wo überwiegend "Shared Plates" auf der Karte stehen, die man sich zu mehreren teilt. Sa/So Rooftop-Brunch mit Livemusik. Sehr trendy und teuer. Cocktails $ 15. Die kleine Oase befindet sich auf dem sog. McKittrick Hotel, Aufführungsort für das Theaterstück „Sleep No More". April bis Nov. Mo–Mi 16–22.30 Uhr, Do und So 12–22.30 Uhr, Sa 12–0.45 Uhr. ☎ 212-564-1662, www.mckittrickhotel.com/gallowgreen. 542 W 27th St. zw. 10th und 11th Ave., Subway: 23 St. Linien C, E.

Top of the Standard 36 Opulente Rooftop-Bar im 18. Stock des Standard Hotel an der Highline im Meatpacking District. Grandiose Aussicht (vor allem von der Toilette aus!), Whirlpool und Bikini-Automat (kein Witz!). Extrem teure Drinks ($ 20), aber was zahlt man nicht für die Atmosphäre – und den Blick! Nachmittags Afternoon Tea, abends oft Live-Jazz. Mo/Di 16–24 Uhr, Mi–Sa 16–21 Uhr, So 16–24 Uhr, Brunch 12–17 Uhr. 848 Washington St/W 13th St., ☎ 212-645-4646. Subway: 14 St. Linien A, C, E oder 1, 2, 3.

The Frying Pan 1 Die ultimative Dive-Bar direkt am Wasser auf einem alten Leuchtturmschiff am Pier 66. Es gibt eine DJ-Lounge, ab und zu Live-Acts und BBQ. Nur Mai–Sept. tägl. 11–24 Uhr, im April und Okt. nur bei schönem Wetter. 26th St. zw. 11th und 12th Ave., fryingpan.com. Subway: 23rd St. Linien C, E, F, M, N, R, 5, 6, 1.

Porchlight 2 In einem Speicher nahe dem Hudson River versprüht diese Cocktailbar Südstaatencharme. Die 12 Cocktails kosten alle $ 14 und schmecken fast so lecker wie die Snacks vom Starkoch. Mo–Mi 12–24 Uhr, Do/Fr bis 2 Uhr, Sa 16–2 Uhr. 271 11th Ave./ Ecke 28th St., ☏ 212-981-6188, porchlightbar.com. Subway: Hudson Yards Linie 7.

Sid Gold's Request Room 22 Einzige Piano-Bar in Chelsea (im hinteren Raum), montags mit professionellen Live-Auftritten für $ 10 Eintritt. Oft Karaoke zum Klavier. Tägl. 17–2 Uhr. 125 W 26th St. zw. 6th und 7th Ave., ☏ 212-229-1948, sidgolds.com. Subway: 28 St. Linie 1.

Terroir Highline 28 Freiluftweinbar ($ 10–15 je Glas) auf dem Highline-Park gleich beim Standard Hotel. Es gibt auch tapasartige Gerichte. Mai–Okt. Mo–Fr 11–21.30 Uhr, Sa/So ab 12 Uhr. The High Line Höhe 15th Street/10th Ave., www.wineisterroir.com. Subway: 14 St. Linien A, C, E oder 1, 2, 3. **Ableger in Tribeca**, 24 Harrison St., tägl. ab 16 Uhr bis spät, Happy Hour tägl. 16–18 und 23 Uhr bis Feierabend, dann Wein ab $ 8 pro Glas.

GLounge 31 Schwulenfreundliche Bar mit Club aus den 1990er-Jahren, perfekt für einen frühen Cocktail, bekannt für seine hotten Barjungs und Gogo-Tänzer sowie guten DJs. Good fun. Tägl. 16–4 Uhr, Happy Hour Mo–Fr 16–21 Uhr. 225 W 19th St. zw. 7th und 8th Ave., ☏ 212-929-1085, glounge.com. Subway: 18 St. oder 23 St. Linie 1.

Bathtub Gin 30 Das Speakeasy befindet sich hinter der Stone Street Coffee Company. Mitten im schummrigen Raum steht denn auch die namensgebende Badewanne. Man sitzt in gemütlichen Nischen, die meisten Drinks basieren natürlich auf Gin. Es gibt auch Dinner. So–Mi 17–2 Uhr, Do–Sa bis 4 Uhr. 132 9th Ave. zw. 18th und 19th St., ☏ 646-559-1671, bathtubginnyc.com. Subway: 23 St. Linien C, E oder 14 St. Linien A, C, E.

The Brass Monkey 37 Pub für leidenschaftliche Biertrinker (fast 100 Biersorten vom Fass) mit kleiner Dachterrasse neben der High Line. Auch Pub-Gerichte – beinahe wie in Großbritannien. Tägl. 12–4 Uhr. 55 Little West 12th St., nahe Washington St., ☏ 212-675-6686, brassmonkeynyc.com. Subway: 14 St. Linien A, C, E oder 8 Ave. Linie L.

Zerzura @ Plunge 43 Banker und Börsenmakler wie auch deren Ladys in High Heels schlürfen ihre Drinks ($ 16–19) in der Penthousebar im 14. Stock des Hotels *Gansevoort* (mit Outdoor-Pool, Baden nur für Gäste!). Ohne Aufteakeln geht hier nichts, viele Touristen. Tägl. 12–4 Uhr, Küche bis 24 Uhr. 18 9th Ave./W 13th St., ☏ 212-660-6736. Subway: 14 St. Linien A, C, E und 1, 2, 3.

Midtown → Karte S. 140/141

The View Lounge 28 Mit dem Glasfahrstuhl fährt man in den 48. Stock des Marriott Marquis Hotels am Times Square in New Yorks einziges Drehrestaurant mit einer Lounge darüber, wo es ein gar nicht so teures Buffet gibt. Keine Reservierung möglich, ab 20 Uhr $ 8 Eintritt. Minimum ein Getränk. So–Do 17–24 Uhr, Fr 17–1.30 Uhr, Sa 16–1.30 Uhr. 1535 Broadway/45th St., ☏ 212-704-8880, www.theviewnyc.com. Subway: Times Sq./42 St. Linien N, Q, R, S, 1, 2, 3, 7 oder 42 St./Port Authority Linien A, C, E.

Campbell Apartment 57 Das ehemalige Luxusbüro des Tycoons John W. Campbell auf dem West Balcony des Grand Central Terminals stammt aus den 1930er-Jahren und ist dem Saal eines Florentiner Palastes aus dem 13. Jh. nachempfunden. Es dient heute als Bar und Club und wird für private Veranstaltungen vermietet. Immer eine gute Adresse für einen entspannten Drink, aber nur in Smart-casual-Kleidung. Mo–Do 12–1 Uhr, Fr/Sa bis 2 Uhr, So 12–24 Uhr. 15 Vanderbilt Ave. zw. 42nd und 43rd St., www.grandcentralterminal.com oder www.hospitalityholdings.com. Subway: Grand Central/42 St. Linien S, 4, 5, 6, 7, Metro-North.

The Pony Bar 16 Diese Bierbar in Hell's Kitchen macht Craft-Biere zur Chefsache, die Auswahl (alles amerikanischer Gerstensaft) wechselt täglich. Es gibt auch sehr kleine Gläser, denn der Name Pony erinnert an die kleinen Biererfrischungen, die in den Pausen der Pferderennen ausgeschenkt wurden. Ist doch klasse zum Verkosten! Mo–Fr 15–4 Uhr, Sa/So 12–4 Uhr. 637 10th Ave./Ecke 45th St., ☏ 212-586-2707, www.theponybar.com. Subway: 42nd St./Port Authority Linien A, C, E.

Bar 54 43 54 steht für das 54. Stockwerk im Hyatt Hotel Times Square, wo sich diese unprätentiöse Cocktail-Lounge (Außenterrasse) mit einem der besten Blicke auf die New Yorker Skyline rühmen darf. So–Mi 16–1 Uhr, Do–Sa bis 2 Uhr. 135 W 45th St. zw. 6th und 7th Ave., ☏ 646-365-1234, timessquare.hyatt.com. Subway: 47–50 St./Rockefeller Ctr. Linien B, D, F, M.

The Copacabana (The Copa) 27 Nachfolger des legendären Nachtclubs aus den 40er-Jahren, heute am Times Square mit drei Stockwerken. Restaurant (Supper Club, auch Pre-Theater Dinner, Fr–Sa 18–23 Uhr), riesiger Club (Eintritt Damen $ 10, Herren $ 20), wo dienstags ab 17.30 Uhr Salsa-Party gefeiert wird. Disco Fr/Sa ab 22 Uhr. Rooftop-Bar im vierten Stock mit 125 Rumsorten. Bitte schick anziehen und höllisch viel Geld für die Drinks mitbringen. 268 West 47th St./Ecke 8th Ave., ☎ 212-239-2672, copacabanany.com. Subway: 50 St. Linien C, E.

Salon de Ning **19** Rooftop-Bar und Lounge in Midtown im 23. Stock des Peninsula-Hotels. Reminiszenz an das Shanghai der 1930er-Jahre. Exotische Martinis (z. B. „Tiramisu mit weißer Schokolade") für $ 16, Snacks (drei Sandwichecken für $ 49) Mo-Sa 16-1 Uhr, So bis 24 Uhr. 700 5th Ave./ Ecke 55th St., 23. Stock, ☎ 212-903-3097 newyork.peninsula.com/en/fine-dining/salon-de-ning-rooftop-bar. Subway: 5 Ave./53 St. Linien E, M.

The Bar Downstairs **55** Angesagte Kellerbar im Hotel Andaz gegenüber der Public Library. Alte-Welt-Cocktails und kleinere Speisen aus der lateinamerikanischen Küche. Mo-Fr 17-24, Sa 18-1 Uhr. 485 Fifth Ave./41 St., ☎ 212-601-1234, newyork.5thavenue.andaz.hyatt.com. Subway: 42 St./Bryant Pk. Linien B, D, F, M.

Sakagura **60** 200 Sakes schenkt man an dieser versteckten Restaurantbar im Keller eines Bürohauses aus, eigentlich sollte man hier auch essen, denn die Küche (japanisch) ist hervorragend. Kein Sushi. ☎ 212-953-7253, www.sakagura.com. Mo-Fr 11.30-14 20 Uhr, Mo-Do auch 18-24 Uhr, Fr/Sa bis 1 Uhr, So bis 23 Uhr. 211 E 43rd St. zw. 3rd und 2nd Ave. Subway: Grand Central/42 St. Linien 4, 5, 6, 7, S und Metro-North.

Rainbow Room **31** Berühmter Dinner-Club im 65. Stockwerk des Rockefeller Centers, der nur zum gelegentlichen Dinner & Dance oder allsonntäglich zum Brunch (Festpreis $ 125/Person!) öffentlich zugänglich ist. So 11-15.30 Uhr, ausgewählte Termine Dinner & Dance. 30 Rockefeller Plaza/W 50th St. zw. 5th und 6th Ave., ☎ 212-632-5000, www.rainbowroom.com. Subway 47-50 St./Rockefeller Ctr. Linien B, D, F, M.

Bar Sixtyfive **30** Bar und Cocktail-Lounge im 65. Stockwerk des Rockefeller Centers mit grandioser Aussicht auf der Outdoor-Terrasse. Mo-Fr 17-24 Uhr. 30 Rockefeller Plaza/W 50th St. zw. 5th und 6th Ave., ☎ 212-632-5000, www.rainbowroom.com/bar-sixty-five. Subway: 47-50 St./Rockefeller Ctr. Linien B, D, F, M.

The Press Lounge **5** Diese Rooftop-Bar im 16. Stockwerk des Ink 48 Hotel hat eine der spektakulärsten Aussichten auf den Hudson River und die Skyline von Manhattan. Sie liegt über dem Restaurant PRINT und ist der perfekte Hangout für den frühen Abend. Außenterrasse und verglaste Lounge. So 16-24 Uhr, Mo/Di bis 1 Uhr, Mi/Do bis 2 Uhr, Fr/Sa bis 3 Uhr. 653 11th Ave. zw. 47th und 48th St., ☎ 212-757-2224, www.thepresslounge.com.

St Cloud at the Knickerbocker Hotel **50** Mit der Wiedereröffnung dieses historischen Hauses, wo 1912 der Martini erfunden worden sein soll, sitzt man im 16. Stockwerk hoch über den Lichtern des Times Square. Mo-Mi bis 24 Uhr, Do/Fr bis 1 Uhr. 6 Times Square, ☎ 212-204-4984, www.theknickerbocker.com.

The Refinery Rooftop **58** Von den Lesern von USA Today als die beste Rooftop-Bar der USA gekürt, gibt es hier ganzjährig neben dem Blick auf das Empire State Building auch DJs am Wochenende, eine Außenterrasse und einen Kamin drinnen, an dem man die Cocktails der Saison genießen kann. Mo-Do 11.30-1 Uhr, Fr bis 3 Uhr, Sa/So 14-1 Uhr. 63 W 38th St. zw. 5th und 6th Ave., ☎ 646-664-0327, ingoodcompanyhg.com/refineryrooftop.

Upper East Side → Karte S. 164/165

Bemelmans **11** Stilvolle Bar im Hotel Carlyle. Die Wände schmücken quietschfidele Tierbemalungen, die Decken sind vergoldet. Für $ 15 Eintritt kann man an der Bar Cocktails zu Klavierbegleitung schlürfen. Am Tisch kostet der Spaß $ 25-30, noch immer viel, viel weniger als im Café Carlyle im selben Haus, wo Woody Allen manchmal auftritt. Bar-Snacks und leichte Gerichte. Tägl. 12-1 Uhr, Fr/Sa bis 1.30 Uhr. Jazz-Entertainment tägl. ab 17.30 Uhr. 35 East 76th St./ Ecke Madison Ave., ☎ 212-744-1600, www.rosewoodhotels.com/en/the-carlyle-new-york/dining/bemelmans-bar. Subway: 77 St. Linie 6.

The Guthrie Inn **1** Romantische Cocktailbar zum Chillen mit gemütlichem Ambiente, gedämpftem Licht und Musik. Tolle Happy Hour ($ 4 für ein Bier). Mo 17-24, Di-Sa 17-2 Uhr, So 16-24 Uhr, ☎ 212-423-9900; 1259 Park Ave. zw. 97th und 98th St., Subway: 96 St. Linie 6.

ABV **3** Schöne Weinbar mit blanken Backsteinwänden, roten Sofas und gutem Essen. Happy Hour So-Do 17-19 Uhr, dann Mo Lammburger, Pommes und Bier für $ 16. Mo/Di 17-23 Uhr, Mi-Fr bis 24 Uhr, Sa 11-24 Uhr, So 11-23 Uhr, Sa/So Brunch 11-15 Uhr. 1504 Lexington Ave. zw. 97th und 98th St., ☎ 212-722-8959, abvny.squarespace.com/abv. Subway: 96 St. Linie 6.

Subway Inn **20** Klassische Dive Bar mit günstigen Preisen zum Absumpfen. Schenkt seit mehr als 77 Jahren Bier aus, alles etwas

Nachtleben 273

klebrig und abgeschabt, wie es sein soll. Das Pub zog kürzlich mit dem gesamten Mobiliar in diese neue Location. Tägl. 10–4 Uhr. 1140 Second Ave. zw. 60th und 61st St., ℅ 212-758-0900. Subway: Lexington Ave./59 St. Linien N, Q, R.

The Gilroy 8 Gin, Wermut und Campari ergeben das klassische Negroni ($ 10), der das Markenzeichen dieser Cocktailbar ist. Saisonale Schwerpunkte. Auch Tapas und Eiscreme. Tägl. 17–4 Uhr. 1561 2nd Ave. zw. 81st und 82nd St., ℅ 212-734-8800, www.thegilroynyc.com. Subway: 86 St. Linien 4, 5, 6.

The Penrose 6 Dieser Laden macht die Upper East Side cool, noch bevor 2022 endlich die Subway herfindet. Whiskey, Cocktails und Craft-Biere in freundlich-nachbarschaftlicher Gesellschaft. Brunch Sa/So 10–16 Uhr, Lunch Mo–Fr 11.45–15 Uhr, Dinner Mo–Fr 15–1 Uhr, Sa/So 17–1 Uhr. Geöffnet Mo–Fr 11.45–4 Uhr, Sa/So ab 10 Uhr. Sonntagabends live Jazz, Blues oder Folk. Happy Hour Mo–Fr 15–19 Uhr. 1590 Second Ave. zw. 82th und 83th St., ℅ 212-203-2751, www.penrosebar.com. Subway: 86 St. Linien 4, 5, 6.

Upper West Side → Karte S. 176

Hi Bar 21 Kleine Rooftop-Lounge mit mobilem Dach im 14. Stock des Sixty Columbus Hotels. Japanischer Stil, es gibt 36 Plätze für Sushi von Blue Ribbon. Der Aufenthalt ist besonders schön bei Sonnenuntergang hinter dem Central Park. Tägl. 17–24 Uhr, 6 Columbus Circle, ℅ 212-397-0404, www.sixtyhotels.com/sixcolumbus/eat-drink. Subway: 59 St./Columbus Circle Linien 1, A, B, C, D.

Harlem → Karte S. 199

67 Orange Street 18 Nostalgische, kerzenbeleuchtete Cocktailbar mit Speakeasy-Charme und traditionellen Mixgetränken. Der Name stammt von der ersten Bar, die von einem Afroamerikaner geführt wurde. Spezialität sind der Upper Manhattan und Cleopatras Lust. Mo/Di 17–24 Uhr, Mi/Do bis 2 Uhr, Fr bis 4 Uhr, Sa 18–4 Uhr, So 18–24 Uhr. Happy Hour Mo–Fr 17–19 Uhr. 2082 Frederick Douglass Blvd. (8th Ave) zw. 112th und 113th St., ℅ 212-662-2030, www.67orangestreet.com. Subway: Cathedral Pkwy/110 St. Linien B, C oder 116 St. Linien 2, 3.

Paris Blues 11 Diese Dive Bar mit Jukebox und kleinem Außenhof ist seit 1969 beliebter Anlaufpunkt für die Leute des Neighborhood. Das liegt bestimmt auch daran, dass es jeden Abend kostenfreien Live-Jazz und kostenlose Snacks gibt. Tägl. 12–3 Uhr. 2021 Adam Clayton Powell Jr. Blvd. zw. 121st und 122nd St., ℅ 917-257-7831, www.parisbluesharlem.com. Subway: 125th St. Linien A, B, C, D, 2, 3.

Harlem Tavern 12 Bierhalle in einer ehemaligen Autowerkstatt, 80 Sorten Hopfenkaltschale. Di, Mi und Do Livemusik, Sa/So Jazz-Brunch 11–16 Uhr. Mo–Do 12–2 Uhr, Fr 12–4 Uhr, Sa 11–4 Uhr, So 11–2 Uhr. 2153 Frederick Douglass Blvd./Ecke 116th St., ℅ 212-8664500, www.harlemtavern.com. Subway: 116 St. Linien B, C.

Brooklyn → Karte S. 218/219

Bembe 41 Szene-Lounge mit allabendlichen Live-DJs und Rhythm-Trommelsessions nur ein paar Hundert Meter von Peter Luger's in Williamsburg. Das Mobiliar ist recycelt. Kennzeichen: blaues Licht. Mo–Do 20.30–3.30 Uhr, Fr–So bis 4 Uhr. 81 South 6th St./Ecke Berry St., ℅ 718-387-5389, www.bembe.us. Subway: Marcy Ave. Linien J, M, Z.

The Counting Room 26 Williamsburg. Unten Weinbar, oben Cocktail-Lounge, dazu oft DJs und Tanz am Wochenende. Mo–Do 17–2 Uhr, Sa 14–4 Uhr, So 14–2 Uhr. ℅ 718-599-1860; countingroom.com. 44 Berry St. zw.11th und 12th St., Subway: Bedford Ave. Linie L oder Nassau Ave. Linie G.

Dram 40 Entspannte, dunkle und relaxte Cocktailbar in Williamsburg mit Sofas. Mo–Do 17–2 Uhr, Fr/Sa 16–4 Uhr, So 16–2 Uhr. 177 S 4th St, zw. Driggs Ave. und Roebling St., ℅ 718-486-3726, www.drambar.com. Subway: Marcy Ave. Linien J, M, Z.

The Blue Room at the Ides Rooftop 24 Die Blue Room in Brooklyn Williamsburg im 6. Stockwerk des Wythe Hotels ist perfekt, um den Sonnenuntergang hinter Manhattans Skyline zu beobachten. Die Klientel ist cool, jung und international, Cocktails kosten $ 16. Mi–So 19–1 Uhr. 80 Wythe Ave., ℅ 718-460-8000, wythehotel.com/the-ides.

The Zombie Hut 4 → Karte S. 211. Bar mit Strandhüttencharme und Surferchic; offenes Feuer, heftige Drinks für wenig Geld. So–Do 17–2, Fr/Sa 16–4 Uhr. 261 Smith Street zw. Degraw und Sackett St., Carroll Gardens, ℅ 718-875-3433; Subway: Carroll St. Linien F, W, G.

Clover Club 3 → Karte S. 211. Tolle, freundliche Cocktailbar in Cobble Hill mit guter Happy Hour (Mo–Fr 16–19 Uhr, Cocktails $ 7) und häufig Livemusik. Im Hinterzimmer gibt's einen offenen Kamin für gemütliche Winterstunden. Am Wochenende wird natürlich gebruncht. Mo–Do 16–2 Uhr, Fr bis 4 Uhr, Sa 10.30–4 Uhr, So 10.30–1 Uhr. 210 Smith St. zw. Baltic und Butler St., ℅ 718-855-7939, cloverclubny.com. Subway: Bergen St. Linien F, G.

Queens → Karte S. 238/239

Monika's Café Bar 3 Lounge im Boho-Stil des East Village hinter Buntglasfenstern mit umfangreichem Menü. Guter Brunch. Mo–Do 11–2, Fr 11–4 Uhr, Sa 10–4 Uhr, So 10–2 Uhr. 32–90 36th St./Ecke 34th Ave., ℅ 718-204-5273; www.cafebarastoria.com. Subway: Steinway St. Linien G, R, V.

Dutch Kills Bar 7 Nahe der Queensborough Plaza in Long Island City versteckt sich dieses Juwel einer gemütlichen Cocktailbar. In den vertäfelten Holznischen ist es schummrig, Ragtime läuft im Hintergrund, und die heftigen Drinks wirken zusätzlich entspannend. Tägl. 17–2 Uhr, Happy Hour Mo–Do 17–19 Uhr. 27–24 Jackson Ave./ Dutch Kills St., ℅ 718-383-2724, www.dutchkillsbar.com. Subway: 21st St. Linie G oder Queen's Plaza Linien E, M, R.

Bohemian Hall & Beer Garden 1
→ Queens S. 241.

Clubs

Den **Eintritt in einen Club** bezeichnet man als „Cover Charge", rechnen Sie mit $ 5–15, an Wochenenden mit bis zu $ 30, beim Kauf vorab über die Webseite wird es oft billiger. Viele Clubs verlangen zusätzlich ein Minimum an „Verzehr" von Getränken, die in Nachtclubs im Durchschnitt $ 14–20 kosten. Am schwersten kommt man von Donnerstag bis Samstag am Türsteher vorbei, die einfachsten Nächte sind Sonntag und Mittwoch. Vorsicht ist beim kurzfristigen Verlassen des Clubs geboten – ohne Stempel auf dem Handgelenk kommen Sie nicht wieder hinein.

Wer eine bessere Chance haben möchte, am Türsteher vorbei zu kommen, sollte entweder sehr früh oder sehr spät erscheinen, weiblich sein (oder wenigstens mehr Damen als Herren in der Gruppe haben) und sich der Kleiderordnung entsprechend anziehen.

Der zu erwartende **Dresscode** hängt sehr vom Etablissement ab: „Upscale" bedeutet die strengste Türpolitik und die höchsten Preise, also unbedingt „aufbrezeln" mit Louboutin High Heels und Cocktailkleid. Die meisten Upscale-Clubs liegen in Chelsea und dem Meatpacking District. „Urban" liegt am unteren Ende des Spektrums und beschreibt Turnschuhe, Kapuzenmütze, coole Streetwear und Smoothie-befeuerte Raves. Die meisten derart bodenständigen Clubs findet man hier im East Village, der Lower East Side und in Brooklyn. Dazwischen liegen „Downtown"-Clubs, wo eher kreative Outfits und Avantgardemode gefragt sind, sowie Lokale für die „Young Professionals", wo vorwiegend Krawattentypen zum Tanzen gehen, die junge Geldelite eben.

Man kann auch versuchen, sich über die Webseite des Clubs auf die **Gästeliste** einzutragen, was nicht immer möglich und auch nicht immer eine Garantie für den Einlass ist.

Bei der Auswahl des richtigen Clubs für Ihren Musik- und Kleidergeschmack hilft das Wochenmagazin **Time Out New York**, das auflistet welche Clubnächte wo zu erwarten sind und was der Eintritt kostet. Eine hilfreiche Webseite für die erste Orientierung ist **socialyeti.com**. Clubber und Fans von Livemusik konsultieren **www.clubplanet.com**.

Mehrtägige Partys wie im Berliner Berghain sucht man vergebens. Am nächsten kommen diesen die **Granik-Partys**. Diese Partys, organisiert vom Kanadier Seva Granik, bekannt als „Ladyfag" (sevagranik.com), finden in irgendeiner Lagerhalle in Brooklyn statt, sie sind bunt und extrem und locken Studenten und Celebritys an. Die Orte werden oft erst am selben Tag verraten, die Nächte dauern länger und kennen weniger Regeln als anderswo in New York (man darf auf der Tanzfläche sogar rauchen!).

In einer Stadt wie New York mit einer so wankelmütigen Clubszene nutzen selbst Einheimische **Promoter**, die verschiedene Bar-, Pub- und Club-Tours

Nachtleben 275

Nachtclub und Konzerthalle in einem: die Webster Hall

anbieten, z. B. Viator (www.viator.com) und www.thenewyorknightlife.com. Keine schlechte Idee.

Chinatown, Little Italy → Karte S. 59

Santos Party House 18 Ein Allrounder auf zwei Ebenen, der sich vom Nightclub zur Konzerthalle und zurück zur Lounge verwandelt. Unten ist der Südpol, oben der Nordpol, was wohl heißen soll, die Welt dreht sich um den Laden. Drehen Sie sich im Takt mit! 96 Lafayette St. zw. Walker und White St. unterhalb Canal St., ☏ 212-584-5492, santospartyhaus.com. Subway: Canal St. Linien J, Z.

Lower East Side → Karte S. 69

205 Club 7 In diesem Kellerclub mit Lederbänken und Discokugel sieht man viel Vollbart, allabendlich legen DJs Hip-Hop, Rap, R&B-Tunes vermischt mit etwas Rock und Pop aus den 1990ern auf. Faire Türpolitik, deshalb wird es voll. Mi–Sa 22–4 Uhr. 205 Chrystie St./Stanton St., 205club.com. Subway: 2nd Ave. Linien B, D, F, M.

bOb 4 Freundlich-bodenständiger Lounge-Club, in dem Haus-DJ Mika oder Gast-DJs klassischen Reggae, Hip-Hop und soullastige Beats raushämmern. Es wird getanzt. Die Kunstwerke an der Wand wechseln monatlich. Di/Mi 18–1 Uhr, Do–So bis 4 Uhr. Happy Hour Di bis 22 Uhr. 235 Eldrigde St. zw. Stanton und East Houston St., ☏ 212-529-1807, bobbarnyc.com. Subway: Grand St. Linien B, D.

The Delancey 30 Schicker, freundlicher Rock-Club ohne Allüren auf drei Ebenen: oben tropische Dachveranda zum Chillen und Rauchen, im Erdgeschoss die Tanzfläche und im Keller oft auch Live-Bands. Gay-friendly! Tägl. 17–4 Uhr. 168 Delancey St., nahe Clinton St., ☏ 212-254-9920, thedelancey.com. Subway: Delancey/Essex St. Linien F, J, M, Z.

SoHo → Karte S. 78/79

The Anchor 14 Intimer, freundlicher Club und Bar, das nautische Thema ist nicht zu dominant, dafür sorgen u. a. die Geweihlampen. Kleine, fast provisorische Beton-Tanzfläche, die bei groovigen Beats voll wird. Do–Sa 22–4 Uhr. 310 Spring St. zw. Hudson und Greenwich St., ☏ 212-463-7406; www.theanchornyc.com. Subway: Houston St. Linie 1 oder Spring St. Linien C, E.

East Village → Karte S. 90/91

Bowery Electric 22 Hinter der schwarzen Betonfassade verbirgt sich eine ebenfalls schwarz gehaltene Bar, die besonders beliebt ist bei Rock- und Punkfans. Am Wochenende legen DJs die Klassiker der 60er-Jahre auf.

Manchmal auch Live-Bands im Keller. 12 Biere vom Fass, jeden Fr und Sa 23–4 Uhr Electric Fell Party mit DJ Gina Bon Jersey. Di–Do 17–2, Fr/Sa bis 4 Uhr, So bis 1 Uhr, Mo bis 3 Uhr. Happy Hour 17–20 Uhr, alle Drinks $ 5. Cover meist $ 5–10. 327 Bowery zw. 2nd und 3rd St., ✆ 212-228-0228, www.theboweryelectric.com. Subway: Bleecker St. Linie 6 oder 2 Ave. Linie F.

Webster Hall 2 Riesiger Disco-Themenpark, verschiedene Tanzflächen, beliebt wegen seiner Go-go-Girls hinter der Bar. Im ersten Stock fast ein Ballsaal mit noch mehr Go-go-Girls, darüber eine Art Balkon und eine ruhigere Lounge. Damen zahlen nichts, Herren dürfen vor Mitternacht $ 15, danach $ 25 blechen. Auch Band-Nights und Konzerte. Club Do–Sa 22–5 Uhr. Keine Turnschuhe oder zerschlissenen Jeans. Garderobe $ 6, Taschen $ 8! 125 East 11th St., ✆ 212-353-1600, www.websterhall.com. Subway: 14 St/Union Sq. Linien 4, 5, 6, L, N, Q, R.

Chelsea → Karte S. 126/127

Cielo 45 Einer der angesagtesten Clubs von New York, betrieben von Pacha-Macher Nicolas Matar, der Ibiza zur Clubber-Insel machte. Dress to impress. Viel House, Mo Deep Space Night mit DJ Francois K an den Turntables. Tiefergelegte Tanzfläche, Sitzgelegenheiten. Mo 21.30–3.30 Uhr, Mi–Sa 22–4 Uhr. Eintritt $ 10–20, am Tisch nur Flaschen zu horrenden Preisen ($ 250–1500). 18 Little West 12th St., zw. 9th Ave. und Washington St., ✆ 212-645-5700, www.cieloclub.com. Subway: 14 St. Linien A, C, E oder 1, 2, 3. oder 8 Ave. Linie L.

Marquee 6 Hier verkehren angeblich P. Diddy, Tiger Woods und die Hilton-Schwestern. Ziehen Sie etwas Ausgefallenes an! Es ist schwierig, am Türsteher vorbeizukommen. Zwei Stockwerke, Tanzfläche mit Sitzgelegenheiten umgeben, Kronleuchter und Vortänzerinnen. Getränkepreise sind leider völlig überzogen. Di–Sa 23–4 Uhr. Eintritt bis zu $ 40. Hauptclubnight: Marquee Wednesdays ($ 45). 289 10th Ave. zw. 26th und 27th St., ✆ 646-473-0202, www.marqueeny.com. Subway: 23 St. Linien C, E.

Le Bain 36 Rooftop-Club im Standard Hotel, total angesagt (New Yorker nennen das hipster) und schwer reinzukommen (Frauen haben bessere Chancen, da männerlastig) – dress the part oder auch „wear Prada and a smile"! Treppenaufgang voller Graffiti, Bar einmal längs der Wand, beste DJs, schönste Menschen, im Sommer Jacuzzi. Mo 16–24 Uhr, Di–Do 16–21 und 22–4 Uhr, Fr/Sa 14–21 und 22–4 Uhr, So 14–3 Uhr. 444 West 13th St., ✆ 212-645-4646, standardhotels.com. Subway: 14 St. Linien A, C, E oder 1, 2, 3 oder 8 Ave. Linie L.

Avenue 25 Gastropub und „Ultralounge" auf zwei Ebenen, Bar mit Essen („Cocktail Cuisine") und Tanzmusik. Viele Privatfeiern für Stars. Nur für den dicken Geldbeutel. Mo–Sa 23–4 Uhr. 116 10th Ave. zw. 17th und 18th St., ✆ 212-337-0054; www.avenue-newyork.com. Subway: 14 St. Linien A, C, E oder 8 Ave. Linie L.

The Raven 44 Edgar Alle Poes Meisterwerk stand hier Pate, man findet hier Sinnlichkeit und Düsternis mit wachstropfenden Kerzen. Der Laden wandelt sich Nacht für Nacht und nicht alle sind gleich gut. Viel Pop- und House-Musik. Leider auch hier unverschämt teure Drinks; hip, aber nicht ganz so elitär, eher downtown. Tägl. 20–4 Uhr. 55 Gansevoort St. zw. Washington und Greenwich St., ✆ 888-883-6054, ravenclubnyc.com. Subway: 14 St. Linien A, C, E oder 1, 2, 3 oder 8 Ave. Linie L.

Midtown → Karte S. 140/141

Lavo 10 Italienisches Restaurant mit einem exklusiven Nachtclub im Las-Vegas-Style. High-Energy-House-Musik mit internationalen DJs. Tickets im Vorverkauf $ 30–100. Tolle Lavo-Brunch-Party am Samstag im Restaurant im 1. Stock. Club Do–Sa 23–4 Uhr. 39 E 58th St. zw. Park und Madison Ave., ✆ 212-584-2700, lavony.com. Subway: 59 St./Lexington Ave. Linien N, Q, R oder 59 St. Linien 4, 5, 6.

Brooklyn → Karte S. 218/219

The Warsaw 25 Alles in einem oder wie man hier sagt: „Where pierogies meet punk": Bar und Lounge, Bistro (alle Speisen $ 5) und Ballsaal für Rock- und Punkkonzerte, in dem schon Patti Smith aufgetreten ist. Angesagt. Di–Do und So 17–24 Uhr, Fr/Sa bis 1 Uhr. Eintritt je nach Konzert (ca. $ 30), sonst frei. 261 Driggs Ave. (Greenpoint/Williamsburg) im Polish National Home, ✆ 718-387-0505, www.warsawconcerts.com. Subway: Nassau Ave. Linie G.

Output 23 Pionier der Clubs in Williamsburg mit einem fabelhaften Soundsystem, aus dem Deep House pulsiert. Kein Dresscode. Do–Sa 21–4 Uhr. www.outputclub.com. 74 Wythe Ave./Ecke N 12th St. Subway: Bedford Ave. Linie L oder Nassau Ave. Linie G. Zum Club gehört auch **The Panther Room** mit separatem Eingang und Bar nebenan.

Mister Sunday 9 → Karte S. 211. Industry City/Greenwood. Toller Clubnachmittag an einem Sonntag (nur Mitte Mai bis Okt., 15–21 Uhr). $ 20 Eintritt, $ 10 für Early Birds (Leute, die früh da sind). Die Party, geschmissen von zwei DJs und Musikenthusiasten, steigt mitunter auch freitags und samstags, siehe Programm. Industry City, 644 2nd Ave./37th St., mistersaturdaynight.com. Subway: 36 St. Linien D, N, R.

Friends and Lovers **6** → Karte S. 211. Prospect Heights. Musikhalle und Bar mit einer Bühne für Livemusik im Hinterzimmer. Jeden zweiten Samstag im Monat Soul Night, immer gut für eine Tanzeinlage und ohne Eintritt. An der Bar „cash only"! Mo–Do 17–2 Uhr, Fr bis 4 Uhr, Sa 15–4 Uhr, So 15–2 Uhr. 641 Classon Ave. zw. Dean und Pacific St., www.fnlbk.com. Subway: Franklin Ave. Linien C, 2, 3, 4, 5 oder Park Place Linie S.

Livemusik

New York war für unzählige Musiker das Sprungbrett zum Erfolg, und bis heute ist die Stadt einer der großartigsten Orte der Welt, um Livemusik zu erleben. Von Jazz über Hip-Hop bis zu Punkrock gibt es für alles eine Bühne. Nicht nur jede Band von Rang und Namen tritt irgendwann im Big Apple auf, pausenlos gebiert die Stadt auch junge Talente, die sich in den Clubs an ihren ersten Gigs versuchen. Bei der Suche wo wann was los ist, helfen auch hier das Wochenmagazin Time Out und die Webseite **www.clubplanet.com**.

> **Kostenlos!**
> Die Summerstage, die 1986 erstmals auf dem Rumsey Playfield im Central Park stattfand, nutzt inzwischen Bühnen und Parks in allen fünf Boroughs für rund 100 kostenlose Konzerte von Bands und DJs sowie Auftritte anderer Künstler (Filme, Lesungen, Tanz). Juni bis August. www.summerstage.org. Hotline: ℡ 212-360-2777.

Jazz ist aus dem Nachtleben im Big Apple nicht mehr wegzudenken. Auf die Frage was Jazz denn eigentlich sei, hat Louis Armstrong einmal geantwortet: „Dass Sie danach fragen, zeigt, dass Sie es niemals verstehen werden." Wer sich speziell für Jazz interessiert, findet unter bigapplejazz.com/nycjazzclubs.html eine gute Webseite, die alle Jazz-Clubs der Stadt listet und beschreibt.

Lower East Side → Karte S. 69

Mercury Lounge **9** Durch eine schwarze Bar mit schwarzen Vorhängen kommen schwarz gekleidete Menschen in das Hinterzimmer, wo oft Live-Bands spielen. Manchmal werden hier sogar Stars gemacht, etwa *The Strokes* und *Interpol*. Veranstaltungskalender auf der Webseite. Eintritt $ 10–25. 217 Houston St., zw. Essex und Ludlow St., ℡ 212-260-4700, www.mercuryloungenyc.com. Subway: Delancey/ Essex St. Linien F, J, M, Z.

Cake Shop **17** Kleiner Kellerladen für Underground Rock und Indie Tunes, experimentierfreudig und jung. Oben werden vegane Kuchen und Kaffee verkauft, im Hinterzimmer gehen Platten und CDs über den Tisch. Do–Sa 12–4 Uhr, So–Mi 12–2 Uhr. Happy Hour 17–20 Uhr. 152 Ludlow St. zw. Stanton und Rivington St., ℡ 212-253-0036, www.cake-shop.com. Subway: Delancey St. Linie F.

Arlene's Grocery **15** Auf dieser Bühne spielen alle, die gut sind oder werden könnten, von Liedermachern und Countrymusikern bis zu Hardrockbands (meist 21 Uhr). Kostenfreie Karaoke-Abende Mo 22 Uhr. Eintritt sonst $ 5–10. 95 Stanton St., zw. Ludlow und Orchards St., ℡ 212-358-1633, www.arlenesgrocery.net. Subway: 2 Ave. Linie F oder Delancey/Essex St. Linien F, J, M, Z.

Bowery Ballroom **19** Seit 1998 bietet diese Spielstätte erstklassige Bands, ein brillantes Soundsystem und eine gute Bar. Gemütliche Lounge im Keller, Bühne oben. Karten am besten online kaufen, denn vor Ort gibt es keine Kasse, die gibt es nur in der Mercury Lounge (oder Music Hall in Williamsburg/ Brooklyn), Cash only. 6 Delancey St. zw. Bowery und Chrystie St., ℡ 212-533-2111, www.boweryballroom.com. Subway: Grand St. Linien B, D oder Bowery Linien J, Z.

Rockwood Music Hall **10** Diese Bar mit drei Bühnen hat die Atmosphäre eines historischen Kinos und wurde 2005 von Ken Rockwood eröffnet. Es gab schon Auftritte von Lady Gaga, Jessie J und Mumford & Sons. Wochentags sind die Shows oft kostenfrei, jede Stunde rockt eine neue (oftmals junge) Band den Laden. Mo–Fr ab 18 Uhr, Sa/So ab 15 Uhr. 196 Allen St. zw Stanton und E Houston St., ℡ 212-477-4155, www.rockwoodmusichall.com. Subway: 2nd Ave. Linie F.

SoHo → Karte S. 78/79

SOB's 2 (Sounds of Brazil). Brasilianischer Samba, Reggae aus Jamaika, kubanische Salsa, afrikanischer Pop und indischer Bhangra werden auch Sie auf die Tanzfläche treiben. Es gibt auch Tanzstunden für Latino-Moves (Fr 19 Uhr). Mo 19–24 Uhr, Do und Sa 19–4 Uhr, Fr 17–4 Uhr, So 12–16 Uhr. Eintritt $ 10–30. So ab 12 Uhr Bossa-Nova-Brunch ca. $ 31, auch sonst Möglichkeit (brasilianisch-kubanisch) zu essen. Im Sommer Concert Cruises. 204 Varick St./ Ecke Houston St., ℡ 212-243-4940, sobs.com. Subway: Houston St. Linie 1.

East Village → Karte S. 90/91

The Stone 31 Winziges Avantgarde-Venue (wie eine weiße Kiste) des Saxofonisten John Zorn, ohne viel Aufhebens oder Dekor, nur ein paar Fotos an der Wand, etwas für echte Liebhaber experimenteller Beats. Kein Kartenvorverkauf, an der Tür $ 20, Studenten $ 15, tägl. 20 und 22 Uhr. Ave. C/ 2nd St., www.thestonenyc.com. Subway: Delancey/Essex St. Linien F, J, M, Z.

Nublu Club 29 Mangels Schild über dem Eingang suche man die Bar mit dem blauen Licht. Das Nublu hat vor zehn Jahren als Clubhaus für Musiker begonnen und ist noch immer low-key, hat aber ein eigenes Record-Label. Verwilderter Garten, drinnen gemütliche Sofas. Allabendlich Livebands aller Couleur, das Programm ist eklektisch. An den Wochenenden dominieren Jazz (21 Uhr, Mitternacht und 2 Uhr) und Trip-Hop, zwischen den Gigs legen DJs auf. Sonst gibt es von Improvisation über afrikanische, südamerikanische, osteuropäische, elektronische und Dance Tunes alles, was das Tanzbein begehrt (wochentags 21 Uhr und 23 Uhr). Abkühlung verschafft ein kleiner Garten. Geöffnet tägl. ab 19 Uhr, Cover Charge $ 5–10. 62 Ave. C zw. 4th und 5th St., www.nublu.net. Subway: 2 Ave. Linie F oder 1 Ave. Linie L.

Webster Hall 2 → Clubs S. 276.
Bowery Electric 22 → Clubs S. 275.

Greenwich → Karte S. 104/105

Blue Note Jazz Club 26 Einer der führenden Jazz-Clubs von New York, wenn nicht weltweit. Super Akustik, eher touristisch, ziemlich teuer und mit einem Dekor, das an Las Vegas erinnert. Shows tägl. 20 und 22.30 Uhr, Fr/Sa auch 0.30 Uhr. $ 30–45 am Tisch, $ 20–35 an der Bar, Minimum-Verzehr $ 5. So Jazzbrunch 12.30 und 14.30 Uhr ($ 29,50) Mo halber Preis! 131 West 3rd St./ Ecke 6th Ave., ℡ 212-475-8592, www.bluenotejazz.com/newyork/index.shtml. Subway: W 4 St./Wash. Sq. Linien A, B, C, D, E, F, M oder Christopher St./Sheridan Sq. Linie 1.

Café Wha? 35 Traditionelle, beliebte Kellerbar mit Livemusik. Tägl. 20–3 Uhr. 115 MacDougal St., ℡ 212-254-3706, www.cafewha.com. Subway: W 4 St./Wash. Sq. Linien A, B, C, D, E, F, M.

The Village Vanguard 6 New Yorks ältester (gegründet 1935) und vielleicht auch berühmtester Jazz-Club, man sollte mal dort gewesen sein. Top Acts tägl. 20.30 und 22.30 Uhr, $ 30 plus 1 Getränk Minimum. Mo hauseigene Band. 178 7th Ave. South/Ecke Perry St., ℡ 212-255-4037, villagevanguard.com. Subway: 14 St. Linien 1, 2, 3 oder Christopher St./Sheridan Sq. Linie 1.

Zinc Bar 37 Sehr intimer Kellerclub mit Pariser Flair, der Live-Jazz kostet mit wenigen Ausnahmen nur $ 10–15 Eintritt und ein Getränk Minimum (mehrere Sets am Abend). Vielfältige Stilrichtungen, afrikanische Musik, kubanischer Jazz, Bossa Nova. 82 W 3rd St. zw. Thompson und Sullivan St., ℡ 212-477-9462, www.zincbar.com. Subway: W 4 St./Wash. Sq. Linien A, B, C, D, E, F, M oder Christopher St./Sheridan Sq. Linie 1.

Cornelia Street Café 25 Wer will, kann hier für $ 25 brunchen oder für einen Festpreis von $ 29 ab 17.30 Uhr dinieren; die Veranstaltungen (Musik, Poetry, Release-Partys etc.) beginnen zwischen 18 und 20.30 Uhr und kosten $ 9–25 (meist inkl. Getränk). Keine großen Namen, aber große Talente. 29 Cornelia St. zw. W 4 und Bleecker St., ℡ 212-989-9319, www.corneliastreetcafe.com. Subway: W 4 St./Washington Sq. oder Christopher St./Sheridan Sq., s. o.

Arthur's Tavern 16 Dieser kleine, chaotische Jazz- und Bluesclub gleich nebenan ist eine Institution im Village und entsprechend voll. Kein Eintritt (!), aber zwei Getränke Minimum an der Piano Bar oder den Tischen. Di–Sa 19–22 Uhr, So/Mo ab 20 Uhr, nach 22 Uhr wechselt die Band. 57 Grove St./7th Ave. ℡ 212-675-6879; www.arthurstavernnyc.com. Subway: Christopher St./Sheridan Sq. Linie 1.

Smalls 12 Viel junges Publikum und musikbegeisterte Studenten. Bar und kleine Bühne für Avantgarde und Free Jazz, geöffnet 16–4 Uhr. Jazzbandauftritte tägl. um 19.30, 22 und um 0.30 Uhr, am Wochenende auch Jamsessions nachmittags (Eintritt frei) und um 1 Uhr nachts. Wer nach Mitternacht kommt, zahlt nur $ 10. Der Eintritt von $ 20 gilt den ganzen Abend. Mitglieder können den Livestream verfolgen. 183 W 10th St./Ecke 7th Ave., ℡ 212-

252-5091, www.smallslive.com. Subway: Christopher St./Sheridan Sq. Linie 1 oder 4 St./Wash. Sq. Linien A, B, C, D, E, F, M.

Mezzrow 10 Intimer Listening Room im Keller eines Wohnhauses, Jazz Club und Lounge mit einem Steinway-Klavier, entsprechend treten hier Jazz-Pianisten auf. Zwei bis drei Sets pro Abend. Eintritt $ 20, an Wochenenden $ 25, Studenten nur $ 10. „After Hour" um 00.30 Uhr nur $ 10. Tägl. ab 19 Uhr geöffnet. 163 W 10th St./Ecke 7th Ave., ✆ 646-476-4346, www.mezzrow.com. Subway: Christopher St./Sheridan Sq. Linie 1 oder 4 St./Wash. Sq. Linien A, B, C, D, E, F, M.

Terra Blues 40 Gleich neben dem Wicked Willy's befindet sich im ersten Stock dieser moderne Blues-Salon mit einem exzellenten Whiskey-Angebot (keine Mahlzeiten oder Snacks) und plattenreifen Performances. So–Do 18.30–2.30 Uhr, Fr bis 3.30 Uhr, Sa 18–3.30 Uhr. Zwei Accoustic Sessions pro Abend: Mo–Fr 19 und 21.30 Uhr, Sa 18 und 21.30 Uhr. Bands So–Do 22 und 2 Uhr, Fr/Sa 22 und 3 Uhr. 149 Bleecker St. zw. Thompson St. und LaGuardia Pl., ✆ 212-777-7776, www.terrablues.com. Subway: W 4 St./Washington Sq. Linien A, B, C, D, E, F, M.

The Bitter End 44 David Bowie wohnte um die Ecke und war hier regelmäßig Gast. New Yorks ältester Rock-Club ist auch bei Superstars wegen seiner Patina und Geschichte noch immer beliebt. Cover Charge $ 0–15, Happy Hour ist freitags 15–18 Uhr. 147 Bleecker St. zw. Thompson und LaGuardia St., ✆ 212-673-7030, www.bitterend.com. Subway: W 4th St. Linien A, B, C, D, E, F, Q.

Le Poisson Rouge 42 Musikhalle und Cabaret, wo Kunst und Alkohol serviert werden. Pop und klassische Musik der Gegenwart gehen hier Hand in Hand, einem bunten Publikum werden auch Avantgarde, Indie und Jazz sowie Filme, Lesungen, Burlesque-Shows und Partys dargebracht. 158 Bleecker St. zw. Thompson und Sullivan St., ✆ 212-505-FISH, lpr.com. Subway: W 4th St. Linien A, B, C, D, E, F, Q.

Flatiron, Gramercy → Karte S. 117

Jazz Standard 2 Eleganter Jazzclub unter dem Blue Smoke Restaurant mit roten Lederbänken und erstklassigen Performern von klassischem Jazz bis Funk. Dinneroption vor und während der Sets, die tägl. 19.30 und 21.30 stattfinden, Fr/Sa mitunter auch ein weiterer um 23.30 Uhr. Eintritt $ 20–30, kein Drink-Minimum. Jazz for Kids und Kids Brunch am Sonntag. 116 E 27th St. zw. Park und Lexington Ave. ✆ 212-576-2232, www.jazzstandard.com. Subway: 28 St. Linie 6.

Jazz pur

Irving Plaza 21 Veteran unter den Spielstätten, einst nur für Rock, heute viele Genres und Hochkaräter wie U2, The Ramones oder Sting. Echter Ballsaal mit Kronleuchtern. Kartenverkauf Mo–Fr 12–18.30 Uhr, Sa/So 2 Std. vor dem Event. 17 Irving Plaza/Ecke 15th St., ✆ 212-777-6800, venue.irvingplaza.com. Subway: 14 St./Union Sq. Linien 4, 5, 6, L, N, Q, R.

Chelsea → Karte S. 126/127

Highline Ballroom 27 Venue des Besitzers von B.B. King's und Blue Note, Saal für 700 Leute mit Balkongeschoss, bei Bestuhlung passen 400 Personen rein. Viel Hip-Hop, freitags Cirque Fridays mit Akrobatik, samstags Good Life Clubbing ($ 20). 431 W 16th St., zw. 9th und 10th Ave., Eingang neben dem Western Beef Supermarkt. ✆ 212-414-5994, highlineballroom.com. Subway: 14 St. Linien A, C, E.

Midtown → Karte S. 140/141

Terminal 5 1 Der größte Club für Livemusik der Bowery-Presents-Gruppe befindet sich in einer ehemaligen Fabrik, erstreckt sich über drei Etagen um die Bühne herum und fasst rund 3000 Zuschauer. Viele „Must-see"-Acts wie Lady Gaga oder The Gossip. 610 W 56th

St./11th Ave., www.terminal5nyc.com. Subway: Columbus Circle Linien 1, A, C, B, D.

Iridium 14 Kleiner als andere Clubs (189 Plätze) und nicht so touristisch, intime Atmosphäre, gerade erneuerte super Bühnentechnik. Shows 20.30 und 22.30 Uhr. Eintritt $ 25–45 plus $ 15 Verzehr (Getränk oder italienische Küche). Di halber Preis für Studenten und für die Spätshows Di, Mi, Do und So. 1650 Broadway/Ecke 51st St., ℘ 212-582-2121, theiridium.com. Subway: 50 St. Linien 1 oder C, E; 49 St. Linien N, Q, R oder 7 Ave. Linien B, D, E.

Birdland 29 Klassisch und cool, man kann hier auch die Küche der Südstaaten genießen, einer der führenden Jazz-Clubs der Stadt. Bis zu drei Shows am Tag, die unterschiedlichen Zeiten bitte dem Veranstaltungskalender auf der Webseite entnehmen (meist 20.30 und 23 Uhr). $ 20–50 und $ 10 Mindestkonsum. Theaterbesucher, die vor der Aufführung hier dinieren, zahlen So–Do für die 23-Uhr-Show den halben Preis. 315 W 44th St. zw. 8th und 9th Ave., ℘ 212-581-3080, www.birdlandjazz.com. Subway: Times Sq./42 St. Linier 1, 2, 3, 7, N, Q, R, S oder 42 St./Port Authority Linien A, C, E.

B.B. King Blues & Jazz Club 46 → Midtown S. 157.

Upper East Side → Karte S. 164/165

Café Carlyle 11 Intime Cabaret-Lounge mit viel Nostalgie im Erdgeschoss des gleichnamigen Hotels für gesetzteres Publikum. Bunt sind nur die Wandmalereien. Mitte Januar bis Mitte Juni tritt Mo um 20.45 Uhr Woody Allen mit seiner Band auf. $ 60–120 (Bar plus $ 25 Verzehr), $ 80–165 (plus $ 75 Verzehr), Premium $ 130–215 (plus $ 75). Jackett-Pflicht. Sessions Di–Fr 20.45 Uhr, Sa auch 22.45 Uhr. $ 55–165. 981 Madison Ave./Ecke 76th St., ℘ 212-744-1600; www.rosewoodhotels.com/en/the-carlyle-new-york. Subway: 77 St. Linie 6.

Upper West Side → Karte S. 176

The Beacon Theater 13 Schon die Rolling Stones waren in dem alten Vaudeville-Theater von 1929 zu Gast (2006), das dank seiner super Akustik eine beliebte Aufführungsstätte für viele Musikrichtungen und zeitgenössische Bands ist. 2124 Broadway zw. W 74th und W 75th St., ℘ 844-854-1450, theatre-ny.com. Subway: 72 St. Linien 1, 2, 3.

Jazz at Lincoln Center – Frederick P. Rose Hall, Allen Room und **Dizzy's Club Coca-Cola (Jazzbar)** 20 Was einst als Sommer Konzertreihe in den 1980er-Jahren begann, ist heute ein Trio von Veranstaltungsvenues: Rose Theater, The Apple Room und Dizzy's Club Club Coca-Cola. 33 W 60th St., fünfter Stock, ℘ 212-258-9800. Dizzy's Club Mo $ 20–35, Di–So $ 30–45. ℘ 212-258-9595, , www.jazz.org. Subway: 59 St./Columbus Circle Linien 1, A, B, C, D.

Smoke 1 Lounge, Restaurant und Jazzclub mit 70 Sitzplätzen, echte Clubatmosphäre, kleine, achteckige Tische und Sofas, in denen man versinkt. Dunkles Holz, rote Samtvorhänge, Kerzenleuchter. Nur rauchen darf man im Smoke nicht. Mo–Sa 17.30–3 Uhr, So ab 11 Uhr (Jazzbrunch). Kein Eintritt um Mitternacht, aber Minimumverzehr $ 20, Sonst meist $ 12 plus obligatorisches Drei-Gänge-Dinner $ 38, ab 22.30 Uhr optional. 2751 Broadway, zw. 105th und 106th St., ℘ 212-864-6662, www.smokejazz.com. Subway: 103 St. Linie 1.

Harlem → Karte S. 199

Shrine 4 Seit 2007 finden in dieser mit afrikanischen Schallplattenhüllen beklebten Bar/Restaurant/Lounge Afrobeat, Calypso, Reggae, Worldmusic, Jazz und andere Kunstdarbietungen der Weltmusik statt. Tägl. 16–4 Uhr, kostenfrei. 2271 Adam Clayton Powell Jr. Blvd. zw. 133rd und 134th St. ℘ 212-690-7807; www.shrinenyc.com. Subway: 135 St. Linien B, C oder 2, 3.

Bill's Place 5 Das Venue für Nostalgiker. Bill Saxtons Keller ist ein intimes Speakeasy, das es in die Moderne geschafft hat. Nur am Wochenende findet hier Jazz statt. Der bekannte Saxophonist tritt freitagnachts selbst mit den „Harlem All Stars" auf. Fr/Sa ab19.30 Uhr, Eintritt $ 20. Es ist kein Alkohol erlaubt. 148 W 133rd St. zw. Lenox and 7th Ave. ℘ 212-281-0777, www.billsplaceharlem.com. Subway: 135 St. Linien B, C oder 2, 3.

Apollo 6 Harlem. Einer der bekanntesten Aufführungsorte in Harlem, wo die Karriere vieler Weltstars wie Ella Fitzgerald, Billie Holiday oder Michael Jackson begonnen hat. James Brown lag hier nach seinem Tode aufgebahrt. Bis heute zieht die Amateur-Nacht, die Mutter aller Casting Shows, jeden Mittwoch ein begeisterungsfreudiges und kritisches Publikum an (amateurnight.org, $ 21–33). Im Apollo Music Café kann man Fr/Sa ab 21 Uhr trinken und essen, ab 22 Uhr erhält der musikalische Nachwuchs eine Chance ($ 15 plus $ 10 Verzehr). 253 W 125th St. zw. F. Douglass und A. Clayton

Powell Blvds., ☏ 212-531-5300, www.apollo theater.org. Subway: 125 St. Linien 2, 3 oder A, B, C, D.

Cotton Club 3 Berühmter Club aus der Harlem Renaissance (allerdings nicht das Original!), Buffet Dinners ($ 56,50), Jazz-Shows, Swing-Tanzabende und Gospelbrunch (Sa/So $ 43,50). Freitags ab 20 Uhr Jazz & Blues Show und Tanz für $ 20. 666 W 125th St./Riverside Dr., ☏ 212-663-7980, www.cottonclub-newyork.com. Subway: 125 St. Linie 1.

Brooklyn → Karte S. 218/219

Knitting Factory 35 Avantgarde-Club aus den 1990er-Jahren mit Musiklabel und Konzertagentur. Verglaste Bar und dahinter recht kleiner Showroom. Indie Rock und Undergound Hip-Hop, Comedy und Theater. Jeden Fr um Mitternacht kostenlos. Tägl. 17–4 Uhr. 361 Metropolitan Ave./Havemeyer St., Williamsburg, ☏ 347-529-6696, bk.knittingfactory.com. Subway: Bedford Ave. Linie L.

Music Hall of Williamsburg 28 Fast jeden Abend finden hier vor bis zu 550 Leuten Konzerte statt. Das Venue ist intim mit Industrie-Charme und bietet Indie-Rock von lokalen Bands und internationalen Gruppen eine Bühne. 3 Bars mit langer Happy Hour und schöne Toiletten. Tägl. 18–2 Uhr. 66 N 6th St. zw. Kent und Wythe Ave., ☏ 716-486-5400, www.music hallofwilliamsburg.com. Subway: Bedford Ave. Linie L.

Brooklyn Bowl 22 Musikhalle, Bowlingbahn (Funk Alley) und Restaurant mit Kultstatus. Die Musikzeitschrift Rolling Stone platzierte den Club unter die besten 20 Amerikas. Blue Ribbon tischt hier auf. Tickets $ 5–20. Wochentags ab 18 Uhr, Sa 12–17 Uhr, So 12–18 Uhr. Happy Hour Mo–Fr 18–20 Uhr. 61 Wythe Ave. zw. N 11th und N 12th St. in Williamsburg, www.brooklynbowl.com. Subway: Bedford Ave. Linie L.

Barbès Bar & live Performance Space 7 → Karte S. 211. Park Slope. Hier geben sich im Hinterzimmer einer beliebten Bar Jazzmusiker mit Solo-Violinisten und Blaskapellen aus dem Balkan die Klinke in die Hand. Total Kiez. 376 9th St. zw. 6th und 7th Ave., Park Slope, ☏ 347-4965-9177, www.barbesbrooklyn.com. Subway: 7th Ave. Linien F, G.

Ibeam Brooklyn 5 → Karte S. 211. Probenraum und Bühne zugleich, haben hier junge Jazz-Talente die Chance, sich auszuprobieren. Just Music, sonst nichts. Sessions meist Fr, Sa und Mi, $ 15 als Spende erbeten. 168 7th St. zw. 2nd und 3rd Ave., ibeambrooklyn.com. Subway: 4th Ave. Linien F, R.

Neuer Club mit altem Namen und legendärem Ruf

Nationalsport Baseball: fast wie Brennball, nur etwas komplizierter ...

Mit Kindern in New York

Das größte aller möglichen Stadterlebnisse mit Kindern? Ein absurder Gedanke – New York ist zu teuer, zu groß, zu gefährlich, zu laut und zu schnell! Das denken Sie, oder? Doch das Gegenteil ist der Fall: New York ist für Kinder wie geschaffen. Als Eltern brauchen Sie sich hier gar nicht groß anzustrengen: Die schieren Dimensionen, das bunte Völkergemisch und der hektische Alltag werden die Kleinen begeistern.

Kindgerecht gebettet

New Yorker Hotelzimmer sind notorisch klein, vor allem in zentraler Lage. Buchen Sie daher unbedingt Familienzimmer oder Suiten bzw. ziehen Sie gleich in ein Apartmenthotel ein, z. B. in das **Dumont NYC** in Midtown (→ S. 304). Ebenfalls zentral in Midtown liegt das **Hotel Metro** (→ S. 305) mit großen Räumen bzw. echten Familienzimmern. Wenn die Kinder irgendwann erschöpft ins Bett fallen, können Sie auf der Dachterrasse ausspannen und den Blick auf das Empire State Building in Ruhe genießen. Im Meatpacking District ist trotz seines Images als Partyhotel das etwas teurere **Hotel Gansevoort** erstaunlich gut für Familien geeignet (→ S. 301): Das Personal stellt kostenfreie Kinderbetten und -wagen, Windeln, Feuchttücher und Badetiere zur Verfügung, auf Anfrage sogar eine Nintendo Wii. Der Dachpool hat eine Badeaufsicht und erfreut sicher nicht nur die Kleinen. In der Hotelkette **Novotel** schlafen bis zu zwei Kinder bis 16 Jahre im Zimmer der Eltern kostenfrei inkl. Frühstück, ein zweites Zimmer für Ihre Kids gibt es dort zum halben Preis (www.accorhotels.com).

Mit Kind und Kegel von A nach B

Kleine Beine ermüden schneller als ausgewachsene, darum sollten Sie in New York getrost ab und zu die **Subway** oder die **Busse** nutzen. Bis zu drei Kinder fahren kostenfrei mit der U-Bahn und den Linienbussen, wenn sie kleiner als 1,12 m (44 Zoll) sind und von einem zahlenden Erwachsenen begleitet werden. Kinder unter 2 Jahren fahren auch kostenfrei mit Expressbussen, so sie denn auf dem Schoss sitzen. Größere Kinder, Schüler und Studenten fahren generell zum vollen Preis.

Viele Subway-Stationen sind leider sehr alt und haben keine Fahrstühle, dafür massenhaft Treppen und Drehkreuzschranken. Mit einem Kinderwagen kann der Weg durch den Untergrund daher sehr mühsam sein. Zum Glück findet sich in New York immer ein freundlicher Helfer, der mit anpackt. Die Sperren sind mit Kinderwagen allerdings nur durch die Notausgänge zu umgehen. Jemand muss Ihnen die Tür von innen öffnen – den dadurch ausgelösten Alarm sollten Sie ignorieren, Sie haben keine Alternative. Busse darf man grundsätzlich nur mit zusammengeklapptem Kinderwagen besteigen.

Wenn die Füßchen der Sprösslinge gar nicht mehr tragen wollen, winken Sie einfach ein gelbes **Taxi** heran. Das kostet nicht die Welt, es haben vier Personen Platz, und Kinder auf dem Schoss zählen nicht mit. Ein Kindersitz ist in New York nicht vorgeschrieben.

Austoben und aktiv sein

Spielen und spielerisches Lernen werden in New York ganz großgeschrieben: In jedem Stadtteil New Yorks sind Parks, Grünanlagen und hochmoderne **Spielplätze** entstanden, auf denen sich der Nachwuchs austoben kann. Allein im Central Park haben Sie 21 Anlagen zur Auswahl, darunter den Heckscher Playground, den größten Spielplatz New Yorks (an der 62nd St.). Gut sind auch der Brooklyn Bridge Park am Pier 6 (Furman St. Ecke Atlantic Ave.) mit Strandzugang und Wasserspielen sowie der South Street Seaport Imagination Playground, der ein neues Konzept verfolgt, das kreatives Spielen ohne Gerüste und Rutschen fördert. Eine ähnliche Strategie verfolgt der kultig designte Union-Square-Park-Spielplatz, dessen Gerätschaften und ihre Anwendung erst einmal enträtselt werden müssen. Eher praktisch sind der Playground 42nd St. zwischen 11th und 12th Ave. wegen seiner Lage, und der Spielplatz im Madison Square Park mit Geräten für jede Altersklasse.

Fühlen sich Ihre Kinder noch immer nicht ausgepowert, wagen Sie doch eine Paddeltour. **Ruderboote** können Sie im Central Park (Loebs Boat House, → S. 194) leihen. An Pier 26 im Hudson River Park (Mai–Okt.) und auf Govenors Island (Juni–Aug., zur Zeit der Recherche wegen Renovierung des Docks geschlossen) gibt es sogar kostenfrei **Kajaks** (www.downtownboathouse.org/free-kayaking). Am Pier 25 im Hudson River Park können Sie mit der Familie Minigolf spielen.

Lernen, staunen und erleben

Wer schon mal in New York ist, möchte natürlich nicht nur spielen, sondern auch etwas sehen. Viele von New Yorks bekanntesten Sehenswürdigkeiten begeistern auch Kinder und sind auf sie eingestellt, sodass garantiert keine Langeweile aufkommt. Hier ein paar Beispiele:

Für Kinder und Erwachsene gleichermaßen beeindruckend ist der **Blick von oben** über den Big Apple. Ganz klein fühlt man sich, wenn man das riesige Hochhausmeer, die engen Straßenschluchten, durch die sich die gelben Cab-Kolonnen schlängeln, und die belebten Plätze, auf denen Menschenmassen wie Ameisen herumwuseln, aus der Vogelperspektive betrachtet. Der Klassiker hierfür ist freilich das **Empire State Building** (→ S. 138). Wem die Fahrt mit dem Fahrstuhl und der Rundumblick als Nervenkitzel noch nicht genügen, kann dort zusätzlich einen „Skyride" buchen, der einem einen halbstündigen virtuellen Hubschrauberflug über Manhattan beschert. (Mindestgröße 0,91 m/36 Zoll).

Für die **Freiheitsstatue** (→ S. 47) und das **Einwanderungsmuseum** (→ S. 49) gibt es jeweils einen hervorragenden deutschsprachigen Audioguide, in dem Tiere den Kindern allerlei Amüsantes und Informatives erzählen (auch manche Eltern ziehen ihn dem Kommentar für Erwachsene vor). So berichtet der Falke Molly beispielsweise, dass die Lady of Liberty die Schuhgröße 879 trägt. Älteren Kindern mit Englischkenntnissen macht bestimmt das Ausfüllen eines *Junior Ranger Activity Booklet* Spaß, das man vorab ausdrucken und nach der Fertigstellung im Besucherzentrum gegen eine Medaille eintauschen kann (Achtung, vor Ort ist das Heftchen nicht erhältlich.). Wie es sich als Neuankömmling allein in der Fremde anfühlt, erleben Ihre Zöglinge hautnah in der interaktiven Ausstellung Ellis Kids im Einwanderermuseum auf Ellis Island. Für Kinder bis zum Alter von 4 Jahren sind Fährüberfahrt und Besuch beider Inseln kostenfrei. Für die Freiheitsstatue gibt es allerdings eine Mindestgröße: Wer noch keine 1,22 m (48 Zoll) groß ist, darf leider nicht hinauf auf die Krone.

Zwei weitere Top-Sehenswürdigkeiten halten Ihre Kids mit kindgerechten deutschsprachigen Audioguides auf Trab: das **Metropolitan Museum of Art** (→ S. 167) und das **MoMA** (→ S. 150). Im MoMA lädt außerdem das *Art Lab* Familien zum kreativen Ausprobieren ein. Hinter *#metkids* verbirgt sich ein Onlineforum des Met von und für Kinder von 7 bis 12 Jahren, das sie, gespickt mit Fun Facts, auf eine interaktive Zeitreise durch das Museum führt. *Met Create* richtet sich an Teenager, die dort – von den Originalen der Ausstellung inspiriert – ihre eigenen Kunstwerke herstellen können. Der *Family Guide* schickt die ganze Familie auf eine Schnitzeljagd durch das Museum. Allerdings wird bei den Aktivitäten elterliche Hilfe benötigt, denn diese Angebote gibt es nur auf Englisch.

Kinder beider Geschlechter und jeden Alters begeistern sich für das **American Museum of Natural History** (→ S. 175), das einige bereits aus den Filmen „Nachts im Museum" mit Ben Stiller kennen. Es imponieren nicht nur Dinosaurierskelette, jugendliche Forscher können auch den Big Bang anschaulich erleben und im Discovery Room, einem interaktiven Erlebnisraum für Fünf- bis Zwölfjährige, Experimente durchführen.

(Nicht nur) Jungs lieben das **Intrepid Sea, Air & Space Museum** (→ S. 156) am Pier 86, weil sie dort durch U-Boote oder im ersten Raumschiff der NASA, der Enterprise, herumklettern dürfen.

Visuell fesselnd finden Kinder im Grundschulalter oder älter das **Museum of the Moving Image** (→ S. 241) in Queens. Dort können sie nämlich Filme sehen und auf historischen Computern Videospiele ausprobieren. Im *Behind the Screen* dürfen sich die Kids auch selbst filmen (in der Stop-Motion-Filmtechnik wie bei frühen Zeichentrickfilmen mit unbewegten Bildern) und daraus für $ 10 ein Fotobuch als Daumenkino erstellen. An den Wochenenden gibt es Workshops für Familien.

Es gibt mehrere Kindermuseen in der Stadt, das beste ist wahrscheinlich das **Brooklyn Children's Museum** (→ S. 214), das in einem Neubau auf mehreren Etagen unzählige Aktivitäten und Abenteuer (vom Pizzabacken über Vespa-Fahren bis hin zum Theaterspielen) anbietet.

Parks aller Art

Ein zuverlässiger Renner in der Kindergunst sind natürlich auch die New Yorker Zoos. Es gibt den kleinen **Central Park Zoo** (→ S. 193), der als Vorlage für den Film „Madagascar" diente. Darin eingebettet ist der Tisch Children's Zoo, der einen eigenen Bereich nur für Kinder unter 6 Jahren hat. Die kleinen Besucher dürfen hier Tiere in ihren Gehegen streicheln oder in den Panzer einer Riesenschildkröte klettern. Weit größer ist der **Bronx Zoo** (→ S. 226), wo fast 4500 Tiere in riesigen Freigehegen gehalten werden. Nebenan liegt der **botanische Garten** (→ S. 226), der mit einem Quadratkilometer Fläche einer der größten Amerikas ist und fantasievolle Spielmöglichkeiten offenbart.

Als wunderbar kindgerechter Ausflug empfiehlt sich Coney Island in Brooklyn. Dort ist man nach etwa einer Stunde Subway-Fahrt nicht nur direkt am Meer, an der Strandpromenade gibt es auch ein neu ausgebautes **Aquarium** (→ S. 216), wo Wale, Haie, Robben und

Pinguine zu bewundern sind. Wagemutige Sprösslinge möchten sich in benachbarten **Luna Park** (→ S. 215) sicher von einigen der zahlreichen Fahrgeräte durch die Luft wirbeln lassen. Wenn es der Magen aushält, ziehe man sich zum Abschluss am berühmtesten Hotdog-Stand der Welt (Nathan's) noch ein heißes Würstchen rein.

Wer nicht so viel Zeit mitbringt, um bis nach Coney Island zu fahren, seinen Kindern aber trotzdem etwas „Rummel" bieten möchte, findet vier Karussells in New York: Im Central Park können Jung und Alt auf historischen Holzpferden oder in den beiden Kutschen des **Friedsam Memorial Carousel** (→ S. 192) ihre Kreise drehen. In Chelsea drehen an **Pier 62** im Hudson River Park einige hölzerne Tiere ihre Runden. Im Battery Park an der Südspitze Manhattans steht das nagelneue **Seaglass Carousel** (→ S. 32), wo Sie auf 30 beleuchteten Fischen durch eine optische und akustische Meereswelt gleiten. Im Brooklyn Bridge Park hat das historische **Jane's Carousel** (→ S. 220) aus den 1920er-Jahren in einem ultramodernen Glasneubau mit Blick auf die Skyline Manhattans eine Heimat gefunden.

Showtime!

Wer seinen Kids außerdem noch etwas ganz Besonderes und New-York-Typisches bieten möchte, besucht am besten eine der berühmten Shows. Im **New Victory Theater** am Times Square werden großartige Familienvorführungen gegeben (Theater, Tanz, Zirkus, Oper und Musik ab $ 10, 209 W 42nd St. zw. 7th und 8th Ave., ✆ 646-223-3010, www.newvictory.org). Auch ein Jazzbrunch ist ein einmaliges Erlebnis. Im **Jazz Standard** (→ S. 279) spielt das Jugendorchester sonntags Big-Band-Klassiker für Kinder (Einlass ab 13 Uhr, Spende von $ 5 erbeten). Was Kindern schmeckt, wird zusammen mit einem bunten Potpourri aus Ohrwürmern verschiedener Musicals von angehenden Broadway-Stars in **Ellen's**

Minnie Mouse zum Anfassen

Stardust Diner (→ S. 157) am Times Square serviert.

Nützliche Adressen

Baby's Away: größter Verleih in den USA für Babyausstattung – von Kinderbetten über Kinderwagen bis zu Hochstühlen und Autositzen. babysaway.com.

Baby Sitters' Guild: Seit 1940 vermittelt dieser Verein Kinderbetreuung in 16 Sprachen, auch direkt ins Hotel. www.babysitterguild.com.

Altersbeschränkungen

Für viele Museums- und Stadtführungen gibt es ein Mindestalter (meist ab 6 Jahren) – bitte auf den entsprechenden Webseiten nachsehen. Um Musicals oder Shows zu besuchen, müssen Kinder mindestens 4 Jahre alt sein. Für Fahrgeschäfte und bestimmte Attraktionen gilt oft eine Mindestgröße (meist 44 oder 48 Zoll, etwa 110–120 cm). Alkohol dürfen Jugendliche in Amerika erst mit 21 Jahren trinken, viele Etablissements mit Schanklizenz gestatten Minderjährigen daher gar nicht erst den Zutritt.

Der Lesesaal der Public Library: lichtdurchflutete Eleganz über zwei Blocks

New York (fast) umsonst

New York City gehört zu den teuersten Reisezielen der Welt. Das liegt nicht nur an den saftigen Hotelpreisen, auch die Eintritte, Restaurant- und Theaterbesuche gehen heftig ins Geld. Umso wichtiger wird es, hie und da mit kleinen Tricks und der richtigen Planung zu sparen. Wir zeigen Ihnen ein paar Möglichkeiten.

Ausblicke

Staten Island Ferry: Drei auf einen Schlag – mit der Fähre nach Staten Island bietet sich ein grandioser Blick auf die Skyline von Manhattan, vorbei an Lady Liberty und Ellis Island. Und das Ganze gibt es auch noch ganz umsonst. Sie startet rund um die Uhr alle 30 Min. vom Whitehall Terminal. www.siferry.com. → S. 32.

Rooftop-Bars: Sie sparen die saftigen Eintritte für eine der drei Aussichtsplattformen (Empire State Building, Top of the Rock oder One World Trade Center), und beim entspannten Blick aus der Vogelperspektive auf das Häusermeer Manhattans laben Sie sich auch noch an einem erfrischenden Drink (der definitiv billiger ist als die Eintritte) in einer der vier Rooftop-Bars: The Press Lounge (→ S. 272), St Cloud at the Knickerbocker Hotel (→ S. 272), The Refinery Rooftop (→ S. 272) und The Blue Room at the Ides Rooftop (→ S. 273).

South Street Seaport Pier 17: Das nagelneue Einkaufszentrum am East River wird eine Terrasse haben, die den mit Abstand besten Blick auf die Brooklyn-Brücke freigeben dürfte (→ S. 41).

South Street Seaport Pier 15: Der begrünte Landesteg auf zwei Ebenen lädt mit Holzbänken und Rasenflächen zum Verweilen ein. Dabei hat man die Brooklyn Bridge vor der Nase (→ S. 41).

Elevated Acre: Weiter weg ist man auf dieser versteckten Plaza, die über eine Rolltreppe des Bürohauses 55 Water Street zu erreichen ist. Die parkartige Oase hat ein Amphitheater für Veranstaltungen wie Konzerte und Filmvorführungen sowie neuerdings einen Biergarten. www.55water.com (→ S. 41).

Führungen

Big Apple Greeter: Individuell und kostenlos (allerdings nur nach rechtzeitiger vorheriger Anmeldung!) führen Einheimische durch das Viertel, in dem sie wohnen. Die ehrenamtlichen „Big Apple Greeter" nehmen noch nicht einmal Trinkgeld. bigapplegreeter.org.

Free Tours by Foot: Hingegen leben die Guides von Free Tours by Foot vom Trinkgeld – gezahlt wird nach dem Pay-as-you-wish-Prinzip, das heißt Sie geben den Betrag, der Ihnen die Führung wert war. Neben Spaziergängen gibt es auch Streifzüge durch Lokale, Fahrradtouren und Bustouren. www.freetoursbyfoot.com.

Grand Central Walking Tours: Jede Woche freitags um 12.30 Uhr weihen Sie Ehrenamtliche der Grand Central Partnership in die Geheimnisse des Bahnhofs und Vorzüge des Viertels ein. Treffpunkt ist der Sculpture Court, 120 Park Avenue. www.grandcentralpartnership.nyc/things-to-do/tours.

Bryant Park Tours: Einem geführten Bummel entlang des Bryant-Parks können Sie sich ganzjährig jeden Mittwoch um 11 Uhr anschließen, von April bis November auch am ersten Dienstag im Monat um 19 Uhr. Die Führungen sind wetterabhängig, also vorher auf der Webseite prüfen: bryantpark.org/plan-your-visit/tours.html.

Aktivitäten

Hudson River Park: Der Uferpark erstreckt sich vom Battery Park bis nach Harlem über 230 m entlang des Flusses. Bis zur 59. Straße führt ein 8 km langer Jogging- und Fahrradweg vorbei an vielen Sportanlagen und ausgebauten Pieren. Kostenfrei kann man z. B. Kajak fahren (Mai–Okt. an Pier 26, www.downtownboathouse.org), es gibt Tennisplätze (kostenfrei, Zeitlimit 60 Min., wenn es voll ist) und Skateparks. www.hudsonriverpark.org.

Brooklyn Bridge Park: Auch in diesem recht neuen Park gibt es Sportstätten und Spielplätze, deren Nutzung kostenfrei ist, etwa Beach Volleyball. www.brooklynbridgepark.org.

Outdoor Swimming Pools: Das Baden in den Freibädern der New Yorker Parks ist kostenfrei. Im nördlichen Central Park liegt z. B. der Lasker Pool, der sich im Winter in eine Eisbahn verwandelt. Die Freibäder sind nur saisonal geöffnet (Ende Juni bis Aug. tägl. 11–19 Uhr, mit einer Reinigungspause von 15–16 Uhr), eine Liste der Bäder in allen Stadtteilen finden Sie unter www.nycgovparks.org/facilities/outdoor-pools.

Citi Bikes: Um New York auf dem Rad zu erkunden, eignet sich eine temporäre Mitgliedschaft bei Citi Bikes. Dann kann man für wenig Geld Zeit sparen und kürzere Strecken auf dem Drahtesel zurücklegen. www.citibikenyc.com.

Kunst

Kunst im öffentlichen Raum: Wer mit offenen Augen durch New York geht, wird in Foyers von Bürohäusern, auf Straßenplätzen und in den New Yorker Parks Skulpturen und öffentliche Kunstwerke entdecken.

Times Square: Jeden Abend wird hier zur Geisterstunde Kunst auf die riesigen Leinwände projiziert. Die „Midnight Moments" finden immer um Mitternacht statt. www.timessquarenyc.org/times-square-arts/projects/midnight-moment/index.aspx. Außerdem gibt es die permanente Klanginstallation von Max Neuhaus (→ S. 154) und viele kostenfreie Aktivitäten

Subway: Überall in New York City steht hochkarätige Kunst im Freien. Die Subway-Stationen der MTA sind nicht nur für die kostenfreien Konzerte der vielen Musiker bekannt, die teilweise bühnenreife Qualität bieten, sondern auch für die vielen Kunstwerke an den Wänden und auf den Plattformen („art for transit"). Eine App klärt auf: web.mta.info/mta/aft/permanentart.

The High Line: Regelmäßig wechseln die Kunstinstallationen auf dem **High**

Line Park, der zur Grünanlage umgebauten Gleisanlage auf Stelzen, die vom Meatpacking District bis nach Midtown führt. Welche Kunstwerke zu sehen sind, erfahren Sie unter art.the highline.org.

Chelsea: Wer die satten Eintritte im MoMA oder Guggenheim Museum scheut – aber dennoch moderne Kunst in geballter Form erleben möchte, kann in Chelsea im Westen Manhattans durch mehr als 350 Galerien „hoppen", die sich auf wenige Straßenzüge verteilen. Sie sind kostenlos und zeigen von Klassikern der Moderne bis hin zu experimentelleren Ausstellungen alles, was das Künstlerherz begehrt. → S. 130

Museen und Sehenswürdigkeiten

Nur wenige der New Yorker Museen verlangen weniger als $ 20 Eintritt, es gibt jedoch einige Ausnahmen, die gar kein Geld sehen wollen, und fast alle offerieren ihren Besuchern einmal in der Woche oder im Monat die Möglichkeit, soviel zu zahlen, wie sie für angemessen halten („Pay-as-you-wish"). Machen Sie sich jedoch auf lange Schlangen gefasst.

Eintritt frei

National September 11 Memorial: Der Platz, an dem einst das World Trade Center stand, ist heute eine Gedenkstätte und ein Ort der Stille. Im Mittelpunkt liegen, umgeben von Bäumen, die Reflecting Pools, die Brunnen, die früher mal die Fundamente der Zwillingstürme waren. Nur das 9/11 Museum kostet Eintritt. → S. 39

Kirchen und Kathedralen: Es gibt in New York um die 2000 Gotteshäuser, die man umsonst besichtigen kann. Die architektonisch wertvollsten dürften die St.-Patrick-Kathedrale an der 5th Avenue (→ S. 149), St John the Divine (→ S. 198) und die Riverside Church in Morningside Heights (→ S. 201) sowie die Trinity Church nahe der Wall Street sein (→ S. 36).

St.-Patrick-Kathedrale

African Burial Ground: Die begehbare Gedenkstätte in Lower Manhattan erinnert an New Yorks unrühmliche Rolle im Sklavenhandel und in der Sklaverei. → S. 46

Federal Hall: Im Vorgängerbau legte George Washington seinen Amtseid ab. Eine kleine Ausstellung zeigt historische Zusammenhänge auf. → S. 35

Federal Reserve Bank: Nur eine Anmeldung ist nötig, aber der Besuch der Zentralbank mit einer Führung kostet nichts. → S. 40

Grant's Tomb: Wer nichts weiß über diesen General und 18. Präsidenten der Vereinigten Staaten, kann das in diesem Mausoleum mit angeschlossenem Besucherzentrum nachholen. → S. 202

Woodlawn Cemetery: Architektonisch interessant sind viele der riesigen Mausoleen auf diesem Friedhof in der Bronx, wo auch einige bekannte New Yorker ihre letzte Ruhestätte fanden. Unter anderem liegen hier die Jazz-Legende Miles Davis, der Moby-Dick-Autor Herman Melville und der Unternehmer Winfield Woolworth begraben. → S. 228

New York Public Library: Die größte Stadtbibliothek Manhattans ist ein architektonisches Kleinod, das schon im Film „Spiderman" als Kulisse diente. Das Innere ist so großartig wie das Äußere, vor allem die mit Marmor verzierte Astor-Hall und der Lesesaal beeindrucken. → S. 143

Das **Metropolitan Museum of Art** und seine Schwestermuseen **Met Breuer** und **The Cloisters**. Die Museumsleitung hängt es nicht an die große Glocke, aber der Eintritt ist eine „suggested admission", ein Vorschlag. →S. 167 u S. 204.

Lesley-Lohman Museum of Gay and Lesbian Art, meist erotische Kunst von homosexuellen Künstlern. → S. 82

National Museum of the American Indian, hier wird die Kultur der amerikanischen Indianer bewahrt. → S. 28

Theodore Roosevelt Birthplace, ein Nachbau des Geburtshauses des 32. Präsidenten der Vereinigten Staaten. → S. 118

Socrates Sculpture Park, seit 1986 stehen hier Bildhauerwerke und Installationen der Gegenwart. → S. 240

Pay-as-you-wish

Montag: Museum at Eldridge Street (→ S. 68), 10–12 Uhr.

Dienstag: 9/11 Memorial and Museum (→ S. 37), ab 17 Uhr; The Brooklyn Botanical Garden (→ S. 212), ganztägig; The Morgan Library and Museum (→ S. 143), ganztägig; Wave Hill (→ S. 228), 9–12 Uhr; Staten Island Museum (→ S. 244), 12–14 Uhr.

Mittwoch: Museum of Jewish Heritage (→ S. 28), 16–20 Uhr; Bronx Zoo (→ S. 226), ganztägig; New York Botanical Garden (→ S. 226), ganztägig; Queens Botanical Garden (→ S. 236), April–Okt. 15–18 Uhr, im Winter generell.

Donnerstag: Museum of the Chinese in America (→ S. 57), ganztägig; New Museum (→ S. 73), 19–21 Uhr; Brooklyn's Children Museum (→ S. 214), 15–17 Uhr.

Freitag: Museum of Modern Art (→ S. 150), 16–20 Uhr; Whitney Museum of American Art (→ S. 127), 19–21.30 Uhr; International Center for Photography (→ S. 72), 17–20 Uhr; Asia Society (→ S. 166), Sept.–Juni 18–21 Uhr; Neue Galerie (→ S. 169), 18–20 Uhr; The Morgan Library and Museum (→ S. 143), 19–21 Uhr; The New York Historical Society (→ S. 178), 18–20 Uhr; Rubin Museum of Art (→ S. 133), 18–22 Uhr; Historic Richmond Town (→ S. 243), 13–17 Uhr; New York Aquarium (→ S. 215), ab 16 Uhr, im Winter ab 15 Uhr; Museum of the Moving Image (→ S. 241), 16–20 Uhr; New York Hall of Science (→ S. 235), 14–17 Uhr.

Erster Freitag im Monat: The Noguchi Museum (→ S. 240), ganztägig.

Samstag: Solomon R. Guggenheim Museum (→ S. 169), 17.45–19.45 Uhr; The Brooklyn Botanical Garden (→ S. 212), 10–12 Uhr; The Jewish Museum (→ S. 171), ganztägig; New York Botanical Garden (→ S. 226), 9–10 Uhr; Wave Hill (→ S. 228), 9–12 Uhr.

Erster Samstag im Monat: Brooklyn Museum (→ S. 210), 17–23 Uhr.

Dritter Samstag im Monat: El Museo del Barrio (→ S. 171), ganztägig.

Sonntag: Frick Collection (→ S. 166), 11–13 Uhr; The New York Hall of Science (→ S. 235), 10–11 Uhr; Queens Botanical Garden (→ S. 236), April–Okt. 16–18 Uhr; Studio Museum Harlem (→ S. 203), ganztägig.

Museumspässe

Wo es viel zu sehen gibt, summieren sich die Eintritte, und die sind in New York ohnehin happig. Eine prima Möglichkeit zum Sparen bieten verschiedene Pässe, in denen wichtige Sehenswürdigkeiten enthalten sind, deren Eintritt Sie weit günstiger kommt als im Einzelkauf. Auch nicht zu verachten: Sie müssen nicht regulär Schlangestehen, sondern haben einen „Fast track"-Zugang. Welcher Pass für Sie der richtige ist, hängt davon ab, wie viele Besichtigungen Sie planen.

New York City Pass: Hier ist Ihr Sightseeingpaket bereits geschnürt. Der City Pass fasst die 6 wichtigsten Sehenswürdigkeiten zusammen, wobei es drei zusätzliche Wahlalternativen gibt. Das Scheckheft ist ab der ersten Nutzung neun Tage gültig und kostet $ 116 für Erwachsene und $ 92 für Kinder von 6 bis 17 Jahren. Sie kämen auf 40 % Ersparnis, wenn Sie alle Eintritte wahrnehmen. de.citypass.com/new-york.

New York Explorer Pass: Dieser Pass ist weit flexibler und eignet sich für jene, die genau wissen, was sie wollen. Sie erwerben ihn für eine bestimmte Anzahl von Attraktionen (3, 4, 5, 7 oder 10), die Sie aus 64 Angeboten auswählen können. Der Pass bleibt 30 Tage nach dem ersten Einsatz gültig. Sie sparen bis zu 45 % gegenüber dem Einzelkauf, wenn Sie sich vorab festlegen und den Pass selbst zusammenstellen, erhalten Sie weitere Rabatte. 3 Attraktionen kosten $ 77, für Kinder von 3 bis 12 Jahren $ 60, 10 Attraktionen sind für $ 180 bzw. $ 125 zu haben. de.smartdestinations.com.

New York Pass: Nur sehr aktive Besucher sollten diesen Pass erwägen, denn er ist allumfassend. Sie kaufen den Pass für eine bestimmte Anzahl von Tagen (1, 3, 5, 7 oder 10 Tage) und haben dafür eine Sightseeing-„Flatrate" für mehr als 80 Attraktionen inklusive Extras wie 17 Besichtigungsfahrten mit Bussen und Booten. Dazu gibt es einen kleinen Taschenreiseführer. Wie viel Sie sparen, hängt von Ihrer Ausdauer ab … 1 Tag kostet $ 109 für Erwachsene und $ 84 für Kinder von 4 bis 12 Jahren, 10 Tage schlagen mit $ 399 zu Buche, Kinder zahlen $ 203,15. Manchmal gibt es Rabatte beim Kauf des Passes im Internet.

Veranstaltungen

Umzüge und Paraden: Zu verschiedensten Anlässen wie Memorial Day, St Patrick's Day, Halloween etc. finden in New York zahlreiche spektakuläre Umzüge und Paraden statt, alle sind kostenfrei.

Museum Mile Festival: Während des alljährlichen Museum Mile Festival im Juni ist der Eintritt zu den Museen entlang der Fifth Avenue kostenfrei.

Trinity Church: Von Sept. bis Mai können Sie jeden Donnerstag am Broadway nahe der Wall Street den Concerts at One lauschen (nur Sept.–Mai 13–14 Uhr). www.trinitywallstreet.org/music-arts/season/concerts-at-one.

St Bartholomew's Church: Ebenfalls donnerstagnachmittags pünktlich um 13.15 Uhr werden von Okt. bis Mitte Juni in der Kirche an der Park Avenue kostenfreie Lunchtime-Konzerte veranstaltet. midtownconcerts.org/.

Central Park: Von Mitte Mai bis Anfang Okt. versammeln sich Musik-Fans im Central Park am Rumsey Playfield (Eingang 72nd Street) zur Summerstage. Sie wird zur Bühne für alle Musikrichtungen, von Hip-Hop bis Indie-Rockbands. www.summerstage.org.

Blick über den Central Park

Esskultur-Trend: New Yorker Food Trucks

Govenor's Ball: Auf Govenors Island findet am ersten Juniwochenende eine kostenfreie Open-air-Konzertreihe statt.

Bryant Park Summer Festival: Von Juni bis Aug. werden montags von 17 bis 23 Uhr kostenfreie Filmklassiker auf die Großleinwand projiziert. www.bryantpark.org/plan-your-visit/filmfestival.html.

Während der warmen Jahreszeit können Sie außerdem tagtäglich an kostenfreien Veranstaltungen im Bryant Park teilnehmen, von Yoga bis Jonglieren. www.bryantpark.org.

„Movies under the Stars": Mehrere Parks, etwa der Carl Schurz Park, sind im Sommer Austragungsort kostenloser Konzerte und Filmnächte. www.nycgovparks.org/events/free_summer_movies.

Verköstigung

Food Trucks: Über die ganze Stadt verstreut findet man in New York Imbisse am Straßenrand, die zum Teil hochwertige Speisen aus ihren Trucks heraus verkaufen. Oft täglich wechselnde Standorte. Die besten Burritos gibt es angeblich bei **Korilla BBQ** (korillabbq.com), die besten Käse-Sandwiches bei **Gorilla** (www.gorillacheesenyc.com) und den besten Gyros bei **Halal Guys** an der Kreuzung 53rd Street, Ecke 5th Avenue (53rdand6th.com). Am South Street Seaport stehen in der Saison tolle Buden vom **Smorgasburg Market**.

Happy Hour: Selbst Restaurants mit feiner Küche bieten mitunter eine Happy Hour für Speisen und Getränke – das lohnt sich, achten Sie auf die Hinweise in den Kapiteln. 2-4-1 bedeutet zwei Getränke oder Gerichte zum Preis von einem. Außerdem bieten *Prix Fixe Menues* (Festpreis-Menüs) oft ein hervorragendes Preis-Leistungs-Verhältnis.

Tap Water und BYOB: Scheuen Sie sich nicht, im Restaurant nach *Tap Water* zu fragen. Die Karaffe mit Leitungswasser ist Standard, kostet nichts und ist gefahrlos trinkbar. Bei immer weniger Restaurants darf man seinen eigenen Alkohol mitbringen, oft nur noch gegen eine Korkgebühr. Das nennt sich BYOB (*Bring your own Bottle*).

Food Festivals: Einen Tag im Mai öffnen während des „Taste of Times Square" 50 umliegende Restaurants ihre Pforten, um draußen Stände aufzubauen, die Speisen, für die man vorab Tickets kaufen muss, kosten zwischen $ 2 und $ 6. www.timessquarenyc.org.

Kurz vor der Landung: Manhattan im Blick

Anreise

Die schönste Anreise nach New York wäre sicherlich die Schiffspassage über den Atlantik. Doch machen wir uns nichts vor: fast alle Besucher kommen mit dem Flugzeug. Die Flugdauer von Deutschland nach New York beträgt rund acht Stunden.

Up and away

Viele europäische und amerikanische Airlines bieten Direktflüge von größeren Flughäfen in Deutschland, Österreich (Salzburg und Wien) oder der Schweiz (Zürich und Genf) an, darunter *American Airlines, United Airlines, US Airways, Delta Airlines, British Airways, Condor, Lufthansa/Eurowings, Austrian Airlines, Norwegian Air Shuttle, Vueling Air Lines, Air Lingus, Singapore Airlines* oder *Air Berlin*.

Wer um die 600 € für den Direktflug zahlt, hat einen guten Preis erzielt. Zu den beliebtesten Reisezeiten wie um Weihnachten herum muss man aber mit satten Preisaufschlägen rechnen, selbst bei früher Buchung. In der Nebensaison kann man bereits ab 400 € fliegen, so billig jedoch selten direkt, wie überhaupt Flüge via London, Amsterdam oder Paris oftmals billiger sind als Direktflüge.

Die Suche nach den preiswertesten Tickets bzw. Flugverbindungen unterstützen zahlreiche **Online-Portale** (Suchmaschinen) wie flug.idealo.de oder Kayak (www.kayak.de). Auch www.taveloverland.de hat sich bewährt. Über einen Link kommen Sie normalerweise vom Vergleichsportal direkt auf die Seite der Fluggesellschaft.

Flugvermittler (Reise-Preise.de oder Expedia.de) agieren wie Reisebüros und verlangen eine Servicegebühr. In einigen Fällen können Sie durch die Buchung bei einem Flugvermittler gegenüber der direkten Buchung bei der Fluggesellschaft nennenswerte Beträge sparen, in anderen Fällen nur ein paar Euro – oder der Ticketkauf bei der Airline ist sogar billiger. Meistens haben Sie über die Fluggesellschaft den besseren und direkten Service – vor allem bei Umbuchungen, Stornierungen oder Flugausfall.

Wer sich kurz entschließt, kann sich auch nach **Last-Minute-Flügen** umschauen. Man kann sie direkt bei den

Fluggesellschaften oder einfacher über den Spezialveranstalter www.lastminute.de buchen.

International angeflogen werden zwei der drei Flughäfen von New York: JFK und Newark. La Guardia fertigt nur Inlandsflüge, Flüge nach Kanada und in die Karibik ab. Alle werden betrieben von:

The Port Authority of NY & NJ, 225 Park Avenue South, NY 10003, ℅ 212-435-7000, www.panynj.gov/airports.

John F. Kennedy International Airport

Der John F. Kennedy International Airport, kurz JFK, ist der größte Flughafen New Yorks. Hier landen täglich Maschinen von mehr als 110 Fluggesellschaften, die hauptsächlich internationale Flüge anbieten. Die neun Terminals sind im Kreis angelegt, in jedem befindet sich ein Informationsstand. Lufthansa- und Air-France-Flüge werden im Terminal 1 abgefertigt.

JFK liegt in Queens und ist rund 24 km von Midtown Manhattan entfernt. Für seinen Bau 1942 wurden 4 km² sumpfiges Tideland in der Jamaica Bay trockengelegt, den Namen erhielt er etwa einen Monat nach dem tödlichen Attentat auf den gleichnamigen 35. Präsidenten der Vereinigten Staaten im Jahr 1963. Um zu den verschiedenen Transportmöglichkeiten zu gelangen, folgen Sie den Schildern mit der Aufschrift *Ground Transportation*.

www.panynj.gov/airports/jfk.html, Auskunft ℅ 718-244-4168.

Verbindungen

Taxi: Von JFK nach Manhattan zahlen Sie einen Festpreis von $ 52, das Taxameter bleibt ausgeschaltet. Dazu kommen allerdings ein Aufschlag für Stoßzeiten, die Brücken- bzw. Tunnelgebühren sowie 15–20 % Trinkgeld. Die Fahrtzeit beträgt 30–60 Min. Unbedingt mit lizensierten Yellow Cabs fahren. NYC Taxi, ℅ 212-692-8294.

Air Train/Subway: Die schnellste und kostengünstigste Fortbewegungsweise ist der Air Train. Für $ 5 (Kinder unter 5 J. kostenlos) bringt er die Reisenden von allen Terminals zu einer von zwei erreichbaren Subway-Stationen: Wählen Sie die Howard Beach Station, wenn Sie in den Süden oder Westen Manhattans wollen. Von dort fährt die Linie A (Aufschrift *Far Rockaway*, NICHT *Lefferts Blvd.*), ein Expresszug, durch ganz Manhattan. Die Fahrtzeit nach Midtown dauert insgesamt 60–90 Min. Wählen Sie den Jamaica Station/Sutphin Boulevard, erreichen Sie die Linien E, J und Z sowie die Long Island Railroad (LIRR). Die Linie E erreicht Ziele in Midtown und weiter im Westen, die Züge der Linien J und Z fahren in den Osten, aber seltener. Die LIRR bringt Sie nach New Jersey. Die Fahrten kosten mit der Metrocard, die man für $ 1 im Terminal kaufen kann und die Sie für Ihren Aufenthalt weiterverwenden können, da sie aufladbar ist, $ 2,75. Ohne Metrocard kostet die Einzelfahrt $ 3.

Bus Q10/Subway: Sie können die Subway auch mit regulären Bussen der MTA Green Line (Q 10) erreichen. Sie starten rund um die Uhr alle 20–25 Min. von allen Terminals (Haltestelle mit der Aufschrift *Green Line Q 10*). Fahren Sie bis zur Endstation Kew Gardens/Union Turnpike, wo Sie Anschluss an die Subway-Linien E und F haben. Der Bus ist kostenlos. **Ein alter-**

Einer von drei Flughäfen: Newark Liberty International Airport

nativer Tipp: Der kostenlose Shuttle zum *long term parking* hält an der Subway-Station JFK.

Busse des New York City Airporter: Gehen Sie zum Ground Transportation Welcome Center. Die Busse verkehren tägl. alle 20–30 Min. zwischen 5 und 23.30 Uhr und fahren zur Port Authority Bus Station (Nähe Times Square), zur Penn Station, Grand Central Station und zum Bryant Park, von wo es kostenlose Shuttlebusse zum Times Square und zu Hotels gibt, die zwischen 23rd und 63rd Streets liegen. Kosten für die einfache Fahrt $ 17, Hin- und Rückfahrt $ 30, Fahrzeit rund 50 Min. oder mehr, je nach Verkehr. ✆ 718-777-5111 oder ✆ 46 vom Telefon im Welcome Center, www.nycairporter.com.

Newark Liberty International Airport

Newark Liberty International ist der älteste Flughafen New Yorks und liegt 26 km südwestlich von Manhattan im Bundesstaat New Jersey, also genau genommen nicht in New York. Von hier aus startete am Morgen des 11. September 2001 Flug United Airlines 93 nach San Francisco. Die Maschine wurde etwa eine Stunde später von Terroristen gekidnappt und nach Washington DC mit Kurs auf das Pentagon umgeleitet. Erst in der Folge wurde der Zusatz „Liberty" in den Namen aufgenommen. Die drei

Einreisebestimmungen

ESTA, Online-Meldepflicht Deutsche, Schweizer und Österreicher nehmen am **Permanent-Visa-Waiver-Programm** teil und können somit als Touristen oder Geschäftsleute bis zu einer Dauer von 90 Tagen ohne Visum einreisen. Seit dem 1. August 2008 gibt es das elektronische System der Einreisegenehmigung (ESTA, Electronic System for Travel Authorization). Sie müssen sich bis spätestens 72 Stunden vor der Einreise online unter https://esta.cbp.dhs.gov/esta eine **Einreiseerlaubnis** ($ 14, Zahlung per Kreditkarte) einholen. Die Einreiseerlaubnis berechtigt zu mehreren Einreisen innerhalb eines Zeitraums von zwei Jahren, es sei denn, die Gültigkeit des Reisepasses endet vor Ablauf der Frist. Vor der Einreise sollten Sie, wenn erforderlich, Ihre Flugdaten und Reiseziele (Hoteladresse) im ESTA-Formular aktualisieren. Die letzte Entscheidung über die Einreise haben aber weiterhin die Grenzbeamten vor Ort.

API-Datenerfassung Fluggesellschaften sind verpflichtet, den US-Behörden am Abflugtag die Daten aller Passagiere zu übermitteln. Dies geschieht (automatisch) mit dem Advanced Passenger Information System (APIS). Es werden Ihr Name, Ihre Passnummer und die Aufenthaltsadresse in den USA erfasst.

Reisedokumente Um am Visa-Waiver-Programm teilnehmen und in die USA einreisen zu können, benötigen Sie seit dem 1. April 2016 einen **biometrischen Reisepass** (auch elektronischer Reisepass oder kurz e-Pass genannt). Auf dem darin enthaltenen Chip werden sowohl das Passbild als auch die Fingerabdrücke gespeichert. Das Reisedokument muss für die gesamte Aufenthaltsdauer bis mindestens dem Tag der Ausreise aus den USA gültig sein. Auch **jedes Kind** benötigt einen biometrischen Reisepass! Wer über keinen biometrischen Reisepass verfügt, braucht ein Visum.

Einreise Prozedur Vor der Landung auf Ihrem Zielflughafen erhalten Sie vom Flugpersonal eine weiße **Zollerklärung**. Die Zollerklärung behält der US-Zoll bei Ihrer Ankunft ein. Die Grenzschutzbeamten befragen Sie vor Ort über den Zweck Ihrer Reise und im Zweifel auch, wann Sie zurückfliegen werden (Flugdaten parat haben). Dann nehmen sie Ihnen tintenlose Fingerabdrücke ab (Scan) und schießen ein digitales Porträtfoto. Das Datum, an dem Sie die USA spätestens wieder verlassen müssen, wird in Ihren Reisepass gestempelt.

Impfungen Für die Einreise in die USA sind keine Impfungen vorgeschrieben. Allerdings sollten Sie Ihren Impfschutz gegen Tetanus, Polio und Diphtherie überprüfen und ggf. auffrischen lassen.

Allgemeine Informationen Die Einreisebestimmungen finden Sie unter https://de.usembassy.gov/de und www.auswaertiges-amt.de. Für alle, die länger als 90 Tage bleiben wollen oder aus anderen Gründen ein **Visum** brauchen, gibt es Infos unter www.ustraveldocs.com und die folgenden (nicht eben preiswerten) Hotlines: ✆ 0041(0)31-580-0033 (Schweiz), ✆ 0043(0)72011-6000 (Österreich), ✆ 0049-0322-2109-3243 (Deutschland). Infos zu den **Zollbestimmungen** → S. 317.

Ein Wahrzeichen der Stadt: die Yellow Cabs

Terminals bilden einen Halbkreis. In jedem Terminal gibt es einen Schalter der *Ground Transportation Services*. Internationale Maschinen werden meistens am Terminal B abgefertigt.

www.panynj.gov/airports/newark-liberty.html, Auskunft ℡ 973-961-6000.

Verbindungen

Taxi: Am einfachsten ist es auch hier, ein gelbes Taxi zu nehmen, das Ihnen von einem Dispatcher zugeteilt wird. Es gibt keinen Festpreis, sondern es gilt der Taxameter plus $ 15 Aufpreis. Sie müssen mit $ 50–75 rechnen plus Brücken- bzw. Tunnelzoll ($ 7–9) und 15–20 % Trinkgeld.

Air Train: Diese Direktverbindung vom Flughafen zum Bahnhof ist schnell und günstig. Folgen Sie den Schildern mit der Aufschrift *Mono*-Ticket bis zur New York Penn Station ($ 12,50, 25 Min., die von Washington kommenden Amtrak-Züge sind teurer!). Der Airtrain bringt Sie mit diesem Ticket kostenlos bis zur Newark Liberty International Airport Train Station, wo Sie Anschluss an Ihren Zug nach New York City mit Ziel Penn Station haben. An der New York Penn Station haben Sie Umsteigemöglichkeiten zur Subway oder den New Yorker Linienbussen. www.panynj.gov/airports/pdf/ewr-airtrain-brochure-german.pdf.

Newark Airport Express Bus: Der Bus fährt für $ 16 (Einzelfahrt) bzw. $ 28 (Hin- und Rückfahrt) plus $ 1 Gebühr von 4 bis 1 Uhr alle 15–30 Min. nach Manhattan (ab Manhattan von 1.45 bis 4.45 Uhr) und hält am Port Authority Bus Terminal, am Bryant Park und am Grand Central Terminal. Karten bekommen Sie am Ground-Transportation-Schalter oder im Bus. Die Fahrzeit beträgt 45–60 Min. Olympia Airport Express ℡ 877-8-NEWARK, www.coachusa.com/olympia/ss.ewarkairport.asp.

La Guardia Airport

La Guardia ist mit Abstand der bequemste Flughafen, doch werden Sie hier nur ankommen, wenn Sie zuvor ein anderes Ziel in den USA, Kanada oder der Karibik besucht haben. Deshalb werden wir an dieser Stelle nicht näher auf ihn eingehen. Wer Informationen braucht, schaue unter www.panynj.gov/airports/laguardia.html.

Die Fahrt mit der Subway ist die schnellste Art, sich in New York fortzubewegen

Unterwegs in New York City

Am besten erkundet man New York zu Fuß und mithilfe der öffentlichen Verkehrsmittel. Die Subway ist auf den ersten Blick ein wenig unübersichtlich, aber gut ausgebaut, schnell, billig und sicherer als ihr Ruf. Busse brauchen meist länger, dafür führen viele Strecken an Sehenswürdigkeiten vorbei. Eine Alternative sind die Yellow Cabs, die gelben Taxis: Sie sind auf den Straßen allgegenwärtig und nicht übermäßig teuer. Immer mehr Fahrradwege und Verleihstationen machen auch das Radeln zu einer attraktiven und flotten Fortbewegungsart.

Mit der Subway

U-Bahn-Stationen erkennen Sie an einem weißen Schild mit einem dunkelblauen M in der Mitte. Der Eingang ist dort, wo Sie ein Geländer mit runden, laternenartigen Glasbällen entdecken. Diese sind nachts beleuchtet. Wenn die untere Hälfte grün erleuchtet ist, handelt es sich um einen Eingang, der 24 Stunden am Tag geöffnet ist. Bei Rotbeleuchtung ist der Ein-/Ausgang ab einer bestimmten Uhrzeit verriegelt.

Das New Yorker U-Bahn-Netz ist 659 Meilen (1060 km) lang und bedient 24 Strecken mit 468 Stationen. Die Strecken/Linien sind mit Ziffern bzw. Buchstaben gekennzeichnet. Ein und dieselbe Route wird i. d. R. von mehreren Linien befahren, mind. eine davon ist ein Express-Zug, der nicht an allen Bahnhöfen hält. Nachts verkehren die meisten Express-Züge allerdings nicht, während die alle Stationen anfahrenden *Local Trains* i. d. R. rund um die Uhr im Einsatz sind: in Stoßzeiten alle 5, sonst alle 10 Min., zwischen Mitternacht und 5 Uhr morgens alle 20 Min.

Kostenlose Subway-Pläne erhalten Sie in fast allen Stationen und in vielen Hotellobbys. Auf dem Plan ist unter dem Namen einer jeden Station angegeben, welche Linien dort halten. Eingerahmte Ziffern oder Buchstaben zeigen an, dass die entsprechende Linie hier ihre Endstation hat. Fett gedruckte Ziffern oder Buchstaben bedeuten, dass dieser Zug ohne Ausnahmen an der Station hält, nicht fett gedruckte Angaben bedeuten, dass es Ausnahmen gibt (z. B. nachts oder an Wochenenden). Darüber hinaus sind Umsteigemöglichkeiten eingezeichnet (schwarzweiße Linien, die Kreise miteinander verbinden).

Um erfolgreich durch das Subway-Netz zu navigieren, sollten Sie sich zuerst über Ihre generelle Richtung im Klaren sein, denn die Linien sind im Bahnhof entweder mit Uptown (Richtung Norden) oder Downtown (Richtung Süden) ausgeschildert.

> **Tipp**: Wenn Sie Richtung Downtown unterwegs sind, liegen Sie meistens mit dem Eingang auf der Westseite der Straße (in Fahrtrichtung) richtig. Sind Sie in Richtung Uptown unterwegs, ist i. d. R. der Eingang an der Ostseite der Straße zu nehmen.

Auf mehr als 200 New Yorker U-Bahn-Stationen sind permanente Kunstwerke installiert. Wer wissen will, was er da sieht, kann sich die kostenfreie App *Arts* for Transit auf sein Smartphone herunterladen, web.mta.info/art/app.

Wer nach **New Jersey/Hoboken** möchte, weil er günstiger übernachtet oder die Skyline von Manhattan im Sonnenaufgang fotografieren will, kommt entweder mit der Hudson-River-Fähre von New York Waterways ($ 9) oder mit dem PATH-Zug (Port Authority Trans-Hudson) vom World Trade Center aus an das andere Ufer.

Mit dem Bus

Bushaltestellen zeichnen sich durch einen gelb markierten Bürgersteig neben einem blau-weißen Busschild aus. Inzwischen informieren an den meisten Stationen Routen- und Fahrpläne über Streckenführung und Abfahrtszeiten. Als allgemeine Regel gilt, dass Busse entweder in Nord-Süd-Richtung oder in Ost-West-Richtung fahren. Alle Busse in Manhattan sind mit einem M vor der Busnummer gekennzeichnet, Q steht für Queens, B für Brooklyn etc.

Einsteigen müssen Sie immer vorne. Dort ziehen Sie dann Ihre MetroCard durch den Automaten oder zahlen bar beim Fahrer (→ Tickets).

Wie bei der U-Bahn gibt es auch bei den Bussen eine Unterscheidung zwischen *Local* und *Express*. Expressbusse sind mit einem X vor der Nummer gekennzeichnet, fahren nur zu bestimmten Tageszeiten und werden vorrangig von Berufspendlern genutzt, die außerhalb von Manhattan wohnen. Für Touristen sind sie weniger interessant (außerdem zahlt man mehr, nämlich $ 6, *Off-Peak* $ 3 pro Fahrt).

Die Busse fahren auch nachts. Zwischen 22 und 5 Uhr kann man zur Erhöhung der Sicherheit überall auf der Strecke um Halt bitten (*Request-a-Stop*).

Tickets

U-Bahnen und Busse werden von der **Metropolitan Transportation Authority (MTA)** betrieben, über deren Dienste man sich im Internet unter new.mta.info/nyct informieren kann (Gesamtpläne, Streckenführung der einzelnen Linien, Tickets, Preise etc. – übersichtlich und gut). Für Busse und U-Bahnen gelten die gleichen Tarife.

Am besten kaufen Sie sich eine **MetroCard**. Das ist eine Geldwertkarte, die man in unterschiedlichen Kontingenten beim Ticket Office oder an den Kartenautomaten in den U-Bahn-Stationen kaufen und aufladen kann ($ 1 Einmalgebühr). Wer Sie am Automaten kauft, muss eine fünfstellige Postleitzahl (Zip Code) eingeben: Drücken Sie einfach fünfmal die Null. Die MetroCard reduziert die Einzelfahrt auf $ 2,75 (sonst $ 3). Wer länger bleibt, sollte sich unbedingt eine Wochen- oder Monatskarte zulegen. Mit der **7-Day-Unlimited-MetroCard** können Sie 7 Tage lang so oft Bahn und Bus fahren wie Sie wollen. Sie kostet $ 31 (erm. $ 15,50). Es gibt sie auch als **30-Day-Unlimited-MetroCard** für $ 116,50 (erm. $ 58,25).

Senioren und behinderte Menschen bezahlen mit einem vorab (!) beantragten Ausweis die Hälfte, Kinder unter 44 inches = 1,12 m fahren umsonst.

Am Eingang der U-Bahn müssen Sie an der Drehkreuzschranke ihre Metrokarte durch ein Lesegerät ziehen. Die Aufladekarte ist nicht personengebunden und wird beim gemeinsamen Fahren einfach mehrfach durch das Lesegerät gezogen (in der U-Bahn reichen Sie sie einfach wieder zurück über die Zugangsschranke). In speziellen Automaten an den Verkaufsständen können Sie überprüfen, wie viel Deckung Ihre MetroCard noch hat. Die Wochen- bzw. Monatskarte jedoch ist personengebunden. Wer sie einmal durchgezogen hat, kann sie 18 Min. lang kein zweites Mal nutzen!

In den Bussen stecken Sie ebenfalls Ihre MetroCard ins Lesegerät, oder Sie können beim Fahrer **bar zahlen.** Allerdings müssen Sie den Betrag **passend** parat haben, Wechselgeld gibt es nicht. Wollen Sie in einen anderen Bus oder eine U-Bahn umsteigen, müssen Sie ein **Transit-Ticket** verlangen, für das Sie keinen Aufpreis zu zahlen brauchen.

Mit dem Taxi

Taxifahren in New York ist recht günstig. An der Fahrgasttür Ihres Taxis informiert Sie i. d. R. ein Aufkleber über die aktuellen Preise. Beim Einsteigen steht der Taxameter auf $ 2,50 plus $ 0,50 New-York-Gebühr und $ 0,30 „Verbesserungsgebühr", die die Umstellung auf behindertengerechte Fahrzeuge finanzieren soll. Eine Unit (Einheit) kostet $ 0,50 und besteht aus 0,2 Meilen (0,32 km) oder einer Minute bei stockendem Verkehr oder Stau. In der Hauptverkehrszeit (Mo–Fr von 16 bis 20 Uhr) wird ein Aufschlag von $ 1, in der Nacht (nach 20 Uhr oder vor 6 Uhr) von $ 0,50 berechnet. Dazu kommt, und daran führt kein Weg vorbei, das obligatorische Trinkgeld: 15 % vom Fahrpreis sind die Norm. Bedenken Sie auch, dass größere Banknoten als $ 20 nur ungern gewechselt werden. Hat der Hotelportier Ihnen das Taxi gerufen, erwartet er $ 1.

> ### Frei oder nicht
>
> Um zu erkennen, ob das Taxi frei ist, müssen Sie auf die Leuchtanzeige auf dem Dach achten, die aus drei Teilen besteht. Wenn alle Lichter aus sind, ist das Taxi besetzt. Ist nur der mittlere Teil mit der Lizenznummer erleuchtet, haben Sie Glück: Der Fahrer ist im Dienst und hat noch keinen Gast. Wenn nur die beiden äußeren Lichter brennen, ist der Fahrer nicht im Dienst, befördert also niemanden.

Halten Sie ein Taxi immer in Fahrtrichtung an. Da die meisten Straßen Einbahnstraßen sind, lohnt es sich, einen Block nach Westen oder Osten zu gehen, um die Fahrtrichtung zu wechseln.

Benutzen Sie nur die offiziellen gelben Taxis. Sie erkennen Sie nicht nur an der Farbe, sondern auch an der Lizenznummer der *Taxi Limousine Commission*, die sowohl oben auf dem Dach als auch auf den Seitentüren angeschrieben ist (und rund $ 750.000 kostet). Vorteilhaft ist es auch, wenn Sie eine gute Vorstellung davon haben, wo Sie hinwollen und wie Sie dorthin kommen, denn viele Taxifahrer in New York sind gerade erst eingewandert, haben schlichtweg keine Ahnung und sprechen zum Teil nur schlecht Englisch. Seit 2013 fahren neben den mehr als 13.500 gelben Taxen auch etwa 1000 **apfelgrüne** (Boro-)Taxis durch die Stadt. Sie können nur im unterversorgten Uptown oberhalb der 96. Straße, der Bronx, Queens und Staten Island angehalten werden, dürfen aber überall absetzen und funktionieren ansonsten genauso wie die gelben Cabs. Konkurrenz haben die Yellow Cabs von Taxidiensten wie Uber erhalten, die inzwischen mit mehr als 20.000 Fahrzeugen per Handy-App zum Einsatz bestellt werden. Als Folge sollen die Vorschriften für Yellow und Green Cabs gelockert werden.

Yellowcab New York City, www.nyc.gov/html/tlc/html/passenger/taxicab_rate.shtml.

Wassertaxi und Fähre

Wassertaxis von **NY Water Taxi** (www.nywatertaxi.com, ☏ 212-742-1969) verkehren ganzjährig um die südliche Spitze von Manhattan und nach Brooklyn. Die gelben Boote mit der schwarzweißen Musterung können an sieben Haltestellen bestiegen werden (Hop on/Hop off). Einen One-Day-Pass gibt es für $ 31 (Kinder $ 19).

Im Programm sind auch Sonderfahrten wie z. B. mit dem Schnellboot Zephyr zur Statue of Liberty, Saturday Night Dance, Speedboat Thrill Rides, Öko-Touren oder Touren zum Feuerwerk anlässlich des 4. Juli.

NY Waterway (www.nywaterway.com) betreibt die Hudson-River-Fähre von Pier 11/Wall St. nach Liberty Harbor, vom World Financial Center u. a. nach

Unterwegs in New York City

Hoboken (New Jersey) und von Midtown W 39th St. u. a. nach Weehawken und Hoboken. Für ein One-Way-Ticket von Midtown nach Hoboken zahlt man $ 9. Die East-River-Fähre fährt von Pier 11/Wall St. zur Governors Island, zum Brooklyn Bridge Park, nach Süd Williamsburg, Nord Williamsburg (Schmorgasburg Market), Greenpoint, Long Island City und hinüber nach Manhattan zur E 34th St. in Midtown.

Die **Staten Island Ferry** (www.siferry.com) fährt kostenlos vom Whitehall Terminal in Manhattan (1 Whitehall St., Ecke South St. in Lower Manhattan) zum St George Ferry Terminal (1 Bay St., Richmond Terrace) in Staten Island. Alle halbe Stunde.

Fahrradfahren

Immer mehr New Yorker steigen aufs Fahrrad um. Die zunehmende Zahl an Fahrradwegen (600 km Radwege hat New York in den vergangenen Jahren gebaut) und die Einführung des Fahrradverleihsystems **Citi Bike** (www.citibikenyc.com) mit 12.000 Rädern und 330 Stationen in Manhattan und Brooklyn lässt das Fahrrad auch für Touristen zu einer attraktiven Alternative werden. Sie können einen 24-Stunden-Pass ($ 9,95) oder einen 7-Tage-Pass ($ 25) an jeder Citi-Bike-Station kaufen oder melden sich als Jahresmitglied an ($ 95). Die Kaution beträgt $ 101 und wird rückerstattet. Die erste halbe Stunde Verleih ist frei, danach bezahlt man pro Stunde $ 4; die Tarife für Jahresmitglieder sind etwas günstiger. Für ausgedehnte Touren ist dieses System also vielleicht nicht optimal, für kurze Strecken und wenn die Beine müde werden aber schon.

Seit dem Erfolg von Citi Bike haben es andere Fahrradverleiher zunehmend schwer. Der größte Verleiher **Bike and Roll** hat 10 Stationen (u. a. Columbus Circle West und South, Tavern on the Green und Battery Park, www.bikeandroll.com). Ein Rad gibt es hier für zwei Stunden ab $ 28, für den halben Tag ab

Immer bliebter: das Radeln mit Citi Bikes

$ 39 und für den ganzen Tag ab $ 44 inklusive Helm, Fahrradkarte und Schloss. Es gibt auch selbstgeführte Fahrradtouren mit Nutzung des Wassertaxis ($ 54) sowie geführte Sightseeingfahrten (ab $ 40), u. a. durch den Central Park, eine Brooklyn-Bridge-Tour, die Downtown-NYC-Tour oder eine Nachtfahrt. Außerdem werden Segways verliehen.

Kostenlose **Fahrradkarten (New York City Bike Map)** liegen in den meisten Fahrradverleihstellen und -läden, Büchereien und Parkanlagen aus, herunterladen kann man sie unter www.nyc.gov. Digital aufs Handy erhält man Karten der verschiedenen Boroughs und Stadtviertel über www.nycbikemaps.com. Sich selbst eine Fahrradroute von A nach B erstellen geht unter www.ridethecity.com.

Achtung: Für Kinder unter 14 Jahren besteht in New York Helmpflicht, Erwachsene sind dazu nicht verpflichtet.

Die Fassade als Kunstwerk: Evelyn Hotel in Gramercy

Karte S. 302/303

Übernachten

Die Hotellandschaft von New York hat sich in den vergangenen Jahren vor allem in der mittleren Preislage sowie für kleinere Budgets stark erweitert. Allein 2016 haben 64 neue Hotels eröffnet, womit die Stadt inzwischen über fast 120.000 Zimmer verfügt: von der Luxus-Suite im Mandarin Oriental für $ 28.000 pro Nacht bis zum Hostelbett für $ 38. Wer außerhalb Manhattans wohnt, spart rund 30–40 %.

Preisgestaltung

Das Preisniveau der Stadt hat sich laut Bloomberg 2015 auf durchschnittlich $ 263,45 die Nacht (ohne Steuern) eingependelt. Die Hotels waren mit fast 55 Mio. Besuchern im Jahr zu 89,5 % ausgelastet. An die günstigsten Zimmer kommt man am besten über Internet-Suchmaschinen. Es gibt gigantische Unterschiede je nach Jahreszeit und Auslastung, vor allem bei den Luxushotels, die oft Wochenendrabatte anbieten, weil die Geschäftsleute dann ausbleiben. Manchmal schlagen hier 4–5 Sterne den Preis von Low-Budget-Unterkünften. Immer mehr Hotels gehen allerdings zu einer *Best Price Guarantee* über und versichern, dass die Direktbuchung die günstigste ist. Ein Preisvergleich lohnt also immer.

Alternativen sind Bed & Breakfasts, die bisweilen aber auch $ 200 pro Nacht kosten und somit nicht wirklich billiger sind, oder Hostels, deren manchmal desolater Zustand garantiert nicht jeden Besucher anspricht. Bleiben Sie länger als ein paar Tage, lohnt sich mitunter auch die Anmietung eines Apartments (ab 4–5 Nächten).

> **Preisalarm!** Die ausgewiesenen Zimmerpreise sind nie die wirklichen Preise. Sie müssen zusätzlich die Steuern, die Zimmergebühren und das Trinkgeld einkalkulieren: Die *New York Tax* beträgt 8,875 %, die *Hotel Occupancy Tax* 5,875 % und eine *Room Charge* $ 3,50, für Suiten ist diese sogar noch höher. Und das Zimmermädchen erwartet schließlich auch noch $ 2 pro Übernachtung. So werden aus $ 100 ganz geschwind $ 120! Das Frühstück ist übrigens, wenn nicht ausdrücklich erwähnt, nicht im Preis inbegriffen. Außerdem variieren die Preise enorm – je nach Auslastung des Hotels und Jahreszeit.

Hotels

In den vergangenen fünf Jahren hat New York City den größten Hotel-Bauboom seiner Geschichte erlebt. Vor allem das Segment in der mittleren Preisklasse ($ 200/Nacht) wurde stark ausgebaut. 2016 allein haben 64 Hotels neu eröffnet, davon zehn in Queens, neun in Brooklyn, drei in Staten Island und eines in der Bronx. Vor allem Downtown Manhattan profitiert von den Investitionen; so entstand im Finanzviertel mit 50 Stockwerken das höchste Holiday Inn der Welt. Hotelketten bieten auch immer häufiger Apartments an, etwa das Dumont von Affinia an der 34. Straße (→ S. 304). Außerdem findet man neuerdings verschiedene Preisklassen in ein und demselben Haus, vom Zimmer mit Doppelstockbetten bis hin zur Luxus-Suite (z. B. das Ace Hotel in Midtown, → S. 305). Diese Hotelzuwächse haben natürlich den Vorteil, dass sie nagelneu und modern sind, und manche sind sogar aufregend im Design, wie das Indigo Hotel in der Lower East Side (→ S. 304). Grundsätzlich gilt aber nach wie vor, dass in Manhattan die Zimmer sehr viel kleiner sind als bei uns. Wenn Sie mit begrenztem Budget reisen, hüten Sie sich vor der Inanspruchnahme von Dienstleistungen wie Zimmerservice und Business Center – es sei denn, sie sind ausdrücklich „complementary", d. h. umsonst.

Internetsuche

Über Internet-Suchmaschinen kann man mitunter Schnäppchen finden, vor allem wenn man nicht auf ein bestimmtes Hotel oder eine bestimmte Gegend festgelegt ist. Eine hervorragende Anbindung an Manhattan hat z. B. Long Island City in Queens, es sind nur zwei Subway-Stationen bis Midtown. Trendy Brooklyn ist für sich schon eine Reise wert und ebenfalls gut an Manhattan angebunden.

Das Preisvergleichsportal www.mchotel.de durchforstet kostenlos rund 30 Hoteldatenbanken von Internetvermittlern nach dem günstigsten Angebot. Eine der besten dieser Hotelbanken im Hinblick auf Preis und Stornierungsbedingungen ist www.booking.com, weitere sind www.expedia.com, www.hotels.com und www.trivago.de.

Spitzenhotels (ab $ 500)

*****Crosby Street Hotel [20] Ein bunter Augenschmaus ist die originelle Einrichtung dieses Luxushotels in einer ruhigen Seitenstraße mitten im Szenebezirk SoHo. 86 Zimmer (Standard 32 m2) im 1960er- bis 70er-Retrostil. Eigenes Kino mit Sonntagsvorstellungen. Bar und Außenpatio. Zimmer $ 590–4500. 79 Crosby St., zw. Spring und Prince St., NY 10012, ℡ 212-226-6400, www.firmdalehotels.com/hotels/new-york/crosby-street-hotel.

*****Hotel Gansevoort [15] Auf zwölf Stockwerken, die nachts dramatisch beleuchtet werden, gibt es 187 Zimmer mit hohen Decken, einige mit Blick auf den Hudson River. Im obersten Stock Lounge mit Glasdach und Swimmingpool. Japanisches Restaurant und moderner Wellnessbereich, der sich nachts in eine VIP-Lounge verwandelt. Superior Room $ 256–650, Suite ab $ 706. 18 9th Ave., zw. 13th und Gansevoort St., NY 10014, ℡ 212-206-6700, www.gansevoorthotelgroup.com/hotels/gansevoort-meatpacking-nyc. Ein weiteres Gansevoort mit Dachpool und Bar über drei Etagen befindet sich in der 420 Park Ave.

*****Greenwich Hotel [24] Das liebevolle designte Luxushotel präsentiert sich von außen im b röckelnd schönen Trashlook, von innen wie ein italienischer Palast mit orientalischem Einschlag und Terracottafliesen. 75 Zimmer und 13 Suiten mit kostenloser Minibar und Snacks, außerdem Videospiele, Underground-Pool und Spa. Das Hotel ist Teil des wachsenden Imperiums von Schauspieler, Regisseur, Produzent und Gastronom Robert de Niro in TriBeCa. $ 595–5500. 377 Greenwich St., zw. Franklin und N. Moore St., NY 10013, ℡ 212-941-8900, www.thegreenwichhotel.com.

Boutique-Hotels (bis $ 800)

Boutique-Hotels liegen nach wie vor im Trend. Boutique nennt sich alles, was mit Dachgärten und/oder Swimmingpools in luftiger Höhe und meist minimalistischem Industrie-Design aufwarten kann. Diese Hotels sollen Spaß machen:

****Dream Downtown [14] Exklusives 316-Betten-Haus für Leute, die gern etwas erleben. Die auffällige Stahlfassade mit ihren kreisrunden

Löchern für die Fenster hat äußerlich etwas von einem Luxusdampfer. Drinnen überwiegt schlichte Eleganz. Es gibt einen Innen- und Außenpool (The Beach mit Bar und Glasboden, durch den das Licht in die Lobby fällt). Für den Besuch der trendigen Dachterrasse PH-D und den Club Electric Room im Keller sollte man sich richtig aufbrezeln. DZ ab $ 245. 355 W 16th St., zw. 9th und 8th Ave., NY 10011, ℅ 646-625-4847, www.dreamhotels.com/downtown.

****James Hotel SoHo 22 Kunst steht im Mittelpunkt dieses schicken Hotels, dessen Lobbywände aus recycelten Klaviertasten bestehen. Die Zimmer wirken durch die wandhohen Fenster größer, als sie sind. Entspannung bieten ein kleiner Pool auf dem Dach mit Lounge und ein Skulpturengarten. Kostenlose Snacks und Getränke in der Sky Lobby. Das Hotel verspricht die besten Raten bei Direktbuchung. David Burke Kitchen ist ein angesagtes Edelrestaurant. Im 3. Stock gibt es eine Terrasse in den Baumwipfeln. DZ ab $ 296. 27 Grand St., zw. Thompson St. und 6th Ave., NY 10013, ℅ 212-465-2000 oder 888-526-3778, www.jameshotels.com/new-york.

****Hotel Indigo LES 10 Die 293 hellen und verspielt-modern eingerichteten Zimmer mit großen Fenstern und Minibar sind auf 24 Etagen verteilt. In der Lobby empfängt Sie Street-Art von Lee Quinones, der seit den 1970er-Jahren in der East Side arbeitet, auf der Rooftop-Terrasse mit Pool trinkt man mit Ausblick. Das Wellness- und Fitnesscenter ist State of the Art. Auch kostenfreies WLAN. DZ $ 231–745. 171 Ludlow St., zw. Stanton und East Houston St., NY 10002, ℅ 800-130-0131, www.ihg.com/hotelindigo/hotels/de/de/new-york/nycos/hoteldetail.

****Muse Hotel 3 Edle Mahagoni-Lobby mit Bar und großer Weinauswahl. Geräumige Zimmer in schwarz-grau-weißer Farbskala. 181 Dream Rooms und 19 grundrenovierte Suiten, nahe Times Square. Ortsgespräche und morgendliche New York Times kostenlos, ebenso WLAN, Yogamatte und Fahrräder. Warum nicht Mitglied bei der Kette Kimpton Hotels werden? Das kostet nichts, verschafft aber viele Vergünstigungen (z. B. kostenloses WLAN)! DZ $ 280–855, Suiten bis $ 2500. 130 W 46th St., zw. Ave. of the Americas und 7th Ave., NY 10036, ℅ 212-485-2400 oder Reservierung ℅ 877-692-6873, www.themusehotel.com.

Aparthotels

****Dumont NYC 11 Neuestes Hotel der Affinia-Kette mit großzügig geschnittenen Studios und Suiten, die alle über Kochnischen oder Küchen verfügen. In den oberen Stockwerken hat man einen tollen Ausblick auf das Chrysler Building. Zum kostenfreien Service gehören ein Fitnessstudio, WLAN und Wein am Abend in der Lobby. Studios ab $ 270. 150 E 34th St., zw. Lexington und 3rd Ave., NY 10016, ℅ 212-481-7600, m.affinia.com.

**Off-SoHo-Suites 23 38 Suiten, ein bisschen wie ein luxuriöses Schullandheim mit Küchen und Küchengeräten sowie Fitnessraum. Ideal für jüngere Leute, Musiker und Groupies. Ganz in der Nähe von SoHo, Little Italy und Chinatown. Economy Suite (2 Pers.) $ 159–299, De-luxe-Suite (4 Pers.) $ 299–399. 11 Rivington St., zw. Chrystie St. und Bowery, NY 10002, ℅ 212-979-9815, www.offsoho.com.

Mittlere Preisklasse (bis $ 400)

****Archer Hotel 7 Hippe und zeitgenössisch ausgestattete Zimmer. Sehr beengt, aber dafür luxuriös und gut durchdacht mit vielen Extras. Das Restaurant Fabrick wird von David Burke geleitet, der den Schwerpunkt auf tapasartige Speisen zum Teilen und saisongerechte Zutaten legt. Es gibt gleich zwei Bars im Haus, eine im Foyer und die tolle Rooftop-Bar im 22. Stock, sowie eine Dachterrasse mit Ausblick auf

Sie leben vom Trinkgeld: Doormen

Übernachten 305

das Empire State Building. DZ $ 199–429. 45 W 38th St., zw. 5th und 6th Ave., NY 10018, ☏ 212-719-4100, Reservierung ☏ 855-437-9100, archerhotel.com/new-york.

***Gem Hotel 21** Alle drei Häuser dieses Hotels (weitere Gem Hotels in Chelsea und Midtown) haben weiße, selbst für New York eher kleine Zimmer, die aber voll ausgestattet sind mit WLAN und Flachbildschirm. Dazu gibt es kostenloses Wasser und einen Kaffeekocher, aber kein Restaurant und keine Bar. Perfekte Lage und 15 % Rabatt bei Vorabbuchung von mehr als 21 Tagen. DZ ab $ 229 (kleines Zimmer), $ 237 (großes Zimmer), Penthouse ab $ 400. 135 E Houston St. Ecke Forsythe St., NY 10002, ☏ 212-358-8844, www.thegemhotel.com/soho/index.iml.

***Hotel Metro 8** Art-déco-Palast mit Spiegelglas, Kristalllüstern und Chrom. 179 kleine Zimmer mit Marmorboden im Bad. Bibliothek mit Kamin. Dachgartenbar (nur April bis Okt, So geschlossen) mit fantastischer Aussicht auf das Empire State Building. Kostenloses Business Center und WLAN sowie Fitnessstudio, insgesamt gute Leistung für den Preis. Standardzimmer $ 209–394, Family Suite ab $ 354, kontinentales Frühstück jeweils inkl. 45 W 35th St., zw. 5th und 6th Ave., NY 10001, ☏ 212-947-2500, www.hotelmetronyc.com.

***Ace Hotel 12** Hippes 262-Zimmer-Hotel in einem historischen Stadthaus mit unaufgeregtem Design in einer weniger hippen Umgebung. Spricht eine jung gebliebene Klientel an, viel Kunst an den Wänden, zur Ausstattung eines jeden Zimmers zählt eine Gitarre. Die dunkel-gemütliche Bar in der Lobby wird von DJs aufgesucht (tägl. bis 2 Uhr). Es gibt eine Austernbar und ein Burgerrestaurant. Etagenbett ab $ 119, DZ mini ab $ 139, groß ab $ 309. 20 W 29th St. Ecke Broadway, NY 10001, ☏ 212-679-2222, www.acehotel.com/newyork.

***Room Mate Grace 4** Kleine Zimmer, witzig, modern (Flure und Zimmer im Retro-1970er-Stil) und perfekt organisiert mit recht großen Bädern. Im Erdgeschoss Swimmingpool mit Bar, Sauna und Dampfbad, an fünf Abenden DJs. Kleines Fitnessstudio. Buffet-Frühstück inkl. Empfehlenswert sind die Zimmer in den oberen Etagen und nach hinten hinaus. Bei Frühbuchung 12% Rabatt. DZ $ 198,55–407,55. 125 W 45th St., NY 10036, ☏ 212-354-2323, room-matehotels.com/de/grace.

***Hotel 414 1** Intimes Hotel in zwei historischen Stadtvillen einer Wohnstraße. Das Hotel hat eine kleine, elegante Lobby mit Kaminfeuer und 22 einladende, saubere Zimmer sowie einen Patio (kleine Terrasse). WLAN, kontinentales Frühstück und den ganzen Tag über Kaffee und Tee inkl., ab April gelegentlich Live-Jazz. Zimmer ab $ 229. 414 W 46th St., zw. 9th und 10th Ave., NY 10036, ☏ 212-399-0006, www.414hotel.com.

***The Wall Street Inn 27** Im modernen englischen Countrystil eingerichtet, die Zimmer haben hohe Decken und einen Kühlschrank, aber keine Kaffeemaschine. Es gibt einen Health Club. Günstigere Preise durch Internetangebote und Specials. DZ ab $ 169. 9 S William St., NY 10004, ☏ 212-747-1500, Reservierungen ☏ 001-877-747-1500, www.thewallstreetinn.com.

***The Marlton Hotel 19** Aus dem Haus von 1900, das viele Jahre als Studentenwohnheim genutzt wurde, entstand 2012 ein Boutique-Hotel mit Alte-Welt-Charme, das sich als Baby-Grand bezeichnet – wegen der Größe der Zimmer und der Preise. Die 107 Zimmer sind chic petite, klein und schick. Es gibt mit Margaux ein ausgezeichnetes Restaurant. DZ ab $ 215 inkl. Frühstück. 5 W 8th St. Ecke 5th Ave., ☏ 212-321-0100, **marltonhotel.com**.

Untere Preisklasse (bis $ 250)

****The Boro 2** Die Fassade ist total unattraktiv, aber dahinter verbirgt sich ein nagelneues Haus im schicken loftartigen Industrie-Design. Viele der 108 Zimmer haben Balkone und Terrassen, einige mit Manhattan-Ausblick. Den gibt es auch für alle vom 13. Stockwerk von der Dachterrasse. Freies WLAN. DZ ab $ 179. 15% Rabatt bei Frühbuchung. 38–28 27th St. Ecke 39th Ave., NY 11101, ☏ 718-433-1375, www.borohotel.com.

***NU Hotel Brooklyn 30** Brooklyn → Karte S. 212. Der umweltfreundliche Neubau (2009) verfügt über 93 loftartige Boutique-Zimmer in verschiedenen Kategorien, die teilweise mit Kunsturikaten ausgestattet sind. Geräumige Bäder und Bio-Pflegeprodukte sind ein Plus, es gibt kostenloses WLAN sowie ein Fitnesscenter. Wählen Sie ein Zimmer nach hinten raus (Straßenlärm) und ignorieren Sie das Gefängnis gegenüber. Ab $ 116. 85 Smith St., zw. Atlantic Ave. und State St., NY 11201, ☏ 718-852-8585, www.nuhotelbrooklyn.com.

****World Center Hotel 26** Funktionales Hotel im Finanzdistrikt direkt an der World Trade Center Site. Sehr freundlich und sauber, recht großzügig geschnittene Zimmer mit wandhohen

Fenstern und in neutralen Farben. Restaurant im 20. Stock nur für Hotelgäste mit Blick auf die Gedenkstätte. Es gibt auch ein Fitnesscenter. DZ $ 179, mit Terrasse ab $ 215, mit Küchenzeile ab $ 269. 144 Washington St., NY 10006, ☎ 212-577-2933, www.worldcenterhotel.com.

***LIC Hotel 5 Dieses sehr neue Hotel ist grundsolide und bietet von der Dachterrasse bis hin zum inbegriffenen guten Frühstück einen hervorragenden Service. Die Zimmer sind geräumig und modern. Fantastisches Preis-Leistungs-Verhältnis. DZ ab $ 135. 44-04 21st St. an der 44th Ave., NY 11101, ☎ 718-406-9788, www.lichotelny.com.

Pod 51 6 Mittelgroßes Hotel mit rund 300 Zimmern in guter Lage. Hinter der Backsteinfassade verbergen sich eine farbenfrohe, schicke Lobby und elegante Zimmer, die aber winzig sind (Pods eben). Immerhin mit Flatscreen-TV, iPod-Dockingstation, Minisafe und freiem WLAN. Mini-Stahlwaschbecken, WC und Duschen hinter Glas. Die Betten sind für Normalwüchsige sehr schmal und kurz. Die billigen Zimmer haben Etagenbetten und Bäder auf dem Flur (sehr sauber, im Zimmer leuchten die Nummern für die Bäder auf, damit man weiß, welches frei ist). Schöne Dachterrasse (ohne Bar oder Lounge). Doppelstock-Pod ab $ 105 mit Gemeinschaftsbad, sonst ab $ 120. 230 E 51st St., nahe 3rd Ave., NY 10022, ☎ 212-355-0300, www.thepodhotel.com. Das Schwesterhotel **Pod 39 9 befindet sich in Murray Hill.

**SoHotel 25 Budgethotel in Downtownlage (Chinatown, Little Italy, NoLita und Lower East Side in Laufdistanz). Vor allem preisgünstig für kleine Gruppen durch Mehrbettzimmer. Kein Luxus, Lobby und die renovierten Zimmer besitzen jedoch urbanen Charme (Backstein, Kuhfell-Design mit barocken Elementen). Immer wieder Specials und Internetangebote. DZ ab $ 169, Familienzimmer ab $ 199. 341 Broome St., nahe Bowery, NY 10013, ☎ 212-226-1482, www.thesohotel.com.

**Larchmont Hotel 17 Sehr einfaches Hotel in Beaux-Arts-Stadtvilla mit europäischem Flair, es fügt sich mit Geranien und Laternen perfekt ins Straßenbild. 60 sehr saubere Zimmer, kein Zimmerservice, Badezimmer auf dem Flur, Waschbecken und Bademäntel auf den Zimmern. Gemeinschaftsküche. EZ mit kontinentalem Frühstück ab $ 90 (ohne eigenes Bad), DZ $ 119–145, Familienzimmer $ 219–249. 27 W 11th St., NY 10011, ☎ 212-989-9333, www.larchmonthotel.com.

**The Jane 16 Ein Matrose hat in seiner Kabine auch nicht viel weniger Platz als Sie in der Standard Cabin dieses originellen Budgethotels (mit sehr sauberen Bädern auf der Etage). Der Architekt von Ellis Island entwarf 1908 dieses Sailor's Home – die Überlebenden der Titanic waren hier einst zu Gast. Hip und voller Kreativer. Das Café Gitane bietet vorzüglichen Brunch. The Jane Ballroom heißt die Lounge-Bar, die sich regelmäßig in einen Club verwandelt. Bunkbed-Cabin ab $ 135, Standard

Lobby des Dream-Hotels in Chelsea

Cabin ab $ 125 (nur als EZ), Kapitänskabine ab $ 275. 113 Jane St. am Westside Highway, NY 10014, ℅ 212-924-6700, www.thejanenyc.com.

**Seafarers & International House 18
Die deutsche Seefahrermission fungiert auch als Budget-Hotel. Viele Schulklassen, die bis zu einem Jahr vorher buchen. Schullandheimstandard, aber sauber. EZ $ 111 (Wochenende $ 114), DZ en suite $ 150 (Wochenende $ 160). 123 E 15th St. Ecke Irving Place, NY 10003, ℅ 212-677-4800, www.sihnyc.org.

B & B und AirBnB

Bed & Breakfast steht für die Übernachtung bei Privatleuten, die ein oder mehrere Zimmer vermieten und morgens ein Frühstück servieren. Kontakt zu den Vermietern hat man aber nur, wenn man *B & B hosted* wählt. Bei *unhosted* ähneln die Unterkünfte eher einem Apartment. Klassische B & Bs sind meist nicht viel günstiger als ein Hotelzimmer, Wohnungen von Privatleuten schon und netter als die meisten Jugendherbergen. Die Zimmervermittlung übers Internet boomt, die meisten Agenturen haben auch außergewöhnliche Unterkünfte in ihrem Portfolio. Ein Zimmer bei Privatleuten mit Bad- und Küchennutzung bekommt man schon ab $ 50, Wohnungen ab $ 100 (je nach Größe, Lage, Dauer des Aufenthaltes etc.).

Agenturen **AirBnB**. Der Pionier aus Kalifornien (und weltweite Marktführer) vermittelt private Übernachtungsmöglichkeiten übers Internet, vom WG-Zimmer über Apartments bis zum Baumhaus oder Boot. Bilder und Bewertungen früherer Gäste helfen bei der Auswahl. Die Vermittlungsgebühr ist nicht im Preis enthalten. Zuletzt rang AirBnB um einen Vergleich im Rechtsstreit mit der Stadt New York, die die kurzfristige Vermietung von Apartments als illegal erachtet und sich um die Zimmersteuer betrogen fühlt. 10 % aller Übernachtungen in der Stadt laufen über AirBnB, das mit einer großangelegten Werbekampagne auf den Streit reagiert hat (Infos unter www.airbnbaction.com/new-york). Strafen hat es bislang noch nicht gegeben. Großer Burstah 46–48, 20457 Hamburg. ℅ 0049-40-609-464-444, www.airbnb.de.

Bed & Breakfast **Lefferts Manor B & B** 31 Brooklyn → Karte S. 212. Drei Blöcke vom Prospect Park werden in diesem wunderschönen 150 Jahre alten Brownstone-Haus 6 Zimmer mit Alte-Welt-Charme vermietet. Nur eines hat ein Bad, die Etagenbäder sind jedoch sehr sauber. Man checkt mit einem Code selbst ein. 3 Nächte Minimum (in der Hochsaison 5), $ 89–179 ohne Frühstück, das kostet $ 15 extra. Wer die eigenen vier Wände vorzieht, kann von Mark Osborne und seinem Team auch Apartments mieten, u. a in Forte Greene für $ 129–209. 80 Rutland Rd., zw. Bedford und Flatford Ave., NY 11225, ℅ 347-351-9065, www.leffertsmanorbedandbreakfast.com.

Jugendherbergen

*New York Budget Inn 13 Dieses Hostel in Murray Hill eignet sich für Besucher mit schmalem Geldbeutel. Die Zimmer sind klein und effizient, sauber und hell. WLAN, Donuts und Kaffee am Morgen sowie zweimal die Woche Pizza zum Karaokeabend sind kostenfrei. Das Hostel ist 24 Std. geöffnet. Ab $ 50 im Schlafsaal (4 Betten), Privatzimmer schon ab $ 80. 200 E 34th St., zw. 2nd und 3rd Ave., NY 10016, ℅ 212-689-6500, www.newyorkbudgetinn.com.

*Hostelling International (HI) 28 Upper West Side → Karte S. 176. Größte und bekannteste Jugendherberge. Café, Fernsehlounge, Küche, Bibliothek und Internetanschluss. Im Sommer Garten mit Picknicktischen. Schlafsäle sparsam möbliert, aber sauber. Gruppen von 4 Pers. können ein privates Badezimmer teilen. Aktivitäten und Sightseeing werden organisiert. 4-Bett-Zimmer rund $ 68, 6- bis 8-Bett-Zimmer $ 63–68, 10- bis 12-Bett-Zimmer $ 58–60. 891 Amsterdam Ave., zw. 103rd und 104th St., NY 10025, ℅ 212-932-2300, www.hinewyork.org.

*NY Loft Hostel 29 Brooklyn/Williamsburg → Karte S. 218/219. Jugendherberge de luxe in einem Backsteinhaus mit schönem Innenhof und gepflegten, großen Zimmern. Kontinentales Frühstück inkl. (6–9 Uhr). Im Winter kostenloses Fondue, im Sommer BBQ und Kinoabende. TV- und Computerzimmer, Gepäckaufbewahrung, Sonnendeck und eine Bar sind vorhanden. Nur 2- bis 4-Bett-Zimmer. Bett im 4-Bett-Zimmer $ 45, im DZ $ 65. Privatzimmer en suite $ 130–140. 249 Varet St., zw. Bogart und White St., NY 11206, ▢ 718-366-1351, www.nylofthostel.com.

> **Die besten Internetseiten für Jugendherbergen**:
> www.hostels.com/new-york/usa und www.hostelworld.com.

New York von A bis Z

Alkohol

In New York kann man Alkohol am besten in speziellen Spirituosenhandlungen (den Liquor Shops) kaufen. Bier und niedrigprozentigen Wein gibt es auch in Supermärkten und an Tankstellen (außer So vor 12 Uhr). Alkohol wird immer in blickdichte Tüten verpackt. Konsum und Erwerb von Alkohol sind erst ab einem Alter von 21 Jahren legal. Nicht selten muss man beim Kauf eine ID (Ausweis oder Führerschein) vorlegen. Auch beim Eintritt in Bars und Nachtclubs, in denen Alkohol ausgeschenkt wird, kann es passieren, dass Sie nach Ihrem Pass gefragt werden (selbst wenn Sie nicht mehr wie 21 aussehen).

Nur Restaurants, die eine *Liquor License* haben, dürfen Alkohol ausschenken. In New York bieten nur wenige Restaurants Ihren Kunden das in Amerika gängige BYOB (bring your own bottle) an, da sie von den hohen Getränkepreisen überleben und die hohen Mieten zahlen. Sie dürfen dann Ihren Bier oder Wein mitbringen, Gläser und Öffner gibt es dort. Die meisten BYOBs sind asiatische Garküchen in Chinatown oder Spitzenrestaurants (wie z. B. Per Se), die $ 150 Korkgebühr erheben. Eine Liste der BYOB-Lokale finden Sie unter www.thrillist.com/drink/new-york/byob-restaurants-in-nyc. Das Trinken von Alkohol auf der Straße oder in den Parks ist streng verboten und wird mit einer Geldstrafe von $ 100 geahndet.

Ärzte und Apotheken

Da es kein Versicherungsabkommen zwischen Deutschland, Österreich, der Schweiz und Amerika gibt, übernehmen unsere Krankenkassen die Arztkosten i. d. R. nicht. Es empfiehlt sich daher, eine **Reisekrankenversicherung** abzuschließen, mit der man anfallende Kosten daheim rückerstattet bekommen kann. Zunächst aber müssen Arzt- und Krankenhausbesuche in Amerika prinzipiell an Ort und Stelle bezahlt werden. Eine Kreditkarte ist dabei hilfreich.

Bei akuten Schmerzen sollten Sie in der **Notaufnahme eines Krankenhauses**

(Emergency Room) einchecken. Wer sich mit kleineren Blessuren herumschlägt, bekommt schnelle Hilfe bei sog. **Walk-in-Services** wie *DR Walk-In Medical Care* oder *New York Doctors Walk-in Urgent Care*. Eine Liste deuschsprachiger Ärzte hält das Generalkonsulat New York bereit.

Apotheken (Pharmacies) sind oft den Drogerien (Drugstores) angeschlossen. Die größte Kette mit vielen 24-Std.-Filialen ist *Duane Reade Walgreens*, andere sind *CVS* oder *Rite Aid*. In den USA sind deutlich mehr Präparate rezeptfrei zu haben als in Deutschland. Nehmen Sie Ihre eigenen Medikamente aber auf jeden Fall mit, da viele Arzneimittel in den USA nicht erhältlich sind oder unter anderem Namen geführt werden.

DR Walk-In Medical Care: u. a. Times Square, 661 8th Ave. Ecke 42nd St., ☎ 212-977-1562, www.walgreens.com; Mo–Fr 8.30–19 Uhr, Sa 9.30–17 Uhr.

New York Doctors Walk-in Urgent Care: www.nydoctorsurgentcare.com; in Greenwich, ☎ 212-414-2800, Mo–Fr 8–20 Uhr, Sa/So 9–18 Uhr; außerdem: 205 Lexington Ave., zw. 32nd und 33rd St., ☎ 212-684-4700, Mo–Fr 8–20 Uhr, Sa/So 9–18 Uhr.

Deutschprachige Ärzte: Eine kleine, in regelmäßigen Abständen aktualisierte Liste deutschsprachiger Ärzte erhält man im Internet unter www.germany.info (dort auf „Deutsch" umschalten, dann in der Suche „Ärzte New York" eingeben). Einer der dort gelisteten Ärzte ist der Internist Klaus-Dieter Lessnau, Lenox Hill Hospital, Emergency Room, 100 E 77th St., ☎ 646-771-9920 oder 212-434-3492.

Notrufnummer für Hotelarztbesuche: ☎ 646-761-6685, im Internet: www.dr911md.com.

Zahnärztlicher Notdienst: NYU College of Dentistry, Mo–Fr 8.30–19 Uhr, Fr bis 15 Uhr, Sa/So 9–16 Uhr. 345 E 24th St., zw. 1st und 2nd Ave., NY 10010, ☎ 212-998-9458. Unter der Rufnummer ☎ 800-336-8422 werden Zahnarzttermine vermittelt.

Diplomatische Vertretungen

Die Botschaften der Bundesrepublik Deutschland, Österreichs und der Schweiz befinden sich in der Hauptstadt Washington. In New York City finden Sie die Generalkonsulate.

Generalkonsulat der Bundesrepublik Deutschland, Mo–Fr 9–12 Uhr, letzter Einlass 11.30 Uhr. 871 United Nations Plaza (1st Ave., zw. 48th und 49th St.), NY 10017, ☎ 212-610-9700 (Mo–Fr 8.30–16 Uhr), ☎ 202-298-4000 (Bereitschaftsdienst außerhalb der Öffnungszeiten), www.germany.info/Vertretung/usa/de/03__Konsulate/New__York/00/__Startseite.html. Visa- und Passangelegenheiten sowie Beurkundungen nur mit Termin.

Gerneralkonsulat der Republik Österreich, Mo–Fr 9–12 Uhr. 31 E 69th St., zw. Park und Madison Ave., NY 10021, ☎ 212-737-6400, www.bmeia.gv.at/botschaft/gk-new-york.html.

Generalkonsulat der Schweiz, Mo–Fr 8.30–12 Uhr. 633 3rd Ave., 30th Floor, NY 10017-6706, ☎ 212-599-5700, www.eda.admin.ch/newyork.

Feiertage

1. Januar	Neujahr
3. Mo im Januar	Martin Luther King Jr. Day
3. Mo im Februar	President's Day
Letzter Mo im Mai	Memorial Day
4. Juli	Independence Day (Unabhängigkeitstag)
1. Mo im September	Labor Day (Tag der Arbeit)
2. Mo im Oktober	Columbus Day
11. November	Veterans Day
4. Do im November	Thanksgiving Day (Erntedankfest)
25. Dezember	Weihnachten

Geld

Die Währung der USA ist der Dollar ($), ein Euro ist $ 1,06 wert, der Schweizer Franken wird mit $ 0,99 notiert (Stand Nov. 2016). Ein US-Dollar entspricht 100 US-Cent. Den Dollar gibt es nur als Banknote, Münzen sind für den Cent reserviert. Die Scheine, die übrigens gleich groß und damit leicht zu verwechseln sind, gibt es im Wert von 1, 2, 5, 10, 20, 50 und 100 Dollar. Die 2-Dollar-Noten sind extrem selten, die 50-

Dollar- und die 100-Dollar-Noten sollten Sie meiden, sie werden in Geschäften nur ungern angenommen. Münzen gibt es im Wert von 1 Cent (Penny), 5 Cent (Nickel), 10 Cent (Dime), 25 Cent (Quarter) oder 50 Cent (Half).

Sie können auch mit Ihrer **Kreditkarte** (für die Sie die PIN kennen müssen) oder alten **EC-Karte** in New York Geld am Automaten abheben, wenn dieser ein Maestro-Zeichen trägt. Die neuen EC-Karten mit dem V-Pay-Logo können in den USA nicht gelesen werden, eine Geldabhebung ist mit ihnen nicht möglich. Geldautomaten heißen **ATMs**.

In den USA wird gern mit „Plastik" gezahlt. Ohne **Kreditkarte** stoßen Sie vor allem in Hotels, Restaurants und bei Autovermietungen mitunter auf Schwierigkeiten.

Gepäckaufbewahrung

Die meisten Jugendherbergen haben Schließfächer, und viele Hotels sind bereit, Ihr Gepäck für ein paar Stunden zu lagern. Ansonsten:

Schwartz Travel, zwei Filialen: 355 W 36th St. (neben dem Wyndham Hotel) im 1. Stock und 34 W 46th St., zw. 5th und 6th Ave., dritter Stock. Pass erforderlich. Geöffnet 8–23 Uhr, 24 Std. Aufbewahrung, $ 2/Std., max. $ 10/Tag. ℡ 212-290-2626, www.schwartztravel.com.

CBH Customer Baggage Help, 43 W 46th St., zw. 5th und 6th Ave. Tägl. 7–24 Uhr, $ 2,50/Gepäckstück und Std., maximal $ 8–10/Tag. ℡ 646-543-1838, www.cbhluggagestorage.com.

Luggage Keeper, 357 W 36th St., zw. 8th und 9th Ave., 1. Stock. $ 5–10/Tag, je nach Größe. ℡ 212-967-0026, luggagekeepernyc.com.

Internetnutzung

Kostenlos im Internet surfen können Sie in den *Apple Stores* oder in einigen öffentlichen Bibliotheken. Es gibt auch Hunderte WiFi-Spots (WLAN heißt hier WiFi) im Freien oder in Lokalen für Leute, die ihr Gerät dabei haben (Starbucks, McDonald's, Dunkin Donuts, Barnes & Noble). Achtung, diese sind sämtlich ungesichert. Auch die meisten Jugendherbergen, Hotels und viele Büchereien gewähren für ein geringes Entgelt oder gar kostenlos Zugang ins Internet. In den Flughäfen und in manchen Einkaufszentren befinden sich Internet-Kioske, an denen man pro Minute zahlt.

Klima und Reisezeit

Obwohl New York auf dem gleichen Breitengrad wie Madrid liegt, befindet sich die Stadt in der kühlgemäßigten Klimazone mit ganzjährigen Niederschlägen. Im **Winter** muss man regelmäßig mit Schneestürmen rechnen. Mit einer Durchschnittstemperatur von –0,4 °C ist der Januar der kälteste Monat, dicht gefolgt vom Februar. Pluspunkte sind, dass die Stadt unter der weißen Schneedecke sehr romantisch wirkt, die Kaufhäuser und Plätze um Weihnachten höchst eindrucksvoll geschmückt werden und die Hotels und Geschäfte die größten Preisnachlässe des Jahres bieten.

Klimatisch am schönsten sind sicher der **Frühling** und der **Herbst**. Deshalb sind dies auch die Hauptreisezeiten, was leider die Preise in die Höhe treibt.

Den New Yorker **Hochsommer** sollte meiden, wer es nicht heiß und schwül mag. Die flimmernde Hitze erfordert Kondition, oft übersteigt das Thermometer die 30-Grad-Marke und selbst Einheimische flüchten aufs Land oder suchen den Schutz der Klimaanlagen. Am wärmsten ist es im Juli mit durchschnittlich 24,7 °C. Abgesehen vom Klima hat diese Reisezeit jedoch echte Vorteile: Die Stadt ist nicht so überfüllt, Hotels geben enorme Rabatte, eine Straßenparty folgt der nächsten und es finden mit Abstand die meisten (kostenlosen) Open-Air-Veranstaltungen statt.

Ganzjährig gilt: Rechnen Sie mit **Niederschlägen**. Feuchte Meeresluft zieht mit den gelegentlichen Nordostwinden über den Atlantik, sodass die Regenmenge in New York mit 1200 mm im Jahr doppelt so hoch ist wie die von London! Der meiste Regen fällt laut Statistik im Mai und Juni, der wenigste im Oktober. Ein kleiner Trost: Das feuchte Wetter zieht meist schnell vorüber, und 250–300 Sonnentage im Jahr klingen doch schon viel freundlicher, oder?

Kriminalität und Sicherheit

Trotz sinkender Kriminalitätsraten bleibt New York eine Großstadt mit Drogenproblemen und Armut. Zu den bekannten Gefahrenschwerpunkten, die Sie zumindest nachts besser meiden sollten, zählen die Südbronx, einige Gegenden in Harlem, Washington Heights und Bedford-Stuyvesant in Brooklyn. Auch Taschendiebe treiben in dichtem Gedränge wie am Times Square oder in der Subway gern ihr Unwesen. Machen Sie es ihnen nicht zu leicht – wenn Sie nachts die Subway nutzen, warten Sie am besten in der ausgewiesenen *Off Hour Waiting Area*, die videoüberwacht ist.

Seit den Anschlägen vom 11. September 2001 gilt New York City als eine der terrorgefährdetsten Städte der Welt. Um die Sicherheit der Stadt kümmert sich ein eigens dafür gegründetes **Department of Homeland Security**. Die meisten Sicherheitsmaßnahmen sind für Touristen gar nicht spürbar. Andere gehören inzwischen zum Alltag: Sie müssen bei allen Sehenswürdigkeiten und Museen mit Taschenscreenings rechnen, die auch in vielen Bürogebäuden und Lobbys durchgeführt werden. Viele Straßenzüge vor sensiblen Einrichtungen sind ebenfalls abgesperrt. Die Polizeipräsenz ist vor allem in der Subway deutlich erhöht, wo auch mehr und mehr Überwachungskameras installiert wurden. Beachten Sie bitte auch, dass das Fotografieren in der Subway sowie von Brückenzufahrten und Tunneleingängen nicht gestattet ist.

Literaturtipps

Garth Risk Hallberg: City on Fire. 1977: New York ist bankrott, die Immobilienpreise sind im Keller, Serienmörder treiben ihr Unwesen und es gibt ständig Stromausfall. Die Stadt ist noch nicht durchgentrifiziert und Hip-Hop wurde gerade erfunden. Ein Epos über das New York der Siebzigerjahre, 1000 Seiten lang, ein gelungener literarischer Einstieg für Big-Apple-Liebhaber.

Jennifer Egan: Der größte Teil der Welt. Ein Pulitzer-Preisstück vom Feinsten, das unterhaltsam von amerikanischen Medienmenschen, Musikmonstern und dem alltäglichen Schrecken erzählt.

Jonathan Safran Foer: Extrem laut und unglaublich nah. Mit Tom Hanks 2011 verfilmte (und oscarnominierte) Geschichte des Halbweisen Oskar Schell, der sich auf die Spuren seines Vaters begibt, den er beim Anschlag auf das World Trade Center verloren hat.

Salman Rushdie: Wut. Ohne Erklärung verlässt der Kulturgeschichtsprofessor Malik Solanka eines Tages seine Frau und seinen Sohn und zieht nach New York. Aber immer öfter wird er von unerklärlichen Wutausbrüchen heimgesucht. Die Vergangenheit holt ihn ein.

Djuna Barnes: New York. Liebeserklärung an Greenwich Village zwischen 1911 und 1918. Die Geschichten von Preisboxkämpfern, Fahrstuhlführern und Frauenrechtlerinnen stammen aus Tageszeitungen und Magazinen der Zeit.

Andrea Barnet: Crazy New York. Streifzug durch die legendären Kneipen, Künstlertreffs und Galerien der 1920er-Jahre.

Truman Capote: Frühstück bei Tiffany's. Klassiker, der die Geschichte der rätselhaften Holly Golightly erzählt, die aus der tiefsten Provinz nach New York kommt.

Andrew Holloran: Tänzer der Nacht. Brillanter Roman, der die Abenteuer des schwulen Malone in der Partystadt New York erzählt. Auf der Suche nach Liebe durchstreift er die Diskotheken und Clubs vor der Aids-Ära.

Oscar Hijuelos: Die Mambo Kings spielen Songs der Liebe. Farbenfroher, handlungsreicher Roman über das Leben kubanischer Exilanten in New York. Spielt während der Eisenhower-Jahre in den 1950ern. Zwei kubanische Brüder schaffen mit ihrer Musik den Durchbruch in New York.

Siri Hustvedt: Was ich liebte. Familiendrama und Psychothriller der Gattin Paul Austers. Der Rückblick auf die Lebensgeschichte zweier Paare in SoHo liefert eine Bestandsaufnahme der intellektuellen Salonkultur New Yorks.

Henry James: Washington Square. Früher Kurzroman, der ein spitzzüngiges Sittenbild von New York Mitte des 19. Jh. entwirft. Reiche

Arzttochter und Mauerblümchen verliebt sich in den schönen Morris, den ihr verbitterter Vater für einen Mitgiftjäger hält. Voller Ironie.

Jay McInerney: Ein starker Abgang. Roman voller Yuppies, die den Verführungen der Stadt der 1980er-Jahre erliegen.

Toni Morrison: Jazz. Der Mord in einem Harlemer Mietshaus fördert die Geschichte einer großen, tragischen Liebe zutage, die im Rückblick vor dem Hintergrund des schwarzen Amerika der 1920er-Jahre erzählt wird.

Mario Puzo: Der Pate. Der Mafia-Thriller schlechthin. Don Vito Corleone, als Einziger einem Massaker in seinem Heimatdorf auf Sizilien entkommen, wird gefürchteter Pate der mächtigsten Mafiafamilie New Yorks.

Hubert Selby: Letzte Ausfahrt Brooklyn. Episodenroman, ein Dokument menschlicher Verelendung. Fünf Geschichten, die um ein griechisches Lokal in den Slums von Brooklyn spielen.

Edith Wharton: Zeit der Unschuld. Gesellschaftsroman, der den Konflikt eines Mannes zwischen zwei Frauen Anfang des 20. Jh. schildert. Blick hinter die Türen des New Yorker Geldadels.

Tom Wolfe: Fegefeuer der Eitelkeiten. Satire auf das New York der 1980er-Jahre. Die Studie einer unglaublich statusbesessenen Gesellschaft wurde von Brian de Palma mit Tom Hanks verfilmt.

Menschen mit Behinderung

Das *Mayor's Office for People with Disabilites* schickt Ihnen eine **kostenlose Info-Broschüre** zu, die Sie per Telefon (212-NEW-YORK) oder übers Internet (www.nyc.gov/mopd) bestellen können. Das 100 Seiten starke Heft informiert über die Behinderteneinrichtungen der kulturellen Institutionen und Veranstaltungsgebäude.

Wer eine maßgeschneiderte **Stadtführung** wünscht, kann sich an die *Big Apple Greeter* (→ S. 16 und S. 314) wenden, die sich seit mehr als 10 Jahren auf die individuellen Bedürfnisse ihrer Kunden einstellen (212-669-8159, bigapplegreeter.org).

Rollstuhlfahrer dürfen sich in Warteschlangen grundsätzlich vorne anstellen – ob bei der Einreise am Flughafen oder beim Empire State Building. Die großen Museen und Sehenswürdigkeiten in New York City sind alle **barrierefrei**, die U-Bahn-Stationen nur teilweise (in den offiziellen U-Bahn-Plänen der MTA mit einem entsprechenden Piktogramm markiert). Die Doppeldeckerbusse der Gray-Line-Sightseeing-Linie und die übrigen **öffentlichen Busse** sind mit Hebevorrichtungen versehen, die das Ein- und Aussteigen erleichtern.

Mit der *Reduced-Fare AutoGate Metro Card* fahren Sie mit **50 % Ermäßigung**. Diese Tickets müssen Sie im Service Center kaufen oder bei der *Customer Assistance Division (MTA)* bestellen (MTA, 370 Jay St., 7. Stock, Brooklyn, NY 11201, web.mta.info/accessibility). Direkt am Kassenschalter der Subway erhalten Sie gegen Vorlage Ihres Behindertenausweises eine MetroCard, die anstatt für eine für zwei Fahrten gilt.

Um vom **Flughafen in die City** zu gelangen, nehmen Sie am besten die New-York-City-Airporter-Busse, deren Minibusse über Hebebühnen verfügen (unbedingt vorbestellen, aus dem Ausland gebührenfrei: 855-269-2247 oder 718-777-5111; www.nycairporter.com). Für Menschen, die weder Busse noch Bahnen nutzen können, gibt es das Paratransit-System der MTA, „Access-A-Ride". Man muss sich jedoch zuvor registrieren und dann mind. 24 Std. (besser 48 Std.) vorab reservieren (877-337-2017 und 718-393-4999).

Kein **Taxi** darf sich einem Rollstuhlfahrer verweigern, und die meisten sind sehr hilfsbereit. Hilfreich für eine zeit- und nervensparende Vorbestellung ist die App Wheels on Wheels (WOW) bzw. www.accessibledispatch.com.

New York im Internet

www.newyork.de, offizielle Website des Touristenbüros mit Links, etwas weniger umfangreich als die englischsprachige Seite **www.nycgo.com**.

www.timeoutny.com/newyork, umfassende Webseite des *Time Out Magazine*, wöchentlich aktuell mit Hintergrundberichten, Restauranttipps, besonders gut für aktuelle Veranstaltungen. Infos für Touristen unter *Visitor Information*.

www.newyork.citysearch.com, aktuelle Informationen aller Art (Schlussverkäufe, Restaurantöffnungszeiten etc.). Gute Suchmaschine.

www.nymag.com, Webseite des *New York Magazine* mit aktuellen Tipps und Hintergrundberichten. Besonders gut für Restaurants, Nachtleben und Veranstaltungen.

www.nycinsiderguide.com, die New Yorkerin Melissa gibt hier ihre persönlichen und sehr umfassenden Tipps und Hilfen für Besucher.

www.newyorkled.com hält Besucher über sämtliche Veranstaltungen und Festivals auf dem Laufenden.

www.allny.com, mit einer halben Million Links und 300.000 Einträgen in, um und über New York eine der größten Internetressourcen zur Stadt und entsprechend überwältigend.

gonyc.about.com, ständig aktualisierte Webseite mit thematischen Schwerpunkten wie Shopping.

Notruf

Polizei, Feuerwehr und Rettungsdienst erreichen Sie unter 911. Die Nummer ist kostenlos.

Rauchen

Generell gilt in den USA häufig die Devise „No Smoking". Besonders strenge Regeln gelten in New York: 2003 trat das völlige Rauchverbot an Arbeitsplätzen, in Restaurants, Bars und Diskotheken und allen öffentlichen Plätzen in Kraft. Seitdem frönen die Raucher vor allem im Freien ihrem Laster. Nur wenige Raucherlokale, in denen vor allem Zigarren und Zigarillos konsumiert werden, haben noch eine Genehmigung. Manche Hotels haben allerdings Raucherzimmer. Auch E-Zigaretten sind verboten.

Sportveranstaltungen

Die wichtigsten Sportarten in Amerika (man nennt sie *the big four*) sind **Baseball, Basketball, Football** und **Eishockey**. Die Stadt hat zwei Footballteams (Giants und Jets), zwei Baseballmannschaften (Yankees und Mets), zwei Basketballteams (New York Knickerbockers/Knicks und New Jersey Nets) und drei Eishockeymannschaften (New Jersey Devils, New York Islanders, New York Rangers).

Wenn die New York Mets spielen, ist das Stadion brechend voll

Die Baseballsaison läuft von April bis Okt., die Basketballsaison von Okt. bis April, die American-Football-Saison von Sept. bis Ende Dez., Eishockey wird von Okt. bis Juni gespielt.

New York ist auch Gastgeber des Tennisturniers **US Open Championships**. Das Grand-Slam-Turnier findet jedes Jahr im Sommer in Flushing Meadows in Queens statt. Darüber hinaus bietet New York u. a. noch Boxen, Pferderennsport, Cricket und Wrestling. Viele Top-Veranstaltungen finden im legendären Madison Square Garden statt.

Tickets für angesagte Wettkämpfe sind schwierig zu bekommen. Bei den Mannschaftssportarten sollte das Ticket Office des Teams die erste Anlaufstation sein (die zweite Möglichkeit ist die Agentur Ticketmaster, automatisierte Verkaufsnummer ✆ 866-448-7849, sonst ✆ 800-745-3000, Mo–Sa 9–18 Uhr, So 12–18 Uhr, www.ticketmaster.com):

New York Giants, American Football. Giants Ticket Office, Mo–Fr 11–17, Uhr MetLifeStadium (blau beleuchtet, wenn die Giants spielen), 1 MetLife Stadium Drive, East Rutherford, NJ 07073, ✆ 201-935-8222, www.giants.com. Stadionführungen Jan.–Mai Sa 10 und 13 Uhr, $ 20, Kind $ 14,75, www.metlifestadium.com/stadium/stadium-tours. Anfahrt: mit dem 351 Meadowlands Express Bus ab Port Authority.

New York Jets, American Football. Nur Saison-Tickets über den Club, Einzelkartenverkauf nur über den TicketExchange der Saisonkartenhalter, www.newyorkjets.com, ✆ 201-935-3900. Spielstätte s. o. (grün beleuchtet, wenn die Jets spielen).

New York Yankees, Baseball. Yankee Stadium Ballpark, 161st St. Ecke River Ave., Bronx, NY 10451, ✆ 212-307-1212, newyork.yankees.mlb.com. Stadionführungen → S. 225. Subway: Linien 4, B, D bis 161 St./Yankee Stadium.

New York Mets, Baseball. Citi Field, 126th St. und Roosevelt Ave., Flushing, NY 11368, ✆ 718-507-8499, newyork.mets.mlb.com. Ticket Office in der Jackie Robinson Rotunda, dort starten auch die Stadionführungen (ausgewählte Termine, siehe Webseite, $ 13, erm. $ 9). Auch Hall of Fame und Museum. Subway: Linie 7, Mets/Willets Point oder LIRR bis Citi Field.

New York Knicks, Basketball. Madison Square Garden, 4 Penn Plaza, 7 Ave Ecke 31 bis 33 St., NY 10121, ✆ 877-695-3865, www.nba.com/knicks. Subway: 34 St./Penn Station Linien 1, 2, 3 und LIRR.

Ein guter Platz für ein Basketballfinale kann $ 1000 (kein Druckfehler!) kosten, ein Footballmatch der Giants ist nicht unter $ 100 zu sehen.

Tickets für die **US Open** (Tennis) gehen i. d. R. im Juni in den Verkauf. Infos und Tickets unter www.usopen.org oder www.ticketmaster.com.

Stadtführungen und -rundfahrten

Viele Bezirke bieten kostenlose Stadtführungen (in Englisch) an. Achten Sie auf die Hinweise in den einzelnen Kapiteln. Darüber hinaus hat man die vielfältigsten Möglichkeiten, sich zu Fuß, per Bus, Rad, Schiff und sogar per Flug durch bzw. über die Stadt geleiten zu lassen. Hier eine Auswahl:

Big Apple Greeter, die Guides sind keine Profis, sondern New Yorker, die Besucher kostenlos durch ihre Wohnviertel führen. Sie müssen allerdings vier Wochen vorher buchen, bei der Buchung die gewünschte Sprache und eine New Yorker Telefonnummer angeben. ✆ 212-669-8159, bigapplegreeter.org.

Free Tours by Foot, es gibt keine festen Preise, sondern Sie können so viel geben, wie Ihnen die Führung wert schien. Mit Enthusiasmus, Spaß und Wissen geführte Rundgänge durch verschiedenste Viertel, Fahrradtouren, Bus- und Bootsfahrten sowie thematische Führungen. ✆ 646-450-6831, www.freetoursbyfoot.com/new-york-tours.

Insightseeing, deutschsprachige Führungen in viele Neighborhoods von New York. In kleinen Gruppen erkunden Sie New York zu Fuß (und teilweise mit öffentlichen Verkehrsmitteln). Verschiedene Stadtteile im Angebot, unterhaltsam, viel Wissenswertes aus erster Hand. Führungen von $ 27 (2 Std. Downtown) bis $ 55 (Harlem und Gospel). 115 Stuyvesant Pl. 6R, ✆ 718-447-1645, www.insightseeing.com.

Big Onion Walking Tours, vom New York Magazine als *The Best Walking Tours in New York* geadelt. Reservierung nicht erforderlich, nur für die *Eating Tour* ($ 25, erm. $ 20) und das Metropolitan Museum. Führungen $ 20, Senioren und Studenten $ 15. 476 13th St., Brooklyn, ✆ 888-606-9255, www.bigonion.com.

New York von A bis Z

On Location Tours, Themenfahrten zu verschiedenen Serien- und Filmlocations: Spiderman, Friends, Sex and the City, Sopranos, Gossip Girl etc. Ab $ 41. ℘ 212-683-2027, onlocationtours.com.

Gray Line New York Sightseeing, die Doppeldeckerbusse halten an 40 Stopps. Die Allround-Town-48-Hours-Karte kostet $ 64 (erm. $ 54, online $ 59/49), ℘ 800-669-0051 oder ℘ 212-445-0848, www.newyorksightseeing.com.

City Sights, das Unternehmen schnürt die unterschiedlichsten Pakete mit den unterschiedlichsten Transportmitteln, toll für alle, die wissen, was sie wollen. Für $ 165 bekommen Sie z. B. 2 Tage Hop-on-hop-off-Busrundfahrt plus 15 Min. Hubschrauber-Rundflug plus 90 Min. Bootsfahrt und den Eintritt in 2 Museen. ℘ 212-812-2700, www.citysightsny.com.

Bike the Apple, Radführungen inkl. Fahrrad und Ausstattung, $ 95–99. ℘ 347-878-9809, www.bikethebigapple.com.

Bike and Roll, Fahrradverleih, der auch Führungen anbietet, die am Pier 84 beginnen ($ 59–64), z. B. *Bike Boat Tour* inkl. Fahrrad, Helm, einer Flasche Wasser, Guide und Bootsfahrt von Brooklyns Fulton St. unter der Brooklyn-Brücke hindurch den Hudson River hinauf. bikenewyorkcity.com.

Circle Line Sightseeing Tours, dreistündige Schiffs-Rundtour um Manhattan Island oder zweistündige „Halbumrundung". *Full Island Cruise* $ 42, Senioren $ 40, Kinder $ 34. Pier 83, W 42nd St., ℘ 212-563-3200, www.circleline42.com.

Liberty Helicopter Tours, fantastisches Erlebnis. Man kann zwischen verschiedenen Flügen wählen, etwa *Big Apple* für $ 150/Pers. (12–15 Min.). Mo–Sa 9–18.30 Uhr, So bis 17 Uhr. ℘ 212-967-6464 oder gebührenfrei 001-800-542-9933, www.libertyhelicopter.com.

Telefonieren

Es gibt fast überall in New York City öffentliche Münz- oder Kartentelefone. Ortsgespräche kosten $ 0,25. Kreditkartentelefone sind kompliziert zu bedienen.

Telefonkarten: Die günstigsten Gespräche führt man mit den amerikanischen Telefonkarten, den *Prepaid Phone Cards* oder *Calling Cards*, die man bei der Post, in Drogerien oder Supermärkten kaufen sollte. Ein zuverlässiger Anbieter ist AT&T. Achten Sie darauf, dass „no connection fee" auf den Karten steht. NobelCom bietet eine „Hello Germany" Card an, mit der man für $ 20 ganze 1428 Min. ins deutsche Festnetz telefonieren kann. Die Karte hat einen PIN-Code für die Wiederaufladung; er wird unverzüglich nach der Onlinebestellung an die angegebene E-Mail-Adresse geschickt (www.nobelcom.com/phonecard-details/hello-germany-1353-1-108.html). Vorsicht: Ferngespräche vom Hotelzimmer aus sind meist sehr teuer!

Handy: In Amerika fallen bei jedem Telefonat horrende Roaminggebühren an. Der Handybesitzer bezahlt voll für alle empfangenen Anrufe und SMS. Deshalb sollte sich, wer sein eigenes Handy benutzen will, eine andere SIM-Karte zulegen, z. B. die Cellion-SIM-Karte der schweizerischen BlueBell Telecom AG, die speziell für USA-Reisende entwickelt wurde (www.cellion.de). Es gibt weder eine Grundgebühr noch Mindestumsätze oder Aktivierungsgebühren. Natürlich bekommt man dann eine eigene amerikanische Rufnummer. Gespräche ins deutsche Festnetz kosten dann 39 Cent, ins Mobilnetz 55 Cent und jede SMS 29 Cent. T-Mobile USA ist der einzige Anbieter, der vor Ort eine amerikanische Prepaid-SIM-Karte für ein eigenes Handy (muss freigeschaltet sein) oder Tablet verkauft. Über das Internet bekommt man auch eine im Simly Store (www.simlystore.com).

„Sprechende" Telefonnummern: Auf der Telefontastatur sind jeder Ziffer drei bzw. vier Buchstaben zugeordnet. Die Ziffer 2 etwa steht gleichzeitig für A, B oder C. Für die Nummer 1-866-**STATUE** wählen Sie also 1-866-**781883**. Der Zusatz „ext." bedeutet „Durchwahl".

Vorwahlen aus den USA: Nach Deutschland: 01149; nach Österreich: 01143; in die Schweiz: 01141. Danach folgt die Ortsdurchwahl ohne die 0.

Vorwahlen nach New York: Von Deutschland, Österreich und der Schweiz jeweils zuerst die 001 für Amerika. New

Prometheus wacht über die Schlittschuhläufer vor dem Rockefeller Center

York City besitzt fünf Vorwahlnummern: 212, 917, 646 für Manhattan sowie 718 und 347 für die anderen Stadtteile.

Um von einem in den anderen Stadtteil New Yorks zu telefonieren, wählen Sie immer die Landeskennung 1 vorweg sowie die Vorwahl des gewünschten Bezirks. Gebührenfreie Telefonnummern beginnen mit 800, 888, 866 oder 877.

Toiletten

Öffentliche Toiletten bezeichnet man als *Restrooms*, in teuren Kaufhäusern steht auch oft *Lounge*. In Privathäusern fragt man nach dem *Bathroom* oder gar dem *Powder Room*. Es empfiehlt sich, die Toiletten in Restaurants, Kaufhäusern, Museen oder Hotels zu benutzen. Auch die Buchhandlung Barnes & Nobles ist ein guter Anlaufpunkt. Einige öffentliche Plätze wie Bahnhöfe und die meisten Parks verfügen über Toiletten, manchmal muss man dort allerdings zahlen. Alle öffentlichen Toiletten sind auf folgender Karte verzeichnet (empfehlenswert ist z. B. Bryant Park): m3.mappler.net/nyrestroom.

Touristeninformation

Die Stadtverwaltung gibt in 170 Sprachen Auskunft über Dinge, die für New York relevant sind. Erreichbar tägl. und rund um die Uhr unter ✆ 311 (wenn Sie innerhalb New Yorks anrufen) oder ✆ 212-639-9675. Darüber hinaus bieten folgende Informationsbüros ihre Dienste an:

Official NYC Information Center @ Macy's Harold Square, Mo–Fr 9–21.30 Uhr, Sa ab 10 Uhr, So 11–20.30 Uhr. 151 W 34th St. zw. 7th Ave. und Broadway. ✆ 212-484-1222.

Official NYC-Info Kioske – Times Square, tägl. 9–19 Uhr. 1560 Broadway zw. 46th und 47th St. ✆ 212-452-5283.

NYC-Info-Kioske – City Hall, Broadway Ecke Park Row, Mo–Fr 9–18 Uhr, Sa/So 10–17 Uhr, feiertags 9–15 Uhr.

Touristenpässe (Ermäßigungen)

Die Eintrittspreise zu den Museen sind hoch wie die Wolkenkratzer. Für kulturell Aktive lohnt es sich daher, einen der Touristenpässe zu kaufen (das erspart einem oft das Schlangestehen!) und auf *pay as you wish* zu achten (→ New York (fast) umsonst, S. 289).

Trinkgeld

Amerika ist das Land der Trinkgeldkultur. Hier wird fast jeder für fast alles mit einem Trinkgeld *(tip)* belohnt. Die

Gehälter sind so niedrig, dass die meisten Angestellten in Dienstleistungsgewerben auf Ihre Großzügigkeit angewiesen sind. Zu wenig zu „tippen" ist ein echter Fauxpas, rechnen Sie diese Kosten also unbedingt vorab in das Budget ein, denn die *tips* summieren sich.

In **Restaurants oder Cafés** erwarten die Kellner 15–20 % des Rechnungspreises. Sie liegen immer richtig, wenn Sie einfach die auf Ihrer Rechnung ausgewiesene *sales tax* verdoppeln. So halten es auch die meisten New Yorker. Neu (und noch relativ rar) sind die *No-tipping-Restaurants*, in denen die 20 % bereits auf die Preise aufgeschlagen wurden und kein Trinkgeld mehr von Ihnen erwartet wird.

Wenn Sie in einer **Bar, Lounge** oder einem **Pub** etwas trinken, erwartet der Barmann $ 1 Trinkgeld pro Getränk.

Taxifahrer bekommen 15 %, in privaten Limousinen wird automatisch ein Trinkgeld von 20 % aufgeschlagen. Der **Türsteher** am Hotel erwartet $ 1, wenn er Ihnen ein Taxi ruft. Dem **Gepäckträger** sollten Sie $ 1 pro Tasche geben, das **Stubenmädchen** rechnet mit $ 2 pro Tag.

Uhrzeit

Uhrzeiten werden in Amerika anders angegeben als in Europa. Die Stunden zwischen 0 und 12 Uhr tragen den Zusatz a. m. (lat. ante meridiem, vormittags), die Stunden zwischen 12 und 24 Uhr sind mit p. m. (post meridiem, nachmittags) versehen. 8 a. m. ist also 8 Uhr und 8 p. m. ist 20 Uhr. 12 p. m. ist allerdings 12 Uhr mittags (noon), Mitternacht (0 Uhr) heißt midnight.

New York liegt in der Eastern-Standard-Time-Zone und damit 6 Std. hinter unserer mitteleuropäischen Zeit. Wenn die Uhren auf Sommerzeit umgestellt sind, nennt sich die Zeitzone *Eastern Daylight Time*.

Zollbestimmungen

Zollfrei können Sie in die **USA** alle Gegenstände des persönlichen Bedarfs mitnehmen, Kleidung, Computer, Kameras etc. Sie sollten Ihre Koffer nicht oder nur mit TSA-Schloss abschließen, die US-Behörden haben das Recht, Ihre Koffer auch gewaltsam zur Inspektion zu öffnen. Pro Pers. sind i. d. R. zwei Koffer mit insgesamt 32 kg Gewicht erlaubt.

Zollfrei: 200 Zigaretten oder 250 g Tabak oder 50 Zigarren; 1 l alkoholische Getränke (nur Pers. älter als 21 Jahre); Geschenke im Wert von bis zu $ 100.

Zahlungsmittel im Wert von über $ 10.000 müssen deklariert werden. Die detaillierten Bestimmungen finden Sie auf www.cbp.gov bzw. de.usembassy.gov/de/faqs/zoll_faq. Telefonische Anfragen an das Department of Homeland Security, Frankfurt/Main, ✆ 0049-69-7535-3876.

Einfuhrverbote: Obst, Gemüse, Pflanzen, Fleisch und Wurst. Die Mitnahme von Süßigkeiten, Kaffee, Tee, Backwaren und Hartkäse in der Originalverpackung ist erlaubt, Fleisch und Fleischprodukte nicht.

Ausfuhrverbote: Elfenbein, Raubtierfelle, Tiere (lebend oder präpariert), Produkte aus Schildpatt, Krokodil- oder Schlangenhaut, Korallen und Muscheln, Kakteen und Orchideen.

Zollfrei bei der Wiedereinreise nach **Deutschland**: 200 Zigaretten oder 100 Zigarillos oder 50 Zigarren oder 250 g Tabak; 1 l Spirituosen über 22 % oder 4 l Wein bzw. 16 l Bier; 50 g Parfüm oder 0,25 l Eau de Toilette; 500 g Kaffee; Arzneimittel in reiseüblichen Mengen; sonstige Waren im Gegenwert von 430 € (unter 15 Jahren nur bis 175 €). Übersteigt der Wert der Waren 700 € nicht, wird eine Pauschalabgabe von 17,5 % fällig. Für alles darüber kann es teuer werden. Aktuelle Informationen gibt es unter www.zoll.de.

Österreich hat die gleichen Freimengen wie Deutschland. Waren bis zu einem Gesamtwert von 430 € sind zollfrei, für Reisende unter 15 Jahren nur bis 150 €. Infos unter www.bmf.gv.at.

Schweiz: Wenn der Gesamtwert der eingeführten Waren CHF 300 übersteigt, muss die Mehrwertsteuer gezahlt werden. Die Zoll-Freimengen betragen 5 l für alkoholische Getränke bis 18 %, 1 l für alkoholische Getränke über 18 %, 250 Zigaretten. Die Einfuhr von Tierprodukten aus Nicht-EU-Staaten und Norwegen ist übrigens verboten. Infos unter www.ezv.admin.ch.

Kompakt: Museen

Fast jeder wird schon einmal vom Guggenheim Museum oder vom Metropolitan Museum of Art gehört haben, die es problemlos mit den Uffizien, dem Louvre oder dem Prado aufnehmen könnten. Neben diesen berühmtesten Museen der Welt gibt es in New York unzählige Sammlungen, Galerien und Ausstellungen, die weniger bekannt sind.

Städtische und amerikanische Geschichte

The Skyscraper Museum: Das Wolkenkratzermuseum behandelt die Geschichte und Architektur von Manhattans Hochhäusern. Ein Kleinod! ■ S. 28

Fraunces Tavern Museum: Museum zur amerikanischen Geschichte des Unabhängigkeitskrieges und danach. ■ S. 33

South Street Seaport Museum: Hier wird ein Stück Seefahrts- und Hafengeschichte lebendig. ■ S. 40

Museum of American Finance: gibt Einblick in das Wirtschaften an der Wall St. ■ S. 34

National September 11 Memorial und Museum: Das auf dem Ground Zero errichtete Mahnmal gedenkt der rund 3000 Opfer der Terroranschläge von 2001 und 1993. ■ S. 37

African Burial Ground: Geschichte der Sklaverei und Sklaven in New York City. ■ S. 46

Ellis Island Immigration Museum: veranschaulicht das Schicksal der Millionen meist europäischen Einwanderer, die zwischen 1892 und 1954 nach Amerika kamen. Bewegend. ■ S. 49

Museum of Reclaimed Urban Space (MORUS): Das innovative Geschichtsmuseum dokumentiert die Rückeroberung des öffentlichen Raums durch Graswurzelbewegungen und veranstaltet Führungen durch das rebellische East Village. ■ S. 95

Museum of the American Gangster: kleine Ausstellung zur Prohibition und der Gangsterkultur der 20er- und 30er-Jahre. ■ S. 96

Rose Museum: Chronik der Carnegie Hall, eines der berühmtesten Konzerthäuser der Welt. ■ S. 152

Museum of the City of New York: Das Museum gewährt Einblicke in die 400 Jahre Stadtgeschichte. ■ S. 171

New York Historical Society: mehrere Zehntausend Objekte zur Landes- und Stadtgeschichte von der Kolonialzeit bis zur Gegenwart. ■ S. 178

Grant's Tomb: Mausoleum für den 18. Präsidenten der Vereinigten Staaten mit Geschichtsausstellung. ■ S. 202

New York Transit Museum: In einer stillgelegten Subway-Station werden 100 Jahre öffentlichen Nahverkehrs greifbar. ■ S. 213

Völkerkundliche und Volkskunstmuseen

National Museum of the American Indian: vermittelt die Geschichte und (Alltags-)Kultur, auch (zeitgenössische) Kunst der *Native Americans*. ■ S. 28

Museum of Jewish Heritage: Aufarbeitung und Denkmal jüdischer Geschichte des 20. Jh. mit Schwerpunkt Holocaust. ■ S. 28

Museum of the Chinese in America (MoCA): zeigt chinesisches Leben der Einwanderer vom 19. Jh. bis heute. ■ S. 57

Italian American Museum: ein winziges Lokalmuseum zum Immigrantenschicksal der Italiener. ■ S. 61

Museum of Eldridge Street: Synagoge mit Ausstellung zur eigenen und jüdischen Geschichte des Stadtviertels. ■ S. 68

Ukrainian Museum: Schaufenster für Volkskunst, traditionelle Kostüme und Textilien des zweitgrößten Staates Europas. ■ S. 96

Rubin Museum: Seit drei Jahrzehnten wird hier buddhistische Kunst aus dem Himalaja gesammelt. Ein Juwel. ■ S. 133

Asia Society and Museum: Die hier gezeigten Ausstellungen sollen den Amerikanern die Kultur und Geschichte Asiens näherbringen. ■ S. 166

Ukrainian Institute of America: Der Treffpunkt für die ukrainische Gemeinde Amerikas ist mit seinem Programm gleichzeitig ein Fenster zur Kunst, Literatur, Musik und Mode der Ukraine. ■ S. 167

Jewish Museum: Sammlung aus 4000 Jahren jüdischer Kultur im ehemaligen Stadtschloss des Hamburger Juden Felix Warburg. ■ S. 171

El Museo del Barrio: Das Stadtteilmuseum in Spanish Harlem begann als Nachbar-

schaftsinstitution und zeigt Kunst und Kultur aus Lateinamerika und der Karibik.
■ S. 171

The Africa Center: Wenn es denn eröffnet, will das Zentrum Plattform für zeitgenössische afrikanische Kunst sein und den Dialog zwischen Kunst, Wirtschaft und Gemeinde des Schwarzen Kontinents fördern. ■ S. 171

American Folk Art Museum: Die Sammlung traditioneller Volkskunst vom 18. Jh. bis heute spürt der Seele der amerikanischen Kunst nach. ■ S. 187

Studio Museum Harlem: Anlaufstelle für ortsansässige, nationale und internationale Künstler afrikanischer Herkunft. ■ S. 203

Brooklyn Museum: ständige und temporäre Ausstellungen zu fast allen Kulturen dieser Welt, von einer der umfassendsten Sammlungen ägyptischer Kunst bis hin zu zeitgenössischen Gemälden.
■ S. 210

Jacques Marchais Museum of Tibetan Art: In dieser Privatsammlung sind mehr als 1000 Beispiele religiöser Kunst aus Tibet vereint, die der Meditation dienen. ■ S. 243

Snug Harbor Cultural Center and Botanical Garden: Mehrere kulturelle Einrichtungen teilen sich das Gelände, u. a. das Staten Island Museum, wo neben naturwissenschaftlichen und historischen Kollektionen auch viele Kunstsammlungen zu sehen sind. ■ S. 244

Besondere Häuser und ihre Bewohner

Lower East Side Tenement Museum: In dieser Mietskaserne für Einwanderer erfährt man Geschichte und Geschichten zum Alltag der ehemaligen Bewohnern des Hauses. ■ S. 70

Merchant's House Museum: drinnen wie draußen intakt erhaltenes Wohnhaus des 19. Jh.
■ S. 89

Theodore Roosevelt Birthplace: Nachbau des Geburtshauses desselben von 1865. ■ S. 118

Gracie Mansion: Das ehemalige Landhaus eines Kaufmanns von 1799 ist heute der offizielle Amtssitz des Bürgermeisters von New York und zu besichtigen. ■ S. 172

Edgar Allan Poe Cottage: Der Autor verbrachte in dem hölzernen Farmhaus seine letzten Jahre. ■ S. 228

Wave Hill: Villa von 1843 inmitten eines Naherholungsgebietes, in der schon Mark Twain übernachtet hat.
■ S. 228

Louis Armstrong House: Hier lernt man die private Seite des herausragenden Musikers kennen. ■ S. 237

Avantgarde ist hier auch die Verpackung, nicht nur der Inhalt: das Guggenheim Museum

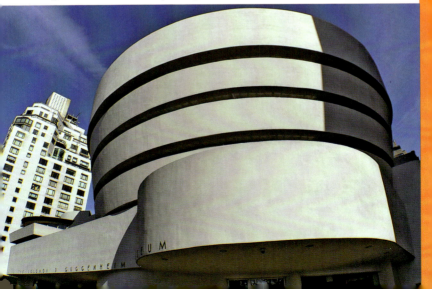

Historic Richmond Town: Das Freilichtmuseum ist eine Zeitreise in die Vergangenheit von Staten Island. ■ S. 243

Alice Austen House: In diesem Haus aus dem 17. Jh. lebte die junge Fotografin. ■ S. 244

Sammlungen

Angel Orensanz Foundation: In der ehemaligen Synagoge sind Werke des spanisch-amerikanischen Bildhauers zu sehen. Sie ist gleichzeitig Kunstforum und zeitgenössische Kunstgalerie. ■ S. 72

New Museum of Contemporary Art: Der markante Neubau zeigt jedes Jahr sechs Ausstellungen zeitgenössischer Kunst. ■ S. 73

International Center of Photography: In Wechselausstellungen werden hier Möglichkeiten und Wirkung der Fotografie als demokratisches Medium kritisch hinterfragt. ■ S. 72

Leslie Lohman Museum of Gay and Lesbian Art: das erste Museum für schwullesbische Kunst, die viel mit der Erforschung von Sexualität und Identität zu tun hat. ■ S. 82

Grey Art Gallery: Kunstmuseum der New York University; moderne Kunst aus Asien und dem Nahen Osten ist ebenso vertreten wie europäische Werke des späten 19. bis 20. Jh. ■ S. 103

National Arts Club: Privatclub und Galerie für Nachwuchskünstler. ■ S. 117

Whitney Museum of American Art: Noch nie hat amerikanische zeitgenössische Kunst so gut ausgesehen wie in diesem Museumsneubau. ■ S. 127

The Museum at FIT: Hier dreht sich alles um die Mode vom 18. Jh. bis heute. ■ S. 133

The Morgan Library: Sammlung von wertvollen Manuskripten, Drucken, Büchern etc. vor allem des Mittelalters und der Renaissance. ■ S. 143

Museum of Modern Art: Das MoMA war das erste Museum der Welt, das sich ausschließlich moderner Kunst widmete. Alle bedeutenden Namen der letzten 150 Jahre sind hier vereint: Paul Gauguin, Henri Matisse, Pablo Picasso, Wassily Kandinsky, Max Ernst, Salvador Dalí, Roy Lichtenstein, Willem de Kooning, Frida Kahlo, Andy Warhol und viele mehr. ■ S. 150

Frick Collection: Das ehemalige Privathaus des Stahlunternehmers Frick enthält zahlreiche Meisterwerke des 16. und 17. Jh. und ist Ausdruck seines Geschmacks und Lebensstils. Kunst in intimem Umfeld. ■ S. 166

Metropolitan Museum of Art: Noch immer lautet der Auftrag des Met, die Öffentlichkeit durch die Ausstellung der größten künstlerischen Leistungen der Menschheit zu bilden und zu inspirieren. Kunst aus allen Regionen und Epochen der Welt. ■ S. 167

Met Breuer: Der Kultbau für das Whitney Museum of American Art ist nun die vorläufige Heimat der modernen Kunstsammlung des Metropolitan Museums of Art, zumindest bis der Anbau fertig ist. ■ S. 167

Neue Galerie: Das Museum ist ausschließlich österreichischen und deutschen Künstlern des 20. Jh. gewidmet. ■ S. 169

Solomon R. Guggenheim Museum: Der legendäre Schneckenbau der modernen Kunst legt seinen Schwerpunkt auf abstrakte Malerei. ■ S. 169

National Academy Museum and School of Fine Arts: Die Sammlung umfasst mehr als 7000 Arbeiten von amerikanischen Künstlern und Architekten des 19. bis 21. Jh. ■ S. 170

Cooper-Hewitt National Design Museum: In der Landhausvilla Andrew Carnegies wird eine der größten Design- und Kunstgewerbesammlungen der Welt gezeigt. ■ S. 170

Museum of Arts & Design: Seine Anfänge als Museum für zeitgenössisches Kunsthandwerk sind in der Sammlung aus Alltagsgegenständen und Kunst bis heute zu spüren. ■ S. 181

The Cloisters: Das Museum mit Architekturfragmenten französischer Klöster enthält die Mittelalterabteilung des Metropolitan Museum of Art. ■ S. 204

Queens Museum of Art: Zum Museum gehören auch die Hinterlassenschaften der beiden Weltausstellungen im Corona Park. Wechselausstellungen zeitgenössischer Kunst. ■ S. 236

P.S.1 Contemporary Art Center: Die Schwester des Museum of Modern Art wagt sich an kühnere zeitgenössische Kunst und Architektur. ■ S. 240

Isamu Noguchi Garden Museum: In seinem ehemaligen Studio samt Garten sind

Cooper-Hewitt-Museum: eine der größten Design- und Kunstgewerbesammlungen der Welt

die Werke des Bildhauers zu sehen. ■ S. 240

Socrates Sculpture Park: Seit 30 Jahren sind hier zeitgenössische Bildhauerwerke und Installationen in freier Natur zu sehen. ■ S. 240

Newhouse Center for Contemporary Art: sieben bis zehn Ausstellungen zu zeitgenössischer Kunst im Jahr. ■ S. 244

Staten Island Museum: Die älteste Kultureinrichtung des Borough zeigt Ausstellungen mit Schwerpunkt Natur und Naturschutz der Insel. ■ S. 244

Spezielle Themen

Museum of Sex: Harmlos ausgedrückt zeigt das MoSex die Geschichte und Entwicklung der Sexualität anhand ganz unterschiedlicher Exponate. ■ S. 120

United Nations: Die UNO ist das Gewissen der Welt und man kann besichtigen, wo und wie die Staatengemeinschaft um Frieden ringt. ■ S. 145

Discovery Times Square Exhibition: Wanderausstellungen zu populären Themen wie Harry Potter, Körperwelten oder Pompeji. ■ S. 153

Madame Tussauds: berühmtes Wachsfigurenkabinett mit über 225 lebensechten Stars. ■ S. 155

Ripley's Believe it or Not: Kuriositätenkabinett und bizarres Universum seltsamer Artefakte. ■ S. 155

Intrepid Sea, Air & Space Museum: Die historischen Schiffe und Flugzeugträger der amerikanischen Streitkräfte darf man betreten. ■ S. 156

American Museum of Natural History: das größte Naturkundemuseum der Welt. ■ S. 177

Rose Center for Earth and Space: Hier können Sie sich einen Moment lang wie ein Astronaut fühlen. Im Anbau des American Museum of Natural History bekommt man Einblick in die Geschichte und Zukunft unseres Planeten. ■ S. 177

National Jazz Museum: für Jazz-Freunde eine kleine Fundgrube mit einem großen Veranstaltungsprogramm. ■ S. 204

Brooklyn Children's Museum: Spielend lernen die Kleinen in diesem modernen interaktiven Kindermuseum wie die Welt funktioniert. ■ S. 214

Hall of Fame for Great Americans: 98 Bronzebüsten ehren berühmte Amerikaner. ■ S. 227

New York Hall of Science: Das interaktive Wissenschafts- und Technikmuseum ist ein Spielplatz für interessierte Erwachsene. ■ S. 235

Museum of the Moving Image: interaktives Museum zur Geschichte von Film, Fernsehen und der Bewegtbildkunst. ■ S. 241

Staten Island Children's Museum: Das Kindermuseum bietet Spiel und Spaß für Kinder aller Alterklassen. ■ S. 244

Kompakt: Restaurants

Sterneküche

Nobu (Lower Manhattan) Japanische Küche mit peruanischem Einschlag ■ S. 51

Public (NoLita) Fisch, Fleisch, vegetarisch, auch Brunch ■ S. 63

Minetta Tavern (Greenwich Village) Neu-amerikanische Küche in Kneipenatmosphäre ■ S. 110

The Spotted Pig (Greenwich Village) Amerikanische und italienische Küche, gute Weinkarte ■ S. 111

Gramercy Tavern (Gramercy Park) Saisonabhängige, bodenständige Küche ■ S. 121

Casa Mono (Gramercy Park) Tapas-Bar, viel Fleisch, alles Bio ■ S. 121

Café Boulud (Upper East Side) Edelbistro, Gerichte querbeet, Lunchmenü ■ S. 172

River Café (Brooklyn) Frühstück, Brunch, Lunch und Dinner, exklusiv ■ S. 221

Typisch amerikanisch

Champs Kitchen Veloce Broadway (Lower Manhattan) Wenige Tische, amerikanische Delikatessen ■ S. 52

Blue Smoke (Lower Manhattan) Traditionelle Südstaatenleckereien, viel Gegrilltes ■ S. 52

North End Grill (Lower Manhattan) Hochpreisiges Etablissement ■ S. 52

Delmonico's (Lower Manhattan) Klassiker! Traditionelle amerikanische Küche ■ S. 52

The Dutch (SoHo) Qualitätvolle, amerikanische Küchenhits ■ S. 84

The Strip House/Strip House Next Door (Greenwich Village) Plüschige, teure Location, aber lecker ■ S. 111

Pete's Tavern (Gramercy Park) Alteingessene Bar mit italienisch-amerikanischer Küche ■ S. 122

ABC Kitchen (Gramercy Park) Von der Farm auf den Tisch, Fair Trade, Slow-Food ■ S. 121

Virgil's Real Barbecue (Midtown) Südstaatenbarbecue als Fingerfood ■ S. 157

Gray's Papaya (Upper West Side) Hot Dogs in sämtlichen Variationen, super günstig ■ S. 187

Tavern on the Green (Central Park) Traditionsrestaurant in ehemaligem Schafstall ■ S. 195

Loeb Boathouse (Central Park) Von schick über Snack bis Bar & Grill ■ S. 195

Amy Ruth's (Harlem) Gutbürgerliche Südstaatenküche – Soulfood eben! ■ S. 205

Sylvia's (Harlem) Alteingesessene Soulfood-Institution, auch Gospel-Brunch ■ S. 205

Red Rooster (Harlem) Soulfood-Restaurant mit Café-Bistro-Ambiente ■ S. 206

67 Orange Street (Harlem) Hochprozentige Drinks zu Südstaatengerichten ■ S. 206

Dinosaur BBQ (Harlem) Grillkost unterm Riverside Viadukt ■ S. 206

Streetbird Rotisserie (Harlem) Hühnchenvariationen in lockerer Atmosphäre ■ S. 206

Pies 'n' Thighs (Brooklyn) Frische Zutaten für amerikanische Klassiker ■ S. 221

Two Door Tavern (Brooklyn) Burger, Salate, Sandwiches, Ribs ■ S. 221

Fette Sau (Brooklyn) BBQ-Restaurant in ehemaliger Autowerkstatt ■ S. 221

Rye (Brooklyn) In ehemaliger Kleiderfabrik, 19.-Jh.-Einrichtung ■ S. 221

Peter Luger's (Brooklyn) Beste Steaks, hochpreisig, Lunch Specials ■ S. 221

Superfine (Brooklyn) Alles Bio und mediterran-amerikanisch; Billardtisch! ■ S. 222

Henry's End (Brooklyn) Saisonale Kost und prämierte Weinkarte, gemütlich ■ S. 222

Junior's Cheesecake (Brooklyn und Midtown) Käsekuchen nur hier! Aber auch Salziges ■ S. 157 und 222

John Brown Smoke House (Queens/Long Island City) BBQ von Würstchen bis Fleischstück ■ S. 241

Ruddy & Dean Steakhouse (Staten Island) Fleisch, Austern und Hummer; Terrasse ■ S. 246

Delis und Diners

Pearl Street Diner (Lower Manhattan) Griechische Institution fürs Frühstück ■ S. 53

Katz's Delicatessen (Lower East Side) Der Deli schlechthin – auch für Sally ■ S. 73

The Square Diner (TriBeCa) Echter Pullman-Waggon, griechische Leitung ■ S. 84

Waverly Restaurant (Greenwich Village) Holz statt

Chrom, schneller Service ■ S. 110

The Coffee Shop (Gramercy Park) Brasilianischer Touch in Diner-Atmosphäre ■ S. 121

The Empire Diner (Chelsea) Die etwas besser Dinerküche, stilvoll ■ S. 134

Ellen's Stardust Diner (Midtown) Singende Kellner versprechen Spaß ■ S. 157

Red Flame Coffee Shop (Midtown) Frühstücks-Diner mit fairen Preisen ■ S. 156

Carnegie Delicatessen (Midtown) Koscheres Deli, New Yorker Klassiker ■ S. 158

Artie's Delicatessen (Upper West Side) Gehobener Diner bietet Klassikerküche ■ S. 188

Food Halls und Märkte

South Street Seaport (Lower Manhattan) Im Sommer auch Stände des Smorgasburg Market ■ S. 51

Hudson Eats (Lower Manhattan) Restaurant-Snackbars, von Sushi bis Burger ■ S. 52

Eataly (Flatiron District) Einkaufstempel mit Dachterrasse ■ S. 121

Chelsea Market (Chelsea) Zwei Blocks voller kulinarischer Leckerbissen ■ S. 134

The Golden Shopping Mall (Wong Jing Xian Chan) (Queens/Flushing) Asiatische Küche für Mutige ■ S. 237

Snackbars und Läden

Aji Ichiban (Chinatown) Süßwarenkette, auch Salziges zum Verkosten ■ S. 64

Alleva Dairy (Little Italy) Ältester italienischer Käseladen des Landes ■ S. 64

Di Palo's (Little Italy) Fine-Foods-Laden in fünfter Generation ■ S. 64

El Rey Coffee Bar & Luncheonette (Lower East Side) Snacks für Mittag und Abend ■ S. 74

Russ & Daughters (Lower East Side) Jüdischer Traditionsladen, geräucherter Fisch und Kaviar ■ S. 75

Dean & DeLuca (SoHo) Feinkostgeschäft mit Snackmöglichkeit ■ S. 85

Murray's Cheese Bar (Greenwich Village) Alles Käse – Verkauf und Verkostung ■ S. 111

Irving Farm Coffee Roasters (Gramercy Park) Alternative zu Starbucks; leckere Snacks ■ S. 121

Bagatelle (Meatpacking District) Wandelbar: Bistro, Lounge, Brunch-Party-Club ■ S. 134

Whole Foods (Central Park) Größter Supermarkt Manhattans mit Deli ■ S. 195

Le Pain Quotidien @ Central Park (Central Park) Bäckerei mit Snacks, Vor-Ort-Verzehr ■ S. 195

Cafés und Eisdielen

Chinatown Ice Cream Factory (Chinatown) Exotische Eissorten, die verführen ■ S. 62

Ferrara Bakery (Little Italy) Backwaren-Eldorado für Naschkatzen ■ S. 64

Morgenstern's Finest Ice Cream (Lower East Side) Eisladen für Leckermäuler, auch Sorbets ■ S. 74

Il Laboratorio del Gelato (Lower East Side) Soll die stadtbeste Eisdiele sein ■ S. 74

Clinton Street Bakery (Lower East Side) Perfekt fürs Brunch, auch abends offen ■ S. 74

Veniero's Pasticceria & Caffé (East Village) Italienische Bäckerei mit Kaffeehauscharme ■ S. 98

Caffe Reggio (Greenwich Village) Kaffeehaus mit Marmortischen und Gusseisenstühlen ■ S. 110

Magnolia Bakery (Greenwich Village) „Sex and the City"-Cupcakes und Konsorten ■ S. 111

Stumptown Coffee (Greenwich Village) Kaffee-Wissenschaft in nettem Ambiente ■ S. 111

Pasticceria Rocco (Greenwich Village) Große Auswahl an Backwaren, Vor-Ort-Verzehr ■ S. 112

Alice's Tea Cup (Upper West Side) Riesige Teeauswahl gepaart mit Leckereien ■ S. 187

Hungarian Pastry Shop (Morningside Heights) Filmlocation von Woody Allen, große Auswahl ■ S. 205

Brooklyn Icecream Factory (Brooklyn) Eisladen im Feuerwehrbootshaus ■ S. 221

Brooklyn Roasting Company und **Café 25 Jay** (Brooklyn) Café mit Industriecharme, eigene Röstungen ■ S. 221

Arthur Avenue Café/ Trattoria (Bronx) Italienisches Café à la European Style ■ S. 230

Lemon Ice King of Corona (Queens/Flushing) Alteingesessene, solide Eisdiele ■ S. 237

Biergärten

Bohemian Hall & Beer Garden (Queens/Long Island

City) Größter Biergarten in New York ■ S. 241

The Garden @ Studio Square (Queens/Long Island City) Unter Bäumen, große Fassbierauswahl ■ S. 241

Burger, Fritten und Pub-Grub

Shake Shack (Lower Manhattan) Preislich verträgliche Burger ■ S. 52

The Meatball Shop (Lower East Side) Unvorstellbare Frikadellenvariationen ■ S. 75

The Corner Bistro (Greenwich Village) Eine Institution, supergünstige Burger ■ S. 110

Burger & Lobster (Flatiron District) Burger und supergünstiger Hummer ■ S. 121

Eisenberg Sandwich (Flatiron District) Institution für Fast-Food-Klassiker ■ S. 121

Shake Shack (Flatiron District) Bio-Spitzen-Burger, auch vegetarisch ■ S. 122

The Half King (Chelsea) Pub mit Lesungen und Fotoausstellungen ■ S. 134

The Standard Grill (Meatpacking District) Biergarten, Bistro, Grill und Bar ■ S. 134

Lillie's (Midtown) Traditionelles Pub, gut und günstig ■ S. 157

Burger Joint @ Le Parker Meridien (Midtown) Burgerbude im Edelhotel, echt lecker ■ S. 158

Maggie's Place (Midtown) Entspanntes Irish-Pub für alle ■ S. 158

Earl's Beer and Cheese (Upper East Side) Bier und Käsegerichte vor Retrotapete ■ S. 172

120 Bay Café (Staten Island) Schrille Bar mit Jukebox und Pooltable ■ S. 246

Fische, Muscheln und Co.

Pier A Harbor House (Lower Manhattan) Restaurant, Bar, Terrasse mit nautischem Charme ■ S. 51

Vincent's of Little Italy (Little Italy) Echte Institution, legendäre Pastasoße ■ S. 63

Navy (SoHo) Deko weist kulinarische Richtung, auch für Vegetarier ■ S. 84

Blue Ribbon Sushi (SoHo) kleine, aber kreative Bar ■ S. 85

Oyster Bar (Midtown) Institution im Kellergewölbe von Grand Central ■ S. 157

Luke's Lobster (Upper East Side) Frisch, lecker: das perfekte Hummerbrötchen ■ S. 173

Marina Café (Staten Island/Great Kills) Elegant, Blick auf den Great Kills Harbor ■ S. 246

Blue Restaurant (Staten Island) Blick aufs Wasser, unweit Snug Harbor Cultural Center ■ S. 246

Französisch

Raoul's (SoHo) Alteingesessenes Bistro, beliebt bei Einheimischen ■ S. 84

Balthazar (SoHo) Laden mit Backwaren und Bistro-Gerichten ■ S. 85

Tartine (Greenwich Village) Bistro mit Bäckerei und Kerzenschein ■ S. 110

Tournesol (Queens/Long Island City) Kleines Bistro, leckeres Brunch, moderate Preise ■ S. 241

Spanisch

Beso (Staten Island) Gemütliche Tapas-Bar, nahe Fähranleger ■ S. 246

Italienisch

Industry Kitchen (Lower Manhattan) Beliebt, Blick auf die Brooklyn Bridge ■ S. 52

Lombardi's (Little Italy) Eine Institution, wohl beste Pizza der Stadt ■ S. 62

Piemonte Ravioli (Little Italy) Eine Institution für selbstgemachte Pasta ■ S. 64

Bacaro (Lower East Side) Schummriger Palazzo-Charme im Kellergewölbe ■ S. 75

Babbo (Greenwich Village) Sehr bekannt, intim, gemütlich, recht teuer ■ S. 110

Joe's Pizzeria (Greenwich Village) Pizzastücke auf die Hand, dünn und knusprig ■ S. 111

John's Pizzeria (Greenwich Village) Hier nur ganze Pizzen, aber köstlich ■ S. 111

Don Giovanni (Chelsea) Unprätentiös, gemütlich und bezahlbar ■ S. 134

John's Pizzeria (Midtown) In einer alten Kirche unter einer Kuppel aus Buntglas ■ S. 157

Osteria al Doge (Midtown) Norditalienische Küche, gute Salate ■ S. 158

Bocca Restaurant (Midtown) Große Auswahl, auch Take-away ■ S. 158

Carmines (Midtown) Lange Tradition, urgemütlich, riesige Portionen ■ S. 158

Regional (Upper West Side) Tische auf dem Bürgersteig, günstige Weine ■ S. 187

Grimaldi's (Brooklyn) Famose Pizzen aus Holzkohleofen ■ S. 221

Mario's (Bronx) Eine Institution, Filmlocation für die Sopranos ■ S. 230

Dominick's (Bronx) Lange Tische, keine Karte, Essen auf Vorschlag ■ S. 230

Trattoria Zero Otto Nove (Bronx) Hinterhofatmosphäre, als säße man draußen ■ S. 230

Manetta's Ristorante (Queens/Long Island City) Toskanische Küche zu fairen Preisen ■ S. 241

Gastroteca Astoria (Queens/Long Island City) Schicke Industrieatmosphäre, große Terrasse ■ S. 241

Englisch

Tea & Sympathy (Greenwich Village) Teashop und Restaurant, britisch blumig ■ S. 110

Marokkanisch

Cafe Mogador (East Village) Schöner Patio, drinnen gediegen mit Schwarz-Weiß-Fotos ■ S. 98

Türkisch

Beyoglu (Upper East Side) Mezze-Haus, verschiedene Vorspeisenplatten ■ S. 173

Jüdisch

Yonah Schimmel Knishery (Lower East Side) Traditionshaus, Knishes süß oder würzig ■ S. 75

Pickle Guys (Lower East Side) Koscher, von sauren Gürkchen bis eingelegte Zwiebeln ■ S. 75

Kossar's Bialys (Lower East Side) Bäckerei, Bialys nach polnischem Rezept ■ S. 75

Russ & Daughters Café (Lower East Side) Sehr gutes Restaurant ■ S. 75

Ukrainisch

Veselka (East Village) Beliebt bei Nachteulen, 24 Std. geöffnet ■ S. 98

Streecha Ukrainian Kitchen (East Village) Ukrainische Gerichte zu günstigen Preisen ■ S. 98

Asia-Mix

Momofuku (East Village) Nudelbar in minimalistischem Design ■ S. 98

Spice Market (Meatpacking District) Südostasiatischer Mix; groß, doch gemütlich ■ S. 134

Japanisch

MiYabi (Greenwich Village) Sushi und mehr zu günstigen Preisen ■ S. 110

Yuka (Upper East Side) Dunkel und klein, aber echter Preisknüller ■ S. 173

Takayama Sushi Lounge (Staten Island) Gehobenes Restaurant, günstiges Sonntagsbuffet ■ S. 246

Chinesisch

Dim Sum Go Go (Chinatown) Äußerst beliebt die kleinen, gefüllten Knödel ■ S. 63

Peking Duck House (Chinatown) Minimalistisches Interieur, beste Peking-Ente ■ S. 63

Xi'an Famous Foods (Chinatown) Kette mit 7 Restaurants, zuverlässig gut ■ S. 63

Joe's Shanghai (Chinatown) Spartanisch eingerichtet, sehr beliebt ■ S. 63

Vietnamesisch

Bánh Mi Saigon (Chinatown) Ultralecker, sprengt nicht die Urlaubskasse ■ S. 63

Burmesisch

Café Mingala (Upper East Side) Von außen unscheinbar, moderate Preise ■ S. 173

Indisch

Haveli Banjara (East Village) Gehoben, berühmt für Tandoori-Gerichte ■ S. 98

Tibetisch

Himalayan Yak (Queens/Flushing) Am Wochenende Livebands ■ S. 237

Malaysisch

Sentosa (Queens/Flushing) Gemütlich, auch andere kulinarische Einflüsse ■ S. 237

Thailändisch

Lovely Day (Little Italy) Sieht aus wie ein Diner, im Keller eine kleine Bar ■ S. 64

Pure Thai Cookhouse (Midtown) Kleine, meist proppevolle Kantine ■ S. 157

Thai Market (Morningside Heights) Gemütliche Gaststube à la Markt in Bangkok ■ S. 205

Mittel- und südamerikanisch

Café Habana (Little Italy) Meist rappelvoller Kubaner/Mexikaner ■ S. 63

Tacombi (Little Italy) Snacks in ehemaliger Autowerkstatt ■ S. 64

Balvanera Steak House (Lower East Side) Argentinisches, auch für Fischfreunde und Vegetarier ■ S. 74

La Esquina (SoHo) Günstige mexikanische Café-Taqueria-Brasserie ■ S. 84

Miss Lily's 7A Café (East Village) Reggae Beats und coole Kellner mit Dreadlocks ■ S. 98

ABC Cocina (Gramercy Park) Spanische und lateinamerikanische Küche ■ S. 121

Dos Caminos (Meatpacking District) Mexikaner auf drei Ebenen, Restaurantkette ▪ S. 134

Margon (Midtown) Kubanisch-karibisches Schnell-Restaurant ▪ S. 157

El Parador Café (Midtown) Wohl der beste Mexikaner der Stadt ▪ S. 158

Habana Outpost (Brooklyn) Mexikaner/Kubaner, solarbetriebenes Restaurant ▪ S. 222

Habana To Go Brooklyn (Brooklyn) Take-away des Habana Outpost ▪ S. 222

Fusionsküche

Aux Epices (Chinatown) Gemütlich, malaysisch-französischer Mix ▪ S. 63

Thelma on Clinton (Lower East Side) New American mit französischem Einschlag ▪ S. 74

Upland (Flatiron District) Kalifornisch mit italienischem Einschlag, entspannt ▪ S. 121

Spice Symphony (Midtown) Ungewohnt, aber indisch-chinesische Paarung ▪ S. 157

Juliette (Brooklyn) Französisch-amerikanische Küche, Dachterrasse ▪ S. 221

Bar Omar (Brooklyn) Gefeierte französisch-algerische Küche ▪ S. 221

Varenichnaya (Brooklyn) Russische Küche mit asiatischem Einfluss ▪ S. 222

Vegetarisch und vegan

Dirt Candy (Lower East Side) Spaß am Essen für beide Fraktionen ▪ S. 74

Angelica Kitchen (East Village) Veteran aus Hippie-Zeiten, überwiegend Bio ▪ S. 98

Peacefood Café (Greenwich Village) Veganer-Bistro und Bäckerei, koschere Speisen ▪ S. 111

Beyond Sushi (Gramercy Park) Alles Gemüse, schont Geldbeutel ▪ S. 122

Hangawi (Midtown) Edler Koreaner, etwas für alle Sinne ▪ S. 158

Café Viva (Upper West Side) Vegetarische, koschere und vegane Pizza ▪ S. 187

Seasoned Vegan (Harlem) Vegane Gourmet-Soulfoodküche ▪ S. 206

Küche querbeet

Zeytuna's (Lower Manhattan) Einmal um die Welt; mit Terrasse ▪ S. 52

Paris Café (Lower Manhattan) Nachbau einer historischen Taverne ▪ S. 52

Trinity Place (Lower Manhattan) Im Keller einer Bank, samt Tresortür ▪ S. 53

Freeman's (Lower East Side) Im Stil einer Jagdhütte, Brunch bis Dinner ▪ S. 74

Dudleys (Lower East Side) Kleinigkeiten von mittags bis nachts, auch draußen ▪ S. 75

Fanelli's Café (SoHo) Eine Institution, günstig, auch Take-away ▪ S. 85

Blue Ribbon Brasserie (SoHo) Von Käsefondue über Paella bis Rohkostbar ▪ S. 85

Tribeca Grill (TriBeCa) Zwei Stockwerke, versch. ethnische Küchen ▪ S. 85

Bubby's (TriBeCa) Regionale Zutaten, leckerer Sonntagsbrunch ▪ S. 85

Housing Works Bookstore Café (SoHo) Wohltätiger, beliebter Buchladen als Café ▪ S. 85

Jack's Wife Freda (Greenwich Village) Ledersessel und Marmortheke, urgemütlich ▪ S. 110

Sardi's Restaurant (Midtown) Treff der Schauspieler, Wände voller Karikaturen ▪ S. 158

Sarabeth's (Upper East Side) Englischer Cottage-Stil, leicht überhöhte Preise ▪ S. 173

Good enough to eat (Upper West Side) Charmant wie ein Landcafé! Leckeres Brunch ▪ S. 187

Tessa (Upper West Side) Nachbarschaftstreff, südeuropäisch beeinflusste Küche ▪ S. 187

Papaye Diner (Bronx) Westafrikanisches bis karibisches Buffet ▪ S. 230

Carol's Café (Staten Island) Europäische Küche gemütlicher Atmosphäre ▪ S. 246

Mahlzeit mit Musik

Ulysses Folk House (Lower Manhattan) Seafood meets Guinness, Samstagabend Livemusik ▪ S. 52

Antique Garage (SoHo) In alter Autowerkstatt, meist an fünf Tagen Livemusik ▪ S. 84

Knickerbocker Bar and Grill (Greenwich Village) Moderate Preise, am Wochenende Livejazz ▪ S. 109

Café Wha? (Greenwich Village) Traditionelle Kellerbar mit Livemusik ▪ S. 111

B. B. King Blues Club & Lucille's Grill (Midtown) Soulfood als Beatles Brunch oder mit Jazz-Session ▪ S. 157

Radegast Hall & Biergarten (Brooklyn) German Gemütlichkeit, täglich Livemusik ▪ S. 221

Kompakt: Shopping

Shoppingcenter & Kaufhäuser

Brookfield Place (Lower Manhattan) Verschiedene exklusive Läden unter einem Dach ■ S. 53

Century 21 (C21) (Lower Manhattan) Kaufhaus für Designerware mit Niveau zu stark gesenkten Preisen ■ S. 53

Opening Ceremony (SoHo) Ausgefallene Edelmode und Schuhe, Treffpunkt für Künstler und Designer ■ S. 85

Bloomingdale's (Bloomies) Seit 1872 die Met der Einkaufswelt mit Filialen z. B. in SoHo, an der Upper East Side, erstes Outlet des Kaufhauses an der Upper West Side ■ S. 87, 173 und 188

Macy's (Midtown) New Yorks größtes Kaufhaus ■ S. 158

Saks Fifth Avenue (Midtown) Eher konservatives Kaufhaus für „Alt-Reiche" ■ S. 159

Saks Off 5th Avenue (Midtown) Sonderangebote von über 800 Designer-Brands ■ S. 159

Lord & Taylor (Midtown) Älteste Kaufhauskette Amerikas auf zehn Stockwerken ■ S. 159

Henri Bendel (Midtown) Auf Kosmetik und Geschenke spezialisiertes Traditionskaufhaus ■ S. 159

Barneys (Midtown) Kaufhaus mit berühmter Abteilung für Designermode ■ S. 160

Bergdorf Goodman (Midtown) Kaufhaus für luxuriöse Stangenware und renommierte Haushaltswaren ■ S. 160

Fulton Mall & Macy's (Brooklyn) Vielbesuchte Mall mit über 230 Geschäften ■ S. 222

Sky View Center (Queens) Neueres Einkaufszentrum mit Elektronik-, Möbel- und Klamottengeschäften ■ S. 237

Staten Island Mall (Staten Island) Einkaufszentrum mit vielen Kaufhäusern und Restaurants ■ S. 246

Mode

Rialto Jean Project (Lower Manhattan) Handbemalte, gebrauchte Jeanshosen und -jacken der Malerin Erin Feniger ■ S. 53

Raleigh (Little Italy) Kostspielige handgefertigte Jeans ■ S. 64

The Hoodie Shop (Lower East Side) Abgefahrene Sweatshirts mit Kapuzen ■ S. 75

The Dressing Room (Lower East Side) Modekreationen aufstrebender, lokaler Designtalente ■ S. 75

OMG The Jeans Store (SoHo) Solide und günstige Jeans mit umfangreichem Angebot alter Klassiker ■ S. 86

What Goes Around Comes Around (SoHo) Secondhand-Boutique mit hochqualitativen Klamotten und Kuriositäten aus aller Welt ■ S. 86

Legacy (SoHo) Kleidung, Accessoires, Schuhe, Taschen und Schmuck aus erster und zweiter Hand ■ S. 86

Veda (SoHo) Lederjacken mit tollen Designs und aus bester Qualität ■ S. 86

Joe's Jeans (SoHo) Denims in 55 verschiedenen Farben ■ S. 87

Brooklyn Industries (SoHo) Umweltbewusste Jeansmarke im mittleren Preissegment ■ S. 87

Jean Shop (SoHo) Lifestyle-Jeans in den Schnitten Rocker, Klassik und Skinny ■ S. 87

Top Shop Großes Modeunternehmen mit Basics, Designerkleidung, Schuhen und einer Kollektion von Kate Moss, Filialen in SoHo und Midtown ■ S. 87 und 160

Prada (SoHo) Architektonisch faszinierender Laden des italienischen Luxusunternehmens ■ S. 87

Adidas Flagship Store (SoHo) Sämtliche Adidas-Produkte auf 2700 m² ■ S. 87

Trash and Vaudeville (East Village) Punkiger Klamottenladen mit berühmter Kundschaft ■ S. 99

Stella Dallas (Greenwich Village) Secondhandklamotten für erwachsene Hippies ■ S. 112

Burlington Store 835 (Flatiron District) Gutes Sortiment an Mänteln und mehr ■ S. 122

Denim & Supply Ralph Lauren (Flatiron District) Exklusive Printmuster und klassische Denimlooks ■ S. 122

Comme des Garçons (Chelsea) Architektonisch besonderer Laden mit Designermode aus Japan für die Modeelite ■ S. 134

Comme des Garçons Pocket (Chelsea) Preiswerterer Ableger des japanischen Designers ■ S. 134

Tory Burch (Meatpacking District) Laden der amerikanischen Designerin und Ex-Gattin von Lance Armstrong ■ S. 135

Jeffrey New York (Meatpacking District) Exklusives Miniwarenhaus voller Designerklamotten bekannter und weniger bekannter Namen ■ S. 135

Paige Denim (Meatpacking District) Bequeme Designer-Jeans ■ S. 135

Uniqlo (Midtown) Erfolgreiche japanische Kette mit günstiger, aber hochqualitativer Mode ■ S. 160

TJ Maxx (Midtown) Markenklamotten und Küchenaccessoires zu extrem vergünstigten Preisen ■ S. 160

Cos (Midtown) Premiummarke von H&M, Mode zwischen Avantgarde und Masse ■ S. 160

Lisa Perry (Upper East Side) Retro-Mode der 60er-Jahre in modernisierter Form ■ S. 173

Bébénoir (Harlem) In Afrika genähte High-Fashion-Kleidung zu erschwinglichen Preisen ■ S. 207

HotSexyFit (Harlem) Jeans für Frauen mit Rundungen ■ S. 207

Brooklyn Denim Co. (Brooklyn) Großartige Auswahl an Jeans, mit Änderungsschneiderei ■ S. 222

Schuhe

Moo Shoes (Lower East Side) Vegane Schuhe, viele aus wasserabweisendem atmungsaktivem Kunstleder ■ S. 75

Converse (SoHo) Modische Kult-Turnschuhe für den Alltag ■ S. 87

Dr. Martens (SoHo) Stabile Schuhe mit Attitüde aus England ■ S. 87

Christian Louboutin Feminine Pumps mit roter Sohle, Filialen im Meatpacking District und in der Upper East Side ■ S. 135 und 173

Manolo Blahnik (Midtown) Sexy Damenschuhe in allen Absatzhöhen ■ S. 159

Niketown (Midtown) Großer Flagship-Store mit kompetentem Personal ■ S. 160

Jimmy Choo (Upper East Side) Handgearbeitete, feinste Lederschuhe ■ S. 173

Aquazzura (Upper East Side) Kunstvolle Schuhentwürfe, italienische Qualität ■ S. 173

UGG Flagship Store (Upper West Side) Boots, Slippers und Handtaschen der australischen Kultmarke ■ S. 188

House of Hoops (Harlem) Bunte Sneakers verschiedener Marken ■ S. 206

Lederwaren, Accessoires & Kosmetik

Badichi Belts (SoHo) Maßgeschneiderte Gürtel in verschiedenen Farben ■ S. 86

Bond No 9 (SoHo) Eigenkreierte, kostbar riechende Düfte zum Thema New York ■ S. 86

Sephora (SoHo) Bekannte Kosmetik- und Beautykette ■ S. 87

Ricky's (SoHo) Kosmetikkette für Visagisten ■ S. 87

Schuhe noch und nöcher

Verameat (East Village) Schmuck aus recycelten Materialien mit überraschenden Designs ■ S. 98

Fabulous Fanny's (East Village) Historische Secondhand-Brillen ■ S. 98

New London Pharmacy (Chelsea) Kosmetik für Visagisten und andere Experten ■ S. 135

Tiffany & Co. (Midtown) Berühmtester Juwelierladen der Welt ■ S. 159

Victoria's Secret (Midtown) Unterwäsche, Dessous und Kosmetikartikel mit Qualität ■ S. 160

Souvenirs

New York City Store (Lower Manhattan) New-York-City-Souvenirs von Taximodellen über T-Shirts und Anhänger bis Tassen ■ S. 53

One Shubert Alley (Midtown) Verkauf von Andenken an alle erdenklichen Broadway-Shows ■ S. 159

Disney Store (Midtown) Am Times Square gelegener Store mit interaktiver Gestaltung ■ S. 159

The Met Store (Midtown) Museumsshop für kunstfertige Mitbringsel ■ S. 159

Kurioses & Design

Yunhong Chopsticks (Chinatown) Kunstvolle Stäbchen und Fächer in allen Preislagen ■ S. 64

MoMA Design Store (SoHo) Möbel, Küchenartikel, Schmuck und Spiele ■ S. 85

Obscura Antiques and Oddities (East Village) Kuriositätengeschäft in einem ehemaligen Beerdigungsinstitut ■ S. 98

The Evolution Store (Greenwich Village) Kurioses vereint aus Natur, Wissenschaft und Kunst ■ S. 112

Shop im Tibet House (Flatiron District) Handgefertigte Objekte tibetanischer Künstler ■ S. 122

Hammacher Schlemmer (Midtown) Museumsreifer Laden mit Spielzeug für technologiebegeisterte Erwachsene ■ S. 160

Blue Tree (Upper East Side) Witziges Kinderspielzeug, Designerklamotten, Schmuck, Accessoires und Geschenke ■ S. 173

Flohmärkte, Antiquitäten & Kunsthandwerk

Essex Street Market (Lower East Side) Lebensmittel aus aller Welt, Haushaltsgegenstände und Kleidung ■ S. 75

The Market (SoHo) Verkaufshalle für junge New Yorker Designer und Kunsthandwerker ■ S. 86

Artists & Fleas (Chelsea) Kunsthandwerklich geprägter Flohmarkt im Chelsea Market ■ S. 135

Manhattan Art & Antique Center (Midtown) Antiquitäten, Schmuck, Möbel und Gemälde aus Europa, Asien und Afrika ■ S. 158

Malcolm Shabazz Harlem Market (Harlem) Traditionelles Kunsthandwerk und Kleidung aus Afrika ■ S. 207

The Demolition Depot (Harlem) Wiederverwertbares aus Wohnungsauflösungen aus vier Stockwerken ■ S. 207

Brooklyn Reclamation (Brooklyn) Guter Antiquitätenladen ■ S. 222

Dumbo Flea (Brooklyn) 75 Stände und ca. 30 Essstände unter der Manhattan Bridge, So 10–17 Uhr ■ S. 222

Fort Greene Flea (Brooklyn) 150 Stände mit antiken und weniger antiken Waren, Sa 10–17 Uhr ■ S. 222

Bücher

Strand Bookstore (Flatiron District) New Yorks größter, traditionsreicher Secondhand-Buchladen ■ S. 122

Idlewild Books (Flatiron District) Spezialisiert auf internationale Reiseliteratur und verwandte Belletristik ■ S. 122

Forbidden Planet (Flatiron District) Erste Adresse für Science-Fiction-, Horror- und Fantasy-Bücher ■ S. 122

192 Books (Chelsea) Kuratierte Kunstbücher und Literatur über Kunst und relevante Themen, oft Lesungen ■ S. 134

The Drama Bookshop (Midtown) Alles rund ums Theater für Schauspieler und Bühnenenthusiasten ■ S. 159

Midtown Comics (Midtown) Größter Comicladen in den USA ■ S. 159

Shakespeare & Co. Booksellers (Upper East Side) Bei Studenten und Akademikern beliebte unabhängige Buchhandlung ■ S. 173

Westside Rare and Used Books (Upper West Side) Unglaubliche Sammlung an gebrauchten Büchern, Schallplatten und CDs ■ S. 188

Musik

Downtown Music Gallery (Chinatown) Winziger Laden für Liebhaber experimenteller Avantgarde-Musik ■ S. 64

Turntable Lab (East Village) Ebenso winziger Laden mit allem für den DJ von Technik bis Klamotten ■ S. 99

Green Market am Union Square

Bleecker Street Records (Greenwich Village) Neueste Rock- und R&B-CDs neben Jazz und Blues auf CD oder Vinyl ■ S. 112

Elektronik

J & R Music World Express (Lower Manhattan) Ältester New Yorker Musik-Superstore auf 140 m² im C21 ■ S. 53

Best Buy (Flatiron District) Günstiger Elektronikladen für Computer, Fernseher, Kameras und Handys ■ S. 122

Sony Store (Flatiron District) Große Auswahl an Sony-Gadgets und Elektronik, aber voller Touristen ■ S. 122

Samsung 837 Store (Meatpacking District) Galerie und digitale Spielwiese für Kunst und Galaxy-Gadgets ■ S. 135

B&H Photo-Video-ProAudio (Midtown) Großer Store für Liebhaber von Unterhaltungselektronik ■ S. 158

Nintendo World Store (Midtown) Nintendo-Spiele, Accessoires und Krimskrams ■ S. 159

Apple Store iPhone, iPad und Co. Das Kult-Unternehmen für neuartige Technologien in SoHo, Midtown etc. ■ S. 85 und 160

Wohnen

ABC Carpets (Flatiron District) *Der* Einrichtungsladen schlechthin ■ S. 122

Diverses

Browne & Co. Stationers (Lower Manhattan) Mit einer antiquierten mechanischen Druckerpresse hergestellte Karten, Briefpapier und andere Schreibwaren ■ S. 53

Flight 001 (Greenwich Village) Originelle Reiseaccessoires, die ins Handgepäck passen ■ S. 112

Chess Forum (Greenwich Village) Unglaubliche Sammlung an Schach- und Backgammonbrettern und witzigen Schachfiguren ■ S. 112

C.O. Bigelow (Greenwich Village) Älteste Apotheke der Stadt ■ S. 112

Blades (Upper West Side) Sportladen mit Schwerpunkt auf Brettern und Kufen; Ausrüstung, Mode, Schuhe und Accessoires, ■ S. 188

Kulinarisches & Lebensmittel

Economy Candy (Lower East Side) Süße Leckereien seit 1937 ■ S. 75

Eileen's Special Cheesecake (SoHo) Kleine Bäckerei mit himmlischen Käsekuchen ■ S. 87

Greenmarket (Flatiron District) Bekanntester Wochenmarkt Manhattans auf dem Union Square, Mo, Mi, Fr/Sa 8–18 Uhr ■ S. 122

M&M's World (Midtown) Bunte Schokolinsen in jeglichen Varianten ■ S. 160

Zabar's (Upper West Side) Größter und traditionsreicher Lebensmittellieferant in Manhattan ■ S. 188

Citarella (Upper West Side) Delikatessen-Take-away mit köstlichen Suppen, Salaten und Sandwiches ■ S. 188

Fairway (Upper West Side) Supermarkt mit eigener Biofarm auf Long Island ■ S. 188

Mast Brothers Chocolate (Brooklyn) Breites Angebot an von Hand gefertigter Schokolade ■ S. 222

Smorgasburg Food Market (Brooklyn) Das „Woodstock of Eating" mit 75 bis 100 Ständen ■ S. 222

Kartenverzeichnis & Zeichenerklärung

New York Übersichtsplan	Umschlag vorne
New York Buslinien/Subway	Umschlag hinten
Bronx Übersicht	226/227
Bronx-Park und Fordham	229
Brooklyn Radtour	218/219
Brooklyn Heights	212
Brooklyn Übersicht	211
Central Park	191
Chelsea und Meatpacking District	126/127
Chinatown, Little Italy und NoLita	59
East Village	90/91
Flatiron District und Gramercy Park	117
Greenwich Village	104/105
Harlem und Morningside Heights	199
Lincoln Center	183
Lower East Side	69
Lower Manhattan	30/31
Midtown	140/141
Queens Flushing	236
Queens - Long Island City	238/239
Queens Übersicht	234
SoHo und TriBeCa	78/79
Staten Island	245
Upper East Side	164/165
Upper West Side	176
Übernachten	302/303

- Hauptstraße
- Nebenstraße
- Grünanlage
- Friedhof
- Subway
- Flughafen
- Busbahnhof
- Rundgang Anfang/Ende
- Sehenswürdigkeit
- Museum
- Zoo
- Botanischer Garten
- Kirche
- Synagoge
- Moschee
- Ärztliche Versorgung
- Bank
- Information

Vielen Dank!

Evelyn Dathe von Aviareps in München danke ich für ihre freundliche Unterstützung bei der Organisation unserer Besuche. Meinem Partner Jürgen Andrews verdanke ich die meisten der wunderschönen Fotos. Meinen Lektoren gebührt mein herzlicher Dank für so manch vollendetes Bonmot, gelungene Kürzungen und dass das Buch mit Hilfe unserer Layouter am Ende in die Form passt. Besonders danke ich auch den Lesern, die das Buch mit ihren Zuschriften, Hinweisen, Korrekturen und Entdeckungen immer wieder bereichern.

New York im Kasten

Wolkenkratzer und andere Architekturperlen	43
Profite durch menschliche Fracht – die Hauptstadt des Sklavenhandels	46
In God We Trust	58
Eine Stadt in der Stadt	60
Cast iron – aus einem Guss	77
Stadtplanung auf Amerikanisch	81
Eine Straße macht Theater	142
Kunst als Milliardenmarkt	151
Andrew Carnegie – eine amerikanische Karriere	153
Gebt uns Neon!	155
Wenn Geld allein nicht ausreicht	166
John Lennon und die Strawberry Fields	180
I like to be in America – Die West Side Story	182
Columbia University	201
Gospels als Big Business	203
Malcolm X	205
Hollywood am East River	214
Warum bloß „Big Apple"?	255

Impressum

Text und Recherche: Dorothea Martin | **Lektorat:** Nikola Braun, Anja Elser, Peter Ritter | **Redaktion:** Annette Melber | **Layout:** Annette Melber | **Karten:** Hans-Joachim-Bode, Carlos Borrell, Theresa Flenger, Judit Ladik | **Fotos:** alle Dorothea Martin außer S. 14 ossiridian/fotolia.com und S. 230 © Patti McConville/mauritius images | **Covergestaltung:** Karl Serwotka | **Covermotive:** vorne: New York bei Nacht hinten: Brooklyn Bridge vor Skyline

Die in diesem Reisebuch enthaltenen Informationen wurden vom Autor nach bestem Wissen erstellt und von ihm und dem Verlag mit größtmöglicher Sorgfalt überprüft. Dennoch sind, wie wir im Sinne des Produkthaftungsrechts betonen müssen, inhaltliche Fehler nicht mit letzter Gewissheit auszuschließen. Daher erfolgen die Angaben ohne jegliche Verpflichtung oder Garantie des Autors bzw. des Verlags. Autor und Verlag übernehmen keinerlei Verantwortung bzw. Haftung für mögliche Unstimmigkeiten. Wir bitten um Verständnis und sind jederzeit für Anregungen und Verbesserungsvorschläge dankbar.

ISBN 978-3-95654-450-7

© Copyright Michael Müller Verlag GmbH, Erlangen 2007–2017.
Alle Rechte vorbehalten.
Alle Angaben ohne Gewähr. Druck: Westermann Druck Zwickau GmbH.

Aktuelle Infos zu unseren Titeln, Hintergrundgeschichten zu unseren Reisezielen sowie brandneue Tipps erhalten Sie in unserem regelmäßig erscheinenden Newsletter, den Sie im Internet unter www.michael-mueller-verlag.de kostenlos abonnieren können.

Was haben Sie entdeckt? Haben Sie ein originelles Restaurant oder ein witziges Hotel entdeckt? Wenn Sie Ergänzungen, Verbesserungen oder neue Tipps zum Buch haben, lassen Sie es uns bitte wissen!
Schreiben Sie an: Dorothea Martin, Stichwort „New York" |
c/o Michael Müller Verlag GmbH | Gerberei 19, D – 91054 Erlangen |
dorothea.martin@michael-mueller-verlag.de

Register

Die in Klammern gesetzten Koordinaten verweisen auf die beigefügte New York-Karte.

9/11 Memorial Museum (A11) 37
11. September 2001 257
245 Tenth Street (B8) 130

ABC Carpets (C9) 116
Abramovitz, Max 185
African Burial Ground (B11) 46
Aji Ichiban, Süßwarenladen 60, 64
Alamo 91
Alen, William van 145
Alice Austen House 244
Alice Tully Hall (C5/6) 186, 261
Alkohol 308
Allen, Woody 167
Alphabet City 88
Altersbeschränkungen (Kinder und Jugendliche) 285
American Ballet Theater 184
American Folk Art Museum (C5) 187
American Independence Day (Unabhängigkeitstag) 255
American Merchant Mariner's Memorial 32
American Museum of Natural History (D5) 175
Americas Society 166
Angel Orensanz Foundation 72
Anreise 292
AOL Time Warner Center (C6) 191
Apartmenthaus 810 5th Avenue 165
Apartments 307
Apollo Theater (F2) 202
Apotheken 308
Arthur Avenue 228
Artists Space Gallery 81
Ärzte 308
Asia Society 166
Astor Building (C10) 92
Astor Place (C10) 91
Astor Place Tower 91
Astor, John Jacob 91
Austen, Alice 244
Auster, Paul 55

Babyausstattung 285
Babysitter 285
Bach-Vespern 181
Backsteinhäuschen (18. Jh.) 43
Bars 265
Bartholdi, Fréderic-Auguste 47
Baseball 313
Basketball 313
Battery Park (A12) 29
Battery Park City 29
Battery Urban Farm 33
Bayard-Condict-Building (B10) 109
Beat Generation 101
Bedford Avenue 217
Bedford Street Nr. 75 ½ (B9) 107
Beekman Tower 44
Behinderung 312
Belgian Blocks 218
Be lvedere Castle (D5) 194
Bethesda Fountain (D5) 194
Bethesda Terrace (D5) 194
Big Apple 255
Bill of Rights 35
Bleecker Street (E10) 107
Bloody Angle 59
Bloomberg, Michael 172
Bloomingdale's 173
Blue Man Group 93
Booth, Edwin 118
Booth, John Wilkes 118
Börse (New York Stock Exchange) (A12) 35
Botschaften 309
Bowling Green 27
Boyer, Eugenie 47
Breuer, Marcel 167
Broadway 142
Broadway-Musicals 258
Bronx 224
Bronx Zoo 226
Brooklyn 208
Brooklyn Academy of Music (BAM) 213
Brooklyn Botanic Garden 212
Brooklyn Bridge 209, 220
Brooklyn Bridge Park (B12) 220

Brooklyn Children's Museum 214
Brooklyn Museum 210
Brown, Henry Kirke 115
Brownstones 43, 102
Bryant Park 143
Burnham, Daniel H. 119
Bus 297
Bustickets 297
Butler Hall 200
Buttonwood Agreement 35
BYOB (Bring your own bottle) 291

Café Wha? 108
Cage, Basketballfeld (B9) 102
Canal Street (E9) 56
Carl Schurz Park 172
Carnegie Hall (D6) 152, 261
Carnegie, Andrew 152, 153, 162
Cast-Iron-Architektur 43, 77, 102
Castle Clinton 29
Cathedral of St John the Divine 198
Celebrate Brooklyn, Kunstfestival 223
Central Park (E4) 190
Central Park Zoo 193
Century 21 40, 53
Chagall, Marc 184
Chapel of Our Lady of the Rosary (A12) 33
Charging Bull (A12) 27
Charlie Parker House (C10) 95
Chelsea (B8) 124
Chelsea Market 126
Chelsea Piers Sports Complex 131
Cherry Lane Theater (A9) 107
Chess and Checkers House (D6) 192
Children's Zoo (D6) 193
Chinatown (B/C 11) 54, 56
Chinese Exclusion Act 54
Chinesisches Essen 64
Chinesisches Neujahr 262
Chinesisches Neujahrsfest 59
Christmas Tree Lighting Ceremony 264

Christopher Park 106
Christopher Street (A9) 105
Christopher Street Day Parade 101, 112
Chrysler Building (D8) 145
Chrysler, Walter 145
Church of the Most Precious Blood 61
Church of the Transfiguration (B11) 60
Citi Field Stadium 235
City Hall (A11) 44
City Hall Park (A/B11) 44
City Reliquary 215
Civic Center District 44
Cleopatra's Needle (E5) 194
Clinton, DeWitt 32, 254
Clubs 274
Colonnade Row (C10) 90
Columbia School of Journalism 200
Columbia University 200, 201
Columbus Circle (C6) 180, 191
Columbus Day Parade 264
Columbus Park (B11) 57
Commerce Street 107
Coney Island 215
Confucius Plaza (B11) 58
Conservatory Garden (E3) 195
Consolidated Benevolent Association 60
Continental Army Plaza 216
Cooper Square 96
Cooper Union 89, 97
Cooper Union Foundation Building (C10) 92
Cooper, Peter 92
Cooper-Hewitt National Design Museum (E4) 170
Co-ops 166
Criminal Court (B11) 58

Dairy Visitor Center 192, 195
Dakota, Apartmenthaus (D5) 179
Dance Theatre of Harlem 207
David Geffen Hall (C5/C6) 185
David H. Koch Theater (ehem. New York State Theater) 183
De Maria, Walter 82, 83
De Niro, Robert 78, 83
Delacorte Theater 194
Delmonico's, Restaurant 52
Department of Homeland Security 311
Diamond Row (C7) 148
Diplomatische Vertretungen 309
Discovery Times Square Exhibition (C7) 153
Douglass, Frederick 178
Drawing Center (B10) 82
Duane Park 84
Duchamp, Marcel 101
Duffy Square (C7) 154
Dumbo 218
Dylan, Bob 101, 108

East Side District 54
East Village (C10) 88
Easter Parade 262
Edgar Allan Poe Cottage 228
Edward Mooney House (B11) 59
Eiffel, Gustave 47
Einreisebestimmungen 294
Eishockey 313
Eldridge Street Synagogue (B11) 68
Elevated Acre (South Street Seaport) 41
Ellis Island 49
Els (Elevated Railroads) 255

Empire State Building (ESB) (C8) 138
Empire State Building Run-Up 262
Equitable Building 37
Ermäßigungen 316, 289
Essex Street Market 71
Explorers Club 166

Fähre 298
Fahrradfahren 299
Fahrradkarten 299
Fahrradverleih 315
Fanelli's Café 76, 80, 85
Father Demo Square 108
Feast of San Gennaro 61, 264
Federal Hall (A12) 35
Federal Reserve Bank (A11) 40
Feiertage 309
First Baptist Church (D4) 175
First Shearith Israel Cemetery (B11) 58
Five Points 58
Flatiron Building (C8) 119
Flatiron District (C9) 114
Flugvermittler 292
Flushing 233
Flushing Meadows Corona Park 235
Food Trucks 291
Football 313
Fort Tryon Park 204
Fraunces Tavern Museum (A12) 33
Fraunces, Samuel 33
Freedom Tower 38
Freiheitsstatue 47
Frick Collection (E6) 166
Frick, Henry Clay 166
Friedensbrunnen (E3) 198
Friedsam Memorial Carousel (D6) 192
Fulton, Robert 37

Zum Anbeißen: Pastrami-Sandwich

Register 335

Gagosian Gallery 131
Gay Pride Day (Christopher Street Day Parade) 112
Gehry, Frank 44, 129
Geld 309
General Slocum, Ausflugsdampfer 94
Generalkonsulate 309
George Gustav Heye Center, → National Museum of the American Indian (A12) 28
George III 252
Gepäckaufbewahrung 310
Geschichte 250
Gilbert, Cass 43, 120
Giuliani, Rudolph 256
Gospel 203
Gould, Joe 100
Governors Island 50, 250
Gracie Mansion 172
Graffiti Wall of Fame 207
Gramercy Park (C9) 114, 116
Grand Army Plaza 212
Grand Central Terminal (D7) 144
Grant, Ulysses S. 202
Grant's Tomb (E2) 202
Great Kills Park & Beach 245
Great Lawn (E5) 191
Greater New York 254
Greene Street (B10) 81
Greenwich Village (A/B 9) 100
Grey Art Gallery (B9) 103
Gropius, Walter 148
Guggenheim-Museum (E5) 169
Gusseisenarchitektur (Cast-Iron) 80, 102

Haas, Richard 80
Hall of Fame for Great Americans 227
Hallett Nature Sanctuary 193
Hamilton, Alexander 36
Hammerstein, Oscar 153
Happy Hour 291
Hard Rock Café 155
Haring, Keith 88
Harlem (F2) 196
Harlem Jazz & Music Festival 207
Harlem Week 263
Harrison Street Row (A11) 84
Harry und Sally 72, 73
Haughwout Building (B10) 80

Heckscher Playground (D6) 192
Herald Square 137
Heritage of Pride 263
Heye, George Gustav 28
High Line 127
High Line Park (A9) 128
Hip-Hop-Sightseeing-Touren 205
Historic Richmond Town 243
Holy Trinity Church (D6) 180
Hotelpreise 300
Hotels 301
Hudson River 107
Hudson, Henry 250
Hunter College 166

Imbisse 291
Impfungen 294
Informationsbüros 316
International Center of Photography (B10/C10) 66, 72
Internetcafés 310
Internetseiten 312
Internetsuche, Hotels 301
Intrepid Sea, Air & Space Museum 156
Isamu Noguchi Garden Museum 240
Islamic Council of America (C10) 94
Italian American Museum 61

Jacqueline Kennedy Onassis Reservoir (E4) 195
Jacques Marchais Museum of Tibetan Art 243
James, Henry 103
Jazz 277
Jazz at Lincoln Center 182
Jazzclub Blue Note 102
Jefferson Market Library 104
Jewish Museum (E4) 171
Joe's Pub 90
John F. Kennedy International Airport 293
Juden, chassidische 217
Jugendherbergen 307
Juilliard Building 186
Juilliard School of Music 186

Katz's Delicatessen 72, 73
Kimlau War Memorial (B11) 58
Kinder 282
King of Greene Street 81
Klima 310

Koenig, Fritz 29
Konzerte 260
Koolhaas, Rem 78
Koons, Jeff 88
Korean War Memorial 29
Kreditkarte 310
Kriminalität 311
Kulturleben 258
Kunst 151

L'Enfant, Pierre 42
La Guardia Airport 295
Last-Minute-Flüge 292
Lauder, Ronald S. 169
Law School 200
Lazarus, Emma 48
Leisler, Jacob 252
Leitungswasser 291
Lennon, John 180
Leslie Lohman Museum of Gay and Lesbian Art 82
Liberty Island 47
Lincoln Center for the Performing Arts (C5/6) 182, 260
Lincoln Center Theater (C5/6) 185
Literaturtipps 311
Little Africa 108
Little Germany 94
Little Italy (B/C 10/11) 54, 61, 62
Little Italy (Bronx) 228
Little Singer Building (B10) 79
Livemusik 277
Loeb Boathouse 194, 195
London Terrace Gardens (B8) 130
Long Island City (LIC) 238
Louis Armstrong House 237
Lower East Side (C11) 66
Lower East Side Tenement Museum 70
Lower Manhattan (A12) 26
Lunar New Year 59

MacDougal Street 108
MacDougal, Alexander 108
Macy, Rowland Hussey 137
Macy's (C8) 137
Macy's Thanksgiving Day Parade 264
Madame Tussauds 155
Madison Square Garden (B/C8) 138
Madison Square Park (C8) 119

Mahayana Temple (B11) 60
Majestic-Apartmentblock (D5) 180
Malcolm X 197, 205
Mangin, Joseph Francois 45, 62
Marie's Crisis Café 106
Marlborough Gallery 152
Martin Luther King Parade 263
Mary Boone Gallery 131
McComb, John 45
McSorley's Old Ale House 97
Meatpacking District (A9) 124, 126
Merchant's Gate 191
Merchant's House Museum (B10) 89
Met Breuer (E5) 167
Met Life Building (D7) 148
Metronome (C9) 116
Metropolitan Life Tower (C9) 119
Metropolitan Museum of Art (MMA) (E5) 167, 204
Metropolitan Opera House (Met) (C5/6) 260
Metropolitan Transportation Authority (MTA) 297
Midtown (C7) 136
Midtown Manhattan 11
Minetta Lane Theatre 108
Minetta Tavern 108, 110
Minuit, Peter 250
Mitzi E. Newhouse Theater 186
Morgan, John Pierpont 143, 255
Morningside Heights 196
Morris, William 101
Mostly Mozart Festival 260
Mott Street (G7) 59
Municipal Building (B11) 45
Museo del Barrio (F4) 171
Museum of American Finance (A12) 34
Museum of Arts & Design (MAD) (C6) 181
Museum of Contemporary African Diasporan Arts (MoCADA) 214
Museum of Jewish Heritage (A12) 28
Museum of Modern Art (MoMA) (D7) 150
Museum of Reclaimed Urban Space (MORUS) 95

Museum of Sex (C8) 120
Museum of the American Gangster (C10) 96
Museum of the Chinese in America (B11) 57
Museum of the City of New York (F4) 171
Museum of the Moving Image 241
Museumspässe 289

Nachtleben 265
Nation of Islam 197, 205
National Academy Museum and School of Fine Arts (E4) 170
National Arts Club (C9) 117
National Jazz Museum (F2) 204
National Museum of the American Indian (A12) 28
National September 11 Memorial and Museum (A11) 37
Naumburg Bandstand (D5) 193
Naval Shipyard 220
Navy Docks 218
Neighbourhoods 12
Neue Galerie (E5) 169
New Amsterdam Theater 155
New Deal 68
New Museum of Contemporary Art (B10) 73
New Victory Theater 155
New Years Eve Celebrations 264
New York Botanical Garden 226
New York Cheesecake (115) 19
New York City Ballet 183, 260
New York City Marathon 264
New York City Opera Company 183
New York Earth Room 82
New York Film Festival 264
New York Hall of Science 235
New York Historical Society (D5) 178
New York Philharmonics 185, 260
New York Public Library (C7) 143
New York Public Library for the Performing Arts (C5/6) 185

New York Society of Ethical Culture (D6) 181
New York State Theater (→ David H. Koch Theater) 183
New York Stock Exchange (Börse) (A12) 35
New York Transit Museum 213
New York University (NYU) (B10) 103. 104
Newark Liberty International Airport 294
Niederschläge 310
Nieuw Amsterdam 251
Noguchi, Isamu 37
NoHo (B9/10) 101, 108
Notruf 313
Nouvel, Jean 129
NY Water Taxi 298
NY Waterway 298

O'Neill, Eugene 100
Öffentliche Verkehrsmittel 296
Old New York County Court → Tweed Courthouse (B11) 45
Old St Patrick's Cathedral (B10) 62
Olmsted, Frederick Law 190
One Bryant Park (C7) 143
Online-Portale (Flüge) 292
Oper 260
Orpheum Theater 96
Otis, Elisha 80
Our Lady of Pompeii (B9) 108

P.S.1 Contemporary Art Center 240
Paine, Thomas 106
Panorama of New York City 236
Papp, Joseph 90
Park Slope 213
Pay-as-you-wish 288
Pier 15 (South Street Seaport) 41
Pier 17 (South Street Seaport) 41
Players Club 118
Poe, Edgar Allan 228
Post, George B. 35
Prada (B10) 78
Preise 300
Prospect Park 213

Register 337

Puerto Rican Day Parade 263
Pulitzer, Joseph 163

Queen Elizabeth II September 11th Garden (A12) 34
Queen of Greene Street 81
Queens 232
Queens Botanical Garden 236
Queens Museum of Art 236

Radio City Music Hall (D7) 150, 261
Randal, John 254
Raskob, John J. 138
Rauchen 313
Red Cube (A12) 37
Reed, John 101
Reisedokumente 294
Reisekrankenversicherung 308
Reisezeit 310
Renwick, James 150
Renwick, James Jr. 93
Richard Haas Mural (B10) 80
Ripleys Believe it or Not! (C7) 155
River to River Festival 53
Riverside Church (E2) 201
Rockefeller Center (D7) 148
Rockefeller, John D. 28, 148
Rockefeller, John D. III 183
Rollstuhlfahrer 312
Roosevelt Island Tramway 172
Roosevelt, Franklin D. 68
Roosevelt, Theodore 115, 118
Rose Center for Earth and Space (D5) 177
Rose-Museum 152
Rubin Museum of Art (B9) 133
Russisch-Türkisches Badehaus 94

Sabarsky, Serge 169
Samuel B. & David Rose Building 186
San Remo, Apartmenthaus (D5) 179
Sara D. Roosevelt Park (C10) 68
Schermerhorn Astor, Caroline 162
Schermerhorn Hall 200
Schwarzer Freitag 256
Scorsese, Martin 58
Seaglass Carousel (A12) 32

Seaport Museum 41
Segal, George 106
Seton Shrine (A12) 33
Seton, Elizabeth 33
Seventh Regiment Armory 165
Seward, William Henry 119
Shakespeare Garden (D5) 194
Shakespeare in the Park 194
Sheridan, Philip Henry 106
Sherman, William Tecumseh 163
Sicherheit 311
Sisters of Charity 33
Sklavenhandel 46
Sklaverei 252
Skyscraper Museum 28
Smithsonian Institution 28
Smorgasburg Food Market 217
Snug Harbor Cultural Center 244
Socrates Sculpture Park 240
SoHo (B10) 76, 78
South Beach 245
South Grand Army Plaza 163
South Street Seaport (B12) 40
Speakeasy 255. 265
Spielplätze 283
Sportveranstaltungen 313
St Mark's in the Bowery (C9) 93
St Mark's Place 96
St Patrick's Cathedral (D7) 149
St Patrick's Day Parade 262
St Paul's Chapel (A11) 42, 200
St. Mark's Church (F5) 162
Stadtführungen 314
Stadtführungen, kostenlose 287
Standard Oil Building 28
Staten Island 242
Staten Island 9/11 Memorial 242
Staten Island Botanical Garden 244
Staten Island Ferry 299, 242
Statue of Liberty 47
Sterner, Frederick J. 117
Steuben Day Parade 264
Stonewall Inn (B9) 105
Stonewall Riots 101, 105
Straus, Isidor 138
Strawberry Fields (D5) 180

Studio Museum Harlem (F2) 203
Stuyvesant Fish House 93
Stuyvesant Street (C10) 92
Stuyvesant, Peter 93, 251
Subway 296
Sullivan, Louis 109
Summer Stage 194
Swedish Cottage (D5) 194
Synagogue of the Congregation Shearith Israel (D5) 180

Taniguchi, Yoshio 150
Tap Water 291
Taschendiebe 311
Taxi 298
Telefonieren 315
Tempel Emanuel 165
Tennis 314
Thaw, Harry K. 104
The Africa Center 171
The Broken Kilometer 83
The Cloisters 204
The Hayden Sphere 178
The Morgan Library (C8) 143
The Museum at FIT 132, 133
The Naked Cowboy 154
The Public Theater (B10) 90
The Ramble (D5) 194
The Row (B9) 104
The Sphere (A12) 29
Theater 258
Theater 80 St Mark's 96
Theater for the New City 94
Theaterkarten 258
Theodore Roosevelt Birthplace (C9) 118
Thomas, Dylan 107
Tilden, Samuel J. 115, 117, 144
Time Warner Center 180, 181
Times Square Alliance (C7) 153
TKTS (B12) 154, 259
Toiletten 316
Tompkins Square Park (C10) 93, 94
Tompkins Square Park Police Riots 95
Tompkins, Daniel 94
Tongs 60
Top of the Rock 149
Touristeninformation 316
Touristenpässe 316
TriBeCa (A11) 76, 83
TriBeCa Film Center (A11) 83
TriBeCa Film Festival 87, 262
Trinity Church (A12) 36

Der Umwelt zuliebe

Unsere Reiseführer werden klimaneutral gedruckt.

Eine Kooperation des Michael Müller Verlags mit myclimate

Sämtliche Treibhausgase, die bei der Produktion der Bücher entstehen, werden durch Ausgleichszahlungen kompensiert. Unsere Kompensationen fließen in das Projekt »Kommunales Wiederaufforsten in Nicaragua«

Einzelheiten zum Projekt unter myclimate.org/nicaragua.

Die Webseite zum Thema:
www.michael-mueller-verlag.de/klima

Trinkgeld 316
Trump Rink
 (Wollman Rink) 192
Trump Tower 152
Trump, Donald 152
Tweed Courthouse (B11) 45
Tweed, William M. 45

U-Bahn 296
Übernachten 300
Uhrzeit 317
Ukrainian Institute of
 America (E5) 167
Ukrainian Museum (C10) 96
Union Square (C9) 115
Union Theological Seminar
 (E2) 198, 201
Unisphere 235
United Nations (D/E8) 145
United States Custom
 House 28
University Village 109
Upjohn, Richard 36
Upper East Side (E5) 162
Upper West Side (C5) 174
Uptown Manhattan 11
US Open Championships
 314, 235
USS Maine (C6) 191

Vanderbilt, Cornelius 144
Vaux, Calvert 117, 190
Veranstaltungen,
 kostenlose 290
Veranstaltungskalender 262
Verrazano, Giovanni da 250
Verrazano-Narrows
 Bridge 243
Village Voice 258
Vinegar Hill 219
Vivian Beaumont Theater 186

Wall Street (E9) 34
Wallach Art Gallery 200
Walter Reade Theater 187
Warhol, Andy 116
Washington Arch (E11) 103
Washington Square (E11) 102
Washington, George
 33, 35, 253
Wassertaxi 298
Wave Hill 228
Waverly Place 104
Weinman, Adolph 45
West Indian American
 Day Parade 223
West Side Story 182

Western Union Building
 (A11) 84
Westindien-Kompanie
 (WIC) 250
White Horse Tavern 107
White, Stanford 119
Whitney Museum of
 American Art (A9) 127
William III. 36
Williamsburg Bridge 216
Willy's Garden 104
Wolkenkratzer 43
Wollman Rink
 (Trump Rink) 192
Woodlawn Cemetery 228
Woolworth Building (A11) 42
Woolworth, Frank 42
World Trade Center Site
 (A11) 37, 40
Wright, Frank Lloyd 169

Yankee Stadium 225

Zeughaus (D6) 165
Zollbestimmungen 317
Zoning law (Bauordnung für
 Manhattan, 1916) 37

Die Apps aus dem Michael Müller Verlag

MMTravel-Web-App und **MMTravel-App**

Mit unseren beiden Apps ist das Unterwegssein einfacher.
Sie kommen schneller an Ihr Wunsch-Ziel.
Oder Sie suchen gezielt nach Ihren persönlichen Interessen.

Die MMTravel-Web-App ...

... erhalten Sie gratis auf www.mmtravel.com

... funktioniert online auf jedem Smartphone, Tablet oder PC mit Browserzugriff.

... zeigt Ihnen online sämtliche Sehenswürdigkeiten, Adressen und die Touren aus dem Buch (mit Seitenverweisen) auf einer Karte. Aktivieren Sie das GPS, sehen Sie auch Ihren Standort und alles Interessante in der Umgebung.

... ist ideal für das Setzen persönlicher Favoriten. Dazu legen Sie einfach ein Konto an, das Sie auch mit anderen Geräten synchronisieren können.

Die MMTravel-App ...

... verknüpft die MMTravel-Web-App mit einem intelligenten E-Book. Mit dieser Profi-Version sind Sie komplett unabhängig vom Internet.

... kaufen Sie für Apple und Android in einem App Store.

... verortet sämtliche Adressen und Sehenswürdigkeiten aus dem Buch auf Offline-Karten. Mit zugeschaltetem GPS finden Sie darauf Ihren Standort und alles Interessante rund herum.

... informiert über Hintergründe und Geschichte.

... liefert die kompletten Beschreibungen unserer Autoren.

... eignet sich sowohl zum Schmökern als auch zum intuitiven Wechseln zwischen Karte und Text.

... lässt sich nach Bestätigung eines individuellen Kontos auf bis zu drei Geräten verwenden – und das sogar gleichzeitig.

... wird durch eigene Kommentare und Lesezeichen zum persönlichen Notizbuch.

www.mmtravel.com

MANHATTAN SUBWAY

MANHATTAN BUSLINIEN